Dios no debe ser u
él debe ser el todo

Para que *Dios* sea el ***TODO EN TODOS***

Juan
Radhamés
Fernández

La misión de *Editorial Vida* es proporcionar los recursos necesarios a fin de alcanzar a las personas para Jesucristo y ayudarlas a crecer en su fe.

© 2004 EDITORIAL VIDA
Miami, Florida

Edición: *Madeline Díaz y Marítza Mateo-Sención*

Diseño interior: *Grupo Nivel Uno, Inc.*

Diseño de cubierta: *The Store Co.*

Reservados todos los derechos.

ISBN: 0-8297-4060-0

Categoria: Vida cristiana

Impreso en Estados Unidos de América
Printed in the United States of America

04 05 06 07 ❖ 08 07 06 05 04 03

Índice

DEDICATORIA

Dedico esta obra al Dios de mi creación; al Padre de mi hombre nuevo; al Señor de mi redención y al Rey de mi vida; a aquel que no se limitó a salvarme, sino que me tuvo por fiel, poniéndome en el ministerio (1 Timoteo 1:12).

Mi corazón solo desea una cosa: Adorarle. Mi alma solo posee un anhelo: Servirle. Mi espíritu solo tiene una aspiración: Amarle. En mi oración solo se oye un ruego: Que él sea el todo en mí y en todos.

Juan Radhamés Fernández

PRÓLOGO

Yo no escribí este libro, lo sabes; pero me hubiese gustado hacerlo, te lo confieso. Y ya comprenderás mi apetecido arresto, como perdonarás mi franca elocuencia, cuando conozcas que en este libro se resume el más alto deseo de Dios en la vida de sus hijos, y encuentres en él el más anhelado estado de perfección que toda criatura nacida de nuevo pudiera alcanzar: **Dios como el todo en todo.**

Mas, la obediente y humilde disposición de su autor, mi amado pastor Juan Radhamés Fernández, de seguir la voz del Espíritu, su honda estima personal en su apreciación —cuyos ojos nos miran como solo nos miraría Jesús— y su manera de comprometer a sus hijos espirituales en tareas siempre laudables para el Señor, justifican mi prólogo a esta obra, dedicada a un ideal tan sublime, y que solo se aprende a *puro dolor.* Pero antes que el «abril» de mi humana flaqueza soltara sus primeras gotas de imposibilidad, el Espíritu Santo hizo brotar en el «mayo» de mi corazón los botones en flor de una experiencia con Dios de cuyos frutos nunca pensé pudiera yo comer algún día. Dale conmigo, pues, los primeros mordiscos…

El propósito de Dios, desde los tiempos de los siglos, ha sido ser él el todo en todos. Sin embargo, no es cosa rara que a aquel que contempla el mundo espiritual desde afuera le resulte un tanto *enigmático* encontrar la motivación profunda que una persona pueda hallar en hacer de Dios su Todo. Para un creyente, sin embargo, es claro que una obra sobre este asunto, viniendo de uno que ha hecho de Dios su Todo, ha de resultar algo fuertemente *vivificante*, y de eso, precisamente, se trata este libro.

«Para que Dios sea el Todo en todos» es fruto de unas de las ramas de la visión profética que Dios le ha dado al pastor Fernández, la de dejar a la posteridad todo el consejo de Dios con el cual hemos sido instruidos a través de la Palabra. Su santo consejo muestra la urgente necesidad de que la iglesia de Cristo ande en el Espíritu, y solo Dios, siendo «el todo» en nosotros, podrá mantenernos en ese «camino» sin fluctuar, hasta el día que él vuelva.

En su obra anterior, *Manual de la Vida en el Espíritu*, el autor nos planteó la necesidad imperiosa de andar en nuestra naturaleza espiritual, que nos ha sido dada por la fe en Jesucristo, para poder vivir en novedad de vida. No obstante, todo intento de andar en el Espíritu podría ser neutralizado si Dios no es el todo en nuestras vidas.

Todo intento de andar en el Espíritu podría ser neutralizado si Dios no es el todo en nuestras vidas.

Entendiendo que en un mundo espiritual, donde las filosofías humanistas han tratado de resarcir la imagen del hombre de su posición de «pecador-perdonado» a la de un «semidiós-transformado», corremos el riesgo de que muchos principios del reino de Dios, expresados aquí, resulten un tanto chocantes para aquellos que conciben la vida cristiana a través del «evangelio de la prosperidad» y las promesas terrenales. Mas, el celo por la Palabra de Dios, le permitió al pastor Fernández expresarse de una manera abierta, clara y directa, mostrando en algunos de sus capítulos rasgos un tanto inesperados de confrontación en temas que los predicadores se han habituado a tratar de forma imprecisa, impasible e impersonal. Solo advirtiendo la importancia trascendental de lo que significa Dios como el Todo para la vida de un creyente, podrá interpretarse en su verdadera magnitud el esfuerzo que en esta obra despliega su autor, conociendo su corazón y lo mucho que ama a la iglesia de Jesucristo, de la cual es una célula viva.

En esta obra el pastor Fernández, como ya nos tiene acostumbrados, con la gracia y la verdad que caracterizan sus exposiciones doctrinales, nos muestra el corazón del Padre y del Hijo, a través de la guía del Espíritu Santo. Su lenguaje coloquial y las expresiones sencillas permiten al lector ordinario adentrarse suavemente en el profundo pensamiento de Dios, sin la complejidad teológica y exegética que acompañan a las obras de tal magnitud. ¿Es Dios tu todo? En tu casa, ¿es Dios el todo y en todos? En la iglesia, ¿es Dios el todo? En las naciones, ¿es Dios todo en todo? En el planeta tierra, ¿es Dios el todo? Preguntas como estas nos enfrentan a una realidad no concebida ni inquirida por muchos de nosotros.

Sabemos que Dios es Dios, pero si respondemos esas preguntas a través de lo que él nos ha dado a administrar como creación suya, en todos los aspectos de nuestra vida, tristemente llegaremos a la conclusión de que no, Dios no es el todo en todos. Por eso la intención del autor al escribir este libro no es simplemente que el mismo sea considerado como un tema más del montón o como un título digno de colección entre los ejemplares de nuestra biblioteca, sino que el Espíritu Santo muestre que hay algo más profundo detrás. La santa intención que Dios desea alcanzar en nosotros, más allá de un ideal, es su santo propósito, desde los tiempos de los siglos.

Si hacemos un análisis de las Escrituras con los ojos reveladores del Espíritu Santo, veremos que toda palabra y obra de Dios se fundamenta en este principio, y la intención del corazón del Padre en su trato con el hombre está basada en este santo designio: Dios debe ser el todo. ¿Cómo puede lograrse ese propósito? Este libro te confronta con esa respuesta, la cual, después, *necesariamente*, deberá convertirse en algo *imperativo* en ti.

La intención del corazón del Padre en su trato con el hombre está basada en este santo designio: Dios debe ser el todo.

Sabemos que nuestro amado Señor es el Dios de la esencia y de las secretas motivaciones, y es allí donde este libro adquiere una maestría abrumadora. Pero como bien dice un proverbio suizo: «las palabras son enanos, los ejemplos son gigantes», me permitiré, entonces, compartir contigo lo que esta obra ha hecho en mí, pues el Señor, en su bendita gracia, también me concedió la insigne tarea de preparar este libro para su publicación, lo cual no ha sido para mí un trabajo, sino un extraordinario privilegio y un inmerecido honor, el cual nunca, en toda mi vida, alcanzaré a expresar en la proporción y profundidad adecuadas.

Ocuparse en cosas espirituales, a diferencia de las comunes, produce algo muy adentro de nosotros que no nos permite ser los mismos que fuimos antes. A través de la edición, los pincelazos de la regeneración fueron creando una imagen en mi interior, y solo su misericordia y verdad me permitían pensar que algo bueno de ahí saldría. Sabiendo que pretender escapar de ese lienzo divino solo me llevaría a la ingenua sagacidad de alguien como *Dorian Gray*, que prefirió vivir la corrupción de su alma con tal de no vivir la degeneración de su cuerpo, me rendí a sus pies. Únicamente la imaginación podría atrapar la decadencia moral de un hombre en un retrato, mientras que su aparente belleza exterior se mantiene en su rostro. En cambio, la realidad que pude comprobar es que solamente percibiendo nuestra fealdad podremos vivir dando siempre gracias a Dios por Jesucristo, y que ahí, verdaderamente, radica nuestra belleza.

Percibir a Dios como el Todo me permitió distinguir en mi corazón diferentes fases de evolución, las cuales están en franca oposición a la famosa teoría de la evolución *darwinista*, en la que supuestamente el hombre, de un primate encorvado, pasa por etapas hasta llegar a la de un hombre erecto y luego moderno u *homosapiens*. Por el contrario, pude experimentar que un creyente empieza su vida con Dios, primero erguido, luego doblado y por último postrado... Este libro te lleva a ese escalafón santísimo, pues sus capítulos nos hablan de integridad, de rectitud, de transparencia, de vida comprometida con la verdad —incluso cuando no nos ven ni nos escuchan—, de ser honesto en lo íntimo, en lo secreto, y de morir al yo para que viva Cristo. Sin ninguna duda, nadie que sea íntegro delante del Señor puede quedarse erguido, sabiendo que nada sublime puede dar que no venga de él.

Ciertamente, no hay manera de andar en vida nueva si la misma no parte del Señor, pues todo comienza con él, todo sigue con él y todo termina en él. ¡*Y sin él nada podemos hacer*! La exclamación sale de lo más profundo de mi ser, no con frustración, sino con el denuedo que da la convicción de que la garantía de que algo permanezca es si viene del Señor. ¡No importa lo que sea! En todos los aspectos de nuestras vidas en los que nos proyectamos y nos relacionamos —social, funcional y emocionalmente—, por más sublime que nos parezca todo, solo es genuino e imperecedero si viene de Dios. Y es algo que causa dolor, cuando aquello que nace de ti, eso que guardas en lo más recóndito de tu corazón, que crees que te pertenece, «tu único», «a quien amas», lo que anhelas, lo tienes que sacrificar por amor a quien ya lo hizo por ti primero.

Conocer a Dios como el Todo, por tanto, nos habla de muerte y vida.

En efecto, cuando sus palabras suaves fueron penetrando en la tierra de mi corazón, lo hicieron sin ninguna oposición, yo diría que hasta de manera deleitosa, pero en el momento en que de aquellas semillas surgieron los primeros brotes en flor, fue como si un inmenso dolor despedazara mi corazón, y la llama de su petición ardiera en mi pecho, persistentemente diciendo: *Dame, hija mía tu corazón.* Hasta ese momento yo pensaba que se lo había dado por entero. Cuando no quise mi vida, él fue el único que me dijo: «Dámela, yo la quiero». Mas solo bastó un viaje de su mano a mi interior para comprobar esta triste verdad: *«Engañoso es el corazón más que todas las cosas, y perverso; ¿quién lo conocerá?»* (Jeremías 17:9).

Y recordé en aquel momento cuando estaba en mi sangre, y él pasó junto a mí y me dijo: **¡Vive!** Cuando me hizo crecer y empecé a ser hermosa; y mis pechos se formaron, y mi pelo creció... ¡me había honrado! Luego, en mi tiempo de amores, extendió su manto sobre mí, me lavó con agua y me ungió con aceite. También cubrió mi desnudes. Me juró amor eterno e hizo pacto conmigo, y me hizo suya. Desde aquel momento es mi Señor... él me vistió de bordados y de vestidos de lino fino, me atavió con adornos de oro y puso una hermosa diadema en mi cabeza. Me dio a comer su trigo, su miel y su aceite; y me hermoseó en extremo, dándome un nombre (Ezequiel 16:6-13). En aquella intimidad, él habló a mi corazón, y solo pude exclamar: «¡Oh, mi Dios, mi Señor! ¿Cómo no he de honrarte? ¿Cómo no he dejar de ser para que tú seas? ¿Cómo no negarme a mí misma y seguirte? ¿Cómo no he de sacrificar **mi único**, para que tú seas **mi Todo**? ¿Cómo, amado mío, perfecto mío, mi amado Jesús? Si en realidad soy una desventurada, miserable, pobre, ciega... y sin ti como mi Todo, ¡estoy simplemente desnuda! (Apocalipsis 3:17). ¡Oh, mi Señor, mi Salvador, no escondas de mí tu rostro, porque desmaya mi espíritu, sino vuélveme a ti, pues sólo así seré restaurada, porque tú eres mi Padre, mi Rey, mi Redentor y mi Dios».

Sí, allí, en lo íntimo, él me hizo comprender sabiduría... él me tumbó del caballo de la autosuficiencia y pude ver el barro en mis pies... Desde ese instante reconocí cuán frágil soy y que *sin Dios siendo el todo en mí, yo no valgo nada.* Entendí que es su propósito en mí lo que me hace útil, el vivir mi vida en él lo que me vivifica y que es su gracia en mí lo que me hace ser lo que soy.

Siendo así, en ese conocer, en ese despertar de lo que soy, *decayó* mi espíritu... Mas las sabias palabras de mi amado pastor Fernández penetraron en mi ser, trayendo vida, paz y consuelo a mi quebrantado, humillado y abatido corazón, cuando me dijo: «Hijita, solo aquel que está caído puede mirar hacia arriba y ver la magnitud del gigante que es Dios». Sí, solo así pude entrever que en la oscuridad de mi interior sus luces reflectan su amor diciendo que él está, que aunque la tormenta de mi aflicción ciegue mi visión no necesito ver, él me guía. Esa es la verdad que me sostiene en mi debilidad, y que aun sin merecerla, se renueva día a día. Su fidelidad trasciende los límites de mi pecaminosidad, y haciendo de él mi todo, es su amor en mi hombre interior lo que me mantiene firme en mi vocación y elección, devolviéndome el gozo de mi salvación.

Solo aquel que está caído puede mirar hacia arriba y ver la magnitud del gigante que es Dios.

Por lo cual, si eres un lector que anda en busca de nuevas revelaciones para «engrosar» tu conocimiento de Dios, te sugiero que mejor cierres este libro y lo abras otro día, cuando saturado de tanta «información» decidas centralizar tu vida en la cruz de Cristo, y cuando el deseo de agradar a Dios sea el principio motor de todas tus motivaciones. Este libro no es para aquellos que tienen «ideales espirituales» o para los que siguen sus propios caminos, sino para aquel que está dispuesto a *arrebatar* la bendición, a luchar aunque *el muslo se le desencaje*, y seguir ahí, cojeando, pero apegado al Señor, sin soltarle, por el camino eterno, hasta dejar de ser lo que es para ser lo que Dios quiere que sea. Si estas dispuesto a negarte a ti mismo, para que él sea el todo en todo, entonces, haz como yo, levántate, toma tu cruz y síguele…

Marítza Mateo-Sención
Editora
Agosto 2003

INTRODUCCIÓN

En el primer tratado *«Manual de la vida en el Espíritu»*, les hablé acerca del origen y la naturaleza de la vida nueva que Dios nos concedió a través de la regeneración. El Padre no nos dio la vida espiritual solo para sustituir la vieja y adánica, sino para vivirla él en nosotros. El Dios espíritu nos hizo un espíritu con él (1 Corintios 6:17), para que al vivir en su naturaleza divina (2 Pedro 2:4), podamos ser capaces de ver como él ve, oír como él oye y entender como él entiende. La vida en el Espíritu nos hace aptos para participar de la suerte de los santos en luz (Colosenses 1:12). El hombre nuevo fue creado según Dios en la justicia y santidad de la verdad (Efesios 4:24). Cuando vivimos en el Espíritu, no solo podemos hacer como Dios hace, sino ser como él es. La vida en el Espíritu te adentra en el mundo de Dios.

Ahora en esta segunda obra, te hablaré del porqué Dios te introdujo en su dimensión espiritual. El Señor no te salvó para vaciar el infierno y llenar el cielo. Él no quiere tanto que tú entres al cielo como que el cielo entre en ti. Por eso, te enseñó a orar: *«Venga tu reino. Hágase tu voluntad, como en el cielo, así también en la tierra»* (Mateo 6:10). La mayor necesidad del reino de Dios, no es tanto de gente que quiera ir al cielo, sino de personas que quieran vivir el cielo en la tierra. Antes de subir al cielo, el cielo tiene que descender a nosotros. Nosotros ascendemos a Dios cuando Dios desciende a nosotros. Por la misma escalera que Dios desciende a nosotros, nosotros ascendemos a Dios

(Génesis 28:12,13). Hay gente que aspira a vivir una vida de cielos abiertos (Juan 1:51), pero tienen sus corazones cerrados para Dios. Cuando el corazón es de piedra, la tierra es de hierro y el cielo es de bronce (Deuteronomio 28:15-23).

La mayor necesidad del reino de Dios, no es tanto de gente que quiera ir al cielo, sino de personas que quieran vivir el cielo en la tierra.

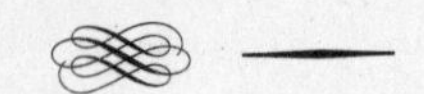

Dios preguntó a su pueblo Israel: ¿Andarán dos juntos, si no estuvieran de acuerdo? (Amós 3:3). El que desea caminar con Dios, debe tener su corazón y conocer sus caminos. En el santo consejo que Dios nos ha dejado en su Palabra, hay un versículo muy corto que contiene la intención de Dios de establecer una diferencia muy importante. Él dijo: ***«Sus caminos notificó a Moisés, y a los hijos de Israel sus obras»*** (Salmo 103:7). El Señor hizo este énfasis para destacar el contraste entre estas dos cosas, porque de otra manera hubiese dicho: los caminos y las obras notificó a Moisés y a Israel. Pero no, el verso afirma que él notificó a Moisés sus caminos, y a los hijos de Israel solo sus obras.

Para conocer la profundidad de esta aseveración empecemos definiendo bíblicamente estas palabras. El vocablo «obras» significa actos, hechos, proezas y hazañas de Dios; «caminos», sin embargo, tiene significados variados, entre ellos: senda, sendero, o tierra hollada o arreglada de tal manera que es posible ir por ella y llegar hasta un destino. Igualmente, «caminos» se traduce como costumbre, conducta o manera de actuar, por ejemplo: *«Porque mis pensamientos no son vuestros pensamientos, ni vuestros* ***caminos*** *mis* ***caminos****, dijo Jehová»* (Isaías 55:8). El término «camino» también se aplica a destino, situación, decisiones, etc. Sin embargo, cuando la Biblia habla de los caminos de Dios, principalmente se refiere a la manera de Dios ser y actuar, es decir a su conducta, su intención, su voluntad, o sea, el propósito, el porqué él hace las cosas.

El versículo en cuestión señala una distinción entre lo que Dios le notificó a Moisés y lo que le participó a la nación de Israel. El pueblo hebreo contempló las «obras» de Dios, por ejemplo, vio a Moisés cuando llegó a Egipto, reunió a los ancianos de Israel y les comunicó acerca de la visión de Dios (Éxodo 3:14,16-17). Así también, vieron las señales que Jehová haría por las manos de Moisés delante del faraón, confirmando su llamamiento como «enviado de Dios» y que había llegado el tiempo de su liberación (Éxodo 4:29-31). Todas esas obras, manifestaciones, milagros y maravillas, Dios le permitió ver y vivir a Israel. Por lo cual, podemos decir que el pueblo hebreo fue impactado por las señales de Dios, en cambio Moisés, que también vivió todos aquellos portentos, sabía las causas, el porqué Dios estaba haciendo todas aquellas obras, debido a que él se lo notificó, le participó sus caminos, los cuales revelaban su propósito. Dios le dijo a Moisés: *«Cuando hayas vuelto a Egipto, mira que hagas delante de Faraón todas las maravillas que he puesto en tu mano; pero yo endureceré su corazón, de modo que no dejará ir al pueblo ... Y a la verdad* [le dijo que dijera al faraón] *yo te he puesto para mostrar en ti mi poder, y para que mi nombre sea anunciado en toda la tierra»* (Éxodo 4:21; 9:16).

Los caminos son la intención de Dios, el porqué, las causas por las cuales actúa. Por tanto, hay una gran diferencia entre ver las obras y conocer los caminos. Abraham, por ejemplo, que también vio los caminos de Jehová, vivió la experiencia de que Dios se le apareciera junto a dos ángeles (en aquella ocasión, por causa del juicio que les sobrevendría a las ciudades de Sodoma y Gomorra, Génesis 18:1-2). Mientras los dos ángeles se encaminaban hacia Sodoma para mirar si la maldad de ellos había llegado a su límite (Génesis 18:22), el Señor caminaba con Abraham, y de una manera hermosa que a mí personalmente me ministró mucho, Jehová se dijo: *«¿Encubriré yo a Abraham lo que voy a hacer…?»* (v. 17). Dios se inquietó, porque al descender para anunciarle a su siervo que por medio a Sara iba a darle un hijo al año siguiente, también decidiría destruir las ciudades de la llanura si era necesario. En otras palabras, Jehová se dijo a sí mismo: «¿Ocultaré yo mis caminos a Abraham?», y no, no se los encubrió, sino que se los notificó (vv. 20-21). Por eso podemos decir que Abraham vio los caminos de Jehová, porque escuchó los secretos del Altísimo, conoció las causas, el fin que Dios quería lograr al hacer las cosas.

Jesús (que posee el mismo carácter de Dios), todas las cosas que el Padre le participó como Hijo, también se las dijo y se las reveló a sus discípulos. Entonces, ¿qué podemos decir que vieron los apóstoles? Los caminos. Por eso, el Señor les dijo a los doce: *«Ya no os llamaré siervos, porque el siervo no sabe lo que hace su señor; pero os he llamado amigos, porque todas las cosas que oí de mi Padre, os las he dado a conocer»* (Juan 15:15). Y en estas palabras, Jesucristo mostró que hay dos maneras de servirle a Dios: como siervo y como amigo. Hay una diferencia entre ser siervo y ser amigo: el siervo no sabe lo que hace su señor, en cambio, el amigo sí. Moisés era amigo de Dios, por eso él le mostró la intención, la causa, el propósito, lo que quería lograr con cada cosa que hacía y mandaba hacer. A diferencia de los israelitas, quienes solamente vieron las manifestaciones, las obras.

Esta imagen usada por Jesús, de siervo y amigo, toma una mayor relevancia por el significado que asume esa condición en la relación. Pensemos en la mentalidad de aquellos días, en lo que era un siervo, alguien menos que un capataz, porque este último es una persona que trabaja por un salario, pero un siervo es una persona que pertenece al amo como una propiedad, como un inmueble, un objeto que se compraba y se vendía (como cualquier bestia de carga) y que trabaja sin recibir ningún tipo de remuneración. Digamos que un siervo era un esclavo, el cual se levantaba por la mañana, muy temprano, y se presentaba donde el amo, el cual le asignaba el trabajo del día. Por ejemplo, le decía: «Vete a los hatos y toma cien ovejas del redil, y llévaselas a fulano de tal que está en «X» lugar». El siervo iba, buscaba las cien ovejas, caminaba los kilómetros necesarios con la manada, y se las llevaba a la persona señalada por su señor. Hecho esto, regresaba y ya, ese fue su trabajo.

En cambio, a un amigo se le dice, por ejemplo: «Pedro, hazme el favor y escoge las mejores cien ovejas de mi rebaño y llévaselas a Felipe, el cual está interesado en comprármelas. Él me ofreció cien denarios por ellas, ¿qué te parece? Yo lo considero justo, y es, precisamente, la cantidad que necesito para comprar la viña que está al lado de mi propiedad, donde pienso plantar una preciosa hortaliza». ¿Qué le dijo este hombre a su amigo? Sus «caminos», su plan, el objetivo que él quería lograr con este convenio o transacción. Entonces, el amigo no solamente llevará el rebaño, sino que sabe por qué lo tiene que llevar y lo que con esa acción su amigo hará. Por tanto, cuando se conocen los caminos, no se anda divagando, desorientado, porque se está al tanto de todos los detalles, se conocen las causas, no solamente los hechos o consecuencias.

Por eso podemos afirmar que los discípulos fueron testigos no solamente de las obras del Hijo de Dios, sino que él también les dio a conocer los misterios del reino, como les dijo: *«A vosotros os es dado conocer los misterios del reino de Dios; pero a los otros por parábolas, para que viendo no vean, y oyendo no entiendan»* (Lucas 8:10). Debido a esto, muchos oyeron parábolas y vieron sus hechos y sus milagrosas manifestaciones, pero no entendieron, en cambio a sus discípulos, Jesús les enseñaba y les hablaba claramente. A ellos que eran sus amigos, Jesús les mostró los caminos, el propósito, la voluntad del que lo envió (Juan 5:30; 6:39).

Jehová mismo expresó su enojo con el pueblo Israel, porque no habían conocido sus caminos, cuando dijo: «*Cuarenta años estuve disgustado con la nación, y dije: Pueblo es que divaga de corazón, y no han conocido mis caminos*» (Salmo 95:10). Esto me enseña algo muy importante: **No es suficiente el conocer las obras de Jehová.** La Biblia dice que es glorioso ver las obras de Dios, cantar sus maravillas, comunicarlas, darlas a conocer. Mas eso no basta, a Jehová le place que también conozcamos sus caminos. ¿Por qué? Porque es posible que yo conozca las obras de Jehová y, aún así, esté divagando de corazón. Ese es, precisamente, el problema de la iglesia de este tiempo. Muchos andan detrás de las obras de Jehová y por eso divagan de corazón, pero de la única manera que se puede estar orientado, andando en el camino, recorriendo su senda es conociendo su intención, pues ahí vemos su corazón.

Dios le enseña a la iglesia y le habla claramente, para que ande detrás de sus caminos, aunque también ame sus obras. Es muy triste que los judíos se conformaran con las obras de la ley y no alcanzaran a conocer el camino de esta, su objetivo o fin, el cual es Cristo. La ley señalaba a Jesucristo, por eso en una ocasión él mismo les dijo: «*Escudriñad las Escrituras; porque a vosotros os parece que en ellas tenéis la vida eterna; y ellas son las que dan testimonio de mí*» (Juan 5:39). El pueblo de Israel fue privilegiado entre las naciones de la tierra, pues fue escogido por Dios para ser un pueblo especial, y no porque fuera mejor que los demás, sino por amor, por el puro afecto de su voluntad (Deuteronomio 7:6-8). Pero ellos, aunque estuvieron siglos viendo las obras de la ley, cuyos mandamientos aprendían de memoria, y los repetían y trataban de vivirlos rigurosamente, cuando vino aquel que era el camino de la ley, la causa, el fin, el todo de lo que se quería lograr con ella, al final no lo reconocieron ni conocieron el tiempo de su visitación (Lucas 19:44). Sin embargo, a nosotros que no andábamos detrás de la ley, el Señor se complació en darnos a conocer los caminos de la misma, por la gracia bendita de Dios en Jesucristo.

La Palabra dice: «*No debáis a nadie nada, sino el amaros unos a otros; porque el que ama al prójimo, ha cumplido la ley. Porque: No adulterarás, no matarás, no hurtarás, no dirás falso testimonio, no codiciarás, y cualquier otro mandamiento, en esta sentencia se resume: Amarás a tu prójimo como a ti mismo. El amor no hace mal al prójimo; así que el cumplimiento de la ley es el amor*» (Romanos 13:8-10). ¿Qué está diciendo el escritor inspirado? Que el fin del mandamiento es el amor. La palabra «fin» en griego es ***telos*** que significa objetivo, propósito, esencia, por lo cual, podemos afirmar que el objetivo, el fin de todos los mandamientos de nuestro Señor es el amor. El amor es y ha sido la razón por la que Dios hace todas las cosas, en la persona de su Hijo. Por eso la Biblia dice: *«Porque el fin* [***telos***] *de la ley es Cristo, para justicia a todo aquel que cree»* (Romanos 10:4). El fin de la ley fue manifestado en Cristo, esta fue un ayo para llevarnos a Cristo. Un ayo (en griego ***paidagogos***, tutor, instructor) es un mentor, un guardián que guía a un niño, lo instruye y supervisa su vida hasta que llegue a su edad viril. Por lo tanto, el objetivo de la ley era instruirnos hasta conducirnos a Cristo, a lo perfecto.

Vemos que los israelitas, en la dispensación de la ley, tenían: *«la adopción, la gloria, el pacto, la promulgación de la ley, el culto y las promesas; de quienes son los patriarcas, y de los cuales, según la carne, vino Cristo, el cual es Dios sobre todas las cosas»* (Romanos 9:4-5). Pero con todo eso, no pudieron alcanzar la justicia perfecta, pero nosotros los gentiles, que no íbamos tras la justicia, la hemos alcanzado por la fe (vv. 30-31). Es algo paradójico que el pueblo hebreo que recibió todo de una manera palpable, que tuvieron la gloria (en griego ***doxa***, estima, esplendor), o sea, la honra, el honor y la majestad de ver nacer al Mesías de su genealogía, y que aunque anduvieron en pos de la justicia, tropezaron, no la hayan logrado. Mas, nosotros —los gentiles— que estábamos ajenos a todas esas cosas, la alcanzamos. ¿No te parece extraño el hecho de que el que anda detrás de algo no lo alcanza y alguien que ni siquiera conoce la existencia de esto, sí lo realiza, puede asirle y lo alcanza? ¿Qué pasó, en qué fallaron los israelitas?

Ilustremos este pensamiento, digamos que tú estás en una ciudad del noroeste de los Estados Unidos y deseas ir al estado de la Florida en automóvil. Para lograr ese fin, deberás tomar la autopista interestatal que va hacia el sur (95 S), porque es la ruta que te llevará directamente a tu destino. Podemos decir, entonces, que los judíos deseaban llegar a la justicia perfecta, por lo que partieron con todo lo que requerían para llegar al fin de las cosas (la justicia). Digamos que tenían el mapa (la ley), el automóvil (el ministerio sacerdotal), la gasolina (el deseo), pero no encontraron «el camino», el propósito de aquellas cosas celestiales. En cambio, nosotros que no teníamos ni el auto, ni la gasolina, ni el mapa, ni siquiera el deseo de ir para allá, encontramos el camino y, con él, ¡todas las cosas que necesitamos para hacer el viaje! ¿Qué te parece?

Sin camino no se llega al fin, aunque se posean todas las cosas que supuestamente se necesitan para viajar y llegar al destino. Los judíos tenían todo, pero despreciaron el camino y no escucharon las palabras de quien dijo: *«Yo soy el camino, y la verdad, y la vida; nadie viene al Padre, sino por mí»* (Juan 14:6). Cristo es la realidad de Dios, su propósito, su Santo Consejo, su Palabra encarnada, el modelo de lo que Dios quiere lograr en todos. Esa es la razón, amado hermano, por la que Israel —que iba en pos de la justicia— no llegó, y nosotros —que no estábamos en pos de nada— llegamos, lo alcanzamos, por Cristo, por él y en él (Romanos 11:36; 1 Corintios 1:30).

¿Y todo eso, por qué? Porque con las obras nadie llega al camino, e incluso, esas obras, de la manera perfecta que Dios quería que fuesen hechas, fue Cristo quien también las realizó (Hebreos 5:9), así que ni siquiera en eso tiene de qué gloriarse el pueblo hebreo (Mateo 23:3). El camino es Cristo. Es bueno aclarar que estamos hablando de un pueblo cuya historia y existencia es Jehová, al que su celo por Dios le ha costado mucho. Así también hay iglesias que tienen celo, que se entregan; hermanos que buscan a Dios sinceramente; gente de ayuno y oración, que obran, pero que también les falta algo. Hablamos de Israel, cuyas fiestas culturales, incluso, son las fiestas solemnes a Dios, por lo que nuestro sentir, al expresar estas cosas, es el mismo del apóstol Pablo cuando dijo: *«Hermanos, ciertamente el anhelo de mi corazón, y mi oración a Dios por Israel, es para salvación. Porque yo les doy testimonio de que tienen celo de Dios, pero no conforme a ciencia»* (Romanos 10:1-2). Los israelitas tienen celo, tienen obras, pero les falta algo, ¿Por qué? *«Porque ignorando la justicia de Dios, y procurando establecer la suya propia, no se han sujetado a la justicia de Dios; porque el fin de la ley es Cristo, para justicia a todo aquel que cree»* (Romanos 10:3-4). La justicia de Dios es camino también (2 Pedro 2:21), es decir que el fin, el objetivo de la ley, su propósito y lo que ésta quiso y quiere alcanzar es Cristo.

Esto es una ilustración para nosotros hoy, y es bueno que meditemos en ello, porque entre nosotros hay muchos cristianos que conocen las obras de Dios, pero no tienen el corazón de Dios, no conocen sus caminos y por eso andan divagando en su corazón. Ellos tienen celo, tienen unción, hacen señales, realizan obras y las siguen, pero no conocen el corazón de Dios, por eso se apartan del camino y fácilmente se desvían. Confirmemos esto con la Palabra que Jehová le dijo al pueblo de Israel: *«Pronto se han apartado del **camino** que yo les mandé; se han hecho un becerro de fundición, y lo han adorado, y le han ofrecido sacrificios, y han dicho: Israel, éstos son tus dioses, que te sacaron de la tierra de Egipto»* (Éxodo 32:8). Fíjate, ellos se apartaron del camino que Dios les mandó que decía: Solo al Señor tu Dios adorarás y a él solamente servirás, y él solamente será el objeto de tu alabanza. Hay un Dios, un solo Dios, Israel lo tenía que saber, porque en ese conocimiento estaba el camino a su liberación y posesión de su herencia en la tierra (Números 33:54). Por lo cual, al apartarse de ese camino, perdieron el propósito.

¿Sabes por qué alguien puede ver milagros, señales, y grandes portentos y seguir así, como el que no ha visto nada? Porque las obras no son suficientes para llegar a conocer a Dios. Al Señor se le conoce en sus caminos, no en sus obras. A Dios se le alaba por las obras, pero únicamente se le conoce por sus caminos. Moisés oro diciendo: *«Ahora, pues, si he hallado gracia en tus ojos, te ruego que me muestres ahora tu **camino**, para que te **conozca**»*(Éxodo 33:13). Cuántas veces, personas cristianas han tenido una vida llena de milagros y un día cesa Dios de hacerles un «milagrito» y al instante blasfeman el nombre de Dios y le atribuyen despropósito. Se van las obras y con ellas su fe, y la gente que observa no lo puede entender, y dicen: «Pero a este hombre Dios lo usó para sanidades extraordinarias y ahora míralo en el mundo, extraviado, ¿por qué?» Porque conoció las obras y no los caminos. Sin embargo, hay personas que nunca han visto un milagro y están enamoradas de Dios de una forma extraordinaria, porque han visto sus caminos.

A Dios se le alaba por las obras, pero únicamente se le conoce por sus caminos.

Por tanto, en todo lo que hagamos y en cada cosa que enfrentemos en la vida, busquemos el camino. Admiremos, proclamemos y cantemos las obras de Jehová, pero amemos más sus caminos, porque son ellos los que explican las obras, y en cambio estas nunca nos dirán cuáles son los caminos. Consideremos la oración del salmista en el Salmo 119. Él pedía conocer, entender y andar por el camino de cada aspecto de la palabra de Dios. Miremos detenidamente su petición en este salmo:

*«Me he gozado en **el camino de tus testimonios** más que de toda riqueza»* (Salmo 119:14).

*«Hazme entender **el camino de tus mandamientos**, para que medite en tus maravillas"* (Salmo 119:27). Según el salmista, las maravillas de los mandamientos se encuentran en su camino.

*«Enséñame, oh Jehová, **el camino de tus estatutos**, y lo guardaré hasta el fin»* (Salmo 119:33).

Esto revela dos cosas: Primero, solo en el camino se conoce y se disfruta del consejo de Dios; y segundo, cada cosa de Dios tiene un camino. David oraba con frecuencia a Dios que le mostrase sus caminos (Salmos 5:8; 17:5; 25:4,5). Por ejemplo, él pedía: *«Sustenta mis pasos en tus caminos, para que mis pies no resbalen»* (Salmo 17:5). Esta oración confirma lo que hemos enseñado acerca de que cuando no andamos en los caminos de Dios, aunque veamos muchas señales y portentos, nos acontecerá como a Israel. Nota una vez más lo que Dios le dijo al pueblo que vio las maravillas de Jehová por cuatro décadas en el desierto: *«Cuarenta años estuve disgustado con la nación, y dije: Pueblo es que divaga de corazón, y no han conocido mis caminos»* (Salmo 95:10). El Señor da la razón por la cual divagaban en la última parte del versículo, él se lo atribuye a que no han conocido sus caminos. El profeta Isaías emplea dos veces la palabra «divagar» en el siguiente pasaje: *«Pero también éstos erraron con el vino, y con sidra se* ***entontecieron****; el sacerdote y el profeta erraron con sidra, fueron trastornados por el vino; se* ***aturdieron*** *con la sidra, erraron en la visión, tropezaron en el juicio. Porque toda mesa está llena de vómito y suciedad, hasta no haber lugar limpio. ¿A quién se enseñará ciencia, o a quién se hará entender doctrina? ¿A los destetados? ¿a los arrancados de los pechos? Porque mandamiento tras mandamiento, mandato sobre mandato, renglón tras renglón, línea sobre línea, un poquito allí, otro poquito allá; porque en lengua de tartamudos, y en extraña lengua hablará a este pueblo»* (Isaías 28:7-11).

Isaías dijo que el sacerdote y el profeta erraron con sidra, fueron trastornados por el vino, se aturdieron y entontecieron por la sidra, y por eso erraron en la visión y tropezaron en el juicio. Las palabras «**entontecieron**» y «**aturdieron**» son en hebreo el mismo término que se usa para el «divagar» del salmo 95, cuando dice: *«Pueblo es que* ***divaga*** *de corazón, y no han conocido mis caminos»* (v. 10). Este vocablo significa «dar traspiés», como andan dando los borrachos, por el efecto del alcohol. Se traduce también «extraviarse», «errar», «tambalearse», etc. Los líderes de Israel (sacerdotes y profetas), dijo el escritor inspirado, erraron en la **visión** y en el **juicio**, porque divagaban y daban traspiés por causa de la sidra y el vino. El verso 8 dice: *«Porque toda mesa está llena de vómito y suciedad, hasta no haber lugar limpio»*. Esto le sucede a los borrachos por causa de la intoxicación alcohólica y los tropezones que dan, mareados, echan todo violentamente hacia afuera. Mas, ¿cuántos ministros divagan hoy, andan dando traspiés como los borrachos, ensuciando la mesa del Señor con su vómito, por no conocer los caminos de Dios?

¿Cuántos líderes de la iglesia están errando en la visión y tropezando en el juicio por ignorar los caminos rectos del Señor? Los líderes de Israel reaccionaron indignados porque la instrucción que Isaías les daba les hacía sentirse como niños y se burlaban de su método infantil, diciendo que les hablaba «*mandamiento tras mandamiento, mandato sobre mandato, renglón tras renglón, línea sobre línea, un poquito allí, otro poquito allá*» (Isaías 28:10).

En este aspecto, a mí, como siervo del Señor, me sucedió algo parecido, aunque mi sentir era inverso al de estos hombres. Ellos tropezaron porque no conocían el camino, pero yo en cambio, andaba extraviado en el mismo camino. Permíteme compartir esa experiencia contigo, y para ello te hablaré un poquito de mi vida: Cuando apenas cumplía los dieciséis años de edad fui traslado por Dios del reino de las tinieblas a la luz admirable. Mi conversión fue genuina y auténtica, pues no solo entregué mi vida al Señor Jesucristo, sino también mi corazón. Mis primeros años en la fe fueron muy intensos. En mi alma ardió siempre el fuego y la pasión evangelísticas. A pesar de mi corta edad, celebraba compañas de evangelización. El Señor me permitió disfrutar del gozo indecible de traer pecadores a sus pies. Desde entonces, amé la devoción y entendí la necesidad y la trascendencia de darle cada día a Dios mi primer pensamiento y la primicia de mi tiempo.

En aquellos años, mi meta era leer cada día cuarenta capítulos de la Biblia y quinientas páginas de un libro con contenido bíblico cada semana. La congregación en la cual nací y crecí en el Señor, celebraba cuatro servicios por semana, y en mis primeros tres años como creyente solo falté a una reunión, porque ese día estaba muy enfermo. Me rodee de ministros de la denominación, viajaba con ellos y tomaba parte en sus actividades pastorales y ministeriales. Participaba, además, en vigilias, ayunos y en todo lo que me podía edificar, pues, aunque era muy mozo, Dios nunca fue para mí un pasatiempo o escapismo. Desde que la gracia del Señor me alcanzó y se manifestó en mí, él ha sido el amor y la pasión de mi vida.

Cuando observo mi interior, puedo advertir que si hay algo que el Espíritu Santo ha hecho abundar en mí, desde mi juventud, es un profundo temor reverente a la persona de nuestro Dios y a todo lo relacionado con él. A los diecisiete años recibí el llamado al ministerio, pero no me fue difícil renunciar al sueño y al ideal de mi vida, que era ser médico. Recuerdo que lo único que le dije al Señor fue: «Si yo voy a dejar lo mío (ser médico) para hacer lo tuyo (ser ministro), quiero hacerlo bien.

¡Por favor!, úsame sin reservas y sin límites». La lectura de las biografías de los grandes hombres, héroes de Dios, me llenó de sueños y me inspiró a darme enteramente para mi Señor. Sus vidas abnegadas me enseñaron a amar el altar del sacrificio en mi servicio a favor de la obra del Padre.

Mis años como estudiante de Teología no fueron solo de actividades académicas, sino también espirituales, sobre todo de esfuerzos de evangelización. El Señor me usó y muchas almas vinieron a él por medio de la predicación del evangelio en mi tiempo como seminarista. A los veinticuatro años de edad, comencé mi ministerio pastoral. Y si como creyente fui intenso y devoto, como ministro todo aumentó a la «divina potencia». Me embargó un profundo deseo de agradar a Dios en todo. Se acrecentó en mí el sentido de responsabilidad. Quería ser excelente en todo, como mayordomo, administrador, predicador, consejero, etc.

La denominación cristiana a la cual pertenecía no creía en la obra del ministerio del Espíritu Santo. No obstante, mi anhelo por crecer en Dios aumentaba cada día. Mi hambre por la presencia del Señor me llevó a buscarle intensamente, igualmente a mi congregación. En un ambiente donde se oraba poco y no se conocía la súplica en el Espíritu, nuestra congregación, por siete sábados consecutivos, realizó vigilias (amanecimos orando) y el Señor comenzó a manifestarse poderosamente en mí y de esa manera me fue revelada la vida en el Espíritu Santo (2 Corintios 3:8). Irónicamente, por la revelación del mensaje de la gracia y la vida en el Espíritu, tuve que salir de la denominación a la que pertenecí por diecisiete años. Al año y medio después de abandonar la organización fui bautizado con el Espíritu Santo. Esta experiencia marcó para siempre mi vida personal y ministerial, y fue el principio del ascenso hacia la gloria de Dios. Desde entonces, mi crecimiento y mi madurez han sido notables.

Mi sed de Dios y mi hambre por lo infinito me ha llevado a experimentar todas las etapas: desde ser un ministro soñador y un cristiano insaciable, hasta llegar literalmente a enfermar de amor por Dios (Cantares 2:5; 5:8). También he vivido todas las crisis y angustias que puede vivir un cristiano, en su muerte a la carne, para vivir para Dios. He amado y buscado la plenitud del Padre. Nunca he sido conformista. Creo que el que camina con el Señor debe saber que él no se detiene, que su camino es ascendente. En Dios siempre hay algo más. En él se comienza, pero no se termina, pues lo que hizo ayer me preparó para hoy, y lo de hoy, me hace apetecer lo que hará mañana.

He compartido contigo estas experiencias de mi vida, no para que me conozcas, sino para contextualizarte y puedas considerar algo muy importe que voy a decirte a continuación. Al principio de mi ministerio, en mi afán de agradar a Dios en todo y de ser excelente en todos los aspectos del servicio, le dije al Padre: «Señor, tú sabes que quiero agradarte en todo y anhelo, con todo mi corazón, servirte bien, pero el ministerio contiene muchas áreas y muchas demandas. Necesito que me resumas mi trabajo. Dime una sola cosa que al hacerla, simultáneamente, lo esté haciendo todo». El Señor no me contestó por muchos años, a pesar de que le formulaba la pregunta frecuentemente. Notaba que en algunos aspectos podía ser eficiente, pero en otros no. Esto me frustraba, y como deseaba agradarle en todo, se convirtió en una gran preocupación. Como mayordomo de Dios he aprendido que debo administrar bien todo lo que el Señor me da. Estaba creciendo en gracia, conocimiento, revelación, madurez, etc. Así que el aumento de la gracia me hacía mayor deudor, y por consiguiente, me llegué a sentir insatisfecho delante de mi Señor.

Finalmente, en el año 1990, el Señor se complació en contestar mi oración y me reveló lo que he llamado «el propósito de los propósitos», «el camino de los caminos», pues me hizo ver dónde comienza y termina el designio de su voluntad. El Padre me reveló su mismísimo corazón. No puedo decir con palabras el impacto que esta revelación ha causado en mi vida y ministerio. Desde entonces, todo lo veo, lo entiendo y lo hago desde esa perspectiva, y es el mensaje que comparto contigo en este libro: **«Para que Dios sea el todo en todos».**

Ahora percibo algo que al advertirlo me hace conocer todo lo de Dios; ahora discierno algo que desde que lo comprendí me ha hecho entender a Dios. Esta revelación me ha hecho saber hasta qué medida debo amarle y por qué debo servirle. La encarnación del Hijo no solo nos trajo revelación de Dios, sino que puso a Dios al alcance nuestro. Él se hizo cercano. La Biblia dice que en la encarnación, Jesús se *«despojó»* (Filipenses 2:7). Ese despojamiento no redujo la divinidad, sino la hizo accesible y comprensible a los hijos de los hombres. Es como si Dios se hubiese resumido y simplificado hasta que un niño lo pudiese entender. Eso te puede ilustrar lo que esta revelación causó en mí, y también hará lo mismo contigo, si lees este libro con un espíritu humilde y sediento de Dios.

De la misma manera que en mi conversión el Espíritu Santo me convenció de pecado y me mostró cuán perdido y lejos de Dios me encontraba, así también sucedió, ministerialmente hablando, cuando el Señor me reveló este mensaje. Me hizo ver que mi sinceridad, mi celo, mi pasión, mi intensidad, mi visión y mi insaciable búsqueda para obtener más de él, todo se hacía vano, vacío y sin objetivo, si no entendía y vivía para la sublime y suprema causa: «Para que Dios sea el todo en todos». Lo ilustraré de la siguiente manera, Pablo dijo: *«Pues no me envió Cristo a bautizar, sino a predicar el evangelio; no con sabiduría de palabras, para que no* ***se haga vana*** *la cruz de Cristo»* (1 Corintios 1:17). Si la iglesia en sus siglos de historia hubiese entendido esta afirmación del apóstol, se hubiera sentido avergonzada y hubiese buscado el arrepentimiento con dolor y lágrimas, pues todos hemos hecho vana la cruz de Cristo. Según Pablo, hacemos vano el mensaje del evangelio cuando lo mezclamos con cualquier elemento, por ejemplo, con palabras de «humana sabiduría», que es lo mismo que: filosofías, razón, intelectualismo, humanismo, etc. Todo esto se puede llamar «el espíritu de Grecia». El evangelio es de Dios, vino del cielo, es espiritual, es misterio revelado, pero cuando se mezcla con lo humano, se pervierte, y pervertirlo es cambiarle el carácter o su naturaleza. Eso es exactamente lo que hacemos cuando fusionamos el evangelio con cualquier otra cosa que pertenezca a esta dimensión de vida natural.

El verbo ***kenow***, el «hacer vano» que usa Pablo, significa en griego: «vacío de resultado, ausencia de cualidad, sin efecto, sin objetivo, algo irrelevante». Eso hemos hecho con el evangelio cada vez que lo hemos combinado o relacionado con el conocimiento de este siglo y con la sabiduría humana. El Señor, estudiando esta palabra, me reveló algo que tiene desde entonces aturdido mi corazón, porque me ha hecho ver que nuestro pecado es aún más ofensivo a Cristo y a su obra redentora, ya que «hacer vano» es la misma palabra que usa Pablo en Filipenses 2:7 cuando dice *«que se* ***despojó*** *a sí mismo»*. Para explicarme mejor, voy a escribirte el contexto de este verso: *«Haya, pues, en vosotros este sentir que hubo también en Cristo Jesús, el cual, siendo en forma de Dios, no estimó el ser igual a Dios como cosa a que aferrarse, sino que se* ***despojó*** *a sí mismo, tomando forma de siervo, hecho semejante a los hombres; y estando en la condición de hombre, se humilló a sí mismo, haciéndose obediente hasta la muerte, y muerte de cruz. Por lo cual Dios también le exaltó hasta lo sumo, y le dio un nombre que es sobre todo nombre, para que en el nombre de Jesús se doble toda rodilla de los que están en los cielos, y en la tierra, y debajo de la tierra; y toda lengua confiese que Jesucristo es el Señor, para gloria de Dios Padre"* (Filipenses 2:5-11). El término griego ***kenow*** (kenóo) no se traduce en este pasaje como «hacer vano», sino como «se despojó», «se vació». En otras palabras, para que hubiese redención para nosotros, el Señor Jesús se «vació», «se despojó»; siendo Dios se hizo hombre; después se hizo siervo; luego siendo el autor de la vida, descendió y decidió morir. Continuó humillándose hasta elegir la muerte más ignominiosa, la cruz.

La *kénosis* (vaciamiento) de Cristo tuvo como propósito que hubiera para nosotros «evangelio», o sea, un mensaje de reconciliación y salvación. Por tanto, cuando nosotros predicamos el evangelio con «palabras de humana sabiduría» o unimos el mensaje de la cruz con cualquier elemento humano, llámese conocimiento, método, estrategia, u otra cosa, hacemos **«vacío el vaciamiento de Cristo».** En otras palabras, reducimos a nada lo que es la gloria de la humillación de Jesús. La grandeza, el impacto, la eficacia, la motivación y la apelación del bendito evangelio se encuentra en el *«sentir que hubo también en Cristo Jesús»* (Filipenses 2:5).

Esto explica porqué el evangelio ha perdido su poder y eficacia en la mayoría de nuestras iglesias. Hemos "vaciado el vaciamiento". Lo hemos reducido a algo común, sin resultado, sin efecto, sin cualidad, sin objetivo. Lo que es en sí mismo el argumento más poderoso del evangelio, que **Cristo se «vació» de su gloria para llenarnos de ella**, lo hemos convertido en menos que nada. Cuando el evangelio no es *«según Cristo»* (Colosenses 2:8), entonces es *«según las tradiciones de los hombres, conforme a los rudimentos del mundo»* (v. 8). El resultado, según el apóstol es *«filosofías y huecas sutilezas»* (v. 8). Aplicando, quiero decirte que, de la misma manera, la vida cristiana, la relación con Dios, la predicación y el ministerio, sufren un vaciamiento de su gloria cuando Dios no es *«el todo y en todos»*.

Es triste perderse por no conocer el camino, pero superlativamente lamentable es extraviarnos estando en el mismo camino.

Es triste perderse por no conocer el camino, pero superlativamente lamentable es extraviarnos estando en el mismo camino. En la parábola del hijo prodigo aprendemos que el hijo mayor, que nunca se fue de la casa, que nunca había desobedecido y que había servido al padre por muchos años (Lucas 15:29), estaba más perdido que el hijo que había abandonado la casa del Padre y *«había consumido sus bienes con rameras»* (v. 30). ¿Por qué era más pródigo el que se quedó que el que se fue? El hijo mayor había servido al Padre y le había obedecido, pero no tenía su corazón. Esa era la razón por la cual no entendía el motivo de la fiesta y el gozo del Padre cuando llegó su hermano. En vez de alegrarse con su padre, le fue una causa de dolor el día de la celebración. Podemos vivir con el Padre y no conocerlo. Podemos trabajar para él y no entender su conducta. El que no tiene el corazón del Padre, puede que sirva incansablemente para contribuir a su causa, pero no le agradará ni disfrutará de sus bienes ni tampoco de sus festejos. El hijo mayor aunque «siempre estaba con el Padre» (Lucas 15:31), nunca lo tuvo. Aunque «todas las cosas eran suyas» (v. 31) nunca las disfrutó. Él mismo dijo: *«He aquí, tantos años te sirvo, no habiéndote desobedecido jamás, y nunca me has dado ni un cabrito para gozarme con mis amigos»* (v. 29).

A Dios lo conocemos cuando conocemos sus caminos, pero le entendemos solo cuando tenemos su corazón.

A Dios lo conocemos cuando conocemos sus caminos, pero le entendemos solo cuando tenemos su corazón. Si caminamos con Dios sin conocer su camino, el seguirlo se nos hará duro y tedioso y andaremos divagando. En cambio, conocerlo en sus caminos y entenderlo según su corazón pondrá nuestros pies en sus alturas. Entonces, veremos a través de sus ojos, oiremos por medio de sus oídos y entenderemos a la medida de la plenitud de Cristo.

El salmista dijo en su oración: *«Por el camino de tus mandamientos correré, cuando ensanches mi corazón»* (Salmo 119:32). Cuando no conocemos nada del camino, estamos detenidos. Cuando conocemos algo del camino, solo podemos caminar un tramo del mismo. Cuando conocemos todo el camino, podemos no solo caminar, sino correr hasta llegar a su fin. Hay una sola manera de conocer todo el camino y es cuando el Señor nos revela que él es el todo y en todos. Si tenemos un corazón inconverso no conocemos nada del camino; cuando somos cristianos promedio conocemos algo del camino, pero cuando tenemos el mismo sentir de Dios, cuando tenemos *«el corazón ensanchado»*, entonces somos aptos para correr por «el camino de los caminos», que es este: Para que Dios sea el todo en todos.

Amigo lector, el Señor quiere ensanchar tu corazón a la medida del suyo y hacerte correr por el camino de los caminos. Te invito a entrar conmigo donde nace el río del corazón de Dios, y donde desemboca el propósito eterno de su voluntad: «**PARA QUE DIOS SEA EL TODO EN TODOS**».

El autor
Nueva York, Estados Unidos,
Agosto del 2003

CAPÍTULO 1

DIOS, EL TODO EN TODOS

«Luego el fin, cuando entregue el reino al Dios y Padre, cuando haya suprimido todo dominio, toda autoridad y potencia. Porque preciso es que él reine hasta que haya puesto a todos sus enemigos debajo de sus pies. Y el postrer enemigo que será destruido es la muerte. Porque todas las cosas las sujetó debajo de sus pies. Y cuando dice que todas las cosas han sido sujetadas a él, claramente se exceptúa aquel que sujetó a él todas las cosas. Pero luego que todas las cosas le estén sujetas, entonces también el Hijo mismo se sujetará al que le sujetó a él todas las cosas, PARA QUE DIOS SEA TODO EN TODOS» (1 Corintios 15:24-28).

Que **Dios sea todo en todos** es la causa y la motivación del corazón de toda criatura que ama y conoce al Padre. El reino de Dios se fundamenta en este principio. **El que Dios sea el todo** ha sido la piedra angular que ha sostenido, inclusive, a la misma eternidad. El universo se ha preservado porque él es el todo. El mundo visible y el invisible han existido y han sido conservados gracias a que él sigue siendo el todo. Él es el todo del tiempo, porque es *«el que es y que* *era y que ha de venir, el Todopoderoso»* (Apocalipsis 1:8). De la misma manera él es el todo de la creación, porque *«todo fue creado por medio de él y para él»* (Colosenses 1:16). No importa las innumerables cosas que hayan en el mundo, todo estaría vacío sin él, porque él es *«la plenitud ... que todo lo llena»* (Efesios 1:23). Los cielos están tan llenos de él que no lo pueden contener (1 Reyes 8:27).

Todo lo que existe es parte de un todo, y Dios es ese todo.

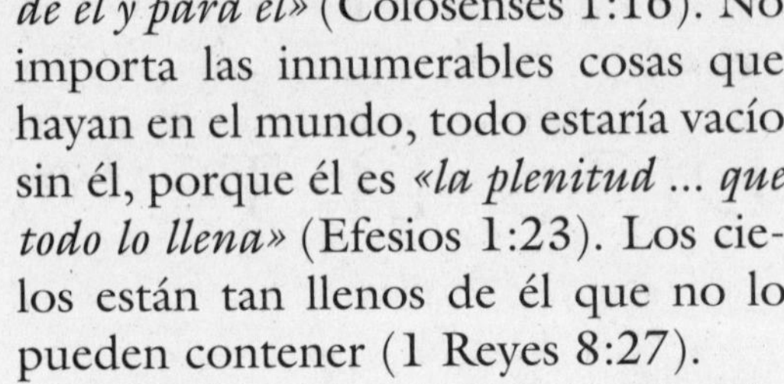

El Señor no solo creó todo y lo llena todo, sino que todo procede de él. **Todo lo que existe es parte de un todo, y Dios es ese todo.** La Biblia enseña que el universo fue constituido por la Palabra de Dios (Hebreos 11:3). El salmista escribió: *«Por la palabra de Jehová fueron hechos los cielos, y todo el ejército de ellos por el aliento de su boca»* (Salmo 33:6). **Todo lo creado posee una parte de Dios;** hay un aliento de su boca en cada ser humano; hay una palabra de Dios en el sol, otra en la luna y otra en las estrellas, porque *«él dijo, y fue hecho; él mandó, y existió»* (Salmo 33:9). Esa es la razón por la cual el escritor inspirado, refiriéndose a la dependencia que tienen los seres vivientes de Dios, dice: *«Todos ellos esperan en ti, para que les des su comida a su tiempo. Les das, recogen; abres tu mano, se sacian de bien. Escondes tu rostro, se turban; les quitas el hálito, dejan de ser, y vuelven al polvo»* (Salmo 104:27-29).

Dios se tomó a sí mismo para dar origen a su creación. Generalmente, decimos que el Todopoderoso creó todas las cosas de la nada, pero la Biblia nos enseña que Dios tomó esencia de sí mismo para crear todo lo que existe, por ejemplo: su voluntad, su poder, su sabiduría, su perfección, su aliento y su Palabra. Esa es una de las causas por la cual la Biblia dice que la tierra está llena de su gloria. Quiero aclarar que con este pensamiento no estoy enseñando panteísmo, pues no creemos que Dios esté metido en el sol para que alumbre, sino que el sol tiene en sí mismo un mandamiento que él le dio. Él ordenó: *«Haya lumbreras en la expansión de los cielos ... Y fue así»* (Génesis 1:14,15). El sol, como toda la creación, existe por Dios y para Dios (Colosenses 1:16).

El hombre fue hecho del polvo de la tierra, pero lleva en su nariz aliento de vida (Génesis 2:7). Lo que quiero enseñar es que Dios no creó las cosas separadamente de él, sino que toda la creación fue diseñada para estar relacionada entre sí, y sobre todo con su Creador. Todas las cosas creadas por Dios, no solo se interrelacionan, sino que son interdependientes. Esto explica el porqué cuando una especie animal se extingue pone en peligro a otras o produce un desequilibrio ecológico. No tiene nada de extraño que la luna, el sol y las estrellas de alguna manera afecten nuestra existencia, pues tanto los astros como nosotros somos parte del mismo sistema y del mismo propósito (Génesis 1, 2).

Todo lo creado posee una parte de Dios, pues él se tomó a sí mismo para dar origen a su creación.

Entendemos que Dios es el centro, la causa y la esencia de todas las cosas. Por tanto, el orden y la seguridad del universo dependerán siempre de que él siga siendo el todo. Irrevocablemente, el Señor continuará siendo el todo, pero él quiere ser el todo en **todos**, pues, en este mundo, Dios es el todo en **muchos**, pero no es el todo en todos.

I.1 Cuando Dios era el todo en todos

> *«Cuando alababan todas las estrellas del alba, y se regocijaban todos los hijos de Dios»* (Job 38:7).

Transportémonos por un momento en espíritu más allá del Edén, para meditar en aquella ocasión en la historia del universo en donde Dios era el todo en todos. La Biblia habla muy poco del período de la eternidad cuando todo era perfecto. Carecemos de revelación al respecto. Es sabio hablar poco de lo que Dios habló poco y callar absolutamente cuando él guarda silencio. Nunca debiéramos olvidar lo que enseñan las Sagradas Escrituras: *«Las cosas secretas pertenecen a Jehová nuestro Dios; mas las reveladas son para nosotros y para nuestros hijos para siempre»* (Deuteronomio 29:29). Sin embargo, a pesar de los escasos datos que nos provee la revelación bíblica acerca de este asunto, podemos entender, aunque sea en parte, cómo era el reino eterno del Padre cuando él era el todo en todas sus criaturas, sin excepción de ninguna.

Lo que conocemos de la persona de nuestro Dios, a través del Libro Santo, nos puede ayudar a comprender, aunque sea limitadamente, lo que era su universo cuando él reinaba absolutamente sobre todas sus obras y en todas sus criaturas. En el libro de Job hay un pasaje que, indiscutiblemente, describe lo que era la eternidad cuando toda la creación y todos los seres creados estaban en armonía con el Creador. Dios formula algunas preguntas al patriarca Job acerca del momento en que él creaba la tierra y se echaron los cimientos de este planeta, antes que el mundo fuese hecho, diciéndole: «*Yo te preguntaré, y tú me contestarás. ¿Dónde estabas tú cuando yo fundaba la tierra? Házmelo saber, si tienes inteligencia. ¿Quién ordenó sus medidas, si lo sabes? ¿O quién extendió sobre ella cordel? ¿Sobre qué están fundadas sus bases? ¿O quién puso su piedra angular, cuando alababan* ***todas*** *las estrellas del alba, y se regocijaban* ***todos*** *los hijos de Dios?*» (Job 38:3-7).

Nota la generalidad de los términos en ese pasaje: «***todas*** *las estrellas del alba*» y «***todos*** *los hijos de Dios*». Es decir que todos, sin excepción, se regocijaban con el Creador, celebrando la obra de la creación. El Padre llevó a la fiesta a todas las estrellas del alba cuando celebraba la creación del planeta tierra, y todas alababan a Dios por su poder, sabiduría y gloria. Todos participaban del gozo del Hacedor. Y si todos alababan y se regocijaban, quiere decir entonces que no había dolor, ni tristeza, solo alegría. Por tanto, todo ser creado se complacía en su Creador.

Las estrellas del alba que se mencionan en el versículo en cuestión se refieren a los ángeles (Job 1:6), pues los astros no pueden alabar, solo mostrar la gloria de su manos (Romanos 1:20). La Biblia dice que Cristo es la estrella resplandeciente de la mañana, también habla de las siete estrellas que son los ángeles de las siete iglesias (Apocalipsis 2:28; 22:16; 1:20), y se refiere a los impíos como a las estrellas errantes (Judas 1:13). Es decir que a los seres celestiales se les llama estrellas, pero a Lucifer se le llamaba, además, lucero. Por tanto, cuando se dice que todas las estrellas del alba alababan, se incluye al lucero de la mañana, porque todavía en ese tiempo no se había rebelado.

Cuando Dios era el todo, también Lucifer estaba entregado a él, pues era un querubín protector, y estaba allá, alabando al que vive para siempre jamás. Estoy seguro que de todas las estrellas, el que más lindo alababa era el lucero de la mañana, pues en ese tiempo todas las estrellas (sin excepción) estaban en armonía con su Creador. El alba es el amanecer, por tanto, en el amanecer de la eternidad, todas las estrellas estaban íntimamente ligadas con Dios, en conformidad con él, amándolo y alabando, porque él era el centro de toda la creación. Todas las cosas que existían en la aurora del «tiempo» eterno hablaban de Dios, pensaban solo en Dios y para Dios; sentían en Dios, por Dios y para Dios; actuaban en Dios, por Dios y para Dios; y él era el centro, la esencia, la sustancia, el todo de todos.

Los seres celestiales alababan al Señor y se regocijan en sus hechos portentosos porque le amaban y le admiraban. Ellos decían como el salmista: «*Alabaré a Jehová con todo el corazón en la compañía y congregación de los rectos. Grandes son las obras de Jehová, buscadas de todos los que las quieren. Gloria y hermosura es su obra, y su justicia permanece para siempre. Ha hecho memorables sus maravillas; clemente y misericordioso es Jehová. Ha dado alimento a los que le temen; para siempre se acordará de su pacto. El poder de sus obras manifestó a su pueblo, dándole la heredad de las naciones. Las obras de sus manos son verdad y juicio; fieles son todos sus mandamientos, afirmados eternamente y para siempre, hechos en verdad y en rectitud*» (Salmo 111:1-8). ¿Quién que conozca al Señor y a sus obras no se regocija y alaba? Las obras de Jehová son dignas de ser recordadas, celebradas, publicadas y «*buscadas por todos los que se deleitan en ellas*» (Salmo 111:2, Biblia de las Américas). Por tanto, podemos decir que hay tres motivos primordiales por los cuales los hijos de Dios le alabamos y nos regocijamos en él:

Primero, por lo que él es; por sus atributos, su carácter y todo lo que constituye su persona. Por ejemplo, la Biblia dice: «*Alabad a Jehová, porque él es bueno; porque para siempre es su misericordia ... Proclamarán la memoria de tu inmensa bondad, y cantarán tu justicia. Clemente y misericordioso es Jehová, lento para la ira, y grande en misericordia. Bueno es Jehová para con todos, y sus misericordias sobre todas sus obras*» (Salmos 106:1; 145:7-9).

Segundo, le alabamos por lo que él ha hecho. El salmista escribió: «*Cantad a Jehová cántico nuevo, porque ha hecho maravillas; su diestra lo ha salvado, y su santo brazo ... Grande es Jehová, y digno de suprema alabanza; y su grandeza es inescrutable. Generación a generación celebrará tus obras, y anunciará tus poderosos hechos. En la hermosura de la gloria de tu magnificencia, y en tus hechos maravillosos meditaré. Del poder de tus hechos estupendos hablarán los hombres, y yo publicaré tu grandeza*» (Salmo 98:1; 145:3-6).

Tercero, por lo que él ha dicho. Acerca de esto, los cánticos del salterio dicen: «*Las misericordias de Jehová cantaré perpetuamente; de generación en generación haré notoria tu fidelidad con mi boca. Porque dije: Para siempre será edificada misericordia; en los cielos mismos afirmarás tu verdad. Hice pacto con mi escogido; juré a David mi siervo, diciendo: Para siempre confirmaré tu descendencia, y edificaré tu trono por todas las generaciones. Selah Celebrarán los cielos tus maravillas, oh Jehová, tu verdad también en la congregación de los santos ... No olvidaré mi pacto,* *ni mudaré lo que ha salido de mis labios. Una vez he jurado por mi santidad, y no mentiré a David. Su descendencia será para siempre, y su trono como el sol delante de mí»* (Salmo 89:1-5, 34-36). *«Aclamad a Jehová con arpa; cantadle con salterio y decacordio. Cantadle cántico nuevo; hacedlo bien, tañendo con júbilo. Porque recta es la palabra de Jehová, y toda su obra es hecha con fidelidad. Por la palabra de Jehová fueron hechos los cielos, y todo el ejército de ellos por el aliento de su boca»* (Salmo 33:2-4,6).

La adoración verdadera no es una mera forma, ni un mandamiento aprendido, y mucho menos una liturgia muerta, vana y formalista. La adoración de los que conocen y aman a Dios es una expresión viva, genuina y espontánea que manifiesta nuestro verdadero sentir por la persona de nuestro Dios. La adoración expresa el grado de amor, respeto y gratitud que existe en nuestro corazón por nuestro Padre divino. Si conocemos al Señor, sin duda que le vamos a admirar y por consiguiente, ponderaremos con máxima expresión todos sus atributos. Si sus obras nos han sido manifiestas, de seguro que no cesaremos de celebrarlas y recordarlas. Cuando Dios es nuestra causa, nos alegraremos grandemente por todos los triunfos de su propósito. Cuando nuestros corazones están ligados a él por el perfecto vínculo del amor, compartiremos con él el mismo sentir de su alma. Cuando amamos a Dios es inevitable que deseemos su honra y procuremos su honor. Cuando entendemos quién es él, es fácil saber quienes somos nosotros, entonces no nos será difícil darle su lugar. **Solo los que han tenido una revelación de su gloria saben vivir a sus pies.**

Solo los que han tenido una revelación de su gloria saben vivir a sus pies.

La señal más evidente de que un hombre no conoce a Dios es el orgullo. La Biblia dice que al hombre altivo Dios lo mira de lejos (Salmo 138:6). Así que la altivez es el polo opuesto a Dios. Dondequiera que pase el orgullo deja rastros de la ausencia de Dios. En cambio, la Palabra dice que Dios da gracia a los humildes (Santiago 4:6), y el profeta Isaías declaró: *«Porque así dijo el Alto y Sublime, el que habita la eternidad, y cuyo nombre es el Santo: Yo habito en la altura y la santidad, y con el quebrantado y humilde de espíritu, para hacer vivir el espíritu de los humildes, y para vivificar el corazón de los quebrantados»* (Isaías 57:15).

Mientras más tenemos de Dios, menos tendremos de nosotros. Cuando crecemos en Dios, menguamos en nosotros. Un aumento de

Dios trae como resultado una reducción del yo. Dios reina de acuerdo a como piensa. El soberano del universo rige su propósito de acuerdo a su forma de ser. Podemos decir, entonces, que **tal como es Dios, así es su reino**. Dios es santo, por eso reina en santidad. El Señor es justo, por eso la justicia y el juicio son el cimiento de su trono (Salmo 89:14). Dios es verdad, por eso la verdad va delante de su rostro (v. 14). Dios es fiel y por eso la fidelidad le rodea (v. 8), y toda su obra es hecha con fidelidad (Salmo 33:4). Esa es la razón por la cual el salmista dice: *«Jehová reina; regocíjese la tierra, alégrense las muchas costas»* (Salmo 97:1). ¿Por qué debe haber regocijo si Jehová reina? Porque cuando Jehová reina prevalece y abunda todo lo bueno, lo justo, lo santo y lo verdadero. Todo es hecho con sabiduría, santidad, misericordia y gloria. ¿Por qué se regocijaban entonces todas las estrellas del alba? ¿Por qué alababan todos los hijos de Dios? Sin duda, expresaban su perfecto gozo y su inevitable satisfacción porque su Creador reinaba sobre todo y en todos.

I.2 DIOS DEJA DE SER EL TODO EN MUCHOS

> *«¡Cómo caíste del cielo, oh Lucero, hijo de la mañana! Cortado fuiste por tierra, tú que debilitabas a las naciones. Tú que decías en tu corazón: Subiré al cielo; en lo alto, junto a las estrellas de Dios, levantaré mi trono, y en el monte del testimonio me sentaré, a los lados del norte; sobre las alturas de las nubes subiré, y seré semejante al Altísimo»* (Isaías 14:12-14).

Mientras Dios fue el todo, toda la creación se alegraba alabándole. Todos se regocijaban por el gozo, la paz y la gloria que emanan de su presencia. No obstante, el libro de Isaías nos revela que hubo un lucero que dejó de regocijarse y se rebeló contra él. Esa estrella recibió la luz de Dios y resplandecía en su presencia, porque el que está en la presencia del Eterno asimila de su luz. Vemos que los ángeles, querubines y serafines están llenos de su gloria; y Moisés, cuando subió al monte y estuvo cuarenta días con Dios, al descender tuvo que poner un velo sobre su rostro, porque la piel de

El que está en la presencia del Eterno asimila de su luz.

su cara resplandecía (Éxodo 34:33). Y si esto fue así, siendo solo una chispa de la manifestación de la gloria de Dios, la cual los israelitas no pudieron resistir al ver el resplandor de su rostro, nuestra imaginación se quedaría corta al esbozar la gloria que había en Lucifer. Este querubín protector, que posiblemente tenía «millones de años» (tiempo indefinido) ante la presencia de Dios, estaba lleno de resplandor y de hermosura, tal como se describe en Ezequiel:

> *«Tú eras el sello de la perfección, lleno de sabiduría, y acabado de hermosura. En Edén, en el huerto de Dios estuviste; de toda piedra preciosa era tu vestidura; de cornerina, topacio, jaspe, crisólito, berilo y ónice; de zafiro, carbunclo, esmeralda y oro; los primores de tus tamboriles y flautas estuvieron preparados para ti en el día de tu creación. Tú, querubín grande, protector, yo te puse en el santo monte de Dios, allí estuviste; en medio de las piedras de fuego te paseabas. Perfecto eras en todos tus caminos desde el día que fuiste creado»* (Ezequiel 28:12-15).

Ese ángel refulgía y su belleza irradiaba el lugar, porque era perfecta. Más aun, sus ojos se mantenían mirando siempre al trono de Dios, como los demás ángeles, y no se cansaba de alabar al Rey. Él seguramente decía: «¡Oh, qué majestuoso Creador yo tengo! ¡Cuán maravilloso es, cuán perfecto! !Oh, qué refulgentes son los rayos que brotan de tu gloria! ¡Qué hermosos e incandescentes son los carbones encendidos que están en la plataforma de tu trono! ¡Bendita la justicia que hay en tu cetro! ¡Majestuosidad hay en tus caminos! ¡Santo, Santo, Santo! ¡Tú eres Dios! ¡Tú eres el Todo!» Él lo alababa y lo bendecía, y mirando a Dios se mantenía puro y santo, pues a medida que se acercaba a su Hacedor y lo honraba, la luz que emanaba de la gloria del Todopoderoso era asimilada por él. Sí, Dios creó a este querubín perfecto, y así permaneció hasta que se halló en él maldad (Ezequiel 28:15).

¿Cuál fue la maldad de Lucifer? ¿Por qué se dice que rompió la perfección del monte santo? Porque se glorificó a sí mismo, diciendo: *«Yo soy un dios, en el trono de Dios estoy sentado»* (Ezequiel 28:2). Esta criatura dejó de exaltar a Dios porque se consideró dios. La Biblia dice: *«Se enalteció tu corazón a causa de tu hermosura, corrompiste tu sabiduría a causa de tu esplendor ... Con la multitud de tus maldades y con la iniquidad de tus contrataciones profanaste tu santuario»* (Ezequiel 28:17,18). Aquí Dios revela un poquito de dónde surgió la iniquidad.

La maldad surgió del corazón, pues dice que este lucero profanó el santuario de su corazón. Lucifer dejó de mirar el trono de Dios y a Dios como el todo para mirarse él, considerándose divino alguien que era solamente una simple criatura.

En el libro de Isaías, Dios revela también la intención profunda de este querubín cuando dice: *«Cortado fuiste por tierra, tú que debilitabas a las naciones. Tú que decías en tu corazón: Subiré al cielo; en lo alto, junto a las estrellas de Dios, levantaré mi trono, y en el monte del testimonio me sentaré, a los lados del norte; sobre las alturas de las nubes subiré, y seré semejante al Altísimo»* (Isaías 14:12-14). Del corazón de Lucifer, de lo más íntimo de su ser, subió la iniquidad y surgió la maldad. Él se dijo: *«Subiré al cielo ... sobre las alturas de las nubes subiré»*, porque ya no se conformaba con ser uno más que alababa, sino quería estar en lo alto para ser él el centro de la adoración de aquellos ángeles, el motivo de la alabanza de todas las estrellas que estaban alrededor, alumbrando para Dios que era su centro.

Este ser quiso poner su trono en el monte del testimonio, para ser igual al Altísimo, pero la Biblia dice que el trono de Dios es trono por todos los siglos, establecido así desde la eternidad (Hebreos 1:8; Salmos 45:6; 93:2). Solo hay un trono y únicamente debe de haber uno, porque uno solo es Dios, Jehová, Dios eterno (Isaías 40:28). Sin embargo, a esta criatura se le ocurre levantar un trono y hacerse dios, pues en su deseo no tomó en cuenta al Creador de todas las cosas (Apocalipsis 4:11), sino que decía: «Yo subiré, yo levantaré, yo me sentaré y yo seré». ¿Quién? Yo, yo, yo y yo. Es decir, que codició el lugar de Dios, pues, ¿quién es el que habita en las alturas? Dios. ¿Quién está sentado en el trono? Dios. Por tanto, él quería estar en el trono y estar sobre las nubes y que lo adoraran las estrellas a él también. Le aconteció como a Caín, que al no soportar que Dios rechazara su ofrenda, dejó que echara raíces su maldad (Génesis 4:5,7-8), así Lucifer, de su deseo de ser semejante al Altísimo, dejo surgir la intención de quitarlo de su lugar. Esto no era poca cosa, reemplazar, echar a un lado al único que debe ser amado, al único que debe ser temido, al único que debe ser reverenciado, al único que debe ser obedecido, y más que eso, de quien dependen todas las cosas.

¿Cuáles fueron las consecuencias, el efecto pernicioso de esta intención que aparentemente era solo eso, una simple aspiración? Al resultar imposible para él hacerse semejante al Altísimo, pues no era Dios el centro de ese deseo, inmediatamente la iniquidad nació en su corazón.

Su pretensión y su loca codicia causó un daño indecible, rompió la perfecta armonía celestial. Cuando él vio que no pudo ser igual a Dios, no se conformó, sino que se rebeló contra su Creador, con el propósito de quitarlo del centro.

Sabemos que un eje es lo que sirve de sostén, que es el fundamento, el punto esencial, el centro de cualquier cosa. Por tanto, cuando Dios fue quitado, movido del centro en la vida de las estrellas caídas, todo se desajustó, y vino la ruina y el caos al universo. El lucero que en particular había asimilado tanta gloria (Ezequiel 28:14), aquel por el que hubo gozo en el cielo cuando fue creado, porque Dios lo honró más que a todos (Ezequiel 28:12), cuando quitó la vista del Altísimo, inmediatamente se desencajó, se desprendió del eje y comenzó a caer. Por eso el profeta, con mucho pesar y lamento, dice: *«¡Cómo caíste del cielo, oh Lucero, hijo de la mañana!»* (Isaías 14:12). Y en esta lamentación, vemos el gemido de Dios. No podemos entender cómo este lucero pudo caer y como consecuencia romper la concordia y el regocijo de todas las estrellas del alba. Por lo cual, ya no podemos decir que **todas** las estrellas, que **todas** las criaturas alababan a su Creador, porque ya hay una que no. Dios ya no puede ser el todo en todos, porque hubo una que dañó la perfección de ese propósito.

El Creador y Padre se lamenta porque ese lucero hermoso cayó, pero el dolor más grande se lo causó el saber que con su caída, el diablo dañó la armonía del universo, y ya Dios no podía ser el todo y en todos. La gran pérdida no es la caída del lucero, sino el que se haya roto la unidad donde Dios era el centro, el eje de todo. El que lo mueve todo en el universo ya no era el todo de los que cayeron, y eso es lo que hay que lamentar. La gran pérdida no fue tanto la caída de Lucifer como que se dañara el orden, la perfección, el hecho de que él ya no sería el todo en la existencia de muchas criaturas.

La Palabra dice que este lucero hizo una revolución en el cielo, por lo cual fue cortado y echado abajo, veamos: *«A causa de la multitud de tus contrataciones fuiste lleno de iniquidad, y pecaste; por lo que yo te eché del monte de Dios, y te arrojé de entre las piedras del fuego, oh querubín protector ... yo, pues, saqué fuego de en medio de ti, el cual te consumió, y te puse en ceniza sobre la tierra a los ojos de todos los que te miran ... espanto serás, y para siempre dejarás de ser»* (Ezequiel 28:16,18,19). Y en el libro de Isaías dice: *«Mas tú derribado eres hasta el Seol, a los lados del abismo ... tú echado eres de tu sepulcro como vástago abominable ... No será nombrada para siempre la descendencia de los malignos»* (Isaías 14:15,19,20). Él fue quitado, pero antes le hizo daño al corazón de Dios y a todo lo que Dios es y significa para el universo. Su descontento lo llevó a otros ángeles, y conquistó a muchos para su causa, no sé con cuáles argumentos, pero seguramente todos faltos de sabiduría, pues la sabiduría da vida a sus poseedores, y ellos en cambio —en su ignorancia— optaron por la muerte (Eclesiastés 7:12). Se les había entorpecido el entendimiento y por ende se trastornaron y también cayeron.

La iniquidad es un misterio, pues es difícil entender cómo ángeles que moraban en el mismo trono de Dios se hayan dejado seducir de esa manera. Del mismo Lucifer se dijo: *«Perfecto eras en todos tus caminos desde el día que fuiste creado, hasta que se halló en ti maldad»* (Ezequiel 28:15). El diablo conquistó para su causa a millones y millones de ángeles, si interpretamos de esa manera lo que dice en Apocalipsis 12:4: *«y su cola* [refiriéndose al dragón] *arrastraba la tercera parte de las estrellas del cielo, y las arrojó sobre la tierra»*. Los ángeles son millones de millones (Apocalipsis 5:11), por lo que fueron muchos, posiblemente millonadas, los que se dejaron arrastrar y se rebelaron, es decir que fue una verdadera sedición.

La revelación de Jesucristo describe una batalla entre el bien y el mal que bien puede ilustrar lo que pasó originalmente cuando Lucifer fue echado del cielo, pues dice la narración bíblica: *«hubo una gran batalla en el cielo: Miguel y sus ángeles luchaban contra el dragón; y luchaban el dragón y sus ángeles; pero no prevalecieron, ni se halló ya lugar para ellos en el cielo. Y fue lanzado fuera el gran dragón, la serpiente antigua, que se llama diablo y Satanás, el cual engaña al mundo entero; fue arrojado a la tierra, y sus ángeles fueron arrojados con él»* (Apocalipsis 12:7-9). Aunque el dragón y sus ángeles no prevalecieron, es una realidad que Dios dejó de ser el todo en ellos.

Aunque el dragón y sus ángeles no prevalecieron, es una realidad que Dios dejó de ser el todo en ellos.

Dios es santo. Justicia y verdad hay en su trono y la rectitud corona su cabeza. Las palabras no podrán nunca expresar ni describir, ni siquiera de forma aproximada, lo que pasó en el cielo en aquella ocasión. Quizás un día Dios en su misericordia nos muestre qué sucedió allá después de aquello. Puede que alguien diga: «¡Qué tristeza por tantos ángeles que cayeron!». Sí, es triste que ángeles que estaban contentos alabando a su Dios, adorando solamente a aquel que era su todo, ahora estén en ruina eterna, pero aun así todo eso es secundario. Lo verdaderamente lamentable fue la consecuencia, el resultado de esta rebelión, y la secuela que siguió al hecho de que Dios ya no sea el centro de todos. El que haya alguien, aunque sea uno solo, que no sirva a Dios y le ame y le ponga en el centro de todas sus cosas, ya dañó la perfección, pues si Dios deja de ser el todo en uno, ya no se puede decir que él es todo en todos.

Si Dios deja de ser el todo en uno, ya no se puede decir que él es todo en todos.

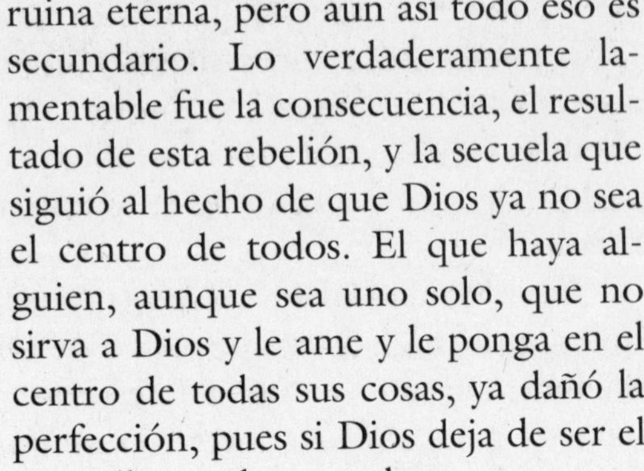

Hasta aquí hemos podido ver un poquito del daño incalculable, del perjuicio terrible que ocasionó el pecado. Te aseguro que hemos sido escasos en describir lo inapreciable que se perdió, pues nadie podrá, nunca jamás, evaluar la profundidad e inmensidad del misterio de la iniquidad que rompió la perfección en la creación de Dios. Las consecuencias del pecado de Lucifer no hay forma de definirlas o evaluarlas, pues destruyó la causa que sostenía el orden y la armonía del cielo, la cual se basa en que Dios sea el todo y en todos. Por tanto, este hecho no se circunscribe solamente a la alta traición hecha a Dios, sino también al perjuicio que le representó a todas las criaturas del universo.

El pecado no es cualquier cosa. A veces digo —y no para apelar a la curiosidad de ninguno— que necesitamos revelación de Dios para entender estas cosas. Esto se debe a que podemos decir con palabras que el pecado fue horrible porque quitó a Dios del centro, pero aun así no entender lo que afirmamos, pues el que ama a Dios y ha conocido en el espíritu lo que es él (su majestad y lo que debe ser Dios, para todo lo que es y existe) se tira a los pies de Cristo a llorar y a gemir por lo que pasó en aquel momento. No es el hecho de que tú y yo hayamos sufrido, eso no significa nada. Mi dolor y el tuyo son algo secundario, aunque para Dios es importante, pero hasta el daño que se le hizo a su creación queda relegado a un segundo lugar frente a lo que significa el haber quitado —aunque sea por un tiempo, una milésima de segundo— a Dios de su centro en las vidas de sus criaturas. Quitar a Dios del centro es como sacar el eje que lo mueve todo en la rueda de la vida, es desajustar, desencajar, desmembrar a un todo que —para subsistir— debe estar en una unicidad perfecta.

De la única manera que todo vuelve al orden es cuando Dios sea todo y en todos. En el cielo, fue establecida la voluntad de Dios, y aquel ser que se rebeló, junto a sus aliados, fueron echados fuera. No obstante, en esta dimensión natural, ¿siguió Dios siendo el todo? ¿Se mantuvo el mundo terrenal haciendo la voluntad de Dios, tal como se estableció en el cielo? ¿Hasta dónde el germen maldito de la iniquidad se extendió? Las consecuencias funestas de esta rebelión afectaron a toda la creación, inclusive a la terrenal. Conozcamos su trascendencia en la siguiente sección.

Quitar a Dios del centro es como sacar el eje que lo mueve todo en la rueda de la vida, es desajustar, desencajar, desmembrar a un todo que —para subsistir— debe estar en una unicidad perfecta.

I.3 El hombre decide que Dios no sea su todo

> *«He aquí, solamente esto he hallado: que Dios hizo al hombre recto, pero ellos buscaron muchas perversiones»* (Eclesiastés 7:29).

En el planeta tierra todo fue hecho perfecto. El hombre había sido creado, y era feliz, haciendo la voluntad de Dios. Adán y Eva fueron creados a la imagen y semejanza de Dios (Génesis 1:26) y vivían en la armonía de una perfecta unión con su Creador. Su casa era aquel huerto donde Dios hizo nacer todo árbol delicioso a la vista y bueno para comer (Génesis 2:8-9). También, en medio de aquel huerto, Dios hizo nacer el árbol de vida y el árbol de la ciencia del bien y del mal (v. 9), y puso al hombre allí, a fin de que labrase ese huerto y lo guardase (v. 15). No obstante, en esa instrucción, Dios le puso una prueba de obediencia al hombre, diciendo: *«De todo árbol del huerto podrás comer; mas del árbol de la ciencia del bien y del mal no comerás; porque el día que de él comieres, ciertamente morirás»* (Génesis 2:16-17).

Al hombre se le había dado la autorización de sembrar, cultivar y comer de aquel paraíso terrenal, así como también la responsabilidad de guardar aquel árbol del cual no le era provechoso comer. Sin embargo, la Biblia relata que un animal, diferente a todos los demás, aparece en el huerto cuando dice: *«pero la serpiente era astuta, más que todos los animales del campo que Jehová Dios había hecho»* (Génesis 3:1). Podemos decir que esta serpiente tenía algo que no poseía ninguna de su especie ni **ningún otro animal** que Dios había creado. Por tanto, este reptil era la imagen manifiesta de la iniquidad, el cual vino no solo a engañar, sino a sembrar su semilla de maldad en el mundo entero (Apocalipsis 12:9).

Este animal era el diablo que —poseyendo a la serpiente— aparece en aquel lugar y advierte que había allí dos criaturas que fueron hechas **a imagen y semejanza** de Dios (Génesis 1:26). ¡Que fastidio para Satán! El hombre poseía aquello que él había perdido por codiciar el lugar del Dios Altísimo (Isaías 14:14), por tanto, planea, con astucia, apoderarse de ellos, haciéndolos caer. Siendo así, dijo Satanás a la mujer: *«¿Conque Dios os ha dicho: No comáis de **todo árbol** del huerto?»* (Génesis 3:1). Naturalmente, Dios no dijo eso, pero este ser quería entablar una conversación con Eva, para así poder engañarlos. Esto nos enseña que debemos tener cuidado de no darle conversación a Satanás, pues orar es hablar con Dios, no con el diablo.

La Biblia no lo dice, pero me imagino la escena en aquel momento: Satanás, saboreando plácidamente el fruto de aquel árbol, degustando de una manera contagiosa la fruta prohibida, entrelazado entre las ramas, mientras la curiosidad de Eva la acercaba al lugar. La víbora la observaba con el rabillo del ojo, pues sabía que si lograba entablar una conversación con ella tendría la posibilidad de inducirla a hacer lo que ya se había propuesto en su corazón. Así que en su malicia, esperó en quietud la respuesta que Eva dio a su mentirosa insinuación: *«Del fruto de los árboles del huerto podemos comer; pero del fruto del árbol que está en medio del huerto dijo Dios: No comeréis de él, ni le tocaréis, para que no muráis»* (Génesis 3:2-3). El animal no la dejó terminar, sino que con toda la alevosía y la maldad que llevaba por dentro, contradijo la verdad de Dios falazmente, y sentenciando gritó: *«No moriréis»* (v. 4).

Seguramente la mujer se quedó aturdida, impresionada, oyendo a un animal, primero hablando, y segundo, contradiciendo la palabra de Dios. Entonces éste aprovecha el momento de la confusión para dar la estocada final, y añade: *«sino que sabe Dios que el día que comáis de él, serán abiertos vuestros ojos, y seréis como Dios, sabiendo el bien y el mal»* (Génesis 3:5). Las palabras de la serpiente no cabían en sus oídos, ¡era una locura! Pero, ¿qué tal si tenía razón? Eva pensaría: «Esta serpiente es diferente a todos los demás animales, pues habla. Seguramente habrá degustado el fruto de aquel árbol que está en medio del huerto y ha alcanzado sabiduría. ¿Quién podría decir que tiene el poder de hacernos como Dios, sabiendo el bien y el mal? ¡Es inverosímil! Pero si la serpiente, siendo un animal, está hablando, ¿qué sería de nosotros los seres humanos si comiésemos de él? ¡Seremos como Dios! ¡La serpiente está diciendo la verdad y es Dios el que nos ha tenido engañados todo este tiempo! ¡Hemos estado sumidos en la ignorancia, pudiendo ser dioses!» Las palabras del engañador se habían enraizado también en su corazón.

Después, ya todo fue un hecho. El argumento comenzó a tomar sentido en la mente de Eva: *«seréis como Dios»*. El poder de esa palabra creó el germen maldito del pecado en ella, el cual iba desviando a la mujer al abismo insondable de la separación de su Creador. ¿No fue esa la codicia perniciosa que hizo caer del cielo a Lucifer? ¿No era esa aspiración, el ser semejante al Altísimo, lo que luego se convirtió en rebelión y barrió la tercera parte del ejército del cielo? ¿Por qué? Porque adorar a otro que no sea Dios es errar al blanco. Aquí no se quería adorar únicamente a Dios, sino ser adorado como lo es él. Es como cuando una persona siente una envidia tal que llega a sufrir y a padecer por lo que es o posee otra persona, hasta que ese deseo se convierte en codicia de ser como ese semejante o poseer lo que le pertenece, y solo se satisface cuando ve al otro destruido o destituido, quedando él en su lugar.

Por lo cual, el ser como Dios no era simplemente igualarse a él, que ya de por sí eso es una obstinada necedad, sino destronarlo, tomar su lugar (Isaías 14:12-14). En última instancia, la intención del pecado es destronar a Dios. Por tanto, todo pecado, en un análisis final, quita a Dios del centro. Por eso la palabra pecado en el idioma bíblico significa errar el blanco, porque el blanco es Dios. El designio del deseo del corazón del diablo era suplantar a Dios, pero no lo logró ni lo logrará nunca. No obstante, lo que precisamente quiero enfatizar es que Satanás vino a la tierra a traer el germen maldito de su maldad (Ezequiel 28:15). Ese hecho ejemplifica lo que la Biblia nos enseña acerca de lo que es el pecado, que no es otra cosa que quitar a Dios de su lugar.

La palabra pecado en el idioma bíblico significa errar el blanco, porque el blanco es Dios.

Lo que vino a la tierra fue el mismo espíritu de iniquidad que se originó en el cielo. Esa intención que llevó a la caída a millones de ángeles, y que engañó a nuestros padres, es la misma que enfrentamos hoy en día. Cada vez que el diablo te tienta, lo que quiere es quitar a Dios del centro en tu vida; cada vez que te entorpece la mente está tratando de echar a Dios fuera de su eje en ella. Es decir, que toda insinuación que te lleva al pecado, en último análisis, está quitando a Dios de tu existencia, está desprendiéndote del todo, desviándote del centro, para llevarte al error de la separación de tu Padre, para que él no signifique para ti lo que debe significar, tu todo. Por tanto, el cristiano apercibido toma conciencia, al instante, de estas cosas.

Las palabras inicuas tuvieron un efecto en aquellos que las escucharon y sucumbieron en la rebelión de «ser como Dios». La Biblia dice que cuando la serpiente le dijo a Eva que iba a ser igual a Dios, ella empezó a ver el árbol de otra manera lo vio: *«bueno para comer, y que era agradable a los ojos, y árbol codiciable para alcanzar la sabiduría»* (Génesis 3:6). Mas de Dios es el poder y la sabiduría multiforme (Daniel 2:20, Efesios 3:10), por tanto, la visión de la mujer era falsa, colmada de la insensatez de la maldad y el desvarío errático del engaño (1 Juan 4:6).

Eva cayó en el ardid, extendió su mano, tomó el fruto y comió, luego también le dio de la fruta a su marido y él también comió (Génesis 3:6). Sin embargo, lamentablemente, la verdad resplandeció para los impenitentes y ya pecadores, pues entendieron tardíamente que todo fue un burdo engaño. Cuando Jehová Dios inquirió según el orden que había establecido, a Adán en primer lugar, este culpó a Eva; y luego Dios preguntó a Eva, y la mujer admitió que la serpiente la había engañado. En aquel momento, empezando por quien había abierto la brecha —la serpiente— y continuando con aquellos en que se originó el pecado y la iniquidad, Dios sentenció:

> *«Por cuanto esto hiciste, maldita serás entre todas las bestias y entre todos los animales del campo; sobre tu pecho andarás, y polvo comerás todos los días de tu vida. Y pondré enemistad entre ti y la mujer, y entre tu simiente y la simiente suya; ésta te herirá en la cabeza, y tú le herirás en el calcañar. A la mujer dijo: Multiplicaré en gran manera los dolores en tus preñeces; con dolor darás a luz los hijos; y tu deseo será para tu marido, y él se enseñoreará de ti. Y al hombre dijo: Por cuanto obedeciste a la voz de tu mujer, y comiste del árbol de que te mandé diciendo: No comerás de él; maldita será la tierra por tu causa; con dolor comerás de ella todos los días de tu vida. Espinos y cardos te producirá, y comerás plantas del campo. Con el sudor de tu rostro comerás el pan hasta que vuelvas a la tierra, porque de ella fuiste tomado; pues polvo eres, y al polvo volverás»* (Génesis 3:14-19).

Nuestros padres cayeron en el error y pecaron. El pecado pasó a todos los hombres, pues todos pecaron (Romanos 5:12). Esa fue la gran mentira en que sucumbió el hombre, y por ende toda la humanidad, pues en vez de hacernos sabios, se nos entorpeció el entendimiento, y en vez convertirnos en dioses, terminamos siendo seres caídos y mortales.

En síntesis, cuando profundizamos en la intención del pecado, vemos que su esencia, su origen y su única finalidad es quitarle el lugar a Dios en nuestra vida como nuestro Creador, nuestro sustentador y nuestro Todo. Lucifer cayó porque trató de quitarle el lugar al Omnipotente y en su intento también arrastró la tercera parte de las estrellas del cielo, y así logró que Dios dejara de ser el todo en todos. Aunque Dios era el todo en muchos (en los que permanecieron) ya no lo era en todos.

Cuando el enemigo vino a la tierra y engañó a nuestros padres, en ellos también hizo pecar a todos los hombres, pues al dejar de mirar a Dios, todos ignoramos, todos morimos, pues todos pecamos. Dios era el todo en este planeta a través de Adán, porque Adán era la cabeza y el señor de la primera creación. Dios le dijo al hombre que se enseñorease *« en los peces del mar, en las aves de los cielos, en las bestias, en toda la tierra, y en todo animal que se arrastra sobre la tierra»* (Génesis 1:26). El Creador puso como responsable a Adán de todo lo creado. Pero la Palabra dice que nosotros somos esclavos de aquel a quien obedecemos (Romanos 6:16), y como Adán le obedeció a la serpiente, se convirtió en esclavo del diablo, y por ende, el señorío de este mundo lo tomó Satanás.

La serpiente fue un simple instrumento del inicuo para lograr apoderarse de este planeta, tal como lo hizo. Incluso, Jesús reconoció que Satanás era el señor de la tierra, y le llamó *«el príncipe de este mundo»* varias veces (Juan 12:31; 14:30; 16:11). También vemos que en el tiempo de Job, la Biblia dice que hubo una reunión en el cielo, donde se presentaron delante de Jehová todos los hijos de Dios, y Satanás estuvo en esa reunión. Yo me imagino que él llegó todo irónico y burlón, haciendo su entrada (como lo hacía el personaje de Drácula en las películas de misterio) de manera repentina y excéntrica. Se presentó haciendo alardes de su señorío en la tierra y ostentando, delante de Dios, que él era el señor de este planeta. Jehová, ignorando su tono sarcástico, le preguntó de dónde venía y él contestó: *«De rodear **la tierra** y de andar por ella»* (Job 1:7), como diciendo: «¿Acaso no es ese mi territorio? Yo puedo ir donde quiero y hago como quiero». Pero Dios hizo silencio, reconociéndole en ese momento como señor de este mundo.

Mas la Palabra dice que desde Adán hasta Jesús el diablo reinó hasta que Cristo le quitó su principado. Jesús nos enseñó eso en Lucas, diciendo: *«Cuando el hombre fuerte armado guarda su palacio, en paz está lo que posee. Pero cuando viene otro más fuerte que él y le vence, le quita todas sus armas en que confiaba, y reparte el botín»* (Lucas 11:21-22). Como el hombre fuerte en su palacio, tranquilo y confiado estaba el diablo, celebrando, como los reyes antiguos que se pasaban de fiesta en fiesta y celebración en celebración. Y así lo hizo, hasta que llegó a la tierra alguien más fuerte que él; llegó Jesús...

I.4 Jesús vino para que el Padre vuelva a ser el todo

«Porque el Hijo del Hombre vino a buscar y a salvar lo que se había perdido» (Lucas 19:10)

Cuando Jesús vino a la tierra, llegó con un solo propósito: **establecer el reino de Dios**. El propósito principal de la obra redentora de Cristo fue buscar y salvar lo que se había perdido (Lucas 19:10). ¿Y qué era lo que se había perdido? Muchos responderán: «El hombre», y yo digo sí, pero antes de que éste se perdiera, ya se había perdido en la tierra el reino de los cielos, pues Dios no podía gobernar voluntariamente la vida del hombre por causa del pecado. Había un señor que era el príncipe de este mundo, que se apoderó del hombre y lo gobernaba a través del pecado y de la muerte (Romanos 5:12). Por tanto, Cristo vino a la tierra con la misión principal de restablecer el reino de Dios, y luego salvar al hombre para que viviera en él. Es imposible que Dios hubiese salvado al hombre para luego dejarlo en el reino de Satanás.

La salvación del hombre no implica únicamente salvarlo de la ira venidera o rescatarlo de las garras del diablo, sino introducirlo al reino de Dios.

La salvación del hombre no implica únicamente salvarlo de la ira venidera o rescatarlo de las garras del diablo, sino introducirlo al reino de Dios, para que Dios pueda reinar en él. **Solo hay salvación cuando Dios reina.** Si Dios no reina no hay salvación. La Palabra de Dios dice: *«Alégrense los cielos, y gócese la tierra, y*

digan en las naciones: Jehová reina» (1 Crónicas 16:31), porque cuando Dios está en dominio, reina la santidad, la justicia y todo lo que es bueno se establece. El diablo vino para matar, hurtar y destruir (Juan 10:10), pero cuando Dios reina hay vida, salud, poder, unción, felicidad, gozo, justicia y verdad. El pecado es todo lo contrario a Dios, porque él es santo y reina en santidad, por eso cuando el hombre cayó, Dios lo sacó del huerto del Edén y puso dos querubines a la puerta de este lugar para guardar el acceso al árbol de la vida, y de esta manera evitar que el hombre viviera para siempre y perpetuara así su condición caída (Génesis 3:22-24). Luego Cristo vino a deshacer el pecado para que Dios reine y sea el todo en todos. Esta fue la misión redentora del Señor Jesús.

Solo hay salvación cuando Dios reina.

Cada vez que nosotros, los predicadores, explicamos el plan de la redención, lo hacemos desde la perspectiva del hombre, pero ahora me voy a tomar la libertad de enfocar las cosas desde el punto de vista de Dios, porque eso precisamente es lo que estamos aprendiendo en este libro, a **ver todo de acuerdo a como Dios lo ve**. Es como si fuera al trono, tomara los ojos de mi Señor, y me los pusiera en lugar de los míos, para ver las cosas como él las ve. Eso no es fácil, porque nosotros desde que nacemos queremos ser el centro, así se nos enseña desde niños, y como individuos, cada uno tiene un universo en su cabeza. Puedo afirmar sin temor a equivocarme que si ahora mismo tú cierras tus ojos, todo lo que percibes a través de tu mente es el mundo del yo; tu mundo eres tú. Sin embargo, en el mundo de la verdad hay solamente una óptica, y es la de Dios. Por tanto, ese es el punto de vista que necesitamos y debe prevalecer para tener una perspectiva correcta de todas las cosas.

Cuando predicamos sobre el plan de salvación, generalmente empezamos diciendo que Dios le dio al hombre, cuando lo creó, el dominio de todas las cosas de esta creación natural. Lo cual es verdad. Él dijo en su santo consejo: *«Hagamos al hombre a nuestra imagen, conforme a nuestra semejanza; y señoree en los peces del mar, en las aves de los cielos, en las bestias, en toda la tierra, y en todo animal que se arrastra sobre la tierra»* (Génesis 1:26). También afirmamos que el diablo le quitó el dominio a Adán, como hemos visto, pues la Palabra dice que somos esclavos de aquel a quien obedecemos (Romanos 6:16), y como Adán obedeció a Satanás, lo hizo el señor de este planeta.

La Biblia nos muestra las consecuencias funestas que ha sufrido esta creación desde que el diablo sedujo al hombre, lo separó de Dios y le quitó el dominio, para hacerse señor de este mundo. No obstante quiero decirte que lo más trascendental y significativo de la caída del hombre no es que haya perdido el dominio —aunque eso es importante, porque hemos sufrido con creces las secuelas de este pecado— sino que Dios pierda su dominio en la voluntad del hombre. Eso sí es triste, eso sí es lamentable, eso sí tuvo repercusión. Por eso el Señor quiere comenzar desde aquí a enfocar las cosas desde el punto de vista divino, desde su perspectiva. Así entenderemos que lo más deplorable no es que nosotros hayamos perdido su semejanza, sino que Dios haya dejado de ser el centro y el todo en todos.

El gran problema del pecado en la tierra es que Dios deje de ser el todo. Digo esto porque nosotros somos importantes para Dios, pero no somos más importantes que Dios. Nosotros somos criaturas, pero él es el Creador. Dios debe ser el primero, porque él nos hizo y no nosotros a nosotros mismos. Él debe ser el Señor, porque es quien sustenta todas las cosas. Es el Salvador, porque nos redimió con su sangre. Debe ser el centro, porque es la causa de todo y de todos. Con esto, no estoy diciendo que esté incorrecto predicar lo que la Palabra enseña sobre la caída del hombre, pues la Biblia es el libro de Dios para los hombres, no para los ángeles, por eso nos habla de esa manera. Quizás estoy siendo muy idealista, no sé, pero lo que sí sé es que Dios nos muestra un camino más excelente. ¿Cuál es ese camino? El no ver tanto nuestra desgracia, sino «la desgracia de Dios», si pudiéramos describirlo de esa manera. Cuando digo «la desgracia de Dios» no quiero decir que Dios está en desgracia, porque en realidad los que estamos en desgracia somos nosotros, sino que esto significa ver las cosas según el perjuicio que trajo al reino de Dios y lo que significa que Dios deje de ser el todo en todos.

Hemos visto en Lucas 19:10 que Cristo vino a la tierra a buscar y a salvar lo que se había perdido, y eso que se perdió fue el todo de Dios. Perdona mi osadía al afirmar esto, porque sé que en el contexto Jesús está hablando de la oveja perdida (el hombre) y no quiero violentar las Escrituras, ya que sería traficar con ella, y de eso ¡líbreme Dios! Pero quisiera que miremos lo que se perdió y lo que Jesús vino a salvar; miremos ese versículo desde el punto de vista de la perspectiva de Dios como el Todo. Por lo cual, ahora, retomando el texto bíblico, respondamos a qué vino Jesús a este mundo: A buscar y a salvar lo que se había perdido.

Y ¿qué fue lo que se perdió? Bueno, antes de perderse el hombre, se perdió lo que Dios era para el hombre, o sea el todo.

Puedes llamarme atrevido, pero lo que quiero que entiendas es que, en último análisis, **el hombre se perdió como consecuencia de que Dios dejó de ser el todo en él.** Analiza el origen de las cosas y verás que la caída del hombre fue una consecuencia de que Dios dejara de ser el todo en todos. Por consiguiente, el propósito de Jesús al venir a la tierra no fue tanto salvar al hombre, sino establecer el reino de Dios en la vida de este. Jesucristo no vino tanto a salvarte a ti como a salvar el reino, pues salvando el reino te salvaba a ti, porque tú eres criatura del reino. Cuando digo salvar el reino de Dios me refiero a establecer el dominio total y voluntario de Dios en la vida del hombre. En el Salmo 110 Dios le profetiza a su Mesías: *«Tu pueblo se te ofrecerá voluntariamente en el día de tu poder»* (Salmo 110:3). El Señor, como soberano, no ha perdido ni nunca perderá su dominio y autoridad sobre el hombre y su creación. Por tanto, lo que él quiso restaurar es el dominio voluntario de su reino en el corazón del ser humano.

Puede que esto suene un tanto extraño, porque estamos acostumbrados a ser el centro, inclusive, de la predicación evangélica, pero el centro de la predicación no eres tú ni yo, sino el Señor. Por eso Dios, en su misericordia, nos explica las cosas como criaturas limitadas, pues sabe que el pecado corrompió no tan solo la mente del ser humano, sino también su conciencia (Tito 1:15; Colosenses 2:18). El Señor nos enseña las cosas alrededor del hombre, pero eso no quiere decir que este sea el centro del asunto. Entendamos que esto es una controversia que comenzó en el cielo y que la tierra es simplemente el escenario final del conflicto. Yo soy importante para Dios, ¿quién dijo que no? Pero más importante que yo es Dios, y más relevante que yo es su gobierno. Si yo desapareciera, pero siguiera el trono de Dios rigiendo, establecido, todo va bien, pero si el trono de Dios «desaparece», ten por seguro que yo también.

Por tanto, lo que se había perdido era el dominio de Dios, su gobierno en la vida del hombre. Lo que ocurrió fue que los seres creados ya no lo estaban adorando a él, el creador de todas las cosas; sirviéndole a él, el dador de la vida. Ya Dios no era el centro que lo movía todo, en los pensamientos, la razón, la facultad física y emocional de los seres humanos. Así que aunque las criaturas fueron perjudicadas, eso solo fue la consecuencia. La pérdida en realidad fue para aquel que era el todo.

Tengo décadas estudiando la Palabra de Dios y leyendo el primer capítulo de la epístola a los efesios. Por un tiempo llegué a pensar que la salvación del hombre era la única explicación que había para esos versos. Sin embargo, quiero compartirte lo que he visto desde que Dios me hizo ver el asunto desde su perspectiva, lo cual sé que Dios quiere que tú veas también, no porque no lo hayas visto (puede que para ti ya sea algo viejo), sino porque en el contexto de este tema estoy seguro de que Dios ampliará la visión que ya tienes del mismo, veamos:

> *«Bendito sea el Dios y Padre de nuestro Señor Jesucristo, que nos bendijo con toda bendición espiritual en los lugares celestiales en Cristo, según nos escogió en él antes de la fundación del mundo, para que fuésemos santos y sin mancha delante de él, en amor habiéndonos predestinado para ser adoptados hijos suyos por medio de Jesucristo, según el puro afecto de su voluntad, para alabanza de la gloria de su gracia»* (Efesios 1:3-6).

Resumiendo: Dios nos bendijo con toda bendición espiritual (v. 3); nos escogió antes de la fundación del mundo para que fuésemos santos y sin mancha delante de él (v. 4); por amor nos predestinó y nos adoptó como hijos suyos en Jesucristo, según el puro efecto de su voluntad (v. 5), ¿y todo eso, para qué? Para la alabanza de la gloria de su gracia, dice en el verso 6. Por tanto, ¿por qué me bendijo, me predestinó y me adoptó como hijo suyo por medio del amado? ¿Para qué todo eso? ¡Para alabanza de su gloria!

Recuerdo que en una ocasión prediqué acerca de este texto, porque Dios me dio un glorioso mensaje, enfocándolo en que él nos salvó para que seamos adoradores y que exaltemos su gracia, pero ahora me ha hecho entender que me salvó para algo más que para que lo adore, y es para ser el todo en mí. En otras palabras, Dios me salvó, y salvándome, está logrando ser el todo en todos, pues ya tiene uno más en cuya vida él va a ser el todo, como lo será en la de todos. El Señor está conquistando, restaurando y destruyendo el dominio del pecado y de la muerte, así como el poderío de toda autoridad que se opone a la obediencia a Cristo.

Sabemos que la Biblia no es de interpretación privada, sino que es el Espíritu Santo quien nos lleva a toda verdad (2 Pedro 1:20,21). Por eso dice en Hebreos: *«Por tanto, dejando ya los rudimentos de la doctrina de Cristo, vamos adelante a la perfección; no echando otra vez el fundamento del arrepentimiento de obras muertas, de la fe en Dios, de la doctrina de bautismos, de la imposición de manos, de la resurrección de los muertos y del juicio eterno»* (Hebreos 6:1-2). Es verdad que habrá un juicio final y que la salvación nos ha librado de la ira venidera, pero hay algo que Dios celebrará más que todas las cosas, y es que su gloria eterna en Jesucristo sea establecida por los siglos (1 Pedro 5:10).

El Señor ha obrado la redención para volver a ser el centro en la vida de los salvados, porque aquí en la tierra se perdió a Dios como centro. El hombre comenzó a adorar al diablo, a los demonios, a las estrellas, a la luna, a los sapos, a las ranas, a las vacas y a otros animales y cosas creadas, inclusive objetos inanimados como estatuas y toda obra de orfebres. Ya no era Dios el centro en la mente de muchos, cuando él debe ser el todo de todos. Y con esto no estoy diciendo que Jesús no murió para redimirme, pues el Señor lo hizo, pero como una consecuencia, ya que salvándome a mí, lograría cumplir toda justicia, para así restaurar el gobierno y dominio de Dios en todo lo que es y existe. Aclaro que cuando hablo del dominio de Dios, no me estoy refiriendo a su soberanía, pues él nunca la ha perdido ni la perderá. A lo que hago alusión es al gobierno de Dios en la voluntad del hombre. Era necesario que el pecado fuese quitado como régimen y el hombre fuese restaurado a la imagen de Dios, a través de la operación de la regeneración, y así este pudiera ofrecerse al Señor voluntariamente en el día de su poder (Salmo 110:3).

El Señor nos redimió, nos dio el Espíritu Santo y todo lo que significa «toda bendición espiritual», por amor a nosotros, porque quiso incluirnos en su gracia, aunque eso no era la primera meta en sí. El objetivo principal de Dios es y ha sido restaurar su gobierno y su dominio en todo, y como resultado, viene el que nos bendiga a nosotros. ¿Estoy diciendo que Dios es un egoísta porque él quiere ser el centro de todo y el todo en todos? ¿Estoy diciendo con esto que Dios no nos amó verdaderamente, porque al final de cuenta nos salvó, pero lo hizo por amor a él mismo? No, de ninguna manera. Dios no hizo esto por egoísmo. Las respuestas profundas a estas y a otras preguntas las encontrarás en los temas que iremos desarrollando más adelante, donde te darás cuenta por ti mismo que la Biblia muestra que todo lo que Dios ha hecho en este planeta lo hizo por amor a su nombre.

No obstante, te puedo adelantar que lo que motiva a Dios a hacer todas las cosas no es egoísmo, primeramente, porque **Dios es amor**, y segundo, porque Dios es el centro del universo y todo lo creado, por lo que todas las criaturas dependen de él. Si usted quita al Creador de su lugar, el cosmos se vuelve un caos y se sume en una anarquía. El que Dios haga todas las cosas para asegurar su reino, para glorificar su nombre y para establecer su gobierno, también logra la seguridad de todas sus criaturas, porque si él dejara de ser lo que es ¿qué sería de todo y todos, siendo Dios el origen, y nosotros solo consecuencias? Entiende que Dios asegurándose y poniéndose él donde debe estar, te está salvaguardando a ti. Por lo cual, la Palabra dice que fuimos salvos por gracia (Efesios 2:5), y eso por amor (2 Corintios 8:9). El hombre no tenía nada que hacer ni aportar en la redención, por tanto, el hecho de que Dios lo tomara en cuenta por misericordia en la regeneración y renovación por el Espíritu Santo (Tito 3:5), ya es amor.

Dios sabe que cuando no había nada, ya él era, y que fue él el que dio origen a todas las cosas (Salmo 90:2). La Biblia dice que todo ser viviente depende de él, y el salmista le alabó diciendo: «*Les das, recogen; abres tu mano, se sacian de bien. Escondes tu rostro, se turban; les quitas el hálito, dejan de ser, y vuelven al polvo. Envías tu Espíritu, son creados, y renuevas la faz de la tierra*» (Salmo 104:28-30). ¡Oh, ese es nuestro Dios! Entonces no es egoísmo cuando Dios salva por amor a su nombre, todo lo contrario, cuando Dios se ama a sí mismo, nos está amando y nos está salvando.

Cuando Dios protege su gobierno, al mismo tiempo está protegiendo al universo, para dar seguridad a todo el ejército del cielo, a los ángeles y a todo ser creado. ¿Por qué? Por que si Dios deja de ser —cosa imposible que eso suceda, pero estamos hablando en nuestro lenguaje finito— el día que eso ocurra, todo desaparecerá al instante, porque no hay quien sustente. Es como se ve en las películas de ficción donde van a buscar el «arca perdida» o como el cuento infantil de la lámpara de Aladino, que cuando quitan la diadema de su lugar se derrumba todo. Lo que vemos en la pantalla es simple comparado con lo que ocurriría, pues en ese momento la realidad superará de manera superlativa a la imaginación.

Fíjate que tan solo por el hecho de haberse encontrado maldad en el corazón de aquel querubín, que era una simple criatura, la iniquidad lo convirtió en diablo, y al hombre lo llevó a la muerte, por tanto, no me quiero ni imaginar cómo será un día que Dios falte de su lugar. En verdad, no habría forma de describirlo. ¡Gloria a Dios, porque él sabe quién es él! El Señor dice: «*YO SOY EL QUE SOY ... Yo soy el Dios Todopoderoso ... Yo soy el primero, y yo soy el postrero, y fuera de mí no hay Dios*» (Éxodo 3:14; Génesis 17:1; Isaías 44:6). Dios es la causa del mundo visible y del invisible. Y no estoy filosofando, estoy hablando en el espíritu glorioso, en la dimensión de la naturaleza espiritual que es la de Dios.

Estoy saliendo simplemente del humanismo que pone al hombre en el centro, para ver las cosas en su correcta dimensión.

Desde que el pecado entró al mundo, se ha querido establecer que el hombre es el centro de todo, mas sepan todos, desde los principados y potestades en los lugares celestiales, hasta el más ínfimo ser, habitante de los abismos más profundos, que el hombre no es el centro, sino Dios. Ya verás, cuando avances en la lectura de este libro, que todo lo que Dios ha hecho no ha sido por egocentrismo, sino por amor a sí mismo. El que Dios se ame a sí mismo no es egoísmo, porque en su amor él no busca lo suyo, ni en su amor hay egolatría, sino santidad, bondad y divino altruismo.

El que Dios se ame a sí mismo no es egoísmo, sino santidad, bondad y divino altruismo.

En realidad, la seguridad del universo está en que Dios se ame a sí mismo. Por eso al inicio de este capítulo te dije que ores al Padre para que te dé entendimiento, porque esto no se puede entender con la razón. Estamos muy acostumbrados a ser el centro, y el saber que el Señor nos haya salvado por amor, nos honra, nos inspira y nos hace amarle y decir: ¡qué bueno es Dios! Pero si entendiéramos que nuestra salvación, aunque Dios la obró por amor, vino como consecuencia del establecimiento del orden y de su voluntad, mayor sería la alabanza de nuestro corazón hacia él. Por eso Cristo vino a traernos la luz de ese conocimiento que nos fue entenebrecido por el adversario.

El diablo estaba contento porque había sometido a todos a su obediencia, no obstante la llegada de Jesús ponía en riesgo su estabilidad. Los demonios atormentados veían que este hombre, cuyo nacimiento fue anunciado, decía que era el Hijo de Dios. Y lo peor para ellos era que en su nacimiento se había cumplido el tiempo de la llegada del Mesías a la tierra (Lucas 1:68-71). Ya los principados, potestades de maldad y gobernadores de las tinieblas habían intentado matarlo (Mateo 2:13), pero habían fracasado. Por tanto, era necesario hacerlo caer de alguna otra manera, y qué mejor que aquel ardid que tan buen resultado le había dado con Adán.

Aprovechando que Jesús fue llevado por el Espíritu al desierto, Satanás se le acercó para tentarle, pero en esos cuarenta días solo se había afirmado que Jesús era el Hijo de Dios (Lucas 4:1). Así que ya sin rodeo, aprovechando su estado de ayuno, y que el Hijo del hombre tenía hambre, le dijo: *«Si eres Hijo de Dios, di que estas piedras se conviertan en pan»* (Mateo 4:3). Mas Jesús no tenía dudas de lo que era en Dios y el poder que de él había recibido, por tanto, en su vida primaba más el obedecer y cumplir su propósito que el satisfacer una necesidad fisiológica, así que le dijo: *«Escrito está: No sólo de pan vivirá el hombre, sino de toda palabra que sale de la boca de Dios»* (Mateo 4:4). La intención de Satanás era lograr que él usara su autoridad de Hijo de Dios para actuar independientemente de la voluntad del Padre, con el propósito de suplir una necesidad temporal. Esa fue la manera en que engañó a Eva y a Adán, pero no lo logró con Jesús. Por lo que, en ese momento, el diablo confirma que está tratando con otra clase de hombre.

A Satanás no le pasó desapercibido que Jesús tomaba en cuenta y confiaba totalmente en la Palabra de Dios, por tanto lo llevó a Jerusalén y lo subió al pináculo del templo, para tentarlo una vez más y saber qué tanta era su fe. Así que allí le dijo: *«Si eres Hijo de Dios, échate abajo; porque escrito está: A sus ángeles mandará acerca de ti, y, en sus manos te sostendrán, para que no tropieces con tu pie en piedra»* (Mateo 4:6). No obstante, Jesús sabía que aunque en el Salmo 91 el Padre promete guardarlo y sostenerlo para que no caiga, estaba claro que el que le estaba ordenando que se tirara no era Dios, sino el diablo, por tanto, le respondió: *«Escrito está también: No tentarás al Señor tu Dios»* (Mateo 4:7).

Obviamente, este hombre tenía el Espíritu de Dios y había recibido una promesa divina, en la cual creía. Por tanto, el diablo consideró que esa fe debía ser destruida, así que, en su astucia, llevó a Jesús a un monte alto, donde en un momento le mostró todos los reinos de la tierra (Lucas 4:5; Mateo 4:8), para hacerle la siguiente propuesta: *«A ti te daré toda esta potestad, y la gloria de ellos; porque a mí me ha sido entregada, y a quien quiero la doy. Si tú postrado me adorares, todos serán tuyos»* (Lucas 4:6-7). Jesús no ambicionaba gloria de los hombres, sino solo la de Dios (Juan 5:41; 8:54), por eso vino a la tierra a destruir los reinos del mundo, para que únicamente Dios sea reconocido, así que le contestó: *«Vete de mí, Satanás, porque escrito está: Al Señor tu Dios adorarás, y a él solo servirás»* (Lucas 4:8; Mateo 4:10). Con esta última afirmación, el diablo lo dejó de tentar en el desierto, postergando la tentación para otro tiempo.

Tentar a Dios significa tratar de obligarlo a hacer algo que él no ha determinado hacer. Muchas veces tentamos a Dios y queremos que él haga cosas que no están en su santa voluntad. Israel tentó a Dios en el desierto, porque se cansaron del maná y deseaban carne (Salmo 78:18). Ellos forzaron a Dios a hacer algo que no era parte de su plan, por eso les envió carne hasta que les salió por las narices, y por esa causa muchos de ellos murieron (Números 11:20). Pero ahora, Satán se encuentra con alguien que no le obedece y al cual no le apelan las cosas de la «carne», y eso le preocupaba. Por causa de la venida de Jesús, en el reino del destructor empieza la intranquilidad, la zozobra, la molestia y el tormento, porque ya llegó el que tenía que venir (Juan 6:14). El diablo encontró uno que vive la Palabra y le cree a Dios.

Cuando Jesús empezó a predicar el evangelio decía que el reino de los cielos se había acercado y solo hablaba del Padre diciendo: *«No puedo yo hacer nada por mí mismo; según oigo, así juzgo; y mi juicio es justo, porque no busco mi voluntad,* ***sino la voluntad del que me envió, la del Padre»*** (Juan 5:30) Los demonios lo interrumpían y daban voces diciendo: *«¡Ah! ¿Qué tienes con nosotros, Jesús Nazareno? ¿Has venido para destruirnos? Sé quién eres, el Santo de Dios»* (Marcos 1:24). Ellos estaban como las cucarachas y los ratones cuando hay un terremoto o cuando un fenómeno atmosférico se avecina, que andan inquietos, corriendo por todos lados. Comenzaron a temblar, porque antes Adán había obedecido a Satanás, pero ahora había llegado uno que se le resistía, pues estaba sometido perfectamente al Padre, y su propósito y meta era terminar la obra que él había puesto en sus manos.

Jesús no vivía para sí, él dijo: *«Por eso me ama el Padre, porque yo pongo mi vida, para volverla a tomar. Nadie me la quita, sino que yo de mí mismo la pongo. Tengo poder para ponerla, y tengo poder para volverla a tomar. Este mandamiento recibí de mi Padre»* (Juan 10:17-18). La única meta y razón de vivir de Jesús era obedecer a Dios. Su empeño era que él reinara en la vida del hombre. Durante sus treinta y tres años de vida en este mundo, el diablo no pudo engañarlo ni una sola vez, pues Jesús tuvo nuestra semejanza, pero sin pecado. Este hombre nunca se sometió al adversario, y fue el único en quien Dios reinó a plenitud. Por eso, Jesucristo pudo destruir el poder del diablo y deshacer el efecto que su obra maléfica ejercía en nosotros.

La Biblia dice que el diablo reinó con dos poderes: El poder del pecado y el poder de la muerte. Con estas dos armas, Satanás mantuvo al hombre vencido y sujeto por milenios. Pero fíjate lo que pasó en la cruz del Calvario, lo cual entenderemos a través de la ilustración de Moisés y el Faraón. Cuando Dios envía a Moisés a decirle a Faraón: *«Deja ir a mi pueblo, para que me sirva»* (Éxodo 5:1), él se negó aduciendo:

*«¿Quién es Jehová, para que yo oiga su voz y deje ir a Israel? **Yo no conozco a Jehová, ni tampoco dejaré ir a Israel**»* (Éxodo 5:2). Es decir, que el Faraón no reconocía la autoridad de Dios de ninguna manera y se sentía dueño de un pueblo ajeno. Ciertamente este hombre no conocía a Dios, pero lo iba a conocer. Dios comenzó entonces a manifestar su poder en él, endureciendo su corazón a la vez que le azotaba con plagas y diferentes señales, pero Faraón se mantenía incólume en su palacio (Éxodo 7,8,9,10). Sin embargo, en la última plaga Dios le mató a su primogénito, cambiando así el curso de su historia (Éxodo 12:29).

El primogénito era especial para los reyes antiguos, porque con ese hijo ellos perpetuaban su reino y podían continuar su dinastía. Cuando le mataron al heredero, el Faraón vio la llegada del fin de su dominio, pues recibió el golpe en sus mismas entrañas (Salmo 110:2), por lo cual dejó ir al pueblo. Eso mismo ocurrió con el diablo cuando Jesús fue clavado en la cruz del calvario, porque allí Cristo le mató su primogénito. La Palabra dice que Satán engendró el pecado, es decir que el pecado es el primogénito del diablo, y a través de él reinaba, pero Jesús, en la cruz, le mató al heredero (Romanos 6:6). No obstante, el diablo (a diferencia del Faraón) mantuvo una esperanza, ya que el pecado le había dado una nieta que era la muerte, como está escrito: *«Por tanto, como el pecado entró en el mundo por un hombre, y por el pecado la muerte, así la muerte pasó a todos los hombres, por cuanto todos pecaron»* (Romanos 5:12). Así que en la cruz el Señor, haciéndose pecado, destruyó el pecado, pero le quedaba la nieta. Entonces Cristo al bajar a la tumba, muriendo retó a la muerte, diciéndole: *«Oh muerte, yo seré tu muerte; y seré tu destrucción, oh Seol»* (Oseas 13:14). Y parecería una locura que alguien destruyera a la muerte muriendo, pero al tercer día, cuando Dios levantó a Jesús de la muerte —pues era **imposible** que fuese retenido por ella (Hechos 2:24)— el Señor dijo triunfante: *«Yo soy la resurrección y la vida; el que cree en mí, aunque esté muerto, vivirá»* (Juan 11:25). Y Cristo venció la muerte y sacó a la luz la inmortalidad por medio del evangelio, libertando a todos los que estaban cautivos por el poder de la muerte. Así que el diablo se quedó sin hijo y sin nieta, concluyendo su reinado y poderío en este mundo.

El Señor le mató la simiente al enemigo de la justicia. Creamos a la Palabra de Dios, y entendamos que Satanás no puede reinar porque no tiene descendencia, se quedó sin heredero. Sin embargo, cuando Cristo resucitó comenzó con él una nueva creación, de la cual Jesús es la primicia (1 Corintios 15:20). De esa gloriosa resurrección salió una generación de primogénitos, los cuales somos todos nosotros (Hebreos 12:23). Por eso, Jesús dijo: *«De cierto, de cierto os digo, que si el grano de trigo no cae en la tierra y muere, queda solo; pero si muere, lleva mucho fruto»* (Juan 12:24). El grano de Cristo fue sembrado en la tumba y se levantó para llevar a muchos hijos a la gloria (Hebreos 2:10). Por lo cual, a partir de ese instante, comienza una nueva creación en Cristo, en donde Dios reina y en la cual el pecado y la muerte no tienen efecto. Ya el diablo no tiene poder alguno, pues fue raída su simiente. No puede tener más hijos, por lo que se quedó sin descendencia, ya que Jesús le mató al hijo y también a la nieta. Cristo los destruyó por completo.

No obstante, hay un espíritu que proviene del mismo infierno, que es el anticristo, el cual quiere imitar lo que Dios hizo con Jesús, la encarnación. La Palabra revela que el diablo levantará un hijo de pecado, para mediante ese engendro tratar de reinar (2 Tesalonicenses 2:6-9). Sin embargo, la Biblia también dice que el Señor lo matará con el espíritu de su boca y lo destruirá con el resplandor de su venida (v. 8). Satán ya ha sido vencido, porque vino uno que lo derrotó y lo ha hecho un siervo (involuntario) de Jesucristo. La Biblia dice que somos esclavos de aquel que nos vence (Romanos 6:16), y Cristo venció al diablo, así que este está bajo la planta de los pies de nuestro Señor. Jesucristo subió al cielo cuarenta días después de la resurrección, y se presentó delante del Padre, y él le dijo que se sentara a su diestra, hasta que pusiera a todos sus enemigos por estrado de sus pies (Hebreos 1:13). Mas cuando todo esto haya acontecido, el mismo Jesús se someterá al que ha sujeto a él todas las cosas, para que Dios sea el todo en todos (1 Corintios 15:28).

Por eso, el Espíritu Santo está suprimiendo todo poder y autoridad que se opone al gobierno de Dios en la vida de los creyentes, pues él tiene que ser el Todo en todos. Cristo te salvó para que Dios sea el todo en ti. Él te redimió para poder gobernar en tu vida. Dios no solo te salvó del infierno, sino que te trasladó al reino de su amado Hijo, donde ni las potestades de las tinieblas ni las huestes de maldad pueden entrar. La Palabra dice que uno murió, entonces todos murieron, para que los que viven ya no vivan para sí, sino para aquel que murió y resucitó por ellos (2 Corintios 5:14,15). Cristo te salvó para ser Señor y Rey de tu vida, pero Dios tiene que ser el todo en ella. Él te redimió para eso. Cristo vino al mundo a establecer el reino de Dios, para que el Padre sea el todo en todos en este planeta. ¿Sabes lo que es el todo en todos? Cuando se habla del todo quiere decir que no se exceptúa nada, es todo. El Señor quiere ser el todo en todos, no solo en algunos o en el noventa y nueve por ciento, sino en todos, y desea lograr esto en su iglesia antes de su venida.

La motivación de todas las cosas en el reino de los cielos es que Dios sea el todo. Para el Señor Jesucristo esto ha sido el principio que ha regido su vida desde la eternidad. Que el Padre sea el todo en todos fue la razón por la cual descendió, se entregó y obró la redención. Lo más notable en su ministerio salvador fue el santo motivo de honrar a su Padre. Este fue el *sentir* que hubo en él cuando no estimó ser igual a Dios, ni se aferró a su altísima posición, *«sino que se despojó a sí mismo, tomando forma de siervo, hecho semejante a los hombres»* (Filipenses 2:7). Este fue el *sentir* que lo llevó a la humillación y lo hizo obediente hasta la muerte y muerte de cruz (vv. 5-8). Ese gozo puesto delante de él que lo hizo sufrir la cruz y menospreciar el oprobio (Hebreos 12:2), fue el saber que su misión salvadora lograría que un día el Padre fuera el todo en todos los hombres. El fruto de la aflicción que él vio y que satisfizo su alma (Isaías 53:11) no fue tanto que «vio linaje», sino que la voluntad del Padre fue en su mano prosperada (Isaías 53:10). La complacencia del corazón de Jesús no es tanto el haber llevado *«hijos a la gloria»* como haber logrado el propósito de que en ellos el Padre sea el todo.

La complacencia del corazón de Jesús no es tanto el haber llevado «hijos a la gloria» como haber logrado el propósito de que en ellos el Padre sea el todo.

El apóstol Pablo dijo refiriéndose al cumplimiento de los tiempos: *«Luego el fin, cuando entregue el reino al Dios y Padre, cuando haya suprimido todo dominio, toda autoridad y potencia»* (1 Corintios 15:20-24). Es decir, va a llegar un día en que el Hijo le va a entregar el reino al Padre. ¿De dónde salió esa figura que usa Pablo? En los tiempos antiguos muchas veces el hijo del rey, el heredero del trono, era el que salía a las conquistas, a tomar reinos para anexarlos al reino de su padre. Así que si conquistaba, por ejemplo, Etiopia, traía al rey evidencias de allá (esclavos, productos, tesoros, etc.), y le decía: «Etiopia está anexado a tu reino, padre, dispón de él». Así Jesús vino a este planeta que se había escapado del dominio divino y donde Dios dejó de ser el todo en todos, para rescatarlo y entregarlo al Padre. Por lo cual, Cristo, al final, le entregará el reino terrenal al Padre, ese reino que él conquistó con su vida sin pecado, su muerte en la cruz y con su poderosa resurrección.

Jesús venció al pecado y a la muerte, suprimiendo todos los dominios del diablo y estableciendo su señorío, conquistando este planeta para el reino de Dios. «*Porque preciso es que él reine hasta que haya puesto a* ***todos*** *sus enemigos debajo de sus pies. Y el postrer enemigo que será destruido es la muerte. Porque* ***todas las cosas*** *las sujetó debajo de sus pies. Y cuando dice que* ***todas las cosas*** *han sido sujetadas a él, claramente se exceptúa aquel que sujetó a él* ***todas las cosas****. Pero luego que* ***todas las cosas*** *le estén sujetas, entonces también el Hijo mismo se sujetará al que le sujetó a él* ***todas las cosas****, para que Dios sea todo en todos*» (1 Corintios 15:25-28). Nota en este pasaje el énfasis en la frase «todas las cosas». Cristo estará reinando hasta que **todos** los enemigos estén sujetos a él, inclusive la muerte, que es uno de los instrumentos más coercitivos del dominio de Satanás (1 Corintios 15:26).

Jesucristo sujetó a él todas las cosas, a través de sus triunfos, con el poder del Espíritu Santo. Mas esa autoridad, ese dominio, esa potestad les fueron dadas por el Padre. Dios sujetó a Cristo todas las cosas, entregándole toda potestad y poder sobre todas las cosas a fin de que el Mesías libertara este planeta del imperio satánico. Dios todo lo sujetó al dominio del Hijo, por eso dice que también él mismo se sujetará a quien sujetó todo a él, a fin de que todas las cosas estén sujetas al Padre y este sea el todo en todos.

El plan de Dios no terminará hasta que llegue a ser el todo en todos. Ese es el trabajo del Espíritu Santo en la tierra, llamar a los elegidos, afirmarlos y confirmarlos en el reino, apartándolos, cuidándolos y libertándolos de todo poder de las tinieblas. Cada vez que el Espíritu Santo y la iglesia conquistan para Cristo, están estableciendo el reino de Dios en cada vida. Luego, también el Hijo mismo se sujetará al que le sujetó a él todas las cosas, para que Dios sea el todo en todos.

El día que Cristo venga, destruya el pecado y a los pecadores, y todo el mal sea raído de la tierra, incluyendo a Satanás, sus ángeles y al falso profeta, y los lance al lago de fuego y azufre que está destinado para ellos (Apocalipsis 20:10), Dios hará nuevos cielos y nueva tierra. Luego, el Hijo entrará con la iglesia a la presencia de Dios, con la corona puesta y con el cetro en su mano, directamente al Santísimo. Enseguida el Hijo se inclinará al Padre, quitándose la corona y extendiendo el cetro hacia el que está sentado en el trono, y dirá: «Padre, el principado sobre tus hombros; reina tú». Entonces, sí se podrá decir que todo está restaurado, que todo está como al principio. En aquel momento, se regocijarán y alabarán las estrellas del alba y los hombres se unirán a ese coro celestial, adorando al único digno, diciendo: *«Al Rey de los siglos, inmortal, invisible, al* ***único*** *y sabio Dios, sea honor y gloria por los siglos de los siglos. Amén»* (1 Timoteo 1:17). Ya no habrá nadie en el reino de Dios en contra el trono del gran Rey, ya que desaparecerá toda rebelión y todo será perfecto, pues en ese momento Dios será el todo y en todos. Esa es la felicidad del hombre y de todo ser creado, como dijo el salmista: *«Te alaben, oh Jehová, todas tus obras, y tus santos te bendigan ... Alaben el nombre de Jehová, porque sólo su nombre es enaltecido. Su gloria es sobre tierra y cielos»* (Salmos 145:10; 148:13).

Así que todo lo que estamos viviendo ahora es con ese fin. Cuando tú entiendas eso, el trabajo tuyo va a ser el mismo de Cristo. Empezarás a identificar aquellas cosas que en tu vida no tienen a Dios como centro y gemirás delante del Señor, y te dispondrás para que él sujete todo, inclusive postrarás hasta tu propia vida ante el estrado de sus pies, y tendrás un vivo celo para que Dios reine (Juan 2:17; Número 25:11; 1 Reyes 19:14). Por eso Pablo decía: *«Ya no vivo yo, mas vive Cristo en mí; y lo que ahora vivo en la carne, lo vivo en la fe del Hijo de Dios, el cual me amó y se entregó a sí mismo por mí»* (Gálatas 2:20). Y lo que quiso decir el apóstol es seguramente esto: «Ya yo no vivo, yo ya morí y no existo, sino que vive Cristo en mí, y lo que ahora yo vivo en esta vida, en esta dimensión natural, no lo hago en mí, sino que lo vivo en la fe del Hijo de Dios, el cual me amó, y se entregó a sí mismo por mí». Para Pablo Dios era el todo.

Desde que Jesús fue entronado a la diestra del Padre y el Espíritu Santo descendió a la iglesia, estamos en la etapa del propósito en la que el Señor está suprimiendo todo dominio, toda autoridad y potencia (1 Corintios 15:24). Estamos actualmente en el período en que Dios está poniendo a todos los enemigos debajo de su pies (1 Corintios 15:24). Este proceso no solo está ocurriendo en los aires, en el infierno, en los reinos humanos, sino también en la vida de cada creyente en el Señor Jesucristo. Cristo le entregará *«el reino al Dios y Padre»* (1 Corintios 15:24), pero esto solo sucederá cuando en todos los santos él haya suprimido todo poder y dominio que se oponga a su reino. El Señor entregará el reino al Padre cuando en mi vida y en la tuya él haya sujetado todas las cosas bajo sus pies (1 Corintios 15:26,27,28). El propósito de sujetar todo dominio, toda autoridad y todas las cosas tiene un solo fin: lograr en este planeta y en la iglesia que el Padre sea el *«todo en todos»* (1 Corintios 15:28).

1.5 Lo que no logran las señales

«Y allí se metió en una cueva, donde pasó la noche. Y vino a él palabra de Jehová, el cual le dijo: ¿Qué haces aquí, Elías? Él respondió: He sentido un vivo celo por Jehová Dios de los ejércitos; porque los hijos de Israel han dejado tu pacto, han derribado tus altares, y han matado a espada a tus profetas; y solo yo he quedado, y me buscan para quitarme la vida» (1 Reyes 19:9-10).

En la cita bíblica que preside esta sección (1 Reyes 19) se nos muestra al profeta Elías tisbita deprimido, luego de haber realizado grandes portentos, los cuales por su palabra Dios hizo delante del pueblo de Israel. No obstante, sabemos que Dios no aprobaba el estado de ánimo de su siervo, todo lo contrario, por eso le habló con autoridad después de haberlo levantado y confortado con el silbo apacible de su presencia (1 Reyes 19:12), a fin de que siguiera las instrucciones divinas de realizar tres ungimientos (vv. 15-16).

Es muy natural que el ser humano, en el momento que más se siente deprimido, lo vea todo oscuro y sin ninguna posibilidad de que Dios pueda obrar de alguna manera. Así, de esta forma se sentía Elías, pero Dios se levantó y comenzó a mostrarle las cosas desde la perspectiva correcta. Fue entonces cuando el Señor cuestiona al profeta sobre lo que le ocurría, recibiendo, en las dos ocasiones, la misma respuesta de parte de Elías: *«He sentido un vivo celo por Jehová Dios de los ejércitos; porque los hijos de Israel han dejado tu pacto, han derribado tus altares, y han matado a espada a tus profetas; y solo yo he quedado, y me buscan para quitarme la vida»* (1 Reyes 19:10,14). Pienso que en verdad Elías era el único que quedaba, que él no estaba mintiendo. Muchos decimos que habían siete mil, pero Dios no dijo eso, sino que le respondió diciéndole: *«Yo haré que queden en Israel siete mil, cuyas rodillas no se doblaron ante Baal, y cuyas bocas no lo besaron»* (1 Reyes 19:18). Lo que dice Jehová es que él hará que haya siete mil, pero todavía no había nadie. Elías en realidad era el único que quedaba; posiblemente mataron a todos los profetas como él dijo. Su depresión no lo llevaba a mentir, a pesar de que estaba viendo todo muy oscuro por la forma en que describía su realidad, solamente que Dios, confrontando esas mismas condiciones, no se sentía como él.

Es muy frecuente que cuando nosotros lloramos, pensemos que Dios está llorando; y si estamos tristes, creemos que Dios está de la misma manera; pero no necesariamente Dios tiene el mismo estado de ánimo que nosotros. Hay personas que se levantan con «el pie izquierdo» —como dice un dicho popular, para describir aquellos que sin causa aparente están de muy mal humor— y si en la mañana sucede que dan un tropezón o les pasa algo lamentable, hay una causa de tristeza para todo el día. Así, ellos miran el cielo gris y creen que Dios está en esas mismas penumbras, acabado, derrotado, abandonado, y que no vale la pena el existir. Piensan que todo va de mal en peor, que el Creador los ha desechado, que ya no tiene misericordia o que ya no sale con el ejército de su pueblo, como decían los salmistas cuando se lamentaban; pero Dios es el mismo y será siempre igual. Su trono no tiene ruedas, sino que es eternalmente estable. Él es el mismo ayer y por los siglos. Por eso en ese momento el Padre le ministró a Elías en este espíritu, de acuerdo a esta verdad de lo que él es.

No obstante, Elías estaba describiendo una realidad desde el punto de vista humano. Este hombre, podemos decir, tenía razones para sentirse de esa manera. Él había hecho un gran milagro, una manifestación sobrenatural poderosa, digna de Dios, y el pueblo de Israel no había reaccionado conforme a lo visto, todo lo contrario, estaba igual o peor. Por tanto este profeta —llegado el clímax de su propósito en Dios— se siente defraudado, afligido e inútil. Por eso Dios le formula dos veces la misma pregunta, buscando no tanto la razón de por qué estaba en aquel lugar, sino el porqué se sentía así. Elías le da varias razones: (1) los hijos de Israel han abandonado el pacto; (2) han destruido los altares; y (3) han matado a los profetas de Jehová. En esa descripción, el Espíritu Santo me hizo ver que el profeta estaba definiendo en realidad la condición espiritual de Israel en esos días (1 Reyes 19:10,14).

Primeramente, ellos dejaron el pacto, lo que significa, en otras palabras, que no tenían relación con Dios, pues el pacto nos habla de relación. Se había dañado la relación, y cuando esta se daña, perjudica también la adoración. Por eso estaban destruidos los altares. Luego, sin relación y sin adoración, sobreviene la hostilidad en contra de los comunicadores, los instrumentos que Dios levanta para darnos el mensaje. Decimos que se dañó la comunicación con Dios porque en esos días venía a través de los profetas. Esta situación no ha cambiado aún en estos días, pues el hombre sigue siendo el mismo, por eso el espíritu de apostasía no ha de tardar en manifestarse (2 Tesalonicenses 2:3).

Si analizamos espiritualmente las tres razones dadas por el profeta nos daremos cuenta que ese es el proceso de la apostasía, de la evolución o deterioro de un corazón que se está apartando de Dios. Primero, se invalida el pacto, algo tan importante como la alianza, el compromiso con el Señor. Nadie puede caminar con Jehová si no entiende que él es el Dios de pacto. Muchas veces tenemos problemas relacionándonos con el Padre, porque no entendemos que él siempre se compromete con su pueblo. En el principio Dios tuvo un pacto con nuestros padres, Adán y Eva, antes de pecar (Génesis 1:28-31); y después de la caída, también con Noé (Génesis 6:8; 9:17); con Abraham, Isaac y Jacob (Génesis 15:18; 17:19; Éxodo 2:24). Igualmente Jehová hizo un pacto con el pueblo de Israel (Éxodo 24:7-8); con David (2 Samuel 7:16) y el pacto eterno con Jesucristo (Hebreos 13:20). Dios siempre se quiere comprometer con su pueblo. Por eso digo que el que evade hacer un compromiso, no tiene intención de cumplir. Cuando un hombre enamora a una mujer y le dice: «¿Para qué casarnos? ¿Qué valor tiene un papel? ¡Cuántos hay que están casados y son infelices, pues no tienen tan buena relación como tú y yo! La obligación mata al amor, no me hables de matrimonio, dejemos todo así». Yo te digo, sin temor a equivocarme que esas son puras evasivas, excusas para no comprometerse. En cambio, el Dios del cielo siempre se quiere comprometer con su pueblo, por eso persistentemente ha establecido algo que rija la relación con él.

Así como Dios administra la relación con los suyos por medio de un pacto, de la misma manera él siempre se somete a ese pacto y se rige por él. Las veces que tenemos problemas con Dios se deben a que se nos olvida que Dios se basa en el pacto. Por eso en la antigüedad —cuando Israel dejaba a Jehová y no guardaba su ley, y Dios se enojaba, amenazando con apartar su rostro de ellos o permitir que los tomaran en cautiverio— los intercesores se metían en el medio, haciendo brecha, diciéndole a Jehová: *«Acuérdate de tus siervos Abraham, Isaac y Jacob; no mires a la dureza de este pueblo, ni a su impiedad ni a su pecado ... Por amor de tu nombre no nos deseches, ni deshonres tu glorioso trono; acuérdate, no invalides tu pacto con nosotros»* (Deuteronomio 9:27; Jeremías 14:21). Incluso, cuando Israel invalidaba el pacto —el cual ya Dios no estaba obligado a cumplir ni por consiguiente a darles ninguna bendición— los intercesores rogaban diciendo: *«Aunque nuestras iniquidades testifican contra nosotros, oh Jehová, actúa por amor de tu nombre; porque nuestras rebeliones se han multiplicado, contra ti hemos pecado ... Oye, Señor; oh Señor, perdona; presta oído, Señor, y hazlo; no tardes, por amor de ti mismo, Dios mío; porque tu nombre es invocado sobre tu ciudad y sobre tu pueblo»* (Jeremías 14:7; Daniel 9:19). Ellos apelaban a la honra de

Dios, al prestigio de su nombre, porque ellos sabían que él ama su nombre y que ese nombre estaba en ellos. Ciertamente su nombre está en nosotros, por esa causa, cuando vivimos mal, el nombre de Dios es blasfemado. Por eso nuestro Señor Jesús nos exhortó diciendo: *«Así alumbre vuestra luz delante de los hombres, para que vean vuestras buenas obras, y glorifiquen a vuestro Padre que está en los cielos»* (Mateo 5:16).

El pacto rige nuestra relación con Dios.

Apliquemos. El pacto rige nuestra relación con Dios. Es bueno que sepamos que hoy también estamos sujetos a un pacto —el nuevo— y que Dios se está rigiendo por él. Israel siempre tuvo conciencia de que Dios es fiel a su pacto, por ello, a pesar de todo, el pueblo judío está disfrutando de las promesas terrenales, porque aun con la ignorancia que hay en ellos —en cuanto al Señor y su Cristo— siguen rigiéndose por el pacto de la ley. En cambio, nosotros, los cristianos, hablamos de pacto solamente cuando estamos hablando con los judaizantes, para mostrar que ya no estamos bajo la ley. Mas Dios quiere que aprendamos que él se rige por un pacto en la relación con su pueblo. Así pues, cuando tú estás orando y estás demandando las promesas de ese pacto, lo que estás haciendo es recordando a Dios lo que él ha prometido. La Biblia dice: *«Toda buena dádiva y todo don perfecto desciende de lo alto, del Padre de las luces, en el cual no hay mudanza, ni sombra de variación»* (Santiago 1:17). En efecto, él no muda la palabra que sale de su boca (Salmo 89:34).

Por consiguiente, un cristiano que cree en los logros de Cristo, se aferra a Dios y no lo deja por ninguna circunstancia. Del mismo modo, cuando Dios ve a sus hijos aferrados al pacto, diciendo: «Padre, acuérdate de lo que hizo Jesucristo, no olvides que esa sangre habla mejor que la de Abel; no te olvides de esa expiación, de la ofrenda del cuerpo de Cristo hecha una vez y para siempre, y ven a socorrernos; ven, bendícenos, guárdanos, prospéranos, sálvanos (Hebreos 12:24; 10:10)». Te aseguro que él no fallará y cumplirá lo prometido, porque Dios es fiel a su Palabra.

De lo dicho podemos deducir esta fehaciente realidad: Cuando un pueblo aparta su corazón de Dios es porque ya no tiene relación, y cuando se pierde la relación se quiebra el pacto. Ese era el pecado de Israel que sufría Elías, de manera tal que un vivo celo por Jehová de los ejércitos consumía todo su ser. El corazón del profeta se desangraba porque Israel había dejado el pacto de Dios, había derribado los altares y había matado a sus profetas, lo que significaba que había dejado la relación, y en consecuencia, se destruyó la adoración y despreciaron la reprensión. Ese es el orden del deterioro.

Cuando un pueblo aparta su corazón de Dios es porque ya no tiene relación.

Como pastor, con veinticinco años de experiencia adquiridos al pastorear una grey a tiempo completo, he podido contactar, lastimera y muy detenidamente, ese proceso. Cuando alguien pierde la comunión con Dios en su casa, comienza a dejar el pacto, la relación se empieza a enfriar. Esta persona ya no adora ni lee la Biblia con la asiduidad acostumbrada, y si va a la iglesia a dos servicios al mes, es mucho. También deja de adorar a Dios como antes, y en cambio comienza a llegar tarde a la reunión de los santos y cuando asiste, se sienta en una esquinita, allá, donde nadie la vea ni le salude, ni mucho menos se atreva a preguntarle qué le ocurre. Ya no soporta ni al pastor. Se acomoda en el asiento de los «desanimados» que lleva una ruta directa —como los cangrejos— hacia atrás. Si acostumbraba a sentarse al frente, se mueve al medio, luego un poquito más atrás, otro día casi a la puerta, donde se sientan generalmente los que han llegado tarde y no han encontrado un asiento más adelante, con la única diferencia de que estos quieren entrar y esta persona lo que quiere es salir. Eso sucede paulatinamente, hasta que se aleja totalmente.

De este modo, lo primero que se derriba es el altar personal. Cuando se quiebra la relación ya no hay intimidad, y por ende, no hay adoración. Ya no hay motivos, la ofrenda a Dios desaparece, por tanto, sin altar personal desaparece el altar familiar y el último que se derrumba es el corporal, el congregacional. En fin, es como una cadena de derrumbes, como las piezas de un «dominó» ordenadas en círculo, en la que una ficha cae sobre otra, derribándola, y así sucesivamente, hasta que toda la edificación se viene abajo ¡trasss! De este modo, mi corazón se aleja de Dios y no él de mí. Y al alejarme de mi Creador se inicia en mí un sentir hostil hacia sus mensajeros. La Palabra no es ya medicina a mis huesos ni confort a mi alma, sino que me es molesta. Digamos que la exhortación me indispone, por tanto, comienzo a mirar mal al instrumento, a los enviados de Dios y lo que decido es marcharme, alejarme de todo eso.

No obstante, antes de continuar, consideremos la misión de Elías y cuál era la condición de Israel en aquellos días. Si observamos el contexto de 1 Reyes 18 veremos que no había relación, pues Israel no obedecía los mandamientos de Dios y adoraba a los baales (v. 18). Por consiguiente, el cometido del profeta era restaurar esa relación, declarando las estipulaciones del pacto, y por medio de las señales, llevar el corazón del pueblo a Dios. Por su boca, Dios cerró el cielo por tres años y medio y no hubo lluvia, la vegetación se secó, por tanto, no había alimentos ni agua, sino mucha hambre en la tierra (1 Reyes 17:1). El solo hecho de que no hubiera lluvia era señal indubitable de que la relación estaba deteriorada. Jehová había puesto delante de ellos la bendición y la maldición, y por su dureza de corazón la tierra estaba desierta (Deuteronomio 11:26; Jeremías 23:10). El antiguo pacto era así: Si obedeces te bendigo, pero si no obedeces te maldigo; sin relación, no hay lluvia; sin pacto, cielo cerrado. Israel había invalidado el pacto, por lo cual Jehová envió maldición.

En fin, la misión de Elías era restaurar la relación, volviendo a Israel al pacto, levantando los altares que estaban caídos y deshaciendo la hostilidad hacia los mensajeros de Dios. Sin embargo, nadie puede restaurar un pueblo si no se acerca a él, por eso el profeta se acercó al pueblo (1 Reyes 18:21). El Señor dijo: *«Id»* (Mateo 10:6), él no dijo: «Envía un breve correo electrónico, escribe una carta o llama por teléfono»; también dijo:*«vedlo»* tú, no que mandes a otro (Marcos 6:38). Con esto no me opongo a utilizar los adelantos de la comunicación, más si estamos en sitios distantes, en lo que sí insisto es en que vayamos. Hay que acercarse al pueblo. Si en realidad quieres acercar el corazón del pueblo a Dios, debes primero acercarte tú a ellos.

Es innegable que la condición de Israel era deplorable. Es muy interesante ver cómo se describe en el siguiente versículo: *«¿Hasta cuándo claudicaréis vosotros entre dos pensamientos?»* (1 Reyes 18:21). La palabra «claudicar» en el lenguaje hebreo es ***pacach***, un término que denota «algo que salta encima», por lo cual, en otras palabras, bien pudo decirse: «¿Hasta cuándo estarán ustedes saltando entre dos ramas?» En efecto, esta expresión describe la actitud de un pueblo que como los monos (que saltan de una rama a otra) saltaban de una idea a otra. Este mismo vocablo (claudicar) también se puede traducir como cojear, bailar, saltar, lo que sugiere la idea de alguien que literalmente va —como el que baila o cojea— de aquí para allá y de allá para acá. Por lo cual, la pregunta bien podría traducirse como: «¿Hasta cuándo andaréis cojeando sobre dos muletas?».

¿Por qué el profeta usa esta figura para describir una actitud del corazón? Porque el pecado de Israel no era que no adoraba a Jehová, sino que estaba adorando a Dios y a otros dioses. Ciertamente, el pecado de Israel no consistía en rechazar totalmente a Jehová, sino en combinar la adoración de Dios con la de los baales; dividir su corazón entre Dios y otros que no son dioses; compartir su servicio y devoción entre dos señores. Por tanto, el reto de Elías no era tanto hacer ver que Jehová era el Dios verdadero o el Dios todopoderoso como convencerlos de que únicamente Jehová es Dios. Por eso, en aquel momento los retó diciendo: *«El Dios que respondiere por medio de fuego, ése sea Dios»* (1 Reyes 18:24).

El reto de Elías no era tanto hacer ver que Jehová era el Dios verdadero o el Dios todopoderoso como convencerlos de que únicamente Jehová es Dios.

No era que Israel no amaba a Dios, era que amaba a Dios y a otros; no era que no servía a Dios, era que no servía solamente a Dios. Esa actitud quebrantaba el pacto que establecía: *«A Jehová tu Dios temerás, a él* ***solo*** *servirás, a él seguirás ... él es el objeto de tu alabanza, y él es tu Dios»* (Deuteronomio 10:20,21). Siendo así, el desafío de Elías no era demostrarles —y eso lo enfatizamos— que el Dios más poderoso es Jehová, porque eso Israel lo sabía. El asunto era que de igual modo, ellos creían que Baal hacía sus milagritos. Con esa actitud, Israel adoraba a muchos dioses. Uno de ellos era la diosa de Palestina, Asera, de la cual se decía que era madre de setenta dioses, entre los cuales estaba Baal, y a la que consideraban la reina de los cielos. Esta diosa era la que competía principalmente con el Dios verdadero. Era ella la que dividía el corazón de Israel. Y con eso entiendo lo que dijo Jesús: *«El que no es conmigo, contra mí es»* (Lucas 11:23).

¿Cuántos sabrán que si el Padre no es el único, él no quiere ser nada en sus vidas? El pacto es solo Dios: *«Amarás al Señor tu Dios con todo tu corazón, y con toda tu alma, y con toda tu mente y con todas tus fuerzas»* (Marcos 12:30). Entendemos que Jehová tiene que ser el todo en todo. Cuando brindamos servicio y veneración a otros además de a Dios, ya no estamos adorando al Señor, y nos hacemos renegados y apóstatas aunque no lo creamos.

Puesto que la primera misión de Elías era acercar a Israel a Dios, él se acercó al pueblo (1 Reyes 18:21), y luego les dijo: *«Acercaos a mí»*

(1 Reyes 18:30). Entonces, el profeta arregló el altar de Jehová que estaba arruinado, como arruinado estaba la adoración del pueblo a Dios. Si aplicamos esto a nuestro tiempo, no podemos decir que toda la iglesia de Cristo está como estaba Israel. ¡Jamás!, pecaríamos con esto. Mas sin duda una gran cantidad de los hijos de Dios —por no decir la mayoría— se encuentra en esta condición. Es más, si en este mismo momento el Espíritu Santo nos hiciera un examen de conciencia con preguntas que nos revelaran si Jehová únicamente es el Dios para nosotros (que no existen otras cosas que ocupen su lugar, haciendo al Señor uno más), de una manera u otra se descubriría nuestra falta de fidelidad e integridad a él. Antes yo decía: «Dios es el primero en mi vida», hasta que el Señor me dijo: «No digas que soy el primero como si eso bastara, pues eso significa que comparto tu corazón con un segundo, con un tercero, con un cuarto, etc. Yo no soy el primero, sino que yo soy el que soy; el único, el todo». Dios no debe ser uno más en tu vida, él debe ser el todo.

Dios no debe ser uno más en tu vida, él debe ser el todo.

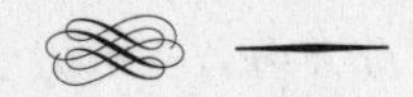

Puedo decir sin temor a equivocarme que nadie como ministro de Dios ha terminado la obra encomendada por Dios para su propósito hasta que no logra que el pueblo se acerque a él, que crea que Jehová es el Dios y que JAH vuelve el corazón de ellos a sí, haciéndose el todo en la vida de su pueblo (1 Reyes 18:37). Ese es el reto y esa es la misión de aquel que tiene el mismo espíritu de Elías. Por eso, entiendo el porqué Elías tenía que venir primero, porque estamos en el tiempo de la restauración de todas las cosas. Restauración significa que todo lo que está lejos Jehová lo acerca a él. La Palabra de Dios dice que en los últimos días él dirá: *«No temas, porque yo estoy contigo; del oriente traeré tu generación, y del occidente te recogeré. Diré al norte: Da acá; y al sur: No detengas; trae de lejos mis hijos, y mis hijas de los confines de la tierra, todos los llamados de mi nombre»* (Isaías 43:5-7). Jehová reunirá a su pueblo, y el pueblo que conoce a Dios, sin importar la comodidad que tenga en «Babilonia», ese pueblo ama a Sion, ama las piedras de la ciudad del gran Rey, ama los escombros, y por amor a Dios y al propósito, acudirán al llamado de reedificar.

Estos hombres y mujeres con el corazón de Dios, como aquellos cincuenta mil que salieron de Babilonia (Esdras 2:64,65) dirán: «A mí no me importa la comodidad en que yo viva, voy a ir a una tierra que está destruida, a una ciudad que tiene sus muros caídos y que está rodeada de enemigos poderosos, que se oponen a su reconstrucción, pero el tiempo de Dios ha llegado. Ahora es el momento de volvernos a Dios, de acercarnos a él. Levantemos los altares, reedifiquemos las ruinas, restauremos los escombros de muchas generaciones. ¡Que los muros sean levantados y reparados los fundamentos!» La iglesia no puede caer en depresión como aquel que no tiene esperanza, no, no, y no. Si es necesario, pidamos a Dios que haga nacer en nuestro corazón un vivo celo por Jehová, Dios de los ejércitos, y así no quedarnos tranquilos hasta que todo Israel se vuelva a Dios, y unidos como un solo pueblo, Dios sea el Dios de todos.

Observemos ahora lo que dice en 1 Reyes 18:22: *«Elías volvió a decir al pueblo: Solo yo he quedado profeta de Jehová; mas de los profetas de Baal hay cuatrocientos cincuenta hombres»*. Fíjate en que el profeta establece que Jehová es uno solo y que tiene un solo profeta, mientras los dioses son muchos y tienen muchos profetas, no obstante, les pide que vengan todos contra el solo Dios. Eso era una representación: «Yo soy uno, Jehová uno es; ustedes son muchos, como muchos son sus dioses». Hay quienes si no tienen compañeros no se animan, pero a un hombre o mujer de Dios no le importa si se queda solo, pues dice: «Mi Dios también es uno, como uno solo su nombre; yo fui llamado a defender ese nombre, y aunque me quede solo y pague con mi vida, aun con ese ultimo aliento seguiré diciendo: Jehová es Dios». ¿Cuál de los profetas no se quedó solo? Bienaventurado es aquel que si acallaran a todos los profetas, usando el método que sea (burla, oposición, etc.), y únicamente él quedara, sin importarle que está solo puede seguir levantando su voz y diciendo: «Mientras quede un soplo de vida en mi ser, diré y no callaré, que lo oiga todo el mundo: ¡Solo Jehová es Dios!».

Solamente habrá restauración en la iglesia de Cristo cuando todos reconozcan a Jehová como el Dios verdadero, el Dios vivo y Rey eterno; cuando solo a él sirvan y únicamente a él adoren, porque solo Dios es el objeto de su alabanza. Mientras haya otro además de él, no hay restauración, y por ende no se ha logrado el propósito. Acepto que es difícil nuestra misión, pero es de Dios; es ardua nuestra meta, pero es digna. Nos van a decir: «No sean ridículos, no sean idealistas, no sean místicos, no sean utópicos», pero el hombre de Dios dice: «Mi encomienda no ha terminado hasta que yo vea a todo el pueblo rendido de corazón a Dios». Elías dijo: *«congrégame a todo Israel»* (1 Reyes 18:19), él se acercó primero y luego llamó a un concilio a todo el pueblo, para luego acercarlos a Dios.

Apliquemos: (1) acerquémonos al pueblo; y (2) acerquemos el pueblo a nosotros para llevar el pueblo a Dios. Llevar el pueblo a Dios significa que solo adoren a Jehová y le den su corazón. Pastores, ministros, siervos todos del Dios Altísimo, esa es nuestra misión en las naciones, llevar la iglesia a Dios. La realidad es que la iglesia ha sido seducida por el espíritu de Grecia, por el espíritu de Babilonia, por la tecnología, por el intelectualismo, por la razón, por los métodos humanos, por los logros de las grandes empresas, por el éxito visible, por tantas cosas, tantos dioses, tantos baales, los cuales están compitiendo con Jehová, el Dios de Israel. Ante tantas cosas, somos pocos, pero nos hacemos uno, y llenos de un vivo celo cumpliremos nuestra misión de volver el pueblo al pacto, restaurar el altar de Jehová para que solo Dios sea adorado, y como consecuencia, se cambiará la actitud hacia los mensajeros y ya no será de hostilidad sino de amor, de apego, de amistad hacia los heraldos de Dios, los profetas. *«No toquéis, dijo, a mis ungidos, ni hagáis mal a mis profetas»* (1 Crónicas 16:22).

Otra cosa importante dentro de la misión de Elías era la definición. El profeta buscaba que el pueblo se definiera por Dios. En otras palabras, que la iglesia solamente salte en una sola rama, y que esa sea Jehová. No dos ramas, una sola. No que dance muchas músicas, sino una sola, en regocijo al nombre de Jehová. No que cante dos cantos, sino uno solo, *«las maravillas de Jehová»* (Hechos 2:11). El corazón debe tener una definición: Jehová solamente. No sé si vas conmigo en la apreciación de esta misión, pero mientras meditaba en este mensaje decía: ¡Dios mío, hay mucho que hacer! ¡Cuántos hay como el personaje legendario del «hombre mono» que están saltando de una rama a la otra, entre muchos pensamientos, entre muchos altares, cuando solamente hay un solo pensamiento, un solo altar y un único Dios!

Sí, muy difícil era la misión, porque bajo esas condiciones el mayor reto de un profeta no era tanto que el pueblo se volviera a Dios, sino que cayera fuego del cielo, ¿sabes por qué? Porque según la Biblia, solamente Dios responde con fuego del cielo para consumir alguna ofrenda cuando es de su agrado. Sabemos que hubo fuego del cielo en la dedicación del tabernáculo del testimonio porque Moisés hizo todo de acuerdo a las instrucciones que Jehová le había dado (Números 9:15). Dice la Palabra que Moisés hizo todo de acuerdo a las instrucciones, desde el altar de bronce, los muebles, hasta las vestiduras de los sacerdotes, todo lo hizo este varón como Jehová le había dicho. Tanto así que en Éxodo 40, después de cada detalle que el siervo de Dios hizo, se repite siete veces, como un estribillo, la siguiente frase: *«como Jehová había mandado a Moisés»*. Y como todo fue hecho como Jehová lo había ordenado, cuando pusieron el holocausto dice que vino fuego del cielo en aprobación. Por tanto, cuando la iglesia obedece y hace todo de acuerdo a las instrucciones de Dios puede cumplirse el propósito; y Dios, agradado, dice amén, enviando el fuego de la aprobación.

Elías hizo todo muy complicado. Primeramente pidió agua cuando no había, ya que hacía tres años y medio que no llovía. Incluso Acab, antes de la confrontación con el profeta, había mandado a sus siervos a que fueran por todas las fuentes de agua y miraran en todos los arroyos, a fin de que hallaran hierba para los caballos, cuidando que no se les murieran las bestias (1 Reyes 18:5). En este detalle podemos ver que cuando un líder no tiene visión, cuida más los animales que al pueblo de Dios; tiene un interés mayor por mantener la organización, tiene un cuidado especial por la institución y todo el montaje de apariencia religiosa que por el cuerpo de Cristo. En cambio, el profeta de Dios pidió agua, que la buscaran donde fuera y trajeran toda la que hubiera para levantar el altar de Jehová que estaba caído. ¡La restauración cuesta!

Dijimos que Elías estaba complicando el asunto, y no exageramos, pues no conforme con hacer una zanja, la hizo bien profunda para que cupiera bastante agua (1 Reyes 18:32). Luego el profeta de Dios mandó que vaciaran sobre la leña y el holocausto cuatro cántaros de agua, una vez y otra vez, e incluso una tercera vez, hasta que ya el agua corría por todo el lugar, rebosándose de la zanja (vv. 34-35). Algunos dirán: «Bueno, lo hizo para demostrar que Jehová es el poderoso», puede ser, no obstante, Jehová me revela algo más profundo. Elías quería decirle a Israel: «Miren, el cielo está cerrado porque ustedes han dejado el pacto, la lluvia no cae porque ustedes han derribado el altar de Jehová, hay hambre en la tierra porque ustedes han matado a los profetas de Dios, pero aunque Dios esté enojado, él los ama todavía, y si ustedes se entregan de corazón, él se agradará y a pesar de que ustedes no merecen nada enviará fuego del cielo que consumirá la ofrenda, aunque la leña esté húmeda y todo esté empapado de agua». Elías sabía que era un tiempo de juicio, que Jehová estaba descontento, por eso lo había enviado a él para que le mostrara al pueblo de Israel que no solamente era el Dios verdadero y el único que debía ser adorado, sino que a pesar de que ellos eran infieles, él permanecía fiel. Aunque ellos fallaran, él cumplía; aunque ellos anden extraviados y en sus propios caminos, Dios permanece en su lugar.

Ese altar representaba la condición de Israel: caído, destruido, arruinado, vacío, sin ofrenda ni sacerdote que ministrara a Jehová. Mas Elías arregló el altar (1 Reyes 18:30). Para que descendiera fuego del cielo el altar no podía estar arruinado, sino levantado. Luego, las Escrituras dicen: *«Y tomando Elías doce piedras, conforme al número de las tribus de los hijos de Jacob, al cual había sido dada palabra de Jehová diciendo, Israel será tu nombre, edificó con las piedras un altar en el nombre de Jehová»* (1 Reyes 18:31-32). Y termina el versículo 36 diciendo: *«Sea hoy manifiesto que tú eres Dios en Israel, y que yo soy tu siervo, y que por mandato tuyo he hecho todas estas cosas»*. Es decir que el profeta hizo todo lo que hizo siguiendo instrucciones. Elías restauró todo lo que había dejado y abandonado Israel para agradar a Dios de manera que respondiera como el que está agradado y no enojado por la apostasía en que estaba sumido el pueblo. Cuando Dios no es el todo en nuestras vidas ocurren tres cosas:

Se deteriora la relación ≈ *dejamos el pacto*
Se malogra la adoración ≈ *derribamos los altares*
Se estropea la comunicación ≈ *silenciamos a los enviados de Dios*

Esas fueron las causas por las que Elías tenía que restaurar todo aquello, haciendo que Jehová fuera el todo en ellos. Sin embargo, el profeta pensó que lograría volver el corazón del pueblo a Dios con la manifestación gloriosa de una señal que solo uno que fuera Dios pudiera hacer. Lamentablemente, una de las cosas que he aprendido en el reino de Dios es que si una persona no tiene el corazón dispuesto para Dios es en vano el que escuche mensajes o vea señales. A veces nos frustramos cuando llevamos el mensaje del reino a siervos de Dios, a iglesias, a hermanos, y no vemos frutos. ¡Nos afligimos! Luego aprendemos que para vivir el reino de Dios se tiene que amar al Rey y tener el corazón de él.

Observo que en la actualidad no hay quien no esté hablando de avivamiento. La iglesia lo está pidiendo desesperadamente. Incluso hay predicadores, siervos de Dios, que andan por el mundo predicando mensajes de inspiración, de motivación; excitando al pueblo con la idea de una explosión espiritual. Estos dicen: «¡Dios hará maravillas! Veremos señales y prodigios tremendos que hará el Señor a través de nosotros; Dios restaurará todas las cosas, y aunque tengas la iglesia más pequeña de la ciudad, vas a tener miles de miembros». Así predican y excitan a la gente. Reconozco que no he estado exento de esas cosas.

También lo hice muchas veces, con el anhelo de un tiempo de refrigerio ante la presencia de Dios. A mí me gusta que Dios se manifieste, sentir su presencia, percibir su poder. No estoy criticando eso. Lo que quiero destacar es que lo sobrenatural no funciona si un pueblo no tiene el corazón de Dios. Los impactos que producen las señales impresionan, motivan, movilizan, originan reacciones, llenan los corazones de expectación, pero al fin y al cabo no cambian el corazón.

Cuando le pregunté al Señor en qué consistió la depresión de Elías, el porqué el profeta estaba en una cueva tan deprimido, él me contestó: «Porque Elías tenía confianza en lo milagroso. Él pensaba que el pueblo cambiaría al ver que el fuego descendía del cielo, ignorando que cuando un pueblo no tiene mi corazón, yo puedo mandar fuego, detener la lluvia y hacer que llueva, manifestar mi poder en obras y maravillas, y seguirán de la misma forma». Miremos a Israel, este pueblo pide señales a Dios y ama sus maravillas, las quiere como evidencia, pero al final de cuentas tropiezan en ellas, porque no tienen el corazón perfecto para Dios (1 Pedro 2:8). Literalmente, el Señor me dijo: «El pueblo impactado por lo sobrenatural reacciona por las señales con una aparente aceptación y definición hacia Dios, pero su corazón está muy lejos de él». En 1 Reyes 18:39, dice: *«Viéndolo todo el pueblo, se postraron y dijeron: ¡Jehová es el Dios, Jehová es el Dios!»* Aparentemente el propósito se logró, pero más tarde el profeta tuvo que huir porque lo buscaban para quitarle la vida (1 Reyes 19:10), el pueblo había vuelto a dejar al Señor.

Para lograr que un pueblo se defina por Dios no basta impactarlo con milagros y señales extraordinarias; retarle para humillar su falsa fe y confrontar su idolatría; atacar la aparente causa de su extravío y derribar sus falsos altares; ridiculizar a sus falsos profetas e incluso reírse de su religiosidad (1 Reyes 18:27). ¡No es suficiente! Podemos tomar la suficiencia de Dios y restregársela en la cara a la gente, como evidencia de que a Jehová hay que servirle porque es poderoso, porque hace señales, porque se manifiesta, porque cambia vidas, porque sencillamente él es Dios vivo, pero si no tienen el corazón de Dios, eso no vale nada. Escúchalo bien: A Dios hay que amarlo por lo que él es, por lo que él ha dicho y por lo que él ha hecho; y hay que tener su corazón para anhelar estar con él, en él y por él.

Tampoco será suficiente degollar a todos los profetas idólatras y acabar con ellos de manera que no quede ni uno. No será bastante abrir el cielo y devolver la lluvia, no es suficiente. El Señor puede mandar lo que mande —y te confieso que anhelo su lluvia, yo la quiero, Dios lo sabe—

pero ¡por favor!, no nos engañemos. No es la lluvia la que va a atraer al pueblo a Dios, es el corazón el que tiene que ir en pos de su Creador.

Unción sin corazón es defunción.

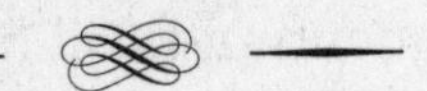

Cuántos hay orando por la unción, pidiendo la unción, llamando la unción y todo es la unción, ¡pero no tienen ninguna relación con el dueño de la unción! Eso le pasó a Sansón también, y tarde aprendió que la unción sin el corazón de Dios no vale nada (Jueces 16:30). **Unción sin corazón es defunción, y el que no cree que tengo razón que estudie la vida de Sansón** (Jueces 16:18-31).

La propuesta de Elías al pueblo fue: *«Invocad luego vosotros el nombre de vuestros dioses, y yo invocaré el nombre de Jehová; y* ***el Dios que respondiere por medio de fuego, ése sea Dios»*** (1 Reyes 18:24). Y dice que el pueblo aceptó. Más tarde vemos que Elías —de forma aparente— triunfó en lograr su propósito, porque después de todas esas señales el pueblo proclamó: ¡Jehová es Dios, Jehová es Dios! Mas no es suficiente reconocer que Jehová es Dios, también es necesario tener su corazón. Podemos decir que casi el mundo entero sabe que Jehová es Dios, pero ¿cuántos le dan su corazón? Por eso el resultado de toda esa situación no fue que el pueblo se definió y se convirtió a Dios, sino que el profeta cayó en una severa depresión. En otras palabras, las señales no cambiaron al pueblo, sino que la actitud del pueblo cambió a Elías: de un profeta valiente y animado a uno que estaba huyendo, muy desanimado (1 Reyes 18:7,8; 18-19; 27,31-35); de un siervo de Dios lleno de fe y arrojo a uno que huye y se esconde en una cueva, deseando morirse (1 Reyes 19:1-4). Este hombre aprendió con mucho dolor que los milagros no convierten a nadie, es necesario tener el corazón de Dios.

Los milagros no convierten a nadie, es necesario tener el corazón de Dios.

Ojalá que los ministros de Dios nos convenzamos de que no es con milagros ni maravillas que ocurre una genuina conversión, pues las señales son para los incrédulos. El que es ya convertido se supone que debe creerle a Dios, porque los que son de la fe es porque han nacido de nuevo, pues esta es un don que Dios da a sus hijos. El que es nacido de nuevo vence al mundo, como dice Juan:

«Y ésta es la victoria que ha vencido al mundo, nuestra fe. ¿Quién es el que vence al mundo, sino el que cree que Jesús es el Hijo de Dios?» (1 Juan 5:4,5). A mí me estremece y me sacude que Elías, haciendo descender lluvia y fuego del cielo, no cambió a nadie, y en contraste, él se frustró y cayó en depresión. ¿Cuándo nos vamos a convencer de esa realidad? Por eso Dios cuando quiere hacer un cambio en alguien le cambia el corazón, y dice: *«Dame, hijo mío, tu corazón»* (Proverbio 23:26). Dios es sabio y entendido.

La apatía es un síntoma de depresión. Cuando el profeta se deprimió se echó debajo de un enebro y se quedó dormido; en medio de un desierto, con un sol abrasador, sin agua y sin comida, allí se echó a morir el siervo de Dios (1 Reyes 19:4-5). Sin embargo, Jehová no mandó a un médico para hacerle comer o a un siquiatra para sacarlo de su estado depresivo, sino a un ángel. Hay depresiones que no se sanan con pastillas, se sanan en la presencia de Dios, con armas de luz, *«con armas de justicia a diestra y a siniestra ... poderosas en Dios para la destrucción de fortalezas, derribando argumentos y toda altivez que se levanta contra el conocimiento de Dios, y llevando cautivo todo pensamiento a la obediencia a Cristo»* (2 Corintios 6:7; 10:4-5).

Cuando Dios cuestiona dos veces al profeta: *«¿Qué haces aquí Elías?»*, como preguntándole por qué se sentía tan deprimido, tan fracasado, vimos que la respuesta del profeta fue la misma en las dos ocasiones (1 Reyes 19:10,14). El profeta pensó que el milagro de hacer descender fuego del cielo y abrirlo para que descendiera la lluvia iba a ser determinante para que Israel se definiera y se volviera a Dios. Pero cuando un pueblo no tiene el corazón de Dios, las señales y los portentos lo impresionan y lo entusiasman, mas no lo convierten. **El cielo se cierra cuando se cierra el corazón, y se vuelve a abrir cuando el corazón se vuelve a Dios.**

El corazón de Israel estaba dividido en dos pensamientos, dos dioses, dos señores. No era que Israel no adoraba a Dios, sino que no adoraba únicamente a Dios. No era que Israel no amaba a Dios, sino que amaba a otro además de a Adonai. No era que Israel no servía a Dios, sino que compartía su servicio con Baal. No era que Israel no creyera en que Dios era poderoso, sino que creía en el poder de otros dioses. No era que Israel no pensara que Jehová era Dios, sino que no creía que él era el Dios, el único digno de ser adorado, temido y servido. Por tanto, había una medida de fe a la que tanto ellos como nosotros tenemos que llegar para poder decir que nos hemos vuelto a Dios, pero mientras haya en nuestro corazón alguien o algo que esté en su lugar o al lado, ya sea como segundo o tercero, no hay una verdadera conversión. Eso que significa propiamente «volverse a Dios» no ha ocurrido. Cuando un pueblo tiene el corazón de Dios, entiende que únicamente Jehová es Dios, que solo a él se le debe servir y que solamente él debe ser el objeto de su alabanza. Cuando un pueblo se vuelve a Dios lo ama con todo su corazón, con toda su mente, con toda su fuerza y con toda su alma. En ese pueblo Jehová no es uno más, sino el todo en todos.

Otra causa que determinó el fracaso de esta santa misión es el principio divino de que la unción viene por la cabeza (Salmo 133:2; 1 Corintios 11:3). Cuando el líder no entiende, el pueblo tampoco entiende; cuando el líder no se vuelve a Dios, tampoco el pueblo se vuelve a Dios. Aunque todo el pueblo se volviera a Dios, si el líder no se vuelve es como si no hubiese pasado nada; lo vemos a diario. Cuando Josías se volvió a Jehová, el pueblo de Israel hizo lo mismo (2 Crónicas 34:33), y en el momento en que Ezequías se volvió a Dios, Israel también se convirtió al Señor (2 Crónicas 29:31). Del mismo modo vemos que cuando Moisés murió, Israel le dijo a Josué: *«De la manera que obedecimos a Moisés en todas las cosas, así te obedeceremos a ti; solamente que Jehová tu Dios esté contigo, como estuvo con Moisés»* (Josué 1:17) El problema era que Acab —el líder— y Jezabel, su mujer, no tenían el corazón de Dios. Si ellos hubieran reaccionado, el pueblo hubiera reanudado la relación con Jehová.

Hasta aquí creo que ya tenemos claro lo que Dios nos quiere decir. Tenemos un reto muy grande delante del Señor. Todo esfuerzo en la iglesia debe ser para que Dios sea el todo. Toda predicación, todo trabajo evangelístico, la adoración, la oración, la relación entre los hermanos, el compañerismo en la iglesia, todo debe ser para que Dios sea el todo. Nuestra tarea en Dios no terminará hasta que Dios no sea el todo. Así que grande es el desafío e inmenso el reto, pero estamos en el nuevo pacto, el cual tiene un mejor mediador, con mejores promesas. Con Cristo intercediendo a la diestra del Padre, con el Espíritu Santo residiendo en nosotros, y con Dios de parte nuestra, lo lograremos. El Señor está con nosotros, pero no cesemos, hagamos vida lo que él nos enseñó. No es con milagros, no es con maravillas, no es con señales, no es bajando fuego del cielo, no; es amando a Dios y dándole el corazón. Por tanto, de ahora en adelante no se diga más: «Señor, haz milagros para que la iglesia cambie», sino «Padre, convierte el corazón, obra internamente, acerca tu pueblo a tu corazón».

Ahora, en este momento, no sé dónde te encuentras, pero allí donde estás te ruego que te aquietes y pongas todos tus pensamientos en Dios. Estamos en un tiempo profético, donde el Espíritu ha dado testimonio de que estamos en la restauración de todas las cosas. El mensaje del reino de Dios no es una nueva doctrina, no tiene nada de novedoso, es la misma vida que vivió Jesús (Lucas 17:21). Esto que les anuncio es la misma vida que vivieron los apóstoles, pero que llega a nuestras vidas cuando Dios engendra la nueva creación en nosotros. El reino de Dios llega a nosotros cuando Dios nos da un corazón nuevo y pone un Espíritu recto en nuestro interior. El reino de los cielos llega a nosotros, cuando le queremos agradar. El reino de los cielos llega a nosotros cuando decimos de todo corazón: *«Venga tu reino. Hágase tu voluntad, como en el cielo, así también en la tierra»* (Mateo 6:10). Cuando hacemos la voluntad de Dios el reino está en nuestras vidas.

El reino comienza en la iglesia cuando esta obedece a Dios y se somete a los decretos soberanos de su voluntad. El Maestro dijo: *«No todo **el que me dice**: Señor, Señor, entrará en el reino de los cielos, sino **el que hace** la voluntad de mi Padre que está en los cielos»* (Mateo 7:21). Vemos a muchas personas hablando del reino como el que tiene autoridad, pero el Señor dijo que si no hacen la voluntad del Padre no entrarán al reino de lo cielos. Aunque estas palabras fueron dichas en el contexto de la conversión para los perdidos, tienen una segunda connotación para nosotros, pues para que alguien entre a la vida del reino tiene que entrar reconociendo al Rey, amándole y sometiéndose a su voluntad. De esta manera, Dios podrá cumplir en él y a través de él lo que se ha propuesto. Por eso te invito a que te unas conmigo en esta oración:

> «Señor convéncenos en este instante. Ahora vemos por qué tantas cosas en la iglesia se vuelven nada. No quiero mencionar nombres, no quiero mencionar ocasiones, porque no quiero aludir a nada que pueda lastimar a nadie ni pueda juzgar el verdadero propósito tuyo, que es corregirnos, pero Padre, ¡cuántos movimientos preciosos se han frustrado porque tú no has sido el todo! La gente ha corrido a buscar unción donde los «ungidos» como si fueran artes mágicas para llenar sus iglesias y sus ministerios, y no han ido en pos de ti para que entiendan de corazón, se conviertan y tú los sanes. Tristemente, en muchas ocasiones, aquellos a quienes tú les diste la gracia de presidir la unción han llevado al pueblo en pos de la misma unción, de los investidos y

de tantas cosas, y por eso, amargamente, ha dejado de llover en muchos lugares y el cielo se ha vuelto de bronce. Tu corazón de Padre se ha entristecido, porque tú amas a tu pueblo y lo quieres bendecir, pero es necesario que entendamos que cuando no te entregamos el corazón no puedes hacer lo que tú quieres. Permite que te demos hoy el corazón, que te lo entreguemos sin ninguna reserva.

»¡Señor, ayúdanos! Dios mío, permite que no se nos olviden estas enseñanzas, para que no nos frustremos y caigamos en depresión, como le pasó a tu profeta. A veces decimos: "¿Qué es lo que está pasando? La palabra no llega, la gente no entiende, sino que me persiguen y me rechazan; en vez de recibir la Palabra todo se vuelca contra mí". Padre que no nos asombremos por esas cosas, que no pidamos milagros para que el pueblo cambie, y si pedimos señales que sean para otras cosas, porque las señales tienen sus funciones, y son necesarias, pero no cambian el corazón de nadie. ¡Por favor enséñanos, oh Dios!

»Padre mío, lo más importante no es lo que somos como predicadores y mensajeros, sino lo significativo es ser tus sacerdotes y tener una relación personal contigo. Lo primordial es que nosotros nos volvamos a ti antes que tratemos de que los demás lo hagan. Nadie que esté resbalando puede sostener a otro, ni ninguno que esté extraviado puede volver a alguien al camino. Permite que nosotros seamos los primeros en volvernos de tal manera a ti que tú seas el todo; que no adoremos a nadie más; que no sirvamos a nadie más, sino a ti, únicamente a ti Señor, que nuestro pacto sea contigo; que nuestro altar de adoración esté levantado y haya fuego y aprobación del cielo en él; que tengamos una buena actitud hacia los profetas, hacia los mensajeros que nos traen el mensaje, aunque su predicación esté en contra de nuestra conducta; que no nos justifiquemos; que abramos el corazón a la exhortación, ¡por amor a tu nombre, oh Dios!

»Señor, yo levanto mi mano y pido esto para mí, para mi casa, para la congregación que pastoreo, para todos los llamados de tu nombre en las naciones; pido esto para los apóstoles, profetas, pastores, maestros, evangelistas, ancianos y sus familiares, para tus líderes y sus familias, para los diáconos, diaconisas, intercesores, levitas y todos los siervos tuyos con sus casas. Padre, pido esto para mis hermanos, consiervos de las naciones con quienes tengo pacto, para sus familias y sus congregaciones, en el nombre de nuestro Señor Jesucristo.

»¡Padre, Padre, Padre! Siembra esta palabra... Yo te ruego que esta palabra no sea olvidada, te pido que esta palabra no sea halagada como un mensaje bonito, sino que sea una ministración que cambie nuestra actitud, que cambie nuestra lógica, que cambie nuestra estrategia, para que no andemos frustrados y escondiéndonos en cuevas, atribuyéndole el fracaso a tu obra, por no haber entendido que esto es asunto de naturaleza, de un corazón conforme al tuyo. Oro en el nombre de tu Santo Hijo Jesús. Amén»

I.6 A Jehová solo adorarás

«A Jehová tu Dios temerás, a él solo servirás, a él seguirás, y por su nombre jurarás. Él es el objeto de tu alabanza, y él es tu Dios» (Deuteronomio 10:20,21)

Hemos escuchado tantas veces que solo a Dios hay que servir, que solo a él hay que amar y que únicamente él debe ser el objeto de nuestra alabanza, que posiblemente consideremos este tema como una lección ya aprendida, deseando ser ministrados de manera más «práctica» en cuanto a cómo Dios puede ser el todo en nuestra vida natural. Puede que la situación que estás viviendo en el presente te haga pensar que requieres de un mensaje de consolación o de fortaleza; quizás por tu estado espiritual o por las circunstancias que te rodean (estás siendo tentado, provocado, calumniado, etc.) crees que precisas de soluciones específicas al respecto, y no de lo que pareciera un devocional de los primeros rudimentos. Pero déjame decirte que si comprendieras bien lo que es el primero y gran mandamiento, como lo denominó Jesús (Mateo 22:37-38), sin lugar a dudas todos tus problemas estarían resueltos ya. ¿Por qué digo esto? Porque de esto depende toda la ley, todos los profetas y todo lo que Dios ha dicho y todo lo que Dios va a decir. De ahí también se desprende todo lo que eres y todo lo que serás, por eso es medicina para toda tu enfermedad y solución para todos tus problemas.

Si hay algo que a Dios le importa, si hay algo que a él le incumbe, si hay algo que él enfatiza, si existe algo que resume lo que es su corazón y su propósito, algo que puede compendiar todas las Escrituras es esto: **Solo a Jehová tu Dios temerás, solo a él servirás y solo él será el objeto de tu adoración.**

Si estudiáramos a profundidad la relación de Dios con Israel, ya que fue el primer pueblo con quien Dios tuvo un pacto, nos daremos cuenta de que la causa de todos los problemas en la relación entre Dios y su pueblo era el pecado de idolatría. Nueve veces se refiere Dios a sí mismo en el Antiguo Testamento como *«Dios celoso»* y las nueve veces sin excepción están relacionadas con la idolatría. Busca en el Antiguo Testamento y verás que todo problema, todo castigo a Israel, toda crisis, toda reprensión, toda exhortación fuerte, vino por causa de la idolatría. La época más fuerte que tuvo que padecer el pueblo de Israel ocurrió en el tiempo de Elías, y no era porque no adoraba a Dios, sino porque no adoraba solo a Dios. El problema de Israel no era que no amaba a Dios, sino que no amaba solo a Dios; tampoco que no servía a Dios, sino que servía a Dios y a los baales, a Jehová y a otros dioses.

¿Qué interés tiene Dios en que solo él sea el adorado? ¿Es el Señor un ególatra que está sentado en un trono y solamente quiere adoración para él? ¿Por qué Dios exige adoración y alabanza únicamente para su persona? Para dar respuestas a estas y subsecuentes preguntas te diré primeramente que el Señor sabe que solo él es Dios, por lo que si alguien no entiende la trascendencia de ese reconocimiento él sí la conoce; si alguien no cree en él, Dios sí sabe quién es él.

La relación Creador-criaturas demanda que estas adoren a Dios, porque por él fueron creadas. La seguridad del universo y la preservación de su orden dependen de que Dios sea la causa de todo. Si Dios deja de ser la causa de todo, todo lo que rige y es, tanto en lo físico como en lo espiritual, se desajusta. Es como cuando se rompe la base o el cimiento de un edificio, éste no se queda flotando, sino se desploma. Dios es el cimiento del universo y de todo lo que es y existe. Si él deja de ser, todo se desmorona, todo se arruina.

Sabemos la importancia de que un hijo respete a sus progenitores, porque ¿qué ha pasado en el mundo desde que los hijos no respetan ni reconocen ninguna autoridad sobre sus vidas de parte de sus padres o de sus mayores? Lo que ha ocurrido es que muchos hogares se han destruido, pues se ha dañado el fundamento. Cuando los padres no son respetados, ni amados, ni honrados, se pierde esa imagen de lo que es la paternidad, que da origen y protección a sus proles. Muchas de las cosas que rigen la relación con nuestros hijos y aquellas otras que nosotros les exigimos a ellos (como son el respeto, la obediencia, entre otras) están basadas en que siendo nosotros lo que somos —sus padres— los resguardamos, y en esa protección también preservamos a sus hijos y a los hijos de sus hijos, hasta mil generaciones. Cuidando el cimiento se cuida el edificio, cuidando la causa se cuidan los efectos. Dios sabe por qué él solo debe ser adorado. Esto no es simplemente una ley o un mandamiento, sino una necesidad imperiosa.

Si Dios no fuera lo que es o dejara de ser él, la existencia no valdría la pena, pues si uno solo se rebeló y trajo todo lo que ha acontecido, ¿qué sería si todo lo creado tuviese autonomía y no reconociera autoridad alguna? Si muchos no le adoran, ¿qué pasaría si todos no le adorasen? ¿Qué ha pasado desde que Lucifer se rebeló? ¿Qué ha acontecido desde que Dios dejó de ser el todo? Empezando por el hecho de la muerte, la enfermedad, la degeneración del cuerpo, el rompimiento de toda relación, la rotura del hogar, la descomposición social, el deterioro de la mente y la decadencia de la misma naturaleza humana, todo ha venido como consecuencia de que a Dios se le quitó de su lugar y dejó de ser el todo. Desde que una criatura se rebeló y dijo: *«Subiré al cielo; en lo alto, junto a las estrellas de Dios, levantaré mi trono, y en el monte del testimonio me sentaré, a los lados del norte; sobre las alturas de las nubes subiré, y seré semejante al Altísimo»* (Isaías 14:13,14), se violó la ley más excelsa y suprema del cielo, la adoración a Dios. Las malas consecuencias que sobrevinieron al hombre, y por ende a la tierra, nos lo dejan ver.

Vemos cómo esta criatura, ya caída, le dijo a Eva: *«seréis como Dios»* (Génesis 3:5), vendiéndole su causa y transmitiéndole el germen maldito de la rebelión y de la usurpación. La razón no es simplemente que una criatura no puede ser adorada como Dios, sino que solo Dios debe ser adorado, y solo él debe ser el objeto de la adoración, solo él. Esto no es un asunto de formas ni de énfasis, sino la causa de la preservación de la misma creación. Solamente cuando Dios es lo que es, el universo es lo que debe ser. Cuando el centro de algo es quitado, todo lo que está alrededor se deshace. Cuando el cimiento se quita todo lo que es sostenido se cae. Por eso digo que no es un asunto de formas, sino de esencia, algo que no hay manera de describir, pero que sin el cual no existiera nada.

Dios es la causa de todo, es la esencia de todo, es el cimiento de todo y él es la preservación de todas las cosas. Por eso es necesario que él sea el todo en todos, para que todos estén bien, para que todos sean dichosos y felices, estén gozosos y puedan cumplir el propósito de la eternidad y del gobierno de Dios. Quizás parezca que repetimos lo mismo, pero es que sabemos, por todo lo que ha sobrevenido desde el principio, que únicamente Dios puede abrir nuestro entendimiento para comprender y asimilar esta verdad, pues es demasiado profunda para entenderla por nosotros mismos si él no nos la revela.

Hemos dicho que estamos en el tiempo de la restauración de todas las cosas. Se habla de restaurar la adoración, la predicación, el orden de las cosas, pero hasta que no restauremos que Dios sea el **solo** Dios, no se ha restaurado ni se restaurará nada, porque ¿quién es Dios, sino solo Jehová? Y solo de él proceden todas las cosas (Salmo 18:31; 1 Corintios 8:6). Si después de hacer un inventario de tu vida notas que ha habido un montón de restauración en tu existir (en la relación matrimonial, con los hijos, en el orden de las finanzas, etc.), pero Dios no es el solo en tu vida, no has hecho nada ni ha pasado nada. Es como si comenzaras al revés, de atrás para adelante, mas Dios te dice hoy: «Debes comenzar por el todo, por la causa, luego atiende los efectos». Él quiere que tú comiences por el núcleo primero.

Entiende que nuestra fe peligra y sucumbe nuestra relación con el Señor cuando le damos adoración a alguien que no sea Dios. Es importante que te des cuenta de que cuando se adora solo a Dios no es que se esté menospreciando a las demás personas, sino que se está reconociendo que solo él es digno de adoración, porque los dioses de los pueblos son ídolos, imágenes de escultura y de fundición, demonios condenados al fuego eterno, pero Jehová hizo los cielos y la tierra, el mar y todo lo que hay en ellos (Salmo 146:6). **Él es el gran Yo soy, el Dios verdadero, el Dios vivo y Rey eterno.**

Nuestra fe peligra y sucumbe nuestra relación con el Señor cuando le damos adoración a alguien que no sea Dios.

La iglesia se ha adaptado a ver la idolatría manifiesta frente a sus ojos como el pan nuestro de cada día, y la pasa por alto. Sin embargo, Dios sí la toma en cuenta. **Si hay algo que trae la ira de Dios sobre los hombres es la idolatría.** Alguien se puede preguntar: «¿Por qué los huracanes, terremotos y desastres naturales son más frecuentes en los países más pobres del planeta? ¿Es Dios injusto? ¡No! Lo que se está perdiendo de vista es que los países más pobres del mundo son los más idólatras y practicantes de hechicería. No lo vemos porque al no enfocar las cosas según Dios, lo hemos descartado y lo hemos mitificado, atribuyendo las cosas que suceden a la casualidad y a la «madre naturaleza» (como si la naturaleza tuviese autonomía, Salmo 135:7, Proverbios 30:4), pasando por alto que hay un Dios que hizo todas las cosas y que tiene y ejerce su dominio sobre todas y cada una de ellas.

El que vino del cielo, compañero del Padre desde la eternidad y que conoce a Dios y nos lo da a conocer, nos dijo que un pajarillo no cae al suelo sin la voluntad del que está allá arriba (Mateo 10:29), por ende, un huracán no puede borrar una región del mapa o diezmar una nación y el Padre que está en el cielo no saberlo. A Dios sí le importan sus criaturas. Vemos los reporteros que nos informan acerca del tiempo y que hacen las predicciones atmosféricas, turbados, hablando del viento, de las inundaciones, del fenómeno «el niño» o «la niña» o de la ola de calor, pero en todo se basan en las causas naturales. No obstante, hay un origen que no es natural sino sobrenatural, que se llama Dios. Ellos necesitan tomar en cuenta que cuando Dios quiere evitar algo lo evita, y más si amenaza a aquellos que lo están adorando solamente a él. Nuestro Padre reconoce que por causa de la destrucción del planeta que diariamente genera el hombre, la naturaleza está produciendo fenómenos destructivos, pero de él depende que un tornado o un huracán azote a un país y destruya a sus habitantes.

Lucifer encabezó la rebelión de las criaturas contra el Creador y transmitió su mismo espíritu al hombre en esta creación terrenal. Desde entonces, el hombre adora a todo lo que es creación: el sol, la luna, las estrellas, el sapo, el mono, la vaca, la rana, la serpiente, incluyéndose también a sí mismo. ¡Increíble, pero cierto! De ser semejante a Dios, el ser humano pasó a ser alguien prácticamente sin entendimiento; de una mente semejante a la divina pasó a una reprobada, abominable y rebelde (Romanos 1:28; Tito 1:16). Fíjate en lo absurdo del hombre, como describían los profetas: Corta un palo de un árbol y de él hace una mesa, prende una fogata para coser los alimentos, pero también usando ese mismo pedazo de madera que le sobró se dice: «Déjame hacer un dios» y así lo talla y lo arregla. Sin embargo, lo sorprendente del asunto es que también se postra y le adora. ¿Dónde está la inteligencia y la sabiduría en esta acción? Con esas manos que hizo diferentes cosas, también con ellas hizo un dios a quien le rinde adoración. No lo percibe, porque ese engaño ha sido tan sutil que ha embrutecido al hombre, echando a perder las facultades que Dios le dio. Que un ser inteligente, con raciocinio, adore un palo, adore un pedazo de yeso que él mismo hizo, es algo ridículo. Sin embargo, lo necio del asunto es que este mismo hombre encuentra inadmisible y hasta primitivo el adorar al Dios que lo creó.

Todo esto es contradictorio y absurdo, tal como lo advirtiera el Espíritu Santo a través del profeta Isaías: *«De oído oiréis, y no entenderéis; y viendo veréis, y no percibiréis. Porque el corazón de este pueblo se ha engrosado, y con los oídos oyen pesadamente, y han cerrado sus ojos; para que no vean con los ojos, y oigan con los oídos, y con el corazón entiendan, y se conviertan, y yo los sane»* (Isaías 6:9-10; Mateo 13:14-15). Ellos no perciben que los que fabrican ídolos hacen un patrón, y de ese hacen millares de figuras de yeso, y las distribuyen en todos los lugares de ventas, como se hace un vestido o un sombrero. Luego, todas esas figuras están amontonadas en las vidrieras de las tiendas hasta que llegue un incauto que las compre. Y si la mercancía no se está moviendo mucho, se inventan dos o tres milagritos, o el cuento de alguna aparición, y allí va el infeliz, cargando con todos sus problemas, pero también llevando bajo el brazo la imagen de yeso o de madera. Nos podremos reír de esta conducta tan inadmisible, pero eso me dice a mí que hay un espíritu en el hombre tan inicuo y pecaminoso, que ha hecho tanto daño al ser humano que su mente se ha infatuado.

Algo que a mí personalmente me asombra y me maravilla es ver que en pleno siglo veintiuno, con milenios de revelación, teniendo acceso a la Biblia, sabiendo cómo Dios aborrece la adoración a ídolos, todavía existan personas que dicen creer en Dios y lloren frente a una estatua. Y me pregunto, ¿quiénes les enseñaron eso? ¡Los cristianos! Perdóname si con esta declaración te ofendo, pero no tengo intención de aludir a nadie, pues creo que hay una sola iglesia que está compuesta por todos los nacidos de nuevo, no importa que se llamen católicos, pentecostales, bautistas o metodistas, pues yo no creo en nombres de iglesias, sino en el cuerpo de Cristo. Hace tiempo que, por la misericordia del Señor, salí del engaño de «esta es la iglesia verdadera». Dios me libró y no pienso izar de nuevo esa bandera. Por eso, cuando hablo de la iglesia, me refiero a toda persona que ha nacido de nuevo y cree en Jesucristo, incluyéndome a mí. Doy gloria a Dios porque el Espíritu Santo me ha mostrado y me ha dado el denuedo para decir que **la idolatría en la iglesia es algo deplorable que ofende al corazón de Dios.**

Personalmente he visto líderes religiosos llevar a todo un pueblo a adorar imágenes en el nombre de Jesús, y sé que tú también has sido testigo de esa abominación. Hace poco tiempo se canonizó a un individuo, muerto siglos atrás (1548), y le erigieron una estatua para adorarle, simplemente porque en 1531 supuestamente tuvo una visión en el cerro del *Tepeyac* de la virgen María (a la que también llaman «reina del cielo») la cual se le apareció y le pidió que se le erigiera un templo en el lugar en que los indígenas adoraban a su diosa *Tonantzin*. Fíjate que lo que dijo la aparición no fue que le erigieran un templo a Dios o a su Hijo, no, sino a ella. Luego, creída la aparición, desde entonces se le ha hecho una gran diosa para esos dos mundos que conforman aquel lugar, el indígena y el europeo. Es decir que ahora, para perpetuar todavía más la idolatría, ya no tan solo buscan que adoren a otra nueva versión de la virgen —ahora mestiza y con nuevo nombre— sino inclusive al que dijo tener la visión.

Es un escándalo ver al que se dice ser «vicario de Cristo», al que se ha colocado a la cabeza de la iglesia en esta tierra, inclinarse frente a esa estatua, besarla y adorarla, en medio de incienso, flores e incluso danza ritual. El que es considerado el líder del cristianismo, alguien que dirige a mil millones de personas, transmite su imagen constantemente a través de los medios de comunicación del mundo entero adorando la figura de yeso de una mujer. Con esto no estoy aludiendo a géneros, ni menospreciando a lo que Dios creó como corona del varón, la mujer (Proverbio 12:4), sino a lo que significa un ser humano, sea hombre o mujer, frente al Dios vivo y Rey eterno.

Digamos que aunque fuera la misma virgen María, como se le llama a la madre de Jesús, la que descendiera ahora mismo a la tierra en carne y huesos, si nosotros nos postramos para adorarle, locamente actuamos y con ello pecamos delante de Dios. Lo dicho no es porque María sea mala, no, ella fue una sierva del Señor, una bienaventurada, llena de gracia, que le prestó el vientre a Dios para que naciera Jesús. ¡Bendita María! ¡Pero ella no es digna de adoración! Es más, si Dios le diera a María la oportunidad de expresar su sentir a sus fieles con relación a su «devoción», les dejaría saber lo herido y ofendido que está su corazón. Puede que su dolor sea bastante grande al ver que para muchos ha sido en vano y de poca importancia el sacrificio de su hijo en la cruz, y ella sea motivo de tan abominable idolatría. ¿Por qué? Porque esta mujer primero que todo era cristiana, discípula del Señor (Juan 2:12; Hechos 1:14) y judía de nacimiento, y un judío con conciencia jamás adora algo que no sea Dios, porque tiene muy claro que solo JAH es digno de ser adorado (Deuteronomio 6:4-5). Por tanto, ni Gabriel, ni Miguel, ni los querubines, ni los serafines, ni los arcángeles, ni Pablo, ni Pedro, ni David, ni Abraham, ni Moisés, ni ningún otro puede ni debe ser adorado. Inclusive, ellos mismos nos enseñaron a adorar solo a Dios:

«Oye, Israel: Jehová nuestro Dios, Jehová uno es. Y amarás a Jehová tu Dios de todo tu corazón, y de toda tu alma, y con todas tus fuerzas. Y estas palabras que yo te mando hoy, estarán sobre tu corazón; y las repetirás a tus hijos, y hablarás de ellas estando en tu casa, y andando por el camino, y al acostarte, y cuando te levantes. Y las atarás como una señal en tu mano, y estarán como frontales entre tus ojos; y las escribirás en los postes de tu casa, y en tus puertas» (Deuteronomio 6:4-9).

Alguien dirá: «Ah, pero esos son los hermanos católicos que adoran imágenes», pero el apóstol Juan no era católico y se postró para adorar a un ángel. Sí, ese Juan que estuvo en la isla de Patmos (Apocalipsis 1:9), donde él mismo testifica que vio a Jesús lleno de gloria, vestido de sol, con una espada aguda que salía de su boca, con los pies de bronce bruñido, glorificado (vv. 12-16); el que vio que nadie era digno de desatar los sellos, solamente el Cordero (Apocalipsis 5:5). Juan también vio a los veinticuatro ancianos y a los cuatro seres vivientes que adoraban a Dios (Apocalipsis 19:4) y nos transmitió la revelación del espíritu de la bestia que es el espíritu del anticristo, del cual dijo Pablo que se revela contra todo lo que es Dios y es objeto de culto (2 Tesalonicenses 2:4), y el que Juan resume en Apocalipsis, donde llega a la conclusión de que los que se postran delante de la bestia y de su imagen no entrarán en el reino de Dios. Ese Juan que vio tantas revelaciones de adoración, cuando vio al ángel, inmediatamente se postró y él mismo lo confesó diciendo: *«Yo me postré a sus pies para adorarle»* (Apocalipsis 19:10).

Juan no era católico, sino un apóstol de Jesucristo, a quien llamaban el «discípulo amado» (Juan 20:2), que andaba siempre pegado a Jesús (Juan 13:23,25; 21:20). Este hombre era un iluminado, que recibió el Espíritu Santo y se le dio la revelación más grande de lo que es la adoración a Dios. A este hombre se le enseñó que la controversia de todos los siglos, del pasado y del futuro es el problema de la adoración, vio todo eso, y a pesar de que tuvo la honra de recibir tal revelación, se postró frente a un ángel. A este tuvo el ángel que decirle: *«Mira, no lo hagas; yo soy consiervo tuyo, y de tus hermanos que retienen el testimonio de Jesús. Adora a Dios»* (Apocalipsis 19:10). ¿Es un problema o no es un problema? Por tanto, saca de la mente el prejuicio religioso, porque la idolatría no tiene nada que ver con ser católico, sino con un mal que hay en la mente del hombre, el cual hay que erradicarlo no tan solo de la cabeza sino del corazón.

Puede que para algún «espiritual» resulte ilógico que esta enseñanza sobre la adoración se le dirija a la iglesia cristiana, pero yo solamente digo: ¡Que Dios te libre! Pues si hay un mal que la serpiente se aseguró bien de inyectar en la cabeza de la creación fue ese: adorar a las criaturas como a Dios (Génesis 3:5; Romanos 1:20-25). Por eso si el Señor hoy fuera a juzgar como juzgaba antes, y ve a un cristiano aplaudiendo excesivamente a hombres, como andan muchos por ahí, fanáticos de beisbolistas, deportistas, actores, cantantes y otras personalidades, que gritan, saltan, lloran y hasta se desmayan cuando miran el talento y las proezas de esas personas, pero que en la adoración a Dios hay que tocarles para que no suelten el ronquido, no le quedaría la menor duda de cuál es el motivo de su adoración y el anhelo de sus corazones. Perdóname, yo no soy fanático religioso, pero puedo discernir espíritus y sé cuando se trata de una admiración o un reconocimiento y cuando de una idolatría a una criatura. A mí, personalmente, me gusta el deporte. En ocasiones asisto al estadio a ver juegos de béisbol. No creo que sea idolatría aplaudir el talento o la destreza de alguien, pero hay una línea o frontera que cuando la admiración la cruza, se convierte en idolatría. El corazón de todo cristiano debe conocer esa demarcación para no pecar contra Dios.

Si hay un mal que la serpiente se aseguró bien de inyectar en la cabeza de la creación fue ese: adorar a las criaturas como a Dios.

Te aseguro que a muchos de esos creyentes que ves en el estadio gritando hasta quedarse sin aliento: «¡GOOOL!», los puedes ver luego en la iglesia mirando el reloj, ansiosos de que se acaba el culto de adoración al Señor para irse a resolver sus asuntos. Ahora, pregúntale a uno de ellos si Dios es grande y te responderá: «Es grandísimo»; ¿Dios es bueno? «Buenísimo»; ¿Dios es lo más maravilloso de este mundo? «Lo mejor, es tremendo». Sin embargo, Dios le dirá: «Entonces, si yo soy el que soy ¿por qué te pones tan histérico y excitado aplaudiéndole los talentos a un hombre, y yo que soy el Grande de los grandes, el Rey de reyes y Señor de señores no te motivo ni siquiera un aleluya?». Sí, hermano, el Señor puede decir eso a cualquiera de nosotros, lo que pasa es que no tenemos una cámara de video que nos grabe en todas nuestras actuaciones diarias, para que podamos ver cómo admiramos los dones, los talentos, los títulos y los recursos que tienen algunos en el mundo natural.

Y si nos metemos a lo espiritual nos quedaríamos boquiabiertos, pues lamentablemente no somos lo que decimos ser.

Cuando vemos a los ungidos los tratamos como a Jesús, y viajamos y hacemos lo que sea —empujamos y tumbamos a una multitud si es necesario— para tocarlos. ¿Por qué crees que algunos evangelistas tienen guardaespaldas y muchas veces se enojan cuando los tocan? Muchos de ellos creen que si los rozan pierden la unción, y corren para que la gente no les toque. Sin embargo, cuando el leproso le dijo a Jesús: *«Señor, si quieres, puedes limpiarme»* (Mateo 8:2), él no salió corriendo, sino extendió su mano y le tocó, diciendo: *«Quiero; sé limpio»* (v. 3). Ahora, ¿se quedó Jesús inmundo porque le puso la mano al leproso? No, nuestro Señor Jesucristo no se contagió con lepra ni tampoco se le quitó la unción. Sin embargo, una cosa sí te digo, están enfermos tanto el que quiere tocar como el que no se deja tocar.

Los hombres de Dios que son sus instrumentos tienen que distinguir los toques de la multitud, al igual que Jesús. El Señor sabía quién estaba tocando y por qué. Hay toques de necesidad, pero hay también de idolatría. Mas cuando distingamos la diferencia, tenemos que hacer como Pablo y Bernabé, que rasgaron sus ropas y se tiraron sobre la multitud para que no les adoraran diciéndoles: *«Varones, ¿por qué hacéis esto? Nosotros también somos hombres semejantes a vosotros, que os anunciamos que de estas vanidades os convirtáis al Dios vivo, que hizo el cielo y la tierra, el mar, y todo lo que en ellos hay»* (Hechos 14:15). En otras palabras: «Adoren a Dios, nosotros somos hombres, **¡Nehustán!**». Y dice Lucas que con todo eso fue difícil impedir que esa multitud les ofreciera sacrificio (v. 18). Pablo, por el poder del Espíritu, había levantado a un cojo de nacimiento, y la gente de Listra, impresionada, levantaron sus voces diciendo: *«Dioses bajo la semejanza de hombres han descendido a nosotros»* (Hechos 14:11). Así nos ve la gente muchas veces, pero que Dios nos ayude a actuar como Pablo y Bernabé.

En 2 Reyes, hablando de las reformas que hizo el rey Ezequías cuando se convirtió al Señor, dice: *«Hizo lo recto ante los ojos de Jehová, conforme a todas las cosas que había hecho David su padre. Él quitó los lugares altos, y quebró las imágenes, y cortó los símbolos de Asera, e hizo pedazos la serpiente de bronce que había hecho Moisés, porque hasta entonces le quemaban incienso los hijos de Israel; y la llamó Nehustán»* (2 Reyes 18:3-4). Nehustán en hebreo significa «un simple pedazo de bronce». Esta serpiente de bronce fue la que hizo Moisés en el desierto. Cuando Israel pecó contra Dios en el desierto Jehová —como castigo— les envió serpientes venenosas que entraban en las tiendas, matando a miles de ellos (Números 21:4-6). Había luto en cada familia y su grito llegaba al cielo, y el pueblo clamó a Moisés y este a Jehová, por lo que el Señor dijo: *«Hazte una serpiente ardiente, y ponla sobre una asta; y cualquiera que fuere mordido y mirare a ella, vivirá»* (v. 8). Moisés hizo lo que el Señor le indicó, y todo el que había sido mordido y la miraba, vivía (v. 9).

No obstante, esto es algo bien extraño, porque si serpientes ardientes están mordiendo al pueblo, ¿cómo se ha de levantar una serpiente ardiente de bronce para librar de la muerte? Pienso que lo más lógico hubiese sido levantar un gato u otra cosa, pero no una serpiente, pero los pensamientos de Dios no son nuestros pensamientos ni sus formas las nuestras (Isaías 55:8), él quería mostrar algo con eso. Jehová quiso hacer una tipología de la serpiente antigua que engañó a nuestros padres en el Edén con otra serpiente, como tipo de contraveneno. Sabemos que el antídoto contra el veneno de una serpiente es el mismo veneno, el cual se inyecta por dosis para que el sistema inmunológico del cuerpo asimile el anticuerpo y pueda hacer su trabajo de defensa y combatir el veneno mortal. Por tanto, lo que el Señor quería mostrar con eso era que así como Moisés levantó la serpiente en el desierto, de la misma manera el Hijo del hombre sería levantado y todo aquel que lo mirare sería salvo. Eso fue lo que Jesús le dijo a Nicodemo cuando le habló del nuevo nacimiento: *«Y como Moisés levantó la serpiente en el desierto, así es necesario que el Hijo del Hombre sea levantado, para que todo aquel que en él cree, no se pierda, mas tenga vida eterna»* (Juan 3:14-15).

Jesús se comparó con esa serpiente porque él, siendo el justo, se tuvo que hacer pecado (2 Corintios 5:21); él, que no era serpiente, se levantó en la cruz como si lo fuera; él que no era veneno, se hizo antídoto, para que los mordidos (los pecadores) pudieran vivir. Dios estaba usando un símbolo, una sombra en el desierto, para darnos la enseñanza hoy: Todos hemos sido mordidos por la serpiente (Satanás), y ese veneno (el pecado) nos lleva a la muerte, pero la fe en Jesucristo y nuestra mirada puesta en él nos libran de perecer.

Sin embargo, una ilustración tan hermosa de la salvación ya el hombre la estaba convirtiendo en perdición. Aquello que Dios levantó para salvar, los hombres lo querían adorar. Ese es el pecado, adorar el medio que Dios usa y no a Dios. Somos expertos en adorar el instrumento que Dios emplea para bendecir, en este caso los mensajeros (ya sea profeta o predicador), también el don (si es unción de sanidad o de milagros), de tal manera que cuando ocurre algo decimos: «¡Qué hombre! ¡Cómo habla!

¡Cómo profetisa!», pero pocas veces se dice: «Oye, ¡cómo Dios manifestó su misericordia! ¡Cómo el Señor ama a su pueblo que lo bendijo trayendo tantas sanidades». No, lo que tendemos es a adorar al «Nehustán». Por eso Ezequías la quebró y le llamó despectivamente «simple pedazo de bronce», lo que bien nosotros podemos aplicar como «simple pedazo de carne» para todo hermano, apóstol, evangelista, profeta, pastor, o cualquier persona que Dios use en su propósito.

No perdamos de vista esta enseñanza. Yo, Juan Radhamés Fernández, solo soy un «simple pedazo de carne», porque eso es lo que soy, para la gloria de Dios. Dentro de unos años —si el Señor no viene antes— este «Nehustán» va estar en una tumba, y quizás alguien se acuerde de él, pero Dios seguirá siendo Dios. El Señor salvó vidas, sí, usando una efigie, pero **el instrumento sin el poder de Dios solo es un simple pedazo de bronce.** Puede que alguno diga: «Es que el pueblo de Israel era muy obstinado y se desviaba fácilmente, porque hay que ser muy ignorante para adorar a una serpiente», mas estoy seguro de que si alguno supiera que todavía vive el pollino de asna que transportó a Jesús, lo tuvieran bien guardadito en el establo de su casa, le dieran comida, lo cuidaran, lo cepillaran, y de vez en cuando lo sacaran para que todos vieran al burrito que le sirvió al maestro. Esto puede causarnos hilaridad, pero sabemos que en la iglesia hay cosas que se adoran, lo que se llaman reliquias. Existen lugares donde guardan en cofres de cristal, supuestamente, pedazos de madera de la cruz de Jesús. Allí lo tienen, para adorarlo, ese es su «Nehustán», un pobre pedazo de madera.

El instrumento sin el poder de Dios, solo es un simple pedazo de bronce.

En una ocasión, cuando era parte de una congregación que basa su fe en las revelaciones de una profeta (aunque Dios en ese tiempo, por su gran misericordia, ya estaba renovando mi entendimiento), de cierta manera me sentí obligado por los líderes a viajar con un grupo de estudiantes treinta y dos horas en autobús para ver el sepulcro de esa mujer. Por todo el viaje iba meditando y hablando con el Señor: «¡Dios mío! Viajar treinta y dos horas, ida y vuelta, para cuando llegue allí ver una tumba igual que todas las demás. ¡Ayúdame Señor!». El objetivo del viaje era que los estudiantes vieran dónde murió la «profeta», pero como ya Dios me estaba abriendo los ojos, no quería provocar las cosas antes de tiempo y que me llamaran rebelde, sin embargo, sufría con todo eso dentro de mí, viéndome camino a una peregrinación.

Pero lo que más me impactó fue que el chofer del autobús, que era inconverso, me dijo después que llegamos al lugar: «¿Me puede decir qué más vamos a hacer aquí?», y yo le respondí: «Nada más. Eso fue lo que vinimos a ver». El hombre abrió los ojos con gran asombro y me dijo: «¿Ustedes vinieron de Nueva York hasta aquí simplemente para ver una tumba?» «Bueno, pregúntele a aquel», le respondí señalándole al líder del grupo. Aplicando hoy digo: solo fuimos a ver un «Nehustán», un pobre pedazo de tumba. También recuerdo que antes de esa peregrinación me llevaron a un viaje igualmente largo para ver una Biblia que levantó la «profeta» un día, cuando estaba viva, en un éxtasis. Lo asombroso del asunto es que ese libro tenía un poco más de 16 libras (8 kilos) y dicen que ella lo levantó con una mano por varias horas. Yo tomé un ejemplar y lo levanté a duras penas, sorprendiéndome del esfuerzo que pudo haber hecho esta mujer. ¡Pobre profeta! ¡Nehustán! Solo Dios es Dios.

La Biblia nos exhorta a honrar a los que están en autoridad y a los hermanos, pero no a idolatrarlos (1 Pedro 2:17). Una cosa es honrar y otra cosa es idolatrar. Hay una clase de honra que se da a los hombres, por causa de lo que hay en ellos de Dios, pero otra cosa es cuando la estima excede y se convierte en idolatría. El Señor para cumplir su propósito usa muchas cosas (una vara, una torta, vasijas vacías, etc.), pero el hombre entendido, como Ezequías, destruye a Nehustán, la serpiente de bronce, para que no sea tropiezo en su relación con Dios.

El que tiene oído oiga lo que el Espíritu dice a la iglesia. Hay un problema, y si le pasó al apóstol Juan, con todo y revelación, reconozcamos que eso le puede pasar a cualquiera. Por tanto, de todo esto podemos deducir una sencilla lección: **las revelaciones no son suficientes para librarte de la idolatría, solamente Dios salva, cuida, protege y preserva, no así lo que has recibido.**

Las revelaciones no son suficientes para librarte de la idolatría.

¿Te has preguntado alguna vez por qué Dios mandó a Moisés a morir ocultamente y no le dio sepultura? El siervo del Señor, Moisés, murió como muere un desconocido, solo en presencia de su Dios. A veces nos ponemos tristes porque murió alguien y no se oyó mucho lloro en la funeraria ni concurrió una gran cantidad de gente, pero vemos que

Moisés, el libertador de Israel, murió en silencio y Jehová lo enterró. El pueblo lloró, pero no tuvo un cuerpo para consolarse en su dolor (Deuteronomio 34:6,8). ¿Por qué? Porque Jehová sabía que si el cuerpo de Moisés hubiera estado en un lugar accesible, hubiese sido la «meca» de Israel, su lugar alto hasta el día de hoy, por eso lo ocultó (v. 6). El Señor Jesús les dijo a los judíos: *«No penséis que yo voy a acusaros delante del Padre; hay quien os acusa, Moisés, en quien tenéis vuestra esperanza. Porque si creyeseis a Moisés, me creeríais a mí, porque de mí escribió él»* (Juan 5:45,46). Los judíos decían: *«Nosotros sabemos que Dios ha hablado a Moisés; pero respecto a ése, no sabemos de dónde sea»* (Juan 9:29). Moisés era el todo para ellos, claro, después que se murió, pues mientras estuvo vivo en la carne, lo intentaron apedrear en más de una ocasión (Éxodo 17:4; Números 14:10). Así es el ser humano, te da piedras cuando vives y «devoción» cuando mueres.

Sin embargo, esto no es tan sencillo como parece. ¿Sabrá la iglesia que puede enviar a un ungido de Dios al «otro mundo» antes de tiempo? ¿Sabrá que cuando se está dando mucho reconocimiento a uno de sus siervos, aunque este no se preste para eso, el Señor lo puede poner a dormir para evitarle tropiezo a él y también al pueblo que lo adora? Esto ha pasado muchas veces, tengamos cuidado. Dios nos manda a honrar a los que están en autoridad por causa de su obra, y a orar por ellos, pero nada más. La admiración que sale del corazón, esa solo está reservada para Dios. Si un hombre tiene algo fue porque Dios en su gracia se lo prestó para que lo use, por un propósito. Por consiguiente, si no es de él, entonces ¿por qué admirar al instrumento y no a la excelencia de quien da el poder? JAH usó una asna para que apartándose del camino hiciera recapacitar al profeta Balaam de su locura, ¿por eso hemos de adorar el animal? (Números 22:23). Fíjate que esa asna era de admirar, pues inclusive le habló al iluminado, a un hombre que tenía los ojos abiertos, pero que en ese momento no pudo ver lo que vio el animal (v. 28). Entonces, ¿la vas a venerar y reverenciar?

El apóstol Pedro tampoco estuvo exento de esta situación. Nuestro Señor Jesús, viendo que el tiempo casi estaba cumplido, empezó a hablar a sus discípulos sobre lo que había de venir, y acerca de que él tenía que ir a Jerusalén y padecer hasta ser muerto para resucitar al tercer día (Mateo 16:21). También les dijo: *«El Hijo del Hombre vendrá en la gloria de su Padre con sus ángeles, y entonces pagará a cada uno conforme a sus obras. De cierto os digo que hay algunos de los que están aquí, que no gustarán la muerte, hasta que hayan visto al Hijo del*

Hombre viniendo en su reino» (Mateo 16:27-28). Dicen las Escrituras que seis días después, Cristo tomó a Pedro, a Jacobo y a Juan, y los llevó a un monte alto, y solos allá, delante de ellos se transfiguró, y se llenó de gloria su ropa, se volvió resplandeciente, y entonces se aparecieron allí Elías y Moisés hablando con él (Mateo 17:1-3).

Entendemos que Moisés representaba la ley y Elías a los profetas, y Dios los mandó como testigos, para que testificasen que Jesús era el Hijo de Dios delante de los hombres. Ante esa visión, Pedro quedó espantado, y en lo poco que podía pensar seguramente se dijo: «¡Moisés!, el que habló con Dios cara a cara. ¡Y Elías!, el que en un carro de fuego subió al cielo en un torbellino. ¿Qué hacen esos dos junto al Rabí?¡Gracias a Dios que estoy aquí, porque no los dejaré ir! Haremos tres pabellones, uno para cada uno y así podremos venir a este lugar, cada cierto tiempo, a contemplarlos en su gloria» (Marcos 9:5-6). **¡Nehustán!** Dice la narración que todavía no había terminado de decirle eso a Jesús, cuando una nube de luz los cubrió y una voz desde la nube dijo: *«Éste es mi Hijo amado, en quien tengo complacencia; a él oíd»* (Mateo 17:5). Y cuando todo se esfumó, ya no estaba Elías ni tampoco Moisés, sino Jesús solo (v. 8). El mensaje está claro y es este: **Solo a tu Dios adorarás y solo a él servirás.**

El espíritu de la profecía me muestra que viene el día en que el Señor va a quitar de tus ojos la admiración a los hombres, y todos esos *«**Nehustanes**»* que has levantado en tu vida van a desparecer y quedará Cristo solo. Así, solamente al Señor admirarás, solo a él le cantarás y solo a él le atribuirás gloria. La hora va a llegar cuando solo lo inconmovible permanecerá y la gloria del hombre será abatida por el polvo. Hay cosas que Jehová usa y luego las quita: Moisés fue usado y luego lo quitó, Elías fue usado y luego se lo llevó, mas Cristo fue usado, ¡pero permanece para siempre!

La serpiente de bronce fue usada, pero simplemente era un tipo, una figura, una sombra de lo que iba a venir. Lo importante no es quién está siendo usado, sino quién lo usa. Hay un pasaje en la Biblia que llama mucho mi atención, y es aquel donde Salomón dedicó el templo. El arca de Jehová fue traída al lugar y dice la Escritura que en ella *«ninguna cosa había sino las dos tablas de piedra que allí había puesto Moisés en Horeb, donde Jehová hizo pacto con los hijos de Israel, cuando salieron de la tierra de Egipto»* (1 Reyes 8:9). Es decir, en el arca no había ninguna otra cosa sino las dos tablas de piedra. Por lo cual yo pregunto: ¿Dónde estaba la vara de Aarón? ¿Dónde estaba el maná?

¡Nehustán! Ninguna de esas dos cosas que estaban ahí antes se encontraba ya (Hebreos 9:4), pero lo que Dios escribió con su mano permaneció. Por tanto: *«Sécase la hierba, marchítase la flor; mas la palabra del Dios nuestro permanece para siempre»* (Isaías 40:8).

El sacerdocio de Aarón duró un tiempo siendo usado por Dios, pero luego se cumplió el Salmo 110:4: *«Juró Jehová, y no se arrepentirá: Tú eres sacerdote para siempre según el orden de Melquisedec»*, quitándole a Aarón el sacerdocio y dándoselo a Jesús. El maná alimentó a Israel por cuarenta años y quedó en el arca como un testimonio, pero luego ese maná desapareció porque representaba al que dijo: *«Éste es el pan que descendió del cielo; no como vuestros padres comieron el maná, y murieron; el que come de este pan, vivirá eternamente»* (Juan 6:58). En otras palabras, ¡pobre vara de Aarón, reverdeció y desapareció! **¡Nehustán!** ¡Pobre maná, después de caer por cuarenta años, estuvo en el arca como testimonio por cierto tiempo, pero también desapareció! **¡Nehustán!** Todo eso era temporal, por eso no existen ya. Incluso, las tablas de piedra permanecieron hasta ese momento en el reinado de Salomón, pero cuando esa ley terminó como pacto, Dios también quitó la importancia de sus letras para dejar el espíritu de la ley. Las piedras tenían que permanecer porque todavía no había llegado el cumplimiento de lo que Dios había prometido, de que un día las escribiría en las tablas del corazón de los creyentes, en el nuevo pacto (Jeremías 31:31-35; Ezequiel 36:26).

Hay que guardar respeto a algo que es de Dios, sí, ¿pero adorar? ¡Solo a Dios!

Lo que te quiero decir con esto es que **todo lo que Dios usa es importante, pero no es digno de adoración. Hay que guardar respeto a algo que es de Dios, sí, ¿pero adorar? ¡Solo a Dios!** La admiración, la ponderación, el reconocimiento, el tributo es a Dios, solo a él. Las cosas que Dios usa las hace desaparecer; no hay algo que Dios haya usado que haya permanecido. Se fue un Abraham que Dios tanto amó, se fue Elías, se fue David, se fueron todos ellos, pero quedó Jesús solo. Ese no muere ni morirá y está allá arriba, sentado a la diestra del Padre, y eso, porque así a él le agradó.

No ignoremos que el espíritu de idolatría es muy sutil; engañó a Pedro, a Juan, a muchos otros, pues la idolatría es darle adoración a cualquier cosa en lugar de a Dios. Eso lo hemos oído tantas veces en sermones que hasta nos parece muy elemental, pero Dios recapitula este mensaje para sacudirte. Jehová nos va a quebrar la serpiente; aquella era de bronce, pero la tuya y la mía posiblemente sean de oro, y el Señor las hará pedazos hasta que digamos de ella con desdén: «¡Pobre pedazo de cosa! **¡Nehustán!**».

El Espíritu del Señor nos advierte que en último análisis, la mayoría de nuestros problemas estriban en la idolatría. ¿Sabes que muchas veces el dios nuestro es el yo? Sí, el dios imagen, como lo llama el pastor Pablo Colón (uno de mis hijos en el Señor y en el ministerio) refiriéndose al «yo» cuando se ha engrosado y por el que sacrificamos todo para mantener una imagen delante de los demás. La mayoría de nuestras tentaciones y luchas son por la imagen de nosotros mismos: cómo nos ven los demás, cómo mantenemos satisfechos nuestros deseos y expectativas, entre otras cosas. Muchas veces nuestra motivación y esfuerzos están empleados en salvaguardar nuestra imagen y reputación.

¿Puede preocuparse alguien que todo su deseo, todas sus emociones, todos sus pensamientos y todas sus fuerzas estén puestas en Dios? (Marcos 12:30). Pues escucha lo que Dios me ha dicho: que si nosotros internamente, en pensamientos y emociones, estuviéramos adorándolo, y solo él fuera el todo en nuestra vida, no hubiera tristeza, ni desaliento, ni frustración, ni nada de esos sentimientos que nos quitan el gozo de la salvación. Cuando estamos heridos ¿por qué lo estamos? Porque nos duele la herida que nos infringió alguna persona, nos encendemos en sentimientos de ira contra ella. Mas el problema no está en el que cometió la falta, sino en nosotros. Todo ese dolor se genera porque estoy concentrado en mí, pues en última instancia, no fue que me hirieron, sino que me dejé herir. Sí, porque si mi mente estuviese concentrada en Dios y solo él fuese lo que me importara, en él sería fortalecido en mi hombre interior por su Espíritu y podría decir, como dijo Jesús: *«Padre, perdónalos, porque no saben lo que hacen»* (Lucas 23:34), y seguir andando. Por consiguiente, no hubiese dolor, pues no tomaríamos en cuenta a los hombres sus faltas (2 Corintios 5:19).

Si alguien me llamase impostor, y yo estoy muy concentrado en mi imagen, en cómo los hombres me ven, al escucharlo me preocuparía y correría a demostrar mi integridad. Mas si fuésemos delante del Rey, él nos diría: *«El siervo no es mayor que su señor. Si a mí me han perseguido, también a vosotros os perseguirán»* (Juan 15:20). Y esto no lo dijo Jesús como un ideal, sino porque lo experimentó en carne viva. Cuántas veces el Señor fue acusado de tener demonios (Juan 10:20), de usar poderes demoníacos y no del Espíritu Santo (Mateo 12:24), de ser hijo de fornicación (Juan 8:41), y todavía hoy, cuántas cosas se dicen y se insinúan del Santo de Israel. Por tanto, ¿quién eres tú para que no hablen de ti? Lo que pasa es que te revienta que toquen tu «dios imagen» en tu altar del yo, y dices: «¡Cuidado con mi reputación!». Sin embargo, el que tiene a Dios como el único objeto de su adoración y siendo el todo en su vida, en cuanto al «yo», vive como el que está muerto a la carne, y frente a cualquier comentario peyorativo que le hagan, dice: «Déjalos tranquilos. No tomaré en cuenta sus críticas y murmuraciones»; y los demás dirán: «¿Pero, oye ¿de verdad que eso no te molesta?», y él contestará: «No, para nada». «Entonces tú no tienes emociones —dirán— o no te respetas a ti mismo». «Todo lo contrario —responderá— me respeto muchísimo, pero respeto más a mi Dios. Él defenderá mi causa, de mi parte debo concentrarme solo en él». Esta persona está en paz porque su esperanza está en Dios, y en esa actitud se purifica a sí mismo, asimismo como es puro el Señor (1 Juan 3:3).

Claro, debemos preocuparnos si hablan de nosotros diciendo verdad, porque entonces no estamos representando a Dios dignamente. Mas a lo que me refiero es que cuando dejamos el «ego» y entramos en «theos» (Dios en griego) se acaban todos los problemas. Ahí está la solución de todo: Dios solo. ¿Cuál es la medicina del cristiano? Solo Dios. ¿De que manera salgo de la raíz de amargura? Solo con Dios. ¿Y de la depresión? Solo con Dios. Me desenfoco de lo que estoy sintiendo y me concentro en él, eso es lo que la Biblia dice: *«¿Está alguno entre vosotros afligido? Haga oración. ¿Está alguno alegre? Cante alabanzas»* (Santiago 5:13), y Dios lo levantará, porque hablando con él y adorándole, aunque sea con lágrimas, se va la tristeza. Con esta actitud salimos del mundo del ego para entrar en la dimensión donde el Señor enjuga toda lágrima de nuestros ojos.

Ahí está la solución de todo: Dios solo.

Lo digo, no porque ignore que la carne es débil, pues yo también soy carne y padezco aflicción, por lo que no hablo como si lo hubiera alcanzado, sino como el que lo ha vivido y ha salido triunfante en Dios. Cuando el Señor ve mi espíritu decaído, me dice: «¡Ea! Tú sabes cómo te estás sintiendo y por qué estás preocupado. Estás así porque estás pensando solo en ti. Por tanto, ¡sal de ti! Ven a mí, ponme en el centro; canta salmos, alábame; si no quieres cantar, entonces háblame en oración, pero sal de ese círculo pernicioso del "yo"». Reconozco que en ocasiones, las situaciones que enfrentamos son fuertes, pero la Biblia dice que más poderoso es el amor de Dios que todo lo que tú puedas sentir por dentro (Cantares 8:6,7). No te digo que hagas de Dios una droga, sino que hagas de él tu medicina, porque la droga generalmente es una combinación química de sustancias, pero Dios es una sola sustancia. Él es medicina natural, la que sana sin fármacos ni aditamentos.

No te digo que hagas de Dios una droga, sino que hagas de él tu medicina.

Nunca he visto un pajarito vencido, sin ánimos de seguir volando, porque escarba y escarba y no encuentra comida; mucho menos he sabido de algún conejo que haya sufrido un infarto por la preocupación de oír que se aproxima la temporada de caza. ¿Alguna vez te has preguntado por qué será que estos seres no sufren de estrés viviendo entre tantos peligros? Bueno, posiblemente Dios escribió dentro de cada uno de ellos: «Yo soy tu Creador, por tanto, te alimentaré, te sustentaré y te protegeré siempre», y eso es suficiente para no deprimirse ni preocuparse, sino que viven cada día dependiendo de lo que su Creador les deparará.

En cambio, en aquellos en los que Dios no solo escribió en su corazón, sino que les ha dicho: *«No temas, porque yo estoy contigo; no desmayes, porque yo soy tu Dios que te esfuerzo; siempre te ayudaré, siempre te sustentaré con la diestra de mi justicia»* (Isaías 41:10), he visto que sufren aun por lo que pueda acontecer. Sé de quienes a los setenta años están tristes y preocupados porque no saben lo que van a comer ni cómo van a vivir cuando sean más viejecitos. A esos les pregunto: ¿alguna vez les faltó comida en los setenta años? Sé que dirán: «¡Gracias a Dios nunca he padecido hambre!» Entonces, si en setenta años han comido, ¿les faltará en los pocos años que les quedan de vida? ¡Por favor, renovemos nuestro entendimiento y vivamos en fe, pues cuando Dios es el todo la mayoría de esos problemas no existen!

Debo reconocer que esa actitud de reposar en Dios no surge naturalmente ni tampoco ocurre en un día. Hay que andar en el Espíritu y matar bien las obras de la carne, pues nuestra naturaleza carnal está corrompida. Si hay algo poderoso en un ser humano es la ley de la mente, por eso están muchos en psiquiatría y viviendo bajo medicamentos, porque no pueden deshacerse de un pensamiento fijo en su mente. ¡Esto es algo terrible, no es fácil! Por eso debemos orar sin cesar para que sean liberados nuestros hermanos. Las Escrituras declaran que todo lo puedo en Cristo que me fortalece (Filipenses 4:13). Él es el único que llega y *«penetra hasta partir el alma y el espíritu, las coyunturas y los tuétanos, y discierne los pensamientos y las intenciones del corazón»* (Hebreos 4:12) para fortalecernos y guardarnos del mal. Por eso, desde ahora en adelante debemos llamarle «el solo», y cuando alguien nos pregunte: Oye, ¿a quién estás adorando?, responderemos: «Al solo». Ellos dirán: «¿le oras a "el solo"? ¿Quién es ese? ¿Un nuevo dios?» «No —diremos— es el mismo de ayer, de hoy y por los siglos (Hebreos 13:8). Adoro a Dios, a Dios solo, a mi Adonai, le oro al "solo" que siempre me acompaña».

Solo Dios es digno de ser adorado. Ahora, la palabra dice que hay que tener en honra a todos, y que nos prefiramos en honra los unos a los otros (1 Pedro 2:17; Romanos 12:10). Por lo cual, el que es espiritual sabe honrar sin idolatrar. Cuando honramos a alguien, lo hacemos por causa del Señor, porque lleva la investidura del Señor, porque lo representa. Por eso dijo el apóstol Pablo que a los ancianos que gobiernan bien se les dé doble honra (1 Timoteo 5:17). Es decir que aquellos que están honrando al Señor, especialmente los que predican y enseñan, son dignos de darles un poquito más de honra. Asimismo, a todos aquellos que sirven entre nosotros, por ejemplo, a los diáconos, así como a los que nos presiden en el Señor, debemos reconocerlos y tenerlos en mucha estima y amor, por causa de la obra (1 Tesalonicenses 5:12-13). Es honroso servirle a Dios, más que a todo en la vida. Por tanto, ¿quieres ser honrado? Honra a Dios, porque Dios honra a los que le honran, dice la palabra (1 Samuel 2:30).

Lo dicho respecto a la honra y adoración vale como una exhortación, pues si escuchamos pero no actuamos, de nada servirá el consejo de Dios que no sea para juicio. Decidamos en este día adorar solamente a Jehová, solo a él. El Señor me hizo mirar un dato curioso y es que Jesús venció con los «solos» cuando fue tentado en el desierto, miremos cómo respondió al tentador: (1) *«**No sólo** de pan vivirá el hombre, sino de toda palabra que sale de la boca de Dios»* (Mateo 4:4); (2) *«Vete, Satanás, porque escrito está: Al Señor tu Dios adorarás, y* **a él solo** *servirás»* (Mateo 4:10). Si Jesús venció con el *solo*, es para que tú venzas también.

Si Jesús venció con el solo, es para que tú venzas también.

Cuando el diablo venga a tentarte, desenvaina la espada del «solo», y di: «Solo a Dios adoraré, solo a él serviré y solo él será el motivo de mi alabanza. Solo en el Señor concentraré mis pensamientos, pues en su presencia hay plenitud de gozo y delicias a su diestra para siempre (Salmo 16:11), por tanto, no me deprimiré ni me desesperaré, sino que estaré con él y en él».

¿Por qué empezó Pedro a hundirse en las aguas, luego de haber estado andando sobre ellas? (Mateo 14:28-30). Porque dejó de mirar al «solo» para mirar los fuertes vientos que se movían a su alrededor. Sé que la tormenta y los fuertes vientos que se levantan contra ti te llevan a temer, y las aguas impetuosas que crecen de forma bravía casi te pueden anegar. Lo reconozco, no estoy diciendo que a pesar de ello no nos podemos hundir, lo que no creo es en esa fe de los «intocables». Los *intocables* solo existieron en la mente del que creó la serie televisiva, pero en Dios, la fe es estar conciente de la realidad de las cosas, y permanecer a pesar de las imposibilidades. Creo en la fe de Caleb y Josué que reconocen que hay gigantes, y que delante de ellos nos vemos como langostas, pero tenemos la convicción de que nos los comeremos como pan (Números 14:9). Una fe donde te puedes encontrar frente a una muralla, y a pesar de eso acampar frente a ella, porque sabes que delante de ti hay uno que la va a derribar y luego pasarás sobre sus ruinas (Josué 6:2).

En el libro de Isaías dice que Dios está sentado *«sobre el círculo de la tierra, cuyos moradores son como langostas»* (Isaías 40:22). Si tus enemigos son gigantes, y tú eres delante de ellos como langosta, ellos son delante de tu Dios también como langostas. Dios es el gran gigante, y por eso debe ser el todo en todos. ¿Sufres porque tu mujer te abandonó? Consuélate en Dios, porque «el solo» se quedó contigo (Josué 1:5). ¿Estas desconsolada porque el hijo se marchó de la casa? Reanímate porque «el solo» nunca te dejará sola, sino que permanece contigo siempre (Mateo 28:20). ¿Te despidieron del trabajo y ahora no sabes cómo vas a mantenerte? Reposa, porque el Señor no te desamparará y todas sus promesas son tuyas (Hebreos 6:14). Declara el Salmo 23: *«Jehová es mi pastor y nada me faltará»*. Él es el **todo**.

Observa como actuaba el maestro, por eso yo bendigo a mi Jesús y me deleito en su Palabra, pues de cosas cotidianas y simples sacaba grandes y trascendentales enseñanzas. Jesús se representaba con todo, porque él es el todo para su pueblo. Por ejemplo, muchos de los judíos de su tiempo se dedicaban al pastoreo, él les decía: *«Yo soy la puerta de las ovejas»* (Juan 10:7). Cuando veía a sus discípulos inquiriendo sobre el camino que habían de tomar, les decía: *«Yo soy el camino, y la verdad, y la vida; nadie viene al Padre, sino por mí»* (Juan 14:6). En tiempos de cosecha: *«Yo soy la vid verdadera, y mi Padre es el labrador. Todo pámpano que en mí no lleva fruto, lo quitará; y todo aquel que lleva fruto, lo limpiará, para que lleve más fruto»* (Juan 15:1-2). Cuando se murió Lázaro y todos estaban entristecido por su muerte, él dijo: *«Yo soy la resurrección y la vida; el que cree en mí, aunque esté muerto, vivirá»* (Juan 11:25). Por tanto, no conmemoremos ninguna tragedia, sino celebremos que nuestra torre fuerte nunca se ha caído, sino que sigue y seguirá firme hasta siempre.

Ahora podemos ver por qué vale la pena ser cristiano, y por qué hay que adorar y servir solo a Dios, pues cuando lo que vemos y admiramos deja de ser, el Admirable permanece para siempre. En el mundo existe un salón de la fama donde ponen los bustos de los famosos y debajo colocan una plaquita para identificarlos, pero sus cuerpos yacen en el cementerio. Sin embargo, hay uno que murió, resucitó, y está sentado a la diestra del Padre, y vive porque era imposible que la muerte retuviese al autor de la vida (Hechos 3:15). Jesucristo mató a la muerte, así que si temes porque un día morirás, déjame decirte que aunque te preocupes te vas a morir. Eso no es lo importante, sino que hay uno que venció la muerte, el Hijo de Dios, el que dijo: *«el que cree en mí, aunque esté muerto, vivirá»* (Juan 11:25). Por eso lo adoramos y le damos gloria, pues él todo lo puede, él todo lo hace y todo lo hizo.

Dale culto al que lo merece, a Dios. Dale alabanza al que es digno y echa fuera de ti a los dioses que no hicieron los cielos ni la tierra, los cuales deben desaparecer. Sácalos de tu vida, ¡expúlsalos de tu mente! Echa de ti todo lo que quiere ocupar el lugar de Dios hoy. JAH es el Dios, adóralo a él, en el nombre de Jesús, pon el corazón en él. ¿Quién como el Señor? ¿Quién como él? Nuestro Dios vive y reina por los siglos. Solo a Dios adoremos, solo a él temamos, solo él sea el objeto de nuestra alabanza por siempre. *«Oye, Israel: Jehová nuestro Dios, Jehová uno es»* (Deuteronomio 6:4). Levantemos no solamente nuestras manos, sino también nuestro corazón a él, y digamos:

«Dios mío, gracias por tu Palabra. Nos humillamos y reconocemos que nosotros como Juan y como Pedro tendemos a adorar lo que no es Dios. Muchas veces admiramos, damos aplausos y ponemos la confianza en muchas cosas, de manera que dependemos de ellas. Tenemos la inclinación a adorar a los instrumentos que tú usas: la serpiente de metal, la vara que reverdeció, el maná que cayó, el ungido que obró, y de cualquier cosa, Señor, hacemos una reliquia. ¡Dios mío, ayúdanos a amar y a respetar a tus siervos, a apreciar las cosas que tú usas, pero no a extralimitarnos, al punto de idolatrarlos! ¡Cuídanos, oh Dios, guarda nuestros corazones! Muchas veces el dios nuestro es el "yo" y estamos muy preocupados por nosotros, por nuestra imagen, por nuestra reputación, por nuestras metas. Nos deprimimos, y hacemos tantas cosas, pensando que lo hacemos por ti y es por nosotros mismos, oh Dios. Señor, sé nuestro todo, el todo de todos y el todo en todo lo que es nuestra vida. Líbranos del espíritu de idolatría y sé tú el todo en nuestro corazón, en nuestra mente, en nuestros planes, en nuestras decisiones, para poder adorarte no tan solo con palabras, sino con toda nuestra manera de vivir. Amén».

Capítulo 2

Para que Dios sea el todo en la obra de la salvación

«Porque convenía a aquel por cuya causa son todas las cosas, y por quien todas las cosas subsisten, que habiendo de llevar muchos hijos a la gloria, perfeccionase por aflicciones al autor de la salvación de ellos ... y clamaban a gran voz, diciendo: La salvación pertenece a nuestro Dios que está sentado en el trono, y al Cordero» (Hebreos 2:10; Apocalipsis 7:10).

Dios nos salvó por amor a su nombre; y nos perdonó por amor a sí mismo. Él dijo: *«Yo, yo soy el que borro tus rebeliones* ***por amor de mí mismo****, y no me acordaré de tus pecados»* (Isaías 43:25). Es decir, el perdón, antes de ser a favor nuestro es para la gloria del nombre de Dios. Nosotros somos los favorecidos cuando lo recibimos, pero al final de cuentas es por amor a su nombre que nos perdona, para hacer notorio su poder, resaltarlo y darlo a conocer. Cada vez que él hace algo a favor del hombre, aunque lo haga por amor a nosotros, antes lo hace por amor a sí mismo. Cuando Dios hace algo a favor nuestro, lo hace a favor del todo, y como somos una

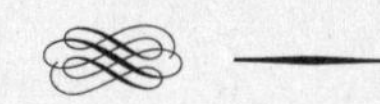

Dios nos salvó por amor a su nombre; y nos perdonó por amor a sí mismo

parte del todo nos beneficiamos, pero al final, lo que Dios nos quiere enseñar es que, antes que nosotros, él es el todo.

El propósito eterno de la redención, antes de salvarnos a nosotros, es restablecer el reino de Dios en la vida del hombre, para que lo que se perdió sea recuperado, y que Dios vuelva a ser el todo y en todos. Con la seducción del diablo a nuestros padres —Adán y Eva— se perdió el dominio del Señor sobre todos, y la tierra se convirtió en un lugar de rebelión, donde el espíritu de desobediencia reinaba en los seres humanos, convirtiéndolos, por naturaleza, en hijos de ira y sometiéndolos a los deseos de la carne y de sus pensamientos (Efesios 2:2-3).

Hoy en la tierra hay millones en quienes Dios todavía no es el todo. Incluso en nosotros, que hemos sido redimidos, existen muchas áreas de nuestras vidas que, a pesar de que somos un hombre nuevo y tenemos al Espíritu Santo viviendo en nosotros, aún no han sido conquistadas para el reino de Dios totalmente. Sabemos que Dios lo está haciendo ahora por el Espíritu Santo, y cuando Cristo venga, el que comenzó la obra la terminará en perfección (Filipenses 1:6). En el instante que se complete la obra, y el Hijo diga al Padre: *«He aquí, yo y los hijos que Dios me dio»* (Hebreos 2:13), y nos entregue al Padre y luego destruya para siempre el pecado y a los pecadores, entonces el reino de Dios será completamente establecido en la tierra, y Dios, otra vez, será el todo en todos.

Hay muchos aspectos de la vida cristiana, los cuales Dios ha dicho y ha hecho, que tenemos necesariamente que aplicar a nuestro diario vivir. Hemos de meditar en esa verdad hasta saturarnos de ella, de manera tal que la tengamos en los pensamientos, en la boca, en la respiración, en el aliento, hasta que nos brote por los poros y sea ese nuestro lente y telescopio, a través del cual veamos todas las demás cosas de la vida.

La Biblia nos enseña que la salvación procede de Jehová (Isaías 43:11); que el que salva es Dios (2 Reyes 6:26-27; Salmo 3:8), y nos insta a no confiar en los hombres, ni en los príncipes, porque no hay en ellos salvación (Salmo 146:3). Igualmente, las Escrituras dicen que el Señor da mandamiento para salvarnos (Salmo 71:3). La Santa Palabra revela que la salvación es eterna (Isaías 45:17), porque proviene de Dios y porque fue engendrada en el vientre de la misericordia del Padre, desde antes de los tiempos de los siglos (Efesios 1:4).

Jesús es un Cordero que fue ofrecido desde la eternidad (1 Pedro 1:18-20). Solo él podía salvarnos (Hechos 4:12); solo él quiso salvarnos (Hebreos 10:4-10) y únicamente él calificaba para salvarnos (Hebreos 7:26-28). Solo Jesucristo pudo pagar el precio de nuestra salvación

(1 Corintios 7:23; 1 Pedro 1:18-20) y lograr llevarnos a Dios (1 Pedro 3:18). El Hijo se ofreció por nosotros, pero lo hizo por amor y por obediencia (Juan 10:17-18), porque conoció el deseo y el designio del Padre de salvarnos, y por amor, primeramente a Dios y luego a nosotros, se ofreció para obrar nuestra redención. Jesús honró la voluntad del Padre y obedeció el mandamiento de dar su vida para rescatarnos (Juan 10:17-18), pero lo hizo para que Dios sea el todo en todos (1 Corintios 15:28). Jesús no buscaba su gloria, sino la gloria del que le envió (Juan 8:49-50). Por tanto, la gloria de la salvación solo pertenece a Dios.

El apóstol Juan dijo: «*Después de esto miré, y he aquí una gran multitud, la cual nadie podía contar, de todas naciones y tribus y pueblos y lenguas, que estaban delante del trono y en la presencia del Cordero, vestidos de ropas blancas, y con palmas en las manos; y clamaban a gran voz, diciendo:* ***La salvación pertenece a nuestro Dios que está sentado en el trono, y al Cordero***» (Apocalipsis 7:9-10). No importa como analicemos la obra de la salvación, de la manera que sea, en cualquiera de sus aspectos, veremos que Dios es el todo.

II.1 En la elección

> «*¿Qué, pues, diremos? ¿Que hay injusticia en Dios? En ninguna manera. Pues a Moisés dice: Tendré misericordia del que yo tenga misericordia, y me compadeceré del que yo me compadezca. Así que no depende del que quiere, ni del que corre, sino de Dios que tiene misericordia*» (Romanos 9:14-16).

En la epístola a los efesios el apóstol Pablo hace una invocación a Dios en gratitud y lo bendice, porque nos bendijo con toda bendición espiritual en lugares celestiales en Cristo; y enumera las bendiciones, desde la más elevada en la eternidad, hasta la que Dios nos dio aquí, a través del ministerio redentor de Jesucristo. Así que estamos completos en Cristo, no nos falta nada (Colosenses 2:10).

El apóstol Pablo dijo: «*Según nos escogió en él antes de la fundación del mundo, para que fuésemos santos y sin mancha delante de él*» (Efesios 1:3-4). Podemos decir entonces que lo primero que hizo Dios con nosotros fue que nos escogió. En Romanos 8:29 también dice que a los que **antes** conoció, a estos también predestinó y eligió. Quiere decir que lo que Dios hizo inicialmente fue conocernos, para elegirnos en

Cristo antes de la fundación del mundo. Esto lo hizo el Señor a favor de nosotros cuando todavía no existía ni Adán, que fue el primer hombre creado sobre la tierra. Ese hecho estuvo en el corazón de Dios antes de la caída de Lucifer, y sabemos que hubo un momento en la eternidad en el cual el Padre te eligió a ti y mí para predestinarnos en amor a una vida con él y en él (Romanos 8:29).

El Padre nos eligió *«habiéndonos predestinado para ser adoptados hijos suyos por medio de Jesucristo, según el puro afecto de su voluntad»* (Efesios 1:5), continúa diciendo la Palabra. Y vemos, en esa expresión tan sublime, el enunciado de que todo lo que Dios hace en el universo y todo lo que realiza a favor nuestro lo ejecuta para la alabanza de la gloria de su grandeza. Es para beneficio de su reino y por amor a él que Dios hace todas las cosas. Dios siendo el todo es el principio que rige el universo, la causa del orden, del bienestar y la estabilidad de todo lo creado.

Si Dios no es el todo, el universo no está funcionando debidamente, sino que está en caos, en anarquía, en peligro, en amenaza. Por eso el Señor, en su sapiencia, todo lo que hace lo realiza pensando en él, porque sabe que él es la causa que le dio origen a todo, y es el que sostiene todo y asegura todo, porque todo el universo se rige por él y alrededor de él. La Biblia dice que sustenta todas las cosas (Hebreos 1:3), y que de Dios depende todo ser viviente. **Así que es amor de parte de Dios, no egoísmo, que él lo haga todo por amor a sí mismo y por amor a su nombre.**

Si Dios no es el todo, el universo no está funcionando debidamente.

El hecho de que sea por amor a él no significa que no fuera por amor a ti. Es todo lo contrario, tenía que ser primero por amor a él para que llegara a ser por amor a ti. El principio eterno que rige toda acción del corazón de Dios es el amor, porque Dios es amor. Es una ley —del propósito eterno de su voluntad— que todo lo haga por amor a su nombre. Él es no solamente la causa que rige todo, sino la esencia misma de la pureza y la perfección de todas las cosas. Así que la motivación suprema que mueve toda acción de su santo propósito es el amor.

En el amor a sí mismo se encierra el insondable misterio que motiva todas sus acciones. Dios todo lo hace por amor. Su amor es divinamente perfecto. Él sabe quién es para él mismo, para su propósito y para su creación, por eso dijo: *«Yo soy el que soy»* (Éxodo 3:14). El amor a sí mismo es lo que asegura la perfección de todo lo que hace. Solo de la fuente de la pureza procede todo lo puro. La fuerza más poderosa del corazón del Padre es la purísima motivación que obra siempre por amor a sí mismo.

Dios no hace nada independiente de él. El Dios de los cielos se tomó a sí mismo para crear todas las cosas. Esa es la razón por la cual la Biblia dice que *«Los cielos cuentan la gloria de Dios, y el firmamento anuncia la obra de sus manos»* (Salmo 19:1). Él dijo y fue hecho, mandó y existió (Salmo 33:9). Cuando la palabra salió de su boca para crear, salió de él la esencia de su ser. De los dichos de su boca proceden la pureza, la sabiduría y el poder de sus pensamientos. En su creación no solo hay un decreto de su autoridad, sino la esencia misma de su naturaleza divina. Su nombre es perfume derramado (Cantares 1:3). Él derramó la fragancia de su nombre en toda su creación. Él escribió su nombre en los cielos. Él endorsó con la aprobación de su agrado todo lo que hizo (Génesis 1:31). El apóstol Pablo dijo: *«Porque las cosas invisibles de él, su eterno poder y deidad, se hacen claramente visibles desde la creación del mundo»* (Romanos 1:20). El salmista exclamó: *«¡Cuán innumerables son tus obras, oh Jehová! Hiciste todas ellas con sabiduría; la tierra está llena de tus beneficios»* (Salmo 104:24).

Dios tomó todo lo que él es para hacer todo lo que hay. La creación no solo fue hecha por Dios, sino de Dios. La Biblia describe la relación del Creador con la creación como el todo: *«Un Dios y Padre de todos, el cual es sobre todos, y por todos, y en todos»* (Efesios 4:6). *«Él es la imagen del Dios invisible, el primogénito de toda creación. Porque en él fueron creadas todas las cosas, las que hay en los cielos y las que hay en la tierra, visibles e invisibles; sean tronos, sean dominios, sean principados, sean potestades; todo fue creado por medio de él y para él»* (Colosenses 1:15-16). *«Todas las cosas por él fueron hechas, y sin él nada de lo que ha sido hecho, fue hecho»* (Juan 1:3). En último análisis, la **nada** de la cual decimos fue hecho el universo es el **todo** de Dios, porque en la creación de Dios está su voluntad, su propósito, su poder, su sabiduría, su gloria, su perfección, su nombre, su amor y su corazón. Dios no está presente personal e intrínsicamente en cada obra de la creación, como creen los panteístas, pero sí todo lo que ha hecho lo hizo tomando de él y esa es una de las razones por la cual la Biblia dice que lo llena todo en todo (Efesios 1:23).

En última instancia, la creación es parte misma del Creador. Las obras de Dios no son algo aparte de él, todo lo contrario, se originaron en él, se preservan por él y solo en él encuentran su propósito. Si puedes entender este principio y esta verdad de la relación Creador-criatura, podrás comprender por qué Dios, amándose a sí mismo, está amando a la vez a sus criaturas. Quizás ahora podrás conocer la profundidad de las palabras del Señor Jesús cuando dijo: *«Porque de tal manera amó Dios al mundo, que ha dado a su Hijo unigénito, para que todo aquel que en él cree, no se pierda, mas tenga vida eterna»* (Juan 3:16). Solo amándose a sí mismo, el Padre puede manifestar con sublime fuerza el impulso de su celo por nosotros y la motivación purísima de su imponderable amor.

Cuando el hombre cayó por causa del pecado, el Padre vio perdida una parte de su propósito, de su reino y de sí mismo. Por eso, a través del Hijo, se dio a sí mismo para volvernos de nuevo a él. **Podemos decir que Dios, por amor a su nombre, se dio a sí mismo para que volvamos a ser una parte de él.** Este principio rige y caracteriza toda conducta de Dios. Cuando hizo al hombre, tomó lo que es en sí la esencia de su ser, su aliento, como dice el libro de Job: *«Ciertamente espíritu hay en el hombre, y el soplo del Omnipotente le hace que entienda»* (Job 32:8). Para que el hombre sea parte de él, Dios tomó dos partes esenciales de sí mismo: su aliento (Génesis 2:7), y su imagen (Génesis 1:26,27), y creó al ser humano. Cuando Dios creó a la mujer, tomó una parte del hombre, su costilla (Génesis 2:21-22), para que la mujer sea hueso de sus huesos y carne de su carne (Génesis 2:23). Adán entendió el propósito de Dios, por eso la llamó varona *«porque del varón fue tomada»* (Génesis 2:23). La enseñanza es que ya no son más dos, sino una sola carne (Génesis 2:24; Efesios 5:31).

Dios, por amor a su nombre, se dio a sí mismo para que volvamos a ser una parte de él.

En el sentido espiritual es igual. La Biblia dice que los creyentes *«fuimos creados en Cristo Jesús»* (Efesios 2:10). Ese hombre nuevo *«conforme a la imagen del que lo creó* [Jesús] *se va renovando hasta el conocimiento pleno»* (Colosenses 3:10). El hombre espiritual no tiene nada de nadie, *«sino que Cristo es el todo, y en todos»* (Colosenses 3:11). Así que nuestro hombre nuevo fue creado en Cristo y por Cristo. La iglesia como la esposa del Cordero, también salió del costado abierto del segundo Adán (Efesios 5:30). El apóstol Pablo hace un paralelismo entre la relación del hombre y la mujer con la relación de Cristo y la iglesia. Veamos esa comparación en la epístola a los Efesios:

«Porque el marido es cabeza de la mujer, así como Cristo es cabeza de la iglesia, la cual es su cuerpo, y él es su Salvador. Así que, como la iglesia está sujeta a Cristo, así también las casadas lo estén a sus maridos en todo. Maridos, amad a vuestras mujeres, así como Cristo amó a la iglesia, y se entregó a sí mismo por ella, para santificarla, habiéndola purificado en el lavamiento del agua por la palabra, a fin de presentársela a sí mismo, una iglesia gloriosa, que no tuviese mancha ni arruga ni cosa semejante, sino que fuese santa y sin mancha. Así también los maridos deben amar a sus mujeres como a sus mismos cuerpos. El que ama a su mujer, a sí mismo se ama. Porque nadie aborreció jamás a su propia carne, sino que la sustenta y la cuida, como también Cristo a la iglesia, porque somos miembros de su cuerpo, de su carne y de sus huesos. Por esto dejará el hombre a su padre y a su madre, y se unirá a su mujer, y los dos serán una sola carne. Grande es este misterio; mas yo digo esto respecto de Cristo y de la iglesia» (Efesios 5:23-32).

Lo que dice aquí es que somos parte de Cristo, porque somos miembros de su cuerpo, de su carne y de sus huesos, refiriéndose a la manera en cómo la iglesia nació y fue representada en el cuerpo de Cristo, así como la mujer nació y es representada en el varón. Quiero enfatizar dos versos que en este pasaje nos pueden hacer entender bien el principio que estamos enseñando: *«Así también los maridos deben amar a sus mujeres como a sus mismos cuerpos. El que ama a su mujer, a sí mismo se ama. Porque nadie aborreció jamás a su propia carne, sino que la sustenta y la cuida, como también Cristo a la iglesia»* (Efesios 5:28-29). Es decir, cuando los maridos aman a sus mujeres están mostrando que se aman a sí mismos. El argumento paulino es que como la mujer procedió del cuerpo del varón es una parte de él mismo, carne de su carne y hueso de sus huesos, por consiguiente, cuando el marido ama a su mujer se está amando a él mismo. Aplicando este mismo principio a la relación de nuestro Señor Jesucristo con la iglesia, el apóstol dice que nadie odia su cuerpo, sino que lo cuida y satisface sus necesidades, como lo hace Cristo con la iglesia.

Si el hombre como creación es parte de Dios, porque es aliento de su aliento e imagen de su imagen, entonces es absolutamente razonable que **cuando Dios ama al hombre, a sí mismo se ama, y cuando se ama a sí mismo, está amando al hombre.** El Padre jamás aborrecerá al hombre nuevo, porque lo creó en Cristo y lleva la imagen de su Hijo.

Todo lo contrario, lo sustenta y lo cuida. Jesús aplicó este principio a su relación con su Padre. Él todo lo hacía porque amaba al Padre. Siempre aludía a que él procedía del Padre: *«Pero yo le conozco, porque de él procedo, y él me envió»* (Juan 7:29); a que era uno con el padre: *«Yo y el Padre uno somos»* (Juan 10:30). Jesús dijo que el que lo aborrecía a él, aborrecía también al Padre: *«El que no honra al Hijo, no honra al Padre que le envió»* (Juan 5:23). Solo el que hacía la voluntad de su padre era su familia. Él dijo: *«Todo aquel que hace la voluntad de mi Padre que está en los cielos, ése es mi hermano, y hermana, y madre»* (Mateo 12:50).

De igual manera, Jesús aplicó esto a la relación con nosotros, cuando dijo: *«El que a vosotros **recibe**, a mí me **recibe**; y el que me **recibe** a mí, **recibe** al que me envió»* (Mateo 10:40). El que nos aborrece a nosotros, a él lo aborrece: *«Si el mundo os aborrece, sabed que a mí me ha aborrecido antes que a vosotros»* (Juan 15:18). A Saulo, cuando perseguía a la iglesia, le reclamó: *«Saulo, Saulo, ¿por qué me persigues?»* (Hechos 9:4). Cuando dos son uno, toda acción a favor o en contra de uno afecta a ambos. Cuando un órgano o miembro del cuerpo está enfermo, todo el cuerpo también lo está. Esto es algo muy santo, muy excelso, muy glorioso. Pídele a Dios sabiduría para entenderlo a plenitud.

Cuando dos son uno, toda acción a favor o en contra de uno afecta a ambos.

Por todo lo antes dicho, podemos afirmar que por amor a sí mismo y a su nombre, lo primero que hizo Dios por ti fue elegirte. Esto es un acto de misericordia, porque tú no habías hecho ni bien ni mal, ni siquiera existías todavía y ya él te había elegido, según el puro afecto de su voluntad. Él no te eligió porque eras bueno, ni porque ibas a ser bueno, no, no, no. Él lo hizo por su pura voluntad, y había pureza en esa voluntad, había santidad en esa voluntad y había amor en esa voluntad. Por tanto, cuando dice: *«el puro afecto de su voluntad»* (Efesios 1:5), puedes interpretar también que no lo hizo por ninguna otra razón que no fuera porque quiso, porque así le agradó (si usáramos el lenguaje del vulgo diríamos «porque le dio la gana»). Te salvó porque le hacía bien a su reino, porque Dios se satisfacía salvándote, porque a Dios le plació salvarte, porque lo quiso hacer. Lo hizo porque quería magnificar su poder, porque quería engrandecer su misericordia, porque quería darse a conocer.

También dice la epístola que Dios lo hizo *«para alabanza de la gloria de su gracia, con la cual nos hizo aceptos en el Amado»* (Efesios 1:6).

Es decir, que antes de ser para beneficio tuyo, lo hizo para alabanza de la gloria de su gracia. Alabar es ponderar, es halagar algo, y Dios te salvó para que la gloria de su gracia sea exaltada. Cada atributo divino tiene su gloria, y entre ellos, Dios quería destacar la gloria de su gracia, entonces se dijo: « ¿De qué manera puedo destacar mi gracia al punto de que sea conocida? ¿Qué hacer para que mis criaturas reconozcan la grandeza de la plenitud de mi gracia? Pues salvándolos, escogiéndolos por amor a mí mismo y no por algo que ellos hayan hecho o puedan hacer, ellos la halagarán y la ponderarán». Y así lo hizo para que tú y yo vengamos arrepentidos al Señor, entendiendo que él nos eligió a nosotros y no nosotros a él (Juan 15:16).

Entendamos que ni tú ni yo deberíamos ser contados como parte de la familia de Dios, sino que por el puro afecto de su voluntad, Dios nos hizo parte de ella. Tú no tenías parte ni herencia de las cosas celestiales. Estabas muy lejos de la República de Israel, sin esperanza y sin Dios en el mundo, y el Señor, que es rico en misericordia, por el mucho amor con el cual te amó, estando tú muerto en delitos y pecados, quiso salvarte, para que ahora ponderes su gracia, exaltes su gracia, halagues su gracia y magnifiques la grandeza de su gracia (Efesios 2:4,12).

Sé que cuando fuiste impactado y transformado porque el Espíritu Santo te reveló esa verdad, viniste a los pies del Señor llorando, diciéndole: «Gracias Señor por tu misericordia, verdaderamente eres bueno, estás lleno de beneficencia, de bondad, de condescendencia. ¡Bendita gracia de Dios!» Desde entonces adoras a Dios y le alabas con salmos y cánticos espirituales, halagando su gracia. Y cuando estés allá, en la eternidad, entonces lo alabarás todavía más que nunca, pues reconocerás que por la gloria de esa gracia fuiste salvo, y por medio de la fe puedes disfrutar de las cosas eternas. Te beneficiaste por ese gran amor que tuvo Dios por sí mismo. Lo hizo por amor a ti, pero antes de hacerlo por amor a ti, lo hizo para mostrar a los siglos venideros las abundantes riquezas de su gracia, porque la gracia tiene gloria y tiene riquezas, y Dios quería darlas a conocer en todo su universo (Efesios 2:7).

El pecado aparentemente era un problema para Dios. Con todo, si a los que aman a Dios todas las cosas **les ayudan a bien** (Romanos 8:28), mucho más a Dios, que todo se le convierte en bendición. Él no puede ser vencido de lo malo, por eso se valió del pecado como una oportunidad para engrandecer la riqueza y la gloria de su gracia. La rebelión o pecado le dio la oportunidad a Dios de hacer un despliegue de su poder, de mostrar a sus criaturas lo que es capaz de hacer con tal de amar.

De esa manera, Dios se desnudó y mostró una parte que él no podía manifestar en su morada celestial, porque en su ambiente todo es perfección, pero él fue capaz de lanzarse al abismo y tomar el cuerpo de la humillación, para —a favor de sus criaturas— salvar la seguridad de su gobierno en la tierra.

El cristiano que entiende esto celebra la grandeza de su gracia y lo hace con convicción. A ese creyente no hay que estimularle para adorar a Dios, ni producir sonidos de música para impresionarle con ritmos, ni prepararle un ambiente especial, ni incitarle con palabras rebuscadas para que alabe a Dios y pondere la gloria de su gracia, porque ya está persuadido de ello. La alabanza de un creyente a Dios brota de un corazón que ha entendido la gloria de su gracia y los tesoros y riquezas que hay en ella, porque es hijo de la gracia. Es la gracia la parte de Dios que se moviliza a favor nuestro para —salvándonos a nosotros— restablecer su gobierno y abrir una puerta de entrada al cielo. Es la gracia también la que enlaza un cordón umbilical entre Dios y los hombres, para que las criaturas antes caídas y ahora redimidas por ella se mantengan adheridas y pegadas a su Padre, ya no por conveniencia, sino por convicción de amor.

¡Alaba a Dios y pondera su gracia! Porque la gracia de Dios se ha movilizado a tu favor y ha engrandecido su gobierno, de manera que las criaturas tengan seguridad de que quien reina y está en el trono sentado no es un soberano déspota, egoísta, indiferente y castigador, sino un ser que es capaz de dar lo que más ama con tal de salvarte a ti y asegurar lo que le da seguridad a todo el universo.

¡Qué misterio! Haciéndolo por amor a sí mismo lo hace para seguridad de todos, pues afirmando su gobierno se da la oportunidad para mostrar a los siglos que vienen su profusa gracia. Por eso tú y yo estamos ponderando su gracia hoy y por siempre. Y todo eso, dice Efesios 1:5, lo hizo en amor y por amor, y no hay ninguna contradicción en ello cuando también se dice que lo hizo por amor a ti. Lo que pasa es que **el amor a él es la causa, y el amor a ti es el efecto. El amor a él es la acción, el amor a ti es la reacción.** Y como una acción produce una reacción, Dios se movió por amor a él para salvarte a ti, y ahora tú, salvado porque él te amó, reaccionas a su favor, produciéndose una fusión de amor de ti hacia él y de él hacia ti. Como dice la Palabra: *«Con cuerdas humanas los atraje, **con cuerdas de amor**»* (Oseas 11:4), y ahora estás en su reino por amor a él, porque él te amó primero.

Dice en 1 Corintios: *«Pues mirad, hermanos, vuestra vocación, que no sois muchos sabios según la carne, ni muchos poderosos, ni muchos nobles; sino que LO NECIO DEL MUNDO ESCOGIÓ DIOS, para avergonzar a los sabios; y lo débil del mundo escogió Dios, para avergonzar a lo fuerte; y lo vil del mundo y lo menospreciado escogió Dios, y lo que no es, para deshacer lo que es, a fin de que nadie se jacte en su presencia»* (1 Corintios 1:26-29). Es decir que Dios escogió lo necio del mundo, que éramos tú y yo (perdóname, pero si tú eres salvo como yo, entonces somos lo necio, lo vil, lo débil, lo menospreciado), y siendo nosotros nada nos eligió, para que nadie precisamente pueda venir a gloriarse delante de él. Nadie elige lo que no sirve, ni lo que todo el mundo rechaza, ni lo que es necio, ni lo que es débil e ignorante. En cambio Dios, siendo puro y santo, sí lo hizo, para que tú ni yo tengamos nada de qué jactarnos en su presencia. Ahora, ¿por qué lo hizo de esa manera? Porque así convenía, de manera que todo el mundo le deba todo a Dios, para él ser el todo en todos.

Si Dios hubiese encontrado en este mundo a alguien que hubiese sido santo, justo, bueno, quizás ese podría jactarse en su presencia, pero buscó y no encontró a ninguno bueno, a ninguno puro, a nadie santo, inocente, apartado de los pecados, pues todos eran malos, culpables de juicio y apartados del bien. Por lo cual, siendo Dios el todo, hay garantía de justicia, seguridad de salvación, y en esto radica la preservación y el bienestar de la existencia de las cosas. Por eso el mundo se lo debe todo a él, y debe bendecir la riqueza de su gracia diciendo: «Yo no debo estar aquí, no lo merezco, pero él quiso salvarme. Se lo debo todo a la gracia de Dios».

Esa es la manera en que Dios se hace el todo en todos, porque si lo mereciéramos, no estaríamos alabándolo a él, sino a ti, a mí, a sus ángeles o a sus «santos» (Job 4:18; 15:15). Si tú, yo o alguien más lo mereciéramos tanto o igual que Dios, entonces él no fuera el todo en la elección, pero todo el mundo tiene que callarse (Habacuc 2:20), y toda boca debe cerrarse delante del juicio de Dios (Romanos 3:19), porque todos somos pecadores (1 Juan 1:10), todos nos hemos desviados, a una nos hemos hecho inútiles, no hay quien haga lo bueno, ni siquiera uno (Romanos 3:12). Así que si Dios salvó a lo que no servía es para que nadie tenga de qué gloriarse, y todo el mundo se lo deba todo a él, pues es el centro de todo, y fuera de él no hay quien salve (Isaías 43:11).

Jesús dijo: *«No soy enviado sino a las **ovejas perdidas** de la casa de Israel ... Los sanos no tienen necesidad de médico, sino los **enfermos**. No he venido a llamar a justos, sino a **pecadores**»* (Mateo 15:24; Marcos 2:17). Es una ironía, porque no hay nadie sano, pero como hay quienes se consideran justos y sanos, y que no tienen ninguna clase de necesidad (Marcos 2:17), Jesús dijo esto para despertar sus conciencias. Y en ese *«a fin de que»* (1 Corintios 1:29) encontremos el propósito, el por qué escogió lo vil, lo vergonzoso, lo que es nada. Por tanto, todos hemos de alabarlo por la grandeza de su gracia y también reconocer que somos deudores de esta.

Dice la Palabra: *«Mas por él estáis vosotros en Cristo Jesús, el cual nos ha sido hecho por Dios sabiduría, justificación, santificación y redención; para que, como está escrito: El que se gloría, gloríese en el Señor»* (1 Corintios 1:30-31). ¿Para qué Dios hizo que Cristo fuera tu sabiduría, tu justificación, tu santificación, tu glorificación y tu todo? Para que ahora tú te glories en el Señor. Sí te glorias en ti, entonces eres el centro, eres el todo, pero si te glorias en él o en el que ha puesto en ti, entonces el centro es él, el todo es él, porque el Padre y el Hijo uno son (Juan 10:30). Por eso Dios hizo la redención de tal manera que se lo debamos todo, para que nadie se jacte y él sea todo y en todos. Esa es la devoción que produce el evangelio en nosotros, proclamar y anhelar todo para Dios. El Señor se dio todo en amor por nosotros, para ser merecedor de todo por amor a él.

Estudiemos ahora Romanos 9:8-14, donde el Señor nos revela, inclusive más claramente, el propósito de la elección:

> *«Esto es: No los que son hijos según la carne son los hijos de Dios, sino que los que son hijos según la promesa son contados como descendientes. Porque la palabra de la promesa es ésta: Por este tiempo vendré, y Sara tendrá un hijo. Y no solo esto, sino también cuando Rebeca concibió de uno, de Isaac nuestro padre (pues no habían aún nacido, ni habían hecho aún ni bien ni mal, para que el propósito de Dios conforme a la elección permaneciese, no por las obras sino por el que llama), se le dijo: El mayor servirá al menor. Como está escrito: A Jacob amé, mas a Esaú aborrecí. ¿Qué, pues, diremos? ¿Que hay injusticia en Dios? En ninguna manera»* (Romanos 9:8-14).

Como hemos visto, Dios hizo una promesa a Abraham de bendecir su simiente, sin este merecer nada. Años después, Rebeca concibió de Isaac (simiente de Abraham), y dicen las Escrituras que aún los niños no se habían formado en el vientre de la madre cuando ya Dios había determinado que el mayor serviría al menor, para que el propósito de la elección se cumpliese. Para que nadie se jacte diciendo: «Dios me eligió porque yo era bueno; porque Dios sabía, en su presciencia, que yo era sincero».

Por tanto, antes de que nacieran los dos niños, Dios bendijo al menor con la promesa. Si Dios no lo hubiera hecho antes, dirían: «¡Ah! Eso fue porque Jacob no era belicoso como su hermano, o fue porque Esaú no apreciaba la primogenitura». **El propósito de la elección es que Dios elige antes de que tú lo hagas, para ser él el todo en todo, lo demás son simples consecuencias.**

El propósito de la elección es que Dios elige antes de que tú lo hagas, para ser él el todo en todo, lo demás son simples consecuencias.

Dios no espera ver nuestras acciones, porque entonces la elección sería por obras. Él decidió salvarte y te salvó por misericordia, para que ahora se lo debas todo a él y le alabes con la convicción de que no merecías nada y te lo dio todo. Te eligió, tú no lo elegiste a él. En la elección nadie tiene de qué gloriarse, ni es el centro, ni mucho menos tiene derecho de reclamar nada, por cuanto Dios es el todo.

Hay tanta perfección en la elección que ella misma responde a la gran pregunta que por siglos se hace la humanidad: «¿Cómo es eso de que a Jacob amé y a Esaú aborrecí? ¡Eso es injusto!» Pero, es que Dios es soberano y puede hacer lo que quiera y sigue siendo justo. Lo que determina que una cosa sea justa no es la definición de justicia como concepto, sino Dios. El justo es Dios, pues antes de la justicia es él. Dios es el que hizo la justicia y lo que él haga es justo aunque no lo entendamos. Si el Señor lo hizo es justo aunque yo no lo entienda, aunque a mis ojos parezca injusto. La justicia no es un concepto, es una persona: *«Jehová, justicia nuestra»* (Jeremías 23:5,6). Fíjate lo que dice la Biblia al respecto:

> *«Pues a Moisés dice: Tendré misericordia del que yo tenga misericordia, y me compadeceré del que yo me compadezca. Así que no depende del que quiere, ni del que corre, sino de Dios que tiene misericordia. Porque la Escritura dice a Faraón: Para esto mismo te he levantado, para mostrar en ti mi poder, y para que mi nombre sea anunciado por toda la tierra. De manera que de quien quiere, tiene misericordia, y al que quiere endurecer, endurece. Pero me dirás: ¿Por qué, pues, inculpa? porque ¿quién ha resistido a su voluntad? Mas antes, oh hombre, ¿quién eres tú, para que altierques con Dios? ¿Dirá el vaso de barro al que lo formó: ¿Por qué*

me has hecho así? ¿O no tiene potestad el alfarero sobre el barro, para hacer de la misma masa un vaso para honra y otro para deshonra?» (Romanos 9:15-21).

Esa es la verdad de la elección, que Dios se compadece de quien quiera, y tiene misericordia de quien quiere tener misericordia. Por eso es el soberano Rey. De nosotros tuvo misericordia, porque quiso y no porque tú quisiste. Si eso ocurrió fue porque él fue el primero que así lo quiso, entonces la gloria es de él y no tuya, pues te eligió a ti, no tú a él. Nadie puede jactarse delante de Dios. La misericordia se la debemos a él, quien nos dio el favor de su gracia. ¿Y cómo la expresó? Haciéndonos vasos de su misericordia, para que ahora se lo debamos todo a él y por eso lo alabemos. Nosotros éramos vasos de ira, preparados para destrucción, y él por su elección nos convirtió en *«vasos de misericordia que él preparó de antemano para gloria»* (Romanos 9:23).

También dice que Dios lo hizo por amor a su nombre, para hacer notorio su poder y las riquezas de su gloria (Romanos 9:23). Así como endureció a Faraón para mostrarle y decirle: «Yo soy Dios, y yo mando en Egipto. Yo soy el que pongo y quito reyes. YO SOY JEHOVÁ», y se lo demostró, de la misma manera Dios quiere enfatizar que el propósito de la elección es destacar su poder para dar a conocer su gloria, con el fin de ser el todo en todos. Para que todo el mundo tenga un sentimiento de sujeción a él, por gratitud, por amor; y para que sea el que se glorié en todo. De esa manera llega a ser el todo y en todos en la elección, que fue la primera bendición espiritual que él nos dio antes de la fundación del mundo.

Jehová Dios eligió a Israel y le dijo por boca de Moisés: *«Tú eres pueblo santo para Jehová tu Dios; Jehová tu Dios te ha escogido para serle un pueblo especial, más que todos los pueblos que están sobre la tierra.* ***No por ser vosotros más que todos los pueblos*** *os ha querido Jehová y os ha escogido, pues vosotros* ***erais el más INSIGNIFICANTE de todos los pueblos;*** *sino por cuanto Jehová os amó, y quiso guardar el juramento que juró a vuestros padres»* (Deuteronomio 7:6-8). Es decir, que Dios los eligió porque quiso, por amor a él.

En el salmo 65 dice: *«Tuya es la alabanza en Sion, oh Dios, y a ti se pagarán los votos ... Bienaventurado el que tú escogieres y atrajeres a ti»* (Salmo 65:1,4). La iglesia es la Sion espiritual, la congregación de los primogénitos (Hebreos 12:18-23; Apocalipsis 21:9-10), y de Dios es la alabanza en la reunión de los santos. Mas dice el salmista que es bienaventurado y dichoso el que Dios escogiere y atrajere hacia sí. Bienaventurado es el que Dios le dice: «Ven, quiero que estés conmigo. Ven, acércate, estoy a favor tuyo; ven que te quiero bendecir». Cuando acudes a la casa de Dios es porque Dios te quiere cerca de él, para amarte y ministrarte. Tú eres el bienaventurado, porque Dios te eligió para que estés en sus atrios. Como todo soberano, es el Señor quien decide y elige a aquellos que se acercan a él. Tú no te elegiste a ti mismo, ni puedes decir: «Déjame entrar aquí y hacer algunas oraciones a Dios. Yo sí puedo levantar mis ojos a él, porque yo soy bueno, soy santo, y hago buenas obras». No, amado, Dios dice: *«No me **elegisteis** vosotros a mí, sino que **yo os elegí** a vosotros»* (Juan 15:16). Él fue que te eligió, y eso fue lo primero que hizo a favor tuyo. Siempre hemos de dar gracias a Dios porque él nos escogió desde el principio, desde la eternidad, para salvación. La Biblia dice:

> *«Pero nosotros debemos dar siempre gracias a Dios respecto a vosotros, hermanos amados por el Señor, de que Dios os haya escogido desde el principio para salvación, mediante la santificación por el Espíritu y la fe en la verdad, a lo cual os llamó mediante nuestro evangelio, para alcanzar la gloria de nuestro Señor Jesucristo. Así que, hermanos, estad firmes, y retened la doctrina que habéis aprendido, sea por palabra, o por carta nuestra. Y el mismo Jesucristo Señor nuestro, y Dios nuestro Padre, el cual nos amó y nos dio consolación eterna y buena esperanza por gracia, conforte vuestros corazones, y os confirme en toda buena palabra y obra»* (2 Tesalonicenses 2:13-17).

A quien se le da gracias es al que ha hecho un favor. El que da gracias es el deudor, y dando las gracias está diciendo: «Reconozco que yo soy deudor y que tú eres el dador». Delante de Dios siempre seremos deudores, y mientras lo seamos, Dios será el todo y en todos. Cuando te crees merecedor, entonces ya Dios deja de ser el todo, pues con ello dices: «¡Ea, ea! Aquí yo puedo demandar y exigir, porque no debo nada a nadie». Y si te has envanecido de manera que has llegado a pensar que no tienes ninguna necesidad, y Dios no es el todo en ti, déjame decirte algo que parece que no sabes: *«tú eres un desventurado, miserable, pobre, ciego y desnudo»* (Apocalipsis 3:17). Sin Cristo estamos desnudos (2 Corintios 5:3), por eso es preferible ser deudor y debérselo todo a la gracia de Dios.

Hay quienes, envanecidos, andan tratando de comprar los dones de Dios, pero los dones de Dios no están en venta, son gratuitos, porque nadie los puede comprar; el único que los pudo adquirir por precio fue Cristo (1 Corintios 6:20) porque era justo. Así que demos gracias a Dios, porque desde el principio él nos escogió para salvación. La elección fue la primera bendición espiritual que nos dio, para ser el todo, pues fue quien tomó la iniciativa, ya que era el único que podía. Después de la elección nos amó y nos dio consolación eterna. Por eso la Biblia dice que los que lloran dejarán de llorar, pues serán consolados y él enjugará toda lágrima de sus rostros (Isaías 25:8; Apocalipsis 21:4), y en Jesucristo tendrán esperanza y consolación eterna. Así que nadie tiene nada que decir, ni posee nada de qué jactarse, pues deudores somos todos a la gracia.

Pídele al Señor que estampe estos principios en tu corazón, pues nadie entiende sus caminos si él no los revela. ¿Cómo los ciegos podrán ver si sus ojos no son abiertos? Solo Dios puede dar vista a los ciegos (Lucas 4:18). Si Dios no enjuga con colirio nuestros ojos y no nos quita el velo de la ceguera del pecado, anduviéramos por ahí llenos de suficiencia propia, creyéndonos dignos, diciendo que no tenemos necesidad ni siquiera de congregarnos e ir la iglesia, porque somos buenos y no hacemos mal a nadie. Ahora hemos de darnos en el pecho como el publicano diciendo: «Señor, *"sé propicio a mí, pecador"* (Lucas 18:13), pues te lo debo todo a ti». Así podremos cantar y alabarle, entendiendo que no merecíamos estar delante de él, y que somos bienaventurados porque Dios nos escogió por el puro afecto de su voluntad y por amor a su nombre.

Dios ha usado el instrumento de la gracia para mostrar el aspecto más excelso de sus bondades. También reveló los tesoros y sobreabundantes riquezas de su gracia para que le alabemos, y eso producirá un efecto en nosotros de dependencia, de gratitud, de entrega, de humildad, de humillación, de quebrantamiento, de estar siempre a sus pies, dándoselo todo al Señor y debiéndoselo todo a él. Siendo deudores y dependientes de su gracia se reconocerá la soberanía de su elección y se logrará el propósito de Dios de ser el todo en todo.

II.2 En la redención

> *«Yo deshice como una nube tus rebeliones, y como niebla tus pecados; vuélvete a mí, porque yo te redimí»* (Isaías 44:22).

En la obra redentora de Jesucristo están los tesoros escondidos y los secretos muy guardados, reversados en los cielos para nosotros (Isaías 45:3;

1 Pedro 1:4). Por eso, antes de desarrollar este tema, rogamos a Dios para que nos dé entendimiento sobre el significado de estas cosas, porque cuando esto se recibe con la razón no es nada que impresione, posiblemente lo consideremos un tema más de las Escrituras, pero cuando se acepta a través del propósito de Dios, de acuerdo a su intención y voluntad, es entonces cuando recibimos una gran bendición. Conocer la obra redentora de Jesús, más que edificarnos, nos va a colocar en el carril correcto, en la perfectísima voluntad de Dios. El Señor quiere que su santo designio se cumpla en nosotros. Por tanto, dejemos de mirar las cosas a través de nosotros y miremos todo a partir de la persona del Padre, siendo él el centro y la esencia de nuestro todo.

Ver todo de acuerdo a Dios no es fácil para nosotros mientras estemos en este tabernáculo terrenal, en este cuerpo de pecado —de Adán— en el cual andamos. Desde que nacemos somos el centro de todo, y a pesar de ser ya adultos y hasta creyentes, muchas veces cuando cerramos los ojos para orar lo que vemos es a nosotros mismos. Por eso el hecho de ver las cosas desde la perspectiva de Dios, conforme a su óptica y de acuerdo a él, es algo muy difícil de lograr para el ser humano. No obstante, el hombre nuevo, la naturaleza espiritual que Dios ha puesto en nosotros, no tiene problemas con eso, porque ese hombre es según Dios, y fue hecho en justicia y santidad de la verdad (Efesios 4:24). Mas como vivimos en la carne, este cascarón que arrastramos al andar y que es el impedimento para entender las cosas espirituales, se hace muy difícil que nuestro hombre interior fluya con libertad. Si Dios en su misericordia nos capacita y fortalece, dándonos la gracia de que andemos en el Espíritu, su voluntad será una realidad en nosotros, una experiencia viva, donde serán impredecibles las consecuencias de lo que pasará en nuestras vidas.

Hemos visto que el propósito eterno de la redención, en último análisis, antes de salvarnos a nosotros, tuvo el propósito de restablecer el reino de Dios en la tierra, y por consiguiente, poner a Dios donde estaba antes, siendo el centro de todo y en todos. Por eso es algo muy lamentable que cuando nosotros meditamos en la caída del hombre pensemos simplemente en lo triste que ha sido que el hombre se separara de Dios. Nos acongojamos de solo pensar en lo que ha sido que el hombre dejara de disfrutar del paraíso y perdiera su señorío y dominio sobre la tierra, sin tomar en cuenta que hay una verdad que la Palabra de Dios nos muestra que es más profunda y más primaria que eso, la cual debe tener el primer lugar en nuestra mente.

Salgamos de una vez por todas del mundo del egocentrismo para adentrarnos en el mundo del altruismo y comprender estas cosas. Lo más importante en esta vida no fue lo que nos perjudicó a nosotros, sino lo que afectó a Dios. No es tan significativo nuestro sufrimiento como el dolor que está en el corazón de nuestro Padre. El que nosotros nos hayamos perdido es algo que le importa a Dios, pero nunca será comparable con lo trascendental del hecho de lo que él ha perdido. Por ende, a partir de este momento, enfoquemos el pecado desde el punto de vista de nuestro Señor.

Con estas aseveraciones no estoy contradiciendo lo que dice la Biblia, pues la Palabra de Dios fue inspirada y revelada para que nosotros veamos cómo Dios nos salvó y entendamos el amor que Dios tuvo al hacerlo. La Biblia dice que «*de tal manera amó Dios al mundo, que ha dado a su Hijo unigénito, para que todo aquel que en él cree, no se pierda, mas tenga vida eterna*» (Juan 3:16). Eso es una gran verdad y es la esencia de las Escrituras, pero hay una realidad que es más esencial que esta, y es lo que la Biblia enseña como la causa y principio motivador de todas las acciones de Dios: **Todo lo que Dios hace lo hace por amor a su nombre y a sí mismo** (Ezequiel 20:44; 36:22; Romanos 1:5). Por tanto, si pudiéramos parafrasear la cita de Juan 3:16 desde el punto de vista y esencia de este principio, diríamos: «De tal manera se amó Dios a sí mismo que dio a lo que más amaba para restablecer su gobierno y ponerse él mismo donde siempre debe estar, no solamente para felicidad de él, sino de sus criaturas, para la seguridad, el buen orden y la buena administración del gobierno del universo». Y esto lo digo usando un lenguaje sencillo, porque Dios quiere enseñarnos una verdad muy esencial y profunda.

Nosotros no podemos estar bien salvos si el reino de Dios no está bien establecido. Puede que esta afirmación luzca como una contradicción y necedad de nuestra parte, pero lo digo entendiendo que si Dios no está en el centro, nosotros no estamos bien, ni nadie ni nada estará seguro. Por eso el diablo quiso atentar contra Dios y su gobierno, dándole un golpe de estado y quitándolo del centro de la vida del hombre, pues sabe que solo así puede traer caos y anarquía a la tierra, como lo hizo. Sin Dios en su trono se cae todo y se entra en un estado de confusión donde el diablo puede hurtar, matar y destruir (Juan 10:10) que es su única y sola intención.

Nosotros no podemos estar bien salvos, si el reino de Dios no está bien establecido.

Claro, **Dios es Dios**, y solo suyo es el reino, la magnificencia y el poder, la gloria, la victoria y el honor, porque todas las cosas que están en los cielos y en la tierra son de él. ¡Él es excelso sobre todos! (1 Crónicas 29:11). Su mano poderosa y su brazo extendido no se han cortado, y si quisiera en un segundo acabaría con todo y establecería su voluntad agradable y perfecta. *«Porque ¿quién es Dios sino solo Jehová? ¿Y qué roca hay fuera de nuestro Dios?»* (Salmo 18:31). Mas a nuestro Señor le ha placido realizar la redención de otra manera, pues no retiene para siempre su ira, sino se deleita en su misericordia (Miqueas 7:18). Reconozco su majestad y digo como Salomón: *«He entendido que todo lo que Dios hace será perpetuo; sobre aquello no se añadirá, ni de ello se disminuirá»* (Eclesiastés 3:14).

No obstante, a lo que nos referimos cuando hablamos de la final centralización de Dios y del restablecimiento de su señorío en el cielo y en la tierra es a lo mismo que él se refirió cuando prometió un Mesías, como está escrito: *«Vivo yo, dice el Señor, que ante mí se doblará toda rodilla, y toda lengua confesará a Dios»* (Romanos 14:11). Así que la Biblia dice que cuando Cristo vino a la tierra vino a buscar y a salvar lo que se había perdido (Lucas 19:10). En el contexto está hablando de nosotros —no voy a negar eso— pero lo que estoy diciendo es que antes de que el hombre se perdiera, en el cielo se perdió algo, y restaurando lo que se perdió en el cielo se restaurará lo que se perdió en la tierra.

Estamos acostumbrados siempre a ver el efecto de las cosas y no las causas que las originan. Constantemente se combaten las enfermedades batallando contra los síntomas, pero el que hace tal cosa jamás va a tener éxito, porque combatir los síntomas puede que mejore la enfermedad, pero no la cura. Por eso el solo sabio Dios obró la redención. Esto no fue algo somero ni pasajero, ya que la redención comenzó en la eternidad en la mente de Dios, cuando Él se percató mirando en su presciencia de lo que iba a acontecer después de generada la iniquidad y multiplicada la maldad en el corazón del hombre. Dios hizo un plan, con el cual estaba asegurando no solamente la preeminencia de su dominio, sino la seguridad y preservación de su santo universo. **Por lo tanto, el remedio de la cruz no fue para combatir síntomas, sino deshacer causas.**

El remedio de la cruz no fue para combatir síntomas, sino deshacer causas.

Toda verdad debe ser probada con las Escrituras. La Biblia nos dice acerca de la redención y nos muestra cómo ésta estaba siempre latente en el vocabulario y pensamientos de Jesús. Reconozco que el propósito de Dios con la Biblia es revelarnos cómo caímos, lo incapaces que somos de salvarnos por nosotros mismos y lo que él hizo para redimirnos. Por eso abundan más los pasajes de lo que el Señor hizo por nosotros que de la intención profunda de lo que estaba en juego. Sin embargo, la verdad es que todo esto solo vino a formar parte del plan maestro en el que se iba instaurar para siempre el gobierno de Dios. Esta verdad primaria ha sido revelada sin muchos detalles, pero mediante el Espíritu Santo se nos abre el entendimiento y se nos manifiesta un panorama impresionante de esta realidad.

Veamos ahora cómo Jesús, poniendo su rostro hacia Jerusalén en el momento en que ya sabía que había llegado la hora de cumplir su misión representativa y salvadora en la cruz, dijo: *«Ahora está turbada mi alma; ¿y qué diré? ¿Padre, sálvame de esta hora? Mas para esto he llegado a esta hora»* (Juan 12:27). Es decir que, llegado el momento, el alma de Jesús rehusaba el conflicto y estaba turbada. Mas sobreponiéndose a esa turbación, Jesús reconoció que él había venido a este mundo a enfrentar esa situación, y poniendo a Dios en el centro, echó a un lado la tristeza y el dolor, diciendo: *«Padre, glorifica tu nombre»* (Juan 12:28). Cristo tenía que hacerle frente al calvario para destruir los cimientos del reino de Satanás.

El diablo había instituido sus poderes en la tierra para gobernar al hombre y quitar el dominio de Dios de su mente, implantando la naturaleza perversa e inicua en su corazón. Sin embargo, en el momento del conflicto, Jesús se enfocó en Dios como centro, pues había llegado la hora de reinstaurar el gobierno del Padre y establecer su señorío en el planeta Tierra. No digo en el cielo, porque allá no había problemas, ya que al diablo lo echaron de allá y en el cielo se hace la voluntad de Dios y él está en todos y en todo. De ninguna manera diré lo que la Biblia no ha revelado. No obstante, en la Biblia dice que el diablo fue cortado por tierra (Isaías 14:12), es decir que si lo mandaron para acá o él quiso venir, eso no es lo primordial, lo importante es que el diablo hizo el mal y tomó la tierra como su fortaleza para hacerle la guerra a Dios. Y como la tierra es parte del gobierno de Dios y de su dominio universal, Dios mandó a conquistarla, para anexar este planeta al reino de los cielos. De esa manera nos libró de las potestades de las tinieblas y nos trasladó al reino del amado Hijo (Colosenses 1:13).

Volviendo a la cita de Juan 12:27,28 fíjate en la actitud de Cristo que ante el conflicto no pensó en sí mismo. En ese momento Jesucristo no dijo: «Padre, sálvame de esta hora», sino: *«Padre, glorifica tu nombre»* (Juan 12:28). Si analizas el ministerio de Jesús completo, desde la cuna hasta la gloria de la resurrección, todo para él era el Padre. ¡Qué madurez! Por eso, en el mismo versículo, dice que vino una voz del cielo que dijo: *«Lo he glorificado, y lo glorificaré otra vez»* (Juan 12:28). ¿Qué ha glorificado el Padre? Su nombre. Esto puede que esté aludiendo a los hechos cuando el diablo fue echado de los cielos. Y cuando dice *«y lo glorificaré otra vez»* posiblemente se está refiriendo a cuando en la cruz del calvario le daría el golpe mortal al enemigo de todo bien, y lo enviaría al infierno de fuego, a prisiones eternas, bajo oscuridad, para el juicio del gran día (Judas 1:6).

Juan describe en su Evangelio que la multitud que estaba allí, al oír la voz, decía que había sido un trueno, y otros que era un ángel que le había hablado, pero Jesús respondiendo les dijo: *«No ha venido esta voz por causa mía, sino por causa de vosotros. Ahora es el juicio de este mundo; ahora el príncipe de este mundo será echado fuera»* (Juan 12:29-31). El mundo fue juzgado en el Calvario. Ahí no se estaba resolviendo un problema local, sino un problema universal. Esto no era un asunto terrenal solamente, pues la tierra era solo el escenario de un conflicto que comenzó en el cielo y que sería finiquitado en la tierra. El diablo fue derribado cuando se quiso entronar en el cielo, y entonces —con engaños— se adueñó de la tierra. Por eso cuando tentó a Jesús en el desierto le ofreció los reinos del mundo y su gloria, diciendo: *«A ti te daré toda esta potestad, y la gloria de ellos; porque a mí me ha sido entregada, y a quien quiero la doy. Si tú postrado me adorares, todos serán tuyos»* (Lucas 4:6-7). El diablo quería ser adorado, ser el centro, pero Jesús le dijo: *«Vete de mí, Satanás, porque escrito está: Al Señor tu Dios adorarás, y a él solo servirás»* (Lucas 4:8). Dios es el todo y continuará siéndolo, pues será quitado todo dominio, potestad, principado, autoridad, poder, y todo nombre de la tierra, para que Dios vuelva a tener el señorío y la preeminencia en todo.

También vemos en Colosenses que hablando de Jesús se dice: *«Él es la imagen del Dios invisible, el primogénito de* ***toda*** *creación. Porque en él fueron creadas* ***todas las cosas****, las que hay en los cielos y las que hay en la tierra, visibles e invisibles; sean tronos, sean dominios, sean principados, sean potestades; todo fue creado por medio de él y para él. Y él es antes de* ***todas las cosas****, y* ***todas las cosas*** *en él subsisten»* (Colosenses 1:15-17). Nota el énfasis del escritor de la epístola cuando dice «todas las cosas», para dejarnos ver que Jesús es lo más importante de todo lo que era y es. Y cuando dice que es el primogénito de toda creación no significa que fue el primero que fue creado, como interpretan los «arrianos», sino que es el origen de toda la creación, porque el Padre creó en él, por él y para él (Juan 1:1-3). En Romanos 11:36 dice: *«Porque **de él, y por él, y para él,** son **todas las cosas»***, por eso el universo está lleno de Cristo, por cuanto al Padre le agradó, le plació que en Jesús habitase toda plenitud (Colosenses 1:19).

El Padre ama al Hijo, y en él se inspiró para hacer todas las cosas. El Padre ha hecho del Hijo la causa, el medio y la motivación de su propósito eterno. Él le entregó al Hijo el universo, porque naturalmente la herencia de los padres siempre pertenece a sus hijos. Ya de por sí, la palabra primogénito indica que Dios le está dando el primado. Jesús es lo primero de toda la creación, toda ella es de él y él la sostiene. Dice en Colosenses: *«En él fueron creadas todas las cosas, las que hay en los cielos y las que hay en la tierra, visibles e invisibles; sean tronos, sean dominios, sean principados, sean potestades; todo fue creado por medio de él y para él»* (Colosenses 1:16). El Hijo es una sola cosa con el Padre, y todas las cosas Dios las hizo para el Hijo y por el Hijo. La misma Palabra nos muestra que el Hijo es el **todo** en la creación. Dice la Biblia que *«él es antes de todas las cosas, y todas las cosas en él subsisten; y él es la cabeza del cuerpo que es la iglesia, él que es el principio, el primogénito de entre los muertos»* (Colosenses 1:17-18). Por eso él puede ser el todo en todos y ser la cabeza del cuerpo que es la iglesia, porque al Padre le agradó y lo hizo así *«para que en todo tenga la preeminencia»* (v. 18). En otras versiones de la Biblia dice para que en todo él tenga la primacía (LBA); sea el preeminente (RVA); tenga el primado (SRV). Y entiendo que el énfasis del escritor inspirado es para facilitarnos el entendimiento, y que no tengamos dudas de que Jesucristo es el porqué y el para qué del Padre.

Dios quiere que el Hijo en todo tiempo sea el primero, por eso lo declara primogénito, principio de la creación, dueño de todo, antes de todo y por todo. El Padre le dio el primado y le dio la plenitud para que Cristo también sea el todo y en todos, no tan solo en la creación, sino también en la iglesia. Y lo hizo para *«por medio de él reconciliar consigo todas las cosas, así las que están en la tierra como las que están en los cielos, haciendo la paz mediante la sangre de su cruz»* (Colosenses 1:20). Si entendemos bien este deseo del Padre, entenderemos mejor lo que significa la reconciliación y llegaremos a entrar en una nueva relación con Dios a través de Cristo.

No obstante, fíjate en que este versículo es mucho más profundo de lo que hemos entendido. Dios nos reconcilió consigo mismo a través de Cristo, pero no tan solo a nosotros, sino a todas las cosas. Aquí únicamente no está hablando de seres humanos, sino de todas las cosas.

Dios habla de reconciliar todas las cosas, es decir, que esto confirma lo que hemos dicho en el principio, que hubo cosas que se perdieron y que se dañaron. Algo se dañó y se perdió y era necesario que Cristo lo reconciliara y lo restituyera. Era necesario reconciliar todas las cosas, así las que están en la tierra como las que están en el cielo.

Antes entendía que Cristo vino a reconciliar las cosas de aquí, pero las Escrituras nos envían más allá. Ellas revelan todas las cosas, las del cielo y las de la tierra. Hay cosas en el cielo que también fueron reconciliadas con el sacrificio de Cristo, por tanto, la cruz del calvario se convierte en la vacuna que no solamente inmuniza a la humanidad, sino que inmuniza también al cielo. Jesús no solo reconcilió al hombre con Dios, sino que reconcilió todas las cosas. Al perderse una parte del todo, ya el todo no estaba completo, y redimiendo lo que se perdió se completa la armonía de todo y se restauran las cosas como eran antes, cuando Dios era el todo en todos.

No era que en el cielo había pecado, no, no, no. Lo que está diciéndose en la epístola es que la tierra era parte del gobierno del cielo, y al «perderse» la tierra, se perdió la completa armonía del señorío de Dios en el universo. Cuando Cristo reconcilia la tierra, se reconciliaron las cosas arriba, porque se anexó el planeta al reino de Dios, y ahora Dios es Señor y Rey en la Tierra, porque se encontró lo que se buscaba y se salvó lo que se había perdido. Así que lo que pasó en la cruz aquel día tuvo que trascender mas allá de las nubes, haciendo la paz mediante la sangre de la cruz.

Cuando Dios expió los pecados del hombre deshizo los dominios que estaban sobre él, y satisfizo la justicia divina que había sido ofendida. Cristo logró vencer a Satanás y su reino, y de esa manera quitó el dominio al diablo, salvando así al hombre y también a la tierra. Simultáneamente, estaba logrando algo más importante: restablecer el gobierno de Dios en el planeta. Cristo lo vindica, lo restaura y lo anexa a la familia del cielo. Quiere decir que antes que salvarnos a nosotros, era necesario restituir el gobierno de Dios, para que todo volviera otra vez a ser lo que era en el universo: Dios el todo en todos.

Todo lo que hay en el cielo es perfecto, y con una sola cosa que se dañe, se arruina la perfección. El universo es de Dios y no puede haber ni un milímetro que no sea de él. El que ama a Dios y a su gobierno jamás va a estar contento hasta que cada pulgada de lo que vive le pertenezca y él siga siendo el Rey y el Señor. El que ama su justicia no se sentirá satisfecho hasta que su voluntad soberana se haga en cada rinconcito de todo lo que es y existe, porque sabe que si hay algún lugar donde hay pecado la cosa estará mal. El universo fue hecho para ser santo como su Creador es santo. Esto es lo que Dios se propuso en sí mismo y lo que quiso revelar por su pura voluntad en su amado Hijo. En el libro de Efesios dice:

> *«Bendito sea el Dios y Padre de nuestro Señor Jesucristo, que* ***nos bendijo con*** TODA ***bendición*** *espiritual en los lugares celestiales en Cristo, según* ***nos escogió*** [nos eligió] *en él antes de la fundación del mundo, para que fuésemos santos y sin mancha delante de él, en amor* ***habiéndonos predestinado*** [nos trazó un destino] *para ser adoptados* ***hijos suyos*** *por medio de Jesucristo, según el puro afecto de su voluntad, para alabanza de la gloria de su gracia, con la cual* ***nos hizo aceptos*** *en el Amado, en quien tenemos redención por su sangre, el perdón de pecados según las riquezas de su gracia, que hizo* ***sobreabundar*** *para con nosotros en toda sabiduría e inteligencia, dándonos a conocer el misterio de su voluntad, según su beneplácito, el cual se había propuesto en sí mismo, de reunir* ***todas las cosas*** *en Cristo, en la dispensación del cumplimiento de los tiempos, así las que están en los cielos, como las que están en la tierra»* (Efesios 1:3-10).

Es decir que Dios nos bendijo con toda bendición espiritual en Cristo. Él nos eligió y nos trazó el destino de ser adoptados hijos suyos y aceptos en su santo reino por la redención de la sangre de Cristo, y nos dio perdón de pecados según las riquezas de su gracia, las cuales nos dio sobreabundantemente, en sabiduría e inteligencia, para nosotros poder conocer el misterio de su voluntad. Y ¿cuál es ese misterio? Que **Dios se había propuesto en sí mismo reunir todas las cosas en Cristo.** En el griego dice «recapitular todas las cosas», pero lo más importante es entender que había una necesidad de recapitular, de resumir, de sintetizar todas las cosas. Había la urgencia, la premura de reunir todas las cosas, porque hubo una parte de ese todo que se perdió, y era imperioso restituirlo, salir a buscar esa parte, para lograr reunificar el todo. Ya había llegado la hora, «la dispensación del cumplimiento de los tiempos», para que esa parte perdida fuera repuesta, no tan solo en los cielos, sino también en la tierra (Efesios 1:10).

Esa dispensación o administración se llama **gracia** (Efesios 3:2), en la cual vivimos tú y yo ahora. A nosotros nos ha tocado vivir en el tiempo donde Dios quiso, donde se propuso algo en la eternidad, y lo está cumpliendo. ¡Nosotros somos testigos de ello! Y esa bendita redención la podemos resumir o recapitular en los siguientes versículos:

«Luego el fin, cuando entregue el reino al Dios y Padre, cuando haya suprimido todo dominio, toda autoridad y potencia. Porque preciso es que él reine hasta que haya puesto a todos sus enemigos debajo de sus pies. Y el postrer enemigo que será destruido es la muerte. Porque todas las cosas las sujetó debajo de sus pies. Y cuando dice que todas las cosas han sido sujetadas a él, claramente se exceptúa aquel que sujetó a él todas las cosas. Pero luego que todas las cosas le estén sujetas, entonces también el Hijo mismo se sujetará al que le sujetó a él todas las cosas, para que Dios sea todo en todos» (1 Corintios 15:24-28).

Cuando llegue el fin, el Hijo le va a entregar el reino a Dios, pero ¿cuál reino? El reino que el Mesías estableció en la tierra, cuando se lo arrebató al usurpador, al príncipe de este mundo. Por eso fue que el Padre le dio todo al Hijo, y este usó todo eso para anexar al Padre todas las cosas. La redención ya Cristo la hizo, y él está en el cielo reinando, pero no nos dejó solos, sino que envió al Espíritu Santo, quien está venciendo aquí en la tierra y en nosotros. Todos los días están cayendo potestades a los pies de Jesús. Cada vez que uno de los perdidos viene al reino, cada vez que Dios liberta a un oprimido del diablo de una enfermedad, de la tentación o de la depresión, o lo que sea, se están deshaciendo las obras del diablo. A medida que Cristo va tomando dominio a través de su Espíritu en tu mente, en tu corazón y en tu vida, vas madurando y creciendo. Dios seguirá obrando en ti hasta lograr que su reino y su voluntad estén presentes en tu vida, y entonces orarás convencido y con entendimiento aquella oración del «Padre Nuestro» que nuestro Maestro nos enseñó, diciendo con vehemencia: *«Venga tu reino. Hágase tu voluntad, como en el cielo, así también en la tierra»* (Mateo 6:10).

El Señor Jesús realizó todo lo que hizo cumpliendo objetivos que complementan ese gran propósito de Dios de ser el todo en todos. Por eso dijo: *«Yo no he hablado por mi propia cuenta; el Padre que me envió, él me dio mandamiento de lo que he de decir, y de lo que he de hablar»* (Juan 12:49). Inclusive, al dejarnos un modelo de oración (Mateo 6:5-13), lo hizo pensando en la proclamación de aquello que había de ocurrir. Por ello, nosotros tampoco nos cansaremos de orar, predicar y anhelar que se haga la voluntad de Dios en la tierra **como se hace en el cielo**. Eso no es un pensamiento personal u optativo, es un pensamiento que lo trajo Jesucristo de arriba, porque él sabe que en el cielo no hay una milésima de segundo donde no se honre, glorifique, alabe y se cumpla la voluntad del Padre (Apocalipsis 4:8; 15:4). Allá nadie alterca con Dios, ni busca lo suyo, ni trata de imponer sus caprichitos, pues allá el Señor habla y todo el mundo sale a obedecer. Dios reina en el cielo a través de su voluntad. Y el cristiano que tiene esta convicción dice: «¡Venga tu reino! Y hágase tu voluntad en mí, como se hace en el cielo».

Dios tiene que suprimir todo poder y autoridad que se levante en contra de que él llegue a ser el todo en todo en tu vida y en la mía, al igual que en cada ser viviente, en todo reino, nación, tribu, lengua y pueblo (Apocalipsis 14:6). Ya Cristo lo logró a través de su obra redentora, en el tiempo de la consumación (Juan 19:30), pero ahora tiene que lograrlo a través del Espíritu Santo en la tierra. El postrer enemigo que será destruido es la muerte, porque Dios es un Dios de vivos y no de muertos (1 Corintios 15:25; Mateo 22:32). La muerte ha sido un medio de separación, pero ya fue sorbida en la victoria de Jesús (1 Corintios 15:56,54). Cristo ya logró sujetar todas las cosas por decreto, por realidad, pero ahora lo está logrando intrínsicamente en cada ser, a través de la santificación por el Espíritu Santo.

Dice la Palabra de Dios: *«Luego que todas las cosas le estén sujetas, entonces también el Hijo mismo se sujetará al que le sujetó a él todas las cosas, para que Dios sea todo en todos»* (1 Corintios 15:28). Amado, nota la perfección y la gran verdad que hay en este propósito santo. El Padre todas las cosas se las dio al Hijo, porque le agradó que Jesús tuviera toda la plenitud. Y en esto aprendo que en el cielo reina la conducta del dar, pues el Padre todo se lo da al Hijo y el Hijo se lo da todo al Padre, y sé que esto no lo vamos a entender hasta que comprendamos lo que es el amor. El Hijo ama tanto al Padre que aunque le ha dado todas las cosas le dice: «Padre, lo que se perdió, lo busqué y lo traje. Ahora no hay nada que impida que tú seas el todo y en todos. Mas debido a que todas las cosas las sujetaste a mí, para que todo marche perfectamente, tú tienes que ser el todo, y nada puede ser excluido. Aunque yo soy en ti y tú en mí, yo decido someterme a ti, para que tú seas el todo en todos». El Hijo se va a someter al Padre para que no haya ni un solo ser que no esté sometido al Padre, porque las cosas están bien —dice el Hijo— cuando el Padre es el todo, de todo y en todos.

Ahora yo me pregunto: ¿Si el Hijo —al cual el Padre se dio por entero— le dice a Dios: «Padre aunque tú me lo has dado todo y soy la plenitud tuya, también decido someterme a ti, para que seas todo y en todos», cuánto más yo, mi querido hermano? ¿Te someterás tú también? Reconozcamos en este momento y declaremos para finalizar esta sección el Señorío de Dios en nuestra vida, diciéndole al Señor:

«¡Cuán grandes son tus obras, oh Jehová! Muy profundos son tus pensamientos» (Salmo 92:5). ¿Cómo entender tus pensamientos, Padre, si el Hijo, a quien has hecho Señor de todos y has puesto sobre todo para que lo llene todo en todos, voluntariamente, por amor, se somete y se sujeta a ti? ¡Qué misterio, oh Dios, qué propósito hay en tus caminos! Nos sentimos reprendidos, porque nosotros constantemente estamos buscando lo nuestro, no lo que es tuyo. Ahora entendemos cuál es nuestra misión en la tierra, cuando voluntariamente nos sujetamos, para que se establezca tu reino y se haga tu voluntad aquí, como se hace en el cielo. Y no cesaremos ni escatimaremos ningún esfuerzo, aunque tengamos que crucificarnos a nosotros mismos y matar nuestra carne y destruir nuestro propio yo, y tengamos que entregarlo todo y ser abatidos hasta el polvo, porque también nosotros nos someteremos a ti. Esa es la misión del Espíritu Santo, de la iglesia, y fue también la de Cristo. Señor, henos aquí, te damos nuestro corazón íntegramente, para que lo logres en nosotros y pongas esa demanda bendita en nuestro ser, por amor a tu nombre, de manera que todo lo carnal en nosotros sea sujeto a tu señorío. Que renunciemos a nuestro egoísmo y nos entreguemos totalmente a ti. Comienza a reinar en nosotros, Padre, y en tu iglesia, para que se establezca tu reino en toda nación, tribu, lengua y pueblo, en el nombre de Jesús. Señor, en nosotros y en nuestra casa, tú eres y serás el todo y en todo».

II.3 En la nueva creación

«No mintáis los unos a los otros, habiéndoos despojado del viejo hombre con sus hechos, Y REVESTIDO DEL NUEVO, el cual conforme a la imagen del que lo creó se va renovando hasta el conocimiento pleno, donde no hay griego ni judío, circuncisión ni incircuncisión, bárbaro ni escita, siervo ni libre, sino que CRISTO ES EL TODO, Y EN TODOS» (Colosenses 3:5-11).

La cita bíblica de Colosenses que hemos reproducido como versículo tema es gloriosa, y añade todavía más revelación al tópico que estamos estudiando. En ella se está hablando de la nueva creación, y dice que nos revistamos del nuevo hombre, el cual, conforme a la imagen del que lo creó, se va renovando hasta el conocimiento pleno. El apóstol se refería a la creación que recibimos en el nuevo nacimiento.

No hay nada que nosotros tengamos que no lo hayamos recibido por pura gracia del Señor. Por tanto, somos hijos de la gracia y dependientes de ella. Entender esto es darle el lugar que le corresponde a Dios en nuestra vida, siendo él el centro en todo. Ese pensamiento aplicado a nuestra existencia crea una actitud de dependencia, de entrega y de reconocimiento hacia Dios.

Pablo dijo: *«Con Cristo estoy juntamente crucificado, y* ***ya no vivo yo,*** *mas* VIVE CRISTO EN MÍ*; y lo que ahora vivo en la carne, lo vivo en la fe del Hijo de Dios, el cual me amó y se entregó a sí mismo por mí»* (Gálatas 2:20). Entiendo el sentir del apóstol, porque está basado en que Dios lo salvó y lo libertó sin merecer él nada, y en que Cristo también tomó su vida y la clavó en el madero, y fue enterrado en el sepulcro de José de Arimatea, con toda su maldita herencia adánica, para que él, entonces, lleve la imagen del hombre nuevo que se levantó en la nueva creación, Jesucristo hombre. Ahora esa imagen del Hijo llega a tu vida también, y la recibes porque Dios te la quiso dar. Por lo cual, debes alabar a Dios, someterte a él y reconocerle en todos tus caminos, así como vivir para alabanza de la gloria de su grandeza, para que sea en tu vida el TODO y en TODOS.

Jesús dijo que los que nacen de nuevo no nacen por voluntad humana, ni por sangre, ni por voluntad del hombre (Juan 3:5), sino que toda persona que llega al reino de los cielos, llega por un milagro de Dios. La conversión es una obra sobrenatural que el Señor hace en nosotros. Así como Dios al hijo de la promesa, o sea a Isaac, lo sacó del vientre muerto de Sara y del cuerpo consumido por la vejez de Abraham, de la misma manera, el Señor engendra por su poder a todo nacido del Espíritu. En realidad se podría decir que Isaac no era hijo de ellos, sino de Dios, porque ellos estaban imposibilitados para reproducirse y Dios lo hizo nacer, a través de la intervención de su poder. Por eso la Biblia le llama a Isaac «el hijo de la promesa» (Gálatas 4:28), el cual es un tipo perfecto de Cristo, así como Abraham es tipo del Padre.

Toda persona que llega al reino de los cielos, llega por un milagro de Dios.

Ahora, Cristo, que es el Isaac del nuevo pacto, también nace por un milagro de Dios. Cuando el ángel Gabriel apareció a María y le anunció que tendría un hijo, esta se turbó y temió, y le dijo al ángel: *«¿Cómo será esto? pues no conozco varón»* (Lucas 1:34). Ella era una virgen comprometida en casamiento, pero el ángel le dijo: *«El Espíritu Santo vendrá sobre*

ti, y el poder del Altísimo te cubrirá con su sombra; por lo cual también el Santo Ser que nacerá, será llamado Hijo de Dios» (v. 35). Así nace Cristo, de manera aún más sobrenatural que Isaac, lo que llamamos la encarnación, siendo que Dios se hizo hombre en él. El Espíritu de Dios hizo sombra en el vientre de María, aislando su parte pecaminosa, naciendo de allí el Santo de Dios. Un portento, pues ¿cómo es posible depositar algo perfecto en algo imperfecto y que no se contamine? Eso pasa también con el hombre nuevo, cuando el Espíritu de Dios viene a ti y crea el hombre nuevo dentro de ti, junto a la naturaleza pecaminosa que heredaste de Adán. Dios te da un espíritu nuevo por creación, que es el hombre interior, que no es más que la imagen del Hijo (Romanos 8:29). Esa es la nueva creación que salió de la resurrección, Jesucristo. Ese ser nuevo, fortalecido en Dios, lleno de gloria, de gracia y de verdad (Juan 1:14) es el Adán de la segunda creación. Ese hombre, Jesucristo, es la nueva creación, de la cual provenimos todos los llamados, elegidos y fieles (Apocalipsis 17:14). Quiere decir, entonces, que nadie puede llamar Señor a Jesús sino por el Espíritu (1 Corintios 12:3).

Biológicamente, nadie decide nacer ni mucho menos interviene en la concepción o en el embarazo. Ningún individuo ha tenido la potestad ni el privilegio de sugerirle a sus padres: «Quiero tener estas características y este sexo en particular», de la misma manera nadie puede intervenir en el nuevo nacimiento. Muchas veces ocurre que algunos hijos dicen a los padres: «Yo no fui el que me traje a este mundo. La responsabilidad es tuya. Si yo hubiese decidido, otra cosa fuera mi vida». Y aunque lo dicen en rebeldía, están diciendo una gran verdad. Ellos no decidieron venir a este mundo, fueron los padres los que tuvieron una relación, y en ocasiones, hasta involuntariamente engendran hijos. Eso mismo ocurre con el hombre nuevo, aunque con una gran diferencia, que tú no decidiste nacer a la vida del Espíritu, sino que naciste a la vida nueva por la voluntad de Dios, porque él lo deseó y lo decidió.

Tu vida en Cristo Jesús no es una casualidad, ni estás en el reino de Dios porque quisiste entrar, sino porque Dios quiso que estuvieras. Tu vida es deseada por el Padre, pues dice la Palabra de Dios que por su voluntad hemos nacido (Juan 1:13). Sabemos que en la concepción interviene una célula masculina y otra femenina, pues de la misma manera nosotros somos el producto de dos cosas: Primeramente, **de la voluntad de Dios**; y segundo, **del poder de su Espíritu**. En la eternidad él decidió darte un hombre nuevo, y ahora envió el Espíritu Santo con su poder para engendrarlo en ti. Así que el hombre nuevo en ti es el fruto de esas dos cosas: de la voluntad de Dios y del poder de su Espíritu (Juan 1:12-13). Por consiguiente, está clarísimo que en la nueva creación nadie tiene nada de qué gloriarse.

Empero, me es necesario decir que existe un errado entendimiento acerca del nuevo nacimiento. Es triste la ignorancia que hay en el mundo cristiano acerca del «nacer de nuevo», pues hay quienes piensan que eso es un simple cambio de conducta. De eso hablamos con detalles en nuestro libro anterior: *Manual de la Vida en el Espíritu*. Es preocupante que haya quienes vean una cosa tan importante e imprescindible de la salvación como una mera profesión de fe, y que si dices: «Yo creo que Jesucristo es el Hijo de Dios», ya eres parte de la familia divina. Mas, ¿sabes lo que el Señor me ha enseñado a través de su Palabra? Que **los cristianos no se hacen, sino nacen**. ¿Qué hay cristianos fabricados? Sí, eso es lo que abunda, pero mientras la religión fabrica a sus hijos, Dios los engendra.

Los cristianos no se hacen, sino nacen.

En realidad, la mayoría de los énfasis que se hacen en evangelismo están encaminados a la fabricación de cristianos y muchos piensan que tienen la autoridad para hacerlo. Le dicen a la gente: «Ven, decide a aceptar a Cristo. Si tú lo decides esta noche Dios te va a bendecir». Y la gente dice: «Pero, ¿cómo? Es que yo no lo siento», y le responden: «No importa. Solo confiésalo, por fe, y ya será hecho». Entonces vemos que la gente viene, más por deseo que por fe, y repite lo que le dicen que diga: «Creo que Jesucristo es el Hijo de Dios y que me perdona mis pecados». Cumplido este pasito, prosiguen al otro, y le dicen: «Bueno, ya está. Ahora bautícese y comience a asistir a los cultos de la iglesia. No coma esto, no beba aquello, no vaya allí, no venga acá, no se ponga esto, no se corte aquí, compre su pandereta, alabe a Dios, y manténganse en pureza. Ya usted es cristiano». La gente hace esto como los requisitos de un club, que guardan para mantener la membresía, y jura que ya es un nacido de nuevo, un cristiano genuino. Sin embargo, Jesús le dijo a Nicodemo: *«De cierto, de cierto te digo, que el que no naciere de agua y del Espíritu, no puede entrar en el reino de Dios»* (Juan 3:5). Es cierto que es necesario confesar nuestra fe en Jesucristo (Romanos 10:9-10), pero esa fe debe ser el resultado de una nueva creación de Dios en nosotros, no una confesión mecánica y formalista.

Los hijos de la religión son fabricados por una educación religiosa, por un adoctrinamiento, un catecismo o discipulado, y por eso las iglesias están llenas de gente que no han nacido de nuevo, aunque cantan coritos, devuelven sus diezmos, lloran de emoción, levantan las manos (como ven que otros lo hacen), pero la obra intrínseca del Espíritu Santo no ha sido obrada en sus vidas. Dios no ha puesto su mano en ellos. Están convencidos de su fe y llenan todos los requisitos a los ojos del hombre, pero el fruto del Espíritu no se produce en ellos. **Podemos hacer todo lo que hace un cristiano y no ser cristiano.** Así que estos cristianos fabricados podrán pasarse la vida pujando y esforzándose en ser hombres nuevos, pero esto no es del que quiere ni del que corre, sino de Dios que tiene misericordia (Romanos 9:16).

Entonces, ¿qué diremos? ¿Que no vale la pena buscar a Dios? ¡Claro que vale la pena! Jesús dijo: *«Pedid, y se os dará; buscad, y hallaréis; llamad, y se os abrirá. Porque todo aquel que pide, recibe; y el que busca, halla; y al que llama, se le abrirá»* (Lucas 11:9-10). Si bien la Palabra de Dios dice que Dios a los que antes conoció, allá en la eternidad, a estos predestinó; y a los que predestinó, a estos fue que llamó; y a los que llamó, a estos justificó; y a los que justificó, a estos glorificó; para que lleven la imagen del Hijo (Romanos 8:29-30). Así que es Dios quien produce en ti el querer como el hacer por su buena voluntad, para que después de nacido de nuevo puedas buscarle y desearle. Si Dios te conoció y te predestinó, ten por cierto que él te va a llamar y te sacará de donde sea y como sea.

Los testimonios de los nacidos de nuevo varían en tiempos y formas. Cuando el Espíritu Santo viene a tu vida a crear el hombre interior, a engendrar ese espíritu nuevo que es la naturaleza de Cristo en ti, es como si te colocara dentro un equipo, un «componente de salvación» completo que incluye desde el fruto del Espíritu —fe, amor, gozo, paz, paciencia, benignidad, bondad, mansedumbre y templanza (Gálatas 5:22-23)— hasta dones que a su tiempo se manifestarán. El hombre nuevo es creado según Dios en justicia y santidad de la verdad (Efesios 4:24), y está hecho para amar a Dios. El Espíritu Santo en los nacidos de nuevo es la unción de que habla Juan, que nos enseña lo que Dios anunció por los profetas:

> *«He aquí que vienen días, dice Jehová, en los cuales haré nuevo pacto con la casa de Israel y con la casa de Judá. No como el pacto que hice con sus padres el día que tomé su mano para sacarlos de la tierra de Egipto; porque ellos invalidaron mi pacto, aunque fui yo un marido para ellos, dice Jehová. Pero éste es el pacto que haré con la casa de Israel después de aquellos días, dice Jehová: Daré mi*

ley EN SU MENTE, *y la escribiré* EN SU CORAZÓN; *y yo seré a ellos por Dios, y ellos me serán por pueblo. Y no enseñará más ninguno a su prójimo, ni ninguno a su hermano, diciendo: Conoce a Jehová; porque todos me conocerán, desde el más pequeño de ellos hasta el más grande, dice Jehová; porque perdonaré la maldad de ellos, y no me acordaré más de su pecado»* (Jeremías 31:31-34).

¿Cómo dice la Biblia que le conoceremos?,¿Por una instrucción? ¿Por un adoctrinamiento? ¿Por un discipulado o estudios teológicos? No, así no le conoceremos, porque aunque la fe viene por el oír, el nuevo nacimiento es producto de un engendramiento. Aunque el instrumento de Dios para engendrar el hombre nuevo es la Palabra, no es suficiente con oírla, él tiene que realizar en nosotros una operación de su poder. El nacimiento de un hombre interior es lo que nos lleva a conocer a Dios, porque el hombre nuevo tiene oídos para oír y posee una naturaleza espiritual a imagen y semejanza del Señor. Dios pone un espíritu nuevo, y en ese espíritu te da la capacidad para amarlo, para desearlo, para creerle, para buscarle, porque somos participantes de la naturaleza divina. Así que el hombre nuevo no es un adoctrinamiento, ni es un cambio de conducta, aunque el hombre nuevo produce en ti otra manera de conducirte, ya que se apodera de toda tu mente, renovando tu entendimiento (Efesios 4:23). **El Espíritu Santo te va santificando por completo, como una llama que se propaga por todo su ser.**

Por tanto, queda claro que el hombre nuevo no es el resultado del poder de la mente, ni de la voluntad humana, ni de ejercicios religiosos, ni de adoctrinamientos, sino que es una obra que hace Dios en ti. En otras palabras, si para nacer tuviste que pasar por el vientre de tu madre, pues de la misma manera, para poder ver el reino de Dios y entrar en él tienes que pasar por el vientre de Dios. Él te tiene que parir, de lo contrario nunca vendrías a él, porque el deseo no es tuyo ni naces con él, sino te lo da Dios. Él es quien tiene que decidirlo y hacerlo, y lo que tú recibes es una naturaleza espiritual, que se va desarrollando hasta perfeccionar en ti la imagen del Hijo.

La Biblia dice: *«Y revestido del nuevo, el cual conforme a la imagen del que lo creó se va renovando hasta el conocimiento pleno, donde no hay griego ni judío, circuncisión ni incircuncisión, bárbaro ni escita, siervo ni libre, sino que Cristo es el todo, y en todos»* (Colosenses 3:10-11). El hombre nuevo es fruto de una nueva creación hecha por Dios. Por tanto, si alguno está en Cristo, nueva creación es. En Adán, Dios nos dio un alma viviente, en Cristo nos dio un espíritu vivificante (1 Corintios 15:45). Luego, el hombre nuevo va creciendo y desarrollándose hasta que llega a ser un hombre adulto en Cristo Jesús. A ese hombre espiritual no le importa si eres dominicano o si eres boricua, tampoco si eres argentino o si eres haitiano, porque en ese hombre nuevo no hay nacionalidad. ¿Te sientes orgulloso de ser judío, americano, italiano, colombiano, español o costarricense? Pues nota que eso es en la carne, ya que lo que Dios puso dentro de ti, la nacionalidad de ese hombre interior, no es de este mundo; su ciudadanía es celestial.

Esta enseñanza la encontramos en la epístola a los colosenses, donde el apóstol Pablo les habla a los judaizantes de que la circuncisión era la señal del pacto que Dios hizo con Abraham y con los judíos, pero que ya en Cristo a esa nueva creación no le importa si tú eres circuncidado o incircunciso, pues no tiene nada que ver con eso, ya que viene de lo alto y su circuncisión es espiritual, la del corazón (Romanos 2:29). Tampoco el hombre interior tiene que ver con clases sociales, porque él es libre en Cristo Jesús (Gálatas 5:13). Si pudieras desmenuzar en pedacitos, o exprimir y sacar el zumo a ese hombre nuevo, vieras que Cristo es su todo, pues no tiene nada de nada, sino todo de Cristo. Por eso el apóstol Pablo le dijo a los gálatas cuando se apartaron de la gracia: *«Hijitos míos, por quienes vuelvo a sufrir **dolores de parto**, hasta que **Cristo sea formado en vosotros**»* (Gálatas 4:19).

Igualmente vemos que el apóstol Pablo dijo a iglesia de Dios que estaba en Corinto: *«De manera que nosotros de aquí en adelante a nadie conocemos **según la carne**; y **aun si a Cristo** conocimos **según la carne, ya no lo conocemos así**»* (2 Corintios 5:16). Es decir, de ahora en adelante, como soy un hombre espiritual y todo lo puedo percibir y lo discierno en el espíritu, cierro mis ojos para no ver ya nada en la carne. Cuando veo a alguien no me interesa de donde sea, ni si es rico o pobre, ni si es de esta forma o de la otra, lo que veo es que es una nueva criatura en Cristo Jesús, por consiguiente, es mi familia espiritual.

En el hombre interior los intereses de esta vida son destruidos, y trata de entenderlo, porque es mucho más allá de lo que yo pueda decir con palabras. Jesús dijo: *«**Mi reino no** es de este mundo ... Padre santo, a los que me has dado, guárdalos en tu nombre, para que sean uno, así como nosotros. Cuando estaba con ellos en el mundo, yo los guardaba en tu nombre ... Pero ahora voy a ti; y hablo esto en el mundo, para que tengan mi gozo cumplido en sí mismos. Yo les he dado tu palabra; y **el mundo los aborreció, porque no son del mundo, como tampoco yo soy del mundo.***

No ruego que los quites del mundo, sino que los guardes del mal. No son del mundo, como tampoco yo soy del mundo» (Juan 18:36; 17:11-16). Los cristianos somos peregrinos en la tierra, por consiguiente, no buscamos los placeres mundanales, como la pompa y la notoriedad, sino vivir la vida eterna andando en el Espíritu en este mundo.

Lo dicho no quiere decir que voy a vivir ajeno a las necesidades del hombre y las mías, eso no es lo que quiero decir, sino que la prioridad, la esencia, el todo del hombre nuevo es Cristo. Los que han nacido de nuevo ven a través de Cristo, oyen a través de Cristo, hablan a través de Cristo, piensan a través de Cristo, sienten a través de Cristo, su aspiración es Cristo, su deseo es Cristo, su meta es Cristo, su centro es Cristo, su esencia es Cristo y todo lo que mueve su vida, su eje es Cristo.

¿Qué es lo que nos quiere decir Dios cuando nos dice que nos vistamos del nuevo hombre y que desechemos el viejo? (Efesios 4:24). ¿Quiere decir que vayamos al armario y nos quitemos la ropa y busquemos una que muestre el puritanismo religioso? Como aquellos que los domingos se ponen la vestidura santa y vienen a la iglesia, y se ven hasta con aureolas, muy santitos ellos, orando y alabando al Señor, pero cuando llegan a la casa y se la quitan, muestran otra cosa muy lejos de la santidad o piedad que habían simulado. Y dicen: «¡Uff, qué bien me siento ahora! Porque a cada cual lo suyo, pues el trabajo es una cosa, el negocio otra y la iglesia otra cosa». ¡Craso error, mi hermano! El hombre nuevo no es algo como un vestido que te pones y te quitas; lo que quiere decir el Señor es que si hemos nacido de nuevo, vivamos llenos de Cristo y andemos como es digno de él siempre.

Jesús dijo: *«Si alguno quiere venir en pos de mí,* ***niéguese a sí mismo****, y tome su cruz, y sígame»* (Mateo 16:24).Y ¿sabes cuál es la cruz del cristiano? No es lo que dicen los religiosos, que es el problema que tengas en esta vida (ya sea que el esposo te dejó, que el hijo está preso, que estás en un país extranjero o que tu mamá se murió) esa es tu prueba, pero esa no es tu cruz. Tu verdadera cruz es la negación de tu yo. Tu cruz es que cuando haya algún interés en tu vida que sea contrario a la voluntad de Dios le digas a ese deseo: ¡muérete! Aunque sea lo que más anhela tu carne y aspira tu corazón. Le dirás: «Ahora Cristo es mi todo. No quiero nada para mí, porque ya yo no vivo, estoy muerto en la carne, en mis pasiones y deseos (Gálatas 5:24). Cristo es el todo de mi vida y ahora yo vivo para buscar lo que es de él». Un muerto no tiene necesidad, sino el que está vivo, y si el que tiene vida en ti es tu hombre espiritual, tu necesidad es Cristo. Ya no apeteces nada en la carne, porque vives en el espíritu, en la plenitud de Cristo. Así que ya no buscas lo tuyo, sino lo que es del Señor.

Es decir que cuando desees algo en tu carne (no tiene que ser pecado, puede ser cualquier cosa que desees en esta vida) que esté en contra de la vida en el espíritu, dirás: «Ya no tengo nada que desear», negándote a ti mismo. Eso es lo que Pablo decía: *«Os aseguro, hermanos, por la gloria que de vosotros tengo en nuestro Señor Jesucristo, que* ***cada día muero****»* (1 Corintios 15:31). Él cada día moría por causa de Cristo, pero también moría en Cristo, porque Adán murió en la cruz cuando Cristo clavó el cuerpo del pecado (Romanos 6:6). Y murió por ti, para que ahora tú que has sido justificado y estás siendo santificado por el Espíritu Santo destruyas tu yo, tu hombre viejo, y viva Cristo por la fe en tu corazón, en el nuevo hombre (Efesios 3:17).

Entonces, ¿qué está produciendo Dios en nosotros mediante el proceso de la santificación o de la perfección, como lo llaman otros? Él está suprimiendo y venciendo todo poder, autoridad y deseo que hay en tu hombre viejo, que no quiere permitir que Cristo sea el todo en todo. Por ello te pide que vivas de acuerdo a lo que eres. ¿Has nacido de nuevo? Vive de acuerdo al hombre nuevo que está en ti, de esta manera facilitarás que Dios complete o perfeccione lo que comenzó (Filipenses 1:6) y logre ser el todo y en todo. ¿Es doloroso? Sí, definitivamente, la carne va a sufrir, va a llorar, va a gemir, se va a retorcer, pero Cristo va a ser agradado en tu hombre interior.

Sabemos que en el mundo tendremos aflicción, pero Cristo venció al mundo (Juan 16:33). Por tanto, ya tus oraciones serán otras, pues han cambiado tus deseos. Ahora tú tienes autoridad para pedir. Jesús dijo: *«Pedid, y recibiréis, para que vuestro gozo* ***sea cumplido****»* (Juan 16:24), sin embargo, no hagas como algunos «cristianos» que van por ahí queriéndole sacar provecho a las promesas, y andan pidiendo un «Cadillac» último modelo, casas en la Florida, vacaciones en alguna isla caribeña, queriendo ser ricos y famosos, y viven como si la fe fuese una varita mágica, diciendo: «Hay que llamar las cosas a la existencia. Cristo me dio poder para hacer esto y lo hago». Luego, cada vez que están frente a un problema, confiesan y creen que el problema se irá, pero no, el hombre espiritual no obra así. El hombre nuevo consulta con el Espíritu de Dios y le dice: «Espíritu Santo, yo no sé orar. Tú eres el que sabe orar como conviene, pero en mi oración yo quiero que Cristo sea el todo y en todo. Así que yo quisiera que tú me reveles cuál es la voluntad del Padre en cuanto a esto. Yo no tengo aquí decisión, mi voluntad es tuya, porque tú eres el todo».

Cristo es el todo en el nuevo nacimiento. Lo enfatizo, y ruego al Señor que me permita transmitirte lo que el Padre quiere lograr en nosotros en cuanto a esto. Mejor, que sea él quien te haga entender, en el nombre de Jesús, lo que quiere decir, pues me siento escaso. Esto no es un dogma, sino una realidad viviente que debe ser inculcada a los santos. Esto no se puede entender con la mente ni razonándolo, tiene que ser por revelación. El Señor quiere que todas las cosas de nuestra vida: las oraciones, la alabanza, el hacer (cualquiera que sea: mudarte, acostarte, levantarte, decir), todo lo que decidas y quieras, que todo lo sometas al deseo del Padre. Que ya no tengas deseos, que lo tenga el Padre; que ya no busques lo tuyo, sino lo del Padre; porque el propósito eterno de su voluntad para con nosotros es restaurar ese todo.

Cuando Dios nos perfeccione completamente (en cuerpo, alma y espíritu) eso es lo que va a lograr, apoderarse de la mente, del corazón, de la voluntad, del todo nuestro, para que ya el egoísmo se termine en nosotros. Y cuando vengas a orar, ya no vendrás a pedir cosas para ti, sino vendrás a pedir cosas que contribuyan al bien del reino de Dios. Aunque tengas el derecho de pedir, aunque tengas autoridad para demandar, a tu hombre nuevo no le apela nada de la carne, solo Cristo existe en él, agradar al Padre estará por encima de tus necesidades. ¡Quc su Espíritu Santo vaya poseyendo y conquistando en nosotros, hasta que se adueñe de todo Como un fuego que se propaga, que lo queme todo, por amor a su nombre, para que llegue el día en que ya no tengamos deseos para nosotros, sino que nuestro deseo sea él, y que ya no nos importe nada lo nuestro, aunque lo necesitemos, sino lo que es suyo.

Con esto finalizo un nuevo intento de explicar lo inexplicable, lo que solamente por el Espíritu se puede entender. ¿Cómo entender que el Señor Jesús vino a esa misión para quitar todo lo que impide, para someter todo poder y autoridad, y que al final él mismo decida someterse para que se logre el objetivo de que haya uno solo, el Padre, que sea el centro de todo? Solo Dios puede lograrlo en nosotros, y en ese intento destruirá el orgullo, la carne, el egocentrismo, todo lo que impida que él sea el todo en nosotros.

Hecho así, cuando nos congreguemos, entonces ya no diremos: «Voy a la iglesia para recibir bendición», porque eso significa buscar algo nuestro, aunque la bendición Dios nos la da porque conoce todas nuestras necesidades, mucho antes de que pidamos (Mateo 6:8). Si vamos a la iglesia iremos porque queremos agradar a nuestro Padre; si participamos en la alabanza es porque queremos adorarle; si obedecemos su voluntad es porque queremos honrarle; si vamos a orar no pediremos ya lo que nos interesa, pues sabemos que pidiendo lo que al Padre le agrada, redundará en beneficio de todos. Por tanto, ya no vivamos nosotros, sino andemos en la nueva creación, donde Cristo es el todo en todos.

II.4 En la justificación

«Mas por él estáis vosotros en Cristo Jesús, el cual nos ha sido hecho por Dios sabiduría, JUSTIFICACIÓN, *santificación y redención; para que, como está escrito: El que se gloría, gloríese en el Señor»* (1 Corintios 1:30-31).

Para ser ministrados con este mensaje es necesario que miremos todo lo que tiene que ver con Dios, pero desde su perspectiva. Lo digo porque desde que nacemos vemos el mundo alrededor de nosotros, y nos creemos que somos el centro de todo. Nos es doloroso dejar de ser el todo y todavía más difícil el hecho de que Dios sea el todo en todo. Mas eso, precisamente, es lo que Dios quiere lograr en nosotros, y ya vimos que fue el propósito de la redención. Cuando Cristo venció al diablo, la muerte y el pecado, también suprimió todo poder y autoridad que se había rebelado contra Dios, obrando la salvación. Y cuando subió a los cielos, mandó al Espíritu Santo a hacer la otra parte, que es lograr que ese triunfo llegara a cada uno de los santos, y que Dios completara el número de los salvados. El trabajo del Consolador es suprimir todo poder y autoridad que se esté oponiendo a que Dios sea el todo en la vida de cada creyente. A medida que vamos creciendo en madurez espiritual y el Espíritu Santo va poseyendo, conquistando áreas en nuestras vidas, va poniendo una bandera que dice: Jehová reina (Salmo 99:1).

Puedo asegurarte que cuando eras un niño espiritual tenías muchas debilidades, y en muchas cosas te comportabas como un necio. La razón era porque todavía no habías crecido en la madurez. Luego, el Espíritu Santo comienza a hacer una obra en ti, a tal punto que cuando miras hacia atrás te das cuenta de que ya no eres el mismo. Esa obra la podemos llamar santificación o perfección. Sin embargo, si lo analizas bien, en última instancia es Dios poseyendo, es Dios conquistando, es Dios adueñándose, es Dios logrando ser el todo en tu vida.

Cuando crecemos en espíritu y nuestro hombre interior es fortalecido con poder por el Espíritu Santo (Efesios 3:16), entonces crece y se desarrolla Cristo en nosotros. Por tanto, no tan solo glorificamos a Dios con nuestras vidas, alcanzando el ideal que nos ha trazado (la perfección de los santos), sino que el Señor llega a ser el todo en todo nuestro ser. Cada vez que vencemos una debilidad o vencemos al diablo, en el área que sea, por mínimo que sea el detalle, Dios está siendo el todo en ti. En esa área pequeña de tu vida él está estableciendo su señorío, tomando su lugar. Esto es evidencia de que el Señor está *«derribando argumentos y toda altivez que se levanta contra el conocimiento de Dios, y llevando cautivo todo pensamiento a la obediencia a Cristo»* (2 Corintios 10:5) para ser en ti el todo en todo.

Y todo eso Dios lo determinó hacer, desde antes de la fundación del mundo, para que el propósito de Dios conforme a la elección se cumpla (Romanos 9:11). Si el Señor hubiera elegido a los ángeles, perfectos en santidad, estos pudieran decir: «Bueno, ¿qué hizo él por nosotros, si éramos perfectos?» Pero Dios eligió a los hijos de Adán, a los caídos, a los menospreciados, a los sucios, a los pobres, a los débiles, a los ignorantes, para que todos le debamos todo a él. La Biblia nos dice que todos somos pecadores, y por tanto estábamos destituidos de la gloria de Dios (Romanos 3:23). Es decir, que ni los judíos que tienen la ley, ni los gentiles (o sea, los que nos son judíos) que no la conocían, pueden justificarse delante de su presencia, ya que todos están bajo el juicio de Dios. Mira como lo analizó el apóstol:

> *«¿Qué, pues? ¿Somos nosotros mejores que ellos? En ninguna manera; pues ya hemos acusado a judíos y a gentiles, que todos están bajo pecado. Como está escrito: No hay justo, ni aun uno; no hay quien entienda. No hay quien busque a Dios. Todos se desviaron, a una se hicieron inútiles; no hay quien haga lo bueno, no hay ni siquiera uno. Sepulcro abierto es su garganta; con su lengua engañan. Veneno de áspides hay debajo de sus labios; su boca está llena de maldición y de amargura. Sus pies se apresuran para derramar sangre; quebranto y desventura hay en sus caminos; y no conocieron camino de paz. No hay temor de Dios delante de sus ojos. Pero sabemos que todo lo que la ley dice, lo dice a los que están bajo la ley, para que toda boca se cierre y todo el mundo quede bajo el juicio de Dios»* (Romanos 3:9-19).

Fíjate en que no hay ni siquiera un justo, lo que quiere decir que no hay quien se merezca la salvación, porque la Biblia dice que la salvación es para los justos. Y para ser salvo de acuerdo a la ley, hay que ser justo, pero todos somos pecadores. Es decir que nadie, por su entendimiento, puede descubrir a Dios. Nadie tiene conocimiento de Dios por sí mismo para poder decir: «Yo busco a Dios, porque en él está mi salvación».

Nadie tiene esa capacidad de entender, de reconocer eso y de buscarlo con todo su corazón. Todos somos espiritualmente incapaces. No hay quien haga algo bueno, y para salvarse hay que ser perfectamente bueno. Y si no hay uno que sea ni siquiera bueno, mucho menos perfectamente bueno.

También dice que sepulcro abierto es nuestra garganta. ¿Sabes lo que apesta un muerto? Imagínate un sepulcro, que es donde entierran a los muertos, piensa cuando estos se descomponen totalmente, ¡es horrible! Pues déjame decirte que esa es nuestra garganta. Mas aquí no se está hablando de mal aliento, sino de lo que sale por nuestra boca y que proviene del corazón. Dice Santiago que *«la **lengua** es un fuego, un mundo de maldad. La **lengua** está puesta entre nuestros miembros, y contamina todo el cuerpo, e inflama la rueda de la creación, y ella misma es inflamada por el infierno»* (Santiago 3:6). También dice que ningún hombre puede domar la **lengua**, pues es un mal que no puede ser refrenado y está llena de veneno mortal (v. 8). Por tanto, que toda boca se cierre. No hay un solo hombre que se pueda levantar en el tribunal de Dios a justificarse, o a reclamar o pretender algo. Cuando se trata de santidad, de justicia, todos tenemos que cerrar la boca frente al juicio de Dios.

¿Quién podrá aceptar el evangelio si no entiende lo que la Biblia enseña? Las Sagradas Escrituras nos enseñan sobre la total depravación del hombre, la entera incapacidad humana para hacer el bien y buscar a Dios. No hay ni siquiera uno que pueda levantarse y decir «Yo puedo», y esto se repite como un estribillo. Veamos como sigue el apóstol diciendo:

> *«Por las obras de la ley ningún ser humano será justificado delante de él; porque por medio de la ley es el conocimiento del pecado. Pero ahora, aparte de la ley, se ha manifestado la justicia de Dios, testificada por la ley y por los profetas; la justicia de Dios por medio de la fe en Jesucristo, para todos los que creen en él. Porque no hay diferencia, por cuanto todos pecaron, y están destituidos de la gloria de Dios, siendo justificados gratuitamente por su gracia, mediante la redención que es en Cristo Jesús, a quien Dios puso como propiciación por medio de la fe en su sangre, para manifestar su justicia, a causa de haber pasado por alto, en su paciencia, los pecados pasados, con la mira de manifestar en este tiempo su justicia, a fin de que él sea el justo, y el que justifica al que es de la fe de Jesús. ¿Dónde, pues, está la jactancia? Queda excluida. ¿Por cuál ley? ¿Por la de las obras? No, sino por la ley de la fe. Concluimos, pues, que el hombre es justificado por fe sin las obras de la ley»* (Romanos 3:20-28).

Es decir que por obediencia a la ley ningún ser humano será justificado delante de Dios, porque nadie puede cumplir lo que la ley exige, que es la obediencia perfecta a los mandamientos de Dios. El Señor exige no pecar en toda una vida, ni siquiera en un pensamiento, para que alguien pueda ser justificado. Así que si vives setenta años, debes vivirlos sin pecar ni una sola vez, ni siquiera en un solo pensamiento. Según la enseñanza de la Palabra de Dios y por la experiencia del hombre, esto es imposible.

Mas ahora en este tiempo, aparte de la ley, se ha manifestado la justicia de Dios. Es decir, que existe otra posibilidad, aparte de la ley, de satisfacer la justicia divina y ser justificados sin nuestras buenas obras. Y esa justicia que se ha manifestado es la **salvación** en Cristo Jesús. Quiere decir que en la salvación se hace posible para el hombre lo que es imposible por medio de la ley. En ella no son necesarias las obras del hombre, porque ningún hombre tiene capacidad para hacer justicia ni para buscar a Dios, sino que todo es por pura gracia. Sabemos que todos los hombres están destituidos de la gloria de Dios, porque ninguno merece la salvación y nadie puede abrir la boca para justificarse ni declararse inocente delante del Santo de Dios. No obstante, dice el apóstol que Dios nos ha justificado «gratuitamente por su gracia». Esta redundancia, dicha en lenguaje comprensible, sería: «gratuitamente gratis», y tiene el propósito de enfatizarnos que es un regalo, algo que no se puede comprar y que tampoco está en venta.

Por gracia somos salvos. Esto es lo que se llama buenas nuevas, lo que se dice en lenguaje popular ¡un notición! Que el hombre que estaba muerto en sus delitos y pecados, que no podía a ningún precio justificarse delante de Dios, ahora, sin ser nada y sin hacer nada, solo por gracia, solo por la sangre derramada por Cristo, reciba la salvación y Dios le pase por alto los pecados pasados y los presentes. Él lo hizo para manifestar su justicia y mostrar a los siglos venideros las abundantes riquezas de su gracia. **Dios nos justificó, siendo culpables, para manifestar su justicia; y nos eligió para salvación para manifestar su gracia.**

Dios nos justificó, siendo culpables, para manifestar su justicia; y nos eligió para salvación para manifestar su gracia.

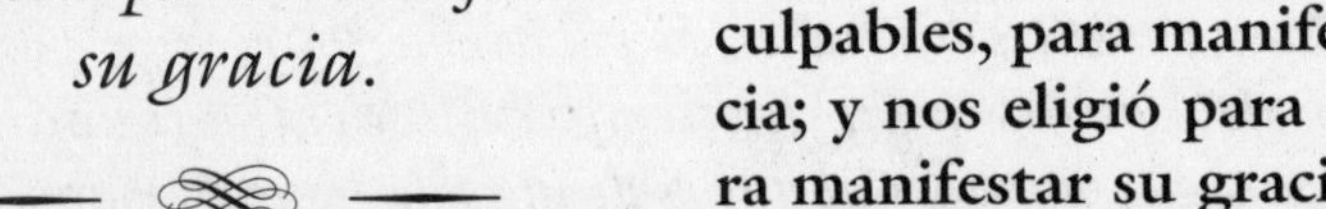

Justificación es la obra de Dios que consiste en declarar inocente y libre de toda culpa y condenación a todo pecador que —a través de la fe— acepta a Jesucristo como su Salvador.

Justificar significa declarar justa a una persona. Justificar es lo que hace un juez o un tribunal cuando termina un juicio y después de oír las acusaciones o los alegatos del fiscal y los argumentos del abogado defensor concluye que el acusado es inocente de los cargos presentados en su contra. La declaración del veredicto del juez en la que se declara la no culpabilidad del acusado es justificación.

El Padre es el juez, la justicia divina es el fiscal que con todo derecho y razón declara nuestra culpabilidad. Jesús es nuestro abogado. ¿Cómo el juez puede declararnos inocentes y libres de culpa si somos culpables? El evangelio anuncia que el Justo (Jesús) ocupó nuestro lugar y pagó nuestra deuda y nuestro castigo. Para poder ser justificados según la ley (Deuteronomio 6:25) era necesario que todos nosotros viviéramos una vida justa, perfecta, sin pecar nunca ni siguiera en un solo pensamiento. Esto era imposible para nosotros, porque poseemos una naturaleza corrupta y que no puede hacer lo bueno (Romanos 7:20-23; 8:1-11). Mas Cristo vivió treinta y tres años sin pecar. Su vida justa e inmaculada el Padre la pone a nuestra cuenta, nos la acredita cuando creemos en la obra de Jesús. Según la ley, para ser justificado era necesario ser justo o perfecto. Nosotros no lo éramos por nosotros mismos. Cuando creemos en Jesús, el Padre nos cuenta la fe en Jesús como justicia (obediencia perfecta a la ley). Él toma la justicia de Cristo, en la cual hemos creído, la pone a nuestra cuenta, y de esa manera nos justifica. Así que somos justificados, declarados inocentes, por una justicia que no es la nuestra. **La justificación es un regalo de gracia de parte de Dios, en Jesucristo, a favor de nosotros.**

La gracia y la justicia son dones de Dios para nosotros en Cristo Jesús. Él salva a los que no se podían salvar, le paga las cuentas a los que estaban endeudados y no tenían con qué pagar. Dios justifica a los que no podían ser justos y les da a los que no tienen nada. Dios recoge a los que estaban echados en el camino y limpia a los que estaban totalmente sucios. Él justifica a los que eran malos y perversos, le agradó salvarlos para manifestar su justicia, para que ahora ellos le alaben, le glorifiquen, le agradezcan y le deban todo a él. Él te salvó para que siempre te sientas deudor y tu alabanza no sea mecánica ni el resultado de una obligación, sino que sea el fruto de una santa convicción de gratitud, de reconocimiento por un acto de justicia hecho a favor tuyo sin merecerlo.

El Antiguo Testamento dice que Jehová, por amor a su nombre, quiso engrandecer la ley. Él manifestó su poder y su misericordia ayer por un pueblo, en el antiguo pacto, pero hoy manifestó su amor para toda la humanidad en el nuevo pacto, a fin de ser el todo y en todos. Con esa mira fue que Dios lo hizo en estos tiempos. Dios quiso que fuera notoria su justicia para que se lo debamos todo a él. Ya persuadidos de ello, reconoceremos que Dios es el justo, y el único que merece toda la gloria, toda la entrega, toda la obediencia y toda la sujeción. Nadie puede decir que es justo, porque justo solamente hay uno: Dios. Él es el justo y a la vez el que justifica al que es de la fe de Jesús (Romanos 3:26).

Si entre todos solamente hay uno que es todo, entonces ese que es todo, merece de todos el todo

Quiere decir que en la elección, Dios es el todo y en todos, y en la redención también. Por lo cual, toda jactancia en su presencia queda excluida, pues el que se gloríe, deberá gloriarse en el Señor que es el único digno. Dios dice: «Gloríate en mí, porque yo soy el todo y en todos».

Por tanto, si no hay ni uno que sea algo entre todos, concluimos que solamente Dios es el todo. Y si entre todos solamente hay uno que es todo, entonces ese que es todo, merece de todos el todo. Y esto no es un trabalenguas, sino una gran realidad. Si antes no había quien entendiera, ni quien anduviera derecho, ni quien fuera útil, ni quien fuera sabio, ni quien fuera justo, ni quien pudiera buscar a Dios, ni siquiera uno, entonces, él mismo nos encontró, también nos justificó y nos hizo santos, buenos e hijos suyos en Cristo Jesús. Ahora sí podemos alabarle y gloriarnos en él, no antes.

Ahora, si Dios es el que hace todo, entonces él es el todo en la justificación ¿o no? Porque ahí está incluido todo. Él justificó a los que no merecían nada, a los que se tienen que callar, a los que no se pueden jactar. Por lo cual, ¿de quién es la salvación? De Jehová. Por tanto podemos concluir diciendo que el hombre es justificado por la fe sola, sin las obras de la ley, o sea sin las obras del hombre. Vamos a otro pasaje de la Biblia, muy similar al que hemos estudiado, donde se nos confirma todo esto. Este texto nos habla primeramente de nuestra incapacidad y luego de lo que Dios hizo por nosotros. Veamos:

> *«Y él os dio vida a vosotros, cuando estabais muertos en vuestros delitos y pecados, en los cuales anduvisteis en otro tiempo, siguiendo la corriente de este mundo, conforme al príncipe de la potestad del aire, el espíritu que ahora opera en los hijos de desobediencia, entre*

los cuales también todos nosotros vivimos en otro tiempo en los deseos de nuestra carne, haciendo la voluntad de la carne y de los pensamientos, y éramos por naturaleza hijos de ira, lo mismo que los demás. Pero Dios, que es rico en misericordia, por su gran amor con que nos amó, aun estando nosotros muertos en pecados, nos dio vida juntamente con Cristo (por gracia sois salvos), y juntamente con él nos resucitó, y asimismo nos hizo sentar en los lugares celestiales con Cristo Jesús, para mostrar en los siglos venideros las abundantes riquezas de su gracia en su bondad para con nosotros en Cristo Jesús. Porque por gracia sois salvos por medio de la fe; y esto no de vosotros, pues es don de Dios; no por obras, para que nadie se gloríe» (Efesios 2:1-9).

Es decir que Dios, para mostrar las riquezas de su gracia, nos dio vida en Cristo. Y asimismo nos resucitó juntamente con él y nos hizo sentar en lugares celestiales. La salvación se consigue por gracia, ¿y qué es la gracia? Un regalo, un don inmerecido que viene por medio de la fe. La fe es la tubería, y la gracia es el líquido que pasa por esa tubería. La tubería la puso Dios y el líquido también, para que tú, que eras un pozo seco, te beneficiaras de esa bondad.

Mas para recibir el regalo divino (la gracia) necesitas extender tus manos (la fe). Ese movimiento de fe lo genera en ti únicamente Dios, porque la fe proviene de Dios (Efesios 2:8). El proceso no se da como algunos dicen: «Yo pongo mi fe; y luego Dios responde». Eso está lejos de la verdad, ya que la fe que recibimos no es nuestra, no es algo que tiene el hombre en sí. Tú no naces creyendo. La fe no es un fruto de la mente, ni depende de la voluntad o la decisión humana, como si alguien dijera: «Yo voy a creerle a Dios». Nadie puede creerle a Dios porque quiere, la fe es un don que viene de lo alto. Es algo que no se fabrica ni se genera en la mente, sino que viene de arriba, de parte Dios, quien se la da a quien quiere. El Padre se la repartió a todos los que quiso salvar. Por tanto, si es por gracia (que es un regalo) y por fe (que la da Dios), ¿qué ha puesto el hombre para la salvación? ¡Nada!

Algunos religiosos insistirán: «Sí, pero si yo no doy el paso y decido, Dios no puede hacerlo». La Biblia dice que el Espíritu Santo es el que nos convence de pecado, de justicia y de juicio (Juan 16:8). Es decir, que cuando decidimos dar el paso es porque el Espíritu Santo nos convenció. Y si alguien te convenció y te da la capacidad (el hombre nuevo) para que puedas elegir a Dios, entonces no fuiste tú el que elegiste, sino el Espíritu de Dios en ti. Jesús dijo: *«No me elegisteis vosotros a mí, sino que yo os elegí a vosotros»* (Juan 15:16). ¿Quién puede resistir o ha resistido a ese llamado? Nadie puede llamar a Jesús Señor, sino por el Espíritu Santo (1 Corintios 12:3). Y si el Espíritu Santo es el que te dio el deseo de ir a Dios, produjo en ti la necesidad, puso en ti la capacidad para entender su Palabra, y te convenció para que la obedecieras, entonces, respóndeme: ¿qué pusiste tú?

Ya vimos por la Palabra que no hay quien busque a Dios y que no hay nadie bueno, ni siquiera uno (Romanos 3:12). Entonces, pregúntate: ¿por qué ahora vienes a Dios? ¿Por qué anhelas su presencia? ¿Por qué te complaces en obedecer su Palabra? ¿Por qué testificas de tu fe? Porque él te dio el hombre nuevo para que pudieras hacerlo cuando te hizo nacer a la vida del Espíritu (Juan 3:3). Si ahora puedes hacerlo es porque Dios puso una nueva criatura dentro de ti, para que puedas ver y entrar al reino de Dios. Quiere decir entonces que no elegiste andar en su camino, pues no podías, ya que en tu carne no mora el bien ni el hacerlo. Tú elegiste esto porque el Espíritu Santo vino a ti y te convenció de pecado, de otra manera, nunca lo hubieras hecho. Por consiguiente, no tienes nada que decir, lo mejor es que permanezcas en silencio.

Concluimos pues que si es Dios el que lo hace todo, entonces nadie merece nada, y por ende, los que han recibido de Dios todo, deben darle todo a él. Si los que no tenían nada ahora lo tienen todo, deben agradecerle al que lo tiene todo, porque les dio todo a los que no tenían nada. Ahora los pecadores en bancarrota han recibido las riquezas inescrutables de Cristo, por tanto, cuando se trata de la salvación, Dios es el todo y en todos.

Hasta aquí hemos recibido una enseñanza doctrinal con la Palabra, en la que se repite como un estribillo: *«para que nadie se gloríe»* (Efesios 2:9; Romanos 3:19). Mas, ¿qué produce eso en ti, mi hermano, mi hermana? Pídele a Dios que puedas entender esto en el espíritu. Esto no es simplemente una doctrina, porque hay iglesias que tienen esta enseñanza en sus libros, donde lo puedes leer, y lo explican bien lindo, como instrucción, pero no como una vivencia. Mas la razón por la que en las iglesias hay muchos arrogantes que andan con el cuello erguido y no han caído a los pies de la cruz de Cristo es porque no han entendido esto en el espíritu. Entonces vemos el caso de «cristianos» que hay que estimularlos para que adoren, que hay que ponerles la música bien alta y ruidosa, con mucho ritmo, para que se exciten con la cadencia y así alaben, ya que de otra manera no se animan a levantar las manos al Señor. En cambio, al cristiano que entiende esto, delante de la presencia de Dios no hay ni siquiera que ponerle música, pues ya está llorando de gozo a los pies del Señor. Es como esa mujer que trajo para alabar al Señor el perfume de nardo, y enjugó con lágrimas los pies de Jesús porque creyó que se lo debía todo a él (Juan 12:3).

Alguien dijo que en el cielo va a haber muchas sorpresas, y cuando uno escucha esto inmediatamente se imagina: «Bueno, eso significa que voy a ver allá al que vendía la droga en la esquina; o puede ser que encuentre a algunos personajes tétricos de la historia». Sin embargo, ¿sabes cuál va a ser la sorpresa más grande del cielo? Que tú te encuentres allá arriba. Que estés en su reino y puedas decir: «¡Santo, yo aquí! ¡Oh, gloria a Dios!» Porque, amado, allí no se va a levantar el apóstol Pablo diciendo: «Yo estuve muchas veces en cárceles; fui náufrago en alta mar; estuve en medio de peligros de ladrones, de falsos hermanos; fui azotado por los judíos muchas veces; renuncié de lo que para mí era de gran nombre; sufrí muchos desvelos e incontables ayunos...», no. Tampoco se levantará Pedro diciendo: «A mí me crucificaron con la cabeza para abajo»; ni Juan dirá: «A mí me desterraron a la isla de Patmos y sufrí mucho por el testimonio de Jesús», no, no, no. Allá todos dirán: «¡Gloria al Cordero que fue inmolado! ¡Gloria al Cordero que fue inmolado! ¡A Él pertenece la alabanza, la gloria, el imperio, y la potencia por siempre!» ¿Por qué? Porque donde reina lo perfecto, no habrá ninguna duda de que Dios es el todo de la salvación. Todos contaremos con profunda convicción nuestra inmensa gratitud.

Por eso te exhorto hoy a que le pidas al Padre que toda tu vida espiritual tenga como centro el que Dios sea el todo y en todo, pues el cristiano que entiende esto siempre se sentirá deudor y mirará todo a través de Dios, porque el hombre es nada. Primero, ese debe ser el estímulo de tu vida. Pablo decía que todo lo sufría por amor a Dios (2 Timoteo 2:10). No debe haber nada que Dios te pida que tú no le quieras dar, sino que, como aquella mujer pecadora, llorarás por las ganas de honrarlo y venerarlo (Lucas 7:38), por cuanto sabes que no merecías nada y ahora tienes todas sus riquezas. Vas a vivir en humildad porque ya nunca vas a pretender nada, y tu orgullo va a quedar reprendido cuando mires al Santo y al Justo en la cruz, el cual siendo inocente, fue juzgado como culpable, para que tú que eres culpable aparezcas hoy delante de Dios como inocente. Ya no vas a elevar al cielo una sola oración sin que esto no ocupe tu mente, sabiendo que nunca serás oído por tus «buenas obras», sino por lo que Cristo hizo por ti. Y vas a andar agarrado del manto del Señor donde quiera que vayas, siguiéndole con convicción y amor.

Jesús dijo que al que más se le perdona más ama, y eso es muy profundo, pues pienso que Dios no le perdonó a alguien más ni menos que a otro, sino que a todos nos perdonó todo, ni siquiera podemos decir mucho, sino todo. Sin embargo, lo que Jesús quiso decir con la expresión: *«sus muchos pecados le son perdonados, porque amó mucho»* (Lucas 7:47) es que hay a quienes les llega la profunda convicción de pecado, son pobres de espíritu y pueden —por el Espíritu Santo— visualizar lo que son en Adán y reconocer cuán grande era su pobreza, su miseria, su incapacidad, su indignidad y su perdición, por tanto, aprecian mejor lo que hizo el Señor. Es decir que el que mejor entiende cuánto se le perdonó, es el que más ama a Dios. Y todos tenemos que llegar a ese convencimiento.

Posiblemente te crees bueno o eres apático porque crees que amas a Dios lo suficiente, y es porque no entiendes la grandeza de esa salvación. Muchos dicen: «Sí, es verdad, me salvó, y lo agradezco, pero ya no exageremos, para qué tanta demostración. Ni tan grande fue mi pecado para andar todo el tiempo reconociendo a Dios por ello. Por ahí andan muchos peores que yo». Por eso es que Dios muchas veces permite pruebas y aguijones en nuestra carne, mensajeros de Satanás que nos abofeteen (1 Pedro 1:6; 2 Corintios 12:7) para que no nos enaltezcamos sobremanera. Otras veces el Señor permite que caigas en tentación, como Pedro, para después preguntarte de acuerdo al número de tus caídas: ¿Me amas? Y luego llores amargamente tu pecado (Mateo 26:75), y digas como David: *«Sepa yo cuán frágil soy»* (Salmo 39:4). ¿De qué manera Dios te muestra cuán frágil eres? Revelándote lo que eres a través de las pruebas. Dios te muestra quién eres de esa manera, porque si nunca eres tentado y nunca caes, engreído pensarás: «¡Qué fuerte soy! Ya he crecido tanto que ni el diablo puede conmigo». No sabiendo que es porque el Señor tiene misericordia de ti.

Jamás entenderemos que Dios es el todo hasta que reconozcamos que nosotros somos nada.

Ahora, ¿por qué el Padre nos está diciendo todo esto? Porque quiere darte la convicción profunda de que —en cuanto a la salvación— se lo debes todo y debes verlo como el todo. Eso va a crear en ti una actitud diferente hacia Dios. Serás deudor y lo reconocerás como Padre, como amigo, como tu todo, como el que te dio entrada y acceso al cielo, el que te declaró hijo y coheredero sin tú merecer nada, y sabrás que ahora lo tienes todo en él. Este convencimiento es resultado de haber entendido, por la revelación del Espíritu, la enorme deuda que tenemos con él. Jamás entenderemos que Dios es el todo hasta que reconozcamos que nosotros somos nada. No percibiremos en absoluto la grandeza de la salvación que hemos recibido hasta que nos sea revelado cuán perdido estábamos. Solo cuando entendamos la enormidad de nuestra deuda comprenderemos el valor de la dádiva de Dios en Cristo Jesús (Romanos 6:23). Por consiguiente, nuestra gratitud a Dios debe ser del tamaño de la gracia que se manifestó a nuestro favor. Nuestro reconocimiento a Dios debe tener las medidas de nuestras deudas y nuestro amor deber ser proporcional al precio que se pagó por nuestro rescate.

Solo cuando entendamos la enormidad de nuestra deuda, comprenderemos el valor de la dádiva de Dios en Cristo Jesús.

En cuanto a tu relación con él, vas a estar humillado delante de su presencia, sin jactarte, sin gloriarte de nada. Tu alabanza va a estar llena de amor, brotarán torrentes de adoración y derramarás sobre él tus libaciones, agradeciéndole cuánto te perdonó y debiéndoselo todo a él, viéndolo como tu todo. En cuanto a la obediencia, será la fe que obra por el amor, no por temor al castigo, sino por amor a su nombre. Tu deseo de predicar a los demás será porque quieres que él sea el todo en todos. Tu anhelo de orar será para tener comunión y relación con él. Ahora se lo debes todo y lo ves como el todo. Él va a ocupar toda tu mente y todo tu ser, y de esa manera se cumple el gran deseo de Dios expresado en el antiguo pacto, que es el mandamiento del nuevo: *«Amarás al Señor tu Dios con todo tu corazón, y con toda tu alma, y con toda tu mente»* (Mateo 22:37).

Nuestro reconocimiento a Dios debe tener las medidas de nuestras deudas y nuestro amor deber ser proporcional al precio que se pagó por nuestro rescate.

¿Cómo podrás amarlo con todo tu corazón? ¿Cómo podré yo también amarlo con tal intensidad? Porque yo, como tú, estaba bien perdido, y ahora por él estoy bien salvado; porque no merecía nada y él fue capaz de sacrificarlo todo por mí.

Él merece que lo ame porque él me amó primero. Ahora no debo reservar nada para él, porque él no reservó nada para mí. Me doy enteramente a él, porque él se dio enteramente por mí. Mas, ¿qué significa realmente amar a Dios con todo tu corazón, y con toda tu alma, y con toda tu mente, y con todas tus fuerzas? ¿Qué significa eso? Quiere decir que Dios sea el todo y en todo en ti. A mí me habla de amar a Dios con todos mis deseos e intención (corazón), con todos mis sentimientos y voluntad (alma), con todas mis facultades (mente) y con todas mis posibilidades (fuerzas). Ahí está incluido todo de tu ser: cuerpo, alma y espíritu.

Por tanto, si el entender a Dios como el todo no te hace sentir cuán pecador eres y cuán insuficiente puedes ser, esto no pasará de ser un concepto o una enseñanza más para ti en este camino. Por eso es que cuando predicamos el evangelio con el deseo de salvar a un hombre, la manera más fácil de salvarlo es tomar a ese hombre, y con la Palabra, llevarlo a la cumbre o el edificio más alto de la tierra y empujarlo de allá arriba. Y puedes estar seguro de que cuando vaya cayendo, en el aire, gritará: «¡SEÑOR, SÁLVAME!». Cuando se sienta totalmente perdido no llamará a su mamá ni a hombre alguno, mucho menos pensará en bomberos o fuerzas auxiliares, sino que se encomendará solamente a aquel que sabe es el único que puede salvarlo. De otra manera, podrá estar caminando a orillas de un precipicio, bajar los ojos y mirar el peligro, pero no va a decir nada. En él persistirá una secreta esperanza de poder librarse, y seguirá confiando en un golpe de suerte, muy dentro en su corazón.

Mas cuando lo empujas y en la caída contacta que su esperanza no es más que tela de araña (Job 8:14), se da cuenta de que no tiene otra salida que no sea encomendar su alma a Dios. ¿Por qué? Porque hasta que no tienes la convicción del Espíritu Santo en tu propia vida y la unción del Espíritu para —como predicador— convencer a un hombre de cuán débil, incapaz y pecador es, jamás ese pecador se va a entregar a la gracia de Dios. **La sensación de estar perdido es la que produce la urgencia y la necesidad de ser salvo. Por eso, el primer trabajo del Espíritu Santo es convencer a los hombres de pecado, de justicia y de juicio** (Juan 16:8).

La sensación de estar perdido es la que produce la urgencia y la necesidad de ser salvo.

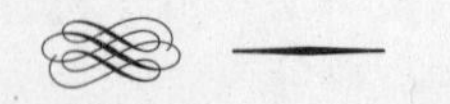

Jamás Dios será el todo de alguien que no entienda cuánto le debe a su gracia (Tito 3:7). Quien no se entrega y le debe todo a la gracia del Señor, jamás va a tener a Dios como el todo en él, y ese es el propósito de Dios en todo esto. Por eso lo logrará en tu vida, para que lo reconozcas como tu todo, y para que eso sea posible lo primero que él hace es convencerte de pecado. ¿Cómo? Te tira del caballo «orgullo», como a Saulo, y te revuelca en la arena de la humillación, donde te muestra que *«polvo eres»* y no más que un vil pecador (Hechos 9:4; Génesis 3:19). Por eso vemos lágrimas en los ojos de la gente cuando viene a Cristo. De ellos se oyen sollozos, gritos y ronquidos arrancados del alma, aunque antes decían: «Yo no tengo nada de que arrepentirme, pues no le hago mal a nadie. Yo soy un hombre de trabajo, siempre rezo, y cuando puedo —Dios lo sabe—visito alguna que otra iglesia. Para amar a Dios no se tiene que estar metido en una iglesia ni estar orando todo el tiempo». ¿Dónde quedó toda esa suficiencia? Ahogada entre sollozos de arrepentimiento, pidiéndole perdón a Dios.

Ahora el hombre está bien salvo, debiéndoselo todo al Señor, pero para ver esa obra genuina en la vida de un pecador el Espíritu Santo tiene que arrojarlo al abismo de sus pecados, al mar de su suficiencia, a ver si nada. Ten por seguro que si Pedro no se hubiese hundido, jamás hubiera clamado: *«Señor, sálvame»* (Mateo 14:30). El que cree que está sano nunca dirá: «Sáname, Señor», y por eso muere, porque necesitando ser curado, no viene al trono de la gracia y del oportuno socorro (Mateo 13:15; Hebreos 4:16).

El Señor, en su gran misericordia, quebranta nuestro corazón, rompe el yugo (Isaías 10:27) y unge nuestros ojos para que veamos la vergüenza de nuestra desnudez (Apocalipsis 3:17; 16:15). Míralo, mi hermano, mi hermana: ¡Estamos desnudos! La humanidad está en una franca decadencia y en una paupérrima condición. Por más que intentemos, nunca podremos levantarnos por nosotros mismos y pasar al otro lado. El Espíritu Santo es el buen samaritano que nos da los primeros auxilios, la *fe* nos monta en la cabalgadura *gracia*, hecha en Jesús, y nos lleva al mesón (la iglesia) para ser restaurados (Lucas 10:33-35). Por eso le pido al Padre que nos muestre cuán frágiles somos. Es en la aflicción donde tenemos la oportunidad de ver cuán débiles somos, cuán deudores somos, cuán indignos somos, cuán inútiles somos, cuán nada éramos y cuán muertos estábamos. Es de esa manera que el Señor logrará convencernos de que es el todo.

La humanidad está en una franca decadencia y en una paupérrima condición

¿Cómo lo vamos amar con todo el corazón si no creemos que él nos salva? ¿Cómo lo hemos de amar con toda nuestra alma si no entendemos del todo su amor? ¿Cómo lo hemos de amar con toda la mente si su ley no es el todo de nuestros pensamientos? ¿Cómo lo íbamos a amar con todas nuestras fuerzas si no entendemos todo lo que hizo por nosotros? ¿Cómo seremos deudores si no entendemos por experiencia cuán perdido estábamos y cuán incapaces éramos de venir a él? El Señor quiere hoy lograr esa convicción en ti y en mí, para que nuestra motivación sea engrandecer su nombre, su amor y sus obras, renunciando a toda jactancia y proclamando que él es el todo en nuestra justificación y por ende en nuestra salvación.

II.5 En las buenas obras

> *«Porque somos hechura suya, creados en Cristo Jesús para buenas obras, las cuales Dios preparó de antemano para que anduviésemos en ellas»* (Efesios 2:10)

Todo el que está en Cristo, que ha sido salvado por la fe, deja ver el fruto del Espíritu en su vida. Las buenas obras en nosotros son el resultado de que hemos nacido de nuevo. La epístola a los efesios dice: *«Porque somos hechura suya, creados en Cristo Jesús para buenas obras, las cuales Dios preparó de antemano para que anduviésemos en ellas»* (Efesios 2:10). Nota la expresión *«hechura suya»*, es decir, que nosotros no fuimos fabricados. Hay una diferencia entre fabricar, construir y crear. El hombre espiritual no ha sido construido, reparado, mejorado, ni reconstruido, sino que ha sido creado nuevo, en Cristo Jesús.

El creyente ha sido creado para buenas obras, y todo aquel que está en Cristo, que ha experimentado el nuevo nacimiento, ha sido creado por Dios. Por tanto, un cristiano nacido del Espíritu es auténtico, no es sintético ni ficticio, sino que ha nacido procedente del vientre de Dios, por su voluntad y su poder. Por ende, en esa persona se van a ver las buenas obras.

Generalmente hablamos de las buenas obras que llevan los cristianos, que son frutos de salvación. El árbol es Cristo, y las ramas del árbol son el hombre nuevo, el cual lleva el fruto de buenas obras porque ha nacido de la vid verdadera (Juan 15:1-8). Es decir, que si estábamos muertos e incapacitados para salvarnos a nosotros mismos, y fuimos injertados en el olivo de Dios, vamos a llevar fruto. Por tanto, si Dios salvó a los que estaban muertos y les dio vida, él es el todo en los que están vivos.

Si somos salvos por la gracia, y la gracia es de Dios; y esto es por la fe, y la fe la da Dios; y esta a la vez produce buenas obras, las cuales tampoco son nuestras, puesto que Dios las preparó de antemano para que anduviésemos en ellas, concluimos entonces que Dios es el todo en las buenas obras.

Quizás tú digas: «Pero yo soy el que hago las obras», pero yo te digo que no, se hacen en ti, pero tú no las haces, el que las hace es Cristo en tu hombre nuevo por el Espíritu Santo. Para tener un mejor entendimiento acerca de cómo ocurre todo esto vamos a ir de lo conocido a lo desconocido. Digamos que Dios pone un nuevo ser dentro de ti, como un niño que se gesta en el interior de tu vientre. Ese ser es según Dios y de acuerdo a Dios (Efesios 4:24), pues tiene una naturaleza espiritual (2 Pedro 1:4), con el Espíritu de Cristo (Romanos 8:9) y la imagen de Dios (Colosenses 3:10; Romanos 8:29). Por tanto, en ese hombre nuevo está todo lo que es de Dios. Por eso es que el apóstol Juan dice que tenemos la unción del Santo, y que no tenemos necesidad de que nadie nos enseñe, porque la misma unción nos enseña y conocemos todas las cosas (1 Juan 2:20,27).

También el hombre nuevo tiene el fruto del Espíritu, ya que su vida es el resultado del poder de Dios. Por tanto, el hombre nuevo se compone de amor, gozo, paz, paciencia, benignidad, fe, mansedumbre, tolerancia, santidad y dominio propio. Además tiene la inclinación a Dios, lo ama, lo desea, lo necesita y tiene la capacidad necesaria para hacer las buenas obras, pues estas son hechas en Dios y por Dios. Podemos decir entonces que cuando algo bueno se hace en tu vida, aunque eres el que accionas —a la vista de los hombres— no eres el que estás obrando, porque el hombre carnal o natural no tiene la capacidad para hacer el bien. Después de la separación Dios-hombre, en el principio, el ser humano no nace con la capacidad para hacer lo bueno, todo lo contrario, la Biblia dice que la mente del hombre es de continuo al mal (Génesis 6:5). Por ende, lo que es natural en ti y en mí es hacer lo malo. Así que tú no tienes la capacidad para hacer nada bueno, sino que en el hombre nuevo que está en ti mora esa capacidad, puesta por Dios en él, para hacer el bien.

Ahora, ¿por qué las Escrituras dicen que las buenas obras fueron preparadas *«de antemano»?* (Efesios 2:10). Porque ya en el hombre nuevo, estas fueron hechas para que él ande en ellas. Por ejemplo, es normal que un niño que nazca haga todo lo que hace un ser humano, porque trae la herencia que tienen todos los seres semejantes a él. Es decir que, como ser humano, va a hablar, caminar, ver, oír... porque cuando Dios lo hizo, puso en él, de antemano, la capacidad para que caminara, para que viera, para que oyera y fuera a cabalidad un humano. Pues lo mismo también ocurre con el hombre nuevo, que ya Dios lo hizo de antemano para hacer el bien.

El hombre interior tiene la capacidad para hacer buenas obras, y además está predestinado para todo lo bueno. Dios le dio la naturaleza del bien, es decir que, por naturaleza, hace todo lo que es bueno. **Por consiguiente, en nuestras buenas obras, que es donde el ser humano más se jacta de ser «bueno», no hay nada nuestro.** Esas buenas obras no son nuestras, sino de Dios, porque si Dios no pone en ti un hombre nuevo que las haga, nunca va a haber buenas obras en ti. Así que en nuestras buenas obras Dios es el todo y debe ser el todo, porque es Dios obrando, no tú. Antes tú no hacías eso, pero él lo está haciendo ahora en ti.

La Biblia dice: *«Porque Dios es el que en vosotros produce así el querer como el hacer, por su buena voluntad»* (Filipenses 2:13), es decir, que Dios es el que hace que tú hagas. Cuando en ti nace el deseo de hacer el bien eso no proviene de ti, puesto que no es natural en el ser humano hacer el bien, ni aun deseándolo. Entonces, como el querer hacer el bien no es suficiente, Dios también logra que tú lo hagas. Por tanto, Dios es el que logra en ti, no solamente el querer, sino el hacerlo. Así que Dios es el todo en el querer y Dios es el todo en el hacer.

Tú fuiste creado para buenas obras, y Dios te predestinó para manifestar su poder en ti. Él te justificó para manifestar su justicia, y te llamó para manifestar su santidad por medio de ti. Asimismo, puso en ti su nombre, porque eres de gran estima para él, y a sus ojos eres honorable (Isaías 43:1,4). Por tanto, el Señor quiere que seas portador de su nombre, de su gloria y de sus buenas obras. La Biblia dice: *«Así alumbre vuestra luz delante de los hombres, para que vean vuestras buenas obras, y glorifiquen a vuestro Padre que está en los cielos»* (Mateo 5:16). La gente está viendo a Dios en ti por las buenas obras. Así que no eres más que un espejo en el cual Dios proyecta la gloria de su nombre, y refleja la luz de sus buenas obras. El Señor simplemente te eligió para mostrar en ti su poder, su santidad, su justicia, así como el fruto y la belleza de su carácter. Sencillamente, somos portadores. Así que Dios es el todo en nuestra belleza espiritual, para que el que se gloríe, se gloríe en el Señor (1 Corintios 1:31).

Sabemos que la naturaleza de todo hombre es pecaminosa, por tanto, el bien es algo extraño en él. Podemos decir que el bien es un extranjero viviendo dentro de tu territorio. Esto lo decimos como una ilustración, no como una doctrina: El hombre nuevo es un forastero viviendo dentro de ti, porque es un extraño que vino del cielo y que volverá a su patria celestial. Somos morada de Dios en el Espíritu, donde Cristo vive (Efesios 2:22). Y cuando él hace buenas obras en ti, y a través de ti, lo hace para el bien de su reino y para la gloria de su nombre.

Podemos decir que el bien es un extranjero viviendo dentro de tu territorio.

Cuando Dios hace las buenas obras en ti, esto quiere decir que está reinando en tu vida. Por lo tanto, si Dios está rigiendo en tu ser, entonces su propósito de ser el todo se está logrando en ti. El cristiano entendido dice: «Mi vida antes no servía, no valía nada, era un instrumento de Satanás, pues con mi cuerpo servía a la injusticia, y vivía para enriquecer el reino del diablo, pero ahora, Dios, en su misericordia, tomó mi cuerpo y lo hizo templo del Espíritu Santo; por lo cual, debo vivir para glorificar su nombre» (Romanos 6:19-22). Todo eso es verdad, porque cada vez que te fumabas un cigarrillo, ingerías alcohol, vendías tu cuerpo en prostitución, consumías drogas, estabas contribuyendo a tu propia destrucción y a las de aquellos que cómo tú, también son esclavos de estas cosas, aportando millones de dólares para enriquecer y mantener esos negocios diabólicos e industrias de muerte (Romanos 6:16). Todos nuestros miembros, nuestras riquezas, nuestros recursos los aportábamos para el mal, para contribuir al trabajo del diablo que es matar, hurtar y destruir (Juan 10:10). Mas Dios te ha dado la mente de Cristo, para que tu vida que era inservible, ahora sirva para ser un instrumento de Dios, un envase para que Dios vacíe su gloria, su poder, su santidad. En el Señor los inservibles son servibles, porque están siendo instrumentos para que se logre el eterno propósito de ser Dios el todo en todos.

Generalmente vemos la iglesia llena, abarrotada de gente hasta no caber un alma. Una gran cantidad de personas permanecen de pie, ya que no hay más asientos disponibles, pero te sorprenderás al saber que muchos de esos están ahí porque dicen: «Prefiero estar en la iglesia, y no como antes, en fiestas y discotecas, porque aquí danzo, gozo y me siento mejor. Esos himnos me fascinan, me hacen sentir muy bien». Es decir, que lo que están haciendo es simplemente cambiar de ambiente, digamos que antes iban a gozarse a la discoteca (pues les gustaba oír la música y bailar hasta las tantas de la madrugada), pero ahora vienen a la iglesia, porque ha llegado un momento en sus vidas que necesitan otra cosa y han hecho un cambio. Mas **la vida cristiana no es un cambio de ambiente, sino una nueva creación.**

No estamos en la iglesia para sentirnos bien, ni siquiera vamos para aprender más de la Biblia, aunque cuando nos congregamos recibimos edificación, sino vamos a la iglesia para que Dios sea el todo en nosotros. El ser edificado es una consecuencia de eso, porque puede que yo salga del lugar de reunión sintiéndome igual, como si nada hubiera ocurrido, pero si Dios llegó a ser el todo en ese servicio, ten por seguro que he salido bien edificado, aunque aparentemente no recibiera ninguna enseñanza trascendental. La mayor edificación es que mi vida sirva para que Dios alcance su objetivo en todo. La meta de Dios es ser el todo, porque él merece serlo; si él no es el todo, el universo está en peligro, en cambio, si Dios ocupa su lugar, entonces todas las criaturas estarán bien y hay seguridad, gozo, paz y edificación para todos.

Así que cuando nuestras obras son santas es porque Dios las produce, por tanto, la gloria es de él. En la epístola a los Romanos dice: «*Y yo sé que en mí, esto es, en mi carne, no mora el bien; porque el querer el bien está en mí, pero no el hacerlo. Porque no hago el bien que quiero, sino el mal que no quiero, eso hago. Y si hago lo que no quiero, ya no lo hago yo, sino el pecado que mora en mí. Así que, queriendo yo hacer el bien, hallo esta ley: que el mal está en mí. Porque según el hombre interior, me deleito en la ley de Dios*» (Romanos 7:18-22). En otras palabras, el escritor, que era un apóstol, dice que está incapacitado para hacer el bien, pues a pesar de que desea hacerlo no lo hace, ya que el mal mora en él. También dice que se deleita en el hombre interior, en lo bueno, en hacer la voluntad de Dios. Es decir que en el hombre interior, en ese sí puede hacer buenas obras, porque ese fue creado para hacer el bien, para realizar las buenas obras que ya Dios preparó de antemano (Efesios 2:10).

Cuando un ser es concebido en el vientre de la madre, los que han estudiado biología saben que, en ese cigoto, está la ley de la herencia. En el ADN (ácido desoxirribonucleico) está escrito todo lo que será la herencia de esa criatura (si el niño va a ser alto, de qué color serán sus ojos, el pelo, y todas las otras cualidades), simplemente hay que esperar el correr del tiempo para que se manifieste todo lo que hay en ese ser, porque de antemano ya fue programado para que así sea. Por eso Jesús dijo: «*¿Y quién de vosotros podrá, por mucho que se afane, añadir a su estatura un codo?*» (Mateo 6:27). ¿Ya no se hubieran añadido más de un codo los que se avergüenzan de su tamaño? Pero es imposible que alguien pueda añadir un codo a su estatura. Si en sus genes ya fue programado que sería 5'7", o sea 1 metro 74 de altura, ¡olvídese! Coma lo que coma, ejercítese lo que se ejercite, nadie podrá crecer más de lo que fue estipulado en su código genético. Al contrario, puede ser que inclusive sea menos de lo que está programado si no se alimenta bien, pero nunca superará o llegará a más de lo que está predeterminado por la ley de la herencia.

Con el hombre nuevo sucede lo mismo. Dios lo creó con toda la capacidad del bien, con todos los dones y funciones del Espíritu. Por tanto, en el «ADN» de nuestro hombre espiritual está anunciado lo que Dios ha determinado que seremos según su propósito individual con nosotros, ya sea apóstoles, profetas, evangelistas, pastores o maestros. Recuerdo que cuando me bauticé, nadie sabía que en el futuro sería un pastor, y lo soy, pues ya estaba determinado y preparado de antemano en mi hombre nuevo para que fuese así. Y a medida que he ido creciendo en su gracia y su verdad, se han ido desarrollando otros dones. Los profetas, por ejemplo, estoy seguro que cuando se bautizaron tampoco sabían que tenían el don, hasta que se manifestó en ellos; pero todo eso son las obras que Dios ha preparado de antemano para que andemos en ellas. Yo no me hice pastor, sino que él me llamó para que apacentara su grey (Efesios 4:11), por tanto, no soy yo, sino él en mí.

Estas son las cosas que nos hacen entender al maestro, al hombre perfecto, cuando dijo: *«¿No crees que yo soy en el Padre, y el Padre en mí? Las palabras que yo os hablo, no las hablo por mi propia cuenta, sino que el Padre que mora en mí, él hace las obras»* (Juan 14:10). Eso lo dijo Jesús, el que en treinta y tres años nunca pecó ni siquiera en un pensamiento, y yo me pregunto: ¿Si las obras buenas de Cristo las hizo el Padre, las mías quién las hace? ¿Las hago yo con mi esfuerzo? Somos a veces tan incautos que pensamos que las obras son propias, porque ayunamos mucho, oramos sin cesar, nos esforzamos hasta el sacrificio, porque somos dedicados a Dios y somos diligentes. El mismo Jesús, el varón aprobado, dijo que sus obras no son de él, sino que el que mora en él, su Padre, es quien las hace. ¿Seré yo, entonces, el que ha de vanagloriarse o jactarse por las buenas obras que Dios ha hecho a través de mí?

La Biblia dice: *«Porque ¿quién te distingue? ¿o qué tienes que no hayas recibido? Y si lo recibiste, ¿por qué te glorías como si no lo hubieras recibido?»* (1 Corintios 4:7). Es decir que tú no te distingues por tu porte elegante, tus buenos modales, tu aparente santidad, tu vida impecable, tu ministerio ni tus dones, sino que Dios es el que te distingue. Lo que hace la diferencia entre yo y los demás —que son impíos— es que hay alguien que puso algo en mí que me hace diferente de lo común. Y si lo que poseo es porque lo recibí de Dios que me lo dio, entonces no puedo gloriarme como si fuera algo mío, sino que debo glorificar al que me lo ha dado. Asimismo, todo lo que tú tienes, que es bueno, todas aquellas cosas lindas y bellas las recibiste de alguien que te las dio, entonces, ¿de qué te glorías?

Dios es el todo en todas las cosas que hemos recibido, desde lo más importante y lo primero, que es la elección, hasta nuestras buenas obras. En todas esas cosas: elección, nuevo nacimiento, justificación, buenas obras, es Dios el autor y la esencia misma de todas ellas. ¿Por qué el Señor nos habla y nos reitera esta enseñanza? Porque si nos fijamos veremos que en nuestra vida cristiana, en las predicaciones y en los énfasis religiosos, existen dos sistemas: El hombre y Dios. La filosofía que reina en el mundo hoy, hace énfasis en el humanismo. En el mundo se alaba al hombre científico, al hombre «inteligente», se halaga al hombre famoso, se idolatra al triunfador, se realzan sus logros, se admira su «sabiduría», pero a Dios ni se le menciona. No existe Dios en la mente del hombre natural (Salmo 53:1). En cambio, en nosotros Dios es y debe ser lo primordial.

Algunos dirán: «Hermano Fernández, sea realista, pues usted sabe que somos seres de motivación, entonces ¿cómo será ese asunto de que yo me olvide de mí mismo?» Pues eso precisamente es lo que Dios te quiere decir, que te olvides de ti; que lo que busques sea nada; que lo que necesites no cuente, y que lo que sientas no importe. Reconozco que eso no es fácil lograrlo en nosotros, pero es el deseo de Dios, incluso más que tu edificación, aunque esta es importante para Dios y es el resultado de que él abra tu corazón para recibir su Palabra, pero lo primordial es Dios, no tú ni tu experiencia. Y no estoy diciendo que lo que experimentes no sea significativo, ni que la edificación tuya sea tenida en poco, y mucho menos que tu sentir en el Espíritu no sea valioso, sino que hay alguien que es más importante, que va por encima de todo eso, y es Dios. Y él va a lograr voltear la torta de tu sartén, de tal modo, que lo que se cueza sea lo que se tiene que cocer. Él cremará las grosuras de tu vida de tal modo que reconozcas que el que hace lo bueno en ti es él, porque Dios es el todo en las buenas obras, antes y después de ti. Entonces reconocerás, como lo hizo el profeta Isaías al decir estas palabras: *«Jehová, tú nos darás paz, porque también hiciste en nosotros todas nuestras obras»* (Isaías 26:12).

II.6 En la santificación

«Porque así dijo el Alto y Sublime, el que habita la eternidad, y cuyo nombre es el Santo: Yo habito en la altura y la santidad, y

con el quebrantado y humilde de espíritu, para hacer vivir el espíritu de los humildes, y para vivificar el corazón de los quebrantados» (Isaías 57:15).

Dios es el Invisible, y como tal solamente se le puede ver por la fe (Hebreos 11:27). Aquel que no anda en el Espíritu jamás se va a percatar de eso, a menos que Dios se lo quiera revelar. Hay un impacto que se crea cuando Dios reina en nuestras vidas, y el reino de los cielos deja de ser un lugar a donde ir para convertirse en el lugar donde se habita, aun viviendo en la tierra. Por eso, **vivir el reino vale más que predicarlo**. La gente está cansada ya de retórica, de palabras huecas, pues quieren mirar, desean ver.

Vivir el reino vale más que predicarlo.

A veces le pedimos a Dios que se manifieste, a pesar de que sabemos que él es Espíritu y solo se le conoce por la fe, por la revelación de su Palabra. Sin embargo, por momentos nos desesperamos y le decimos al Señor: ¿Por qué no te le manifiestas al mundo que te niega?, sin tomar en cuenta que él no se exhibe delante de cualquiera, sino frente a sus amigos, delante de aquellos con quienes tiene una relación de intimidad. A esos, Dios les desnuda su corazón. Por eso debemos sentirnos bienaventurados de que el Señor nos haya tenido en cuenta.

¡Oh, cuánta gloria nos ha dado Dios, cuánta realidad nos ha hecho vivir que ha hecho para nosotros tan natural la vida del espíritu, como respirar! Pues, así como cuando respiramos y no nos damos cuenta, pero otros lo notan, así tiene que ser nuestra vida en Dios, como dijo Pablo: «*Y glorificaban a Dios en mí*» (Gálatas 1:24). Nuestro Señor Jesucristo dijo que cuando él venga en su gloria y ponga a los justos a su derecha y les dé su heredad, ellos preguntarán: «*Señor, ¿cuándo te vimos hambriento, y te sustentamos, o sediento, y te dimos de beber? ¿Y cuándo te vimos forastero, y te recogimos, o desnudo, y te cubrimos? ¿O cuándo te vimos enfermo, o en la cárcel, y vinimos a ti?*» (Mateo 25:37-39). Ellos ignoraban cuándo habían hecho estas cosas para él, porque todo eso lo hicieron como resultado de vivir una clase de vida, la vida del Espíritu, la vida eterna, la del Padre.

Por cierto, Jesús nos exhortó: «*Así alumbre vuestra luz delante de los hombres, para que vean vuestras buenas obras, y glorifiquen a vuestro Padre que está en los cielos*» (Mateo 5:16). Eso debe ser el anhelo de nuestro corazón, que siendo hombres y mujeres, flacos y débiles, propensos al pecado, podamos representar al perfecto Dios. ¿De qué manera se podría lograr esto? A través de Jesucristo, viviendo el bendito evangelio que Dios nos ha enseñado. Viviendo esa vida, en santidad, glorificaremos el nombre admirable de Adonai, el Dios de Israel, al que amamos, a quien servimos, al único, al auténtico, al genuino, al Dios verdadero que hizo los cielos y la tierra.

Es necesario que seamos perfeccionados en Cristo, en todas las cosas. Sabemos que fuimos perdonados en Cristo Jesús, y Dios es paciente y justo para perdonar nuestras constantes ofensas y limpiarnos de toda maldad. Sin embargo, amamos la santidad del Señor de forma que queremos andar en ella, en lo excelente, en lo admirable. El que ama la santidad no ve el perdón como una licencia para pecar, sino que le duele cuando le falla al Señor. El hombre de Dios se contrista cuando no alcanza el grado en la mayordomía, en la relación; cuando, por estar ocupado en los diversos asuntos personales y ministeriales, no puede estar con el Señor en la intimidad, en lo que llamamos nuestro sacerdocio personal, que no es otra cosa que ministrarle a él. Asimismo, nos afligimos cuando vemos que todavía no llegamos a la excelencia en las diversas tareas y áreas donde se nos requiere fidelidad de parte Dios. Por eso el Señor nos enseña a andar en sus caminos, a amar la verdad y desear crecer en lo que el Padre es.

El que ha nacido de nuevo tiene un anhelo y es ser como el Señor, porque sabe que ha recibido su naturaleza. Por lo cual desea ser santo, ya que el que lo llamó es santo, el reino que representa es santo y la naturaleza de ese reino es la santidad. Ahora el reino se nos revela de una manera diferente a la que habíamos visto cuando nos arrepentimos y nos convertimos. El Señor nos ha hecho aprender y entender mucho más allá de lo que entendíamos antes, cuando éramos niños espirituales que queríamos rechazar el pecado para librarnos de las malas consecuencias; cuando queríamos obrar bien, para que nos viniera bien; y hacer lo bueno para llegar al cielo.

En ese tiempo de nuestro inicio en el caminar con el Señor, nuestra motivación era entrar al cielo para ser librados de la muerte, de la enfermedad y de todo lo que Dios nos libra cuando entregamos nuestra vida a él. En cambio, ahora lo hacemos no para recibir inmortalidad —pues ya la tenemos— ni para recibir cualquier galardón —ya lo obtuvimos—, al presente lo que nos importa es agradar al Padre. Hemos madurado, ya no somos los niños que decíamos: «Mi papá es rico, tengo de todo; me puedo dar el lujo de hacer esto y aquello». No, hemos sido perfeccionados para administrar bien las cosas del Padre, entonces el agradarlo es nuestro único fin, nuestra sola meta. Hemos aprendido de nuestro hermano mayor, Jesús, para quien su todo era agradar al Padre. Él dijo: «*El hacer tu voluntad, Dios mío, me ha agradado, y tu ley está en medio de mi corazón ... No puede el Hijo hacer nada por sí mismo, sino lo que ve hacer al Padre ... Las palabras que yo os hablo, no las hablo por mi propia cuenta, sino que el Padre que mora en mí, él hace las obras ... y yo, lo que he oído de él, esto hablo al mundo*» (Salmo 40:8; Juan 5:19; 14:10; 8:26). Ese fue el legado que Cristo nos dejó, y es lo que queremos aprender en su presencia.

El ser perfeccionado en la vida de Jesús es lo que quiere todo hombre y mujer de Dios. Por eso muchas veces nos deprimimos cuando no logramos caminar sin caída. Se entristecen nuestros corazones, no porque temamos a las consecuencias, pues hay perdón para nosotros y la vida eterna ya no está en juego, sino que hemos llegado a aborrecer nuestra naturaleza carnal, este tabernáculo terrenal que heredamos de Adán, el cual no quiere someterse a la santidad de Dios, porque mientras más tenemos del Señor, nada queremos tener de nosotros mismos. Es en el Señor que está la belleza, las riquezas del pleno entendimiento. Es en Jesús que está la soberanía, la dignidad, lo bueno, lo justo, lo verdadero, lo noble, lo digno de alabanza, y lo queremos, para reverenciarlo y honrarlo.

Jesucristo es la fuente de inspiración para una vida que agrada Dios. Él es la fuente del poder, el principio de la excelencia, de lo admirable, de lo perfecto. En el Hijo de Dios está la hermosura de la santidad, así lo dice la Palabra, pues es la parte donde podemos contemplar la hermosura de Jehová (Salmo 29:2). Es cierto que sentimos un inmenso gozo al ver el brazo todopoderoso desnudo, y que disfrutamos de las delicias que hay en su diestra, pero amamos la hermosura de su santidad más que todas sus cosas, pues, ¡cuán hermoso es ser como Dios! Nosotros ya lo somos en Cristo Jesús, hemos sido hechos a su imagen y semejanza, pero también queremos serlo en el Espíritu Santo que vive en nosotros. Dios así también lo quiere (1 Tesalonicenses 4:3), por eso, justamente, nos mantiene en ese proceso intrínseco de la santificación, para que seamos perfeccionados en cuerpo, alma y espíritu.

No queremos la santidad para ir al cielo, ya lo tenemos, sino la queremos para representar al Señor, porque le amamos, porque le admiramos y porque queremos ser como él es. Así como un hijo admira a su padre, quiere ser como su papá y trata de imitarlo en todo, así nosotros también tenemos ese anhelo. Por lo cual, tenemos que crecer en el hombre interior en el Espíritu. Es la mejor manera de agradarle, el llevar la imagen del Hijo. Es ahí donde está el todo y donde termina también todo lo que Dios quiere alcanzar con nosotros.

Esa es la respuesta del Padre, cuando no entendemos por qué estamos en este mundo que parece una selva, donde los hombres se comportan como bestias salvajes, violentas, como dice la Biblia, *«atestados de toda injusticia, fornicación, perversidad, avaricia, maldad; llenos de envidia, homicidios, contiendas, engaños y malignidades; murmuradores, detractores, aborrecedores de Dios, injuriosos, soberbios, altivos, inventores de males, desobedientes a los padres, necios, desleales, sin afecto natural, implacables, sin misericordia ... hombres amadores de sí mismos, avaros, vanagloriosos ... blasfemos ... ingratos, impíos, sin afecto natural, implacables, calumniadores, intemperantes, crueles, aborrecedores de lo bueno, traidores, impetuosos, infatuados, amadores de los deleites más que de Dios»* (Romanos 1:29-31; 2 Timoteo 3:2-4), y nos preguntamos: «¿Por qué estamos aquí, por qué el Señor no viene ya y se lleva su iglesia de esta pocilga llamada mundo? Y lo hacemos porque todavía no entendemos que Dios nos tiene aquí ensayando para ir el cielo.

El Señor está perfeccionando nuestro ser para mostrar a los siglos venideros un testimonio de que la vida del cielo vence la vida de la tierra, y que la vida de Dios, que es otra clase de vida, contrarresta todo el mal que hizo el Lucero caído del cielo. Jesús vino para traer la vida del Padre a la tierra, y es necesario que la vivamos para que la gente vea que no es una teoría, ni una utopía, ni algo inaccesible, sino que es algo posible y real. Es necesario que el mundo sepa que hubo alguien que vivió perfectamente la vida de Dios entre los hombres y sufrió la contradicción de los pecadores contra sí mismo (Hebreos 12:3).

Entre más somos como Dios, más repelemos el mundo y mucho más aborrecemos el mal. Eso es lo que significa el temor de Jehová, aborrecer el mal, apartarse de lo malo, de la iniquidad y amar el bien (Proverbios 8:13; Salmo 34:14). Mientras más nos acercamos a Dios, eso es lo que experimentamos. En ocasiones ese temor reverente nos hace sentir cargados y decimos: ¿Por qué vivo cargado? ¿Por qué siento esta demanda tan grande en mí? Ese es el peso de la santidad, que nunca puede salir de nosotros. Es un proceso de años el efecto que la palabra de Dios ejerce sobre nosotros, y como es algo que viene del cielo, ajeno a nuestra naturaleza carnal, produce un sentir que a veces no entendemos ni sabemos cómo administrar. Esta situación nos agobia y nos carga, porque ignoramos que eso es, justamente, la crisis del proceso, la cual nos lleva actuar en contra de lo que somos en lo natural.

Inclusive los sicólogos dicen que cuando actuamos en contra de nuestras emociones, en contra de lo que somos, eso produce estrés, tensión, es una realidad. Por eso muchos profesionales de la conducta les dicen a sus pacientes: «¿Te sientes atraído o atraída por tu mismo sexo, tienes fantasías sexuales con más de una mujer a la vez? Pues no te preocupes, sigue soñando, dale rienda suelta a lo que sientes, no trates de reprimir tus emociones; ese eres tú, sé feliz». Mas Dios dice todo lo contrario: *«No seas vencido de lo malo, sino vence con el bien el mal»* (Romanos 12:21). Aclaro que no rechazamos a nadie que tenga esas tendencias, pero sí repudiamos toda clase de lascivia y pecado contra el cuerpo, así como el homosexualismo y el lesbianismo, pues son conductas sexuales que solo llevan a la muerte. No podemos someternos a los deseos de nuestra carne ni a nuestras emociones cuando son cosas negativas, cuando nos dañan y hacen daño a los demás, cuando las mismas están en contra del carácter y la santidad de Dios.

Es necesario que entendamos estas cosas, pues por eso no hemos sabido qué hacer con las cargas, y pensamos que son negativas y no lo son. Esas demandas son el efecto del proceso, por lo cual, si perdemos eso, estamos desaprovechando el efecto que produce la santidad de Dios en nosotros. Esa es nuestra señal, esa es la mano de Dios escribiendo en nuestros corazones, ese es el fruto de la vida de él en nosotros. Esa es la hipersensibilidad que tenemos, que por cualquier cosita nos sentimos mal, porque sabemos que –aunque seremos perdonados— hemos ofendido al Padre, pues no hemos vivido a la altura de lo que hemos recibido de él, de esa revelación de madurez y de crecimiento de la vida del Espíritu.

Por tanto, en vez de entristecernos, cuando sintamos esas demandas debemos gozarnos; en vez de comenzar a sentirnos mal porque estamos cargados, sepamos administrar eso en el Señor, sabiendo que es algo «natural» espiritualmente hablando, si es que podemos decirlo así. Es natural que teniendo una demanda de estar en lo secreto con el Señor nos veamos impedidos de hacerlo, aun anhelándolo, debido a llamadas telefónicas que tenemos que devolver, a los muchos problemas que hay que resolver con los hijos, con la familia, en el trabajo, en el ministerio, etc. Ese tiempo de intimidad se acorta, parece como si nos faltase el oxígeno, y nos decimos: «Pero, ¿qué pasa con mi vida? No estoy teniendo un orden en mis prioridades y ese tiempo con mi Dios se está haciendo más corto y en ocasiones no llega». Esa es la alarma que suena en nuestro interior, porque aunque tenemos la paz de Dios nos falta la otra paz, aquella de la necesidad de Dios. No quiero que te sientas mal por lo dicho, todo lo contrario, evalúa y di: Eso es salud espiritual, lo que significa que el Espíritu Santo está tomando lugar en mi vida y me alerta desde mi interior diciendo: «¡Hey, recuerda que *"la vida del hombre no consiste en la abundancia de los bienes que posee"*! (Lucas 12:15). Acuérdate de quién eres, que vives para llevar la imagen del Hijo, y crecer en ella». Solo entendiendo estas cosas, glorificaremos a Dios por su Espíritu, quien nos consuela y nos impulsa a seguir adelante.

En vez de llorar, demos gracias al Señor porque la alarma suena, que siga sonando y que nunca se silencie hasta que lo logremos. Que suene hasta que yo diga: «Basta ya, voy a soltar estas cargas y no voy a andar en correteos, primero mi Dios, pues sin mi comunión con él no podría hacer bien el resto de cosas que tengo que hacer». Primeramente Dios, porque si lo busco a él, las demás cosas serán añadidas; si lo busco a él primero, cumplo el todo. Aunque no tenga muchas posesiones en esta vida, ni muchas metas logradas o cosas que pude completar, si tengo lo más importante, a Dios en mí, puedo decir: Viví para él. El Señor prometió que si buscamos el reino de Dios y su justicia las demás cosas serán añadidas (Mateo 6:36), pero aun esas, siendo terrenales, perecerán algún día, ya no estarán, por eso la comunión con Dios es lo más importante, porque es lo que permanece en este mundo y en el venidero (Lucas 12:33; 1 Timoteo 4:8).

Para que Dios sea el todo en nuestra santidad, pidámosle que nos enseñe sus caminos. La vida del Espíritu es algo completamente nuevo para nosotros, incluso para el que tenga muchos años en este camino, porque en ella entramos en nuevas dimensiones, y por eso no entendemos, en ocasiones, ciertos pensamientos y emociones que nos llegan, así como ciertas tendencias y situaciones espirituales que experimentamos. Es necesario que estemos apegados al Señor, reconociendo que ya no somos los *«niños fluctuantes, llevados por doquiera de todo viento de doctrina, por estratagema de hombres que para engañar emplean con astucia las artimañas del error»* (Efesios 4:14), sino que estamos siendo perfeccionados en el amor, en la fe, en las buenas obras y en el temor de Jehová.

Ya no podemos andar en engaño, en mentiras, ni ocultando la realidad de que hay una naturaleza perversa en nosotros. Dejemos de defenderla y no nos justifiquemos cuando erremos, porque sabemos que cuando lo hacemos, a quien tratamos de defender es al «dios imagen», al viejo hombre. Nos preocupamos tanto de nos vean bien, no precisamente por el testimonio del Señor, sino por el ego, por mantener una apariencia. Es como decirle a la carne: «Tú eres buena, tú nunca fallas».

En cambio, ahora, cuando fallamos, nos arrepentimos y nos convertimos, entonces estamos manifestando lo que Dios revela, que tenemos una naturaleza caída y necesitamos depender de él, pues sin el Señor nada podemos hacer (Juan 15:5).

Partiendo de ese principio, cuando alguien nos llame la atención en cuanto a nuestra conducta «X», entonces diremos: «Hermano, ¿también te diste cuenta? Has visto mi desnudez, mi carne. Si supieras cuánto la quiero vencer. Ora por mí, ayúdame a vencer esa debilidad porque es mi enemiga, no la quiero. No me justifico en esas tendencias, no quiero ser así, quiero ser como mi Señor y andar en la naturaleza nueva que Dios me dio. Como ves, no lo he logrado, pero prosigo hacia esa meta». Como resultado, en vez de justificar a la naturaleza vieja, nos vamos a confabular con la naturaleza nueva. Es hermoso manifestar que tenemos carne y es bueno que se vea, que se haga manifiesto, como dijo Jesús: *«Porque todo aquel que hace lo malo, aborrece la luz y no viene a la luz, para que sus obras no sean reprendidas»* (Juan 3:20). La luz es la que manifiesta todo (Efesios 5:13), por tanto, el que ama la luz no se esconde de ella, sino que se expone, para que se manifiesten las dos cosas: (1) que soy pecado en Adán, que estoy dañado; y (2) que también ha sido sembrado en mí el fruto del Espíritu, por lo cual soy de Cristo, que se vea que tengo una naturaleza nueva en la cual puedo hacer lo bueno.

Es preferible que los hombres me conozcan como alguien que ama a Dios, que le teme y que le quiere agradar; un hombre que no se conforma a sus tendencias, sino que las quiere vencer, y no como un pecador recurrente. De esta manera, oraremos los unos por los otros, pues como dijo el apóstol Pablo: *«Si alguno fuere sorprendido en alguna falta, vosotros que sois espirituales, restauradle con espíritu de mansedumbre, considerándote a ti mismo, no sea que tú también seas tentado»* (Gálatas 6:1). Siendo así, tú me ayudarás a mí y yo te voy a ayudar a ti cuando sea necesario, pero vamos a vencer esas tendencias. No las vamos a justificar, no las vamos a tapar, no las vamos a eclipsar, ni tampoco le vamos a tirar el manto, no. Tampoco las exhibiremos porque no edifica a los demás, pues el pecado manifiesto hace daño, pero que todos sepan que no lo vamos a justificar, sino que nos dispondremos a vencer.

Anhelemos ser perfeccionados, deseemos ser maduros, tener control por el Espíritu Santo de nuestras tendencias, porque ese es el camino de la santidad, el camino que agrada a Dios. Esto no debemos hacerlo para ser justificados, pues ya fuimos justificados, sino para agradar al Señor, para que se vea el fruto de la obra del Espíritu Santo en nuestras vidas. Es necesario que la imagen del Hijo se manifieste, que sea acuñada en todo lo que yo haga, en todo lo que diga. Entender esas crisis curativas que hay en nosotros, esas crisis del proceso, esas cargas que siempre sentimos, que no son otras que demandas de santidad, de vivir todos los sermones y sacar lo que ellos producen en tu interior, nos dará paz, reposo en Cristo Jesús. La obra es del Espíritu Santo, solamente lo que tenemos que hacer es saber administrarlo para no convertirlo en estrés, en fatiga, en cansancio. Convierte esas demandas santas en algo positivo porque eso es lo que Dios quiere.

La sicología moderna dice que es bueno exponer a los niños a cierto tipo de tensión, de responsabilidad, porque si los eximimos, entonces no logran desarrollar el potencial que en ellos hay. Siempre es necesaria una demanda en la vida para tener retos. Así también hace el Padre contigo al ponerte esas cargas en el espíritu que afectan tu carne, no las rechaces, tampoco permitas que ese reto te aplaste. Míralo a través de Cristo y verás que te estimula. Eso es lo que Dios quiere lograr contigo con esa ilustración, de lo natural a lo espiritual, de lo conocido a lo desconocido, y te lo revela ahora por el Espíritu Santo. Órale a Dios, porque si el Padre por el Espíritu Santo hace su trato con nosotros, manifiesto es, para que tú entiendas. El Señor no quiere que le sigamos ciegamente, sino que entendamos qué ocurre en nuestro interior, para que no se turbe nuestro corazón y estas cosas sean motivo de gozo, porque Dios está obrando en nosotros.

En realidad, cuando debes preocuparte es cuando no sientas nada, cuando pecar sea lo mismo para ti que cualquier otra cosa; cuando engañar, mentir o ser indiferente a lo espiritual no te sea causa de ninguna preocupación. Ahí es que tienes que comenzar a preocuparte de verdad, pero mientras esté dentro de ti la alarma que suena: «¡Hey! Eso no está bien, corrígelo», se trata del Espíritu Santo que vino a llevarte a toda verdad y a perfeccionarte hasta el día de Jesucristo (Juan 16:13; Filipenses 1:6). Por eso debemos pedirle al Señor que cumpla su propósito en nosotros; qué hemos de pedir como conviene, no lo sabemos, pero el Espíritu revela para que oremos junto con él, con gemidos indecibles delante del Padre (Romanos 8:26). No seas indiferente a estas cosas, aunque no lo entiendas, ya esa es una razón para pedirle que te haga entender; si crees que eso es digno, si piensas que lo necesitas, si crees que esto es revelación del Espíritu a tu vida, entonces pídelo con más fuerzas. Si no sientes la necesidad, pide que te la de, no seas indiferente, porque justamente eso es lo que Dios quiere corregir, que lo veas como nada, que la obra de la santificación te sea de poca estima cuando él te ha hecho partícipe (2 Pedro 1:4).

Sabemos que los religiosos evitan el pecado para librarse de malas consecuencias o porque creen que con eso van a llegar al cielo, pero la Biblia dice: *«Sed santos, porque yo soy santo»* (1 Pedro 1:16). La causa por la cual debemos ser santos es porque el que nos llamó es santo, porque Cristo nos salvó para que seamos santos y sin manchas delante de él (Efesios 1:4). Generalmente decimos: «Cristo me salvó y me libró del infierno», sí, pero el librarte del infierno fue un medio para que tú seas de Dios, el fin es que lleves la imagen eterna del Hijo que se perdió en Adán y que ahora te la recupera en Cristo. **El pecado entró al hombre y este dejó de ser como Dios, ahora Cristo entra a tu vida para que tú ames y seas como Dios.** ¡Entiéndelo en el Espíritu, no seas niño, no fluctúes!

El pecado entró al hombre y este dejó de ser como Dios, ahora Cristo entra a tu vida para que tú ames y seas como Dios.

El niño cuando el padre le da el juguete lo que piensa es que el juguete lo va a entretener, pero el padre se lo dio porque ama a su hijo; cuando el padre le compra al hijo la ropa, el hijo piensa que la ropa es simplemente para cubrirse y verse bonito, pero el padre lo que quiere es manifestarle su amor al hijo, supliéndole esa necesidad. Iglesia, por eso Dios quiere enseñarte causas, cosas profundas. Ya no eres niña, eres una iglesia crecida, y el que seas santa no es un capricho que Dios te impone, es que él es santo y ama la santidad. El Padre mandó a su Hijo a librarte del pecado, porque el pecado era un poder que te robaba, neutralizaba, te quitaba la santidad, por tanto, aboliendo el pecado ahora tienes la libertad de ser santa.

Librar al hombre del pecado simplemente fue un medio para que pueda estar en el reino. El reino de los cielos es justicia, misericordia, verdad, fe, perfección, todo lo que Dios es. No obstante, al predicar el evangelio nos hemos concentrado en el pecado, en cómo el Señor nos libró de la muerte, pero eso era solo el principio. Tenemos que entender que ese era el medio, pero el fin es llevarte allá, a que seas como el Padre, para que vuelvas a la comunión, para que disfrutes en su presencia. Cuando estés con el Señor en su gloria, no vas a pasar todo tiempo diciendo:

«¡Ay, que bueno, me libró del pecado!», no. Lo que tú vas a celebrar allá es que eres como el Padre, que llevas la imagen del Hijo, que estás reconciliado, que estás viviendo todo lo que es Dios. Así que si vas a dar gracias al Señor porque te libró del pecado, porque fue la puerta para entrarte a la eternidad, porque fue el primero que se entregó totalmente para lograrlo, toma en cuenta que el resultado es más importante que el medio que usó. Medita en todo lo que hizo por amor, para que tú seas como él.

Iglesia, sal de ese mundo tan limitado del niño, tú eres madura, entra al secreto de tu Señor para que puedas entender la santidad de Dios, admirar su excelencia y vivir en su presencia. No rechaces el pecado por temor a las consecuencias, eso es cosa de niños, es pensar: si hago mal, me van a venir males. El pensamiento aquí debe ser que si hago mal no solamente me vienen males, sino que no estoy agradando a Dios, no estoy siendo como él, y en consecuencia, se está paralizando en mí el propósito por el cual fui salvo, que es llevar el fruto del Espíritu, llevar la imagen del que me salvó (Romanos 8:29). Que haya en nosotros el mismo sentir que hubo en Cristo Jesús (Filipenses 2:15) de agradar al Padre, de ser como el Padre, esa debe ser nuestra meta, en el nombre de Jesús.

La madurez es lo más hermoso del carácter de un cristiano. Cuando ves una fruta madura no solamente te agrada a los ojos, sino que te la quieres comer, porque huele bien y se ve bien, por tanto, estás seguro de que su aspecto apetitoso lo confirmará con su sabor. Así es un cristiano maduro, alguien que la gente cuando lo ve, lo apetece, en otras palabras, quiere tomar su sustancia, lo que nutre, lo que sacia la sed, lo que tiene ese cristiano para bendecir. Un árbol pasa por un proceso muy largo antes de fructificar, desde que se planta la semilla, emerge el tallo, crece la planta, salen las hojas, brotan las flores y se origina el fruto. A partir de entonces, el árbol empieza otra fase, la de madurar el fruto, el cual también pasa por un proceso. Primero la fruta es pequeña y va creciendo en tamaño, aunque su parte carnosa todavía no está en el punto conveniente para recolectarla o para comer. Eso último es el proceso final, el que el fruto se desarrolle plenamente y que sirva de alimento. Por lo cual, hasta que una fruta no madura, el árbol todavía no es útil. Igualmente, solo cuando un cristiano llega a madurar es útil para la obra.

Entra al secreto de tu Señor para que puedas entender la santidad de Dios, admirar su excelencia y vivir en su presencia.

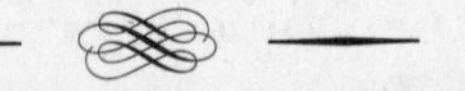

Como hombre o mujer de Dios eres útil cuando eres maduro, cuando eres como Dios, porque madurez significa llegar a ser completo, perfecto. En el lenguaje bíblico la madurez no significa llegar a ser impecable, sino llegar a lo máximo que tengo que llegar en Dios, a esa etapa última de ser apetecido por los hombres, de llevar mucho fruto. Jesús dijo: *«En esto es glorificado mi Padre, en que llevéis mucho fruto, y seáis así mis discípulos»* (Juan 15:8). Cuando llevamos mucho fruto agradamos al Padre, porque servimos de bendición a los demás. Ya no somos tropiezo ni nos dejamos provocar. Si murmuran, si nos rechazan, si no nos quieren, somos pacientes, misericordiosos, mansos, tolerantes, poseedores del dominio propio. No respondemos conforme a la necedad, sino al fruto del Espíritu que está en nosotros, con amor, gozo, templanza, paz, paciencia, benignidad, fe, no tomando a los hombres en cuenta sus ofensas (2 Corintios 5:19) y sin esperar nada a cambio.

El fruto del Espíritu es el amor. La tolerancia es el amor tolerando; la fe es el amor creyendo; la paciencia es el amor esperando, pero hay un solo fruto, y es el amor, porque Dios es amor. Así que cuando el árbol llega a fructificar, y el fruto de la tolerancia esta bien madurito, cuando llega la provocación o la actitud negativa de alguien en contra suya, por ejemplo, sale también la paciencia y la misericordia, y dice como Jesús: *«Padre, perdónalos, porque no saben lo que hacen»* (Lucas 23:34). Ya no se deja provocar. Pero cuando el cristiano anda en las obras de la carne, a la menor provocación se enciende su ira, como cuando se acerca un fósforo encendido a un envase lleno de gasolina, y explota. Entonces te darás cuenta de que en la carne estás verde, todavía no estás maduro, estás en proceso. Cuando se llega a la plenitud, no importa lo que te hagan, porque todos los elementos que componen tu fruto están bien desarrollados. Por lo cual, cuando te dicen: «Mira, hablaron de ti y dijeron tal cosa», ya tú no respondes como antes, sacando la debilidad del otro, no, solo dices: «¡Ah, pobrecito! Perdónalo Señor. Mi hermano, olvídate de eso, no hagas caso. Eso me hace ver que necesita mucha oración. Vamos a orar por él». Cuando se tiene madurez, vences el comentario insidioso con misericordia y piedad.

El fruto del Espíritu es el amor. La tolerancia es el amor tolerando; la fe es el amor creyendo; la paciencia es el amor esperando...

¡De cuántas cosas nos libramos nosotros mismos cuando somos maduros! No importa qué tan fuerte sea el proceso de llegar a la madurez ni el sufrimiento que conlleva el negarse a uno mismo, comparado con el dolor al que nos lleva cada crisis. Experimentamos una gran tristeza al sentir que por nuestra inmadurez no estamos agradando a Dios, porque cuando reaccionamos estamos actuando independientemente del Padre. Los cristianos maduros agradan a Dios, porque permanecen apegados al Señor y por eso llevan mucho fruto. En eso glorificamos a Dios y nos libramos de las crisis.

Nunca podremos agradar a Dios si entendemos como perfección la impecabilidad, pues el único que puede dar ese grado de perfección es Cristo, y ya la logró por nosotros. El Padre quiere agradarse de nosotros en lo natural, precisamente en nuestras debilidades (2 Corintios 12:9), en que siendo hombres, con pasiones y deseos, llevamos frutos maduros, listos para cosechar y comer, porque estamos apegados a la raíz y nos alimentamos de la rica savia de su árbol de vida (Romanos 11:17). Por lo tanto, con madurez represento bien a mi Dios, porque se ve entonces que él logró lo que quiso hacer en mí, que alcanzó su meta. Dios no hace nada inservible, por eso, cuando soy maduro, el Señor puede decir: «¡Tengo un verdadero cristiano! Un embajador que me representa, un testimonio de que la fe vence al mundo, con cuya vida ahora puedo mostrar que el sacrificio de mi Hijo fue efectivo para redimir al hombre pecador; puedo decir que los hombres, siendo seres humanos caídos y débiles, con la imagen del Hijo, son instrumentos útiles en mis manos para bendecir a los demás». La madurez es el producto del proceso de la santificación, pues nos apartamos y nos negamos para que él reine en nosotros.

Dios es el todo en la santificación, porque al final de cuentas, todo aquel que quiere ser santo es para ser como él es, no para librarse de las malas consecuencias. Para eso Dios lo redimió, para quitar el pecado de su cuerpo mortal y que entonces pueda entrar en su reino a reinar con él. Piensa en que Dios reina como él es, y se rige de acuerdo a su forma de pensar. Tal como es Dios, tal es su reino. Por lo cual, el reino es todo lo que es Dios: justicia, verdad, misericordia, santidad, perfección... Cristo vino solamente a quitar un impedimento para que se pudiera lograr que Dios reinara y fuera nuestro todo.

El pecado fue simplemente la ocasión de Dios para mostrar su justicia, pero nos hemos concentrado tanto en él, que a veces perdemos de vista el fin. Aun cuando hablamos acerca de que tenemos vida eterna, la idea latente es que Dios nos ha librado de la muerte y que nunca nos vamos a morir, que ya no vamos a sufrir, que no vamos a padecer en una cama de un hospital, o que vamos a habitar en una morada celestial, donde todo es color de rosa, donde hay frutas dulces, jugosas y jardines hermosísimos, pero esas son cosas de niños. Enamórate del cielo porque vas a ser como Dios; porque vas a entrar a la dimensión del Padre, en todo lo que es él. Entonces comprenderás que lo importante no es tanto que te libró de la muerte como que te dio toda su vida.

Entra amado, entra al reino de los cielos, crece, sube conmigo a lo alto, te dice Dios. Sube a las alturas conmigo, no temas, soy yo quien te digo, sube. Cuando entiendas, te vas a librar de muchas cosas y vas a distinguir el proceso y las crisis que experimentas. El Señor describe estas cosas a través de la revelación para que tú las desees, no para que lo aprendas y digas: «¡Ay, que linda revelación, que lindo nos habla Dios!», no, es porque el Padre lo quiere lograr en ti, pero quiere que se lo pidas con todo tu corazón, pues en esa disposición se logra el propósito. Hermano, pide a Dios ahora mismo esa bendición de santidad, de madurez, en el nombre de Jesús, pues si yo —que solo soy un hombre que sirve de canal a esa bendición para que llegue a ti— quisiera entrar dentro tuyo para que la desees, porque veo que es la voluntad del Padre para su pueblo en esta hora, cuánto más tú debes desear agradarle y decir: «Señor, yo lo quiero. Hágase en mí tu voluntad; cumple tu propósito en mi vida. Yo quiero servirte, quiero serte útil, mi Dios. Tú que has permitido que esté leyendo este libro, lo has hecho para darme tu bendición».

Ahora viene a mí la imagen de los jóvenes en la universidad, apurados por lograr una «A», por obtener las mejores calificaciones para competir con los demás y mostrar que ellos son más inteligentes. En cambio, hay quienes quieren obtener la nota sobresaliente para facilitarse el futuro en la universidad, para crecer en el conocimiento de aquello con que podrán dar un servicio social a su nación. Así, hay quienes usan la santidad para competir también. Estos son religiosos que han hecho de la santidad un museo, donde ponen un montón de gente para compararlos; se beatifican entre ellos y se bautizan con nombres y títulos nobiliarios, de tal manera que han agotado todos los epítetos de gloria, y lo único que les falta es tomar aquellos que hablan de los atributos del Padre y del Hijo. Mas ni tú ni yo estamos corriendo para correr más que el otro, ni para ser mejor que el hermano, sino para ser como Dios es. Nuestra meta no es ser mejor que otro, es ser semejante a Dios, para amarle y honrarle en todo. Por lo cual, la seguridad de que nuestra santidad es conforme al corazón de Dios es que él sea el todo en ella.

CAPÍTULO 3

PARA QUE DIOS SEA EL TODO EN LA VIDA DEL CREYENTE

«Y revestido del nuevo, el cual conforme a la imagen del que lo creó se va renovando hasta el conocimiento pleno, donde no hay griego ni judío, circuncisión ni incircuncisión, bárbaro ni escita, siervo ni libre, sino que CRISTO ES EL TODO, Y EN TODOS» (Colosenses 3:10-11).

A medida que vamos avanzando en la exposición de este tema, sé que el Espíritu del Señor te está revelando, en una manera profunda, lo que el Padre nos quiere enseñar. Este mensaje transformó la vida de muchos hermanos en nuestra congregación, incluyendo la mía, por lo que entiendo que no es un tópico más, sino que Dios tiene un propósito muy santo y elevado, el cual quiere lograr en su iglesia. Si esto se alcanza, se puede decir que ya Dios realizó en nosotros lo supremo de su voluntad.

El Señor nos está ilustrando de muchas maneras lo que quiere que entendamos: Que él debe ser el todo y en todos. Vimos que Dios es el todo en la elección, porque él fue el que eligió; es el todo en la redención, porque esta fue iniciativa suya y obra de sus manos; es el todo en la justificación, porque todos nosotros somos inútiles, pues no hay quien haga el bien, ni siquiera uno, así que todo el mundo debe cerrar su boca frente al juicio de Dios. Él ha manifestado su justicia, para ser el justo y a la vez el que justifica al que es de la fe de Jesús. Sabemos que uno solamente vivió sin pecado delante del Padre, y ese fue Jesucristo. Por eso, a través de él, Dios trae justificación y manifiesta su justicia y su gran misericordia, para que se lo debamos todo a él, y de esa manera, el Señor sea el todo y en todos.

La Palabra dice que Dios, en la elección, escogió lo que no era (lo inservible, lo desechable, lo vil, lo menospreciado, lo débil, lo que nadie quería), para que ningún ser humano se jacte en su presencia. Lo hizo para que nadie se levante y diga: «Yo decidí venir a Dios porque me cansé de la vida que llevaba; yo me convertí pero no por nada malo, sino que decidí seguirlo a él. No digo que soy un santo, pero soy buena gente y no hago mal a nadie. Sirvo a Dios y no me pueden negar la entrada, pues he ayudado a tantos y hago tantas obras de beneficencia, que te aseguro que si hablo me pueden hasta canonizar». No, mi hermano, nadie puede osar levantar ni siquiera la mirada, sino que todo el mundo debe callar, pues como dijo Martín Lutero, todos nosotros somos mendigos de la gracia de Dios. Así, llegamos a su iglesia harapientos, y el Señor nos dio su vestidura de salvación. Llegamos en bancarrota y ahora tenemos las riquezas de Cristo. Él nos trajo porque estábamos muy perdidos, y ahora podemos decir que estamos muy salvados; estábamos muy lejos y ahora estamos muy cerca; éramos menos que nada y ahora somos parte de ese todo que es Dios. ¿Y por qué Dios ha hecho todo eso? Para que en nosotros haya la necesidad de darle a él toda la gloria.

Todos nosotros somos mendigos de la gracia de Dios.

Si hacemos un análisis de las Escrituras, con los ojos reveladores del Espíritu Santo, veremos que toda palabra y obra de Dios se fundamenta en este principio. Toda intención del corazón del Padre en su trato con el hombre está basada en este santo designio. Cuando a Jesús le preguntaron: *«¿Cuál es el primer mandamiento de todos?»* (Marcos 12:28), él respondió: *«El primer mandamiento de todos es: Oye, Israel; el Señor nuestro Dios, el Señor uno es. Y amarás al Señor tu Dios con **todo** tu corazón, y con **toda** tu alma, y con **toda** tu mente y con **todas** tus fuerzas. Éste es el principal mandamiento»* (vv. 29-30). Además le dijo que de estos dos mandamientos *«depende **toda la ley** y los profetas»* (Mateo 22:40).

Por medio de Moisés, el Espíritu Santo escribió: *«Ahora, pues, Israel, ¿qué pide Jehová tu Dios de ti, sino que temas a Jehová tu Dios, que andes en todos sus caminos, y que lo ames, y sirvas a Jehová tu Dios con todo tu corazón y con toda tu alma? ... A Jehová tu Dios temerás, a él solo servirás, a él seguirás, y por su nombre jurarás. Él es el objeto de tu alabanza, y él es tu Dios»* (Deuteronomio 10:12,20,21). Las Escrituras enseñan que Dios no debe ser lo más importante en nuestra vida, sino **el todo** de nuestra existencia; no dice que debe ser el primero en nosotros, sino **EL ÚNICO**. Él debe ser **el todo** del corazón, **el todo** del alma, **el todo** de la mente y **el todo** de nuestras fuerzas.

Dios no debe ser lo más importante en nuestra vida, sino el todo de nuestra existencia.

Por tanto, el Señor quiere ser el todo en tu vida y en todas las cosas, porque tú eres la iglesia. ¿Que pide Jehová tu Dios de ti sino que le ames con todo tu corazón, con toda tu alma, con toda tu mente y con todas tus fuerzas? (Marcos 12:30). Para eso te redimió, para ser el todo en tu existencia, y así también ser el todo en la iglesia, el todo en el cielo, el todo en la tierra, el todo en todos. Cristo apareció para deshacer las obras del diablo y quitar lo que impedía. Él ya lo logró para Dios y para la justicia divina, y el Espíritu Santo lo está realizando en tu vida hoy, para que así como el hombre y la mujer en el matrimonio son una sola carne, así seas tú uno con Dios. Grande es este misterio (Efesios 5:31-21).

En la obra de la justificación Cristo logró que el reino del diablo, que se oponía al reino de Dios, fuera destruido. Jesús nos rescató, nos justificó y nos reconcilió con Dios, haciéndonos primicias de sus criaturas. Ahora somos hijos de Dios, pero con todo eso no se ha manifestado lo que hemos de ser (1 Juan 3:2), pero cuando él aparezca, destruirá en forma total el reino de Satanás. Jesucristo ya lo hizo, digamos representativa y legalmente en lo que respecta a la justificación, pero ahora lo está haciendo de forma individual, en la obra de la santificación por el poder del Espíritu.

En la vida de cada creyente, el Espíritu Santo está destruyendo el poder del pecado, y cada vez que este es vencido en cada uno de nosotros, Cristo es glorificado. Él está conquistando cada área de nuestro ser para Dios. Cada vez que el hombre nuevo se va apoderando como una llama de fuego de tu intelecto, tu razón, tus afectos, tu voluntad y todo tu ser, Dios se está enseñoreando y poseyendo todo en ti. El Señor, con su Espíritu, está matando a Adán (la carne), quitando lo que impide

—que es el pecado— para que el hombre nuevo en Cristo Jesús vaya subyugando cada parte de tu ser, hasta que Dios se apodere totalmente de él y puedas decir como el apóstol Pablo: *«Ya no vivo yo, mas vive Cristo en mí»* (Gálatas 2:20). Esa obra la está haciendo el Espíritu Santo, a lo que la Biblia llama «santificación».

La santificación es algo que ocurre dentro de cada creyente, donde el Espíritu va destruyendo el poder del pecado en nosotros, la altivez, la pretensión, la soberbia, el egocentrismo y todas esas cosas que atentan en forma directa con el designio de la voluntad de Dios en nuestras vidas. Y cuando tú asistes a la iglesia a escuchar la Palabra de Dios y te expones a ella de cualquier forma, ya sea escrita, visual o audible, así como cuando Dios te habla a través de profecías, sueños, visiones, por el don del discernimiento o por cualquiera de los dones derramados en su iglesia, el propósito del Espíritu Santo es perfeccionarte y completarte en él, para que Dios llegue a ser **el todo** en tu ser.

Como ya hemos visto, el propósito de la redención y del hecho de que el Hijo de Dios se encarnara y viniera a la tierra, ya fuese para deshacer las obras del diablo (1 Juan 3:8) o para salvar lo que se había perdido (Mateo 18:11), en última instancia, dígase como se quiera decir, ya sea escondido, revelado o manifestado, es el mismo: **Cristo vino a restablecer el reino de Dios en la vida del hombre.** Él vino a restaurarlo y lo logró, venciendo al diablo en todas las batallas donde Adán cayó. Vemos que Cristo en el desierto lo venció en la necesidad (Lucas 4:2-4); triunfó sobre él cuando renunció a la vanagloria de la vida y no aceptó adorar a nadie que no fuera al Padre (Lucas 4:5-8); y lo derrotó en todas sus luchas contra el mal (Lucas 4:9-12). Cristo venció sometiéndose a Dios, entregando su voluntad al Padre (Lucas 5:30), y viviendo únicamente para el propósito y la glorificación de Dios (Lucas 4:34; Juan 17:4).

Cristo es el tipo de vida que Dios quiere que vivamos.

Jesús es un prototipo para nosotros de vida santa, perfecta, sencilla y agradable al Padre. Cristo es el tipo de vida que Dios quiere que vivamos, por eso es nuestro ejemplo. El Espíritu Santo está derribando en nosotros todo poder y autoridad que se opone a que ese propósito sea establecido en los llamados de su nombre (Juan 14:17; 16:13). Por eso, el apóstol Pablo dice que cuando nosotros andamos en vicios, lascivias, enemistades, pleitos, celos, ira, contiendas, brujerías, hechicerías, rencillas, chismes y todas esas cosas que pertenecen a la carne, no estamos mostrando lo que hemos aprendido de Cristo (Efesios 4:20). Por tanto, el apóstol nos exhorta a despojarnos del viejo hombre y sus deseos engañosos, y a que andemos en la justicia y santidad de la verdad que está en Jesús (v. 21). El Hijo vivió una vida completamente sometida al Padre en todos los aspectos. En la relación con el Padre, en la predicación, en el servicio, en el compañerismo con los apóstoles, en su relación con la gente, en el trato con los enemigos, en la guerra contra los demonios. En todo aspecto de lo que es la vida del hombre en este planeta, el Señor Jesús vivió para lo mismo: para que Dios sea el todo y en todos.

El Padre era todo para el Hijo, eso lo vemos en toda área de su vida y ministerio. Jesús dijo: *«Mi comida es que haga la voluntad del que me envió, y que acabe su obra»* (Juan 4:34). También dijo: *«Porque he descendido del cielo, no para hacer mi voluntad, sino la voluntad del que me envió ... Mi doctrina no es mía, sino de aquel que me envió ... Porque yo no he hablado por mi propia cuenta; el Padre que me envió, él me dio mandamiento de lo que he de decir, y de lo que he de hablar ... No puedo yo hacer nada por mí mismo; según oigo, así juzgo; y mi juicio es justo, porque no busco mi voluntad, sino la voluntad del que* ***me envió****, la del Padre»* (Juan 6:38; 7:16; 12:49; 5:30). El Señor le daba toda gloria al Padre y amaba hacer la voluntad de él, por eso dijo: *«El que me envió, conmigo está;* ***no me ha dejado solo*** *el Padre, porque* ***yo hago siempre*** *lo que le agrada ... El hacer tu voluntad, Dios mío,* ***me ha agradado****, y tu ley está en medio de mi corazón»* (Juan 8:29; Salmo 40:8).

El redentor vivió para hacer la voluntad de Dios, y siendo un ejemplo, un prototipo, destruyó todos los argumentos del diablo. Todo lo que Satanás vociferaba en contra de Dios y de la verdad, Cristo lo desmintió y exhibió públicamente su triunfo en la cruz (Colosenses 2:15). Él desenmascaró a Satán, lo desarmó, desactivó todas las armas y refutó sus pensamientos engañosos y sutiles. También corrió el velo, para que todos vean que Dios es bueno y justo, para que le adoremos por convicción y le sirvamos por amor.

Dios nos salvó para destacar su gloria y engrandecer su gracia. Somos despojos de su triunfo y botín de su poderosa victoria. Lo que movió el corazón del Padre para reconciliarnos con él fue el amor a su nombre. Hay una sola manera de los creyentes vivir la voluntad del Señor y el propósito de su elección, y es procurando con todo su ser y en todo su hacer que Dios sea el todo.

III.1 En su motivación

«Porque el amor de Cristo nos constriñe, pensando esto: que si uno murió por todos, luego todos murieron; y por todos murió, para que los que viven, ya no vivan para sí, sino para aquel que murió y resucitó por ellos» (2 Corintios 5:14-15).

En la vida de un creyente es importante saber lo que significa que el amor de Cristo nos constriñe, o lo que representa que su amor nos mueve, nos impele y nos apela. Sentimos esa constricción cuando pensamos en esto: Que uno murió por todos, para que los que ahora viven, ya no vivan para sí, sino para aquel que murió por ellos (2 Corintios 5:14). Entonces, ¿cuándo el amor de Cristo nos constriñe? ¿Cuándo somos movidos hacia Dios ¿Cuándo somos impelidos a favor suyo y nos sentimos atraídos e impulsados hacia él? ¿Cuándo es que nace en nosotros la pasión gloriosa de estar todo el tiempo con el Padre? ¿Cuándo es que experimentamos ese celo ardoroso por nuestro Creador y la necesidad profunda de ir a él? ¿Cuándo? Cuando pensamos en la cruz del Calvario, donde uno murió para que todos los hombres adquieran esa pasión, ese celo, ese impulso glorioso que les da la motivación de amor para ir a Dios y darlo todo por él.

Es en la cruz donde nuestro orgullo es abofeteado, humillado y abatido por el polvo; donde la petulancia, la arrogancia y la altivez son doblegadas en nosotros. Cuando nos es revelado lo que pasó en el Gólgota es que renunciamos a nuestro ego, para darle la gloria al que lo hizo todo. Es en ese punto donde nos sentimos deudores, porque vemos el amor de Dios hacia un mundo que no le amaba; es en aquel lugar cuando contactamos lo que Dios fue capaz de hacer por amor a ti y a mí. Es ahí donde nos percatamos de que no tenemos nada que reclamar, y de que Dios lo hizo todo a favor nuestro para lograr ser el dueño de nuestra vida en forma total. Es cuando vemos que Dios se estregó totalmente a favor nuestro que somos movidos a amarle y a entregarnos a él sin ninguna reserva.

Es en la cruz donde nuestro orgullo es abofeteado, humillado y abatido por el polvo; donde la petulancia, la arrogancia y la altivez son doblegadas en nosotros.

La Biblia dice: *«Haya, pues, en vosotros este* ***sentir*** *que hubo también en Cristo Jesús, el cual, siendo en forma de Dios,* ***no estimó*** *el ser igual a Dios como cosa a que aferrarse»* (Filipenses 2:5-6). No hay mejor ejemplo de amor que este, que él, siendo en forma de Dios, no tomó esto como pretexto, como una cosa a la cual aferrarse para no humillarse hasta lo sumo, como lo hizo por ti y por mí. Él bien pudo decir: «Yo no tengo que descender, porque yo soy igual a Dios». En cambio, cuando Cristo nos vio perdidos, se olvidó de sus vestiduras celestiales. Él no tomó en cuenta su excelsa posición, porque pensó que tu destino iba a ser el mismo del diablo: el infierno y el fuego eterno. Él sabía que para ti no había esperanza y que ibas a ser separado del Padre para siempre. Por eso se despojó de sí mismo, y dejándolo todo, se lanzó al abismo, dispuesto a sufrirlo todo por ti. No tuvo como pretexto el ser igual a Dios, como una cosa a la cual aferrarse, sino que se humilló a sí mismo. Lo decidió y se despojó (de su forma de Dios), tomando forma de siervo (hombre), y hecho semejante a los hombres, no se conformó, sino que se doblegó todavía más, porque entendió que eso no era suficiente y decidió ir a la muerte. Y ya decidido a morir, también escogió la muerte peor, la más ignominiosa, la muerte de cruz. El autor de la vida llegó a conocer incluso a la muerte para darnos nueva vida en él.

Jesús todo lo hizo por amor. Es ese pensamiento el que nos constriñe, nos apela y nos obliga a darle nuestro todo a él. Por eso es que siempre he dicho que un hombre que no tenga una visión clara del Calvario jamás podrá entender a Dios. Es en la cruz del Calvario que los hombres se encuentran con el Señor. Y cuando hablo de la cruz del Calvario no te estoy diciendo que hagas un altar, pongas una cruz y empieces a rezar, ni tampoco que la conviertas en tu amuleto, como hacen muchos que andan con la cruz hasta de arete para mostrar al mundo su devoción, no, no, no. No es eso lo que debe significar para ti un símbolo que fue bañado con su sangre bendita. Estoy hablando de lo que significa el Gólgota, no el crucifijo que vemos como dos palos cruzados, sino el símbolo de la cruz, que es el distintivo de la humillación del Hijo de Dios. La cruz es el emblema del precio que pagó aquel que bajó y dejó su trono para exaltarte a ti a la gloria del Padre. Ese es el significado de la cruz:

Un hombre que no tenga una visión clara del Calvario jamás podrá entender a Dios.

el morir para vivir; el humillarse para ser exaltado; el precio pagado por el que estaba cerca para —al separarse— unir a los que estaban lejos; es el cambiar la justicia por el pecado, pues el justo se hizo pecado, para que tú —que eres pecado— ahora seas justicia de Dios en él (2 Corintios 5:21). Así que el símbolo de la cruz no son dos maderos cruzados, ni los clavos traspasados, sino todo lo que representa en hechos y trascendencia lo que Dios hizo en Cristo a favor nuestro.

El logro suficiente de la justicia del Señor a favor tuyo es el significado de la cruz, pues en ella fuiste reconciliado con Dios. Ya quitada toda condenación en contra tuya, ahora puedes entrar en una nueva relación con el Padre. En una relación de confianza, de perdón, de seguridad y acceso a Dios. Y cuando reconoces que no eras nadie y que ahora tienes la autoridad de ser llamado hijo de Dios; que antes eras un reo de la justicia divina, un delincuente, destinado a morir irremisiblemente en la segunda muerte y ahora estás más cerca que los ángeles, porque ellos están alrededor del trono, pero Cristo está al lado del Padre, y ahí estás tú, escondido en él, rozando el manto del Santo, entonces es cuando te llenas de ese pensamiento y te tienes que tirar a los pies de Cristo. Sí, te echarás a sus pies como se tiró aquella mujer, llorando, y empezó a humedecer con lágrimas sus pies, y los secaba con su cabellera, y besaba sus pies y los ungía con perfume (Lucas 7:38). Y cuando no puedas articular vocablo alguno, solo dirás entre gemidos y sollozos, como le dijo Tomás: ***«¡Señor mío, y Dios mío!»*** (Juan 20:28).

Cuando te llenas de ese pensamiento el amor de Cristo te constriñe, y el impulso de tu corazón redimido será vivir para él y darte por entero. Y cuando te sientes tentado, ya no llorarás porque has sucumbido en ello, sino le vas a decir a la tentación: «¡Ya basta! Yo no puedo ofender a aquel que por mis pecados fue clavado. No puedo traicionar a mi Dios». Esa va a ser tu motivación cuando lleguen a tu pensamiento insinuaciones del diablo para que traiciones al Señor. Solo así dirás como dijo Policarpo, el anciano que era discípulo de Juan. A este hombre lo amenazaron con la muerte y le dijeron que solamente viviría si juraba por el emperador y maldecía a Cristo. Policarpo le respondió al juez: «Llevo ochenta y seis años sirviéndole, y ningún mal me ha hecho. ¿Cómo he de maldecir a mi rey que me salvó?». Este hombre fue quemado vivo y murió, pero no maldijo al que lo bendijo.

Por eso es una traición a Cristo cuando reina el egoísmo en nosotros; es una ingratitud a él cuando nosotros buscamos lo nuestro y no lo que es del Señor, en todo sentido. Si en tus oraciones a Dios o en tus ayunos toda tu atención está en que Dios te bendiga, entonces te conviertes en el centro, porque lo que andas buscando son las cosas de Dios, no a Dios. Aunque Dios dice que pidas para que tu gozo sea cumplido (Juan 16:24), en tus oraciones no debes buscar tanto lo tuyo como lo que es de él. Eso significa que cuando vayas a orar a Dios tus oraciones van a cambiar, y en lugar de decir: «Señor dame», vas a decir: «Señor aquí estoy, habla que tu siervo oye. ¿Qué quieres tú que yo haga? ¿En qué puedo serte útil, Padre?». Dirás también como María: *«He aquí la sierva del Señor; hágase conmigo conforme a tu palabra»* (Lucas 1:38). Lo harás porque tú serás imbuido y saturado de ese pensamiento, que uno murió por todos para que ya no vivas para ti. Y si vives para ti, estás traicionando el propósito eterno de Dios con tu vida. Fuiste comprado, significa que ya no eres tuyo, eres del Señor. El Señor tiene derecho sobre ti y eres propiedad de Cristo. Tu cuerpo es de Jesús y templo del Espíritu Santo. Ahora tienes la mente de Cristo y tu ser entero es de él, cuerpo, alma y espíritu; también tiempo, talentos, todo lo que posees y eres, porque él te compró con su sangre.

Dios quiere ser el todo en tu vida. Por eso Jesús dijo que al que más se le perdona, más ama, y el que más ama, más se entrega (Lucas 7:47). ¿Por qué el Señor, cuando iba a revelar su gracia en su plenitud, buscó a Saulo de Tarso? ¿Por qué buscó a un perseguidor, fanático, enemigo, a un fariseo recalcitrante, alguien que odiaba a Cristo y su Camino? Por su gracia. El mismo Pablo dijo: *«Palabra fiel y digna de ser recibida por todos: que Cristo Jesús vino al mundo para salvar a los pecadores, de los cuales yo soy el primero»* (1 Timoteo 1:15). Esto lo dijo el apóstol constreñido por el amor de Dios, convencido de que él no era merecedor de tanto. Él dijo: *«Doy gracias al que me fortaleció, a Cristo Jesús nuestro Señor, porque me tuvo por fiel, poniéndome en el ministerio, habiendo yo sido antes blasfemo, perseguidor e injuriador; mas fui recibido a misericordia porque lo hice por ignorancia, en incredulidad. Pero la gracia de nuestro Señor fue más abundante con la fe y el amor que es en Cristo Jesús ... Pero por esto fui recibido a misericordia, para que Jesucristo mostrase en mí el primero toda su clemencia, para ejemplo de los que habrían de creer en él para vida eterna»* (1 Timoteo 1:12-14,16).

Entonces, a ese hombre que no merecía nada porque persiguió a Cristo y mató a algunos de los santos, ahora Dios lo convierte en el hombre que recibe la mayor revelación del evangelio; el hombre al cual Dios no hizo apóstol de un país, como a Pedro (Gálatas 2:8), sino que lo hizo el gran apóstol de las naciones (Hechos 9:15). A Pablo el Señor no lo subió a la azotea, como a Pedro (Hechos 10:9-20), sino que lo llevó al tercer cielo (2 Corintios 12:2). Por tanto, vemos a ese Saulo enamorado del Camino, viviendo para el Señor, sacrificándose y humillándose por Cristo, y soportándolo todo por amor a él.

Ahora podemos entender la profundidad de sus palabras cuando les dice a sus hermanos: «*¿Acaso no tenemos derecho de comer y beber? ¿No tenemos derecho de traer con nosotros una hermana por mujer como también los otros apóstoles, y los hermanos del Señor, y Cefas? ... Pero no hemos usado de este derecho, sino que lo soportamos todo, por no poner ningún obstáculo al evangelio de Cristo ... Pero yo de nada de esto me he aprovechado, ni tampoco he escrito esto para que se haga así conmigo; porque prefiero morir, antes que nadie desvanezca esta mi gloria. Pues si anuncio el evangelio, no tengo por qué gloriarme; porque me es impuesta necesidad; y ¡ay de mí si no anunciare el evangelio!*» (1 Corintios 9:4-5,12,15-16). Él renunció a todos sus derechos, inclusive al privilegio de tener una esposa, una familia, para dedicarse por entero a Cristo, como dijo en sus propias palabras: «*Pero de ninguna cosa hago caso, ni estimo preciosa mi vida para mí mismo, con tal que acabe mi carrera con gozo, y el ministerio que recibí del Señor Jesús, para dar testimonio del evangelio de la gracia de Dios*» (Hechos 20:24).

También vemos como ese hombre decía: «*Todo lo soporto por amor de los escogidos*» (2 Timoteo 2:10). Pablo sufrió azotes, naufragios, cárceles, peligros, y seguía firme diciendo: «*¿Quién nos separará del amor de Cristo? ¿Tribulación, o angustia, o persecución, o hambre, o desnudez, o peligro, o espada? ... Antes, en todas estas cosas somos más que vencedores por medio de aquel que nos amó. Por lo cual estoy seguro de que ni la muerte, ni la vida, ni ángeles, ni principados, ni potestades, ni lo presente, ni lo por venir, ni lo alto, ni lo profundo, ni ninguna otra cosa creada nos podrá separar del amor de Dios, que es en Cristo Jesús Señor nuestro*» (Romanos 8:35,37-39). Dime, ¿de dónde salió esa convicción? Salió del interior de un hombre que amaba a Dios con su mente, alma, cuerpo y espíritu; de alguien que se había zambullido en el manantial de la gracia; de una persona que sabía que no tenía nada que reclamar, sino que estaba convencida de que tenía que cerrar la boca frente al juicio de Dios. Por eso, ese hombre nunca pensó: «Yo perseguí, pero otros hicieron peores cosas que yo, inclusive apedrearon a Esteban», no, sino que se quería entregar, deseaba darse por entero. Dios también te quiere llenar de lo mismo, porque igualmente mucho te perdonó. No mires a los demás como lo hizo el fariseo (Lucas 18:11), sino como el esclavo libertado, como el leproso curado, como el reo de muerte redimido.

Si te falta fe, para tener ese convencimiento, pídele a Dios que te la aumente, para que si vives, ya no vivas para ti, sino para aquel que te amó y se entregó a sí mismo por ti.

Por tanto de ahora en adelante vive para Cristo, como dijo Pablo: *«El que hace caso del día, lo hace para el Señor; y el que no hace caso del día, para el Señor no lo hace. El que come, para el Señor come, porque da gracias a Dios; y el que no come, para el Señor no come, y da gracias a Dios. Porque ninguno de nosotros vive para sí, y ninguno muere para sí. Pues si vivimos, para el Señor vivimos; y si morimos, para el Señor morimos. Así pues, sea que vivamos, o que muramos, del Señor somos»* (Romanos 14:6-8). Si decides guardar un día, ya sea el sábado o el domingo, lo haces para el Señor, pero entiende que el que no hace caso del día, para el Señor no lo hace. El que come, para el Señor come, porque da gracias a Dios; y el que se abstiene de comer, para el Señor no come, y da gracias a Dios. ¿Por qué? Porque si hace uso de su libertad, lo hace para Dios, y si decide privarse de ella, también lo hace para Dios. Es decir, que si comemos o bebemos o hacemos cualquier otra cosa —como dice otro pasaje— hagámoslo **todo** para la gloria de Dios (1 Corintios 10:31), de manera que él sea el todo en tu comer, el todo en tu beber y el todo en tu decidir, pues llena toda tu motivación.

Inclusive en aquellas cosas que el Señor no te manda a cumplir o a guardar, él debe ser el todo. Pues si vivimos, para el Señor vivimos, y si morimos, todavía muertos, nuestras vidas deben servir para Dios. La Palabra dice: *«Estimada es a los ojos de Jehová la muerte de sus santos»* (Salmo 116:15), dándonos a entender que Dios aprecia, ama y valora la muerte de sus santos. Él está pendiente a eso, por esa razón, aun con ella hay que glorificarlo. Pablo dijo: *«Como siempre, ahora también será magnificado Cristo en mi cuerpo, o por vida o por muerte. Porque para mí el vivir es Cristo, y el morir es ganancia»* (Filipenses 1:20-21). Por tanto, nuestra convicción debe ser: Aunque él decida quitarme la vida, hasta así le creeré y le serviré, pues si mi muerte sirviera de alguna manera para cumplir su propósito, que disponga de mi vida, ya que a él pertenece.

Lo antes dicho no se parece a la predicación de la religión que dice: «Mira hermano, deja el cigarrillo, que te conviene. Cuando yo estaba en el mundo, me fumaba cuatro cajas de cigarrillos diariamente, y gastaba una fortuna en ello. Un día lo sumé, y al año eran como cinco mil dólares, que ahora me los estoy economizando. Así que vale la pena servirle al Señor, pues antes gastaba mucho dinero en vicio, y ahora ese dinero se lo estoy dando a mis hijos». Otros dicen: «Hermano, deja esa vida, ven a Cristo que te conviene servirle. De esa manera te vas a morir. Si tú estás enfermo, ven que el Señor te va a sanar; ven que el Señor te va a resolver el problema, que el Señor te va a dar esto y te dará lo otro». Esa es la predicación que oímos a diario, y la iglesia diezma, ofrenda y se llena. Sin embargo, cuando hablamos de no buscar lo nuestro, sino lo que es de Cristo; de entregarnos sin reversas, pues ya no decidimos, quien decide por nosotros es Dios, a esa predicación la tildan de rara y extraña. Ellos dicen: «Eso no es para mí. ¿Qué buscará este predicador con eso?». La razón es porque a los niños les gustan los caramelos, y ven al Señor como a un «Papá Noel» repartiendo regalos y a todo el mundo tomando lo que quiera. Y dicen: «¡Qué bueno es el Señor!», pero cuando se predica un sermón desde la perspectiva de Dios, diciendo que a Dios hay que amarlo, hay que respetarlo, hay que darle todo (cuerpo, alma y espíritu); que si canto, cante para él; si oro, ore para él; que en mi intercesión no busque sacar provecho, sino en todo buscar solo lo que es de Cristo (Filipenses 2:21), entonces no están tan de acuerdo.

¿Qué es lo que se dice en los círculos religiosos cuando se habla de la oración? «Hermano ore mucho, porque la oración es poder, así que mucha oración mucho poder, poca oración poco poder, ninguna oración ningún poder. El poder está en la oración, ore para que reciba poder». ¡Ah! Si pienso de esa manera, entonces lo que yo quiero es tener poder, así que al «Súper-Cristo» debo sacarle el poder, para ser yo el poderoso. También oímos: «Hermano, venga a alabar a Dios, porque hay poder en la alabanza; y la alabanza te libera y te hace olvidar de tus problemas». Con esa motivación me dispongo a alabar a Dios para que se vaya el problema, para sentirme contento, feliz, y espantar a los malos espíritus, sin percatarme de que estoy usando la alabanza para beneficio mío, no para glorificar el nombre de Dios.

Nota que hay dos sistemas en la relación con Dios: el de la religión, donde todo se enfoca a través del egoísmo del hombre; y el del Espíritu, en el cual Dios es el todo y en todos. La mayoría está en el mundo de la religiosidad, donde todo se hace porque me conviene, porque me bendice, porque añado estrellas a mi corona. Esa es la motivación de muchos, y siguiendo ese fin, entonces ayunan, oran, alaban, predican, porque quieren andar con la cabeza llena de estrellas en el cielo o vivir en la tierra como reyes. «¿Acaso no soy hijo de Dios?», se justifican. Con esto no estoy diciendo que no hay bendición cuando oro ni que no haya liberación cuando alabo o que no haya galardón en salvar almas. Lo que estoy diciendo es que nuestra motivación al hacer estas cosas no debe perseguir (aunque haya promesas) el recibir bendiciones, porque tú estás muerto, y un muerto no necesita nada, el que necesita es el vivo y el que está vivo en ti es Cristo. En él estás completo, entonces no te falta nada. Por tanto, alimenta al Vivo, satisface al Vivo, agrada al Vivo, vive para el Vivo y dale todo al Vivo, porque el Vivo murió para que tú vivas para él.

Dios nos enseña este principio por toda la Biblia, que él debe ser el todo en nuestra motivación. Él hace un pacto con Abraham y le dice: *«Vete de tu tierra y de tu parentela, y de la casa de tu padre, a la tierra que te mostraré ... Bendeciré a los que te bendijeren, y a los que te maldijeren maldeciré; y serán benditas en ti todas las familias de la tierra»* (Génesis 12:1,3). Y Abraham, por seguir a Dios, sale y lo deja todo. Pasa el tiempo, y el patriarca envejece. Dios lo bendice más que a todos los hombres de la tierra, pero Abraham tenía una pena en su corazón, le entristecía que todo lo suyo lo heredara un esclavo, porque nunca tendría un niño nacido de él. Entonces Dios se le apareció, lo llevó afuera y le dijo: *«Mira ahora los cielos, y cuenta las estrellas, si las puedes contar. Y le dijo: Así será tu descendencia»* (Génesis 15:5). Abraham le creyó a Dios, y dice que le fue contado por justicia (v. 6). Mas el tiempo siguió transcurriendo y los cuerpos de Abraham y Sara se iban desgastando, y la esperanza de ver a su hijo se hacía más difícil de creer, por lo que de nuevo se le apareció Jehová y le dijo:

> *«Yo soy el Dios Todopoderoso; anda delante de mí y sé perfecto. Y pondré mi pacto entre mí y ti, y te multiplicaré en gran manera. Entonces Abram se postró sobre su rostro, y Dios habló con él, diciendo: He aquí mi pacto es contigo, y* ***serás padre de muchedumbre de gentes****. Y no se llamará más tu nombre Abram, sino que será tu nombre Abraham, porque te he puesto por padre de muchedumbre de gentes. Y te multiplicaré en gran manera, y haré naciones de ti, y reyes saldrán de ti. Y estableceré mi pacto entre mí y ti, y tu descendencia después de ti en sus generaciones, por pacto perpetuo,* ***para ser tu Dios, y el de tu descendencia después de ti.*** *Y te daré a ti, y a tu descendencia después de ti, la tierra en que moras, toda la tierra de Canaán en heredad perpetua; y seré el Dios de ellos. Dijo de nuevo Dios a Abraham: En cuanto a ti, guardarás mi pacto, tú y tu descendencia después de ti por sus generaciones»* (Génesis 17:1-9).

Dios confirmó una vez más su promesa a Abraham, pero después de un largo tiempo fue que él pudo ver el milagro de un hijo. Abraham se puso muy feliz, y veía por los ojos de Isaac. Su niño era su todo, por lo que contento le daba gracias a Dios. Cuando el muchacho estaba ya grandecito, el Señor un día le dijo a Abraham: *«Toma ahora* ***tu hijo, tu único, Isaac, a quien amas,*** *y vete a tierra de Moriah, y ofrécelo allí en holocausto sobre uno de los montes que yo te diré»* (Génesis 22:2). ¿Cómo podía ser eso? Esperar décadas para ver cumplida la promesa de tener un hijo de él y Sara, y ahora Jehová le pedía que se lo ofreciera en holocausto en el monte Moriah... No podía ser, pero Dios había sido muy específico: *«Tu hijo, tu único, Isaac, a quien amas»*. No cabía la menor duda.

La Biblia no habla del conflicto de Abraham, pero me imagino que la batalla fue grande en su mente y en su corazón. Era algo incomprensible, pero más que nada doloroso. El patriarca calló y obedeció. Tomó su asna, dos siervos suyos, al niño, buscó la leña y subió al monte. Me imagino que conoces la dramática historia. Llegaron al Moriah después de tres días de camino, pero solo subieron al monte Abraham y su hijo, cargando los utensilios para el holocausto. El muchacho le preguntaba: *«Padre mío ... He aquí el fuego y la leña; mas ¿dónde está el cordero para el holocausto? Y respondió Abraham: Dios se proveerá de cordero para el holocausto, hijo mío»* (Génesis 22:7-8). Sin saber, Abraham anunciaba que Dios tenía un cordero para el holocausto, el cual proveería para el sacrificio, en lugar de una vida.

Allí en el monte Moriah, Abraham preparó el holocausto, y atando a su hijo, lo puso en el altar sobre la leña. Las Escrituras no mencionan que Isaac se resistió, sino que se sometió, aun sin saber ni entender que ocurría, solo confiaba en Dios. Así como Cristo, que como cordero fue llevado al matadero y delante de sus trasquiladores enmudeció y no abrió su boca (Isaías 53:7), de esa misma manera, Isaac guardó silencio. Pensemos ahora un momento en Abraham. Para él era más duro todavía disponerse a inmolar a su propio hijo, pero —llegado el momento— no titubeó en tomar el cuchillo. Dios sabía que este hombre no estaba allí haciendo un simulacro, porque Dios conoce el corazón. Por eso cuando Abraham se disponía a consumar el hecho y levantó el cuchillo para degollar al muchacho, Dios se lo impidió diciendo: *«Abraham, Abraham ... No extiendas tu mano sobre el muchacho, ni le hagas nada; porque ya conozco que temes a Dios, por cuanto no me rehusaste tu hijo, tu único»* (Génesis 22:11,12). En otras palabras: «¡Detente, no lo hagas! Para mí ya lo mataste. Has mostrado que me amas más a mí que a tu hijo, ahora podemos seguir nuestra relación, y juro por mi nombre que de cierto cumpliré todo lo que me he propuesto en mi corazón hacer en ti» (Génesis 22:16-18). Abraham pasó la prueba del amor.

Por eso creo que tarde o temprano todo cristiano tiene que pasar la prueba del amor a Dios, en la cual nos pide nuestro «Isaac», lo que más amamos en la vida. Cuando Dios te pida eso que tanto amas, eso a lo que estás tan apegado, tan vinculado, eso en lo cual te sientes realizado, ¿estarías dispuesto a sacrificarlo? El Señor te dice: «Yo quiero ser el todo en tu vida. Nuestro peregrinar no ha terminado, y yo no cesaré de tratar contigo hasta que no te entregues a mí completamente. **Hay promesas a realizarse en tu vida, pero las mismas dependen de la relación que haya entre mi voluntad y tu obediencia**». Esa es la prueba de amor: A cuánto estarás dispuesto a renunciar y cuánto estás dispuesto a dar por causa del Señor.

Hay promesas a realizarse en tu vida, pero las mismas dependen de la relación que haya entre la voluntad de Dios y tu obediencia.

Esa prueba la pasó la viuda de Sarepta de Sidón (1 Reyes 17:9). En esa época había hambre en la tierra, a tal punto que los padres se comían a los hijos, pues nadie tenía comida y la gente se estaba muriendo. Y Dios envió a Elías a casa de esa mujer para que ella lo sustentara. Cuando el profeta llegó a la ciudad y la vio, la llamó y le dijo: *«Te ruego que me traigas un poco de agua en un vaso, para que beba ... Te ruego que me traigas también un bocado de pan en tu mano. Y ella respondió: Vive Jehová tu Dios, que no tengo pan cocido; solamente un puñado de harina tengo en la tinaja, y un poco de aceite en una vasija; y ahora recogía dos leños, para entrar y prepararlo para mí y para mi hijo, para que lo comamos, y nos dejemos morir»* (1 Reyes 17:11,12). Era una situación difícil. Esta viuda era una mujer desamparada, sola, de escaso recursos, sin un marido que la mantuviera ni un hijo que velara por ella, pues el que tenía era pequeño y dependía de su madre para subsistir.

¿Vendrá de Dios que demos lo único que poseemos a sus siervos? Suena raro, pero fue Dios el que le pidió a esta viuda desposeída el último bocado para dárselo a su profeta. El bocado era lo único que ella tenía y que incluso compartiría con su hijo, para luego dejarse morir. Algunos han dicho sobre este pasaje que la viuda tuvo fe, y sí, la tuvo, pues ella reconoció que el varón venía de parte de Dios, pero ahí también hubo amor y respeto a la voluntad del Señor. Esa mujer hizo su última torta y se la dio al profeta, porque en ese momento, Dios estaba siendo el todo en ella. Lo que pudiera significar la vida de ella y la de su hijo se lo estaba entregando a Dios. La viuda pasó la prueba de amor y vio la gloria de Dios. Esta es la base de la prueba: Que los que viven ya no vivan para sí, sino para que Dios sea el todo en sus vidas.

Asimismo vemos que Jesús estaba un día sentado en el templo, frente al arca de la ofrenda, y se puso a observar cómo el pueblo ofrendaba. El maestro observó, entre otras cosas, que los ricos echaban mucho dinero, pero para que todos lo notaran, y en eso llegó una viuda, que de una forma escurridiza (tratando de no llamar la atención), fue y echó unas moneditas y se marchó. Mas el Señor, que mira y conoce el corazón, llamó a sus discípulos y les dijo: *«De cierto os digo que esta viuda pobre echó más que todos los que han echado en el arca; porque todos han echado de lo que les sobra; pero ésta, de su pobreza echó todo lo que tenía, todo su sustento»* (Marcos 12:43-44). ¿Que era una blanca? En este tiempo, algo menos que un centavo. ¿Y qué les hizo saber Jesús a todos? Que la viuda había echado más que los demás, pues la mayoría ofrendó de lo que les sobraba, pero esa mujer dio **todo lo que tenía**. La mejor ofrenda para Dios es cuando tú das tu todo. Como Abraham que dio todo lo que tenía, su único, su Isaac, su amado; como la viuda de Sarepta que dio su último bocado.

Jesús quiso enseñarnos con eso que sacar un billete de cien dólares del bolsillo, cuando se tiene diez mil, no es nada, pero que las cosas cambian cuando Dios me pide todo mi dinero, y yo lo tengo que dar. No es por el dinero, porque el dinero no es nada para Dios (sabemos que hay cosas que valen más que el dinero), pero puse ese ejemplo, porque este es la raíz de todos los males, pues muchos lo idolatran y por eso el dinero los hace tropezar. En el momento que Dios te pida cualquier cosa, yo te pregunto: ¿Estarías tú dispuesto a dar? ¿Es Dios el todo en tu vida? ¿Existe alguna cosa que te rehúsas a dársela a Dios? Pues a ti te digo, no tengas reservas para tu Señor, pues él no se agrada en que en tu corazón ambiciones alguna otra cosa más que a él (Hechos 5:1-10).

Leemos los Evangelios y las enseñanzas de Cristo, y vemos que Jesús era radical en mantener los principios del reino. Él dijo: *«El que ama a padre o madre más que a mí, no es digno de mí; el que ama a hijo o hija más que a mí, no es digno de mí; y el que no toma su cruz y sigue en pos de mí, no es digno de mí ... buscad* ***primeramente*** *el reino de Dios y su justicia»* (Mateo 10:37-38; 6:33). ¿Qué quiso enseñarnos el Hijo de Dios? Que el que no lo da todo por él y echa todo a un lado por seguirlo, no es digno de tener a Dios en su vida, porque el Señor se da por entero.

Jesús se dio completo, dejó a su Padre —que era lo que más amaba—, dejó su trono en las alturas, se despojó de sus vestiduras celestiales y entregó su vida por ti y por mí. Ahora, ¿no tiene Dios el derecho de pedírtelo todo a ti también? Jesús dijo: *«Todo el que quiera salvar su vida, la perderá; y todo el que pierda su vida por causa de mí, la hallará»* (Mateo 16:25). Quiere decir que incluso tu propia vida, que es lo que más amas, la debes entregar a él, pues perder los bienes es mucho, perder la salud es más, pero perder la vida es una pérdida total. Eso es algo que todo el mundo aprecia, pero el Señor dice que si quieres tu vida para ti, no eres digno de él. Él dice: «Dame tu vida, es mía, yo la compré con mi sangre. Ocúpate de mis asuntos primero que los tuyos, deja tus cosas y haz las mías». Con Dios es todo o nada.

Este tipo de prédica, sin embargo, no suena bien en el mundo. La gente en la calle dice: «Estos cristianos se quieren aprovechar del más tonto. Es imposible que Dios te pida algo que ponga en riesgo tu seguridad y la de los tuyos». Sin embargo, a la luz de la Palabra, ¿será cierta esa afirmación? Reconozco que es difícil de entender lo riguroso del carácter de un Dios que es amor, pero déjame decirte que ese es el evangelio de Cristo: todo o nada (Lucas 9:23). Fíjate que a ninguno que pasó la prueba de amor Dios le quitó lo que poseía, sino que, en cambio, le dio más. A Abraham le dio tantos hijos que no los pudo contar, y su linaje se ha extendido de tal manera que tú y yo pertenecemos a su descendencia (Gálatas 3:7). A la viuda no le faltó la harina de la tinaja, ni le escaseó el aceite de la vasija hasta el día en que Jehová terminó la hambruna (1 Reyes 17:14). Dios no busca poseer lo que te ha dado, ni que te sacrifiques al punto de dar tu vida por algo que consideres necesario, sino lo que quiere el Señor es que en tu corazón esté claro que lo más importante de tu existencia no son tus relaciones, ni tus posesiones, ni tus haberes, ni tus deberes, sino él.

El apóstol Pablo dijo: *«Llevando en el cuerpo siempre por todas partes la muerte de Jesús, para que también la vida de Jesús se manifieste en nuestros cuerpos»* (2 Corintios 4:10). ¿Y qué significa llevar por doquier la muerte del Señor? Lo mismo que dijo Cristo: *«Si alguno quiere venir en pos de mí, niéguese a sí mismo, tome su cruz cada día, y sígame»* (Lucas 9:23). ¿Qué es lo que el Señor está predicando? El negarse a sí mismo, la renuncia del yo, la dimisión de tus intereses para que reinen los de él, porque de la única manera que se le puede dar a Dios el todo y en todo es cuando renuncias a ti mismo. Tú nunca podrás tener a Dios siendo el todo en tu vida si reservas alguna cosa, si codicias algo para ti.

Eso es idolatría (Colosenses 3:5). Solo el que renuncia a sus gustos y deseos, el que deja a un lado lo que ama y a lo que está apegado, puede tener a Dios como el todo.

Y esto no me importa repetirlo hasta el cansancio: La cruz del cristiano no es lo que dice la religión, que es el esposo insoportable, la mujer celosa y rencillosa, el hijo delincuente, la familia desunida, el hermano chismoso, el amigo desleal, ni las deudas ni las necesidades que uno padezca. No, la cruz del cristiano no es su problema, no es la dificultad ni la carga que le ha sido impuesta, sino el negarse a sí mismo para darle el todo a Dios; es el renunciar a lo que tú amas y a aquello a lo cual estás apegado para decirle a Dios: «Ven, Señor, ocupa tu lugar, ocúpalo todo en mí». Esto es algo que muchos no estamos dispuestos a hacer. Por eso el apóstol Pablo les escribió a los filipenses, y les dijo: *«Porque por ahí andan muchos, de los cuales os dije muchas veces, y aun ahora lo digo llorando, que son* ***enemigos de la*** *cruz de Cristo»* (Filipenses 3:18). Y yo me imagino que cuando Pablo estaba escribiendo o dictándole al que escribía, en ese momento estaba llorando, no decía eso como una simple expresión. Pablo quería mostrar que estaba conmovido en espíritu, que estaba dolido por dentro por esta situación, a fin de que muchos pudieran evaluar la trascendencia espiritual de este hecho.

Es terrible contactar que muchos hermanos por los que el Señor ha dado su vida no le pagan con devoción, sino con traición. El apóstol Pablo, viendo esa deslealtad a Cristo, la cual lo hiere profundamente porque ama a su Señor, llora. Todo el que tiene la convicción que tenía el apóstol Pablo, cuando ve el rechazo a Cristo se entristece. El que ama a Jesús no soporta ni tolera la infidelidad a él o que se cambie al Señor por una tontería. ¿Cuándo traicionamos a Cristo? Cuando buscamos lo nuestro, no lo que es de Dios.

Para estas personas que son enemigos de la cruz de Cristo, Dios no es el todo, por eso *«el fin de los cuales será perdición, cuyo dios es el* ***vientre****, y cuya gloria es su* ***vergüenza****; que solo piensan en lo terrenal»* (Filipenses 3:19). El dios de estos hermanos es el vientre. El vientre en la Biblia es símbolo del egoísmo, de la persona que todo lo quiere para satisfacción personal. Este es el lugar donde se suple una de las necesidades básicas del ser humano, el comer para vivir; y lamentablemente hay gente que solo vive para llenar el saco estomacal. Esos viven en la ley de la azada, un instrumento agrícola que se usa en el campo y que todo lo arrastra hacia adentro, por su forma curva, la cual cuando agarra algo no puede echarlo hacia afuera, sino que todo lo atrae hacia sí.

Por tanto, cuando sirves a Dios con la azada, cuando todo es para ti y todo termina en ti y a tu lado, tu dios es el vientre, porque lo que andas buscando es lo tuyo. Tú eres el centro, pues si oras es para que Dios te bendiga; si adoras es para sentir una sensación y buscar una experiencia; si le das al Señor y diezmas, es porque la Biblia dice que Dios va a abrir las ventanas de los cielos y hasta te va a tumbar de tanta bendición, porque hay una promesa. Sí, es cierto, hay una promesa, pero no debemos diezmar por la promesa, sino porque amamos al Señor y como todo pertenece a él, y soy un mayordomo fiel, le devuelvo lo que él ha asignado para sostener su obra en la tierra. Tenemos que cantar pero porque le debemos honor al Rey y entramos a su presencia con adoración y alabanzas, porque apreciamos la comunión con él y nos complacemos en rendirle tributo.

Por lo cual, en todo lo que hagamos, lo que prima y lo que es más importante es que el Señor esté agradado. No es tanto que yo sienta una sensación dentro de mí, aunque es cierto que en la presencia de Dios, cuando cantamos, nuestro espíritu se eleva y hay una sensación tan sublime, tan celestial, tan indescriptible, que quisiéramos salir ya del cuerpo e irnos con él. Aunque eso sea tan agradable y Dios se complazca en darnos ese gozo en el espíritu, no debemos adorar para sentirnos bien, sino adorar para que Dios se sienta bien. Si tú predicas no es para que Dios te de una corona, sino lo haces por amor a Dios, por amor por las almas, porque como el apóstol Pablo te es impuesta necesidad; y ¡ay de ti si no anunciaras el evangelio! (1 Corintios 9:16). Tenemos que anunciar a los hombres de esta salvación tan grande porque es una necesidad, como el respirar. Si no predicamos el evangelio es como parar la respiración o como si me amordazaran y me taparan la nariz hasta morir, porque no puedo aspirar el aire que necesito para vivir. Tenemos que predicar porque Cristo nos lo pidió y el amor de Cristo nos constriñe.

Cuentan de un misionero que después de permanecer cuarenta años en el África se jubiló. Sin embargo, él testificaba de todas las maravillas y experiencias con Dios en esos largos años. Un día, alguien que le escuchaba, extasiado con todo lo que oía, le preguntó casi como en tono de confirmación: «Hermano, ¿a usted le gustaba su trabajo, verdad?» Para el veterano misionero la pregunta sonó un poco extraña, y le dijo: «Joven, yo quiero entender lo que usted me está preguntando, repítame de nuevo la pregunta, por favor». «Le pregunté si a usted le gustaba su trabajo», contestó el joven, a lo que el misionero respondió: «No, no me gustaba mi trabajo». El hermano abrió los ojos con asombro y le dijo: «¿Cómo que a usted no le gustaba su trabajo?».

«No —seguía negando el misionero— no me gustaba». «Pero, ¿cómo...? —insistía extrañado el jovencito, a quien las anécdotas del siervo de Dios le habían hecho imaginarse de safari, en una excursión evangelística, entre serpientes y leones— pero ¿por qué?». Sí, era de extrañar que alguien permaneciera tantos años en un lugar desempeñando un trabajo que no le agradaba.

Mas la respuesta no se hizo esperar, el anciano le dijo: «Hermano, a mí no me gustaba mi trabajo, porque no me agradaba vivir en una selva entre salvajes que comen gente, ni vivir comiendo lo que apareciera, a veces hasta insectos. Digo que no porque no me gustaba dormir en una cama desaseada, con excremento de cabras y con el miedo de perecer devorado por leones, o asfixiado en cualquier nido de víboras, o aplastado bajo las patas de una manada de elefantes. No, a mí me gusta vivir en Estados Unidos, en un lugar donde voy al supermercado, lleno el carro de compras de alimentos a mi gusto, los cuales coloco luego en un refrigerador; me gusta estar donde tomo el auto y salgo a pasear y a deleitarme en las maravillas del hombre moderno; donde veo la televisión y luego me acuesto en mi cama a "dormir como un lirón". Pero esto, hermano, no es un asunto de que me guste o no. Esto lo hice porque el Señor me lo pidió, y el amor de Cristo me constriñe. No, el trabajo no me gustaba, pero hacer la voluntad del Señor me agradó». En espíritu, la voluntad de Dios es agradable y perfecta (Romanos 12:2).

Cuando nos agrada hacer la voluntad de Dios no prevalecen los deseos, sino que él esté agradado por encima de eso que tanto nos gusta. Es en espíritu donde puedes tomar a tu único, a «Isaac», a quien tú amas, y sacrificárselo al Señor. Es ahí donde se puede preparar la última torta que te quede, aunque creas que terminará allí tu vida, dando todo lo que tienes para cumplir su voluntad. A veces te va a pedir cosas difíciles, aquellas que consideras muy personales, que has reservado para ti, como por ejemplo el pedirte que dejes a alguien de quien te has enamorado que no es del Señor. De esa manera se te va a dividir el corazón entre el ser amado y el Señor. Entonces, tendrás que dejar al enamorado, aunque lo ames mucho, para obedecer a Dios, porque él dice que no te juntes en yugo desigual con los incrédulos, lo cual es mandamiento del Señor (2 Corintios 6:14). Es ahí donde se sabe si Dios es el todo en tu vida.

Podemos decir muchas cosas, pero cada uno sabe dentro de sí lo que Dios le está pidiendo. Quizás estás acariciando algo dentro, en tu corazón, que está en contra de la voluntad de Dios, y su Espíritu Santo constantemente te está hablando de que eso le desagrada. Por tanto, vas a tener que privarte, sufrir esa amputación, ese desprendimiento, por amor al Señor, para que él sea el todo en tu vida. Si amas al Señor, lo amarás con todo tu corazón, al punto de estar dispuesto a levantar tu brazo, con un cuchillo en mano, para degollar a tu «Isaac». Estoy hablando en un lenguaje espiritual, pues el «Isaac» tuyo pueden ser muchas cosas. Quizás para ti la vida cristiana son solo bendiciones y por ello te constituyes en enemigo del Calvario, como dijo el apóstol. Puede que lo único que persigas sea llenarte el vientre y lo que solamente te interese sea lo terrenal, llenar tu saco, atraerlo todo hacia ti. Pero así no se le sirve al Señor. La ley del Espíritu es todo para arriba, se hace todo para que él reine, porque ya Dios vino del cielo y se dio enteramente por ti, y ahora tú haces lo mismo por él, entregándote sin ninguna reserva.

Cuando el Señor murió por nosotros no dijo egoístamente: «Déjame morir por él, para que me alabe; déjame morir por este, para que me adore; déjame morir por ella, para que me obedezca». No, hermano, no lo hizo por interés, sino lo hizo por amor, para ser el todo en nuestra vida, porque así nos convenía. La relación con Dios es por amor, una acción produce una reacción. La acción de Dios fue amarte y entregar su vida por ti. La reacción tuya debe ser entregarte por él, y como amor con amor se paga, págale a tu Señor con amor.

Ruego a Dios que a partir de este momento el amor sea la plomada, el timón de todas las acciones que emprendas. Pregúntate: «¿Estoy haciendo esto por amor a mi Señor? ¿Qué busco con todo eso? ¿Detrás de que ando?». Di como David: *«Examíname, oh Dios, y conoce mi corazón; pruébame y conoce mis pensamientos; y ve si hay en mí camino de perversidad, y guíame en el camino eterno»* (Salmo 139:23-24). En otras palabras: «Padre, si me estoy engañando a mí mismo al darte la ofrenda de alabanza, de sacrificio, de renuncia, de servicio, de obediencia, de sujeción, o lo que sea, pruébame y examina el porqué lo estoy haciendo. Muéstrame la verdadera motivación que está oculta, inclusive a mis ojos. Si lo estoy haciendo por amor a ti, para que tú seas el todo; o si es para que redunde en beneficio mío y mostrar mi devoción a los demás». Cuando vivimos para satisfacer el dios del vientre (el yo), somos enemigos de la cruz de Cristo, porque actuamos contrariamente al *«sentir que hubo también en Cristo Jesús»*(Filipenses 2:5). El espíritu que se manifestó en la cruz fue de amor, abnegación, entrega incondicional y renuncia a lo personal. Toda conducta o motivación que sea lo opuesto al sentir que llevó al Hijo a la cruz debe ser considerado alta traición y enemistad contra el reino de Dios.

Hay una batalla que hemos de lidiar todos de ahora en adelante: Cristo frente a nuestro «yo». Mas recuerda que Cristo venció al mundo, y también triunfará en la obra intrínseca de ser el todo en tu vida. El gran mandamiento del antiguo pacto, y el que es el principal mandamiento del nuevo, dice: *«Amarás al Señor tu Dios con todo tu corazón, y con toda tu alma, y con toda tu mente y con todas tus fuerzas»* (Marcos 12:30). Que al mirar el amor de Dios y su entrega, cómo dio a su Hijo en la cruz del Calvario, te lleve a pensar que es necesario que él reine en tu vida y sea el todo en todo, porque te constriñe el amor de Cristo Jesús.

III.2 En su sacerdocio

> *«En aquel tiempo apartó Jehová la tribu de Leví para que llevase el arca del pacto de Jehová, para que estuviese delante de Jehová para servirle, y para bendecir en su nombre, hasta hoy ... vosotros también, como piedras vivas, sed edificados como casa espiritual y sacerdocio santo, para ofrecer sacrificios espirituales aceptables a Dios por medio de Jesucristo»* (Deuteronomio 10:8; 1 Pedro 2:5).

Antes de proseguir quiero compartirte lo siguiente como un testimonio: Inicialmente, cuando el Señor nos mandó a hablar de la importancia de que Dios sea el todo a la congregación que pastoreamos, incluso el título nos lo dio él. Recuerdo que tomé una libreta, después de que tenía la revelación, y comencé a buscar un título que pudiera revelar lo que Dios nos quería enseñar con eso de que él es el todo en todos. Entonces oí su voz que me dijo: «Te voy a dar como título la misma Palabra», y de momento, el Espíritu de Dios vino y me trajo esa expresión: **Para que Dios sea todo en todos**. Lo busqué en los versículos y estaba ahí, textualmente, en 1 Corintios 15:28, porque el mismo verso y pasaje revelaba lo que Dios nos quiso decir. Por tanto, este no es un tema más, y te lo he dicho a través de cada capítulo, porque estoy convencido de que Dios tiene un propósito muy santo y muy profundo con todo esto. Y me alegra estar sometido totalmente al Espíritu, inclusive en la predicación, porque sé que cada vez que añadimos un área más en este tema, siempre habrá aunque sea uno que diga: «Ahora entiendo mejor lo que Dios me quiere enseñar. Estoy comprendiendo mejor lo que Dios me quiere revelar y la importancia de que él sea mi todo». Solamente Dios conoce los corazones y nos suple con el alimento espiritual que necesitamos.

Hemos visto que el pensamiento que nos mueve a darle todo al Señor es pensar en lo que Dios hizo por nosotros en Cristo. Un hombre jamás se va a rendir a Dios si no conoce el precio pagado por él en el Calvario. Ningún hombre puede tener convicción para adorar a Dios si no entiende la magnitud y la profundidad de su amor. Nadie puede servirle a Dios en obediencia, con denuedo, con consagración, rindiéndole todo a él, hasta que no entiende que el Señor lo dio todo por él. El Señor manifestó su amor de una manera perfecta, gloriosa, de una forma impactante, para que nosotros tengamos una profunda evidencia de lo que él hizo, y podamos darle todo a él con convicción. Por tanto, esto no puede venir a nosotros como una doctrina, decir simplemente que Dios quiere que le demos todo. No, el Señor nos quiere convencer, y por eso nos dice: «Yo lo di todo por ti, para que tú, que eres una simple partícula, llegues a ser parte de ese todo. Si yo —que soy el todo— lo di todo, tú que eras nada —pero que ahora yo te he hecho parte— debes dar el todo con el mismo amor».

Solamente Dios conoce los corazones.

El apóstol Pablo dijo que en Cristo ni la circuncisión vale algo ni la incircuncisión, sino la fe que obra por el amor (Gálatas 5:6). Asimismo, que tu fe obre por el amor, que tu obediencia sea el resultado del amor y que tu entrega sea consecuencia del amor. Es necesario que el deseo profundo de darlo todo a Dios y no rehusar nada para él esté basado en la convicción de que el Padre lo estaba dando todo y lo dio todo en el amado Hijo, y que cuando se entregó, él no excluyó nada. Ahí es cuando se ve el amor de Cristo que nos constriñe y que nos impele. Por lo cual, en la obra de la creación, en la obra de la redención y en toda obra que Dios ha hecho por nosotros y en nosotros, el Señor nos quiere enseñar que fueron hechas en amor y por amor. Por eso él entregó todo.

Ahora mismo el Espíritu Santo está haciendo una operación en nosotros donde está poseyendo nuestros pensamientos, esto es lo que llama la Biblia la transformación por medio de la renovación del entendimiento (Romanos 12:2). El verbo griego «transformaos» que se usa en este pasaje es ***metamorphoo***, de donde procede la conocida palabra *metamorfosis*, que en este caso describe el crecimiento notable que nuestro hombre nuevo está experimentando por el Espíritu Santo. Él está poseyendo nuestro intelecto, la mente, la voluntad, los afectos, todo, para que crezcamos en Cristo. Cuando el hombre nuevo va arropando, va conquistando, va poseyendo, va subyugando y sojuzgando la carne, Cristo se destaca y crece en nosotros. En la medida que se da ese crecimiento en Cristo, el egocentrismo, la vanidad, la altivez y muchas otras cosas van muriendo, entonces ya no hablamos del yo, sino de él. Decimos: « él en mí», porque es Cristo en nosotros la esperanza de gloria (Colosenses 1:27). *«Ya no vivo yo, mas* ***vive Cristo en mí****; y lo que ahora vivo en la carne, lo vivo en la fe del Hijo de Dios, el cual me amó y se entregó a sí mismo por mí»* (Gálatas 2:20).

Este mismo pensamiento lo vemos en la Biblia, en el Antiguo y el Nuevo Testamento. Te invito a escudriñar las Escrituras para que notes cómo hablaban los antiguos: *«Jehová te entregará hoy en mi mano»* (1 Samuel 17:46). *«Jehová proveerá»* (Génesis 22:14). *«Jehová vuestro Dios os hace heredar; y él os dará reposo de todos vuestros enemigos alrededor»* (Deuteronomio 12:10). *«Y le atormentaba un espíritu malo de parte de Jehová»* (1 Samuel 16:14). Sara dijo: *«Ya ves que Jehová me ha hecho estéril»* (Génesis 16:2). *«Jehová mata, y él da vida ... Jehová empobrece, y él enriquece; abate, y enaltece»* (1 Samuel 2:6,7). *«Jehová dio, y Jehová quitó; sea el nombre de Jehová bendito»* (Job 1:21). *«Los santos hombres de Dios hablaron siendo inspirados por el Espíritu Santo»* (2 Pedro 1:21). *«Escudriñando qué persona y qué tiempo indicaba el Espíritu de Cristo que estaba en ellos»* (1 Pedro 1:11). *«Por el Espíritu aguardamos por fe la esperanza de la justicia»* (Gálatas 5:5). *«El Espíritu nos ayuda en nuestra debilidad»* (Romanos 8:26). *«El Espíritu no se lo permitió»* (Hechos 16:7). Nuestros hermanos, los antiguos, se lo atribuían todo a Jehová, para ellos el Señor era todo en su vocabulario y en sus vidas.

Dios le dijo a Faraón: *«Deja ir a mi pueblo, para que me sirva ... Deja ir a mi pueblo a celebrarme fiesta en el desierto»* (Éxodo 8:1; 5:1). Después que Israel fue liberado de la esclavitud y le servía a Dios en el desierto, él le dijo a Moisés cual era su propósito con Israel: *«Y vosotros me seréis un reino de sacerdotes, y gente santa. Éstas son las palabras que dirás a los hijos de Israel»* (Éxodo 19:6). El Señor manifestó con claridad que el objetivo por el cual redimió y escogió a Israel había sido para que fuesen un reino de sacerdotes, para que le sirvieran y le celebrasen fiestas. En otras palabras, los redimió para que fuesen suyos, para su servicio, para que le ministrasen a él.

La nación de Israel le falló al Señor, por lo menos por un tiempo. Ahora Dios está cumpliendo ese santo deseo de su voluntad a través de la iglesia. El apóstol Pedro refiriéndose a los creyentes en el Señor Jesucristo, dice: *«Vosotros también, como piedras vivas, sed edificados como casa espiritual y sacerdocio santo, para ofrecer sacrificios espirituales aceptables a Dios por medio de Jesucristo ... Mas vosotros sois linaje escogido, real sacerdocio, nación santa, pueblo adquirido por Dios»* (1 Pedro 2:5,9). El apóstol Juan también dijo: *«Y nos hizo reyes y sacerdotes para Dios, su Padre»* (Apocalipsis 1:6). Nota que somos sacerdotes **para el Padre**. Nuestro oficio como sacerdotes es *«ofrecer sacrificios espirituales* ***aceptables a Dios*** *por medio de Jesucristo»*. El Señor nos llamó a ser testigos, igualmente a ser embajadores, siervos, mayordomos y heraldos. No obstante, nuestro oficio más importante es ser sus sacerdotes, o sea, ministrarle a él. Esto incluye ofrecer sacrificios espirituales, poner los panes, encender las lámparas, quemar el incienso y llevar el arca de Jehová (2 Crónicas 13:10-11; Deuteronomio 10:8). En el lenguaje de hoy, esto significa entrar a su presencia, adorarle, honrarle, ofrendarle, orarle y servirle. Todo lo que personalmente hacemos para ministrarle solo a él.

Sin duda alguna, una vida entregada sin reservas para Dios es algo de mucho valor para él. No obstante, una de las cosas más importantes para el Señor, y posiblemente vital en nuestra devoción, es la adoración, o sea, nuestro sacerdocio, nuestro oficio de ministrarle al Señor. Vemos en el evangelio que Cristo fue llevado al desierto por el Espíritu para ser tentado por el diablo (Mateo 4:1). Y luego que el tentador lo llevó a diferentes sitios y Jesús resistió, dice que finalmente el adversario lo llevó a un monte muy alto, desde donde le mostró todos los reinos del mundo y la gloria de ellos, y le dijo: *«Todo esto te daré, si postrado me adorares»* (Mateo 4:9). Mas Jesús le dijo: *«Vete, Satanás, porque escrito está: Al Señor tu Dios adorarás, y a él solo servirás»* (v. 10). Este verso, citado por Jesús, se encuentra en el libro de Deuteronomio 6:13. Sin embargo, en este contexto vemos que el tentador vino a Jesús para mostrarle todos los reinos del mundo y la gloria de ellos, queriéndole decir: «A mí me fueron dados, y yo te los doy si te postras y me adoras». ¿Por qué este pasaje es importante? Porque en el primer capítulo de este libro dije que hubo un momento en el universo, donde Dios era el todo y en todos: *«Cuando alababan todas las estrellas del alba, y se regocijaban todos los hijos de Dios»* (Job 38:7). Ese estado de felicidad era resultado de que gozaban de perfecta armonía con su Creador. No había nadie en rebelión, ni con ningún sentimiento, ni emoción, ni pensamientos contrarios al reino de Dios.

En ese tiempo, Dios era absoluta y perfectamente el todo. No obstante, hubo alguien a quien Dios había honrado mucho, el cual estaba en su presencia; una criatura que debido al resplandor y a la hermosura que había recibido de Dios un día dejó de mirar a su Creador para mirarse a sí misma.

Por tanto, nació en su corazón el malvado deseo de quitarle a Dios su lugar. Por eso dijo: *«Subiré al cielo; en lo alto, junto a las estrellas de Dios, levantaré mi trono, y en el monte del testimonio me sentaré, a los lados del norte»* (Isaías 14:13). Esa fue su rebelión, intentar quitarle el lugar a Dios y codiciar en su corazón la adoración a él. Esta criatura quería ser grande para ser adorada. La Biblia revela la intención de Lucifer de ser semejante al Altísimo, porque veía que todas las criaturas adoraban a Dios y él quería ser adorado, quería que se le rindiera pleitesía y honor. Y por eso fue echado del cielo.

No obstante, derribado y despojado, Satanás se atrevió a tomar una serpiente para seducir al que era el señor de la tierra (Génesis 1:28), y logrado esto, pensó que le sería más fácil derrotar a Dios en Su Hijo (2 Corintios 5:19). Por eso tentó a Jesús, como diciendo: «Yo te puedo entregar los reinos del mundo, y su señorío. Yo vencí a Adán y ahora soy señor de la tierra. Si tú viniste a quitarme el señorío, yo te lo regalo, no tienes que morir en la cruz. Lo único que tienes que hacer es inclinarte ante mí y adorarme». En ese momento Jesús tenía hambre, ya que había estado cuarenta días en ayuno (Mateo 4:2) y su cuerpo físico estaba debilitado, sin embargo, su percepción nunca se le nubló para entender y saber que el lugar de Dios nadie lo puede ocupar.

Nota que cuando Pablo habla del anticristo dice que este *«**se opone y se levanta contra** TODO lo que se llama Dios o es objeto de culto; tanto que se sienta en el templo de Dios como Dios, haciéndose pasar por Dios»* (2 Tesalonicenses 2:4). Por tanto, una vez más la Palabra nos revela que la intención del diablo es quitarle a Dios su posición, para que no reciba los honores que merece como Dios y Creador del universo.

Miremos todavía más a través de las Escrituras la importancia que tiene para Dios el asunto de la adoración. Dice en el libro de Éxodo: *«Y habló Dios todas estas palabras, diciendo: Yo soy Jehová tu Dios, que te saqué de la tierra de Egipto, de casa de servidumbre. No tendrás dioses ajenos delante de mí. No te harás imagen, ni ninguna semejanza de lo que esté arriba en el cielo, ni abajo en la tierra, ni en las aguas debajo de la tierra»* (Éxodo 20:1-4). Aquí Dios está diciendo que él debe ser el todo, que no tengas otros dioses fuera de él, ni te hagas imagen de ninguna cosa y de ninguna semejanza que esté arriba en los cielos, abajo en la tierra y hasta debajo de las aguas. Fíjate que Dios es muy especifico, ya que hay quien puede decir: «Pero, ¿quién vive debajo de la tierra?» Pues te diré que el Espíritu ha mostrado a algunos, en visión, demonios que salen de debajo de la tierra, y también de las aguas.

Y continúa diciendo la Palabra: *«No te inclinarás a ellas, ni las honrarás; porque yo soy Jehová tu Dios, fuerte, celoso, que visito la maldad de los padres sobre los hijos hasta la tercera y cuarta generación de los que me aborrecen, y hago misericordia a millares, a los que me aman y guardan mis mandamientos»* (vv. 5-6). La adoración para Dios es algo serio.

Hay quienes dicen: «Yo no adoro imágenes, solo las venero», pero Dios ha dicho que ni siquiera las hagas. También algunos dicen: «Eso lo dijo Dios por los antiguos que —por ignorancia— adoraban al sol, porque creían que el sol era un dios». Mas yo te digo que hoy, en la era espacial, en el milenio de la tecnología, hay quienes no empiezan su día sin tomar en cuenta qué les han reservado las estrellas, o qué predicciones tienen para ellos los astros. Son millones los que sujetan sus vidas a cábalas y creen a «profecías» dadas por aves, hojas de cocaína y caracoles. Creyendo ser sabios se han hecho necios (Romanos 1:22). Siendo hechos a imagen de Dios, cambiaron la imagen incorruptible por identificarse con los signos zodiacales, y se ven ellos mismos como cabras, cangrejos y escorpiones. ¡Son necios e inútiles!

No obstante, Dios dice la causa por la cual él prohíbe estas cosas. Lo hace porque es un Dios celoso. Cuando nosotros adoramos una imagen o cualquier otra cosa (un ídolo no es solamente una imagen, también puede ser el esposo, el papá, la mamá, los hijos, el amigo, el artista, el cantante, el perrito, el gatito, quien sea o lo que sea que tome un lugar preponderante en nuestro corazón) y la veneramos, ya Dios no es el único motivo que inclina nuestro corazón. Dios no se conforma con noventa y nueve partes, Dios es el todo o es nada. *«El que no es conmigo, **contra mí es**»* (Lucas 11:23), dice el Señor. Miremos otros versículos que confirman este pensamiento:

> *«Guárdate de hacer alianza con los moradores de la tierra donde has de entrar, para que no sean tropezadero en medio de ti. Derribaréis sus altares, y quebraréis sus estatuas, y cortaréis sus imágenes de Asera.* ***Porque no te has de inclinar a ningún otro dios, pues Jehová, cuyo nombre es Celoso, Dios celoso es»*** (Éxodo 34:12-14).

Asera era una diosa cananea, la diosa de la fertilidad, la cual era muy adorada y su culto era muchas veces perverso, pues en ellos sus seguidores practicaban relaciones sexuales y las sacerdotisas eran prostitutas. Mas aquí Dios dice que su nombre es «Celoso», es decir, que nos está hablando de su naturaleza, algo que tiene que ver directamente con su carácter y sus atributos de justicia y santidad. Por lo cual, él no resiste ni la injusticia ni la maldad, sino que las persigue, y por ellas se llena de indignación (Nahum 1:2). Y si entendemos que él, por naturaleza, es celoso, también debemos pensar que cela su lugar, porque es santo y no sufrirá nuestras rebeliones ni nuestros pecados (Josué 24:19). Por tanto, el privar a Dios de la adoración para darles culto a otros dioses provoca el celo de Dios. Y esto es muy santo, porque no estamos hablando de un celo carnal, por ejemplo, el celo que tú sientes cuando alguien está ocupando el lugar de tu preferencia, no, sino que este es un celo que está en franca oposición a la idolatría, que **significa e implica** que Dios no tenga el primer lugar en su creación. La iglesia tiene un marido celoso. Jehová es Dios celoso, y nos cela con un celo espiritual muy santo y muy profundo. Mirémoslo con la seriedad con la que él nos lo revela:

Jehová es Dios celoso.

«Porque yo soy Jehová tu Dios, fuerte, CELOSO, *que visito la maldad de los padres sobre los hijos hasta la tercera y cuarta generación de los que me aborrecen ... Porque Jehová tu Dios* ***es fuego consumidor,* DIOS CELOSO ...** *porque el* **DIOS CELOSO,** *Jehová tu Dios, en medio de ti está; para que no se inflame el furor de Jehová tu Dios contra ti, y te destruya de sobre la tierra ... Por tanto, así ha dicho Jehová el Señor: Ahora volveré la cautividad de Jacob, y tendré misericordia de toda la casa de Israel, y* ***me mostraré* CELOSO *por mi santo nombre*** *... Jehová es* **DIOS CELOSO Y VENGADOR;** *Jehová es vengador y lleno de indignación; se venga de sus adversarios, y guarda enojo para sus enemigos»* (Éxodo 20:5; Deuteronomio 4:24; 6:15; Ezequiel 39:25; Nahum 1:2)

Ahora, notemos el pensamiento del apóstol Pablo sobre la comunión y la idolatría:

«La copa de bendición que bendecimos, ¿no es la comunión de la sangre de Cristo? El pan que partimos, ¿no es la comunión del cuerpo de Cristo? Siendo uno solo el pan, nosotros, con ser muchos, somos un cuerpo; pues todos participamos de aquel mismo pan. Mirad a Israel según la carne; los que comen de los sacrificios, ¿no son partícipes

del altar? ¿Qué digo, pues? ¿Que el ídolo es algo, o que sea algo lo que se sacrifica a los ídolos? Antes digo que lo que los gentiles sacrifican, a los demonios lo sacrifican, y no a Dios; y no quiero que vosotros os hagáis partícipes con los demonios. No podéis beber la copa del Señor, y la copa de los demonios; no podéis participar de la mesa del Señor, y de la mesa de los demonios. ***¿O provocaremos a celos al Señor?*** *¿Somos más fuertes que él?»* (1 Corintios 10:16-22)

¿Por qué nos pregunta el apóstol Pablo si provocaremos a celos al Señor? Porque cada vez que nosotros rendimos amor, homenaje, culto o cualquier expresión de exaltación a cualquier ser que no sea Dios, lo estamos provocando a celos, porque Jehová es Dios celoso. Por tanto, aprendo con esto que cada vez, o la mayoría de las veces, en que la Biblia dice que Dios es celoso, habla de la adoración. En casi todas las aseveraciones bíblicas, según la concordancia, que expresan que Dios es celoso, se está hablando de seguir, servir y adorar a dioses que no son Dios. Es decir, que conociendo que nuestro Dios es santo, podemos afirmar que hay muchas cosas en nosotros que pueden lastimar a Dios, ¿no lo crees tú? Sin embargo, solamente cuando se habla de dar culto, de inclinarse y reconocer a otro como Dios, cuando se le está quitando el lugar en la adoración al que debe ser el único adorado, ahí es cuando Dios entra en celo y es provocado a ira. ¿O acaso fue en vano que se nos dijo: ***«No vayáis en pos de dioses ajenos, sirviéndoles y adorándoles, ni me provoquéis a ira*** *con la obra de vuestras manos; y no os haré mal»*? (Jeremías 25:6).

Nuestro Dios nos cela. Y esto, en verdad, no sé como recibirlo, porque el pensar que Dios tenga celos de mí me honra, porque ¿quién soy yo para que Dios sienta celos de mí? ¿No tiene Dios, dice la Biblia, millones y millones de ángeles que le adoran incansablemente? ¿No dice la Biblia que el ejército de los cielos se postra delante de él? ¿Quién soy yo? ¿Acaso hace falta en el cielo mi adoración? Pues, parece que sí, porque el mismo Jesús dijo que Dios anda buscando adoradores (Juan 4:23). Dios salvó a los elegidos para que le adoren, para él ser el todo en la adoración de los santos. Por tanto, no le demos a nadie el honor que solo a él pertenece, porque provocaremos a celos al Señor.

Alguien dirá: «¡Gloria a Dios! Como yo soy evangélico y no tengo ninguna imagen en mi casa (pues hace tiempo las quité) no tengo ese tipo de problemas con el Señor». Mas, ¿sabías tú que el problema de la idolatría no tan solo se refiere a *«madera y piedra»* (Isaías 37:19), sino también a otras cosas que le quitan el lugar a Dios? Hay un ídolo en nuestra adoración, y esto se manifiesta especialmente ahora que estamos en el tiempo de la restauración de la adoración y la alabanza. ¿Acaso no has notado que la misma adoración se ha convertido en el ídolo que está ocupando el lugar de Dios? Se habla más de la alabanza que de Dios. El tema ya no es él, sino la alabanza, el intérprete, o como le llaman hoy «artista cristiano». Y la razón que encuentro para este desvío es que estamos tan enamorados de la alabanza —porque la alabanza tiene una unción que nos eleva y nos hace sentir bien, y eso lo que andamos buscando: el cosquilleo de lo sobrenatural, el elevarnos— que el adorar a Dios queda en un segundo lugar. Vemos personas que se concentran mucho en la alabanza, pero si les preguntas qué le decían a Dios en ella, no se acuerdan, porque simplemente repetían un coro, un estribillo, y se sentían tan bien diciendo los acordes, apegados al ritmo, que sin darse cuenta dejaron al Señor fuera de su adoración.

¡Qué cosa extraña! La alabanza, que es el medio para adorar a Dios, le está ocupando el lugar al Señor. Se dice que hay poder en la alabanza, pero yo digo que el poder está en Dios. La alabanza no tiene poder, Dios es el poderoso. El énfasis que escuchamos en las predicaciones es: «Aprende a alabar, hay poder en la alabanza; ven te vamos a enseñar a adorar a Dios». La iglesia ha evolucionado. Al principio solo se cantaban los coros en las iglesias. Martín Lutero fue el primero que puso a cantar al pueblo. Después, pasamos de tener un himnario en las manos a cantar a viva voz desde el corazón. Hemos evolucionado, y estamos cantando la Palabra y los salmos. Es decir, que ya la alabanza de ayer hay quienes no la quieren ni escuchar, porque estamos en algo novedoso. Dios nos está ministrando y creando conciencia de la alabanza, la cual está restaurando y perfeccionando. Y es necesario que todos crezcamos en el conocimiento de cómo se adora a Dios, para siempre ser un adorador en espíritu y en verdad.

Ruego a Dios que siga guiando a la iglesia en ese aspecto, para que crezcamos en la alabanza. No obstante, lo que estoy diciendo es que la alabanza no puede tomar el lugar de Dios. Veo mucho énfasis en la alabanza y en el estilo que alabamos a Dios. Los cantantes y salmistas apelan mucho al uso de la alabanza porque nos hace bien, no porque con ella reconocemos a Dios; pero lo que aprendo de la Palabra es que Dios nos salvó y nos hizo sacerdotes para que presentemos sacrificios agradables a él en Jesucristo (1 Pedro 2:5). Por tanto, los sacrificios deben ser agradables a Dios, no agradables a mí. No debo adorar porque la adoración tiene poder, yo adoro porque Dios tiene el poder de hacerme a mí, y no yo a mí mismo. Le adoro porque Dios es mi creador, mi sustentador, a quien amo, a quien admiro; porque él es el todo de mi vida; porque él es digno de adoración y de alabanza. No debo adorar a Dios para sentirme bien, ni para elevarme, ni para sentirme cómodo y sublimizado.

¡Cuidemos la adoración a Dios! ¡Celemos las buenas obras hechas en Dios! ¡No hagamos culto a nada que no sea Dios! A veces la iglesia le hace culto a la fe. Recordemos el movimiento de la súper fe. Todo era la fe. Los predicadores decían: «Confiesa para que ocurran las cosas». Y ya no se hablaba de Dios, ni de Cristo, era solo de la fe en la fe y no en el Dios de la fe. ¡Gloria a Dios que ya todo está más calmado! Pero el culto a la oración todavía no ha pasado. Y hasta le compusieron un himno: «*Dulce oración*». Muy lindo el corito, pero esto nos muestra que cada uno tiene sus ídolos, un poquito más sofisticados que otros, pero ídolos al fin y al cabo. A veces cantamos: «Viva la fe, viva la esperanza, viva el amor», pero ¿a quién le cantamos y a quién exaltamos en nuestros cánticos? ¿A la fe, a la oración, a la alabanza? Entendamos que esos no son más que medios, el fin es Dios.

Recuerdo que antes criticábamos a los hermanos católicos porque tienen sus imágenes y son devotos a ellas más que a Dios y a su Cristo. Mas cuentan que pasó algo en una iglesia —no católica— a la que le gustaba mucho hablar de las profecías apocalípticas. Una vez el evangelista, que estaba dando una conferencia de Revelaciones, llenó toda la pared de todos los animales y bestias que se describen en el libro sagrado. En el lugar se podían ver todas aquellas bestias espantosas que vio Daniel (Daniel 7:1-28); un cuerno con ojos y una boca que hablaba (Daniel 7:20); bestias con aspecto de leopardo, con pies de oso y boca de león (Apocalipsis 13:2), serpientes y dragones (Apocalipsis 20:2), todo muy bien detallado. Y ocurrió que a esa conferencia fue invitada por una hermana una señora católica, la cual deseaba compartir con ella las enseñanzas y significado de todas aquellas profecías reveladoras del anticristo. Cuando terminó el estudio, camino a la casa, la hermana preguntó a la invitada si le había gustado la conferencia y cuál había sido su impresión de la misma, y ella le contestó: «Bueno, amiga, todo muy bien explicado, lo único que quiero decirte es que yo prefiero a los santos de mi iglesia que adorar a un tigre con cuatro cabezas o a un monstruo o a un león con alas de águila. No, yo prefiero adorar a mi virgencita y a los demás santos». Suena gracioso, ¿verdad? Pero lo que quiero ilustrar con esta anécdota es el pensamiento de que entre el pueblo evangélico tristemente también hay ídolos, y entre ellos están la fe, la oración, la alabanza, la unción, los cuales son los medios para glorificar el nombre de Dios.

Lo dicho puede que escandalice a muchos, pero lo decimos porque sabemos que hay iglesias separadas, ya que no transigen con la manera en que adoran otras congregaciones. Hay conflictos en quienes dicen: «No podemos adorar juntos, porque tú adoras así, y yo adoro de otra manera». Y hasta miramos por encima del hombro a los demás, menospreciando el que estén todavía adorando con los himnos viejos. Los despreciamos porque supuestamente estamos más avanzados, y adoramos como adoraba David, con danzas y salmos, pero si supiéramos como juzga el Dios del cielo, nos arrepentiríamos de lo que estamos haciendo. **Estamos tan preocupados por reformar el altar que ya no adoramos. Los salmistas están tan ansiosos por fluir, por salmear, por impresionar a la congregación y elevarla a un estado de excitación, al punto que ellos mismos han perdido el propósito de la adoración.**

A Dios no le preocupa tanto el lugar ni la forma en que se le adora, sino el espíritu con el cual se le adora.

A Dios no le preocupa **tanto** el lugar ni la forma en que se le adora, sino el espíritu con el cual se le adora. Lo vemos en lo dicho por Jesús a la mujer samaritana, cuando le preguntó en qué lugar se debía adorar a Dios, si en ese monte o en Jerusalén, y él le contestó: *«Mujer, créeme, que la hora viene cuando* ***ni en este monte ni en Jerusalén*** *adoraréis al Padre ... Mas la hora viene, y ahora es, cuando* ***los verdaderos adoradores*** *ADORARÁN AL PADRE* ***en espíritu y en verdad;*** *porque también el Padre tales adoradores busca que le adoren.* ***Dios es Espíritu; y los que le adoran, en espíritu y en verdad es necesario que adoren»*** (Juan 4:21,23-24). Es decir que no es el lugar, es la actitud con la cual se adora a Dios. Tú puedes estar hasta en el mismo infierno, pero si eres un nacido de Dios adorarás al Padre y él recibirá tu adoración. De la misma manera, tampoco es la forma, porque lo que Dios busca es adoradores que lo pongan a él en el centro; adoradores que lo reconozcan como lo que es él, el todo y el único digno de ser adorado. No te equivoques, Dios pesa los corazones (Proverbios 24:12).

Seamos sinceros con nosotros mismos. ¿Por qué nos gusta la alabanza? ¿Adoramos para sentir la presencia de Dios? Entonces lo que andamos buscando es el mundo de sensaciones y no precisamente exaltar a Dios. Decimos: «Hermano, cuando yo tengo problemas, escucho los himnos y comienzo a adorar, y el problema se va». ¡Ah!, entonces tú alabas para que se vaya el problema, y lo que estás haciendo es manipulando y usando la alabanza para alienarte, para evadir enfrentar el asunto con fe. Eso mismo es lo que escuchamos en muchas prédicas: alaba para que se vayan las dificultades; alaba para que te eleves; alaba para sentirte bien; alaba para que descienda la presencia; alaba para recibir la unción del Espíritu. Entonces, en esa alabanza no cabe la menor duda de que Dios no es el todo, pues con ella se busca edificarnos a nosotros mismos, y no el exaltarle a él. Entiende que si en tu adoración el fin no es agradarlo a él, ni estás adorándole con entendimiento y verdad en tu corazón, Dios no es el todo en tu alabanza. Por eso Dios quiere lograr ser en nosotros el todo en la adoración, porque ella manifiesta la inclinación de nuestro corazón. Así que cuando te reúnas con tus hermanos para adorar a Dios, ten claro que no vas para sentirte bien, sino para que Dios se sienta bien.

La adoración a Dios también incluye nuestros sacrificios, servicios, ofrendas y ayunos. Si ayunas para que Dios te fortalezca, para que oiga tu oración, estás ayunando para convencer a Dios que haga lo que tú quieres. Eso es presunción, no fe. Tu ayuno, por tanto, es una llavecita que usas para manipular a Dios y obligarlo hacer algo que no está en su voluntad, y eso lo revelas en tus palabras: «Anoche estuve en vigilia con mi Dios, porque me voy de viaje y quiero que Dios me bendiga». ¡Ah! Entonces pasaste la noche entera con Dios para que oyera tu petición y bendijera tus planes, no para glorificar a Dios ni para buscar que se cumpla su voluntad, por lo tanto, te aseguro que esto no es ayuno ni nada aceptable delante de Dios (Isaías 58:1-14). Parece raro lo que estoy diciendo, ¿no? Es algo contrario a todo lo que hemos aprendido, pero esta es la Palabra de Dios. Se nos ha enseñado a orar para que Dios nos bendiga, a ayunar para recibir, a adorar para sentirnos bien, y justamente es eso lo que Dios quiere corregir con este libro.

Él quiere declararte, si es preciso a voz en cuello, como hizo al enviar a Isaías aquella vez a la casa de Israel (Isaías 58:1), para que sepas, si ese es tu caso, que no estás agradándole, porque él no es el todo en tu ayuno, no es el todo en tu oración ni es el todo en tu adoración. Con esa actitud no estas siendo diferente a los que son enemigos de la cruz de Cristo, cuyo dios es el vientre (Filipenses 3:19), pues buscan lo suyo y no lo que es del Señor (Filipenses 2:21). La Biblia dice que si uno murió por todos, luego todos han muerto ya, y un muerto no necesita nada ni desea nada, pues ahora vive para aquel que murió por él. Por eso David —que era el adorador por excelencia en la Biblia— siempre decía: *«Examíname, oh Dios, y conoce mi corazón; Pruébame y conoce mis pensamientos; y ve si hay en mí camino de perversidad, y guíame en el camino eterno»* (Salmo 139:23-24) ¿Por qué? Porque *«engañoso es el corazón más que todas las cosas, y perverso; ¿quién lo conocerá?»* (Jeremías 17:9).

Personalmente, quiero que Dios sea el todo en mi vida, por eso abro mi corazón a su enseñanza. Inclusive en el trabajo pastoral, en la consejería y hasta en la predicación, pido al Padre que me ayude a depender enteramente de él. Constantemente me presento delante de Dios para que me guíe en la ministración, porque no quiero que me ocurra lo que le pasó a un camionero de una compañía suplidora de gasolina. Este, supuestamente, salió por la mañana en el camión a distribuir gasolina a todas las estaciones de servicio. Se podía ver la manguera llenando todos los tanques y cisternas de todas las gasolineras donde le correspondía. Al final del día, ya camino a su casa, el camión se quedó detenido en el camino porque se quedó sin gasolina. ¡Que ironía! El camión suplidor de gasolina varado en la carretera por falta de combustible. El chofer estuvo tan ocupado en abastecer a otros, que se olvidó de que también él necesitaba. A veces nos pasa así, repartimos y distribuimos, y nos olvidamos de que nuestro tanque también debe estar lleno. Mas a la hora del abastecimiento, Dios quiere que entendamos que el que llena es él, porque Dios debe ser el todo.

Te voy a compartir una experiencia personal, la cual también puede ilustrar este pensamiento. Es algo muy privado entre mi Señor y yo, pero te quiero hacer partícipe, porque el entender eso a mí me ha bendecido. Los días que dedico más tiempo a la comunión para preparar mi corazón para la predicación, ya sea radial o en el púlpito, siento una gran llenura del Espíritu, y me he dicho: «Con este respaldo del Señor en la oración, pienso que la ministración va estar poderosa. Me siento lleno». Luego, con su revelación, preparo bien el mensaje, siento un gran gozo en mi espíritu, pero llegado el momento, no resultó como yo creía. Otro día, en cambio, que no dispongo de mucho tiempo, o quizás tengo el tiempo, pero no tuve la comunión que deseaba con mi Dios, también me digo: «¡Ay, Señor! Esta noche, no sé, no me siento ni siquiera preparado para predicar», no obstante, ese es precisamente el día en que Dios se glorifica. Es ese día el que Dios desata la gran bendición, siento correr sus ríos dentro de mí, y veo su respaldo a través del testimonio de los hermanos que fueron edificados y bendecidos. Esto es algo tan personal, que quizás muchos no notan la diferencia, pero yo —que conozco la intimidad entre mi Señor y yo— solo me río y doy gloria a él, porque él es el todo. Lo que aprendo con esto es que Dios me dice: «No confíes en tu preparación, no descanses en tu comunión, porque tú eres mi vasija, mi vaso que uso y lleno. Entiende que yo soy el que te usa a ti, no tú a mí» (Éxodo 3:14). Por eso solo ruego que se glorifique.

A veces queremos usar a Dios, pero la Biblia dice que él repartió fe a cada uno, así como repartió dones, ministerios y operaciones, todo por el mismo Espíritu (Romanos 12:3; 1 Corintios 12:11). Y Dios hace esto como él quiere, para ser el todo en los dones, el todo en los ministerios y el todo en las funciones de la iglesia. Dios controla la adoración. Lo veo cuando entro en mi habitación a adorar y siento la unción del Santo, es como si lo pudiera palpar y tomarle de la mano, pero otros días en que considero que el ambiente es perfecto, no siento ningún respaldo de Dios y me frustro. Entonces el Señor me dice: «No es lo que tu sientas, ni la alabanza con la cual me adoras, ni la música, ni que te arrodilles siete veces, ni que te pongas a cantar salmos, no. No eres quien controla el mover de mi Espíritu. Yo soy el dueño de la adoración y de la comunión». Y con esto me está enseñando que él desciende cuando quiere, se manifiesta cuando lo desea y me da comunión cuando así lo decida. Dios es el que administra la comunión y la relación con él, no nosotros.

En la adoración no hay tal cosa como entrar a su presencia y tomar la comunión, sino que le pedimos audiencia y él nos la da, porque él es el Soberano. Tenemos que entender que la adoración no depende de formas humanas. Por lo tanto te digo, no vengas a su presencia con rituales esotéricos, como el médium que acomoda todo para que vengan los espíritus, porque Jehová se manifiesta cuando él quiere. Dios no es un espíritu inmundo que el médium llama con inciensos aromáticos, le toca la campanita, prende las velas de colores, barre de dentro hacia afuera, da tres golpes a la mesa, se cerciora de la ramita que esté colgada detrás de la puerta, no, no, no. Los espíritus inmundos son los que vienen cuando se les hace todas esas musarañas que hacen los santeros, pero el Espíritu de Dios no. Dios es Dios. Él es santo. No traigamos fuego extraño delante de él, porque él dijo: *«En los que a mí se acercan me santificaré, y en presencia de todo el pueblo seré glorificado»* (Levítico 10:3). ¡Temamos en su presencia, porque no entrará delante de él el impío! (Job 13:16).

Tampoco la adoración a Dios depende de una «musa» que no es más que el nombre con que llamaban los griegos a su diosa de la ciencia y el arte. Tú no necesitas de *musa* que te inspire en la música, ni en la poesía o en la danza, para adorar a Dios, porque la adoración que le agrada al Señor no te llega por las deidades griegas Euterpe, Terpsícore, Talía, Erato o Polimnia. La inspiración que viene del cielo la recibimos únicamente por su Espíritu Santo. Solo lo que desciende del cielo sube al cielo (Juan 3:3). Prueba los espíritus y mira a ver bien a quién estás adorando. Dios no desciende por lo que hagas, ni por cómo lo llames, ni porque lo quieras. Él no es un espíritu inmundo que anda por ahí esperando que te equivoques y le invoques para entrar y poseerte con siete peores que él, no es así. Dios es Dios, santo, sublime, excelso y quiere que cuando adores sepas a quién adoras. Él debe ser el todo en la adoración, desde la inspiración hasta la manifestación. Él pone la ofrenda y también la consume (1 Reyes 18:38).

El Señor quiere que entendamos que nosotros no podemos usarlo a él, sino que él nos usa a nosotros. El hecho de que diga que está con nosotros todos los días, hasta el fin del mundo, y que está buscando adoradores, no significa que nos necesita ni que lo podemos manipular. Esto no es un asunto de formas: Que si me pongo mucho rato de rodillas, ahí desciende Dios; que si canto salmos de esta forma o la otra, siento la presencia; que si escucho ciertos himnos por una hora, entonces sí baja la unción, ¡por favor! Eso no es así. Solo Dios controla la comunión, y solo él tiene la prerrogativa en esa intimidad entre él y tú. Y eso también implica todos los ámbitos de nuestra vida espiritual. En la predicación me usa cuando él quiere, pues no es cuando me preparo bien, sino cuando quiera usarme. En Dios está el control cuando oramos, cuando adoramos, cuando predicamos; y de su santa voluntad depende el que él se manifieste o no, si toca a los corazones o no, si salva las almas o no, si tiene misericordia o no. Eso solo Dios lo sabe.

Podemos permanecer horas en la iglesia cantando salmos, impresionando con palabras y cánticos, pero esto no es un asunto del efecto que pueda crear en mí la música y el ambiente que he preparado, lo que importa es si le agrada a Dios. Antes yo acostumbraba, cuando terminaba de predicar, a hacer un llamado a los pecadores a salvación, y lo hacía por rutina; pero el Señor me ha enseñado que él me indica cuando he de hacer el llamado para la salvación. Y cuando sigo esa instrucción he visto que los perdidos siempre vienen. ¿Por qué vienen? No por mi elocuencia ni por mi insistencia, vienen porque el Espíritu me dice: «Ahora has el llamado, porque hoy tengo almas que he traído para salvarlas», y he obedecido y he visto la gloria de Dios. Hay días, inclusive, en que a penas entregando la ofrenda de adoración a Dios, antes de pasar a la predicación, se acercan varias personas, muy compungidas, que quieren aceptar a Cristo como su salvador, y tenemos que hacer el llamado antes de la prédica, entonces el Señor me sorprende llenando el frente de más arrepentidos. Por eso yo no estoy en cada culto con una letanía llamando a los pecadores a salvación o a los descarriados a la reconciliación, porque entendí que no soy el que llamo, no soy el que salvo, el que llama es el Espíritu Santo, yo solo soy el instrumento que le sirve de vocero para él llamar a los pecadores a la vida eterna.

Recuerdo que en una ocasión me retiré un poco apenado a mi casa, después de un servicio de adoración, porque Dios me hizo llamar a alguien por su nombre. Para mí el obedecer al Señor en ese instante fue algo muy serio, pues no estoy acostumbrado en el culto a aludir ni a personas ni a situación alguna, ya que me apela mucho la prudencia, pero el Espíritu me dijo: «No te vayas sin hacerlo», y tuve que obedecer a Dios. Mi gran satisfacción fue que esa persona escuchó la voz. Cuando Dios manda a hacer algo, hay que hacerlo, y veo que el que viene es porque Dios lo llamó, no porque como predicador lo manipulo.

Es fácil manipular a cualquiera, pues es posible que en casi un millar de gente en una concurrencia haya cincuenta a los que les pueda doler el pecho. En un momento como ese solo basta decir: «Aquí hay una persona que está padeciendo de esto o aquello», y por lo menos cinco o seis se levantarán, y te aseguro que los restantes no se levantan porque les da vergüenza exponerse en público. Por eso hay quienes abusan de algo así. Existen muchas formas de impresionar a la gente y manipularlas, pero Dios es santo, y es algo muy serio para el Señor que se juegue con el Espíritu. Jesús dijo: *«Toda planta que no plantó mi Padre celestial, será desarraigada»*(Mateo 15:13). Es preferible tener veinticinco almas en la iglesia que Dios haya salvado, que llenar una iglesia entera con mi elocuencia y mis recursos.

Es tan valuable para mí esta revelación de que Dios sea el todo, que no me basta con transmitirte esta enseñanza a través de estas páginas, sino que quisiera trasladar esta vivencia de mi vida con Dios y añadírsela a tu vida, de manera tal que no vuelvas a ser el mismo ni puedas hacer nada sin que Dios tenga el primer lugar en tu vida y en todo. Dios me está enseñando a vivir en su presencia, mostrándome que no tengo que ser un místico religioso, que permanezca el día entero de rodillas, para tener comunión con Dios. El Señor me dice que podemos tener una relación de veinticuatro horas, pues está conmigo en el automóvil, en las calles, cuando voy de compras, en el púlpito y en todo lugar, ya que no tiene que ser de rodillas la forma única y precisa de comunicarme con él. Eso a todos nos pasa, porque el espíritu religioso que está en nosotros nos dice que si no es así no habrá comunión con Dios, y que de otra manera él no nos oye. Pero entiende que ahora estamos caminando un camino nuevo y vivo, el cual no recorreremos con ideas preconcebidas, sino en la libertad de su Espíritu.

Muchas veces empezamos el día un tanto turbados porque no pudimos orar como de costumbre —encerrados en un cuarto y cantándole al Señor—, pues no nos dio tiempo. Así, nos pasamos el día apesadumbrados y sintiendo culpabilidad, sin tomar en cuenta que ya sea caminando, en el autobús, en el tren o en cualquier otro medio de transportación, podemos estar en comunión con nuestro Señor, porque servimos a un Dios vivo, a un Dios que es Espíritu, que no está limitado ni encerrado en cuatro paredes. En otras ocasiones nos sentimos tristes porque oramos y no experimentamos ese cosquilleo que nos confirma que estamos en medio de algo sobrenatural, por lo tanto, pensamos que Dios no está con nosotros. ¡Que barbaridad! Pero, ¿cuántas veces mi esposa está ocupada en los quehaceres del hogar y yo no la siento, pero ella está en la casa? El hecho de que no esté mirándola no significa que no esté. Asimismo, Dios está ahí conmigo, y el hecho de que no lo vea ni lo sienta no significa que no esté delante de su presencia. Cuando Jesús estaba en aquel barco que era azotado por la tormenta, él dormía (Mateo 8:24). ¿Acaso crees que él ignoraba lo que estaba ocurriendo? ¡Ojalá que tú también puedas dormir mientras se está hundiendo el barco, y puedas caminar sobre las olas aunque estén embravecidas! El Señor estaba en el barco como todos los demás tripulantes y pasajeros. El asunto es que no lo tienes que sentir, él está ahí. ¿Puedes entender esto en el espíritu?

A veces el Señor me dice que apague la grabadora que mantengo encendida con música de adoración cuando estoy en secreto con él porque le está molestando y prefiere que le hable. No entiendo cómo siendo alabanzas preciosísimas de exaltación a Dios con las que en otras ocasiones lo he adorado, él no las quiera oír en ese instante. El Señor prefiere oír mis palabras y se complace más en que derrame mi corazón delante de él. A Dios no le gustan las formas ni frases aprendidas, sino prefiere la espontaneidad en el Espíritu. En otras ocasiones he notado también que con las cargas del ministerio a veces no me puedo concentrar en la oración, y me paso un largo tiempo y no logro conseguir una satisfacción plena en mi devoción. Es una sensación horrible de vacío, como el que atraviesa el espacio y no consigue visualizar un horizonte, y solo le queda el silencio de la bastedad galáctica y el sinsabor de vagar en vano. Busco, inquiero, pero no puedo concentrarme, no logro asir su manto; y al paso del tiempo me levanto frustrado, con la aflicción del que pidió audiencia y no fue recibido. Y cuando me marcho, entristecido, apenas atravesando la puerta, en ese momento el Señor me dice: «El hecho de que debido a tus preocupaciones no me percibieras no significa que no estuve. Fatuo, yo soy Dios. No tengo que ser percibido por tus sentidos ni por tus emociones. ¿No permaneciste postrado una hora y media dándome adoración? Yo la recibí, y eso es lo que tienes que procurar, que reciba tu ofrenda y que me agrade en ella. Yo sé que quisiste adorarme, que abriste tu corazón a mí, y eso me basta. No me juzgues a través de tus emociones y sensaciones». Hermano, él es Dios.

No inmiscuyamos al Señor en nuestros caprichitos y emociones, que son cambiables, siendo él Dios. Hemos sido llamados a una vida de comunión con Dios, por tanto, en la adoración él quiere y debe ser el todo. Entendamos de una vez por todas, que él es el que controla la adoración, y que tú adoras para agradarle a él. La adoración no es para que te sientas bien, es para que Dios se sienta bien. Es cierto que después que Dios es agradado llega a ti una bendición de paz y un gozo indescriptible en el espíritu, pero si andas detrás de esas cosas es la manera más fácil de no obtenerlas. Pues, si prima en ti las bendiciones más que el que Dios sea adorado, entonces ya Dios no es el todo en tu adoración, sino que eres tú. Así que analicemos nuestras motivaciones al adorar y dejemos esa práctica de andar buscando una sensación en los cultos de adoración.

Demos gloria a Dios que nos está enseñando la esencia de las cosas, porque sé que en otros ambientes se «provoca» la adoración. Y cuando no ven a la gente alabando, se comienza a regañar, a amonestar y a reprender: «Hermanos alaben; todo el mundo tiene que adorar; levanten las manos; reprendamos al diablo, porque hay un espíritu que no nos deja adorar, que nos quiere paralizar». Como si fuera el espíritu malo el que controla la alabanza y no Dios el que pone la adoración en la boca de sus santos. ¡Cuando Dios se quiere manifestar no hay diablo que lo impida! Dejemos de elevar la voz y generar aplausos con técnicas de discursos para luego decir que el sermón tocó las almas porque la gente aplaudió. Hay quienes dicen: «¿No hay aplausos, no hubo amén? Entonces no hubo unción, y la Palabra no está tocando el corazón de la grey». ¡Por favor! ¿Se complacerá Dios con las manifestaciones físicas más que con la contrición del corazón? La adoración no es tan solo cantar o levantar las manos, es derramar tu corazón y humillarte delante de Dios. Y solo él, que pesa los corazones, conocerá si tu alabanza es sincera (Proverbio 24:12).

La adoración no es tan solo cantar o levantar las manos, es derramar tu corazón y humillarte delante de Dios.

El Señor me ha mostrado que a veces le agrada más la adoración de aquel que adora en silencio, que del que se parte en cuatro con gritos y saltos. Inclusive, hay veces que acabo de ministrar la Palabra y pienso que no tocó a nadie, pero es cuando más recibo testimonios, de parte de los hermanos acerca de que el mensaje trajo bendición a sus vidas. Luego el Señor me dice: «¿Te fijas? Eso es para que entiendas que no es lo que ves ni lo que piensas. Yo soy el que obro en el corazón, no tú». Y yo digo, amén.

Asimismo, he visto que hay textos que en la predicación provocan «amenes» en la boca de los que escuchan, pero eso no significa que la iglesia este siendo ministrada. Por ejemplo, si digo: *«Todo lo puedo en Cristo que me fortalece», todos* dicen a coro ¡amén!, pero no significa que esa verdad se haya hecho un *rema* en todos ellos, ni que Dios ha hecho que les permanezca. No es la algarabía lo que indica el grado de unción o que Dios haya tocado algún corazón. Hay ocasiones en que Dios se manifiesta y cae una especie de silencio en la congregación, luego nos vamos muy reflexivos para la casa, y es como si nos ardiera la Palabra en el corazón, pero no decimos ni media palabra, ni siquiera un amén brota de nuestros labios, sin embargo, ese silencio se convierte luego en vida. Lamentablemente queremos manipular. No cesamos de orar hasta que pase algo, y nos extendemos y alargamos el asunto hasta que ocurra algo, porque de otra manera, para ellos significa que ha fracasado el culto, y temen que digan que el predicador estuvo flojo o que el que adoró no tuvo unción. Ahí, Dios no es el todo. ¡Mas que Dios haga lo que quiera! El culto es de él, para él y con él. Por tanto, Dios debe ser el todo en la adoración, y nosotros lo único que debemos hacer es entregarnos a su voluntad.

De igual manera, para que Dios sea el todo en la oración, necesariamente esta debe hacerse en el nombre de Jesús. No hay nada que podamos hacer que alegre más al corazón del Padre que darle honra al nombre de su Hijo. El Padre toda gloria se la dio al Hijo, y dice que con nadie más ha compartido ni compartirá su gloria, sino con uno solo, con Jesús. El Señor Jesucristo tiene todas las cualidades de la deidad, por eso el solo hecho de pronunciar su nombre trae a nuestra vida paz. Dice la Palabra que todo aquel que invocare el nombre del Señor será salvo (Romanos 10:13). La palabra salvación en la Biblia no significa simplemente vida eterna, sino la liberación del cuerpo, del alma y del espíritu. Todo lo que es salir de un problema es salvación. Aquel que está oprimido y pronuncia en fe el nombre de Jesús, ya está libre y salvado, porque invocó ese nombre en esperanza contra esperanza.

La Biblia dice que Dios está entre nosotros y se hace visible cuando él quiere. No obstante, al pronunciar el nombre de Jesús, la virtud sale de él. Si proclamáramos más el nombre de Jesús, si no nos cansáramos de invocar ese nombre, nos mantuviéramos en la misma gloria de Dios; andaríamos debajo de esa nube gloriosa que es su presencia, donde nada nos puede tocar ni nada nos roba la paz. A veces decimos Jesús tres veces y nos cansamos, o lo convertimos en una muletilla de manera que no esperamos nada. **Con tan solo decir: «en el nombre de Jesús», pronunciando ese nombre con entendimiento y con todo el corazón, el cielo se acerca a la tierra y la tierra se eleva al cielo, de manera que la virtud se manifiesta.** No hay alabanza más perfecta para Dios que esa, pues solo mencionar el nombre del Hijo es música al oído del Padre. Cuando tú dices «Jesús», el Padre mira a su derecha el rostro lindo de su Hijo, abriendo las compuertas de sus tesoros tan guardados a la iglesia que le adora y que reconoce a Jesús como Señor y Rey, para gloria de Dios Padre (Filipenses 2:10-11). Por tanto, cuando venimos delante de Dios en el nombre de Jesús, Dios es el todo en nuestra oración, sobre todo si nuestra confianza es absoluta en la obra consumada del Hijo. En la manera en que pedimos; en el contenido de lo que solicitamos; en la intención cuando oramos; en la motivación cuando venimos a él en súplica, deprecación y ruego; sobre todo eso, el Señor debe ser el todo.

Con tan solo decir: «en el nombre de Jesús», pronunciando ese nombre con entendimiento y con todo el corazón, el cielo se acerca a la tierra y la tierra se eleva al cielo, de manera que la virtud se manifiesta.

Si queremos agradar a Dios debemos analizar si él es el todo en nuestra oración. Cuando entramos en comunión con el Padre, ¿estamos tomando en cuenta todo lo que la Biblia enseña acerca de la oración? ¿Es Dios el todo en nuestras oraciones? Para responder a estas y otras interrogantes el Espíritu me guía a estudiar algunas oraciones de los santos en los tiempos bíblicos, para que veamos cuál era el énfasis para ellos en el momento en que buscaban la misericordia de Dios. Empecemos por Jeremías:

> *«Aunque nuestras iniquidades testifican contra nosotros, oh Jehová, actúa por amor de tu nombre; porque nuestras rebeliones se han multiplicado, contra ti hemos pecado»* (Jeremías 14:7).

Nota cómo este intercesor reconoce su culpabilidad y que ellos no merecían nada. Él ruega que en el caso de que Dios actúe a favor de ellos, lo haga por amor de su nombre, porque de otra manera, reconoce que no fueran justificados, porque traspasaron el límite de la misericordia. Jeremías le dice: «Mira, olvídate de nosotros. Aunque nuestras iniquidades testifican contra nosotros, oh Jehová, actúa por amor de tu nombre; hazlo por amor a tu nombre, dígnate en actuar, gózate en actuar a favor nuestro, pero no lo hagas por nosotros, sino por amor a ti». ¿Quién es el todo en esta oración? Dios, porque el que ruega admite sus pecados y su incapacidad para justificarse delante de él, y en cambio enaltece su nombre, reconoce su nombre, levanta su nombre, como algo por lo cual Dios puede otorgar perdón de pecados. Veamos otro modelo de oración, ahora en el libro de Daniel:

> *«Y volví mi rostro a Dios el Señor, buscándole en oración y ruego, en ayuno, cilicio y ceniza. Y oré a Jehová mi Dios e hice confesión diciendo: Ahora, Señor, Dios grande, digno de ser temido, que guardas el pacto y la misericordia con los que te aman y guardan tus mandamientos; hemos pecado, hemos cometido iniquidad, hemos hecho impíamente, y hemos sido rebeldes, y nos hemos apartado de tus mandamientos y de tus ordenanzas. No hemos obedecido a tus siervos los profetas, que en tu nombre hablaron a nuestros reyes, a nuestros príncipes, a nuestros padres y a todo el pueblo de la tierra. Tuya es, Señor, la justicia, y nuestra la confusión de rostro, como en el día de hoy lleva todo hombre de Judá, los moradores de Jerusalén, y todo Israel, los de cerca y los de lejos, en todas las tierras adonde los has echado a causa de su rebelión con que se rebelaron contra ti. Oh Jehová, nuestra es la confusión de rostro, de nuestros reyes, de nuestros príncipes y de nuestros padres; porque contra ti pecamos. De Jehová nuestro Dios es el tener misericordia y el perdonar, aunque contra él nos hemos rebelado, y no obedecimos a la voz de Jehová nuestro Dios, para andar en sus leyes que él puso delante de nosotros por medio de sus siervos los profetas. Todo Israel traspasó tu ley apartándose para no obedecer tu voz; por lo cual ha caído sobre nosotros la maldición y el juramento que está escrito en la ley de Moisés, siervo de Dios; porque contra él pecamos. Y él ha cumplido la palabra que habló contra nosotros y contra nuestros jefes que nos gobernaron, trayendo sobre nosotros tan grande mal; pues nunca fue hecho debajo del cielo nada semejante a lo que se ha hecho*

contra Jerusalén. Conforme está escrito en la ley de Moisés, todo este mal vino sobre nosotros; y no hemos implorado el favor de Jehová nuestro Dios, para convertirnos de nuestras maldades y entender tu verdad. Por tanto, Jehová veló sobre el mal y lo trajo sobre nosotros; porque justo es Jehová nuestro Dios en todas sus obras que ha hecho, porque no obedecimos a su voz. Ahora pues, Señor Dios nuestro, que sacaste tu pueblo de la tierra de Egipto con mano poderosa, y te hiciste renombre cual lo tienes hoy; hemos pecado, hemos hecho impíamente. Oh Señor, conforme a todos tus actos de justicia, apártese ahora tu ira y tu furor de sobre tu ciudad Jerusalén, tu santo monte; porque a causa de nuestros pecados, y por la maldad de nuestros padres, Jerusalén y tu pueblo son el oprobio de todos en derredor nuestro. Ahora pues, Dios nuestro, oye la oración de tu siervo, y sus ruegos; y haz que tu rostro resplandezca sobre tu santuario asolado, ***por amor del Señor****. Inclina, oh Dios mío, tu oído, y oye; abre tus ojos, y mira nuestras desolaciones, y la ciudad sobre la cual es invocado tu nombre; porque no elevamos nuestros ruegos ante ti confiados en nuestras justicias, sino en tus muchas misericordias. Oye, Señor; oh Señor, perdona; presta oído, Señor, y hazlo; no tardes,* ***por amor de ti mismo****, Dios mío; porque tu nombre es invocado sobre tu ciudad y sobre tu pueblo»* (Daniel 9:3-19).

Casi todo el capítulo es una oración, pero vemos la humillación y la búsqueda del perdón de este hombre. Él dice que volvió su rostro a Dios buscándole: (1) En oración; (2) en ruego; (3) en ayuno; (4) en cilicio; y (5) en ceniza. Daniel primero hizo una confesión de sus pecados y reconoció que todos los males que estaban atravesando, ellos y la ciudad santa, eran por haber desobedecido la Palabra de Jehová, dada por sus siervos los profetas, y al no oírlas se desviaron del Camino. Ahora, nota algo extraño, ¿por qué Daniel le dice a Dios «por amor del Señor» si está hablando directamente con él? ¿Por qué no le dijo por amor a ti, como le dijo al final? Porque, posiblemente, estaba hablando del amor del Hijo. Ahora, ¿qué ves de común en esta oración y en la oración que hizo Jeremías? Fíjate que aunque Jeremías lo dijo en pocas palabras, esta es la misma oración, porque en ambas Dios es el todo.

En esta clase de oración es fácil darse cuenta de que Dios es el todo. Hay confesión de pecados, humillación, ruegos, súplicas y reconocimiento de la majestad y justicia de Dios. Por eso la Palabra dice que vengamos ante su presencia con regocijo, entrando por sus atrios con alabanza, y por sus puertas con acciones de gracias, alabando su nombre, reconociendo que Jehová es Dios, que él nos hizo, y no nosotros a nosotros mismos (Salmo 100). Presentémonos delante de él reconociendo ante todo que Jehová es justo, santo, bueno, y que todo lo malo que viene sobre nosotros es merecido. Entonces el Espíritu Santo producirá en nosotros el arrepentimiento, la contrición, de manera que cuando oremos nos humillemos ante Dios, y el Señor sea el todo en nuestra oración. ¿Por qué? Porque al humillarnos estamos reconociendo que nosotros somos indignos y él es digno; que somos nada y él es el todo.

No obstante, dos veces en la oración, Daniel apela a que Dios le escuche usando la expresión *«por amor de tu nombre»*. Igual que Jeremías, él suplica que no lo haga por ellos, pues reconocía que no merecían nada, sino que actuara por amor a sí mismo. En el contexto de esta oración Dios había amonestado a Judá —el reino del sur y descendientes de David— enviando a muchos profetas, pero ellos desoyeron su voz. Por lo cual Dios anunció por medio de Jeremías que venía un cautiverio de setenta años. Cumplido el tiempo, Nabucodonosor entró a la ciudad y se llevó los vasos y el oro del templo de Salomón. También se llevó cautivo al pueblo de Judá, dejando desolada y destruida Jerusalén, la santa ciudad y el templo. Los judíos pasaron setenta años cautivos, lo cual era una vergüenza para el pueblo de Dios. Se había hollado el santuario y ya no tenían un lugar donde adorar a Dios, donde invocar el nombre del Señor, pues según el antiguo pacto Jerusalén era el lugar de adoración. Cumplidos los setenta años, Daniel vio la aflicción del pueblo y que había llegado el tiempo de la liberación por la mano de Jehová. En aquel momento se puso a orar, porque no veía que se estuviese cumpliendo la Palabra, y la preocupación que estaba en el corazón del profeta era que el nombre de Jehová estaba comprometido en ello. En esa ciudad y en ese pueblo se había invocado el nombre de Jehová, por tanto, la honra y el poder de Dios estaban siendo hollados. El prestigio del Señor estaba en tela de juicio.

Todos los otros pueblos tenían sus dioses, pero también todo el mundo sabía que el Dios de Israel era Jehová. Y en aquellos días se creía que cuando un pueblo era vencido se debía a que su dios era inferior, por eso, los vencedores sentían que sus dioses eran superiores. Por lo tanto, Daniel no estaba tan preocupado por la condición ni la humillación de Israel como por la gloria y la honra del nombre de Dios. Por ejemplo, cuando usted toma una botella de una prestigiosa marca de bebida gaseosa y descubre que está descompuesta o en su contenido hay alguna alimaña, ¿quién es el que se desprestigia? No es la botella, ni el líquido que está adentro, sino el nombre de la compañía embotelladora, el nombre de la institución. Si un producto está descompuesto y está intoxicando a la gente, el nombre de ese producto se afecta grandemente. Así Israel llevaba el nombre de Jehová; Dios fue quien le puso nombre, y por la humillación que había sufrido Judá, el nombre del Señor estaba siendo amancillado, pisoteado, hollado por extranjeros idólatras, impíos e inmundos. Daniel no estaba pensando en él, ni en el pueblo, sino que la preocupación de él era el nombre de Jehová.

Ahora yo pregunto: Cuando nosotros oramos, ¿cuál es nuestra preocupación? ¿Tenemos la misma inquietud que nuestros antiguos hermanos? Analízate, hermano, y medita en esto: Cuando oras, ¿qué te preocupa? Cuando le estás pidiendo algo a Dios, ¿para qué se lo pides? ¿Dónde está tu concentración? ¿Qué es lo que te importa? ¿Pides por tu bienestar o para el bienestar del nombre de Dios? ¿Es a favor tuyo o a favor de la causa de Dios? De igual forma, cuando pedimos por salud, ¿lo hacemos porque queremos ser sanos y sentirnos bien o para que Dios se glorifique en nuestra salud? El proverbista dijo: *«Todo camino del hombre es recto en su propia opinión; pero Jehová pesa los corazones»* (Proverbio 21:2). También observo que preguntando un día los discípulos al Señor, le dijeron: *«Rabí, **¿quién pecó**, éste o sus padres, para que haya nacido ciego?»* (Juan 9:2). Jesús respondió: *«No es que pecó éste, ni sus padres, **sino para que las obras de Dios se manifiesten en él**»* (v. 3). ¿Para qué Dios sana y salva? Para que las obras del Señor se manifiesten y sea notorio el poder de Dios en esa vida.

Cuando Lázaro murió el Señor dijo: *«Esta enfermedad no es para muerte, sino para la gloria de Dios, para que el Hijo de Dios sea glorificado por ella ... Y me alegro»* (Juan 11:4,15). Puede que esta expresión suene fuerte, y que parezca raro el hecho de que aunque Jesús supiera que su amigo lo necesitaba permaneciera dos días más, adrede. Esto es algo extraño (v. 6). Mas cuando llegó a casa de los dolientes, inmediatamente quiso ver a Lázaro, y frente a su tumba hizo una oración. La misma fue muy sencilla, y más que un ruego fue una oración de acción de gracias. Jesús dijo: *«Padre, gracias te doy por haberme oído. Yo sabía que siempre me oyes; pero lo dije por causa de la multitud que está alrededor, para que crean que tú me has enviado»* (Juan 11:41-42). Nota que el sujeto en esta oración no es Lázaro, lo que muestra que Jesús no estaba tan preocupado por Lázaro ni lloró frente a su tumba por el amigo a quien amaba, pues la muerte no era nada para Jesús, sino simplemente un sueño del cual él sabía que tenía poder para despertarle.

Jesús lloró por la incredulidad de los hombres, y se conmovió al ver el dolor que sufren al ignorar el poder y la magnificencia que hay en Dios (Juan 11:34-35,38). El Señor buscando la oportunidad para que el nombre de Dios fuera creído y reverenciado por su pueblo. Esa era su verdadera preocupación.

La enseñanza no es que no amemos al difunto y nos sea indiferente el enfermo, o que no tengamos compasión por el necesitado, no, amado, es preciso el amor al prójimo. Pero lo más importante de todo es que el nombre de Dios sea glorificado. Por eso, cuando oramos, debiéramos siempre estar seguros de que lo que pidamos va a traer gloria al nombre de Dios. Tenemos que entender que nuestro Dios no hace las cosas por necesidad, sino por propósito. Todo tiene su tiempo y todo lo que se quiere debajo del cielo tiene su hora (Eclesiastés 3:1).

Pensemos en otra oración bíblica, la de Ezequías. Dios mandó un mensaje a este siervo a través de Isaías diciéndole: *«Jehová dice así: Ordena tu casa, porque morirás, y no vivirás»* (Isaías38:1). Me imagino como se sintió este hombre, pues he conocido personas a quienes los médicos han comunicado que les quedan pocos meses de vida, y no es fácil la aflicción que sufren estos enfermos. Ezequías, al oír al profeta, se volteó hacia la pared y empezó a orar con un gran lloro. Mas a diferencia de Daniel, que estaba preocupado por la gloria del nombre de Dios, a Ezequías lo que le atormentaba era su vida. Mientras gritaba, demandaba a Dios diciéndole: *«Oh Jehová, te ruego que te acuerdes ahora que he andado delante de ti en verdad y con íntegro corazón, y que he hecho lo que ha sido agradable delante de tus ojos»* (v. 3). En verdad este hombre era temeroso de Dios y le había obedecido, y si nos guiamos por el pacto antiguo (la ley), el cual decía que si obedecemos a Dios viene la bendición, y si no obedecemos viene la maldición, Ezequías merecía la bendición. Así, las Escrituras cuentan que el profeta Isaías tuvo que devolverse, porque Dios le envió otro mensaje al rey diciéndole: *«Yo he oído tu oración, y he visto tus lágrimas; he aquí que yo te sano; al tercer día subirás a la casa de Jehová. Y añadiré a tus días quince años, y te libraré a ti y a esta ciudad de mano del rey de Asiria; y ampararé esta ciudad* ***por amor a mí mismo****, y por amor a David mi siervo»* (1 Reyes 20:5-6). Dios oyó su oración y se movió a misericordia, concediéndole su petición.

No obstante, ¿sabes qué pasó con Ezequías en esos quince años? Trajo oprobio y vergüenza al reino de Dios. Ese record que él tenía tan lindo, de obediencia y sujeción, lo dañó en esos quince años. Ezequías no glorificó el nombre de Dios cuando vinieron los embajadores de

Babilonia a visitarlo. Ellos vinieron a ver al rey porque supieron que había estado enfermo, y él no les testificó sobre aquel que le había devuelto la salud y le había añadido inclusive años de vida. Ezequías les mostró todas las cosas que poseía, su gran fortuna, su poderío, pero no le mostró al Dios que le había provisto de todo eso y le había honrado como rey de su pueblo. Luego, cuando el profeta vino a él y le preguntó: *«¿Qué vieron en tu casa?»* (2 Reyes 20:15), no pudo decir que le dio gloria al nombre de Dios ni que mostró la fidelidad, la grandeza, ni la bondad de Dios. Esos extranjeros vieron todo el oro, la plata, las piedras preciosas, los escudos, las lanzas, las jabalinas de oro de Salomón, pero no pudieron dar loor al Dios que les dio esas glorias, porque ese Dios Ezequías no lo mostró. Por eso el profeta le dijo: *«Oye palabra de Jehová: He aquí vienen días en que todo lo que está en tu casa, y todo lo que tus padres han atesorado hasta hoy, será llevado a Babilonia, sin quedar nada, dijo Jehová. Y de tus hijos que saldrán de ti, que habrás engendrado, tomarán, y serán eunucos en el palacio del rey de Babilonia»* (2 Reyes 20:16-18).

Ezequías avergonzó el nombre de Dios porque solo pensó en él, en su vida, en los años que quería vivir en salud y paz para disfrutar lo que tenía, no precisamente para dar loor al nombre del gran Dios a quien servía. Cuidado con nuestras oraciones. Cuando los profetas decían: *«Por amor a ti mismo»*, querían decir: «Si va a honrar tu nombre, Señor, si va a traer bien a tu nombre, si va a agradar a tu nombre, si va a ser notorio el poder de tu nombre, la naturaleza de tu nombre, lo que significa tu nombre, entonces hazlo. Olvídate de mí, no busques mi bienestar, solo piensa en ti, oh Dios» ¿Suena un poco raro, no? Quizás te parezca todo esto como si estuviera siendo muy idealista o demasiado espiritual, pero déjame decirte que eso es orar a Dios y es la oración que a él le agrada. Así que cuando vayas a orar, a pedir cualquier cosa en su nombre, piensa: *«Señor, ¿esto va a traer gloria a tu nombre, va a engrandecer tu nombre, lo va a dar a conocer? ¿Esto va a exaltar tu nombre, va a contribuir a que se establezca tu reino? Entonces hazlo por amor a tu nombre, olvídate de mí y hazlo por ti»*. Aunque suene extraño para nosotros, así Dios será el todo y en todos.

Pensemos en las oraciones del hombre perfecto, Jesús. ¿Cómo oró Jesús en el Getsemaní?: *«Padre mío, si es posible, pase de mí esta copa; pero no sea como yo quiero, sino como tú ... Padre mío, si no puede pasar de mí esta copa sin que yo la beba, hágase tu voluntad»* (Mateo 26:39,42). Y dice el evangelio que con estas mismas palabras oró por tercera vez, y aunque estaba angustiado en gran manera y su alma estaba triste hasta la muerte, no apartó su corazón del agrado de cumplir la voluntad de Dios. Jesús fue sincero, pues a él no le gustaba sufrir ni ser avergonzado, pero sabía que si esa era la única manera, estaba dispuesto a que no se hiciera como él quería, sino como el Padre se lo había propuesto, por amor a su nombre, por su reino, por su causa y por su propósito.

Es importante la actitud con la que oramos. Los discípulos le pidieron a Jesús: *«Señor,* ***enséñanos a orar****»* (Lucas 11:1). Él les respondió: *«Cuando oréis, decid: Padre nuestro que estás en los cielos, santificado sea tu nombre. Venga tu reino. Hágase tu voluntad, como en el cielo, así también en la tierra. El pan nuestro de cada día, dánoslo hoy. Y perdónanos nuestros pecados, porque también nosotros perdonamos a todos los que nos deben. Y no nos metas en tentación, mas líbranos del mal»* (vv. 2-4). Nota que en este modelo de oración, después que se reconoce a Dios como lo que es —el Dios omnipotente que habita en luz inaccesible— se exalta su nombre, y se le pide que se establezca su reino y que se haga su voluntad. Esto es como decir: «Escúchanos, por amor a ti mismo, no por nuestras necesidades, sino por tus muchas misericordias». En la oración modelo se pide por las necesidades personales después que se pide que venga su reino y se haga su voluntad, no antes.

En otra ocasión Jesús hizo una oración espontánea en medio de un momento de gloria para él y su ministerio, cuando algunas personas vinieron de lejos a conocerlo (Juan 12:20-28). Él dijo: *«Ahora está turbada mi alma; ¿y qué diré? ¿Padre, sálvame de esta hora? Mas para esto he llegado a esta hora. Padre, glorifica tu nombre»* (Juan 12:27-28). Él no corrió a recibir a los concurrentes ni a presentarse como el enviado de Dios, sino que levantó sus ojos al cielo, reconociendo que el tiempo había llegado, no para honrar su nombre, sino el de Dios. Y el Padre le honró frente a todos, con voz audible, diciendo: *«Lo he glorificado, y lo glorificaré otra vez»* (vv. 28-29). Entonces, el asunto no es hacer largas oraciones o repetir algunas palabras, sin importar si estamos solos o acompañados, o si es de madrugada, de noche o es de día. La efectividad de una oración al Señor, aquella que sus oídos están atentos para escuchar, no radica en formas, personas o cosas, sino en la actitud que honra y glorifica el nombre de Dios.

La efectividad de una oración... no radica en formas, personas o cosas, sino en la actitud que honra y glorifica el nombre de Dios.

Es una donde el que ora se humilla, buscando primero el reino de Dios y su justicia, escondido en los méritos de Jesús.

Cuando Josué introdujo al pueblo de Israel a Canaán, en una de las más terribles derrotas frente a los enemigos, este siervo de Dios hizo una oración. Ocurrió —para tener un contexto— que cuando entraron a conquistar la primera ciudad (Jericó) la instrucción de Dios fue que durante siete días dieran siete vueltas, una vuelta cada día; y el último día, siete vueltas más, y que los muros se iban a derribar. También Dios les dijo que no tomaran nada de esa ciudad, y les advirtió que quemaran todo, porque el que tomara algo de ahí sería anatema. Se derribaron los muros, la ciudad fue quemada, destruida y nadie tomó nada, excepto un hombre llamado Acán.

Este hombre tomó un manto babilónico y unos lingotes de oro, y los puso debajo de su tienda, ocultamente. Josué continúo su conquista, y desde Jericó envió parte del ejército en contra de una ciudad llamada Hai. Los espías le habían dicho a él que esa ciudad era muy pequeña y que no se necesitaba cansar a todo el pueblo, por lo que fueron enviados pocos soldados. Salieron estos hombres para allá y los de Hai pudieron más que ellos, y los que quedaron regresaron a Jericó vencidos y avergonzados. Y cuando el pueblo de Israel vio eso, su corazón se atemorizó de tal manera que se escurría como agua, y huían atemorizados y desorientados, llenando su corazón de pavor (Josué 7:5). Josué, al ver el desánimo y el espanto del pueblo, y como el ejército, ya afectado, no tenía el mismo valor para seguir peleando, rompió sus vestiduras y se postró en tierra sobre su rostro delante del arca de Jehová. Este siervo de Dios junto a los ancianos de Israel estuvieron así por horas, y echaron polvo sobre sus cabezas según la manera en que se humillaban en aquellos días. Luego Josué dijo:

> *«¡Ah, Señor Jehová! ¿Por qué hiciste pasar a este pueblo el Jordán, para entregarnos en las manos de los amorreos, para que nos destruyan? ¡Ojalá nos hubiéramos quedado al otro lado del Jordán! ¡Ay, Señor! ¿Qué diré, ya que Israel ha vuelto la espalda delante de sus enemigos? Porque los cananeos y todos los moradores de la tierra oirán, y nos rodearán, y borrarán nuestro nombre de sobre la tierra; y entonces,* ***¿qué harás tú a tu GRANDE NOMBRE?»*** (Josué 7:7-9)

Fíjate en la preocupación de Josué. Él temía que los enemigos vencieran a Israel, destruyéndolos de tal manera que no quedara ni uno e

Israel desapareciera de la faz de la tierra. Sin embargo, su mayor temor era que si esto sucediera, ¿cómo quedaría el gran nombre de Dios frente a los demás pueblos y moradores de la tierra? A Josué le preocupaba la perpetuidad del nombre de aquel que se había nombrado sobre ese pueblo al cual querían eliminar. No se puede separar a Dios de su pueblo. Indiscutiblemente, de la misma manera lo que nos pasa a nosotros le afecta a Dios. ¿Por qué? Porque él hizo un pacto contigo, y él juró por su nombre que te capitanearía mucho más allá de la muerte (Salmo 48:14). Si eres avergonzado, su nombre es avergonzado; si sufres afrenta, él también; si eres vencido delante de los enemigos, él es blasfemado. Y no es que Dios sea falible ni permita con indiferencia que lo que te pase a ti afecte a toda la iglesia. No, a él le importa porque lo que te pasa a ti le pasa a él, pues es la cabeza de un cuerpo del cual tú eres solo una parte.

A través de su pueblo Dios hizo conocer su nombre. ¿No sabían acaso todas las naciones que el Dios de Israel era Jehová, el que hizo pacto con Abraham? ¿Qué sucedería si eran vencidos y raídos de la faz de la tierra? ¿No iba a traer eso vergüenza a su gran nombre? Por eso en aquella ocasión, cuando Dios dijo que iba a destruir al pueblo de Israel, Moisés le dijo: «*Lo oirán luego los egipcios, porque de en medio de ellos sacaste a este pueblo con tu poder; y lo dirán a los habitantes de esta tierra, los cuales han oído que tú,* ***oh Jehová, estabas en medio de este pueblo, que cara a cara aparecías tú, oh Jehová, y que tu nube estaba sobre ellos, y que de día ibas delante de ellos en columna de nube, y de noche en columna de fuego;*** *y que has hecho morir a este pueblo como a un solo hombre; y las gentes que hubieren oído tu fama hablarán, diciendo: Por cuanto* ***no pudo*** *Jehová meter este pueblo en la tierra de la cual les había jurado, los mató en el desierto. Ahora, pues, yo te ruego que* ***sea magnificado el poder del Señor*** *... Perdona ahora la iniquidad de este pueblo según la grandeza de tu misericordia, y como has perdonado a este pueblo desde Egipto hasta aquí*» (Números 14:13-17,19). Y David oraba: «*Y tú, Jehová, Señor mío, favoréceme por amor de tu nombre; líbrame, porque tu misericordia es buena*» (Salmo 109:21).

El nombre de Dios es admirable (Jueces 13:18; Isaías 9:6). Nota que es algo común en todos estos intercesores la preocupación por el nombre de Dios, por el prestigio de Dios. Ese debe ser también tu sentir y el mío. Dios debe ser el todo en tus oraciones y en las mías. Y cuando yo digo todo, no estoy hablando de pronunciar el nombre de Dios; porque desde ahora en adelante pudiéramos tomar esto como un *slogan* en la oración: «Señor, para que seas el todo, bendíceme en esto; haz que yo pueda conseguir esto otro por amor a tu nombre». Pero no, eso lo puede decir cualquiera y aún así no estar orando en la voluntad de Dios. Lo que digo es que en realidad quieras que Dios sea el todo; que te olvides de ti mismo, de tus necesidades y no estés pidiendo tanto para ti, sino que tus ruegos sean para que su voluntad sea establecida.

El apóstol Santiago dijo: *«Pedís, y no recibís, porque pedís mal, para gastar en vuestros deleites»* (Santiago 4:3). ¿Notas el porqué Dios no contesta muchas oraciones nuestras? Porque decimos: «Dame, dame, dame y dame; voy a la iglesia para que Dios me de; voy a ayunar para que Dios me bendiga; me voy a participar en una vigilia para que Dios haga; voy allá para que Dios acabe con esto y aquello...» Pero Dios dice: ¡Yo estoy cansado de todo eso! Lo peor de todo es que, según observo, también nosotros los predicadores estamos conduciendo al pueblo hacia esa actitud de liviandad cuando decimos: «Hermano, da para que Dios te bendiga; hermano, alaba para que Dios te fortalezca y te libere; hermano...», y todo es apelando a lo que vamos a recibir. ¡Eso es egoísmo! ¿Dónde esta tu devoción al Señor de la gracia? Dios debe ser el todo en tu vida, porque él te dio el todo a fin de que *«los que viven, ya no vivan para sí, sino para aquel que murió y resucitó por ellos»* (2 Corintios 5:15). No busques lo que es tuyo, busca lo que es del Señor (Filipenses 2:21).

Es cierto, Dios es nuestro Padre y nos invita a acercarnos a él confiadamente. El Señor nos perdona y nos comprende, nos ve como el papá a sus hijos pequeñitos que solo le dicen: «Papi quiero...; papi dame...; papi búscame...», los cuales se sienten con derecho, gritan, le agarran el pantalón, se ponen malcriados y patalean. ¿Y qué hace el padre? Bueno, se puede molestar por un momento, pero luego dice: «Mi pequeñito, todavía eres un niño. Quiero darte esto que es mejor para ti, pero no lo entiendes todavía después de tanto tiempo (Juan 14:9; Hebreos 5:12). Por tanto, es mejor esperar, pues no vale la pena dártelo ahora, ya que no lo apreciarás y fue hecho para que te bendiga». Pero, ¿nos vamos a pasar la vida entera siendo niños, pensando como niños, pidiendo como niños, actuando como niños, desechando las cosas esenciales por ser niños? Diciendo: «Tú no me quieres, porque no me das esto; tú no me escuchas, porque no me das lo que necesito». ¿No estamos con ello menospreciando la exhortación y la edificación? ¿Hasta cuando estaremos actuando de esta manera delante de Dios, avergonzándolo y atribuyéndole despropósito? ¡Por amor a Dios! Los niños son los que siempre están pensando en su bienestar, en sus deseos, y buscando únicamente lo suyo. Pueden tener una habitación llena de juguetes y pelean por una bolita, y al amiguito que invitaron a jugar no le permiten que toque la bicicleta, ni el camioncito, ni el avioncito, ¡nada! Lo que quiere es que el otro niño sea como una marioneta y que se adapte a todos sus caprichitos, de otra manera mejor que no juegue. Y me pregunto, ¿para qué lo invitó a jugar? Lamentablemente, de la misma manera actuamos nosotros delante de Dios.

Gloria a Dios que ya Jehová está acabando con la predicación de la súper fe, en cuyo movimiento la iglesia cayó. Recuerdo que se tomaba un tema de la Biblia, por ejemplo, el poder de la Palabra, para pedirle al Señor alguna cosa, y decían: «Hermano, dile al Señor: "No me conformo con un auto cualquiera, sino con un Cadillac último modelo", en el nombre de Jesús». Quizás te estás riendo, pero quiero que sepas que hay iglesias que oran así, donde solo se habla de dinero, de la prosperidad y del poder de convertir en realidad todo lo que deseas. Puedes oír los testimonios de aquellos hermanos que dicen: «Fulano creyó e invirtió sin tener nada. Él se mantenía barriendo y limpiando oficinas, y ahora es dueño de un supermercado. Otro, porque confesó la Palabra, le salieron todas las cosas tal y como las quería». Y me pregunto, ¿dónde está el propósito y la voluntad de Dios en todo eso? En esa oración solo se busca recibir las promesas, los beneficios de las cosas de Dios, no la glorificación de su nombre.

Podemos comparar esa actitud con la de los comerciantes que andan buscando donde pueden invertir y hacen una investigación de las leyes e impuestos para ver cómo sacan un mayor provecho al gobierno. Gente que anda mirando las debilidades de los bancos y adquieren casas, teniendo ya media docena de propiedades, porque toman préstamos, hipotecas y bregan hasta que «le sacan el brillo al cobre». Asimismo hay gente que va a la Biblia y la escudriña, para encontrar los tesoros muy guardados, y dicen: «Mira lo que dice aquí. Esto me pertenece a mí, porque soy su hijo. Como Dios no me lo ha dado todavía, se lo voy a demandar, porque esto es para mí». Hecho así, le sacan provecho a lo que Dios ha dicho, y como él es fiel a su Palabra, reciben; pero aunque les ocurra como a los israelitas que —como descendientes de Abraham— reciben las promesas terrenales, aquellos que buscan a Dios únicamente por conveniencia no van a conseguir las espirituales. Esos que no quieren a Dios, sino las cosas de Dios (Juan 6:26-27), no recibirán las promesas espirituales que son para aquellos que confían en los méritos de Jesús y que aman a Jehová con todo su corazón, con toda su mente y con toda su alma.

A los que aman a Dios, el Señor les dice como le dijo Elcana a Ana: *«¿No te soy yo mejor que diez hijos?»* (1Samuel 1:8). Mas hay quienes cuentan con la fertilidad de Penina, teniendo muchos hijos y nosotros sin ninguno, luciendo prósperos, exitosos y sin ninguna clase de problemas, mientras nosotros padecemos carencias y estreches, pero al llegar el momento de la repartición final, no son ellos precisamente los que se llevan la mejor parte (Lucas 10:42). El cristiano que busca en espíritu al Señor se lleva lo mejor, porque tiene el corazón y el Espíritu de Dios morando en él. ***«Bástate mi gracia»***, dice el Señor (2 Corintios 12:9). Se puede tener muchas bendiciones materiales, pero no el corazón de Dios. Y el Señor nos está mostrando con ello que hay un camino más excelente, el cual está en las cosas de arriba (Colosenses 3:2).

¿Aceptas el reto divino? Sé que no es fácil olvidarse de sí mismo y de las necesidades para pensar primero en Dios, pero eso es lo que él te pide hoy. Que su gloria y el amor por su nombre sea levantado primero que todo y sobre todo. Así oraron los santos profetas, así oró Jesús, así oraron los hombres que conocían a Dios, ¿rehusarás hacerlo tú? En todo caso ¿a quién oras?, ¿para qué oras? y ¿por qué oras? Te pregunto: ¿será Dios el todo en tus oraciones o seguirás pidiendo para tus deleites? ¿Harás rogativas para ti, para tus vacaciones, para tu carrito, para aumentar el balance de tus ahorros, para concretar el sueño de la casita o para aumentar el terreno de la casa de verano? Y si es así, después de orar, ¿crees que saldrás justificado delante de Dios? (Lucas 18:14). Piensa en eso.

Debo decirte que desear ni tampoco pedir es malo. El Señor dijo: *«**Pedid**, y se os dará ... **pedid** todo lo que queréis, y os será hecho ... Hasta ahora nada habéis pedido en mi nombre; **pedid**, y recibiréis, para que vuestro gozo sea cumplido»* (Lucas 11:9, Juan 15:7; 16:24). Como ves, el Señor hasta te manda a pedir. No es pecado que pidas, pero Dios también te aconseja que lo hagas bien, no para tus deleites, sino para que su nombre sea glorificado. Dios tiene que ser el todo en la oración. Por tanto, desde ahora en adelante nuestras oraciones deben tener una plomada según la cual no sean tan importantes para mí, sino para Dios; no sean tanto para bienestar personal como para beneficio de su reino. Es necesario que nos olvidemos de nosotros mismos para pensar en el Señor. Primero Dios y después nosotros. Todo lo que es Dios, su buen nombre, el

Nuestras oraciones deben tener una plomada según la cual no sean tan importantes para mí, sino para Dios; no sean tanto para bienestar personal como para beneficio de su reino.

amor a sí mismo, debe ser más preocupante para nosotros que nuestro propio bienestar y nuestros propios problemas.

El Padre nos ha bendecido con toda bendición (Efesios 1:3), y su deseo es que prosperemos en todo (3 Juan 2). Por los logros de Jesús, los creyentes somos herederos, no solo de los bienes eternos, sino de las promesas temporales. Estoy enseñando esto, no para contradecir esta gloriosa verdad del Evangelio, sino para andar en un camino mucho más excelente (1 Corintios 12:31). No es que renunciemos a las promesas, sino que busquemos primeramente el reino de Dios y su justicia y las demás cosas (las promesas) serán añadidas (Mateo 6:33). Lo que el Señor nos quiere decir, en otras palabras, es: «Ocúpate de mis asuntos y yo me ocuparé de los tuyos». **¿Qué hizo Dios con el hombre que más glorificó su nombre? ¿De qué manera honró a Jesús? Lo llamó para que se sentara a su diestra y lo exaltó hasta lo sumo. El que vive para honrar a Dios, ya obtuvo la honra de la vida. Por eso, Dios y el honor de su nombre deben ser más para un creyente que cualquier beneficio que pueda obtener del Señor.**

Humillémonos delante de Dios y pidámosle perdón por nuestro egoísmo, con el cual hemos invadido el cielo pidiendo, demandando y reclamando promesas para nuestros deleites. Convirtamos nuestros corazones a Dios, y por amor a su nombre, dispongámonos a orar como el mismo Cristo nos enseñó. ¿Cómo conviene orar? No lo sabemos, pero preguntémosle al que todo lo sabe y al que todo lo ve: «En esta oración, ¿estoy pidiendo esto por amor a tu nombre? ¿Esto es algo que debes hacer por amor a ti mismo? ¿Estoy pidiendo algo que contribuye a la grandeza de tu nombre? ¿Es así que conviene?» Reconoce que no debes meter a Dios en un pensamiento egoísta y mezquino. Mejor renuncia a esas cosas y pide únicamente por aquello que va a contribuir con el bienestar de su gloria, su propósito y su designio. No desees nada que sea a costa de sacrificar un principio del reino o un aspecto de su propósito. Dile mejor: «Padre, sacrifícame a mí, con mis pasiones y deseos, pero sea tu nombre muy exaltado, por siempre».

Roguemos a Dios para que impregne y estampe esa verdad en nuestros corazones, de tal manera que nuestras oraciones cambien desde ahora en adelante. Pidámosle que nos meta en ese ideal santo, el cual es demasiado elevado para un corazón egoísta, materialista, humanista y carnal. Mas el hombre que vive en nosotros es espiritual, creado según Dios en justicia y santidad de la verdad. Y ese hombre, que es Cristo en nosotros, esa unción que vive dentro nuestro, quiere y sabe cómo agradar a Dios.

Por tanto, que el hombre nuevo sea fortalecido por el Señor hasta que todo lo nuestro sea gobernado por ese pensamiento, donde Dios es el todo en toda nuestra ministración sacerdotal.

III.3 En su mayordomía

> *«La tierra no se venderá a perpetuidad, porque la tierra mía es»* (Levítico 25:23).

El Antiguo Testamento es una sombra de la realidad del Nuevo Testamento, por eso en él se habla de las verdades del nuevo, en tipologías o figuras. La ley tiene la sombra de los bienes venideros, pero no la imagen misma de las cosas, como dijo el escritor de la epístola a los Hebreos (10:1). En el Nuevo Testamento vemos el cumplimiento del Antiguo, y aprendemos de él, porque fue escrito para nuestra enseñanza (Romanos 15:4). En el contexto de que Dios sea el todo en nuestra mayordomía, encontramos en el libro de Levítico una verdad que es muy contundente, y es donde se nos habla del año del jubileo.

El año del jubileo es la santificación del año cincuenta, después de siete años sabáticos, donde se dejaba descansar la tierra y la cosecha se dejaba libre para que la aprovecharan los pobres del pueblo y las bestias (Levítico 25:10; Éxodo 23:10). Por tanto, en el año del jubileo toda tierra tenía que volver a los dueños de las mismas, y el que se había vendido como esclavo por causa de empobrecimiento o endeudamiento podía librarse de esa condición en el año del jubileo. También estaba la ley del rescate, según la cual cualquiera podía pagar por un familiar y rescatarlo, pero de todas maneras, su esclavitud llegaría hasta el año del jubileo, donde quedaba libre totalmente.

Sabemos que para los judíos su heredad (o sea, la tierra que Dios le repartió a cada familia de las doce tribus de Israel) es algo sagrado por causa de la promesa (Génesis 48:4). Recordemos el caso de Nabot, que prefirió morir antes que vender su heredad (1 Reyes 21:3,15). No obstante, Dios permitía que la herencia se pudiera rentar o alquilar por un tiempo si alguien no tenía dinero, y usarla como un recurso para pagar hasta el año del jubileo, tal como dicen las Escrituras: *«En el* ***año del jubileo****, volverá la tierra a aquél de quien él la compró, cuya es la herencia de la tierra»* (Levítico 27:24). Mas aquí hay algo que a mí me llama mucho la atención, desde el punto de vista del propósito que Dios está logrando en nosotros.

Si leemos sobre este tema, estoy seguro de que posiblemente aparecerán un montón de enseñanzas, las cuales se han predicado de muchas maneras, acerca del año del jubileo. Nuestro Señor Jesús, en Lucas 4, cuando leyó el pasaje en la sinagoga, inauguró su ministerio diciendo: *«El Espíritu del Señor está sobre mí, por cuanto me ha ungido para dar buenas nuevas a los pobres; me ha enviado a sanar a los quebrantados de corazón; a pregonar libertad a los cautivos, y vista a los ciegos; a poner en libertad a los oprimidos; a predicar* EL AÑO AGRADABLE DEL SEÑOR» (vv.18-19). Él se estaba refiriendo al tiempo del jubileo, porque Jesús es el Mesías esperado, el ansiado descanso de nuestras obras, el reposo prometido por Dios a su pueblo. Jesucristo vino a libertar a los cautivos, a sacar de las cárceles a los oprimidos y a predicar las buenas nuevas, el año agradable de aquel que estaba en buena voluntad para con los hombres (Lucas 2:14).

En los tiempos antiguos, el pueblo de Dios esperaba el tiempo del jubileo porque era el año agradable del Señor; era el tiempo de recuperación para los que habían perdido su tierra, porque la tierra volvía otra vez a ellos; era el año de liberación para aquellos que habían perdido la libertad, porque la recobraban. Así que el año del jubileo era el año del pobre, del menesteroso, del arrepentido, del arrendado, del esclavizado, del desposeído, del que no tenía ninguna esperanza. Era el año donde Dios hacía misericordia y justicia con su pueblo. Sin embargo, aquí hay una enseñanza muy grande para nosotros, mediante la cual Dios me ha hecho observar la razón primordial por lo que la tierra debía de regresar a aquellos a quienes se la dio. Comencemos con la tierra para luego hablar de los hombres, analizando nuestro versículo tema:

> *«La tierra no se venderá a perpetuidad, porque la tierra mía es; pues vosotros forasteros y extranjeros sois para conmigo»* (Levítico 25:23).

Generalmente, cuando hablamos del jubileo, nos concentramos en lo que se va a recibir. Incluso ahora, en el tiempo de la restauración, donde Dios ha prometido devolver a su pueblo todo lo que se comió la oruga, el pulgón, el revoltón y la langosta (Joel 2:25), nuestro énfasis es en lo que recibiremos. Vemos en la Palabra que cada vez que el pueblo de Dios fue esclavizado, como el caso de Egipto, el Señor remuneró y recompensó a Israel de manera que el pueblo salió con grandes riquezas (Éxodo 3:21-22; 12:36). Así también salió Israel de Babilonia en honra, aunque la Biblia no lo especifica pues tres reyes persas dieron decretos a favor de la restauración.

Es muy común en el libro de Esdras y en el de Nehemías expresiones que aparecen como un estribillo: *«la mano de Jehová su Dios estaba sobre Esdras ... la mano de mi Dios sobre mí ... según la buena mano de nuestro Dios sobre nosotros ... la mano de nuestro Dios estaba sobre nosotros ... según la benéfica mano de mi Dios sobre mí»* (Esdras 7:6,28; 8:18,31; Nehemías 2:8). En fin, vemos que llegaron a Babilonia en deshonra, en vergüenza, en humillación, pero después el Señor movió reyes para que dieran decretos a su favor, tocó corazones para que los vieran con gracia, y lo que fue con deshonra, después se convirtió en honra, porque Dios recompensó a su pueblo.

Dios aflige, pero después viene con bálsamo, llega con la recompensa, así es el Señor. Él permite la llaga, pero vuelve con la cura.

Dios aflige, pero después viene con bálsamo, llega con la recompensa, así es el Señor. Él permite la llaga, pero vuelve con la cura. Dios siempre aprecia más la restitución que la pérdida misma. Cuando Dios restituye se presenta con doble remuneración, doble recompensa. Fíjate que el libro de Job termina diciendo que el postrer estado de Job fue mejor que el primero (Job 42:12). En Zacarías Dios promete restaurar el doble (Zacarías 9:12). En Isaías, Jehová levanta una voz de consuelo y dice que si doble ha recibido de su mano, por causa del pecado, su recompensa viene con él y su paga delante de su rostro (Isaías 40:2,10). Es decir que Dios da el doble. Cada vez que el pueblo sufre, Dios recompensa el doble. Cuando hace perder, paga con creces; cuando aflige, viene con doble gozo, con doble recompensa, para compensar el tiempo de tristeza, para indemnizar del tiempo de prueba, para desagraviar el tiempo de aflicción, así es el Señor.

Sabemos que Jehová le dio una herencia a cada hijo de Israel, por tanto era de su agrado que la tierra volviera a quienes se la dio. Sin embargo, la causa por la cual la tierra tenía que ser devuelta no era tanto porque le pertenecía a la persona, ya fuera de la tribu que fuera, sino porque Dios quería hacer entender a los judíos que nadie es dueño de nada, sino que todo es del Señor; principalmente la tierra, porque quien la rescató para ellos fue Dios. Cada conquista del pueblo de Israel la realizó Dios, precisamente para que no digan: «Yo me enriquecí, yo me proveí, yo me hice pueblo fuerte», porque todo lo hace Dios, no el hombre. Jehová fue el que peleó por Israel (Josué 10:11); él fue el que entregó a Jericó en su manos e hizo caer sus muros (Josué 6:2-5), fue Jehová quien peleó contra Hai (Josué 8:7) y contra todas esas ciudades cananeas para plantar a su pueblo allí, por tanto, Dios es el dueño de la tierra. Esa es la razón por la cual dice que la tierra tenía que volver a su dueño, y que no se podía vender a perpetuidad, pues la tierra era de él.

El Salmo 24:1 dice: *«De Jehová es la tierra y su plenitud; el mundo, y los que en él habitan»*. Por tanto, todo lo que hay en la tierra es de Dios. Por un tiempo se puede negociar con la tierra, por un período se puede alquilar, pero no permanentemente, el prestamista o el arrendador retendrá la heredad para sí, pues la tierra tiene que volver a su dueño y «el dueño soy yo», dice el Señor. Mas, cuán difícil es para los seres humanos reconocer esto. Es fácil decir amén, pero cuánto nos apegamos a las cosas, cuánto nos adueñamos de ellas, padecemos y peleamos por nuestros «derechos» y alegamos: «Esto me pertenece porque yo trabajé, yo invertí, esto es mío», y le damos un lugar en nuestro corazón, de manera tan arraigada, que nos es dañino, ya que la Palabra dice *«nada hemos traído a este mundo, y sin duda nada podremos sacar»* (1 Timoteo 6:7).

La Biblia enseña que todo lo que hay en la tierra es de Dios, y dice que nosotros somos simplemente administradores de sus bienes. Todo lo tuyo es de él, pues ni aun tus hijos son tuyos, ya que herencia de Jehová son los hijos, dice la Palabra (Salmo 127:3). Hay padres que se posesionan de los hijos, hacen planes con ellos, los usan y hasta les inculcan qué deben estudiar, hacen a sus hijos a imagen y semejanza suya, les imponen, se enseñorean de ellos aunque estén casados, de manera que quieren gobernar su casa. Por eso muchos suegros tienen problemas con el yerno o la nuera, pues opinan acerca de todo, desde la crianza de sus nietos hasta, inclusive, cómo se debe tratar a la pareja. Pero nosotros hemos entendido en el nuevo pacto que todo es de Dios y todo lo que tenemos tiene que regresar a él, porque él nos lo dio.

Lamentablemente, nadie puede decir que está exento de ese apegamiento a las cosas materiales, pues habitualmente el Señor tiene que valerse de muchas cosas para apelarnos cuando quiere algo de nosotros. Y lo terrible es que nos adueñamos de las cosas como si no lo hubiésemos recibido. A veces los predicadores tienen que predicarnos un montón de sermones diciendo que Dios es el todo en todos; que nosotros somos de él; que Dios nos redimió, que nos rescató, que él es el Señor de nuestras vidas, simplemente, para que entreguemos algo que al final solo a nosotros nos va a beneficiar. Bienaventurado es aquel que entiende que todo lo que pasa por nuestras manos, hasta el aliento que está en nuestra nariz, es de Dios. La vida es de Dios, cuando él quiere la quita; dependemos de él en todo, porque todo es de él. Alguien podrá acumular riquezas y alguno osará adueñarse de la tierra, pero al final tendrá que dejar el mundo y todo lo que en él haya atesorado, pasando por encima del tiempo, de la familia y de lo que sea que haya sacrificado por obtener algún bien, pues aquí se quedarán. En el ataúd solo cabe un cuerpo, y si ha nacido de nuevo, su espíritu volará al cielo, pero el cuerpo se quedará en la tierra, pues del polvo fue tomado, por tanto, polvo es y al polvo volverá (Génesis 3:19). Y vendrán luego otros a administrar lo que es de Dios.

El hombre necio, egoísta y avaro, como el que describe la parábola, dice dentro de sí: *«Alma, muchos bienes tienes guardados para muchos años; repósate, come, bebe, regocíjate»* (Lucas 12:19). Así muchos viven en esta vida con el lema de ser arquitectos de su propio destino, disfrutan de la vida y de las cosas materiales que han acumulado, sin pensar que el dueño de sus vidas es el Señor, y que llegado el tiempo, también les dirá: *«Necio, esta noche vienen a pedirte tu alma; y lo que has provisto, ¿de quién será?»* (v. 20). ¿Todo eso de que le sirvió? Todo es de Dios y todo regresará a Dios.

Espiritualmente, solo sube al cielo lo que descendió del cielo (Juan 3:13). Así también, todo lo que fue tomado de la tierra volverá a la tierra, y esta a su vez a Dios, porque todo es de él. ¿Usted sabía eso? ¡Claro que lo sabía! Es un suceso que ocurre a cada segundo. Cualquiera puede predicarlo, pero ¡qué trascendencia tiene esa verdad! ¡Y cuán difícil es para Dios hacérnosla vivir! Pues, no es tan solo saberlo, sino entender que todo es de Dios y vivir partiendo de esa única premisa. ¿Te imaginas cómo viviríamos nosotros si entendiéramos realmente —de verdad, verdad— que todo es de Dios? ¿Cuál sería la implicación y la trascendencia de saber eso? ¿Cómo cambiaría nuestra vida si constantemente tuviéramos conciencia de a quien verdaderamente pertenecen las cosas? Lamentablemente, nos aferramos a la vida, a lo que tenemos, aun sabiendo que todo esto perecerá y que lo único que permanecerá son los bienes venideros que también los dará Dios.

Nacemos y no traemos nada a este mundo, fallecemos y nada podemos llevar. Esta verdad la vemos a cada segundo, sin embargo, todavía vivimos en la vanidad de nuestros sentidos. Sin embargo, el Señor hizo ver en toda la Palabra y de muchas maneras que él es el Señor de la tierra y dueño de todas las cosas. Por siglos, Dios se lo quiso enseñar a Israel, y les decía: *«Yo os hice salir de Egipto, y os saqué de la casa de servidumbre.*

Os libré de mano de los egipcios, y de mano de todos los que os afligieron, a los cuales eché de delante de vosotros, y os di su tierra» (Jueces 6:8-9). ¿Y todo eso para qué? Para que no se olviden de darle la honra debida a su nombre, porque todo es de Dios. También les dijo:

> *«La tierra a la cual pasáis para tomarla es tierra de montes y de vegas, que bebe las aguas de la lluvia del cielo; tierra de la cual Jehová tu Dios cuida; siempre están sobre ella los ojos de Jehová tu Dios, desde el principio del año hasta el fin. Si obedeciereis cuidadosamente a mis mandamientos que yo os prescribo hoy, amando a Jehová vuestro Dios, y sirviéndole con todo vuestro corazón, y con toda vuestra alma, yo daré la lluvia de vuestra tierra a su tiempo, la temprana y la tardía; y recogerás tu grano, tu vino y tu aceite. Daré también hierba en tu campo para tus ganados; y comerás, y te saciarás»* (Deuteronomio 11:11-15).

En otras palabras: «Esta tierra es mía; aquí la lluvia cae solo por mi voluntad, si yo quiero mandar sequía la mando y de la única manera que te bendigo es si vienes a esta tierra a obedecerme. Yo tengo un pacto contigo y lo voy a cumplir, pero estás obligado a obedecerme, porque si no me obedeces aquí no va haber lluvia y con todo eso, si comes no te saciarás. En Egipto dependías de la agricultura, de las habilidades y métodos que los egipcios habían creado para ella, pero aquí la tierra donde estás no es como esa tierra. Esta es una tierra de montañas y de viñas, que depende de la lluvia del cielo, y esa lluvia la mando yo. Yo soy el que envío la lluvia temprana y la tardía cuando obedeces, pero si desobedeces cierro el cielo y lo pongo de bronce, para mostrarte que yo soy el que soy, y que la tierra mía es». Puede que alguien diga: «Sí, eso dijo Dios, pero eso era para los hijos de Israel. Eso pertenece al viejo pacto, ahora estamos en algo nuevo». ¡Oh!, pero le diré que no, que el que así piensa lo hace locamente, pues Dios nos dice en esta dispensación de la gracia:

> *«¿No sabéis que si os sometéis a alguien como esclavos para obedecerle, sois esclavos de aquel a quien obedecéis, sea del pecado para muerte, o sea de la obediencia para justicia? Pero gracias a Dios, que aunque erais esclavos del pecado, habéis obedecido de corazón a aquella forma de doctrina a la cual fuisteis entregados; y libertados del pecado, vinisteis a ser siervos de la justicia. Hablo como humano, por vuestra humana debilidad; que así como para iniquidad*

presentasteis vuestros miembros para servir a la inmundicia y a la iniquidad, así ahora para santificación presentad vuestros miembros para servir a la justicia. Porque cuando erais esclavos del pecado, erais libres acerca de la justicia. ¿Pero qué fruto teníais de aquellas cosas de las cuales ahora os avergonzáis? Porque el fin de ellas es muerte. Mas ahora que habéis sido libertados del pecado y hechos siervos de Dios, tenéis por vuestro fruto la santificación, y como fin, la vida eterna. Porque la paga del pecado es muerte, mas la dádiva de Dios es vida eterna en Cristo Jesús Señor nuestro» (Romanos 6:16-23)

Somos de Dios porque él nos redimió. Todos los hombres estábamos perdidos, y por naturaleza éramos hijos de la ira, hijos del diablo, hijos de perdición. Estábamos condenados a morir, porque nos entregábamos a la maldad, y nuestros cuerpos al pecado y a la iniquidad. Nuestra existencia era usada por Satanás para su reino infernal, pero Dios, que es rico en misericordia, nos rescató de esa mala manera de vivir y nos trasladó de muerte a vida, de perdición a salvación, de las tinieblas a luz, y nos puso nombre. Le pertenecemos doblemente, porque él nos creó, aunque nos perdimos, pero también nos redimió con la sangre de su Hijo, a fin de que vivamos para él. Así que **TODO** lo que tienes y todo lo que eres es de Dios.

Todo tiene que volver a Dios, porque fue el que hizo la tierra y su plenitud, y después que se perdió, también fue el que mandó a su Hijo a comprar todas las cosas con la redención. Le pertenecemos por partida doble. Por eso, Dios profetiza que hay un pueblo que se va a entregar a él voluntariamente en el día de su poder (Salmo 110:3), aunque él puede obligarnos o imponerse, pero nuestro Señor no actúa así, pues él quiere nuestro corazón. Cristo vino a darnos un corazón nuevo, sensible a su Palabra, para que nadie nos diga, sino que sepamos que todo es de él y que por tanto todo tiene que regresar a él. Así que **la gran fiesta del jubileo no es tanto que los bienes vengan a mí —como beneficiario— sino que regresan a Dios como poseedor.**

La gran fiesta del jubileo no es tanto que los bienes vengan a mí —como beneficiario— sino que regresan a Dios como poseedor.

Hemos concentrado el jubileo en nosotros, porque naturalmente la tierra volvía al dueño y el esclavo quedaba libre, pero esa no era precisamente la enseñanza que quería darnos Dios. La enseñanza aquí es que él nos dio los bienes terrenales como herencia, pero por alguna razón nos empobrecimos. Lo que recibimos del Padre fue bendición, por lo cual, si nos arruinamos, no fue porque el diablo nos envolvió, sino porque en algún momento no fuimos fieles a Dios e ignoramos el pacto. Dios hizo un pacto con Israel de prosperarle y si alguno se empobreció o se endeudó fue porque hubo una mala administración, una infidelidad en su mayordomía delante de Dios. Es duro verse privado de la tierra por tanto tiempo, pero Dios se la devuelve para que tenga un nuevo comenzar. Dios se la restituye, pero no es suya, sino que el Señor es el dueño, y todo en algún momento volverá a él.

Existen muchas cosas en este mundo que nos marean, que nos nublan la mente, pero no pierdas de vista que el centro de todo es Dios. ÉL ES EL TODO EN TODO. No está mal que nos gocemos, que disfrutemos del jubileo, de nuestra libertad económica, porque claro, lo que es de Dios es de su pueblo, ¿quién dijo que no?, pero acuérdate que todo vuelve a él. Las Escrituras dicen: *«La tierra no se venderá a* ***perpetuidad»*** (Levítico 25:23), y la enseñanza es que la tierra no se venderá perpetuamente, porque hacerlo significa que nos pertenece y nosotros somos peregrinos y extranjeros en este mundo. Y si entendemos lo de la tierra, podemos entender entonces lo de las personas: nosotros pertenecemos a Dios.

En Levítico dice que cuando una persona no tenía para pagar una deuda, podía venderse como esclavo y perder su libertad. Cualquier israelita podía hacer eso, era una práctica de aquellos días, pero Dios advierte aquí, de manera muy clara y contundente, cómo se realizará: *«No se enseñoreará en él con rigor delante de tus ojos. Y si no se rescatare en esos años, en el año del jubileo saldrá, él y sus hijos con él.* ***Porque mis siervos son los hijos de Israel; son siervos míos, a los cuales saqué de la tierra de Egipto.*** *Yo Jehová vuestro Dios»* (Levítico 25:53-55). Quiere decir, entonces, que Dios no veía bien que aquel que perdía la libertad fuera tratado despiadadamente, como esclavo, ni se debían enseñorear de él. Quizás podrían tomar a un forastero y hacerlo esclavo para siempre, pero a un hijo de Israel no, ¿y sabes por qué?, «porque míos son los hijos de Israel», dice Dios.

Cuántas veces hemos predicado del jubileo y de la bendición que es que las cárceles se abran, que ya no seamos esclavos y podamos vivir para nosotros mismos, pero Dios dice que no, que en realidad el jubileo significa que dejaste de servir a los hombres para ahora servirle a él. Por eso el apóstol Pablo nos dice que no nos hagamos esclavos de los hombres, porque somos siervos de Dios (1 Corintios 7:23). A los hombres les podemos servir por muchos años, pero a Dios le serviremos para siempre. Es mejor decir: «Yo puedo ser servidor de los hombres, pero esclavo soy de Jesucristo. No voy a permitir que ningún hombre se enseñoree de mí, el único que se puede enseñorear de mí es Dios, que me compró y me redimió. Soy de él». ¿Entendemos la enseñanza? Los hijos de Israel eran esclavos en Egipto, y fue Jehová a través de su poder el que los rescató. Con la sangre del cordero de la pascua los redimió, por tanto suyos son. Así que si perdieron la libertad, Dios dice: «Te los presto para que te sirvan por tantos años, pero cumplido el tiempo ¡suéltalos!, pues me van a servir a mí, porque los hijos de Israel son mis siervos».

El ser humano todo lo enfoca, generalmente, desde el punto de vista individual, y la verdad es que desde el Génesis hasta el Apocalipsis la Biblia enfoca todo desde el punto de vista de Dios, aunque sus escritores fueron muchos. Por ejemplo, en la salvación, Dios nos redimió, nos salvó y estamos contentos con ser salvos, estamos cantando y alabando al Señor, disfrutando de esta salvación tan grande, pero Dios no nos salvó simplemente para librarnos del infierno ni tampoco para, sencillamente, llenar el cielo, pues en el cielo hay muchas criaturas, y por tanto allá no le falta a Dios quien le adore. La Biblia dice que él te salvó para alabanza de su gloria (Efesios 1:12). Te salvó para que lleves la imagen del Hijo (Romanos 8:29). Te salvó con un propósito (Romanos 8:28). Te salvó para él, para que le sirvas, para que le ames, para que le temas, para cumplir en ti su propósito. Personalmente, puedo decir que soy criado o servidor de los hombres, pero esclavo de Dios, así que espero que me traten bien y no se enseñoreen de mí, ni abusen de mi servicio, pues voy a servir hasta que esté vivo en la tierra, pero regresaré a Dios, el cual me redimió y me dio su Espíritu para que esté siempre con él. Por tanto, mi compromiso de vida es con Dios, por eso a él retornaré.

Es posible esclavizar al pueblo de Dios por poco tiempo, pero imposible esclavizarlo por todo el tiempo.

En una ocasión el entonces presidente de los Estados Unidos, Abraham Lincoln, dijo: «Es posible engañar a una parte del pueblo por poco tiempo, pero no a todo el pueblo todo el tiempo». Y a mí me gustaría parafrasear este pensamiento en este contexto y decir: *Es posible esclavizar al pueblo de Dios por poco tiempo, pero imposible esclavizarlo por todo el tiempo.* El pueblo de Dios no será esclavo para siempre. Es posible que por causa de la maldición alguien se enseñoree de ti y te haga pagar la deuda de un error por diez, quince o veinte años, pero tarde o temprano va a haber un jubileo para ti, donde si el diablo ha tratado de retenerte ahí, tendrá que vomitarte, porque tú volverás al antiguo dueño que es Dios.

Abre tu mente y entiende que Dios no permitirá que seas esclavo para siempre. Así que si te metiste en una deuda y eres esclavo de ella porque no puedes saldarla, si estás con una tarjeta de crédito pagando intereses año tras año, tan endeudado que pareciera que trabajas para tus acreedores, entonces a ti te digo que te pares hoy, en el nombre de Jesús y digas: «Satanás, lo justo es que yo sirva por mi deuda hasta el año del jubileo, y ya mi jubileo llegó. Yo no voy a ser más esclavo tuyo, porque mi dueño me libertó, ahora voy a servirle a mi Señor». Si el diablo te ha quitado tu propiedad (que no tiene que ser la tierra, es posible que te haya quitado la salud, tu mujer, un hijo, el esposo, o alguna otra cosa) dile a Satanás que la Palabra de Dios dice que la «tierra» no se venderá a perpetuidad, ni tampoco un hijo de Dios servirá como esclavo para siempre, lo que significa que si te lo quitó por un tiempo, ahora tiene que regresarlo, porque por todo el tiempo es y seguirá siendo de Dios.

Hay hermanos que están luchando con debilidades, con ataduras, con problemas durante muchos años, y arrastran las cadenas, pagando por los errores que cometieron en el pasado, sin parecer que su redención llega. El diablo les dice: «Esto te pasó porque cometiste tal error y me perteneces», y te repite esto constantemente, pero Dios dice que sus hijos no serán esclavos para siempre. La Palabra de Dios declara que *«si el Hijo **os libertare**, seréis verdaderamente libres»* (Juan 8:36). Así que ponte de pie en la roca de tu salvación, y si llevas diez años en una situación difícil, en la que por un error, por la causa que sea, el diablo te mantiene como esclavo de la culpabilidad, diciéndote infatigablemente: «Me vas a tener que pagar hasta el último cuadrante», ahora puedes responderle: «Sí pero eso será hasta un día, porque no soy vendido por un error para siempre, porque soy esclavo del Señor Jesucristo, y voy a tener que volver a Jesucristo, porque a él pertenezco. No seré vendido a perpetuidad, tengo que regresar a Dios».

Posiblemente seas víctima de las circunstancias, un criado de los hombres, pero esclavo solo serás de Dios, porque fue el Señor el que te sacó de Egipto (del mundo de pecado); fue él el que te redimió con su sangre y te plantó en la tierra de la salvación, donde fluye la leche de vida y la miel del conocimiento de Dios, y por eso has de regresar a servirle solamente a él. No sé cuántos años tienes pagando por eso, ni sé desde cuando te han hecho esclavo. Quizás desde la niñez te violaron, te ultrajaron, te hicieron daño, te dañaron, caíste en un vicio o en alguna atadura, pero hay esperanza para ti. El jubileo para ti llegó, por tanto, tarde o temprano regresarás a ser siervo de aquel a quien perteneces, a servirle al que te redimió, Cristo Jesús.

Cree este pensamiento, ten fe en esta Palabra, porque está por todo el Nuevo Testamento. No te resignes a servirle al diablo para siempre, ni te entregues a servirle a los acreedores toda tu vida. Es posible que por tu mala administración lo hayas perdido, o por tu dureza de corazón o por error hayas caído, pero ya el Señor te perdonó, y has pagado las consecuencias por mucho tiempo. Levántate y reclama esa promesa, como hizo Daniel al confrontar la situación del pueblo de Israel (Daniel 9). Ora a Dios y dile: «Yo reconozco que soy pecador, y caro he pagado la consecuencia de mi error, pero ahora Padre mío, vengo a reclamar esa palabra, esa promesa que dice ahí y que has dado a tu pueblo de que la tierra no puede ser vendida a **perpetuidad** y de que yo no puedo ser esclavizado para siempre, porque soy tuyo mi Dios, y lo que tengo también es tuyo mi Señor. Tú eres mi descanso, mi liberación, tuyo soy, oh, Dios de mi salvación. Abre las puertas de estas cárceles, arranca los cerrojos de estas cadenas. ¡Libértame, oh Señor, que desfallezco!». Y verás que nuestro Señor te oirá y se acordará de su pacto.

No obstante, es bueno que sepas también que si no lo reclamas, Dios lo hará por ti, porque ahí lo dice también: *«Y si no se rescatare en esos años, en el año del jubileo saldrá, él y sus hijos con él»* (Levítico 26:54). Serás salvo, tú y tu casa, dice el Señor (Hechos 16:31). Puede que alguien que no sirva al Señor esté en tu misma situación y sea esclavo para siempre, pero tú no. Hay un día de liberación para cada hijo de Dios, hay un día de rescate para los que son suyos, hay un día de restitución donde se le devolverá al pueblo santo lo que se perdió. El diablo fue tu opresor por años, te ha desposeído siempre, y aquello que no te ha podido quitar lo ha tratado de enlodar. Se adueñó de tus bienes, de tus facultades, y en muchas otras cosas te ha oprimido por mucho tiempo, pero Jehová dice que no seremos afligidos a perpetuidad, ¡hay un día de jubileo para cada cristiano! Tienes que creerlo, adueñate de esta Palabra, deja todo lo que te quiere mantener atado atrás y sigue hacia delante, dependiendo de este rema en Cristo Jesús.

La Biblia dice que somos esclavos de aquel a quien obedecemos (Romanos 6:16), puede ser que seas esclavo de quien estás obedeciendo, ya sea tu cónyuge, tus hijos, o alguna otra cosa como el dinero, el trabajo, la debilidad, el vicio, la falta de disciplina, la inconstancia, la depresión que te domina y te paraliza; pero sal de ese estado, porque el Hijo te libertó. Es posible que sientas que no puedes, que veas que aunque libre, todavía estás atado; pues busca oración, porque ya no es necesario que estés paralizado, postrado o esclavizado. Si Jesús te dio vida, sal de esa tumba, levántate, en el nombre de Jesús, ¡estás libre ya! (Juan 11:44). Y ten por seguro que el que comenzó la buena obra, la terminará hasta el día de Jesucristo (Filipense 1:6).

Posiblemente —y ahora me dirijo a los matrimonios— algunos tendrán una relación dañada por años. Sabemos que el diablo siempre se mete en la comunicación. Hay parejas a las que el hogar se les convierte en una torre de Babel, donde la esposa le dice al esposo: «Pásame esa escoba», y el esposo le responde: «¿Qué dices, que mi madre no es buena cosa? Hazme el favor, y no pongas a mi familia en tu boca», y allí mismo comienzan a pelearse. La pareja se olvida de los hijos para concentrarse en sus puntos de vista, entonces la confusión se adueña de la casa y la separación se instala en el lecho matrimonial. Todos los días hay un suceso lamentable en el hogar, pues las parejas no se pueden entender, aun hablando el mismo idioma. El metal de voz es lo que menos importa, pues si uno grita el otro se encrespa, pero si ruega aún es peor. Es como si las palabras fuesen pólvora, y si enmudece, al mínimo gesto estalla. ¿Qué es lo que pasa?, se preguntan. Mas es obvio que el diablo está dañando la comunicación. Discernamos el espíritu de las cosas porque el hogar es de Dios, y al contrario de la torre de Babel (Génesis 11:7), el Señor sí quiere esa edificación.

Por tanto, si tu edificación está a punto de convertirse en una «Babel», plántate y dile al diablo: «Este edificio matrimonial, por causa tuya, pareciera que va a quedarse inconcluso, pues llevamos muchos años tratando de comunicarnos y no podemos entendernos. Por mucho tiempo nos has hecho tus instrumentos y pareciera hasta que te pertenecemos, pero nosotros tenemos dueño, y es Dios. Ha llegado el jubileo a nuestras vidas, por tanto, en este hogar el Rey es el Señor. Él nos compró con su sangre y nos unió en matrimonio, así que en el nombre de Jesús ya no te serviremos más a ti. Desde este momento se acaban los pleitos en esta casa, porque a paz y a liberación hemos sido llamados. Desde este instante declaramos un jubileo eterno en nuestro hogar». Haz esta confesión en la fe del Hijo, pues aunque hayan pasado veinte años y pareciera que el amor se ha acabado, que están desanimados, que ni consejeros ni siquiatras han podido ayudar y la mejor solución pareciera que es divorciarse, a pesar de todo eso, dice la Palabra de Dios que los hijos de Israel no serán esclavos perpetuamente. Confía en Dios, pues Jesús vino a declarar el año agradable del Señor también en tu hogar.

Si el problema tuyo son los acreedores, porque el diablo se ha encargado de cegarte para endeudarte, dile: «Bastantes años te serví, y he gastado más de lo que tenía y ahora parece que mi vida no es suficiente para poder pagar. Pero veo en la Palabra que alguien pagó mis deudas por mí, y ahora me regreso a mi Señor, el que pagó y a quien debo servir». No te sientas culpable de que por un error, por una dureza de corazón, por una desobediencia hayas tenido que dejar de servir a tu verdadero amo y Señor para servir a un opresor. Si eso te pasó ya Dios te perdonó, lo importante aquí es que la aflicción no será para siempre. Así que el que cree en esto no se resigna, ni vive llorando como el que no tiene remedio, diciendo: «Tantos esfuerzos en vano; trato y no puedo, me levanto y me dan por la cabeza y ¡para el hoyo otra vez!». ¿Por qué? Porque la Biblia dice que los extranjeros, los impíos pueden ser esclavos para siempre, pero no los hijos de Israel. Los hijos de Dios podrán ser esclavos por poco tiempo, pero no esclavos por todo el tiempo.

Detente un momento y medita estas palabras delante del Señor. Piensa en cualquier cosa que te ha estado oprimiendo por años, sea lo que sea. Declara ahora mismo la Palabra de Dios que estás recibiendo y di: «Alma mía, esto no es para siempre». No importa la opresión que sea, levántate, no te resignes, no entregues tu mente a la frustración ni digas que ya no hay remedio, que serás esclavo para siempre, porque si eso te ha estado sucediendo, no importa el tiempo que haya trascurrido con el problema de salud, con el esposo infiel o abusador, el hijo desobediente, los problemas familiares, porque si fue por un tiempo, no lo será por todo el tiempo. No será cualquier día, es hoy el día de tu salvación.

Si el diablo te ha esclavizado el cuerpo entre barrotes y estás literalmente encarcelado, dile: «Mira, tú tienes mi cuerpo preso aquí, dentro de estas barras, y pareciera que las puertas de la prisión nunca se abrirán para mí, porque te has colocado allí como el celador, pero quiero decirte que a pesar de eso, nunca vas a poder esclavizar mi espíritu, pues yo soy libre en Cristo Jesús». Y lo que quiero transmitirte con esas declaraciones es que aunque estés en una situación donde concretamente estás preso, tienes que creer que estás libre ya, porque por fe puedes llamar las cosas que no son como si fueran. Si lo crees, ya el dolor de estar en prisión no se enseñoreará de ti al punto de amargarte la existencia, aunque cumplas una sentencia de vida, porque por fe tus prisiones fueron abiertas, tu alma ha salido del calabozo, y nadie, absolutamente nadie podrá enjaularla jamás. Ahora estás proclamando, estás creyendo, estás viviendo tu libertad como si la estuvieras disfrutando en este momento, y nadie podrá quitarte ese gozo (Juan 16:22). Es tuyo, el Señor te lo dio.

Eso es lo que Dios quiere, que eches mano de la fe, no importa los años que pasen, porque fiel es el que prometió (Hebreos 10:23). Dile: «¡Señor! ¿No me salvaste tú para ser un hombre o una mujer libre en Cristo Jesús? Dime, ¿qué hago aquí todavía desde hace más de cincuenta años sirviéndoles a estos acreedores, trabajando desde mi juventud? ¡Acuérdate de tu pacto conmigo, oh Dios y sálvame!». Záfate desde este momento, pues Dios quiere traerte liberación. Toma en cuenta que la liberación no va a venir porque yo lo diga o levante mi mano, sino que vendrá cuando tú lo creas. Cree a la Palabra de Dios, no a mí, y si tanto has sufrido que sientes que te falta la fe, pídesela al que te la puede y quiere dar. Sal libre ya y entra al jubileo de tu Dios.

La Palabra de Dios es para aquellos que la creen. Puedes leer esta palabra y parecerte muy linda, pero Dios no quiere que admires la Palabra, sino que la vivas. Dios no quiere que te goces con la Palabra, sino que la disfrutes, porque es para ti. Estamos en el tiempo de la liberación, los símbolos se destruyen, los panoramas cambian, incluso las torres gemelas de la ciudad de Nueva York (The World Trade Center) fueron derribadas, pero la edificación que hace Dios no. Esa permanece para siempre. Entonces, edifiquemos de nuevo, pero en Dios, en vida, en amor, en unción, en poder, en esperanza, en liberación. Dios quiere que seamos libres, ese es el deseo del corazón del Padre. No podemos vivir mirando el ayer y lamentando lo que pudo haber sido y no fue, porque nos convertiremos en estatuas de sal a fuerza de frustración y de lágrimas (Génesis 19:26). Sigamos adelante, firmes en la libertad con la que nuestro Señor Jesucristo nos ha hecho libres, y no nos sujetemos al yugo de la esclavitud como si todavía tuviera alguna trascendencia en nuestras vidas (Gálatas 5:1).

La Palabra de Dios es para aquellos que la creen.

La Biblia dice que no comprometamos nuestra libertad ni nos hagamos esclavos de los hombres. Si Dios ya te hizo libre, no te vuelvas a

esclavizar. Si Dios te salvó, eres siervo de Dios. Eso es lo que significa ser salvo: que después de haber servido a Satanás por un tiempo, Dios te salva, te limpia con su sangre y te planta en su reino para que vivas para él. Entonces, ¡libérate del dominio del diablo! No importa lo que sea que quiera mantenerte amarrado, ya sea el dinero, la depresión, el desánimo, el pesimismo, la incredulidad, la falta de visión, el estancamiento, ¡escápate de eso! ¡Escapa por tu vida! Tú eres un hombre y una mujer libre en Cristo Jesús, échale mano a la promesa.

Es bueno aclarar que el «jubileo» no necesariamente tiene que ser para todos el mismo día. Estamos en la dispensación del Espíritu, en la cual no estamos sujetos a parámetros humanos, sino a medidas de fe (Romanos 12:3). El jubileo comienza el día que recibes en tu vida esa Palabra y la crees, entonces te zafas de tu opresor, por fe, para ir a servir a tu verdadero amo. Ese es tu jubileo. Se da el caso, por ejemplo, de una persona que está endeudada, afligida por las deudas y las demandas de esta vida, al punto de haber comprometido hasta su futuro económico por varios años y sin posibilidad de conseguir a un «buen samaritano» que le ayude a salir del atolladero. No obstante, la persona ha recibido esta Palabra de esperanza en su corazón y la cree, por ende, para ella ya llegó el jubileo. ¿Por qué? Porque aunque aparentemente siga endeuda, su mente ha sido libertada con esta enseñanza, las aflicciones de las deudas no serán más su tormento de noche y de día, será otro su proceder. El sol de justicia le ha iluminado el entendimiento y sabe que su redención está cerca. Entonces, dejará de pedir prestado, se limitará y en cambio, planificará para salir de las deudas, y quien sabe si Dios le proveerá de alguna parte para finiquitar de una vez por todas sus apuros y le dé incluso hasta que sobreabunde. Yo creo eso, porque mi Dios es *Jehová yireh*, el que da medida buena, apretada, remecida y rebosada (Lucas 6:38). Mi Señor es aquel cuyo brazo no se ha cortado y su misericordia es nueva cada día. Es la Palabra la que nos hace libres, por la fe.

El Espíritu me dice que el diablo en este mismo instante está perdiendo a muchos de sus oprimidos. ¿Sabes por qué? Porque el diablo con su astucia y el uso de ardides ha logrado sojuzgar a muchos de nosotros. Por eso hay quienes ya se han dado por vencidos y se han resignado a seguir en esa situación de esclavitud. Por lo tanto te invito a que te unas conmigo en oración por aquellos que han sido libertados, pero permanecen encerrados en las cárceles de su corazón, siendo oprimidos sin razón. Solamente uno que sea libre puede libertar a otros, y Dios nos llamó a libertad en el nombre de Jesús.

Ya sean deudas, vicios, depresión, sentimientos de culpa, rencor, circunstancias adversas, abuso, afección, reacción, debilidades, sea lo que sea, en el nombre de Jesús, será quitado en este instante. No importa que sea una condición mental, puede ser un espíritu de ociosidad, inconstancia, ambivalencia, depresión, raíz de amargura, enojo, mentira, envidia, celos, maledicencia, sospecha, de lo que sea, pídele a Dios ahora mismo que te liberte en el nombre de Jesús. Ahí, donde sea que estés en este momento, ya sea en el trabajo, en el tren, en la sala de espera de una clínica, en tu rato al aire libre, en un parque, en la playa, en la cocina de tu casa, en tu cama, no necesito que te pongas de rodillas, solo que inclines tu corazón y dirijas una oración conmigo a nuestro Señor:

> «Padre, en el nombre de Jesús, te creo. Tú dices en tu Palabra que no seré esclavo de forma perpetua, porque siervo tuyo seré para siempre. Por tanto, Señor, en el nombre de Jesús, entiendo que lo que perdí ahora vuelve a mí, recobro mi libertad para servirte solo a ti. Tú fuiste quien me redimiste y en este día yo hecho mano a esta palabra, me lleno de fe y me resisto a resignarme, zafándome violentamente de las garras del enemigo para no volver a servirle más. Hoy es mi jubileo, hoy es día de fiesta para mí, hoy vuelvo a mi amo, para servirle para siempre. Señor, oye mi oración, sea tu poder sobre mí, pues no seré mas un esclavo, no seré más un desposeído, lo que he perdido vuelve a mí, la tierra, la salud, el gozo vuelven a mí, la liberación vuelve a mí, para devolverte el todo a ti, en el nombre de Jesús.
>
> »¡Mi Dios! En ti me declaro libre. Rompe mis cadenas, quita mis ligaduras; que la fe se apodere de mí y al pasar esta página sea totalmente libre. Creeré en tu Palabra, creeré en tus promesas, nunca se me olvidarán, escríbelas en mi mente, dámelas como un arma contra el enemigo, para pelear usándolas como una espada desenvainada contra las circunstancias y contra toda opresión y debilidad, en el nombre de Jesús. Soy libre, porque Cristo me ha hecho libre. ¡Libera a tu pueblo Señor!
>
> »Hazme entender, oh mi Dios, que todo lo que tengo y soy es tuyo, y que lo debo administrar con fidelidad por amor a tu nombre. Celo mi libertad, no tanto para disfrutarla, sino porque es tuya y porque a ti te costó mucho comprarla. El gozo del jubileo no es tanto porque recupero mi libertad y mis bienes, sino porque ahora soy libre para servirte solo a ti, las propiedades rescatadas

serán un recurso para tu obra y tu propósito. Señor, no permitas que sea mi propio opresor, apoderándome de mi «propia libertad» y adueñándome perpetuamente de los bienes que me has confiado. Mi oración es que seas el todo en todo lo que has puesto en mis manos para administrar. En el nombre de Jesús, amén».

III.4 En su diario vivir

«Porque ninguno de nosotros vive para sí, y ninguno muere para sí. Pues si vivimos, para el Señor vivimos; y si morimos, para el Señor morimos. Así pues, sea que vivamos, o que muramos, del Señor somos. Porque Cristo para esto murió y resucitó, y volvió a vivir, para ser Señor así de los muertos como de los que viven» (Romanos 14:7-9).

La Biblia es un libro rico en ilustraciones, las cuales nos muestran que Dios es el todo, inclusive en las situaciones más insufribles en la vida de sus elegidos. La desgracia de Job (Job 1:12; 2:6), la muerte de Ofni y Finees (1 Samuel 2:25), la obstinación del Faraón (Éxodo 7:13) y la ceguera de Israel para ver al Mesías (Juan 12:40) son solo ejemplos de que Jehová es Dios, y en su soberanía él hace como quiere. Vemos cómo el Señor aprovechó la rebelión de Israel y el rechazo de ellos a su ungido para dar salvación a los gentiles, a nosotros, que no estábamos dentro del pacto y las promesas. El apóstol Pablo explica esta situación de la siguiente manera: *«Porque Dios sujetó a todos en desobediencia, para tener misericordia de todos»* (Romanos 11:32). Así que tanto a judíos como a gentiles, a todos los sujetó Dios en desobediencia, y eso no quiere decir que Dios los hizo pecar, sino que ellos desobedecían y Dios los mantuvo en sujeción, para luego tener misericordia de todos ellos y llevarse él la gloria y la exaltación en cuanto a la salvación.

Una vez le pregunté al Señor por qué permitió que su pueblo Israel padeciera cuatrocientos treinta años de esclavitud en Egipto, siendo humillados, en gran aflicción y con muchos otros padecimientos, según narran las Escrituras (Éxodo 3:7; 12:40). La respuesta vino a través de su Palabra: *«Nuestros padres en **Egipto** no entendieron tus maravillas; no se acordaron de la muchedumbre de tus misericordias, sino que se rebelaron junto al mar, el Mar Rojo. **Pero él los salvó por amor de su nombre, para hacer notorio su poder»*** (Salmo 106:8). Es decir que Dios los sujetó a desobediencia y aumentó y permitió que fuera más intensa la aflicción de su pueblo, de manera que pasaran por el horno de la esclavitud, que comieran el pan de dolores por más de cuatro siglos, para que el día que él los visitara para redimirlos, y debido al padecimiento de una esclavitud tan extensa, Israel nunca se olvidara de quién fue su Redentor. Vamos a decirlo de otra manera: Dios sujetó a Israel a esclavitud por más de cuatrocientos años para que cuando él decidiera libertarlo, su pueblo apreciara a su libertador, se lo debiera todo a él y nunca se olvidara de que Jehová es Dios.

Por eso se los repetía, les dio un Deuteronomio y los hacía pasar por diversas situaciones después de libertarlos, a fin de que Israel nunca olvidara que él fue quien los sacó de la tierra de Egipto, de casa de servidumbre y nunca se apartara de él por todos los siglos de su trato. Él quería que Israel tuviera una actitud de dependencia, una actitud de gratitud, una actitud de admiración hacia él. Estoy seguro de que si su pueblo hubiese permanecido solamente diez años en la aflicción y Dios lo hubiera sacado por medio de una batalla, por grande que esta haya sido, con el paso del tiempo nadie habría recordado eso, pero muchos siglos dejan huellas imborrables. Solo así Israel puede decir como dijo Pablo: *«De aquí en adelante nadie me cause molestias; porque yo traigo en mi cuerpo* ***las marcas*** *del Señor Jesús»* (Gálatas 6:17).

Todo esto el Señor lo hizo con el fin de hacerles bien, pero más que nada para hacer notorio su poder. Moisés dijo a Israel: *«Y te afligió, y te hizo tener hambre ... afligiéndote y probándote, para a la postre hacerte bien»* (Deuteronomio 8:3,16). Dios a propósito dificultó la situación, vemos que él mismo endurecía al Faraón y hacía que este reaccionara con más despotismo y totalitarismo contra el pueblo, a fin de que, tanto el que se endurece como el que es libertado, no tengan dudas de quién es el Poderoso y a quién corresponde toda la gloria. Él dejaba que las cosas se complicaran y que vivieran una situación extremadamente dramática, para así extender su mano y que todos vieran que lo hizo Jehová.

Después de salir de Egipto pudiéramos decir que los israelitas habían llegado al borde de un precipicio, con sus perseguidores detrás pisándoles los talones, escuchando el grito de victoria de los egipcios en sus carros de guerra, entre la inmensa polvareda que levantaba el enfurecido tropel en el desierto. ¿Cómo huir de todo ese infierno? ¿Por dónde habrían de escapar? El Mar Rojo, enorme y embravecido, humedecía toda esperanza de escape, y ante toda esa tensión, desde los niños hasta los mayores, comenzaron a gritar y a culpar a Moisés, al que veían como responsable de todas sus tragedias. Moisés contempló la situación: estaban atrapados, y no tenían forma de escapar ni avanzar. Tampoco él tenía palabra alguna para responder a las demandas del pueblo, por eso clamó a Dios y él le contestó: *«¿Por qué clamas a mí? Di a los hijos de Israel que marchen»* (Éxodo 14:15). Moisés debió pensar: «Pero ¿qué es esto? Jehová me dice que marchen, pero, ¿hacia donde? ¿Es que acaso no ve que no podemos devolvernos porque el ejército del Faraón nos persigue y que cruzar el mar es humanamente imposible? Me pregunta por qué le clamo, pero ¿a quién voy a clamar sino a él? ¿Cómo he de detener al ejército del Faraón? ¿Cómo podré huir y salir ileso con un pueblo tan numeroso? ¿Adonde iré?» Mas todas las interrogantes de Moisés fueron rápidamente contestadas, pues Dios puso una columna de fuego para que no pudieran pasar los egipcios y dar así tiempo al pueblo de cruzar el Mar rojo, el cual Jehová abrió prodigiosamente (Éxodo 14:29-30).

Ahora pregunto: ¿Si no se hubiera presentado esa dificultad hubiese podido Dios manifestar su poder como lo hizo? Todos los dioses antiguos eran pedazos de leña, estatuas de yeso que tenían que ser llevados en los hombros, pero el Dios de Israel era el Dios vivo, y se manifestó y se dio a conocer. Él habló, se dejó ver, abrió el Mar Rojo y dejó sus rastros en el Jordán. En espíritu se pueden ver las huellas de Dios en el monte Horeb, percibir su olor grato en el viento apacible y delicado del desierto, y regocijarse en la sombra de la nube de día y en el calor de la columna de fuego de noche. Sí, la iglesia puede ver a Dios allá, y un día, cuando estemos camino hacia el cielo, el Señor nos dirá: «Mira hacia abajo, mira mis huellas desde que saqué a Israel de Egipto hasta hoy, que he cumplido mi promesa de venir a buscarles. He estado todo el tiempo con mi pueblo, para glorificarme».Y esa es la forma de Dios en la redención, en la santificación, en la nueva creación, en las buenas obras, en todas las cosas y hasta en el trato contigo. Él te hace tener hambre, padecer necesidad y sufrir la aflicción para a la postre hacerte bien, pero sobre todo es para que conozcas a Jehová tu Dios y para que se lo debas todo a él. Dios quiere que tu alabanza no sea un cántico ficticio, aprendido de memoria, sino una melodía que salga de una profunda convicción en el Espíritu de que tu Dios es grande, de que tu Dios es bueno, de que tu Dios es admirable. Y esa es la forma como él hace todo en ti y en todos.

Esto no es un catecismo o un estudio en el que hemos bosquejado muy bien los temas, tomando un versículo aquí y añadiendo otro allá para que al final digas: «Es verdad lo que Dios nos enseñó a través del hermano Fernández. Él quiere ser el todo y en todos». No, ese no es el asunto en sí, lo que Dios quiere producir en ti es que él sea el todo en tu vida. ¿Y cómo lo va a lograr? Como lo logró en Israel. Posiblemente te va a sujetar a padecimientos; quizás va a permitir que un aguijón, un mensajero de Satanás te abofetee, para que repose en ti su gracia y se haga notorio su poder en tu vida; para que se lo debas todo a él; para que no tengas nada de qué gloriarte, ni nada de qué jactarte.

Si leemos el libro de los Salmos podemos ver quién es el centro de la adoración del salmista. Aunque David le cuenta sus problemas a Dios y trae delante de él su tristeza, le dice: *«Mírame, y ten misericordia de mí, porque estoy solo y afligido ... Sácame del lodo, y no sea yo sumergido ... Las angustias de mi corazón se han aumentado; sácame de mis congojas ... Porque mis enemigos están vivos y fuertes, y se han aumentado los que me aborrecen sin causa ... Porque me han rodeado males sin número; me han alcanzado mis maldades, y no puedo levantar la vista. Se han aumentado más que los cabellos de mi cabeza, y mi corazón me falla»* (Salmos 25:16; 69:14; 25:17; 38:19; 40:12). Si analizamos los salmos profundamente, veremos que Jehová es el centro de la adoración del salmista, pues por cada lamento que escribió concluyó el cántico con una exaltación al Señor.

Nadie tiene derecho a gloriarse. Por eso fue que a todos nos sujetó a desobediencia, para tener misericordia de todos y aparecer como el protagonista, para que se lo debas todo, para que no tenga que recompensarte porque hiciste algo, sino que tú lo tengas que reconocer a él porque lo hizo todo. *«¡Oh profundidad de las riquezas de la sabiduría y de la ciencia de Dios! ¡Cuán insondables son sus juicios, e inescrutables sus caminos! Porque ¿quién entendió la mente del Señor? ¿O quién fue su consejero? ¿O quién le dio a él primero, para que le fuese recompensado? Porque de él, y por él, y para él, son todas las cosas. A él sea la gloria por los siglos. Amén»* (Romanos 11:33-36). Veamos el Salmo 63, y miremos a través de sus versículos si David entendió o no esta verdad.

> *«Dios, Dios mío eres tú; de madrugada te buscaré; mi alma tiene sed de ti, mi carne te anhela, en tierra seca y árida donde no hay aguas»* (v. 1)

No obstante, antes de proseguir, vamos a recordar algo muy elemental de la gramática española, acerca de identificar las partes de la oración. Recuerdo que mi maestra de primaria decía a los estudiantes: «La oración está compuesta de un sujeto y un predicado. El sujeto es de quien se habla, por eso es la parte principal en la oración». A mis ojos, esto era algo muy complicado, y más todavía cuando en una misma oración se incluían nombres y cosas. Mas hubo algo que ella nos enseñó que me sirvió incluso hasta en mis estudios universitarios, donde las clases de Gramática y Lenguaje eran sumamente complicadas, ya que a veces el sujeto simplemente era una implicación y estaba escondido en la oración. Ella nos dijo que la clave para identificar al sujeto es preguntarle al verbo, pues de acuerdo a la acción del verbo se sabrá de quién se habla en la oración. Por ejemplo: *El caballo de papá corre mucho.* ¿Quién corre mucho? El caballo de papá. ¿De quién se habla en la oración? Del caballo de papá. Entonces concluimos que «el caballo de papá» es el sujeto en la oración. Partiendo de ese concepto tratemos ahora de identificar el sujeto en esta oración de David: *«Dios, Dios mío eres tú»*. Primero identifiquemos el verbo: Es el verbo «ser» en su forma verbal «eres». Ahora preguntémosle al verbo: ¿Quién eres tú? Dios. ¿De quién se habla en la oración? De Dios. ¿Quién es el sujeto entonces? Dios. Continúa aplicando esta regla a los siguientes versos:

> *«Para ver tu poder y tu gloria, así como te he mirado en el santuario. Porque mejor es tu misericordia que la vida; mis labios te alabarán. Así te bendeciré en mi vida; en tu nombre alzaré mis manos. Como de meollo y de grosura será saciada mi alma, y con labios de júbilo te alabará mi boca, cuando me acuerde de ti en mi lecho, cuando medite en ti en las vigilias de la noche. Porque has sido mi socorro, y así en la sombra de tus alas me regocijaré. Está mi alma apegada a ti; tu diestra me ha sostenido»* (Salmo 63:2-8)

Entonces, ¿quién es el todo en la oración de David? Dios. ¿Cómo llegó David a esa convicción? ¡Ah! Por su experiencia con Dios y su trato con él. Eso no se aprende por leer mucho, pues tú puedes leer miles de libros y saberte la Biblia de memoria, pero si Jehová no ilumina tu entendimiento haciéndote entender que él es el todo, tu vida no pasará de ser un suceso más en esta existencia, igual que la de cualquier bestia del campo (Eclesiastés 3:19). Entonces, ¿por qué Dios en todos los capítulos anteriores te mostró que él fue quien te eligió, te salvó, te justificó y te dio el hombre nuevo; que él obra en ti el querer como el hacer por su buena voluntad; que lo ha hecho todo en ti y que tú simplemente eres el vaso donde él deposita su bendición y su gracia? ¿Por qué y para qué? Para que no te jactes en su presencia y se lo debas todo a él, de manera que cuando vengas a su presencia lo puedas alabar con convicción.

Nota que cuando uno se considera bueno no le ora a Dios, sino que oramos para nosotros mismos, como el fariseo, diciendo: *«Dios, te doy gracias porque no soy como los otros hombres, ladrones, injustos, adúlteros, ni aun como este publicano; ayuno dos veces a la semana, doy diezmos de todo lo que gano»* (Lucas 18:11-12). Identifica el verbo, para que sepas —aunque está encubierto— de quién es que se habla en esa oración: *«Te doy gracias»* ¿Quién? Yo; *«Porque no soy»* ¿Quién? Yo; *«Ayuno dos veces»* ¿Quién? Yo; *«Doy diezmos»* ¿Quién? Yo, yo, yo... Ahí, de forma obvia, Dios no es el todo. Este hombre expresó su deseo, dio detalles, hizo comparaciones, destacó sus obras, pero en todo cuanto habló no hubo alabanza para Dios. Porque cuando estamos llenos de suficiencia propia y de egoísmo pensamos que le estamos haciendo un favor a Dios al servirle; y que él necesita de nosotros, de manera que debe recompensarnos porque andamos —a nuestros ojos— «rectamente».

Mas ahora fíjate en la oración de aquel publicano, sobre el cual se refirió el fariseo despectivamente en la oración en cuestión. Ese hombre no se atrevía a acercarse, ni siquiera a levantar sus ojos al cielo, pues se sentía indigno. Solo se golpeaba el pecho diciendo: *«Dios, sé propicio a mí, pecador»* (Lucas 18:13). Su oración fue cortita, pero observa la forma reflexiva: *«Sé»* ¿Quién? Dios. ¿Quién debe ser propicio? Dios. Entonces, ¿quién era el centro de la oración? Dios. ¿Cómo se describió el publicano a sí mismo? Como un pecador, alguien que reconoce que necesitaba ser justificado. ¿Por qué ese individuo oraba así? Porque se sentía indigno, y sabía que no merecía nada y que necesitaba el favor de Dios, algo que muestra la humildad y la humillación del que solicita. Como está escrito: *«No sufriré al de ojos altaneros y de corazón vanidoso»* (Salmo 101:5). Para el publicano, en su propia opinión, él no era nada, mientras Dios era todo. Por eso salió justificado (Lucas 18:14).

El Señor trata de convencerte de lo que eres a fin de que puedas apropiarte de lo que él puede ser en ti.

Dios quiere bendecirte al igual que a este publicano para que sepas que él también tiene buena voluntad para ti (Lucas 2:14). El Señor trata de convencerte de lo que eres a fin de que puedas apropiarte de lo que él puede ser en ti. Dios quiere que sepas que nadie en la redención puso nada, y que tú tampoco lo hiciste, sino que como todos trajiste y pusiste sobre él el peso de tus pecados e inmundicias. Y él, en su gran misericordia, quiso elegirte, salvarte, justificarte, santificarte, glorificarte, porque así le agradó, y no porque eres bueno ni porque hubiera nada bueno en ti. Él te libertó con su brazo todopoderoso, te sacó de donde estabas. ¿Para qué? Para que tengas convencimiento de lo que él es.

No hay convicción en una persona para alabar hasta que no entiende cuánto le debe a Dios por todas las cosas en su vida. La alabanza verdadera brota de la vida de alguien que reconoce que es deudor, que sabe que nunca jamás podrá saldar su deuda con Dios. Podrás cantar bonito, levantar las manos y sentir toda la sublimidad de la alabanza, pero solo se alaba con avidez cuando reconocemos su intervención en nuestra vida. Al Señor se le ve cuando pasas por una gran tribulación y él hace un milagro en tu vida, rescatándote de la desesperación, entonces vendrás con lágrimas en tus ojos a alabarlo a él. No hay una alabanza más linda que la que sigue después de un tiempo de aflicción, por la gran liberación que Dios ha hecho en tu vida.

Con anterioridad te dije que si quieres salvar a alguien debes empujarlo por el abismo de sus deficiencias e imposibilidades, para que cuando vaya pataleando en el aire grite: «¡SEÑOR, SÁLVAME!». Entonces, cuando Dios lo rescata y lo pone sobre la roca en un lugar seguro, cura sus heridas y le da paz, este hombre quisiera inventar palabras nuevas e inefables para poder expresar al Señor su agradecimiento. En cambio, mientras crea que está bien y considere que se lo merece todo, no va alabar, ni va a servir a Dios, ni va a reconocerlo como el todo en su vida.

La redención es algo santo, porque no es una estrategia de alguien que se siente menos o de quien quiere llevarse el show porque necesita de tus alabanzas. No, no, no. Dios no tiene necesidad de ti ni de mí. Dios no necesita que le admires para saber que es Admirable, pues existen millones de criaturas que desde la eternidad le conocen y no se cansan de decir: *«Santo, santo, santo»* (Apocalipsis 4:8). Ellos no cesan de día y de noche de decirlo y de magnificarlo. Y no lo dicen como los muñecos de cuerda, que hablan o caminan si se le activa el resorte para hacerlo, sino que tanto querubines como serafines, cada vez que ven un aspecto de Dios, dicen: «¡Gloria, gloria, gloria! Él es santo, él es justo, Señor Dios Todopoderoso (Apocalipsis 5:12-13; 16:5; 4:8). Ellos están convencidos porque ven de cerca su santidad, su majestad, su poder y su grandeza. Entonces, ¿necesitará Dios de ti? ¿Hará Dios un espectáculo, un show, para suscitar tu admiración? No, amado, Dios no necesita de tus halagos, sino que él te ama, y como eres su criatura, quiere hacerte parte de un todo donde él es el centro.

Todo esto Dios lo hace por amor, derramando también de ese amor en nuestros corazones, para que podamos beneficiarnos de su bendición (Romanos 5:5). *«Porque el amor de Cristo nos constriñe, pensando esto: que si uno murió por todos, luego todos murieron»* (2 Corintios 5:14). ¿Cuándo el amor de Cristo nos constriñe? ¿Cuándo nos mueve a alabar a Dios con gozo y con lágrimas en los ojos? ¿Cuándo nos impulsa a salvar el alma perdida y nos motiva a ir al necesitado? ¿Cuándo? Cuando pensamos en el espíritu, porque pensar en la carne trae a nuestra mente justificación para no hacer las obras, pero el Espíritu nos da la convicción de que si uno murió por todos es como si todos hubieran muerto. Por tanto, cuando el Señor quiere constreñirte, cuando el Señor quiere apelarte, moverte, convencerte, él te lleva a pensar en esto, poniendo frente a ti la cruz del Calvario.

Si quieres ver un hombre derretirse en la presencia de Dios y venir como un mendigo pidiendo la limosna a los pies del Señor, que haga una visita al Calvario en espíritu y vea lo que Dios hizo: Condenó al inocente en lugar de los culpables y al justo por los injustos para llevarnos a él. Por lo cual, cuando pienso esto en el espíritu, en que él me lo dio todo a mí que no merecía nada, cuando medito en el gran cambio, no hago más que darle gracias. A saber: él tenía un trono y yo tenía una cruz; él tomó mi cruz para darme su trono. Yo era pecador, una llaga podrida que le apestaba a Dios, él era la justicia que estaba en Dios. Él se hizo pecado para que yo —que soy pecado— ahora fuese justicia de Dios en él. Yo estaba muy lejos y él estaba bien cerca; él en la cruz se puso muy lejos para que yo ahora esté muy cerca. Él era el único rico, yo era muy, muy pobre; él en la cruz se hizo el más pobre de todos los hombres, para que por su pobreza, ahora sea yo enriquecido. Entonces es cuando todo mi orgullo queda abofeteado, mi boca cerrada, mis rodillas se doblan, mi corazón se inclina hacia Dios y tengo que decir: «Señor, tú lo mereces todo y yo nada».

La mayor convicción que Dios puede dar a un hombre es la convicción de la gracia de Cristo. Nadie jamás entrará al Santísimo y adorará a Dios como debe ser adorado si al pasar por el atrio no se agarra de los cuernos del Altar y entiende lo que paso allá en la cruz. Hay irreverentes que entran al Santísimo y miran al atrio, como diciendo: «Yo no soy del atrio, no merezco estar afuera, por eso estoy aquí». ¡Ay, de ellos!, pues no saben ni siquiera por qué entraron ahí. Mas, tú, graba bien por qué el amor de Cristo nos constriñe, como dice la Escritura: *«Pensando esto: que si uno murió por todos, luego todos murieron; y por todos murió, para que los que viven, ya no vivan para sí, sino para aquel que murió y resucitó por ellos»* (2 Corintios 5:14-15). Por tanto, pregúntate: ¿Cuándo el amor de Cristo me constriñe? ¿Cuándo me apela? ¿Cuándo me mueve? ¿Cuándo crea en mí esa actitud humilde, de entrega, de sujeción y de servicio? ¡Ah! cuando pienso que uno murió por todos, luego todos son muertos, para que los que vivan, ya no vivan para sí.

Dios logrará ser el todo en mi vida únicamente cuando ya no viva para mí. Por lo tanto, para que Dios sea el todo en tu vida tienes que morir con él. Es necesario que no vivas más para ti, sino que mueras. Sin embargo, ¿qué significa eso? ¿Qué logra Dios con eso? ¿Qué gana Dios con que los que viven ya no vivan para sí? En Filipenses, el apóstol Pablo nos da la respuesta. Él dice: *«Porque por ahí andan muchos, de los cuales os dije muchas veces, y aun ahora lo digo llorando, que son* ***enemigos*** *de la* ***cruz*** *de Cristo; el fin de los cuales será perdición, cuyo dios es el vientre, y cuya gloria es su vergüenza; que solo piensan en lo terrenal»* (Filipenses 3:18-19). Es decir, que hay muchos que son enemigos de la cruz de Cristo, lo cual nos causa dolor a quienes hemos entendido su gran significado, pues ellos, cuyo dios es el vientre, andan buscando lo suyo, no lo que es de Cristo; andan buscando lo que es terrenal, no las cosas celestiales, las que permanecen. El vientre es una imagen del egoísmo, ejemplifica el que yo viva para llenarme y satisfacer mis apetitos y deseos, que me alcance el tiempo para vivir solo para mí, para todo lo que me gusta; que solo en eso piense y solo en eso viva. Pero Cristo murió para que se acabe el reino del «yo», para que los que vivan ya no vivan para sí, sino que vivan para Dios.

¿Es posible que un ministro de Dios le tenga que decir a un cristiano que hay bendición en la iglesia para que asista a los servicios de adoración? Cuando vives para Dios, y él es el todo de tu vida, no vas a la iglesia para fortalecerte, ni para llenarte, ni para que te ayuden, sino porque quieres alabar al Señor. Cuando Dios es agradado, él bendice y galardona, entonces sales fortalecido, lleno de su unción, y pronto verás su gloria en cualquier dificultad que estés atravesando. Ese es el fruto de Dios, de que él se encuentre en su lugar, de que sea el centro en tu vida, y las consecuencias de no vivir para ti, ni buscar lo tuyo, sino todo lo que es del Señor.

Es decir, si la motivación de congregarte con tus hermanos se debe a que reconoces que no te hiciste a ti mismo, sino que eres una criatura de Dios y solo a él debes alabanza, que él es tu Padre y deseas alabar la majestad de tu Rey, entonces ya no estás buscando sentir, experimentar una sensación o una emoción. Lo digo porque eso es lo que muchas veces nos apela, y las predicaciones en los púlpitos nos incentivan a ello diciendo: «Hermano, adora a Dios porque hay poder en la alabanza; adora a Dios porque cuando lo haces se resuelven los problemas; adora a Dios porque cuando le adoras te fortaleces en la fe» ¿Qué es lo que ellos están diciendo? Lo que están diciendo, en otras palabras, es: «Hermano, busca lo tuyo; mira aquí tengo una clave para el éxito, levanta las manos, adora al Señor y repite esta oración, para que vivas como un rey». Mas te aseguro que aquí se aplica muy bien lo que dijo Jesús: *«No todo el que me dice: Señor, Señor, entrará en el reino de los cielos ... Y entonces les declararé: Nunca os conocí; apartaos de mí, hacedores de maldad»* (Mateo 7:21,23).

Una correcta actitud hacia Dios en adoración es tener el pensamiento de que si hay un cielo, amo a Dios, pero si no lo hubiese, también lo amo.

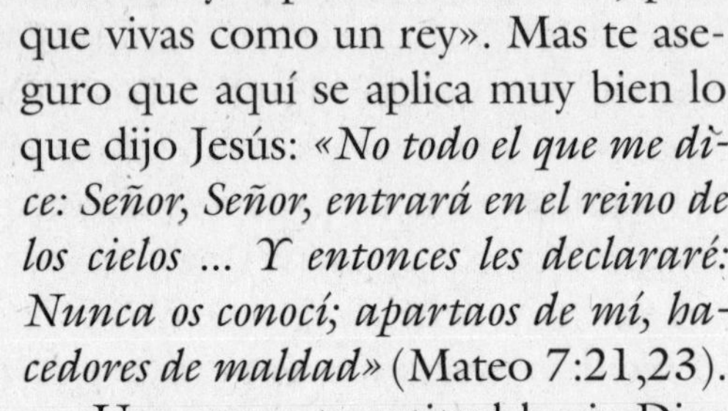

Una correcta actitud hacia Dios en adoración es tener el pensamiento de que si hay un cielo, amo a Dios, pero si no lo hubiese, también lo amo. Tristemente debo reconocer que si no hubiera cielo (la recompensa de la vida eterna), posiblemente ninguno de nosotros estuviéramos alabándole. Si eso fuera así es porque todavía no hemos entendido que si él nos amó para hacernos uno con él, en esa unidad el cielo está incluido. Por eso el Señor dijo: *«Buscad **primeramente** el reino de Dios y su justicia, y todas estas cosas os serán añadidas»* (Mateo 6:33). Con todo, nosotros andamos al revés. Estamos viviendo buscando las cosas añadidas para encontrar el reino de Dios, venimos a la iglesia porque hay bendición, doy mis diezmos y ofrendo al Señor porque él abrirá las ventanas de los cielos y va a derramar bendición en mi vida hasta que sobreabunde. Mas vive Jehová, en la presencia de quien estoy, que eso se va a acabar en la iglesia. Dios va a dar entendimiento a su pueblo para conocer al que es verdadero, y acabará con el egoísmo, las malsanas motivaciones y el egocentrismo, para que los que viven ya no vivan para sí y ya no busquen lo suyo. ¡Se tienen que terminar las depresiones y el reinado del «yo me siento», el «diablo me ataca» y el «diablo me impide» en la vida de los que viven! Se tiene que terminar el depender en lo que siento y en lo que pienso.

Yo te desafío hoy a ti, amado, y te pregunto: ¿Quieres en verdad terminar con tus depresiones? Entonces mira hacia Dios y no a ti. Olvídate de que te sientes triste, piensa que Dios se siente alegre por todo lo que ha hecho en ti, y verás que se irá la tristeza. Olvídate de que sientes temor, ya que en Dios no hay temor, porque Dios es amor. Sal de una vez por todas del mundo del ego para que vivas en el mundo de Dios, y vivirás flotando en las alturas, como las águilas. Deja de vivir en el ayer, afectado por las cosas del pasado, vive en el presente confiando en el que dijo: *«No os acordéis de las cosas pasadas, ni traigáis a memoria las cosas antiguas»* (Isaías 43:18). Todas las cosas él las ha hecho nuevas, por tanto, debo estar contento tanto cuando tengo mucho como cuando tengo poco, porque todo lo puedo en Cristo que me fortalece (Filipenses 4:13).

¿Por qué el apóstol Pablo podía estar contento sin importar cuál fuera la situación? Porque él decía: *«Estamos atribulados en todo, mas no angustiados; en apuros, mas no desesperados; perseguidos, mas no desamparados; derribados, pero no destruidos; llevando en el cuerpo siempre por todas partes la muerte de Jesús, para que también la vida de Jesús se manifieste en nuestros cuerpos»* (2 Corintios 4:8-10). ¿Y sabes tú qué significa ese lenguaje de «no vivo ya yo»? (Gálatas 2:20). Significa que salió del mundo del ego. ¿Has visto en las películas como representan cuando el espíritu sale del cuerpo a la hora de la muerte y la cámara muestra una toma en la que el cuerpo quedó abajo mientras el que murió está subiendo, flotando? Pues así mismo ocurre cuando «no vives ya tú», es como si el espíritu tuyo se fuera a Dios y desde allá arriba miraras tu cuerpo, quizás enfermo, quizás en penurias, pero no para satisfacer sus necesidades, sino convencido de que en cualquier circunstancia, no tú, sino Dios, cuidará de él. Por tanto, ya no vivas para ti, sino por aquel que murió y que vive por ti. Pídele al Señor que haga de esta enseñanza una realidad en tu vida, porque tú no puedes producirlo en ti, pero Dios sí lo puede hacer. Ruégale todo el tiempo, con toda oración y súplica en el Espíritu, que transforme tu vida, te saque del mundo del «yo» y te introduzca en el mundo de Dios, por amor a su nombre.

Sabemos que al tratar de llegar a una vivencia verdadera, en la que Dios sea el todo en nuestras vidas, encontramos que en nuestro diario vivir existen muchas cosas acerca de las cuales el Señor no nos ha dado un mandamiento expreso ni para guardarlas ni tampoco para no cumplirlas, como es el caso de las que estaban incluidas en la ley de Moisés. En Romanos 14, cuando el apóstol Pablo habló de la ley del amor, también trató sobre aquellas cosas concernientes a nuestra mayordomía y sobre la manera de lidiar con las que son dudosas, con las que no tienen mandamiento de Dios, así como también sobre las cosas en las que hay diferencia de opinión. Por ejemplo, acerca del día del Señor, el guardar el sábado, que en este caso ya había sido abolido para nosotros los gentiles. También con respecto a las comidas, si esto es inmundo o no lo es, si lo comemos o no. Mas nota el pensamiento que prevalece en el consejo de Dios:

> *«El que hace caso del día, lo hace para el Señor; y el que no hace caso del día, para el Señor no lo hace. El que come, para el Señor come, porque da gracias a Dios; y el que no come, para el Señor no come, y da gracias a Dios»* (Romanos 14:6).

Es decir, si haces caso del día, si quieres guardar un día especial, pues hazlo para Dios, pero si decides no hacerlo, también hazlo para Dios. Si decides comer esto o aquello, cómelo para Dios, pero si decides no comerlo, no lo comas para Dios, porque lo guardes para Dios o no lo guardes, todo debes hacerlo en Dios, dándole gracias a él en todo. Por tanto en esas cosas donde el apóstol Pablo deja claro que el Señor nos deja en libertad de decidir —de acuerdo a nuestra convicción y conciencia—, incluso en esas cosas, Dios debe ser el todo en todo. En ese decidir hacer o no hacer, Dios debe ser el todo, porque Dios tiene que tener la preeminencia en todo.

¿Quieres guardar el sábado como día de reposo para Dios? Si lo quieres hacer como algo extra, puedes hacerlo, pero Dios no te está pidiendo que lo hagas. Ya que quieres hacerlo, pues hazlo para el Señor, pero si decides que no, también estará bien delante de Dios. Lo que tenemos que tener claro es que ya no estamos sujetos a preceptos y a mandamientos tales como: No gustes, no comas, no vayas, no toques. (Colosenses 2:21), y que si decido usar la libertad que me ha dado el Señor en el nuevo pacto lo voy a hacer para el Señor, por amor a él. Entonces todo lo que haga, en cuanto a las cosas que Dios no nos demanda, no lo voy a hacer para criticar al hermano o para estar en competencia de santidad con él, mucho menos para estrujarle en la cara que las cosas que guarda no tienen ningún valor, ni para mostrarle que él está esclavizado y yo soy libre, no, no, no. Lo voy a hacer para que Dios sea el todo, guardando la armonía y la paz a las que he sido llamado.

No obstante el apóstol Pablo se sumerge un poco más en lo que Dios nos quiere enseñar con los siguientes pensamientos: *«Porque ninguno de nosotros* ***vive para sí****, y ninguno* ***muere para sí****. Pues si vivimos, para el Señor vivimos; y si morimos, para el Señor morimos. Así pues,* ***sea***

que vivamos, o que muramos, del Señor somos» (Romanos 14:7-8). Es decir, que inclusive en la muerte, Cristo debe ser el todo. Y si vivimos, para Dios vivimos, para que los que vivan ya no vivan para sí, sino para aquel que vivió y murió por ellos. Entonces, ¿cuál es el pensamiento en última instancia? Que Dios sea el todo en tu vivir y también el todo en tu morir; que él, de la misma manera, sea el todo tanto en el uso de tu libertad como en la decisión de abstenerte, porque él debe ser el todo en todo.

Hemos estudiado que el Señor nos hizo suyos a través de la redención con el propósito de que vivamos para él, pues nuestras vidas le pertenecen. Dios requiere de nosotros que vivamos sujetos a su voluntad en todo, no como un capricho o por tener la satisfacción de que nos gobierna. No, mil veces no. Él nos rescató para dignificar nuestra existencia, dándonos la honra de vivir para ser parte de su santo designio. El someternos en obediencia a su voluntad, le facilita a Dios cumplir en nuestra vida lo que se ha propuesto hacer con y en nosotros. El Padre logró que su voluntad prosperase perfectamente en el ministerio del Señor Jesús porque él nunca hizo nada, por pequeño que fuese, independientemente de la voluntad de Dios.

El Señor espera lo mismo de ti y de mí. Un siervo no se gobierna, sino que vive para hacer la voluntad del amo. Un hijo que quiere honrar a su padre nunca le desobedecerá. El creyente que entiende lo que es el reino de Dios y comprende el propósito de su elección y redención nunca tomará en su vida diaria una decisión, por insignificante que esta sea, si no está sometida absolutamente a la voluntad del Padre, comenzando con las decisiones «pequeñas» como a dónde debo ir o qué debo comprar, hasta las más trascendentales como con quién debo casarme o cuál carrera debo estudiar, porque ya no vivo yo, y él es el todo en mí. Hay una sola manera de vivir en el reino de Dios y es viviendo en la voluntad del Rey.

III.5 De toda palabra

«Escrito está: No solo de pan vivirá el hombre, sino de toda palabra que sale de la boca de Dios» (Mateo 4:4).

Este pasaje bíblico de Mateo 4 narra el momento cuando Jesús fue llevado al desierto por el Espíritu Santo para ser tentado. Seguramente lo has oído en prédicas muchas veces, y puede que algunos estimemos que ya nada nuevo se puede decir de él. Mas consideremos que el tono de Dios y la gracia que nuestro Señor ha derramado en su Palabra hace de los textos bíblicos algo nuevo cada vez que llegan a nuestros oídos. Por eso, agucemos todos nuestros sentidos para recibir algunas enseñanzas muy importantes que Dios quiere mostrarnos en él.

Cuando Jesús fue bautizado en el Jordán, el Espíritu Santo descendió sobre el Hijo de Dios, en forma corporal, como paloma, dando testimonio de que él era aquel Mesías que había de venir (Lucas 3:22). También se oyó la voz del Padre diciendo: *«Éste es mi Hijo amado, en quien tengo complacencia»* (Mateo 3:17). Asimismo, Juan dio testimonio de él diciendo: *«He aquí el Cordero de Dios, que quita el pecado del mundo»* (Juan 1:29). Por lo cual Jesús, lleno del Espíritu Santo, se levantó de las aguas, y lo primero que sucedió como parte inaugural de su ministerio fue el ser llevado al desierto por el Espíritu para ser tentado por el diablo.

Sabemos que Dios no tienta a nadie, pero sí permite que nuestro adversario nos tiente, pues a través de las pruebas él cumple un propósito en nosotros. Lo hizo con Job, de manera que el diablo pudo hacer ciertas obras de maldad y destrucción en él y en su casa. Naturalmente, Dios siempre pone un límite al diablo (Job 1:12). Lo hizo también con Pedro, cuando el diablo se lo pidió para zarandearle y él oraba para que su fe no faltase (Lucas 22:31-32). De igual forma Dios permitió que a Pablo un mensajero de Satanás lo abofeteara, para que el apóstol no se enalteciera demasiado (2 Corintios 12:7). Y a pesar que él rogaba que le fuera quitado ese aguijón en su carne, el Señor le respondía: *«Bástate mi gracia; porque mi poder se perfecciona en la debilidad»* (vv. 8,9).

Cuando Dios permite que el diablo invada nuestras vidas no lo hace para que el enemigo nos venza, sino por razones del propósito de su soberanía. Generalmente, Dios lo consiente porque sabe que él va a ganar la victoria, pues no puede ser vencido de lo malo, sino que Dios siempre sale glorificado (Romanos 8:28). El Señor no te expone, a menos que quiera mostrarte tu debilidad para que sepas que no eres tan fuerte como crees, sino que necesitas de él. ¿Qué sentido tiene eso? Bueno, **es mejor que nos gloriemos en nuestras debilidades, para que repose sobre nosotros el poder de Cristo** (2 Corintios 12:9).

Es mejor que nos gloriemos en nuestras debilidades, para que repose sobre nosotros el poder de Cristo.

El apóstol Pedro aprendió esta lección de vida de forma dura cuando dijo de manera jactanciosa: *«Aunque todos se escandalicen de ti, yo nunca me escandalizaré ... Aunque me sea necesario morir contigo, no te negaré»* (Mateo 26:33,35). Pedro hablaba en presunción, negando, inclusive, lo que antes había sido escrito, como le dijo Jesús: *«Todos vosotros os escandalizaréis de mí esta noche; porque escrito está: Heriré al pastor, y las ovejas del rebaño serán dispersadas»* (v. 31), pero Pedro se ufanaba y hacía alarde de una fortaleza con la que no contaba. Por eso el Señor le dijo: *«De cierto te digo que esta noche, antes que el gallo cante, me negarás tres veces»* (v. 34). El discípulo no tuvo que esperar un largo tiempo para saberlo, sino que esa misma noche, con gran dolor y llorando amargamente, el canto del gallo le declaró cuán débil era (Mateo 26:69-75).

Sucedió también con Job, aunque con este siervo Dios tenía otro propósito, como el de dejar enseñanzas muy valiosas para la iglesia en cuanto a consolación y misterios escondidos, de forma tal que no solamente enmudecieran a Job y a sus amigos, sino a todo aquel que las leyera. La lectura del libro de Job nos enseña a callarnos, especialmente a aquellos que son muy ligeros para dar opiniones y que todo se lo atribuyen al diablo diciendo: «Esos están así porque son pecadores. Este está sufriendo mucho porque así lo quiere el Señor; sabe Dios qué hizo y ahora lo está pagando, ¡hjum!». Siempre estamos opinando y atribuyendo todo a los demonios o alguna otra cosa. Somos muy analistas, parecemos sabios, pero en realidad pasamos por necios (Proverbios 12:23).

Es mejor callar como hizo Job, que estuvo hablando hasta que el Señor le respondió desde un torbellino y le dijo: *«¿Quién es ése que oscurece el consejo con palabras sin sabiduría?»* (Job 38:2), y así sucesivamente Dios empezó a cuestionar a Job de manera que este cerró su boca y solo la abrió al final para decir: *«Yo hablaba lo que no entendía; cosas demasiado maravillosas para mí, que yo no comprendía. Oye, te ruego, y hablaré; te preguntaré, y tú me enseñarás. De oídas te había oído; mas ahora mis ojos te ven»* (Job 42:3-5). Dios nos ha enseñado a callar cuando él calla, pues las cosas secretas pertenecen a Dios, mas las reveladas pertenecen a nosotros y a nuestros hijos (Deuteronomio 29:29). Ese es un lindo principio para librarnos de resbalar. Asimilemos, vivamos, gocémonos y andemos en los misterios revelados, pero no vayamos donde Dios no nos ha llamado, porque podemos tropezar y esa no es la voluntad del Padre.

La Palabra dice que Jesús fue llevado por el Espíritu al desierto para ser tentado por el diablo. Lo dice bien claro, no solo una vez, sino tres veces (Mateo 4:1; Marcos 1:12-13; Lucas 4:1-2). ¿Por qué? Porque

Jesús era el segundo Adán (1 Corintios 15:45). Dios le dio el señorío a Adán después de haberlo hecho a su imagen y semejanza, y nuestros padres le obedecieron hasta que le creyeron más a una serpiente que a Dios, por lo que desoyendo la Palabra, pecaron, y de esa forma cayeron. La Biblia dice que somos esclavos de aquel a quien obedecemos (Romanos 6:16). El hombre se hizo esclavo del diablo al ceder a su insinuación. Por tanto, Jesús vino a sustituir a Adán, y su primera misión en esta encomienda era vencer al diablo donde este venció al primer hombre.

En este incidente veo algo muy importante que Dios quiere enseñarnos, y es que tengamos claridad cada vez que actuamos, preguntándonos si lo que hacemos está en el propósito de Dios. En otras palabras, saber adónde vamos y porqué. Nuestras vidas ya no son nuestras, sino de Cristo (2 Corintios 5:14,15). El apóstol dijo: *«Ya no vivo yo, mas vive Cristo en mí»* (Gálatas 2:20). Así que no somos dueños de nuestras vidas, estas fueron compradas y redimidas para Dios, y él quiere conducirlas por el camino o sendero de su propósito. Por tanto, todo lo que hagamos debemos hacerlo en la voluntad de Dios.

Hay cosas que son definitivamente nuestras, las cuales pertenecen a esta dimensión de vida, como los deberes y las responsabilidades. Mas hay misiones, instrucciones y actividades que pertenecen a Dios. Tenemos que distinguir cuando nosotros vamos o cuando Dios nos envía. Es muy importante reconocer esto: aunque en todas las cosas debemos de agradar a Dios, hay que tener sumo cuidado cuando hacemos algo para él. Jesús podía distinguir entre estas dos cosas, por eso estuvo expuesto a la voluntad del Padre, reconociendo no únicamente su propósito con su vida, sino la necesidad de que los hombres se sometieran absolutamente a Dios. Es bueno que entendamos claramente estas cosas, pues a veces repetimos las palabras pero no entendemos su mensaje, ya que conocemos solo en parte. Mas el Señor quiere que le conozcamos en forma total y absoluta, de manera que lo entendamos y le creamos (Isaías 43:10).

Cristo nos conquistó para Dios. ¿Cómo lo hizo? Imaginemos lo que es un reino, un territorio grande, un imperio conformado por muchas naciones, bajo el gobierno y dominio de un rey. Digamos que ese reinado permanecía en paz hasta que un día se levantó un adversario, un viejo enemigo, traidor a la corona, e invadió una de las provincias del imperio, logrando apoderarse de ella usando cualquier tipo de arma, por ejemplo, la sutileza, la política o la fuerza. El emperador, informado de esa situación, traza un plan para recuperar su dominio, para lo cual da cartas y toda autoridad al más alto general de su armada, para que restablezca su autoridad en aquella provincia apartada que ya muchos daban por perdida, pues nada ni nadie pudo restablecer totalmente su monarquía.

En esta analogía la provincia usurpada es el planeta tierra, que pertenecía al reino de Dios. El renegado enemigo, el diablo, invadió este territorio y lo poseyó, de manera muy sutil, usando el arma del pecado. Con mucha astucia, Satanás logró que Adán actuara independientemente de la palabra de Dios (el monarca), apoderándose así de su voluntad y por ende de la de todo ser humano. El que tenía la autoridad, la cabeza de la humanidad, a través de quien Dios reinaba (Adán), perdió su autoridad y dominio por obedecer al diablo y desobedecer a Dios. El adversario se apoderó de Adán y de su linaje, así el pecado pasó a todos los hombres, y a su vez, toda la creación fue sujeta a maldición (Romanos 8:20,21). No obstante el Rey trató, a través de edictos (la ley), de levantar y designar a algunos valientes para que lograran independizarse de esa tiranía por ellos mismos, pero ninguno de esos movimientos logró restaurar de manera definitiva el reino de Dios en aquel lugar. Por eso Dios, que es rico en misericordia, decidió intervenir directamente, y dijo: «Yo voy a rescatar a ese planeta para que vuelva a ser parte del reino de los cielos. Mas para que eso se haga de una manera definitiva voy a enviar al guerrero más Admirable de mi armada personal, al Príncipe de mi ejército, a mi Hijo» (Josué 5:14; Isaías 9:6). Así vino Jesús, como un conquistador, como el emisario del Padre, con el propósito de restituir, de restaurar este planeta y devolverlo al reino de Dios.

¿Ahora entendemos por qué Jesús decía desde que comenzó a predicar: *«Arrepentíos, porque el reino de los cielos se ha acercado»*? (Mateo 4:17). Jesús vino a entrar a la casa del enemigo, para atarle y quitarle sus armas, colocando allí la bandera del reino de Dios (Mateo 12:29). Por eso se dice que Juan preparó el camino, pues predicaba diciendo: *«Arrepentíos, porque el reino de los cielos se ha acercado»* (Mateo 3:2). A eso vino Jesús, entiéndelo, por eso vemos tanto énfasis en su predicación: *«Ha llegado a vosotros el reino de Dios»* (Mateo 12:28). *«El reino de Dios está entre vosotros»* (Lucas 17:21). *«Buscad el reino de Dios»* (Lucas 12:31). Y cuando Juan fue encarcelado, Jesús empezó a predicar y a decir: *«El tiempo se ha cumplido, y el reino de Dios se ha acercado; arrepentíos, y creed en el evangelio»* (Marcos 1:15). ¿Por qué? Porque había llegado el momento de que se manifestara el Salvador, el Conquistador, el Guerrero celestial. El asunto era que esta guerra no era cuerpo a cuerpo, con armas humanas, como creyeron los judíos de aquel tiempo (Juan 6:15), sino era una guerra espiritual, entre la potestad de las tinieblas y el reino de la luz (Colosenses 1:13). Dios quería restaurarnos de una manera más excelente (Hebreos 11:40).

El diablo había vencido a Adán, haciéndolo apartarse de la palabra de Dios, por eso el Espíritu de Dios lleva a Jesús al desierto para ser expuesto al tentador, y que este vea que el segundo Adán no se iba a apartar de la palabra de Jehová, sino iba vencerlo, quitándole las armas y luego los despojos, los cuales somos nosotros. Jesucristo entendió la importancia de su misión en el desierto. Jesucristo sabía que él no había ido por su propia cuenta, sino que fue llevado, impulsado al desierto por el Espíritu Santo (Marcos 1:12). Con esto la Biblia me enseña que debo ser más cuidadoso en mi obediencia, y discernir cuando soy enviado por Dios y cuando voy por mi propia cuenta o invitado por otros.

Hay asuntos personales que debemos enfrentar (y yo también aconsejo que en ellos nos sometamos al Espíritu Santo), pero si es Dios el que nos envía no tenemos derecho ni prerrogativa para cambiar el plan de Dios. Es necesario que estemos bien concentrados para recibir la próxima instrucción divina, porque el enemigo seguro vendrá a tentarnos, pues ese es su trabajo. Por eso al diablo, que es nuestro adversario, no se le puede decir: no tientes, no ataques, no mates ni destruyas; porque esa es su ocupación y en eso consiste su reino. Satanás siempre tratará de desviarnos, de apartarnos de la Palabra para acusarnos delante de Dios, pero en el hombre nuevo tenemos al Espíritu Santo y la mente de Cristo para vencer.

Ya en el desierto, en la presencia del Padre, Jesús oró y ayunó por cuarenta días y cuarenta noches (Mateo 4:2), preparándose en el Espíritu, disponiendo su ser para hacer la voluntad de Dios. Posiblemente recibió la instrucción de ayunar por cuarenta días en el desierto, en soledad, porque él era un representante de Adán en el propósito, aunque al mismo tiempo representaba a Israel, el pueblo a quien Dios le hizo una promesa (Génesis 22:17). A continuación, veamos algunas similitudes de Jesús, como Hijo del hombre y representante del pueblo de Dios, contrastado con Adán y el pueblo de Israel, para así contactar como él pudo vencer en cada tentación.

La Biblia dice que al término de los cuarenta días de ayuno Jesús tuvo hambre (Mateo 4:2; Lucas 4:2). Naturalmente, después de cuarenta días sin comer, este hombre (tipo de Adán) comenzó a experimentar una necesidad fisiológica, en un lugar donde no había ningún alimento. Israel también duró cuarenta años en el desierto para llegar a la tierra prometida. Encontremos aquí, pues, la primera enseñanza. Cuando Israel salió de Egipto, había salido con una encomienda, la misma que como un estribillo repite Moisés a Faraón en casi cada una de las plagas. En cada ocasión que Dios endurecía a Faraón para liberar a Israel, Moisés le repetía a este el mensaje que Dios le dio en el desierto: *«Jehová, el Dios de los hebreos, dice así: Deja ir a mi pueblo, para que me sirva»* (Éxodo 9:13). Siempre Dios usa el desierto como centro de capacitación. En tiempos de Oseas se dirigió a las diez tribus del norte, llamadas el reino de Israel (Efraín), como a una esposa infiel, y les dijo: *«Pero he aquí que yo la atraeré y la llevaré al desierto, y hablaré a su corazón»* (Oseas 2:14). Jehová siempre usa el desierto para hablarnos y como una escuela donde aprendemos de él y le servimos.

Podemos decir también que Jesús en el desierto, a pesar del tentador, estaba sirviendo a Dios. Él estaba en una misión del Santísimo, sirviendo a Dios en el desierto, al igual que Israel. Veamos en Éxodo 14 y 15 qué pasó cuando Israel cruzó el Mar Rojo y la similitud de esta situación con la del Hijo de Dios:

> *«Así salvó Jehová aquel día a Israel de mano de los egipcios; e Israel vio a los egipcios muertos a la orilla del mar. Y vio Israel aquel grande hecho que Jehová ejecutó contra los egipcios; y el pueblo temió a Jehová, y creyeron a Jehová y a Moisés su siervo ... Entonces cantó Moisés y los hijos de Israel este cántico a Jehová, y dijeron: Cantaré yo a Jehová, porque se ha magnificado grandemente; ha echado en el mar al caballo y al jinete. Jehová es mi fortaleza y mi cántico, y ha sido mi salvación. Éste es mi Dios, y lo alabaré; Dios de mi padre, y lo enalteceré. Jehová es varón de guerra; Jehová es su nombre. Echó en el mar los carros de Faraón y su ejército; y sus capitanes escogidos fueron hundidos en el Mar Rojo. Los abismos los cubrieron; descendieron a las profundidades como piedra. Tu diestra, oh Jehová, ha sido magnificada en poder; tu diestra, oh Jehová, ha quebrantado al enemigo. Y con la grandeza de tu poder has derribado a los que se levantaron contra ti. Enviaste tu ira; los consumió como a hojarasca. Al soplo de tu aliento se amontonaron las aguas; se juntaron las corrientes como en un montón; los abismos se cuajaron en medio del mar. El enemigo dijo: Perseguiré, apresaré, repartiré despojos; mi alma se saciará de ellos; sacaré mi espada, los destruirá mi mano. Soplaste con tu viento; los cubrió el mar; se hundieron como plomo en las impetuosas aguas. ¿Quién como tú, oh Jehová,*

entre los dioses? ¿Quién como tú, magnífico en santidad, terrible en maravillosas hazañas, hacedor de prodigios? Extendiste tu diestra; la tierra los tragó. Condujiste en tu misericordia a este pueblo que redimiste; lo llevaste con tu poder a tu santa morada. Lo oirán los pueblos, y temblarán; se apoderará dolor de la tierra de los filisteos. Entonces los caudillos de Edom se turbarán; a los valientes de Moab les sobrecogerá temblor; se acobardarán todos los moradores de Canaán. Caiga sobre ellos temblor y espanto; a la grandeza de tu brazo enmudezcan como una piedra; hasta que haya pasado tu pueblo, oh Jehová, Hasta que haya pasado este pueblo que tú rescataste. Tú los introducirás y los plantarás en el monte de tu heredad, en el lugar de tu morada, que tú has preparado, oh Jehová, en el santuario que tus manos, oh Jehová, han afirmado. Jehová reinará eternamente y para siempre. Porque Faraón entró cabalgando con sus carros y su gente de a caballo en el mar, y Jehová hizo volver las aguas del mar sobre ellos; mas los hijos de Israel pasaron en seco por en medio del mar. Y María la profetisa, hermana de Aarón, tomó un pandero en su mano, y todas las mujeres salieron en pos de ella con panderos y danzas. Y María les respondía: Cantad a Jehová, porque en extremo se ha engrandecido; ha echado en el mar al caballo y al jinete» (Éxodo 14:30-31; 15:1-21)

¿De donde salió el pueblo de Israel? De la nación de Egipto, y cruzó el Mar Rojo camino hacia el desierto. El apóstol Pablo, hablando del pueblo de Dios, dijo: *«Porque no quiero, hermanos, que ignoréis que nuestros padres todos estuvieron bajo la nube, y todos pasaron el mar; y todos en Moisés fueron bautizados en la nube y en el mar»* (1 Corintios 10:1). Es decir, que Israel, cuando cruzó el mar, fue bautizado en la nube (que iba arriba, cubriéndolos), y en el mar, donde se sumergieron en lo seco, pues cruzaron un abismo. No creas que aquel mar era algo ínfimo, sino algo bien profundo. Eso quiere decir que hay una similitud entre el pueblo de Israel y Jesús, porque él también había sido bautizado y de ahí comenzó a cruzar el desierto, tal como lo hizo Israel.

A veces nos ocurre que nos bautizamos y decimos: «¡Gloria a Dios!, estoy con el Señor, qué victoria total, ya nada me puede dañar». Y es verdad, el ángel de Jehová acampa alrededor de los que le temen, y los defiende (Salmo 34:7), pero olvidamos que Dios nos lleva al desierto para que le sirvamos. En este llamado se esconde un gran sacrificio, el negarse a uno mismo, tomar la cruz y seguirlo (Mateo 16:24). El desierto, como lugar inhóspito, también es un lugar de prueba, mediante el cual Dios perfecciona su propósito en nosotros. Así como en el desierto se encuentran las serpientes ardientes, dispuestas a morder, así también está el diablo esperándonos para tentarnos, recuerda que esa criatura enaltecida no conoce la misericordia.

Notemos aquí la segunda enseñanza. El Señor nos advierte que cuando venimos de un momento de gloria, es posible que también venga la provocación (Deuteronomio 32:27). Si hubo un momento glorioso en el ministerio de Jesús, fue cuando Juan el bautista dijo: *«He aquí el Cordero de Dios, que quita el pecado del mundo»* (Juan 1:29), en esa hora se estaba cumpliendo la palabra de Isaías 17:7: *«En aquel día mirará el hombre a su Hacedor, y sus ojos contemplarán al Santo de Israel»*. Asimismo se estaba cumpliendo Isaías 40, que dice: *«Consolaos, consolaos, pueblo mío, dice vuestro Dios. Hablad al corazón de Jerusalén; decidle a voces que su tiempo es ya cumplido, que su pecado es perdonado; que doble ha recibido de la mano de Jehová por todos sus pecados. Voz que clama en el desierto: Preparad camino a Jehová; enderezad calzada en la soledad a nuestro Dios. Todo valle sea alzado, y bájese todo monte y collado; y lo torcido se enderece, y lo áspero se allane. Y se manifestará la gloria de Jehová, y toda carne juntamente la verá; porque la boca de Jehová ha hablado»* (Isaías 40:1-5). Luego dice: *«Súbete sobre un monte alto, anunciadora de Sion; levanta fuertemente tu voz, anunciadora de Jerusalén; levántala, no temas; di a las ciudades de Judá: ¡Ved aquí al Dios vuestro! He aquí que Jehová el Señor vendrá con poder, y su brazo señoreará; he aquí que su recompensa viene con él, y su paga delante de su rostro»* (vv. 9-10).

El desierto, como lugar inhóspito, también es un lugar de prueba, mediante el cual Dios perfecciona su propósito en nosotros.

Juan el bautista preparó el camino, por eso habló a los reyes de una manera, a los soldados de otra, a los fariseos de otra y al pueblo de otra, pero a cada uno les dio el mismo mensaje: «Prepárense, porque ha venido el reino de Dios». Jesús fue a Juan para ser bautizado, y el profeta dijo: *«He aquí el Cordero de Dios, que quita el pecado del mundo»* (Juan 1:29). El Padre había dado testimonio de Jesús e hizo que el Espíritu Santo viniera sobre él y permaneciera. Todos los allí reunidos vieron como los cielos le fueron abiertos, y la gloria de Dios descendió sobre su Hijo, y luego oyeron la voz del Padre diciendo: *«Éste es mi Hijo amado, en quien tengo complacencia»* (Mateo 3:17). De la misma manera, Moisés había sacado a Israel diciéndole al Faraón: *«Israel es mi hijo,* ***mi primogénito****. Ya te he dicho que dejes ir a mi hijo, para que me sirva».* JAH llama a Israel su primogénito, lo saca de Egipto con mano fuerte y muestra a todos la gloria de Dios manifestada a favor de su pueblo. Mas, luego que pasa el momento de gloria, del bautismo en el Mar Rojo, así como Jesús lo pasó, también ellos fueron impulsados al desierto para ser probados.

Podemos decir que eso fue lo que no entendió Pedro cuando estaba en la gloria del monte de la transfiguración, que se atrevió a pedir tres enramadas, para extasiarse allí contemplando la gloria del Señor (Marcos 9:5). Él le había dicho a Jesús: *«Maestro, bueno es para nosotros que estemos aquí»* (v. 5), pero Pedro no entendía nada, pues mientras él pensaba que era bueno para ellos quedarse viendo la gloria arriba en el monte, los demás discípulos se encontraban abajo, en medio de una gran multitud, con los escribas disputando con ellos mientras trataban infructuosamente de echar fuera a un espíritu inmundo que estaba matando a un muchacho (vv. 17-18). Bajar de la gloria, de ver al Señor glorificado, para bregar con demonios, pareciera que no tiene sentido. Como tampoco podría tener sentido que el Espíritu Santo se manifestara corporalmente, los cielos se abrieran y Dios dejara oír su voz audible en el Jordán, para que luego Jesús fuera llevado al desierto y ser tentado por el diablo. Mas todo cobra sentido cuando reconocemos que nuestro Dios es el Dios de propósito y que perfecto es su camino.

Las Escrituras nos dicen que el pueblo de Israel, caminando ya en el desierto, tuvo sed, veámoslo: *«E hizo Moisés que partiese Israel del Mar Rojo, y salieron al desierto de Shur; y anduvieron tres días por el desierto* ***sin*** *hallar agua. Y llegaron a Mara, y no pudieron beber las aguas de Mara, porque eran amargas; por eso le pusieron el nombre de Mara. Entonces el pueblo murmuró contra Moisés,* y dijo*: ¿Qué hemos de beber? Y Moisés clamó a Jehová, y Jehová le mostró un árbol; y lo echó en las aguas, y las aguas se endulzaron. Allí les dio estatutos y ordenanzas, y también los probó»* (Éxodo 15:22-25). En el desierto Jehová los probó primeramente en una necesidad fisiológica, como fue probado también Jesús. Israel primero tuvo sed, pero ahora sintió necesidad de algo más, veamos: *«Partió luego de Elim toda la congregación de los hijos de Israel, y vino al desierto de* ***Sin,*** *que está entre Elim y Sinaí, a los quince días del segundo mes después que salieron de la tierra de Egipto. Y toda la congregación de* *los hijos de Israel murmuró contra Moisés y Aarón en el desierto; y les decían los hijos de Israel: Ojalá hubiéramos muerto por mano de Jehová en la tierra de Egipto, cuando nos sentábamos a las ollas de carne, cuando comíamos pan hasta saciarnos; pues nos habéis sacado a este desierto para matar de hambre a toda esta multitud»* (Éxodo 16:1-3).

Otra vez la prueba. En el desierto, al igual que Jesús, tuvieron necesidad. El Señor sintió hambre, ellos sintieron un gran deseo de carne y pan. Mas existe una gran diferencia en la actitud asumida ante la necesidad entre el pueblo de Israel y el Hijo de Dios. Israel murmuró, tomando una actitud negativa —carnal, diríamos en el lenguaje del nuevo pacto— ante la escasez. Por ello Israel pasó cuarenta años en el desierto, mientras Jesús cumplió sus cuarenta días. No obstante, sabemos que la intención de Dios con Israel era que pasaran solo días por aquel lugar, pero se convirtieron en años por su mala actitud. El castigo fue cuarenta años en lugar de los cuarenta días que durarían reconociendo la tierra (Números 14:34).

Veamos la aplicación que hizo luego Moisés sobre este incidente a Israel: *«Y te acordarás de todo el camino por donde te ha traído Jehová tu Dios estos cuarenta años en el desierto, para afligirte, para probarte, para saber lo que había en tu corazón, si habías de guardar o no sus mandamientos»* (Deuteronomio 8:2). Siempre que el Señor nos da una enseñanza, nos da luego la aplicación, para que podamos al final comprender totalmente la lección. Jesús fue llevado al desierto para ser tentado por el diablo, que es una manera de afligirlo y probarlo, para saber lo que había en su corazón, si había de cumplir la misión redentora por la que había venido a la tierra.

Dios es bueno, pero aflige también, aunque no lo hace innecesariamente, como dice Jeremías: *«Antes si aflige, también se compadece según la multitud de sus misericordias; Porque no aflige ni entristece voluntariamente a los hijos de los hombres»* (Lamentaciones 3:32-33). JAH aflige con propósito, para sacar algo mejor, para manifestar sus obras, para quitar algo malo y poner algo bueno, para probarte, para saber qué hay en tu corazón, dice la Palabra. Sobre Israel lo supo, pues hubo murmuración. El pueblo de Israel fue probado y en vez de guardarse murmuró, en cambio Jesús guardó los mandamientos del Padre, no se apartó de ellos. El desierto sirve para probarnos, para ver si guardamos o no los mandamientos de Jehová, para comprobar si seguimos o no las instrucciones, para probar si después de satisfechos, pensamos que ya no necesitamos del Señor.

Israel vivió un momento de gloria al ver las aguas volver sobre sus enemigos y cubrir todo el ejercito del Faraón, sus carros y su gente de a caballo (Éxodo 14:26-27). Entonces, todo el pueblo se regocijo y Moisés cantó un canto de alabanza al Poderoso. También las mujeres de Israel tomaron el pandero y entre cánticos y danzas declaraban la victoria de Jehová (Éxodo 15:20-21). Todos estaban gozosos, el pueblo temió a Jehová y le creyó, también a Moisés su siervo (Éxodo 14:31). Mas Dios dice: «Por lo que hice, tu boca se llena de alegría y de alabanza hacia mí y mi siervo, pero déjame ver ahora realmente lo que hay en tu corazón. Quiero ver si eres capaz de guardar mis mandamientos en la escasez lo mismo que en la alegría; quiero saber si te mantendrás fiel a mí, el Dios que con portentos y maravillas te sacó de Egipto». Y los probó Dios.

¿De qué manera Jehová probó al pueblo de Israel? Los hizo sentir hambre y sed. Es decir, Dios nos prueba en la necesidad. Podemos afirmar que Dios prueba cuando quita, cuando priva de algo, especialmente en las necesidades básicas. Mas, ¿por qué viene el desierto después del momento de gloria? Porque la gloria supuestamente me revela que Dios está conmigo y eso me fortalece en la prueba, pues ¿cómo he de desobedecerle después de un momento de gloria donde lo vi tan cerca? Por tanto, si reconozco de corazón que JAH es fiel y verdadero, Dios grande y poderoso, sabré entonces que así como ha estado conmigo y me libró, estará también en la prueba, y me fortalecerá para que venza.

En el Jordán Dios dejó oír su voz audible para decir que Jesús era su Hijo, mandó al Espíritu Santo en forma de paloma para dar testimonio de quién era él, entonces, ¿cómo pensar que no estará también con él en el desierto, en la prueba? Israel lo vio humillar al Faraón y a sus dioses, lo observó abrir camino en el mar, contempló a todos los enemigos destruidos en las aguas, pero ahora al sentir sed y faltarle el alimento, inmediatamente comienza a murmurar y a atribuirle maldad al Santo de Israel, diciendo: *«¿No había sepulcros en Egipto, que nos has sacado para que muramos en el desierto? ¿Por qué has hecho así con nosotros, que nos has sacado de Egipto? ... Ojalá hubiéramos muerto por mano de Jehová en la tierra de Egipto, cuando nos sentábamos a las ollas de carne, cuando comíamos pan hasta saciarnos; pues nos habéis sacado a este desierto para matar de hambre a toda esta multitud ... ¿Por qué nos hiciste subir de Egipto para matarnos de sed a nosotros, a nuestros hijos y a nuestros ganados? ... ¿Está, pues, Jehová entre nosotros, o no?»* (Éxodo 14:11; 16:3; 17:3; 17:7). La Palabra dice que Dios sació su sed y satisfizo su hambre enviándole carne y pan (codornices y maná del cielo, Éxodo 15:27; 16:12). Sin embargo, ¿qué quería enseñar el Señor con todo eso? Moisés dijo:

> *«Y te afligió, y te hizo tener hambre, y te sustentó con maná, comida que no conocías tú, ni tus padres la habían conocido,* ***para hacerte saber que no solo de pan vivirá el hombre, mas de todo lo que sale de la boca de Jehová vivirá el hombre»*** (Deuteronomio 8:3).

Por tanto, Dios nos hace tener hambre y nos hace padecer sed, para cuando nos falte lo imprescindible y nuestro cuerpo comience a demandar, sepamos que más importante que suplir una necesidad temporal es vivir de toda palabra que sale de la boca de JAH. Constantemente en nuestra vida cristiana, Dios prueba lo que hay en el corazón a través de las cosas naturales (privándonos de lo natural). De esta manera él puede saber cuanto apreciamos lo espiritual, y a donde llega el grado de nuestra fe para glorificarlo en la escasez. Por eso la Palabra dice que Jesús es el autor y consumador de la fe, pues cuando le faltó el pan en el desierto, en vez de murmurar contra Dios y ceder al enemigo usando sus dones, lo que hizo fue que se fortaleció más en la Palabra de Jehová. Esa debe ser nuestra actitud: cuando falta lo natural, apegarnos más a lo espiritual, porque lo que se ve fue hecho de lo que no se veía. Lo que no se ve es el mundo espiritual, la dimensión de Dios, que es Espíritu, el cual nos ha hecho un espíritu con él.

A Job le pasó lo mismo. Dios permitió que la mujer lo abandonara, que le quitaran los hijos, los bienes, que le privaran de todo lo que produce «tranquilidad y felicidad» en esta vida, para probar si con todo eso retenía su integridad (Job 2:3). El diablo acusaba a Job delante de Dios, diciendo: *«¿Acaso teme Job a Dios de balde? ¿No le has cercado alrededor a él y a su casa y a todo lo que tiene? Al trabajo de sus manos has dado bendición; por tanto, sus bienes han aumentado sobre la tierra. Pero extiende ahora tu mano y toca todo lo que tiene, y verás si no blasfema contra ti en tu misma presencia»* (Job 1:9-11). El diablo no estaba tan equivocado, pues Dios tenía a Job como a un «niño lindo» a quien no le faltaba nada. Este hombre era el más rico del oriente, era considerado como un jefe entre los moradores de aquel lugar (Job 29:25), pues no solo abundaba en riquezas, sino en sabiduría. Efectivamente, así cualquiera sirve a Dios, ¿no? Job no tenía nada de qué preocuparse, sino solo dar gracias.

Por eso el adversario levantó ese argumento delante de Dios, como diciendo: «¡Quítale y verás qué integridad! Cuando no tenga lo escucharás blasfemar contra ti en tu misma presencia». Y se pudo ver, pues aquel hombre que al principio en medio de tan gran aflicción estaba como una columna, firme en su fe aunque sufrido en espíritu, cuando comenzó a escuchar argumentos y por causa de la controversia se empezó a aflojar y a debilitarse. Pero hubo una columna, uno llamado Jesús, que nunca se dobló, porque cuando le faltó lo imprescindible, entonces se fortaleció en la Palabra de Dios. Por tanto, apliquemos: ¿de donde me voy a sostener cuando no tengo y no veo? ¡De la fe!, pues es *«la fe la certeza de lo que se espera, la convicción de lo que no se ve»* (Hebreos 11:1). *Por la fe, Moisés dejó a Egipto y se mantuvo como viendo al Invisible* (v. 27). Cuando falta lo que se ve, me sostengo de lo que no se ve, porque esa es la victoria que vence al mundo, nuestra fe en la Palabra del Señor.

Debemos estar listos (aunque esto no ocurre siempre) para tomar en cuenta cuándo Dios nos quiere llevar a un desierto luego de un momento de gloria, para probar si seguimos sus instrucciones, si obedecemos sus mandamientos, para revelar lo que hay en nuestro corazón. En ese momento crucial, recordemos quién ha sido el Señor para nosotros. Si nos priva de agua, de alimento o de sustento, no olvidemos que *«no solo de pan vivirá el hombre, sino de toda palabra que sale de la boca de Dios»* (Mateo 4:4); cuando nos falte la salud, no olvidemos que Dios es nuestro sanador (Éxodo 15:26); cuando nuestros compañeros nos dejen solos y nos abandonen los hijos, acordémonos de que él nunca nos dejará ni nos desamparará (Josué 1:5). No pongamos nuestra confianza en cosas ni en relaciones humanas, sino en todo lo que ha salido de la boca de Jehová (Deuteronomio 8:3).

Hay un día que todo acabará, y el hombre va a perder inclusive la vida, el aliento de su boca, sin poder evitarlo. El hálito desaparecerá y ya no podrá disfrutar de nada de lo que poseía; ojalá que cuando ese momento llegue digas como dijo Jesús: *«Padre, en tus manos encomiendo mi espíritu»* (Lucas 23:46), porque después que se cierren nuestros ojos, ya no sabemos cuál será la travesía de nuestro espíritu, pero sí sabemos que Dios lo llevará a su seno, a un lugar seguro, donde ha determinado que esté nuestro espíritu en su presencia para siempre. Nuestra fe no es una teoría, nuestra fe no debe ser un dogma ni un mandamiento aprendido, sino la confianza en todo lo que ha salido de la boca de nuestro Dios y salvador.

Puede que mientras lees este libro estés viviendo una situación difícil, posiblemente te esté faltando algo, ya sea alimento, trabajo, techo, salud, o sufras la separación de los tuyos. ¿Qué vas a hacer? ¿Vas a murmurar contra Dios? ¿Cederás al tentador? Mira lo que le dijo el diablo a Jesús, y también te dice a ti cuando padeces necesidad: *«Si eres Hijo de Dios, di que estas piedras se conviertan en pan»* (Mateo 4:3). Sabemos que Dios es el Creador de los cielos y de la tierra, del mar y de todo lo que en ellos hay; también es el dueño del oro y la plata. Y si por fe hemos creído que él es nuestro Padre y nos ha dado de su Espíritu, ¿qué hay de malo en que nosotros usemos su autoridad para saciar nuestra necesidad con tal de no perecer? ¿Qué hay de malo en usar la palabra para nuestra conveniencia? ¿Será la satisfacción de nuestras necesidades lo que determina nuestras vidas?

Recordemos que la misión de Jesús en el desierto era vencer al tentador, mostrándole que era un digno Hijo de Dios. El tentador no estaba ofreciendo aquí una solución al problema o necesidad, sino que una vez más estaba sembrando dudas de la Palabra de Dios. El diablo estaba condicionando una relación eterna —la cual Dios había declarado con voz audible desde el cielo (Mateo 3:17)— a la satisfacción de una necesidad perentoria aquí en la tierra. Por eso Jesús, que no tenía dudas de lo que era para Dios y de la unidad eterna que había entre ellos, reconociendo que la vida es más que el alimento y el cuerpo más que el vestido (Mateo 6:25), respondiendo le dijo: *«Escrito está: No solo de pan vivirá el hombre, sino de toda palabra que sale de la boca de Dios»* (Mateo 4:4). En otras palabras: «Yo tengo hambre, mucha hambre, pero hay algo más importante que comer y es cumplir aquello para lo cual el Padre me envió. Escrito está que mi vida no depende de un bocado, sino de mi Padre Dios, que me la dio». Nota que Jesús citó el mismo versículo de la provocación en el desierto, confirmando una vez más que estaba representando a Israel, el primogénito de Dios (Éxodo 4:22).

Donde Israel falló,
Jesús venció.

Donde Israel falló, Jesús venció. El pueblo de Israel era la vid que Jehová sacó de Egipto para plantarla en Canaán, y que al final, cuando la fue a ver para comer de su fruto, no encontró sino uvas silvestres (Isaías 5:1-7). Mas hay alguien que dijo: *«Yo soy la vid verdadera, y mi Padre es el labrador. Todo pámpano que en mí no lleva fruto, lo*

quitará; y todo aquel que lleva fruto, lo limpiará, para que lleve más fruto» (Juan 15:1). Jesús, el Primogénito del Padre (Hebreos 1:6), es la vid verdadera, y nos hizo sus pámpanos al poner en nosotros el fruto de su Espíritu (v. 5). Israel le falló a Dios, porque a través de Israel, Dios iba a llenar la tierra de su conocimiento, así como las aguas cubren el mar (Isaías 11:9), pero Israel rechazó al Mesías. No obstante, Jehová cumplió su Palabra a través de Jesús y la predicación apostólica, pues hoy Jesús ha logrado que el Padre sea adorado en toda nación, tribu, lengua y pueblo. ¡Gloria a Dios por la fidelidad de Jesús, el Hijo de Dios!

Tomemos esta enseñanza y no la olvidemos cuando vayamos a una misión de Dios, pues a veces nos desviamos a hacer turismo y otras cosas cuando todavía no hemos hecho el trabajo del Señor. Cuando Jesús estuvo en el desierto, se puso en ayuno y oración, pues seguramente dijo: «A mí no me trajeron aquí para solearme, sino vine al desierto para ser tentado por el diablo. Por tanto, vengo a atar al valiente, al fuerte; vengo a quitarle sus armas, a vencerlo, para quitarle los despojos, las almas humanas». El diablo también, en su astucia, estaba dispuesto a todo, pues sabía que de aquella lucha ganaría para siempre el más fuerte. Si vemos bien el contexto de lo que estamos estudiando, el diablo, en esta lucha estaba empuñando un arma más poderosa de lo que hemos interpretado. Para enfrentar la espada del Espíritu, que es la palabra de Dios (Efesios 6:17), el diablo empuñó el arma de la presunción. Nota lo que le dijo: *«Si eres Hijo de Dios»* (Mateo 4:3), en otras palabras: «Mira, me conmueve tu situación, pero no entiendo, en verdad se me hace difícil aceptar cómo un Hijo de Dios puede estar pasando hambre y sufriendo necesidades, teniendo poder y autoridad». Como se ve, no era tanto la duda de que era un Hijo, sino que el argumento demoníaco versaba en que un Hijo de Dios tiene el poder sobrenatural del que lo engendró (Juan 1:13), por lo cual no debía esperar a que el Padre le supliera en sus necesidades, sino siendo Hijo debía usar su don, su poderío, independientemente del Dios Altísimo.

Por eso el diablo aprovechó el momento más terrible del ayuno, para decirle a Jesús: «Bueno, ¿no dijo Dios que tú eres su Hijo amado en quien él tiene su contentamiento? Si ahora sientes hambre, ¿por qué no haces un milagrito? Mira, "*di que estas piedras se conviertan en pan*" (Mateo 4:3). ¡Di! Habla, tú eres Hijo de Dios, tienes el poder de Dios en ti. Solamente tienes que decirlo y ¡zass!, se acabará tu hambre y escasez. ¡Vamos, confiesa con tu boca! Llámalo a la existencia y verás como la piedra, a pesar de ser un mineral duro, sólido, que no se hizo para comer, quedará convertida en pan y podrás saciarte con ella. Hazlo ya, ¡habla!, ¡di!». El diablo incitaba al Hijo de Dios a violentar la naturaleza, a modificar lo que Dios había dicho y hecho. Si hubo un día en que el diablo quería que Jesús hiciera un milagro fue ese. Y ese mismo es el argumento que usa con los cristianos a cada momento y que también usan algunos predicadores en su sermón: «Si eres hijo de Dios ¿por qué estás enfermo? Si eres hijo de Dios, ¿por qué no tienes un carro nuevo? Si eres el hijo de Dios ¿por qué estás en esta condición? Dios te ha dado el poder, ¡cambia tu vida! Háblalo, confiésalo con tu boca, ¡di, habla! ¡Confiesa! ¡Hazlo ya!».

Esa es la astucia del diablo, usar una promesa y tergiversarla para incitarnos a actuar en contra de los órdenes establecidos por la voluntad de Dios. Pues es cierto que la Biblia dice que los hijos de Dios tienen autoridad, si no fuera así el tentador no le hubiese dicho a Jesús: *«Si eres Hijo de Dios...»* (Mateo 4:3). Claro que los hijos de Dios tienen autoridad, es incuestionable que de ellos es el pacto y las promesas, como también innegable que con su boca pueden cambiar las cosas, que en ellos hay poder y vida, ¿o no dice la Biblia que con el corazón se cree y con la boca se confiesa? (Romanos 10:10). Inclusive vemos que cuando los judíos rodearon a Jesús preguntándole si él era el Cristo, y él les dijo que el Padre y él uno son, ellos tomaron piedras para apedrearle por considerarlo una blasfemia, pues siendo hombre se estaba considerando Dios (Juan 10:24-33). Mas Jesús les respondió: *«¿No está escrito en vuestra ley: Yo dije, **dioses sois**? Si llamó dioses a aquellos a quienes vino la palabra de Dios (y la Escritura no puede ser quebrantada), ¿al que el Padre santificó y envió al mundo, vosotros decís: Tú blasfemas, porque dije: Hijo de Dios soy?»* (vv. 34-36). Indudablemente, JAH llamó dioses e hijos del Altísimo a sus siervos (Salmo 82:6), porque uno son con él. Lo que no es verdad es que un hijo de Dios se atreva a usar su autoridad en contra o de manera independiente de la voluntad de Dios. Aclaro que aplicado a los creyentes, el ser llamado «dioses» no significa que poseemos atributos divinos o autoridad absoluta.

La Palabra dice que *«si pedimos alguna cosa conforme a su voluntad, él nos oye»* (1 Juan 5:14). La autoridad que Dios nos ha dado no es para que antojadizamente satisfagamos caprichos, suplamos necesidades, resolvamos problemas y evitemos adversidades. La autoridad nuestra es una autoridad delegada para obedecer a Dios y cumplir su propósito, no para lograr nuestros fines; para conformar sus asuntos, no los nuestros. ¿Te das cuenta de por qué muchos han sido engañados por el diablo?

Ellos saben que tienen autoridad y unción, y se dejan seducir para demostrar quienes son a uno que ya lo sabe. No tienes que demostrar lo que eres. Eso fue lo que le pasó a Sansón, el ungido. Este tenía unción (Jueces 13:25), mataba leones (Jueces 14:6), rompía puertas (Jueces 16:3) y conquistaba mujeres (Jueces 14:1-3; 16:1,4). Mas ¿para qué Dios le dio unción y su bendición? ¿Para usarla en su beneficio? Pienso vehementemente que no, pues mira el fin de quien lleva ese proceder: Sansón se quedó sin unción (Jueces 16:20), sin ojos (v. 21), y todavía peor, fue avergonzado y burlado por sus enemigos (v. 21). Así le va a pasar a todo aquel que actúe independientemente de la voluntad del Padre.

La autoridad nuestra es una autoridad delegada para obedecer a Dios y cumplir su propósito, no para lograr nuestros fines; para conformar sus asuntos, no los nuestros.

Meditemos un momento en la insistencia del diablo: «Si eres el Hijo de Dios, di, habla, confiésalo, ordénalo con tu boca; tú tienes autoridad, hazlo ya, ¿o no eres Hijo de Dios?». ¿Qué tal que tengas una autoridad de Dios tal que puedas hacer lo que quieras; que tengas respaldo para realizar lo que se te antoje? ¡Hjum! Sé que para algunos hubiese sido eso una tremenda tentación. Sin embargo, en todo esto veo que, por ejemplo, Elías recibió de JAH una unción poderosa. Por su boca se cerró el cielo y se abrió; también por su boca calló fuego y todo el holocausto se consumió, pero todo eso aconteció porque era propósito de Dios. Mas cuando el profeta sintió hambre y sed, Dios lo envió a un lugar donde había un arroyo y le mandó a los cuervos para que le alimentasen (1 Reyes 17:4). Luego, cuando esa provisión se terminó, Jehová lo envió a donde una mujer viuda, en Sarepta de Sidón, a quien ya había ordenado que le sustentara (v. 9). Sin embargo, no veo que la actitud de Elías fuera como la de muchos, que en las crisis empiezan a clamar: «En el nombre de Jesús, cuervos, les ordeno que vengan a traerme el pan que necesito; en el nombre de Jesús voy a llamar a este hermano, que está en abundancia, para que comparta conmigo lo que tiene ahorrado, ya que estoy en necesidad». No, no, no, el Padre no nos mandó a hacer eso, porque es a él que le corresponde suplir nuestras necesidades, y eso lo sabe el Señor muy bien. A Elías, Dios le suplió su necesidad, él no usó su poder, su autoridad o unción para hacerlo.

Por tanto «mi poder», «mi autoridad» y «mi unción», todo me lo dio el Señor para que haga su voluntad, no la mía. La Palabra dice: *«Mas buscad primeramente el reino de Dios y su justicia, y todas estas cosas os serán añadidas»* (Mateo 6:33). En otras palabras: «Yo sé de las cosas que tienes necesidad, PERO ocúpate de mis asuntos PRIMERO, obedéceme, sigue mis instrucciones, vive para mi propósito, poniéndolo delante de tus intereses, que yo me encargaré de tus asuntos». Resumamos entonces que la estrategia de Satanás fue provocar a Jesús a usar su autoridad de Hijo, para que al sufrir la necesidad de alimento, obrara independientemente de la Palabra y la voluntad del Padre.

Volviendo a la tentación y a nuestra analogía, observemos la siguiente provocación del tentador. Al llevar a Jesús a la ciudad, y al ponerlo sobre el pináculo del templo, le dijo: *«Si eres Hijo de Dios, échate abajo; porque escrito está: A sus ángeles mandará acerca de ti, y, en sus manos te sostendrán, para que no tropieces con tu pie en piedra»* (Mateo 4:5,6). Mas nota la astucia de esta criatura infernal, levantar un argumento «sublimemente espiritual» en el momento de una necesidad en la carne, como diciendo: «¡Ah!, ¿quieres ignorar que eres carne? ¿Conque eres muy espiritual y le crees mucho a la Palabra de Dios, al punto de sujetar a ella tu necesidad? Pues mira, yo te voy a aplicar la Palabra en esta situación, para ver si estás tan seguro y confías tanto en ella, que sabiendo que eres hombre, puedas atreverte a ponerla en acción».

En el Salmo 91 existe definitivamente la promesa de que si caes Dios ha dado a sus ángeles una orden acerca de ti, para que te guarden, te amparen y estén —como los bomberos— con una malla abajo para evitar que te desplomes; así como también de llevarte volando para que tu pie ni siquiera roce las piedras. Por eso el diablo usa la misma Palabra con la intención de romper la credibilidad en el Padre de aquel hombre espiritual que no le importan las necesidades físicas, sino hacer la voluntad de Dios. El tentador se refirió al salmo, sin embargo, no se lo citó completo, pues le omitió la parte que dice: *«Que te guarden en todos tus caminos»* (Salmo 91:11). En los caminos están los propósitos de Dios (Deuteronomio 8:6), por lo tanto, los caminos del que anda cumpliendo la voluntad de Dios son los de Dios, y no anda ensayando, pues en las alturas encuentra pastos. Mas a aquellos que no andan en los caminos de Dios, que trafican con la Palabra, el diablo los sube, y muchos, en presunción y no por fe, de allá arriba se tiran. Nota que el diablo subió primero a Jesús en el pináculo del templo, y después veremos que lo sube al monte a ver los reinos del mundo. El Señor me dijo que eso es lo que constantemente hace el tentador, él te sube, te pone bien en alto, apelándote al orgullo, a la autoridad, a la unción, a las capacidades, porque es un experto motivador de egolatría, y para eso no le importa usar hasta la misma Santa Palabra. Te sube, y cuando estás allá, bien arriba, después te dice: «¿Conque eres hijo de Dios? Pues, tírate abajo».

Extractemos pues, de aquí, algunas enseñanzas. La primera tentación consistía en usar la autoridad de Hijo para hacer algo independientemente de la voluntad del Padre, usando la palabra de autoridad, confesando con la boca. Él dijo: *«di»*. La segunda tentación radicaba en actuar en la autoridad del Hijo para recibir el servicio de aquellos que están sujetos a la autoridad de Dios. Él dijo: *«échate abajo»*. Primero, le dice habla (***di***); después le manda a que actúe (***échate***), emprende, sin esperar en Dios. Estas cosas las escuchamos a diario en muchas prédicas: «Hagamos esto, pues eso hace crecer la iglesia. Usa este método, es efectivo, fue creado en base a los resultados de encuestas sobre lo que la gente prefiere. Dios no te llamó a pobreza, usa los recursos, son para ti. ¡Crece, has, actúa, implementa, realiza!». En la vida espiritual hay tanto engaño porque se hace solapadamente, sutilmente, con estratagema, usando la misma palabra de Dios para provocarnos a actuar. Muchos se echan abajo porque son verdades de Dios, pero mal aplicadas, y el que no está como un pámpano, pegado de la vid, que es Dios, se seca y cae.

Cuando la motivación es errada, el mensaje está equivocado, porque este tiene que ser verdad en palabras y en espíritu.

Acerca de eso hay una enseñanza en el libro de Job que debe sacudirnos a todos. Lo primero es que los amigos de Job estaban correctos teológicamente. En pocos pasajes de la Biblia encontramos verdades tan profundas acerca de Dios como en los discursos de los amigos de Job, mas ¡cuán equivocados estaban a pesar de que todo lo que decían era correcto! **Tomemos en cuenta que cuando la motivación es errada, el mensaje está equivocado, porque este tiene que ser verdad en palabras y en espíritu.** Estos hombres desconocían que Dios tenía una controversia con el diablo acerca de Job, por lo que juzgaron mal la situación por la que estaba atravesando su amigo. Ellos no entendían, estaban espantados (Job 2:11-13), y aunque conocían muchas cosas de Dios, ignoraban el propósito divino en ese momento, por lo que en vez de ser sabios y callar, se lanzaron a opinar. ¿Nos resulta familiar el cuadro?

Sin embargo, volviendo a nuestro tema, si hay una cosa en la cual nosotros tenemos que tener plena seguridad es en que somos hijos de Dios. ¿Lo crees? Bien haces, pues la Biblia cuando se refiere a esa relación, dice: *«A lo suyo vino, y los suyos no le recibieron. Mas a todos los que le recibieron, a los que creen en su nombre, les dio potestad de ser hechos hijos de Dios; los cuales no son engendrados de sangre, ni de voluntad de carne, ni de voluntad de varón, sino de Dios»* (Juan 1:11-13). ¿Quiénes recibieron esa potestad? Los que creen en su nombre. Por lo tanto, todo aquel que cree en Jesucristo tiene potestad de ser un hijo de Dios.

Si en ti todavía permanece alguna duda en cuanto a eso, dice la Palabra que *«el Espíritu mismo da testimonio a nuestro espíritu, de que somos hijos de Dios»* (Romanos 8:16), y también nos exhorta diciendo: *«Mirad cuál amor nos ha dado el Padre, para que seamos llamados hijos de Dios»* (1 Juan 3:1). Por lo cual, ¿somos o no hijos de Dios? ¡Claro que somos hijos! Ahora, ¿tienen los hijos derechos? Sí, los tienen. ¿Tienen ellos autoridad? Sí, la tienen. ¿Pueden vivir confiados en esa relación? Seguro que sí, por causa del que la estableció. Dios le entregó todo a su Hijo y, en él, a nosotros también. Por tanto, somos herederos de Dios y coherederos con Cristo (Romanos 8:17).

Nota que interesante: *«El Padre a nadie juzga, sino que todo el juicio dio al Hijo»* (Juan 5:22). Y el Hijo dice: *«Vosotros juzgáis según la carne; yo no juzgo a nadie. Y si yo juzgo, mi juicio es verdadero; porque no soy yo solo, sino yo y el que me envió, el Padre ... No puedo yo hacer nada por mí mismo; según oigo, así juzgo; y mi juicio es justo, porque no busco mi voluntad, sino la voluntad del que me envió, la del Padre»* (Juan 8:15-16; 5:30). En otras palabras: «El Padre me ha dado la autoridad para juzgar, mas yo no juzgo a nadie si el Padre no me dice que lo haga, aunque lo puedo hacer, y mi juicio es justo, porque cuando juzgo no busco mi conveniencia, sino cumplir la voluntad del que me envió, del que me encargó su propósito, el Padre». Las Escrituras dicen que un día llegará el momento en que el Señor se levantará a juzgar a las naciones, pero lo hará cuando Dios le diga que lo haga, no antes.

Jesús dijo: *«Yo pongo mi vida, para volverla a tomar. Nadie me la quita, sino que yo de mí mismo la pongo. Tengo poder para ponerla, y tengo poder para volverla a tomar. Este mandamiento recibí de mi Padre»* (Juan 10:17,18). Entonces, no se trata de tener autoridad, sino de saberla usar. Si Jesús, siendo en forma de Dios y declarado Hijo de Dios con poder, por la resurrección de entre los muertos (Filipenses 2:6;

Romanos 1:4), no juzgó a nadie fuera de la voluntad del Padre, ¿por qué he de hablar, confesar, actuar, realizar o lanzarme a hacerlo?

No en vano dicen las Escrituras que Cristo es *«varón de dolores, experimentado en quebranto»* (Isaías 53:3), porque así como no actuó cuando el diablo lo instó a hacerlo, por no infringir la voluntad del Padre, mucho menos lo hizo aún cuando sintiendo su alma «triste hasta la muerte» obedeció hasta al final, hasta la cruz (Filipenses 2:8). Miremos la actitud de nuestro Maestro contrastando su proceder cuando el diablo lo subió al pináculo del templo con su actitud mientras estuvo crucificado en la cruz:

> *«Cuando le hubieron crucificado, repartieron entre sí sus vestidos, echando suertes, para que se cumpliese lo dicho por el profeta: Partieron entre sí mis vestidos, y sobre mi ropa echaron suertes. Y sentados le guardaban allí. Y pusieron sobre su cabeza su causa escrita:* ÉSTE ES JESÚS, EL REY DE LOS JUDÍOS. *Entonces crucificaron con él a dos ladrones, uno a la derecha, y otro a la izquierda. Y los que pasaban le injuriaban, meneando la cabeza, y diciendo:* ***Tú que derribas el templo, y en tres días lo reedificas, sálvate a ti mismo; si eres Hijo de Dios, desciende de la cruz.*** *De esta manera también los principales sacerdotes, escarneciéndole con los escribas y los fariseos y los ancianos, decían:* ***A otros salvó, a sí mismo no se puede salvar; si es el Rey de Israel, descienda ahora de la cruz, y creeremos en él. Confió en Dios; líbrele ahora si le quiere; porque ha dicho: Soy Hijo de Dios»*** (Mateo 27:35-43).

La diferencia entre esos dos incidentes (el del pináculo frente al Calvario) es que ahora fue el Padre el que lo subió al Calvario y lo clavó en el madero para que ocupara tu lugar y el mío, a lo que él accedió voluntariamente. ¿Crees que Jesús no tenía autoridad ni poder para bajar de la cruz ileso? ¿No piensas que si él hubiese querido se habría bajado salvándose a sí mismo y luego hubiese acabado con todo el mundo allí? ¿No consideras que Jesús podía hacerlo, siendo el Hijo de Dios? Mas nota la provocación de aquellos que le injuriaban, tratando de incitarlo a actuar contra la voluntad del que lo llevó allí, el Padre. Ellos decían: *«Tú que derribas el templo, y en tres días lo reedificas, sálvate a ti mismo; si eres Hijo de Dios, desciende de la cruz ... A otros salvó, a sí mismo no se puede salvar; si es el Rey de Israel, descienda ahora de la cruz, y creeremos en él. Confió en Dios; líbrele ahora si le quiere; porque ha dicho: Soy Hijo de Dios».* (Mateo 27:40,42-43). Ellos prometían tener fe en él si se salvaba a sí mismo, lo que sería una negación total del evangelio y la usurpación de la gloria del Padre, pues la fe es un don de Dios (Efesios 2:8) y *«la salvación es de Jehová»* (Salmo 3:8).

Pero lo que es todavía más increíble, y que para muchos es piedra de tropiezo, es el hecho de que Jesús tenía que morir para luego vivir. Efectivamente, si Jesús se hubiera salvado a sí mismo, no nos habría podido salvar ni a ti ni a mí. Pues salvándose él no cumpliría el propósito eterno de la salvación, que era salvarnos a nosotros mediante su muerte y posterior resurrección. Esa era la astucia del diablo, y su insistencia tanto en el desierto como en la cruz: «Tú decías que eres Hijo y también que eres el Rey de Israel, ¿por qué no bajas? ¿No dijiste que Dios siempre está contigo porque siempre haces su voluntad y que el Padre siempre te libra? ¡Pues que te libre ahora si es verdad que te ama! ¿No dices que eres el Hijo amado, el unigénito del Padre, lleno de gracia y de verdad? Entonces, ¡si te ama que te libre! En realidad, ¿no te ufanabas en decir que confiabas en él? Pues, ¡tírate! Escrito está que él mandará a sus ángeles que te libren, ¿no confías en la Palabra?, ¡lánzate abajo, tírate de esa cruz!». Mas Jesús, crucificado, hizo silencio, pero antes, en el desierto, sí le contestó al tentador: *«Escrito está también: No tentarás al Señor tu Dios»* (Mateo 4:7).

En el desierto no dice cómo bajó Jesús, solo que el diablo dejó de molestarlo, mas lo que sí sé es que el día que bajó de la Cruz, fue el Padre el que lo bajó, para subirlo aún más alto (Romanos 1:4; Filipenses 2:9-11). Por eso el diablo quería que Jesús bajara, para que Dios nunca lo subiera. Así que cuando el adversario lo vio en el sepulcro, lo quiso retener, sabiendo que Dios lo levantaría; pero la Biblia dice que era imposible que la muerte lo retuviera (Hechos 2:24). La muerte tuvo que vomitarlo, porque Dios metió su mano hasta sus mismas entrañas y lo arrebató. La muerte estaba acostumbrada a tragar pecadores, pero cuando llegó un justo que nunca había pecado, su santidad le dio náuseas y tuvo que vomitarlo, empezó a temblar pues sabía que había llegado allí aquel que dijo: *«Oh muerte, yo seré tu muerte; y seré tu destrucción, oh Seol; la compasión será escondida de mi vista»* (Oseas 13:14). Y siendo sorbida la muerte en su victoria (1 Corintios 15:54), expirando, lo soltó, y Dios lo levantó (Hechos 2:24).

Esa es la misma razón por la cual el que cree en él aunque esté muerto vivirá (Juan 11:25). En aquel día tendrás la imagen del Hijo y te levantarás con un cuerpo semejante al de la gloria suya, y la muerte no podrá retenerte, sino que como a él tendrá que vomitarte. ¡Levántense los moradores del polvo, levántense como hortaliza! ¡Yo subo cuando Dios me sube, bajo cuando Dios me baja, y me levanto cuando Dios me levanta! Yo vivo por él y para él. No busco lo mío sino lo que es de mi Señor. Gloria a Dios que Jesús no se bajó y que tampoco se salvó a sí mismo. Él, cuando Pedro le previno de que no muriese, a pesar de que este era su discípulo lo reprendió diciendo: *«¡Quítate de delante de mí, Satanás!; me eres tropiezo, porque no pones la mira en las cosas de Dios, sino en las de los hombres»* (Mateo 16:23). Jesús tenía puestos los ojos en la cruz, porque el Padre lo había enviado, y se dijo: *«Ahora está turbada mi alma; ¿y qué diré? ¿Padre, sálvame de esta hora? Mas para esto he llegado a esta hora. Padre, glorifica tu nombre»* (Juan 12:27-28). Así actúan los hijos de Dios.

Dios distingue a un hijo suyo más por su sujeción a él que por los milagros que hace en su nombre.

Dios distingue a un hijo suyo más por su sujeción a él que por los milagros que hace en su nombre. La Palabra dice: *«Muchos me dirán en aquel día: Señor, Señor, ¿no profetizamos en tu nombre, y en tu nombre echamos fuera demonios, y en tu nombre hicimos muchos milagros? Y entonces les declararé: Nunca os conocí; apartaos de mí, hacedores de maldad»* (Mateo 7:22-23). Sin embargo, dirá a los que están a su derecha: *«Bien, buen siervo y fiel; sobre poco has sido fiel, sobre mucho te pondré; entra en el gozo de tu señor ... Venid, benditos de mi Padre, heredad el reino preparado para vosotros desde la fundación del mundo»* (Mateo 25:21,34), pues si en lo poco administraron bien, reinarán en lo grande con él.

A Dios no se le representa con anillo de oro, ni con un auto último modelo, ni con una casa nueva. A Dios se le representa viviendo para él, por él y en él. Cuando él es el todo en mi vida, entonces lo estoy honrando. Y con eso no estoy diciendo que los hijos de Dios tienen que ser pobres, no, hay promesas de pacto y todos ellas tienen riquezas, tienen autoridad, pues él les dio las riquezas de las naciones y dijo que, inclusive, las reinas serían sus nodrizas y los reyes les servirían (Isaías 49:23). Todo eso es verdad, pero si estamos sujetos al Padre, sujetos a su voluntad, no independientes de él. No usando lo suyo para «mi capricho», para suplir mis necesidades o salir de las emergencias. No para aparentar, sino para ser íntegro como es él.

El rico se hizo pobre, no porque le gustaba la pobreza ni le hiciera culto a la miseria, sino porque así fue que el Padre lo determinó, para que los pobres fueran enriquecidos en él. Ahora aquel que se humilló a sí mismo está reinando en gloria y en riquezas, y nosotros reinaremos así con él. El que era la justicia fue juzgado como un criminal, y el que era el Salvador del mundo fue clavado en una cruz, aun cuando la ley dice que es maldito todo aquel que es clavado en un madero (Gálatas 3:13), para que nosotros fuésemos aceptos delante del Padre. En realidad, Jesucristo usó el poder para salvar a otros y, sin embargo, menospreció el oprobio y prefirió sufrir la cruz antes que salvarse a sí mismo (Hebreos 12:2). Jesús podía usar su poder y autoridad para librarse, pero entonces no hubiese cumplido con el propósito divino. Por lo que entiendo que el asunto no es salir del problema, sino hacer la voluntad del que nos envió.

El que ama más al Padre y a su voluntad que a sí mismo identifica fácilmente al adversario y vence la tentación. Al que busca la voluntad del Padre le es fácil sujetar cualquier cosa que se levante en contra del propósito de Dios en su vida y lleva todo pensamiento cautivo a la obediencia a Cristo (2 Corintios 10:5). Jesús dijo: *«El que quiera hacer la voluntad de Dios, conocerá si la doctrina es de Dios, o si yo hablo por mi propia cuenta»* (Juan 7:17). En otras palabras: «Si ustedes quisieran hacer la voluntad de Dios supieran que vengo de él; lo que pasa es que no quieren hacer la voluntad de Dios, porque les cuesta mucho, y consideran más fácil negar quien soy que enfrentar la verdad. Pero si quisieran hacer la voluntad de Dios, hace tiempo sabrían que vengo de él». El que ama la voluntad de Dios, ama al que él ha enviado.

Observa que a los que confían en Dios el adversario les pone tropiezo precisamente ahí, en el aspecto de la confianza y la seguridad en su Palabra. Fíjate que a Jesús, ridiculizándole, le decían: *«Confió en Dios; líbrele ahora si le quiere; porque ha dicho: Soy Hijo de Dios»* (Mateo 27:43). Así les dicen a muchos cristianos cuando los ven atravesando aflicciones: «¿No se enorgullecía en decir que ahora era cristiano y un hijo de Dios? ¡Pues mira al hijo de Dios en qué condición está! Que mire a ver si su "Padre" lo puede salvar. Ha dejado todo por estar metido en la iglesia, pues que le diga al pastor que le ayude, que la iglesia le resuelva». ¡Qué tremendo es eso hermano! Cuando se apela a la confianza en Dios y al amor que el Padre nos ha dado, en medio del dolor y los padecimientos, es como untar vinagre en la llaga, pero resistimos porque sabemos que el propósito de Dios está primero.

Lo triste es que para oír esas cosas no tenemos que ir muy lejos, pues lo podemos escuchar de las personas que menos esperamos, como describió el salmista: *«Aun el hombre de mi paz, en quien yo confiaba, el que de mi pan comía, alzó contra mí el calcañar»* (Salmo 41:9). Igualmente, lo podemos oír en algunas prédicas que supuestamente nos deben llevar un mensaje de consuelo y edificación, cuestionando: «¿Si has creído que el Padre te ama tanto, por qué estás en esa condición? ¿Acaso no eres hijo de Dios?». Por eso el Señor quiere afinar nuestros oídos, a fin de que discernamos los pensamientos y las intenciones del corazón. ¿Eres hijo de Dios? Pues toma en cuenta que los hijos de Dios no están tan interesados en usar lo de Dios como en honrarlo a él. En Malaquías dice: *«El hijo honra al padre, y el siervo a su señor. Si, pues, soy yo padre, ¿dónde está mi honra? y si soy señor, ¿dónde está mi temor? dice Jehová de los ejércitos»* (Malaquías 1:6). Honremos a Dios en todas las cosas, siempre.

Los hijos de Dios no están tan interesados en usar lo de Dios como en honrarlo a él.

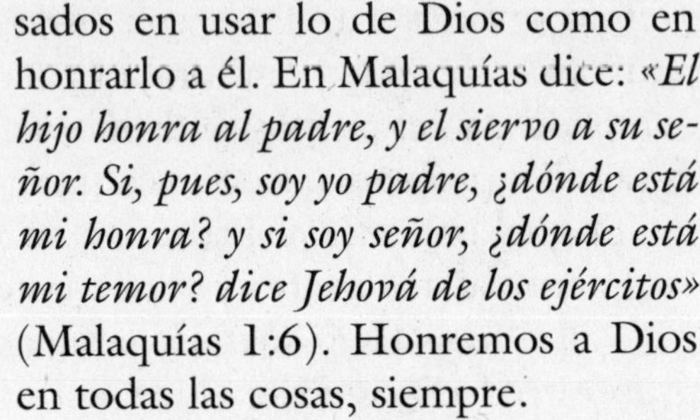

Analizando la vida de Jesús, justamente en el momento cuando hablaba con aquella mujer samaritana, mientras los discípulos fueron a comprar pan, observé que cuando ellos regresaron y le rogaban que comiese, él les dijo: *«Yo tengo una comida que comer, que vosotros no sabéis»* (Juan 4:32). Y dice la Palabra que ellos se preguntaron unos a otros si alguien le habría traído comida (v. 33), pero él les dijo: *«Mi comida es que haga la voluntad del que me envió, y que acabe su obra. ¿No decís vosotros: Aún faltan cuatro meses para que llegue la siega? He aquí os digo: Alzad vuestros ojos y mirad los campos, porque ya están blancos para la siega»* (vv. 34-35). Y les dijo eso por aquella mujer samaritana que se había convertido y que volvía ahora con una multitud sedienta y hambrienta del verdadero pan y la verdadera comida (Juan 6:55). Por eso vino Jesús, para alimentar al hambriento con la comida que no perece jamás, y hacer eso le satisfacía más que suplir su propia necesidad.

Jesús no vino a cambiar lo establecido por Dios, la naturaleza de las cosas, ni siquiera vino a cambiar lo viejo, empatándolo con lo nuevo, no, no, no, pues sabía que entonces el daño se haría peor (Marcos 2:21; Mateo 9:17). Por el contrario, él vino a hacer algo nuevo, a quitar lo primero para establecer lo postrero (2 Corintios 5:17; Hebreos 10:9). Sin embargo, Jesús tenía autoridad sobre lo natural: hizo milagros (Marcos 6:2), caminó sobre el mar (Mateo 14:25), habló a la tormenta y esta se calmó (Mateo 8:26), multiplicó los panes y los peces de manera que alimentó a multitudes (Mateo 15:36). Mas todas esas veces él cumplió la voluntad del Padre. Por tanto, no estoy diciendo que los hijos de Dios no deban hacer milagros, sino que estos deben hacerse sujetos a la voluntad del Señor. La sobrenaturalidad divina no estriba en el uso de una «varita mágica», combinada con algún conjuro y ¡resuelto el problema! No. Jesús hizo montones de milagros, pero nunca actuó independientemente del Padre, quien lo envió

Incluso hubo ocasiones en que daba órdenes a la naturaleza para completar un fin: Cuando le exigieron que pagara un impuesto que no le correspondía, para no entrar en discusión, mandó a Pedro al mar a pescar y tomar una moneda del vientre del primer pez que pescara, para pagar por los dos (Mateo 17:27). Cuando quiso comer del fruto de la higuera y no encontró en ella frutos, la maldijo y enseguida se secó (Mateo 21:19). También dispuso del asna y de un pollino para entrar a Jerusalén, porque lo necesitaba. Y cuando fue necesario usar la fuerza, hizo un azote de cuerdas y echó fuera del templo a hombres y animales, impidiendo que hicieran de la casa de oración un mercado (Juan 2:15). Nadie se opuso, nada ni nadie se resistió, porque Jesús es el Señor de la naturaleza y de toda la creación. Solamente el hombre no lo ha querido obedecer, pero la naturaleza sí reconoció a su Señor. No obstante, él supo usar la autoridad de Hijo cuando lo necesitó, y todavía ahí, en ese momento, cumplió la Palabra de Dios.

A veces decimos y repetimos que Jesús se levantó de entre los muertos, pero la Biblia dice que fue el Padre quien le levantó (Hechos 2:24,32; 3:15,26). ¿Acaso no tenía Jesús poder propio para levantarse? ¿No dijo él a los judíos que el Padre le amaba porque él pondría su vida para volverla a tomar? Jesús dijo: *«Nadie me la quita, sino que yo de mí mismo la pongo. Tengo poder para ponerla, y tengo poder para volverla a tomar. Este mandamiento recibí de mi Padre»* (Juan 10:18). También dijo: *«Yo soy la resurrección y la vida; el que cree en mí, aunque esté muerto, vivirá»* (Juan 11:25). Y la Biblia dice que él es el autor de la vida (Hechos 3:15). Si hubiese querido, bien podría haberse adelantado y resuelto su situación, pero no, prefirió negarse a sí mismo hasta que el Padre lo levantara con poder. En otras palabras: «Yo estoy sometido al Padre y no voy a alterar el plan para mostrar que el poderoso aquí soy yo, todo lo contrario, mi vida doy para que sepan que él es el Todopoderoso».

Por eso la Palabra dice que cuando el Hijo haya suprimido todo poder, autoridad y potencia, y haya puesto a sus enemigos por estrado de sus pies, también el Hijo se va a someter al Padre, **para que Dios sea todo en todos** (1 Corintios 15:24-28). Quiere decir entonces que allá arriba, a pesar de que el Padre le entregó y sujetó a él todas las cosas, y lo sentó a la diestra haciéndolo Señor y Rey, el Hijo estará sometido al Padre. Dios lo exaltó hasta lo sumo (Filipenses 2:9) y en ese señorío, él, a su vez, nos dio la autoridad de hijos. Es decir que tenemos autoridad y poder, pero todo eso lo hemos recibido para —como nuestro Señor Jesucristo— hacer la voluntad del Padre.

Por tanto, seamos entendidos cuando viene hasta nosotros el engaño de iniquidad, discernamos los espíritus. La esposa de Job le dijo: *«¿Aún retienes tu integridad? Maldice a Dios, y muérete»* (Job 2:9). ¿Consideras esta expresión como la de una esposa a un marido en aflicción? Eso no lo dijo la mujer, eso lo dijo el mismo espíritu de engaño que sedujo a Eva en el paraíso. Sin embargo, digamos que la expresión anterior es muy obvia, muy falta de amor, por lo que identifiquémoslo ahora en una expresión de misericordia y devoción de parte de Pedro: *«Señor, ten compasión de ti; en ninguna manera esto te acontezca»* (Mateo 16:22). Probemos los espíritus y comprobemos si son de Dios (1 Juan 4:1). Sus hermanos le dijeron a Jesús: *«Sal de aquí, y vete a Judea, para que también tus discípulos vean las obras que haces. Porque ninguno que procura darse a conocer hace algo en secreto. Si estas cosas haces, manifiéstate al mundo»* (Juan 7:3-4). ¿Imaginas esta sugerencia proveniente de un hermano a otro, como palabras de hombres de fe? Pues, fíjate que esa tentación la confrontamos todos los siervos de Dios: «Oye, si Dios te ha dado tantos dones, tantas capacidades ungidas, no es para que estés encerrado en esta congregación tan pequeña, pudiendo tener un ministerio internacional. Si eres lo que eres, ¿por qué te escondes? Muéstrate, sal de la cueva. Dios te hizo grande, muestra a las naciones lo que puedes hacer. Comienza usando la propaganda, envía las tarjetitas de presentación, muéstrate en los medios, ¡manifiéstate al mundo! ¿O no eres lo que dices ser? ¿No dices que viniste a eso? Hazlo, date a conocer». A esos hay que contestarles como también contestó Jesús a sus hermanos: *«Mi tiempo aún no ha llegado, mas vuestro tiempo siempre está presto»* (Juan 7:6).

En efecto, el que no es hijo de Dios no está sometido al Espíritu, y por tanto, emprende, compra, vende, hace, mueve, empuja, se sube, se baja, vuelve y se sube y se baja, y hace lo que le venga en gana, porque es independiente y su tiempo es suyo. Mas para aquel que es dueño de su tiempo, pero lo sometió al Padre, su tiempo y el de Dios un mismo tiempo es. El reloj de un hijo de Dios está sincronizado con el reloj del Padre, y va y se manifiesta donde su Padre quiere. Eso es obediencia.

Al que es de Dios lo gobierna Dios, por tanto, aunque admita que tiene autoridad, aunque sabe que tiene poder, todo lo administra según el propósito y sometido a la voluntad del Señor. Por eso Jesús llegó a la fiesta cuando el Padre, en su voluntad, así se lo ordenó (Juan 7:10).

El Señor nos ha hablado en el pasado de muchas maneras usando otros pasajes de las Escrituras, incluso la misma tentación de Jesús, pero con otras enseñanzas. Mas ahora ha querido el Padre bendecir a su pueblo mostrándonos la vida del Hijo como ejemplo, como un prototipo de cómo debe ser el uso de nuestra autoridad como sus hijos, especialmente en un tiempo donde se trafica con la Palabra y esta se usa para avaricia y beneficio personal. ¡Que Dios nos guarde! Por eso estamos constantemente dependiendo de él, porque nosotros no somos mejores que nuestros hermanos. Tampoco podemos decir que no hemos caído en esto ni que no podemos caer. Al contrario, la Palabra de Dios da hoy una alarma, una advertencia para que corramos, busquemos su presencia y deseemos someternos constantemente a su voluntad.

Anhelemos vivir como vivió Jesús. Aspiremos a que esta enseñanza penetre en nuestras vidas, y a que en el nombre de Jesús, el Padre la haga una realidad. Yo no puedo decirle al Señor que haga esto o aquello, porque no sé lo que quiere hacer ni qué área de mi vida deba sujetar a él, por eso me someto por entero a su voluntad. Asimismo, le ruego una intervención en tu vida, para que esta palabra no sea olvidada o ignorada. Le suplico a mi Señor que —ahora mismo— esta palabra sea sembrada en los corazones de quienes le aman y le temen, en el nombre de Jesús. Sometiendo todo espíritu contradictor para que nadie sea rebelde a la palabra de Dios, echamos fuera de nuestras vidas toda independencia, todo mal uso de los dones y de su autoridad, para que se logre el propósito de su voluntad en nosotros, siendo él el todo en todos.

Capítulo 4
Para que Dios sea el todo en la iglesia

«Para que la multiforme sabiduría de Dios sea ahora dada a conocer por medio de la iglesia a los principados y potestades en los lugares celestiales, conforme al propósito eterno que hizo en Cristo Jesús nuestro Señor» (Efesios 3:10-11).

El propósito de Dios es dar a conocer su multiforme sabiduría a los principados y potestades a través de la iglesia (Efesios 3:10). Jesús dijo: *«Como me envió el Padre, así también yo os envío»* (Juan 20:21). La iglesia es la extensión del ministerio del Señor Jesucristo en la tierra. Esto quiere decir que el Cristo resucitado, aunque ascendió al cielo, continúa su obra por medio de su cuerpo, que es la iglesia. Él dijo al Padre: *«Y ya no estoy en el mundo; mas éstos están en el mundo ... Como tú me enviaste al mundo, así yo los he enviado al mundo»* (Juan 17:11,18). El ministerio del Hijo de Dios se perpetúa en la historia humana por medio de la iglesia.

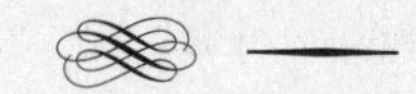

La iglesia es la extensión del ministerio del Señor Jesucristo en la tierra.

La presencia del Salvador entre los hijos de los hombres ha permanecido en el mundo a través de la vida de la iglesia entre las naciones. Dios creó un hombre espiritual. La iglesia es el cuerpo, Jesús es la cabeza y el Consolador es el Espíritu de ese cuerpo. Así como el cuerpo sin el espíritu está muerto (Santiago 2:26), la iglesia sin el Espíritu Santo también está muerta. Por esa razón, a la resurrección del Señor le continuó el envío del Espíritu de poder. Él fue enviado por el Padre para que morase en el cuerpo (la iglesia), con el propósito de vivificarlo, capacitarlo y guiarlo.

Como el Señor participó con nosotros de carne y sangre (Hebreos 2:14), nosotros, de la misma manera, participamos de su naturaleza divina (2 Pedro 1:4). La iglesia posee todo lo que es de Cristo *«porque de su plenitud tomamos todos, y gracia sobre gracia»* (Juan 1:16). Su vida es nuestra vida (Efesios 2:1); su muerte fue nuestra muerte (Romanos 6:5); su resurrección fue nuestra resurrección (Efesios 2:6); su ascensión a la diestra del Padre es también la nuestra (Efesios 2:6). Asimismo, Jesús compartió con nosotros su autoridad (Mateo 28:18-20). La iglesia fue equipada con la medida del don de Cristo (Efesios 4:7-12). El Señor tomó de sí mismo las capacidades ungidas de los cinco ministerios y las impartió a los suyos. Así como la unción desciende por la cabeza, él dejó caer su santo óleo para que llegase a todo su cuerpo (Salmo 133:1-3; 1 Juan 2:20,26,27). Como si fuera poco, el Espíritu Santo nos regaló sus nueve dones (1 Corintios 12:7-11). También el Padre nos dio la diversidad de sus operaciones (1 Corintios 12:6; Romanos 12:3-7).

¿Qué cosa no posee la iglesia? ¿De qué carece? ¿Acaso fue privada de algún don? El apóstol Pedro dijo:*«**Todas las cosas que pertenecen a la vida y a la piedad nos han sido dadas** por su divino poder, mediante el conocimiento de aquel que nos llamó por su gloria y excelencia»* (2 Pedro 1:3). Pablo dijo que fuimos bendecidos con toda bendición espiritual (Efesios 1:3). También dijo: *«Sea lo presente, sea lo por venir, todo es vuestro, y vosotros de Cristo, y Cristo de Dios»* (1 Corintios 3:22,23). ¿Quieres saber cuánto la iglesia ha recibido de Cristo? El apóstol dijo: *«Porque en él habita corporalmente toda la plenitud de la Deidad, y vosotros estáis completos en él, que es la cabeza de todo principado y potestad»* (Colosenses 2:9-10). El fin de todo discurso es que estamos llenos de todo lo que habita en Jesús, de *«toda la plenitud de la Deidad»*. Además, somos partícipes de todo lo que él es como *«cabeza de todo principado y potestad»*. Esto solo se puede decir de una sola manera: Estamos completos en Cristo. Por tanto:

- **La iglesia tiene compañía:** *«Y he aquí yo estoy con vosotros todos los días, hasta el fin del mundo. Amén»* (Mateo 28:20).
- **La iglesia tiene representación:** *«Porque no entró* **Cristo** *en el santuario hecho de mano, figura del verdadero, sino en el cielo mismo para presentarse ahora por nosotros ante Dios»* (Hebreos 9:24).
- **La iglesia tiene guía:** *«Mas el Consolador, el Espíritu Santo, a quien el Padre enviará en mi nombre, él os enseñará todas las cosas, y os recordará todo lo que yo os he dicho ... Pero cuando venga el Espíritu de verdad, él os guiará a toda la verdad»* (Juan 14:26; 16:13).

La gracia no solo favorece, sino compromete.

- **La iglesia posee capacitación:** *«Pero recibiréis poder, cuando haya venido sobre vosotros el Espíritu Santo, y me seréis testigos en Jerusalén, en toda Judea, en Samaria, y hasta lo último de la tierra»* (Hechos 1:8).
- **La iglesia tiene respaldo:** *«El que a vosotros recibe, a mí me recibe; y el que me recibe a mí, recibe al que me envió ... El que a vosotros oye, a mí me oye; y el que a vosotros desecha, a mí me desecha; y el que me desecha a mí, desecha al que me envió»* (Mateo 10:40; Lucas 10:16).
- **La iglesia tiene distinción:** *«En esto conocerán todos que sois mis discípulos, si tuviereis amor los unos con los otros»* (Juan 13:35).
- **La iglesia tiene en el Hijo todas las cosas:** *«El que no escatimó ni a su propio Hijo, sino que lo entregó por todos nosotros, ¿cómo no nos dará también con él todas las cosas?»* (Romanos 8:32).

Por lo tanto, la iglesia no solo recibió todo lo que posee Jesús, sino también todo lo que él es. ¿Cuál es el propósito del Padre al compartir con la iglesia tal plenitud de gracia? ¿Solo gracia que favorece? ¿Solo favor que honra y enriquece? ¡No, mil veces no! **La gracia no solo favorece, sino compromete. La gracia no se manifestó para ser pagada ni tampoco se puede pagar, sin embargo, nos convierte en deudores** (Romanos 1:14; 8:12,13; Mateo 10:8).

La gracia no se manifestó para ser pagada ni tampoco se puede pagar, sin embargo, nos convierte en deudores.

La gracia no se puede medir, pero se puede administrar (Romanos 5:20; Efesios 3:2).

El Hijo nos dio todo lo suyo con el propósito de que fuésemos capaces de hacer todo lo que él hizo. Jesucristo se fue al Padre y nos dejó en su lugar. Somos sus testigos y sus representantes. Él dijo: *«Así alumbre vuestra luz delante de los hombres, para que vean vuestras buenas obras, y glorifiquen a vuestro Padre que está en los cielos»* (Mateo 5:16). Él nos dio su vida para que la vivamos. Nos hizo luz para que vivamos como hijos de luz (Efesios 5:8). Hemos tomado nuestro nombre de él (Efesios 3:14,15) para llevarlo y representarlo con dignidad.

Lo que Dios dijo acerca de Saulo de Tarso también se aplica a la iglesia: *«Ve, porque instrumento escogido me es éste, para llevar mi nombre en presencia de los gentiles, y de reyes, y de los hijos de Israel»* (Hechos 9:15). Nuestra misión es llevar su nombre a las naciones, a los reyes y a los hijos de Israel. Llevar su nombre no solo a través del anuncio de la predicación, sino también con el testimonio de vidas que representen su carácter y dignidad. Así, el mayor logro del ministerio de Jesús no fue tanto obtener para nosotros una salvación tan grande (Hebreos 2:3), sino a través de esa salvación, lograr que el Padre sea el todo en todos. Si esa fue la meta y el fruto de la vida y el ministerio del Señor Jesucristo, entonces la iglesia no tiene otra razón de ser. La iglesia existe para este propósito eterno. Una iglesia entendida no evalúa el resultado de su trabajo por medio de los números y de estadísticas, sino por el logro de este santísimo objetivo. Todo esfuerzo, toda capacidad y todo recurso de la iglesia debe estar enfocado y dirigido hacia ese blanco.

Una iglesia que conoce los tiempos y las sazones del Padre puede conocer la etapa del propósito en que nos encontramos en este momento de la historia. Si la iglesia de hoy se desorientara alguna vez y perdiera su ubicación profética, y no supiese en qué período de la dispensación nos encontramos, el Espíritu Santo la llevaría a toda verdad (Juan 16:13). Pronto el Señor Jesús le entregará el reino al Padre, pero antes, tiene que terminar la obra que comenzó cuando se sentó a la diestra del Altísimo: Suprimir todo dominio, toda autoridad y potencia, y someter a todos sus enemigos y todas las cosas debajo de sus pies (1 Corintios 15:24-28). En el primer lugar donde el Señor quiere lograr ese propósito es en la iglesia, para luego tomarla como instrumento y alcanzar a las naciones. Así que el Espíritu Santo, que fue enviado para cuidarnos en esa misión, no cesará hasta que no consiga que Dios sea el todo en todas las áreas de la iglesia: en la adoración, en la proclamación y en la enseñanza, en el servicio, en el compañerismo, en el gobierno y la administración, por amor de su nombre y por medio de su poder. Nosotros rogamos que así sea. Guiados por estos pensamientos, veamos de manera más profunda los diferentes aspectos en que Dios debe ser el todo en la iglesia.

IV.1 En la adoración

«Mas la hora viene, y ahora es, cuando los verdaderos adoradores adorarán al Padre en espíritu y en verdad; porque también el Padre tales adoradores busca que le adoren» (Juan 4:23).

Cuando la iglesia no está marchando como debe, lo primero que se afecta es la adoración.

Cuando la iglesia no está marchando como debe, lo primero que se afecta es la adoración, el reconocimiento de lo que Dios es y sus atributos. Aunque la palabra adoración (en griego ***latreuo***, latría) no tiene una definición escritural en la Biblia, eso mismo nos hace pensar que la adoración a Dios no se limita a cánticos y salmos, sino a toda actitud reverente y devota que realizamos para que él sea el todo en todo. Adorar es todo lo que hago en él, por él y para él. Así que amarle, temerle, reconocerle, obedecerle... eso también es adoración.

Tampoco adorar es una ciencia, en el sentido humano, de la cual podamos decir que tiene diferentes aspectos o quizás una clasificación, pero sí es una ciencia espiritual y hay que conocerla. La adoración comienza en el corazón, no es un asunto del intelecto. El respetar a Dios, el amarle, el temerle, el reconocerle, el darle a él el todo, eso se hace con el corazón. Eso no se maquina en la mente ni mucho menos se planifica, sino que simplemente brota de un corazón que le ama. Por eso, cuando los cristianos se reúnen, vienen para que Dios les enseñe, no vienen a exhibir ni a desplegar sus dotes artísticas delante del Señor. Ellos quieren que la adoración que salga de sus labios sea la que Dios pone en ellos.

En una adoración que agrada al Padre, tenemos que neutralizar lo humano para que lo espiritual fluya. Si venimos con problemas y con la mente enfocada en nuestras aflicciones, no estamos adorando, sino llorando nuestras necesidades y amarguras. Abramos los ojos de nuestro entendimiento para que el Señor nos muestre que nuestro trabajo es adorar, nuestro oficio es darle culto y alabanza a nuestro Dios. Por eso debemos anhelar que Dios limpie nuestros corazones de todo engaño, mentira, enojo, maledicencia, sospecha, prejuicio y raíz de amargura; de todo lo que oprime, deprime, fatiga y cansa, para adorar al Señor, porque él es digno de ser adorado y esto no debe hacerse como una obligación.

La adoración comienza en el corazón, no es un asunto del intelecto.

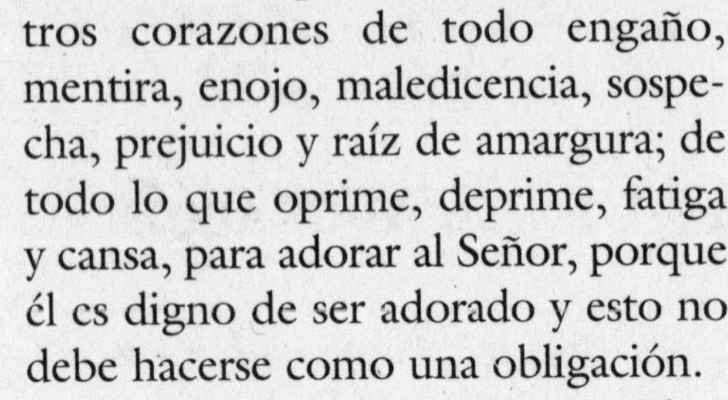

Anhelamos que venga su reino y se establezca la voluntad de Dios en nuestra vida para adorarle de veras. ¡Oh, si el Dios del cielo quisiera darnos su gracia en este día, su unción rompería el yugo! Si su unción cae sobre nosotros y su Espíritu nos impresiona con su poder, su grandeza, fidelidad, verdad, misericordia, favor, gracia, ciencia, consejo, sabiduría, inteligencia o cualquier otro aspecto de su persona, caeríamos a sus pies impresionados, tocados y estimulados. Pues decir: ¡Santo, Santo, Santo!, cualquiera puede repetirlo, pero cuando tenemos una revelación de su santidad y vemos su pureza y la perfección de su carácter, el adorarle se convierte en una convicción en nuestra vida. Nos sucedería como al que ve algo grande y asombroso por primera vez, y dice: «¡Oh, qué tremendo!» Y se impresiona y no se cansa de hablar de lo que ha visto. Por eso aplaudimos a los artistas, a los deportistas y a todo aquel que se destaca cuando nos deleitan con su interpretación, o sobresalen al hacer un gol, o cuando dan un batazo y anotan una carrera. En ese instante nos paramos, brincamos de gozo y comenzamos a hablar de lo impresionante de su voz, de la habilidad y el poder que tiene ese hombre en su brazo, o de lo ágil y certero de sus pies para darle al balón, o si es un científico alabamos su genio e inteligencia.

Sí, hay cosas que nos impresionan y nos hacen hablar acerca de ellas, pero qué glorioso sería que el Señor nos conmoviera con su grandeza. Sé que la conocemos por revelación, pero como somos seres humanos que pasamos gran parte del tiempo interactuando en lo natural, tenemos que ser confrontados en el momento con la grandeza de su majestad y la magnificencia de su poder, para que digamos: ¡Cuán grande es mi Dios! ¡Cuán colosal es él! ¡Su sublimidad es tan excelsa! ¿Quién es semejante a él?

En ocasiones ocurre, cuando el Espíritu de Dios nos toca, que nos impresionamos de tal manera que no podemos sostenernos en pie, y caemos de rodillas y lloramos, no de tristeza, sino de impresión, al reconocer a nuestro Señor. Esa es la mejor alabanza. Esa es la alabanza que está en el salterio, en el libro de los salmos. Cuando David alababa a Dios lo hacía porque le había dado la victoria en la batalla y había visto su poder; porque defendió a su pueblo frente a los enemigos cuando estos ya estaban a punto de vencerles. En ocasiones ellos eran millares y el pueblo de Dios unos pocos, pero el ángel del Señor intervenía y los salvaba. Entonces no podían atribuir la victoria al brazo humano, ni a la habilidad del ejército, sino decir: «¡Oh, JAH pelea por nosotros! Bueno es Dios que me ciñó de fuerza, me adiestró para la batalla, peleó por mí». Es ahí cuando le alabamos y podemos escribir hasta mil cánticos, sin embargo, esa alabanza surge de lo que experimentamos, y eso es lo que queremos ver hoy, para poder darle una alabanza real por lo que hemos vivido.

Para adorar a Dios debemos entregarle todas nuestras cargas, para que él quite todo lo que nos frena: la tristeza, el dolor, la concentración en nosotros, las enemistades, los pleitos, la ira, las contiendas, la apatía, la indiferencia, lo que neutraliza, lo que nos impide abrir la boca para decir: «¡Santo, bendito, poderoso eres tú, Señor de los cielos!». Dejemos que él ponga la alabanza en nuestra boca, no mecánica, sino en el Espíritu, porque tenemos necesidad de adorarle. Es menester que el pueblo llene su casa de adoración, pero no que lo haga como un mandamiento, sino con placer, con gozo al glorificar su nombre. Asimismo, los hermanos que están a cargo de dirigir los cánticos en la iglesia tienen la bendición de Dios sobre ellos, no deben tocar para dar la nota simplemente ni cantar solo por cantar, sino que también en ellos se debe encender el fuego de Dios, y una pasión santa por adorarle debe apoderarse de sus corazones.

Hay quienes van a la iglesia buscando un ambiente de alabanza, porque muchas iglesias nos hemos desviado en la adoración. Creemos que adorar es venir a cantar salmos y decir palabras bonitas en su presencia. Por eso necesitamos que Dios nos muestre que la alabanza es una actitud del corazón, que podemos estar diciendo palabras muy hermosas, como le decía Israel, y JAH decir: *«Este pueblo de labios me honra; mas su corazón está lejos de mí»* (Mateo 15:8). Muchos podemos usar el don de salmear, de cantar y de hacer cosas muy lindas en medio de la congregación, pero aun así estar bien lejos de Dios. Lo importante es el corazón agradecido, el corazón admirado, el corazón lleno de integridad, de ternura, de admiración hacia a Dios. El Señor ama a un adorador que llegue ante él con temor reverente, que venga a su presencia y se vuelque como aquella mujer que trajo el perfume para expresarle a Jesús su gratitud. Eso es adoración, estar contento con Dios por todo lo que tenemos, y decírselo y expresárselo de una u otra manera, con el único deseo de reciprocar lo que él nos da, reconociendo lo que él es.

Podemos decir que la adoración, más que todo, es una actitud del corazón. A veces no tenemos que decir palabras, simplemente humillarnos debido a su grandeza, porque somos imperfectos y Dios perfecto, somos débiles y él fuerte, solamente eso ya es adoración. Dios no es uno igual a nosotros, en eso no somos semejantes, pues los cielos de los cielos no pueden contener su grandeza (2 Crónicas 6:18). Él es el gran YO SOY, el Dios eterno ¿Por qué los seres humanos caemos siempre en lo mismo? Generalmente dejamos la causa por el efecto, y la esencia de las cosas por algo que impresiona a nuestra vista. Casi siempre dejamos el propósito por el resultado. Somos así, defectuosos, simples pecadores a los cuales Dios tiene que abrir los ojos para que comprendamos que la adoración tiene que ser con entendimiento. Alabar a Dios debe ser un «culto racional», no venir a sus atrios a pasar un tiempo y comenzar a cantar, pero mirando las paredes, mirando a los lados, observando a los demás, chequeando al que habla, estando a la mira del que profetiza, sin perder de vista al que llega o al que se va, levantando la voz con expectativa de algo sobrenatural. Con esa actitud nos situamos muy lejos del corazón de Dios.

Muchos creen que adorar en el Espíritu requiere un efecto, como cuando las personas caen al suelo o la experiencia de una unción que marea, pero la esencia de lo que se quiere alcanzar al adorar no se logra porque esto ocurra. Creemos que adorar es simplemente usar una unción para cantar salmos que nos eleva con facilidad, sin saber que una persona en silencio, adorando en su corazón, puede adorar más que una que esté cantando. Hasta con una actitud nada más se puede adorar. Simplemente cayendo de rodillas a los pies del Señor, como Daniel y Juan, que cayeron a sus pies como muertos, impresionados con su grandeza y con su poder (Daniel 10:8; Apocalipsis 1:17).

El ser tocados por su amor, vivir admirados y agradecidos por su fidelidad, cualquier cosa que produzca una impresión de deferencia y reconocimiento a Dios, de acuerdo a su persona, es adoración. Todos debemos anhelar llegar ahí, no decir: «Salmeé porque canté; alabé porque brinqué; le exalté con júbilo porque grité», no. Tenemos que decir: «Adoré porque mi corazón está enamorado del Señor. Le alabé porque estoy impresionado de su gracia y de su misericordia para conmigo y mi casa. Le exalto porque mi corazón quiere honrarle y obedecerle, necesita doblegarse delante de su majestad. Le reverencio porque mi alma reconoce que la grandeza, el poder y la sabiduría están en Dios».

Todo comienza con saber acercarnos a Dios. Saber adorar al Señor no es buscar un buen momento. El ser humano siempre piensa en lo temporal. Si tiene hambre, ni oye, ni ve, ni entiende y se pone agresivo, porque le hace falta lo básico para vivir. Y eso se comprende. Vemos que si una persona tiene un problema, hasta que no lo resuelve no puede decir: ¡Gloria a Dios! Tiene que resolverlo primero para poder tener disposición, buen ánimo, tener un ambiente preparado, para entonces poder alabar a Dios. A veces adoramos escuetamente para pasarla bien o decir: Ya cumplí. En ocasiones buscamos elevarnos por la mañana para decir: ¡Qué bien me sentí con Dios!, y usamos la alabanza como un desahogo, como si fuera una droga, una puerta de escape porque no hay otra opción. Pero la adoración es una disposición hacia el Todopoderoso, hacia el gran YO SOY; es una actitud de una criatura hacia su Creador, del siervo hacia el Señor, del hijo hacia el Padre, de amor y honra hacia Dios.

Pero la adoración es una disposición hacia el Todopoderoso, hacia el gran YO SOY; es una actitud de una criatura hacia su Creador, del siervo hacia el Señor, del hijo hacia el Padre, de amor y honra hacia Dios.

Pidamos al Señor que nos conduzca por el camino de la adoración que le agrada. Si Dios nos conduce derribará todo argumento, porque él no se va a adaptar a nosotros, sino nosotros tenemos que adaptarnos a él. A veces las cosas no funcionan en nuestras vidas, en nuestra relación con el Señor, y nos desanimamos y lloramos de frustración. Nos da una pataleta delante del Señor y exigimos que Dios cambie su forma de ser por la nuestra, en vez de reconocer lo que Dios es y humillarnos delante de él. Pidamos a Dios que nos enseñe, porque queremos hacer bien las cosas. Queremos estar bien motivados, por amor a su nombre, para que nuestra alabanza sea sincera y digna de él. No queremos decir simples palabras, podríamos comenzar a decir muchas cosas bonitas, pero eso no es lo que queremos. Necesitamos una actitud correcta hacia nuestro Padre, una actitud de honra, de obediencia, de sujeción y respeto a nuestro Señor. Debemos darle todo lo que una criatura debe dar a su Creador. ¡Qué bueno que Dios es misericordioso! ¡Qué bueno que Dios es paciente! ¡Qué bueno que Dios sabe que somos polvo y que entiende que estamos dañados en Adán! Mas él nos dio una naturaleza nueva en Jesucristo y queremos vivir en esa naturaleza. No lo hemos logrado, tratamos y logramos andar en ella solo ratitos en la semana, solo días durante el año, pero necesitamos andar tiempo completo en el Espíritu, para poderle adorar siempre, en todo tiempo, como él únicamente se lo merece.

Mientras estemos concentrados en nosotros mismos, no podremos adorar a Dios como es debido. Los antiguos solo pensaban en su nombre, pero nosotros siempre estamos pensando en el nuestro: en la unción que recibí, en mi ministerio, en mi imagen, en que quiero hacer milagros, quiero quedar bien, quiero que la gente vea que tengo dones, quiero resolver un problema. El estar concentrados en nuestros asuntos no nos permite avanzar en este camino nuevo y vivo. ¡Ay!, ¿cuándo vamos a entender que nosotros no somos la causa? Ahí comienza la adoración, cuando entendemos que no somos la fuente, el origen, sino Dios. Aun la salvación la hemos concentrado en nosotros mismos, como todas las demás cosas. Podemos compararnos con la ley de la gravedad, en la que todo cuerpo es atraído hacia el centro de la tierra, así todo lo halamos hacia nosotros. Actuamos como la fuerza centrífuga, atraemos todo al «yo». ¡Estamos enfermos! La verdad es que el germen del pecado nos ha hecho mucho daño, pero tenemos una nueva naturaleza, tenemos al Espíritu Santo y a Jesucristo, por lo tanto, podemos vivir en el Espíritu. Si nos sometemos al Espíritu Santo nos será posible poner a Dios como el centro, como el eje, la causa, el meollo, la esencia, como lo que es él, lo más importante en nuestras vidas.

Tenemos que desconcentrarnos de nosotros para poder adorar a Dios como se lo merece. ¿Qué ser humano andando en la carne podrá agradar a Dios? (Romanos 8:8). Vemos a Elías, que mientras estuvo concentrado en JAH, por su palabra el cielo se abrió y también se cerró, el fuego cayó sobre las aguas y lamió hasta el polvo. Mas cuando dejó de mirar a Dios para ver las circunstancias, para ver los altares que estaban destruidos y a los profetas de Dios que estaban matando, se desanimó tanto que terminó metido en una cueva, deseándose hasta la muerte (1 Reyes 17:1; 18:38; 19:4,9). Cuando comenzamos a concentrarnos en nosotros mismos nos desanimamos y nos debilitamos en la fe.

No debemos simplemente adorar, debemos ser adoradores, vivir completamente para adorarle. Si veinticuatro horas al día estamos concentrados en Dios, veinticuatro horas somos adoradores, aunque no cantemos algún cántico ni digamos: ¡Gloria a Dios! Incluso podemos estar ocupados en nuestro trabajo secular y estar adorando al Señor, porque Dios es el todo en nuestras vidas.

A veces decimos palabras muy bonitas y dedicamos muchas horas a la vigilia y la oración, cansando nuestro cuerpo sin lograr alcanzar el propósito. ¡Qué triste es dedicar un tiempo a Dios y no lograr ni siquiera tocar el borde de su manto! Así podemos permanecer un día entero en la iglesia, en un jubileo, cantando, danzando y no haber logrado nada en Dios, como cuando la gloria se fue de Silo (Jeremías 7:12; 26:6). El pueblo israelita seguía cantando y brincando con grandes gritos de júbilos, pero ya la gloria de Dios no estaba allí (1 Samuel 4:4-11).

¡Oh, Jehová, Dios de Israel! ¿Por qué somos tan tardos para entender? ¿Por qué oyéndolo y predicándolo, aun así no lo podemos vivir? ¿Por qué adoramos por unas horas, y apenas viene cualquier problemita, corremos a suplir la necesidad y nos olvidamos de lo eterno? Necesitamos ayuda. Si queremos vivir para la alabanza de su gloria y ser siempre adoradores (no por ratitos) nos urge que esto sea corregido en nosotros, que quitemos la concentración de nosotros mismos, pues solo así se ejecutará la verdadera muerte del yo.

A veces queremos ser eficaces en nuestro ministerio, pero si no lo somos en nuestra relación con el Señor, tampoco lo seremos en nuestro servicio.

Por lo cual debemos gritar, como hizo el apóstol Pablo, y decir: «¡Miserable de mí! ¿Quién me librará del problema de concentrarme en mí mismo? ¿Quién me librará de mi yo?». Ya Dios nos libró en Jesucristo, pero lo que deseamos es una aplicación de esa victoria en nuestra vida. Que esa naturaleza espiritual que Dios nos dio se enseñoree del viejo hombre con sus obras viciadas. A veces queremos ser eficaces en nuestro ministerio, pero si no lo somos en nuestra relación con el Señor, tampoco lo seremos en nuestro servicio. Hasta que no gobernemos bien y administremos bien nuestro tiempo de relación con Dios, nos cansaremos tratando de ser eficientes en las otras cosas, porque todo comienza con el Señor, todo sigue con él y todo termina en él.

Dios es el todo en todos y eso no es una hermosa expresión, tampoco es un lindo mensaje, sino que es algo a lo que tenemos que llegar. Eso fue lo que Jesús nos enseñó cuando vino a la tierra. Él decía que su comida era el Padre y su negocio también. Jesús no hablaba por sí mismo, sino el Padre hablaba en él. Él decía que sus palabras no eran suyas, sino del Padre y que él hacía las obras que el Padre le envió a hacer (Juan 10:37; 14:10). Y nosotros hemos de imitarlo. Por eso, antes de comenzar a cantar, rindamos a él nuestros corazones para que nos desconcentre de nosotros mismos y podamos olvidarnos inclusive de los problemas llamados espirituales, de las situaciones con nuestros hermanos en la fe, para darle a él un culto racional. Cuando comenzamos a olvidarnos de nosotros mismos, en ese momento ya empieza la adoración. Uno lo logró, luego todos lo logramos. Cristo lo hizo, por tanto su Espíritu nos sostiene para que nosotros también lo alcancemos.

Esto no es un asunto de momentos claves, sino de una vida comprometida a él. No queremos adorar por momentos, porque hemos resuelto un asunto o porque estamos contentos, no, queremos algo permanente, vivir una vida en adoración. Humillémonos en su presencia y reconozcamos delante de él nuestra necesidad, eso es adoración. Consideremos que él es grande, poderoso, fuerte, sabio, que es el todo, cuando hacemos esto, estamos adorando, porque estamos reconociendo lo que él es: Dios sobre todas las cosas.

Venir a Dios con reconocimiento y regocijo es adoración. Es necesario que no alabemos al Señor de manera mecánica, sino de corazón, porque podemos tirarnos al piso y no estar humillados. Para dar una auténtica adoración no podemos actuar con apariencia, ni por costumbre, ni por formas, sino por algo genuino, como resultado de la obra del Espíritu Santo en nuestras vidas. En la apariencia radica todos nuestros problemas, todas nuestras incapacidades, y todos nuestros impedimentos de poder tener una relación hermosa con nuestro Dios. En esto estriba la diferencia entre ser un religioso y ser un cristiano auténtico. En esto, precisamente, es donde está la diferencia, porque a veces queremos fabricar momentos con Dios. Tendemos a actuar en lo espiritual como lo hacemos en lo natural, y así como hacen en las fábricas —que al producto le ponen una etiqueta— de la misma manera todo lo que le ofrecemos a Dios lo rotulamos con el nombre de adoración, servicio, etc. Pero Dios nos muestra que podemos servir y no estar sirviendo; que podemos cantar y no estar cantando; que podemos obedecer y no estar en obediencia; que podemos celebrar y no estar celebrando. Por tanto, es necesario entender esto por el Espíritu: Dios debe ser el todo en nuestra adoración.

Podemos afirmar sin temor a equivocarnos que todas nuestras depresiones, nuestros desalientos, nuestros conflictos personales, todas aquellas cosas que nos oprime e infringe dolor, son debido a que hemos quitado la mirada de Dios. ¿Qué es pecado? Errar el blanco. Nosotros somos pecadores porque hemos errado el blanco, el cual es Dios. El pecado nos separó de Dios y nos sacó del «blanco» de su perfecta voluntad. El pecado no nos lleva hacia Dios, sino nos conduce a errar y a cualquier otra cosa, como al yo, a la carne, al mundo y a todo lo malo. Ese es el blanco del diablo, porque en él no hay fruto. Pero lo contrario del pecado es la justicia, que significa obrar conforme al carácter de Dios y darle a él lo que merece. Justicia es tratar a Dios como justo, y como el justo merece todo, entonces al Padre le corresponde ser adorado y servido como el todo en todos.

Pidamos ayuda al cielo. Queremos estar bien motivados... y conocemos la fórmula, pero no podemos hacer el invento; sabemos, pero no entendemos; decimos, pero no podemos hacer. Mas Dios nos dio el querer como el hacer por su buena voluntad, para que nos esforcemos en él (Filipenses 2:13). Si cantamos sepamos por qué cantamos, si estamos contentos y danzamos que no sea simplemente por seguir el ritmo de la música, pues la música ejerce un efecto en nosotros. Vemos que las canciones románticas, por ejemplo, provocan en nosotros nostalgia, tristeza, nos hacen recordar cosas del pasado y nos conducen a la melancolía. Indudablemente, la música suscita algo en nosotros: Si la balada es triste, causa en nosotros tristeza, si es alegre nos da alegría, si es perversa, nos conduce a la perversidad. Los comerciantes usan la música en las tiendas con el propósito de inducir a la gente a comprar. En efecto, gente que únicamente entró a una tienda para mirar, sin percatarse de la música de fondo, salen con bolsas llenas de artículos que han comprado, y luego dicen: «Compré esto y ni sé por qué lo hice, pues no lo necesito». También la música se usa para provocarnos al sexo, a la violencia, y a muchas otras cosas. En el cine lo que nos impresiona a veces no es tanto el drama como la música que está detrás, ya sea de misterio, de expectación... la cual viene siempre a complementar aquello que quiso transmitir el guionista en la escena y que la actuación de sus actores no comunica cabalmente.

La música fue concebida por Dios, y como nosotros también fuimos creados por él, ejerce un poderoso efecto en nosotros. A veces pensamos que estamos adorando porque la música nos está penetrando y nos hace sentir alegres; danzamos porque la música nos provoca a hacerlo, pero estamos equivocados, no estamos adorando, ya que no es el gozo del Señor el que nos impele a hacerlo. ¿Cuándo yo sé que no es la música, ni la unción del que está dirigiendo lo que me está llevando a la adoración? Cuando esta verdad está clara en mí, y no reacciono a un estímulo exterior, sino que adoro por lo que es Dios en mí.

Generalmente es el efecto el que nos guía en la adoración a Dios y no la causa, pero ¡vayamos a la causa, busquemos la raíz, el principio de las cosas! Como cristianos hemos recibido demasiada instrucción, por eso Dios requiere de nosotros que vivamos la Palabra. Pregúntate a ti mismo: ¿Soy yo un verdadero adorador en todas las cosas? Si queremos vivir en el verdadero jubileo de Dios, pidámosle a él que nos dé una correcta motivación y nos revele la causa por la cual debemos adorar, para que no estemos pasando horas y vigilias, cansándonos, dejando de hacer cosas, para juntarnos a hacer nada. Si no somos eficaces en la adoración, estamos perdiendo el tiempo cuando nos congregamos.

En cambio Dios es eficaz, todo lo que él hace, lo hace bien. Todo lo que el Señor realiza es perfecto, nunca falla al blanco. Tampoco nosotros queremos errar más, pero ¿quién puede lograrlo sin la ayuda e intervención del Todopoderoso? Con sinceridad lo tratamos, hasta con lágrimas y mucho temor, lo alcanzamos por días, en ocasiones por meses, pero necesitamos toda una vida, algo más permanente. Queremos ser auténticos, genuinos, no fabricados, porque no somos robots o maniquíes, sino tenemos un corazón de carne, somos hijos de Dios (Ezequiel 36:26; Gálatas 3:26). Somos adoradores verdaderos cuyo júbilo es júbilo; cuyas fiestas son fiestas; cuya celebración es celebración. No importa que todos nos vean adorando, sino que cuando Dios lo haga, no diga: «¡Cuán lejos está de mí su corazón!» Pidamos al Señor que nos libre de la apariencia.

Debemos aprender a estar en la presencia y que Dios sea la causa de todas las cosas. La verdadera adoración no son palabras, sino la actitud y las obras que hacemos es lo que determina si estamos adorando a Dios. ¿Cómo puede alguien adorar a Dios si no piensa en él todo el día? ¿Cómo puede alguien ser adorador si adora a Dios cuando ya no tiene tiempo para hacer otra cosa o le dedica un ratito después de haber hecho todo lo demás? Si no se honra a Dios en el tiempo, no se puede ser un verdadero adorador.

Escucha bien, nadie puede ser adorador si cuando va a usar el dinero, después que lo gasta casi todo, si le sobra, le da a Dios. Ese podrá cantar todo el día, poseer una voz preciosísima y no ser un adorador, puesto que no está reconociendo a Dios como el dueño del oro y de la plata. La adoración a Dios debe ser total, no parcial. De la misma manera, el que le da tiempo a todo y saca solo ocasiones para Dios, aunque se pase luego un día entero cantando y danzando, no puede ser un adorador, ¡jamás! Porque no entiende que el tiempo es la vida y la vida es de Dios, la cual fue redimida y comprada, y hay que dársela entera a él.

Tenemos que rogarle al Padre que nos abra el entendimiento, porque estamos equivocados en la manera en que estamos sirviendo al Señor.

Nadie puede ser un real adorador si Dios no es el todo en su vida.

Creemos que tenemos a Dios porque hacemos milagros, sin saber que los dones el Señor se los da a todo creyente en la iglesia, porque Dios no da el Espíritu por medida, y eso no tiene nada que ver con ser un adorador. Ser un adorador es reconocer y honrar a Dios en todo y con todo el corazón. Adorar es algo real, vívido. Nadie puede ser un real adorador si Dios no es el todo en su vida. Una persona que sale a última hora a hacer lo del Señor, después que no encuentra qué hacer, no es un adorador, aunque salmee, aunque diga palabras de sabiduría, aunque cante y se emocione con la música, no lo es. Un verdadero adorador le da la primicia a Dios: de su tiempo, de su dinero, de su vida, de su esfuerzo, de su todo, y lo reconoce en todos sus caminos.

Esto debemos llevarlo en la frente y grabarlo con tinta de sangre en el corazón, para que no pasemos años diciendo que servimos a Dios y no le sirvamos nada. Yo te invito a meditar en el siguiente reclamo de Dios a su pueblo Israel: *«El hijo honra al padre, y el siervo a su señor. Si, pues, soy yo padre, ¿dónde está mi honra? y si soy señor, ¿dónde está mi temor? dice Jehová de los ejércitos a vosotros, oh sacerdotes, que menospreciáis mi nombre. Y decís: ¿En qué hemos menospreciado tu nombre? En que ofrecéis sobre mi altar pan inmundo. Y dijisteis: ¿En qué te hemos deshonrado? En que pensáis que la mesa de Jehová es despreciable. Y cuando ofrecéis el animal ciego para el sacrificio, ¿no es malo? Asimismo cuando ofrecéis el cojo o el enfermo, ¿no es malo? Preséntalo, pues, a tu príncipe; ¿acaso se agradará de ti, o le serás acepto? dice Jehová de los ejércitos»* (Malaquías 1:6-8). El lugar del Señor es el primero y el único. La honra no son palabras, sino darle su lugar a Dios, y que se vea en toda nuestra manera de vivir. La adoración se muestra en lo voluntario, no cuando hay una obligación o una presión de ambiente. No adoro porque me están observando o para que me vean. La adoración es cuando estoy solo, cuando nadie me ve, en lo secreto de mi vida, cuando allí, en lo interior, determino qué lugar en mi vida ocupa Dios.

Un verdadero adorador le da la primicia a Dios.

Vemos que hay personas que son vagas, que nunca irían a trabajar si no fuera porque saben que van a pasar hambre, porque no tendrían donde vivir si no pagan el alquiler, porque no tienen otra salida. Ellos trabajan porque la sociedad los presiona, de lo contrario nunca lo harían. Así hay cristianos que adoran a Dios porque hay una presión de ambiente, sirven porque tienen una responsabilidad, una asignación en la iglesia, por eso lo hacen, pero si no las tuvieran, de ningún modo harían nada para Dios. ¡Estamos engañados! El Espíritu Santo muestra que en eso radica todo el problema del cristianismo, porque ahí está nuestra apariencia. Cuando en realidad tengo que exponer algo, ya sea mi reputación, mi nombre, mi dinero, mi trabajo, mi relación con los demás, ahí me echo para atrás, me callo, sacrifico la verdad. Cuando hay que pagar un precio es cuando se sabe si soy un auténtico adorador.

Cuántos hermanos se sienten mal porque dicen que no saben cantar y quieren adorar a Dios por medio del canto. Hay quien está en intimidad con el Señor y quiere salmear, pero no le brotan cosas lindas, palabras preciosas como quizás oye que les fluyen a otros. Mas con todo y sus impedimentos, este puede ser el adorador que el Señor está buscando que le adore, porque le honra en todo en su manera de vivir. Los demás que le escuchan alabando, puede que piensen: «Este hermano se ve que ni canta en el baño, ¿por qué mejor no se calla y deja que canten los que saben hacerlo?». ¡Gloria a Dios que nuestros pensamientos no son los pensamientos de Dios, porque él, en cambio, cuando le oye dice: «Sigue mi amado, no sabes cuánto estoy agradado con tu adoración; continúa que quiero escuchar como se derrama para mí tu corazón». No obstante, algunos que aparentemente tienen el don del canto, cuyas voces acarician nuestros oídos, tristemente hasta cobran por adorar, porque creen que el don es saber dar la nota perfecta. Muchos de esos que cantan bien ignoran que adorar es la actitud de un corazón que ama, que teme y que le da a Dios el todo en su vida. Esto no solo se demuestra delante de la gente, sino cuando se tienen que tomar decisiones en la intimidad, cuando hay que pagar un alto precio, pero no se sacrifica a Dios por nada en esta vida. Ahí es que comienza la adoración. El salmista dijo: *«Alegraos, oh justos, en Jehová; en los íntegros es hermosa la alabanza»* (Salmo 33:1). **Alabar es cantar lo que Dios es en mi vida.**

El adorador no es íntegro si canta lo que Dios no es para él en su diario vivir.

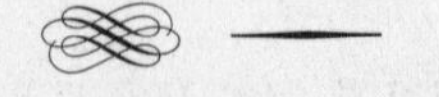

El adorador no es íntegro si canta lo que Dios no es para él en su diario vivir.

Dale el primer lugar a Dios, hermano. No te desvíes hacia otras cosas, como todo humano. Escucha el Espíritu Santo que —estoy seguro— vuelve a recalcarte: «Dame hijo mío tu corazón, dame el todo de tu vida». Esto no es una poesía bonita para que digas: ¡Señor tú eres el todo!, no, no, no. Esto es un asunto de una vida comprometida con la verdad. Desde que te levantas, ¿a quién le das el primer pensamiento? ¿Al sueño, al trabajo, a la pereza? ¿Sales corriendo a hacer ejercicios? ¿O qué haces, piensas en los huevos, las tostadas y el café del desayuno? Cuando recibes el dinero de tu salario, ¿qué haces, qué dices: «Si me sobra le doy el diezmo completo a Dios; si me queda algo doy ofrenda»? ¿Crees que así se honra a Dios con las primicias? ¿Honras a Dios con el tiempo? ¿Honras a Dios en tu relación con los demás? ¿Vas al culto cuando no hace frío, cuando te lo permiten, cuando tienes el tiempo? ¿Únicamente asistes cuando te pasan a buscar, cuando te invitan al servicio, cuando tienes el dinero para el taxi? ¿Cuándo lo honras? ¿Qué precio estás dispuesto a pagar por él?

Honrar a Dios no es fabricar un altar, es vivir en un altar. Adorar no es ofrecer un sacrificio, es ser el sacrificio.

Honrar a Dios no es fabricar un altar, es vivir en un altar. Adorar no es ofrecer un sacrificio, es ser el sacrificio. Roguemos a Dios que nos enseñe que esto no es asunto para predicarlo, sino para vivirlo. El Señor prefiere que no cantes, que no te levantes, que no sigas el ritmo de la música, que no digas ni hagas nada, que no comiences a adorarle hasta que tengas una correcta actitud de corazón hacia él. Dios quiere que meditemos en estas cosas y te respondas a ti mismo por qué adoras. Dios quiere que sepas lo que estás diciendo cuando adoras; que entiendas por qué danzas; que veas si en realidad todo lo que haces para él es una situación momentánea en tu vida, algo que desaparecerá a la mínima aflicción.

Toma en cuenta cuando adores que no estás dando culto a un hombre, sino al Dios que conoce todas las cosas, a aquel que mira lo oculto del corazón. Si en realidad queremos adorar al Señor, ¿por qué no somos sinceros con él? ¿Por qué no le abrimos el corazón al Padre y le decimos en realidad dónde estriba nuestra necesidad básica? Con esto Dios no nos está hablando para hacernos sentir culpables, sino porque conoce nuestros pensamientos y la intención de nuestro corazón. Él dice: «Sé que quieres adorarme, que quieres darme un jubileo, así que déjame enseñarte, déjame mostrarte por donde debes comenzar». Eso es todo. Si en realidad lo quieres honrar, aceptarás que esta enseñanza no es nada conflictiva, todo lo contrario, a través de ella Dios abre nuestro entendimiento para adorarle como debe ser adorado.

El Espíritu Santo quiere llevar nuestros pensamientos en una sola dirección, hacia Dios. No desvíes tu mente hacia formas y ritos de hombres; no optes por una cultura religiosa. Después de la salvación en Cristo Jesús, lo que más vas apreciar de toda tu relación con Dios es adorarle en espíritu y en verdad. Como cristianos hemos entendido lo que es el propósito y hablamos del plan y la visión de Dios, pero en realidad, el propósito de Dios consiste en que él sea el todo en todos. Que ya no nos concentremos más en nosotros mismos, sino que comencemos a morir al yo para empezar a ser verdaderos adoradores. Que no viva ya yo, sino que viva Cristo en mí (Gálatas 2:20). Si entendiéramos esto ni siquiera lo predicáramos, ni hablaríamos tanto de ello, sino comenzaríamos a vivirlo.

Es necesario que los que somos responsables de dirigir el servicio de adoración en la iglesia seamos temerosos de Dios y conozcamos lo que es dar una ofrenda de alabanza al gran YO SOY. Por ignorar quién es Dios y no conocerle es que estamos menospreciando *«las ofrendas de Jehová»* (1 Samuel 2:17). Nuestro pecado, en cuanto al culto a Dios, muchas veces ha excedido a la ofensa de los hijos de Elí (1 Samuel 2:12-17).

Hay momentos que me alarmo de lo que ven mis ojos y oyen mis oídos con relación al culto a Dios. No hay un área ministerial donde abunde más la carnalidad, la frivolidad, la liviandad e indolencia que en el ministerio del canto, de adoración o del altar, como le quieran llamar. Primeramente, este ministerio se ha convertido, en algunos círculos, en un negocio muy lucrativo, el cual los comerciantes han sabido aprovechar. La música y los músicos son usados en la iglesia de la misma manera que en la industria de la farándula. La forma en que se hacen los contratos, la venta de los discos compactos (CD), la propaganda, los conciertos, la creación de los «ídolos cristianos», la firma de autógrafos, todo esto no difiere en nada de lo que se practica en el mundo.

Los intereses más bajos y la avaricia más loca se esconden en el negocio de la «música cristiana». Aclaro que hay en la iglesia verdaderos ministros del canto, hombres íntegros y temerosos de Dios, adoradores que no ofrecen al Señor en su altar «pan inmundo» ni animales cojos, ciegos o enfermos para el sacrificio (Malaquías 1:7,8). Mas en muchas de nuestras congregaciones el único requisito para ser ministro de música o canto es tener talento, instrucción, experiencia y «unción». He visto pastores disputándose a ciertos músicos y cantores, ofreciéndoles jugosos salarios para asegurar su servicio y empleándolos. No les importa la vida y el testimonio de esas personas, con tal de tener «buena música» y «excelente ministración». Sé de algunos de estos músicos que han confesado: «No estoy de acuerdo con la visión de esta congregación, pero a mí me pagan para tocar y cantar. Este es mi trabajo». En otras ocasiones estas personas están practicando el pecado abiertamente y sus vidas no representan lo que debe ser la idoneidad ministerial que la Biblia requiere de los ministros.

Hace un tiempo que uno de nuestros jóvenes de la congregación me relató una charla que sostuvo con un músico inconverso que le dijo que él tocaba el piano los domingos en una iglesia, y que le pagaban por sus servicios. Ahora yo me pregunto: ¿qué ofrenda podía dar un músico inconverso a Dios? Estos son algunos de los excesos a los cuales hemos llegado. Y ¿qué decir de los cánticos con los cuales alabamos a Dios, donde es el hombre el que sale reluciendo. Decimos, por ejemplo: «Mi congregación es la que mejor adora, porque nuestra música es hebrea y cantamos los salmos. Además sabemos cómo salmear a Dios y fluimos en el cántico profético. No somos como esas iglesias cuya adoración es solo ruido. Nuestra música eleva el espíritu y no incentiva a la carne». Mas yo te digo, si Dios te ha hecho crecer en la adoración eso está bien —yo también creo en el *«camino más excelente»* (1Corintios 12:31)—, pero cuida de no caer en una forma de adoración. Nuestra manera de adorar puede que sea importante, pero Dios lo que mira es el corazón, la actitud y la motivación de nuestra adoración.

Cuando nuestra adoración es solo un medio para elevarnos, liberarnos, sanarnos, gozarnos o encontrar un estado espiritual de éxtasis, aunque tenga todos los elementos de la excelencia, se convierte en *«metal que resuena, o címbalo que retiñe»* (1 Corintios 13:1), porque Dios no es el todo en esa adoración. **Lo importante de nuestra adoración no es lo que hace en nosotros, sino lo que hace en Dios. Digamos lo mismo de otra manera: Lo importante no es el efecto que produce la adoración en el adorador, sino lo que hace en el corazón de Dios, a quien se ofrece la ofrenda.** Cuando adoro, estoy dando honor, servicio, alabanza y reconocimiento a Dios por lo que él es, por lo que ha dicho o por lo que ha hecho. Por tanto, no debe ser mi motivación ni sentir ni recibir nada. Es cierto que el adorar en sí es una bendición, también es verdad que en la presencia de Dios hay plenitud de gozo, y no ignoramos que cuando el Padre está contento con nuestra adoración responde con gloria. No obstante, cuando buscamos otra cosa que no sea Dios en nuestra adoración, él deja de ser el todo en la ofrenda que le dedicamos. Por eso te pregunto: ¿Es Dios el centro en tu adoración? ¿Cuál es tu meta cuando adoras? ¿Adoras para elevarte, para sentir su presencia o para exaltar su majestad?

Escribo todo esto, no con el ánimo de criticar a la iglesia, sino para que veamos el colmo de nuestra ignorancia sobre quién es Dios y lo que debe ser digno de él. Todo lo narrado ocurre porque nuestros cultos están enfocados en agradar los oídos de los asistentes, no a Dios. Si lo que hacemos en el culto apela a la gente y los atrae a asistir al servicio, eso es lo que importa. La fiebre de crecimiento que padece la iglesia de hoy no le permite percatarse de la temperatura espiritual de la congregación. No preguntan: «¿quiénes son?», sino: «¿cuántos son?». **En cambio, la Biblia no dice que Dios cuenta los corazones, pero sí dice que Jehová pesa los corazones** (Proverbios 21:2). Amado hermano, estamos en el tiempo de la restauración de todas las cosas (Hechos 3:21). Dios está trayendo la iglesia al *orden original*. Es necesario que tengamos el corazón de Dios, para que podamos hacer las cosas como a él le agradan y como él nos las enseñó. Dejemos nuestros malos caminos y volvámonos a Jehová, el cual es amplio en perdonar (Isaías 55:7).

El concepto que tengamos de Dios determinará el grado de nuestra adoración.

El concepto que tengamos de Dios determinará el grado de nuestra adoración. La medida de nuestra adoración será siempre proporcional a la magnitud de nuestro amor a él. El nivel de nuestra adoración se mide por el grado de honra que le damos sumado al tamaño de nuestra entrega a su persona y servicio. Si el Señor es el todo en nuestros corazones, se dejará ver en la manera que repartimos todo en nuestra vida, por ejemplo, en cómo distribuimos el tiempo, el dinero, los talentos, los dones y las demás cosas. José demostró que amaba más a Benjamín que al resto de sus hermanos cuando al distribuir dio a su hermano menor cinco veces más que a los demás (Génesis 43:34; 45:22). Abraham reveló que amaba más a Dios que a su hijo Isaac cuando no se lo rehusó, sino que se lo ofreció como ofrenda (Génesis 22:15-18). La Biblia dice: *«Porque de tal manera amó Dios al mundo, que ha dado a su Hijo unigénito»* (Juan 3:16). Pablo dice que ni aun a su propio hijo escatimó, sino que lo entregó por nosotros (Romanos 8:32). **El amor no se demuestra diciendo, sino haciendo.**

El amor no se demuestra diciendo, sino haciendo.

Unámonos en oración y roguemos a Dios en esta hora. No me dejes solo, hermano, en esta oración, pues no deseo esto solo para mí, sino para todos mis hermanos. Pídelo para ti, y para toda la iglesia de Cristo en todas las naciones. Dios quiere preparar nuestros corazones en el atrio, antes que entremos en el Lugar Santísimo. El Señor desea que nos entreguemos, que no curioseemos, pues si no sabemos, él nos quiere enseñar. Ríndete a él en la alabanza, dale un culto racional. Cantemos creyendo lo que decimos, no con los labios, no porque nos gusta la canción ni para seguir el ritmo que nos eleva, sino diciéndolo y haciéndolo de verdad. No adores porque te toca, ni porque llegó la hora de la alabanza, sino porque no tienes otra cosa más importante en la vida que adorarle a él, porque él es digno, porque él es excelso, porque él es Dios. La adoración no consiste en cantar, sino en que cantamos porque le adoramos. La adoración es amar a Dios, temerle y andar en sus caminos, honrarle y darle su lugar; servirle y entregar nuestra vida a él totalmente.

IV.2 En la proclamación y en la enseñanza

> *«Mas vosotros sois linaje escogido, real sacerdocio, nación santa, pueblo adquirido por Dios, para que anunciéis las virtudes de aquel que os llamó de las tinieblas a su luz admirable»* (1 Pedro 2:9).

En la función de la proclamación o ***keritma*** (palabra griega que se usa para referirse a la predicación) Dios debe ser el todo. Cristo nos abrió el camino al reino de los cielos mediante su crucifixión y resurrección, para que en la proclamación, Dios sea el todo. Por eso dice la Biblia que Jesús nos sacó de las tinieblas a la luz admirable (1 Pedro 2:9). ¿Para qué? Para que anunciemos sus virtudes, porque él es la esencia del evangelio. Por eso, cuando predicamos la Palabra tal como es, exaltamos a Dios. ¿Por qué? Porque para eso nos salvó, ¿o no dice la Biblia que la predestinación fue para manifestar su gloria y su gracia, para que los siglos venideros **sepan** la grandeza de su bondad? (Efesios 2:7).

Así que en la proclamación del evangelio la iglesia debe presentar a Dios como el todo en todos.

Ciertamente, **la iglesia no debe predicarse a sí misma, sino que debe predicar a Jesús.** Ella no debe presentarse como la puerta del reino, porque no lo es; la puerta del reino es Cristo. Tampoco debe cometer el error de decirle a la gente: «¡Vengan aquí, este es el lugar para entrar al reino! ¡Entren a través de mí!», predicándose a ella misma. Hay iglesias que usan este tipo de evangelismo, el cual consiste en demostrar, con un montón de textos, que ellos son «la iglesia verdadera», e invitan a la gente a aceptar sus dogmas para luego ir a Cristo. Por esa práctica, un día tendrán que darle cuentas al Señor, pues la Biblia dice que aceptas a Cristo, y cuando él entra en tu vida, ya eres parte de su cuerpo, que es la iglesia (Hechos 26:18). Así que en nuestro evangelismo, en nuestra función como predicadores, Cristo debe ser el todo.

Debemos proclamar las virtudes de Jesucristo y predicar su triunfo en la cruz. La gente tiene que saber que Satanás le usurpó el lugar a Dios en sus vidas y los arrastró con su carreta ignominiosa y su carro maldito, repleto de pecados, hasta llevarlos lejos de su Creador. Así, remolcándonos en el polvo de nuestras concupiscencias, enlodándonos en el cieno de nuestra «suficiencia», el diablo logró separarnos de Dios. Mas por eso vino Cristo a atraernos, con cuerdas humanas y con cuerdas de amor (Oseas 11:4), levantándonos del polvo de la humillación y de la bajeza del pecado, y trasladándonos al reino del Padre.

Sabemos que en el mundo científico y en el secular la filosofía que reina es atea. Y si se cree en Dios es simplemente como un concepto filosófico o teológico, para la mayoría ya pasado de moda. Mas en la iglesia, que es el cuerpo de Cristo, el que Dios sea cualquier cosa menos el centro no solo es una ironía, ¡es una apostasía! Necesitamos tomar conciencia de estas cosas para estar alertas a todo lo que escuchamos como mensaje de Dios donde no se presente al Señor como el todo. Por lo tanto, de ahora en adelante, te invito a que abras bien tus sentidos en todo sermón que escuches, para que disciernas en quién se hace el énfasis, en Dios o en el hombre. Pon atención a lo que escuches, veas o leas acerca de Dios, y pregúntate: ¿Está siendo presentado Dios como la esencia y el corazón mismo de este mensaje? También, mientras escuchas la prédica, toma una hoja en blanco y dibuja en grande en el medio una línea en forma de «T» (como usan los contables para conciliar el balance de dos cuentas) y a un lado escribe «Dios» y en el otro lado «Hombre», entonces, debajo de cada nombre, ve añadiendo cada cosa que se dijera del uno y del otro, para hacer un paralelismo. Al final verás, cuando pases rayas para obtener el total de cada cuenta, que tu regla «T» mostrará la gran desigualdad de lo que se habla de ellos. El balance «en rojo», el faltante, estará en la que corresponde a Dios. Te aseguro que el monto a favor del hombre es mayor y que su lado tendrá un largo listado, a diferencia del lado de Dios, donde habrá muy pocas cosas. Así comprobarás lo que significa que de la abundancia del corazón habla la boca (Lucas 6:45).

Esta situación ocurre incluso en temas como la salvación, donde no hay cómo negar que el que salva es Jehová. Sin embargo, escuchamos tantas veces que nos dicen que no podríamos ser salvos si no hacemos cuales o tales cosas que terminamos convencidos de que depende de nosotros. Y si admiten que estamos salvos, nos quitan la seguridad, aseverando que perderemos el regalo de la salvación si no ayunamos o practicamos ciertas cosas.

Inclusive, si analizamos nuestros cánticos, muchas veces cantamos a nuestras experiencias, a lo que sentimos. Muchos de esos himnos dicen: «Yo siento un gozo, siento un gozo dentro de mí, yo siento un gozo», y todo lo que dicen es lo que nosotros sentimos. En otras palabras, me gusta cantar, porque me elevo; ayuno porque me fortalezco; oro mucho, porque Dios me bendice, entonces, ¿en quién está el énfasis en todas estas cosas? En mí, y eso debe cambiar. De ahora en adelante todo mi andar cristiano será para que Dios sea el todo en mi vida: Voy a ayunar porque Dios quiere mi entrega total, para destruir la carne y fortalecer mi espíritu; voy a adorar, pero no para sentirme elevado y disfrutar de la sublimidad que siento, porque lo importante no es lo que yo siento, lo importante es que Dios sea exaltado.

Tenemos que darle un giro a nuestro evangelismo, porque lo que predicamos es: «Ven aquí que Cristo te sana; ven para acá que Cristo acaba con tu problema matrimonial; ven aquí que Cristo te resuelve los problemas financieros; ven acá que Cristo te liberta de las drogas; si tú te entregas él te da», y otras cosas así como estas. Y es verdad que él hace todo esto, pero ese no es el espíritu del evangelio. Al final lo que resulta de todo eso es un negocio con Dios; cristianos que vienen a Cristo a cambio de un milagrito, que andan detrás de los panes y los peces (Juan 6:26). No, amado, a la gente hay que predicarle que Cristo es la esencia del evangelio, que él es el Salvador y el Señor, mediante el cual Dios gobierna la vida de los creyentes. Tenemos que enseñar a los hombres a enamorarse de Dios y a amar su voluntad. De otra forma, serán cristianos inmaduros que a la primera caída se rendirán, pues este camino no es un lecho de rosas, sino una batalla contra las huestes de maldad en las regiones celestes que se oponen a que Dios reine en nuestras vidas (2 Timoteo 3:12).

Si queremos tener una iglesia preciosa, que marche como un ejército en orden para esperar a su Rey en las nubes del cielo, tenemos que comenzar a poner todas las cosas en el orden de Dios. Lo primero es hablarle a la gente del propósito eterno del Señor, no del propósito mezquino del yo: «Dios te da, pide, reclámale, exígele, él te tiene que dar porque eres su hijo, pídele». Con esto no estoy negando que el evangelio son dádivas de Dios, pues el Señor se dio por completo y sin medida para bendecirnos y proveernos (Efesios 1:3; Salmo 23). Lo que estoy diciendo es que Dios te da para lograr algo digno en ti y dignificar tu existencia, elevándote a ser un adorador de su gloria. Por lo tanto, no puedes decir que has hecho un discípulo en tu predicación hasta que ese discípulo no ame a Dios con todo su corazón. Y al final de cuentas, cuando lo traigas al reino de Dios, tu trabajo no ha terminado, tienes que seguir instruyéndolo con paciencia, soportándolo, hasta que esa persona lo alcance, hasta que Dios sea el todo en ella. La iglesia no ha concluido su trabajo con un creyente hasta que no entre totalmente al designio eterno del Padre, hasta que el Señor sea su todo.

Muy pronto, cualquier iglesia se puede lanzar a la predicación universal por los medios masivos de comunicación (radio, televisión, espacio virtual), en la obra misionera, en la obra personal... y tiene que tomar en cuenta lo que Dios nos ha instruido acerca de estas cosas. A través de su Palabra, el Señor nos enseñó lo que es —en el evangelismo— el papel del amigo del esposo, lo que es salir a buscarle esposa al Cordero (Juan 3:29). Por eso nos está hablando del propósito, pues, a fin de cuentas, la finalidad de toda predicación es que él sea el todo en todos. No estoy criticando al cuerpo de Cristo, ¡líbreme Dios!, pues soy parte de la iglesia, y cuando hablo de la iglesia estoy hablando de mí mismo, pero, como miembro de la iglesia, me es necesario comunicar aquello que nos edifica y nos hace volver al camino. No quiero ser pesimista, ni incluir una nota discordante que desanime, pero la verdad es que —aunque me duela decirlo— en general, estamos muy lejos del ideal que Dios nos ha trazado.

En la proclamación del evangelio veo mucha «carnalidad» y humanismo, de manera que lo que estamos enseñando a la gente es una forma de negociar con Dios. Por ejemplo, decimos: «Ven a Dios porque te conviene; deja el mundo porque esta vida es mejor», y la gente viene a saciar su egoísmo. Mas la pura verdad es que sin negar que Dios lo haya dado todo y se haya dado por completo para salvarnos, siendo él nuestra solución y nuestra única alternativa, considero que para que los hombres tengan una motivación correcta, tenemos que predicarles un evangelio correcto. ¿Cuál es el evangelio correcto? **El evangelio correcto es el que proclama que los hombres, por el amor que Dios ha manifestado a ellos, deben amar a Dios como Dios merece ser amado; temer a Dios como Dios merece ser temido; respetar a Dios como Dios merece ser respetado y poner a Dios en el lugar que le corresponde, que no es otro que el primero, porque él es el todo.** No hay cosa mas linda que cuando se predica a Cristo como Dios quiere que sea predicado y se proclama el Evangelio como Dios nos mandó a anunciarlo.

¡Cuán hermoso es ver a la gente enamorada de Dios! No es fácil hacer que una persona se enamore del Señor y que se quiera entregar totalmente, vaciarse para que él lo llene todo. Es como cuando se toma un recipiente y se voltea hacia abajo, derramando todo su contenido, y se deja vacío, de manera que no quede nada en él, ningún residuo, ni una gota. Así es como Dios quiere que vengamos a él, que nos vaciemos como Cristo se vació, despojándose de sí mismo (Filipenses. 2:7). La manera en que Dios se vació, nos mueve a vaciarnos también nosotros. El Señor **no** dice: «Ven, pon un cincuenta por ciento que yo pongo el resto», ¡no! Dios dice: «Yo soy el primero que me despojo, me entrego por entero y lo doy todo, ahora, sed imitadores de mí»(Mateo 11:29). La Biblia dice que él nos amó hasta el fin (Juan 13:1). ¿Sabes cuál es el fin? El lugar donde no hay más, hasta allá él amó, para que los que viven ya no vivan para sí. Así que, amado, cuando Dios toque la trompeta para enviarnos a predicar, no te olvides de lo que él nos ha dicho. Es mejor que los hombres no vengan a Cristo si han de venir mal motivados, pues serán piedras de tropiezo y no piedras vivas (1 Pedro 2:5).

La Palabra de Dios dice que el amor de Cristo nos constriñe (2 Corintios 5:14), y esa es una genuina motivación para venir a sus pies. La gente tiene que saber que viene a Dios simplemente porque lo **necesita**. Quizás estamos siendo demasiado idealistas, porque la primera atracción del pecador para venir al Señor es obtener lo que el Señor le ofrece, no precisamente bienes espirituales. Entiendo y no puedo negar que el hijo pródigo llegó a la casa porque sabía que el padre era dadivoso, y aun sus jornaleros eran tratados con amor y respeto (Lucas 15:17). Pero también este muchacho sabía, primero, que el padre le amaba, segundo, que el padre no le iba a fallar, y tercero, que había provisión de perdón para él, de otra manera no hubiese regresado.

No podemos negar que es la necesidad lo primero que nos mueve a ir a Dios. Mas después que somos atraídos por él, tenemos que entender por qué nos llamó. Dios no ha terminado contigo, ni terminará hasta que no haya una sola célula de tu ser, una última parte, que no esté entregada a él. Hasta entonces, te aseguro que no te va a soltar, pues nuestro Señor es un Dios de pacto, y fiel es el que prometió (Hebreos 10:23). La Palabra dice que el que comenzó la buena obra en nosotros la terminará hasta el día de Jesucristo (Filipenses 1:6).

En el libro de la revelación de Jesucristo, Juan escribió que cuando el séptimo ángel tocó la trompeta se oyeron muchas voces en el cielo que decían: *«Los reinos del mundo han venido a ser de nuestro Señor y de su Cristo; y él reinará por los siglos de los siglos»* (Apocalipsis 11:15). Quiere decir que la misión del Espíritu Santo, desde hace veinte siglos, es suprimir el reino del diablo, introducirse en casa del hombre fuerte, amarrarlo e izar la bandera del reino de Dios en cada uno de los elegidos, haciéndolos a su vez colaboradores. Por consiguiente, en último análisis, lo puedes decir de muchas maneras, pero la verdad es que estamos predicando el evangelio para que las almas se salven y Cristo venga a reinar.

El ministerio de la iglesia, por lo cual fue llena de dones y capacidades, es que esta —a través de la predicación y llena del poder y de los medios del Espíritu Santo—establezca el reino de Dios en todas las naciones. Cada vez que la iglesia, por el Espíritu Santo, trae un alma a los pies de Jesús, esa persona se libera de la rebelión, y el reino de Dios se establece en ella. Luego comienza por el poder del Espíritu una obra santificadora en esa persona, hasta que Dios sea el todo en toda su vida.

Hoy puede que tú estés ahí, alimentándote a través de esta lectura, madurando en el estudio de la Palabra y de la comunión con Dios, pero mientras lees, Dios está logrando ser en ti el todo, pues el Espíritu Santo te está mostrando áreas de tu vida que quiere conquistar y adueñarse de ellas para sujetarlas a él. Cada vez que el señor triunfa en nuestra vida, en esas áreas donde somos débiles, está logrando que el hombre nuevo se enseñoree de nuestra mente y de esa manera guarda nuestros pensamientos en Cristo Jesús (Filipenses 4:7). Es como una llama santa que se va propagando en tu interior, conquistando tu alma y tus facultades, estableciendo el reino y matando el «yo», para lograr que Dios sea el todo. Por eso Cristo dijo: *«Si alguno quiere venir en pos de mí, niéguese a sí mismo, y tome su cruz, y sígame»* (Mateo 16:24).

Es bueno que identifiquemos cuál es nuestra cruz, porque así sabremos que no es como dicen los religiosos, que la cruz es el sufrimiento que tienes por causa de la prueba, los traumas que no logras olvidar, la separación de tu familia, el esposo que te abandonó, la esposa celosa y rencillosa, el hermano alcohólico, el hijo drogadicto que está preso o aquello que no te deja servir al Señor. Tampoco tu cruz es la necesidad debido a que no tienes trabajo, la molestia de soportar a tu supervisor, la situación de cuidar a tu mamá enferma cuando tienes que trabajar. Nada de eso es la cruz. La verdadera cruz del cristiano es renunciar a su ego. Jesús dijo: *«Si alguno quiere venir en pos de mí, niéguese a sí mismo, y* ***tome su cruz****, y sígame»* (Mateo 16:24). Así que negarse al yo es nuestra cruz, pues esa fue la sentencia que Dios le declaró a Adán: *«ciertamente morirás»* (Génesis 2:17). Y en él, nos la estaba dictando también a cada uno de nosotros.

Sabemos que el cuerpo del pecado de Adán murió en la cruz del Calvario. Cristo clavó a Adán en la cruz, tomando esa maldición y enterrándola en el sepulcro de José de Arimatea. Por tanto, esa herencia adánica que recibimos cuando nacimos quedó destruida en la justificación, por eso Dios envió a su Espíritu Santo para dártelo a conocer y matar lo que quede de Adán en ti. En la epístola a los corintios, el apóstol dijo: *«Golpeo mi cuerpo, y lo pongo en servidumbre ... cada día muero»* (1 Corintios 9:27; 15:31). Esto no significa que Pablo estaba agonizando en una cama o laceraba su cuerpo, sino que sometía su carne al Espíritu. Cada vez que la carne es sometida, el pecado es vencido y el Espíritu Santo está en autoridad sobre la carne, para que el hombre nuevo se vaya apoderando de la mente y tomando el dominio, y así poder vivir como Dios quiere que vivamos.

En resumidas cuentas, lo que quiero decir es que solo hay un propósito y una misión. Una fue la misión de Cristo, la misma que ha sido la del Espíritu Santo, y por ende, la de la iglesia, porque esa única misión abarca todo el propósito. Todo aspecto del propósito de Dios es importante, pero el propósito del propósito —valga la redundancia— es que Dios sea el todo en todos. Para eso el Señor Jesucristo dio ministerios, el Espíritu Santo dones y el Padre las operaciones. Lo que el Señor da y ha impartido tiene que desembocar en que Dios logre ser el todo en todos, y eso está resumido en toda la predicación y todos los temas de la Biblia. Las Escrituras fueron dadas para que Dios sea todo y en todos. El mismo Jesús dijo: *«Escudriñad las Escrituras; porque a vosotros os parece que en ellas tenéis la vida eterna; y ellas son las que dan* ***testimonio de mí****»* (Juan 5:39). Dios ha revelado en la Palabra lo que él es, lo que ha dicho y lo que ha hecho de una manera práctica, no solamente enseñándonos su propósito, sino lográndolo en nuestras vidas hasta el fin.

Fíjate en lo que Dios va hacer con la iglesia y recíbelo como profecía de parte de Dios, porque esto es un mensaje profético: **Será tan perfecto el domino de Dios en la iglesia que literalmente nos vamos a olvidar de nosotros mismos.** Puede que psicológicamente sea imposible, porque el ego ocupa toda nuestra mente y el «yo» todo nuestro ser. Y no estoy hablando negativamente de lo que somos como personas, pues al final de cuentas, en cierto sentido, nosotros estamos hechos para amarnos y protegernos, y tener desarrollado ese instinto de conservación nos preserva de peligros. Te aseguro que si en medio de un sermón dicen: ¡Fuego!, no vas a ser tan cortés de esperar que termine el predicador para ponerte en un lugar seguro. Todos van a correr, aunque ni les huela a humo y sea solo una falsa alarma, pues tienen un instinto que les hace proteger sus vidas. Ese instinto de conservación nos lo dio Dios, y es bueno.

No obstante, no solamente en el aspecto físico, sino también en lo emocional, poseemos ese instinto de conservación. Este se manifiesta en lo que los psicólogos llaman «defensas sicológicas». Cuando alguno está en crisis, por ejemplo, y lo pescan *in fraganti*, su primera reacción es tomar de su arsenal mental y comenzar a defenderse, usando el racionalismo, negando la verdad, culpando a los demás o justificándose a sí mismo. Otros acuden al escapismo, porque no se sienten capaces de bregar con la situación. Es decir, que es natural que si alguien habla mal de nosotros nos entristezcamos y nos defendamos, usando las armas de conservación, pues esa es la naturaleza humana caída. Esa forma de comportarnos la vamos desarrollando desde que nacemos, en cuya etapa el «yo» es el centro. Recuerdo cuando era niño, no sabría como definir esa actitud —quizás como descomunalmente egocéntrico— pero llegué a pensar que era la única persona que existía sobre la faz de la tierra. Pensaba que mi padre y mi madre habían sido dados por Dios para que me cuidaran y prepararan todo el ambiente para mi felicidad. También pensaba que los demás niños jugaban conmigo para que yo fuera feliz. La vida y necesidades de los demás para mí no existían, simplemente el único mundo existente era el mío. A veces, literalmente, llegué a palpar a mis amiguitos con el propósito de comprobar si eran reales.

No sé como pensarán otros niños, pero veo que pueden tener un cuarto lleno de juguetes y al llegar el amiguito a jugar con ellos, pelean por un carrito. Aunque tengan bicicletas y otros entretenimientos, no les importa, pelean, gritan y patalean por el insignificante juguetico. Luego, cuando crecemos, la filosofía del mundo es «primero yo, luego yo y después yo», basados en que tenemos que amarnos a nosotros mismos para poder amar a otros. Ahora, la cuestión es que el amor a los demás nunca nos llega, pues estamos muy ocupados en amarnos a nosotros mismos. ¡Imagínate lo que significa que Dios quiera lograr que nos olvidemos de nosotros mismos para concentrarnos en él! ¡Tamaña empresa! Que ya no busquemos nuestro bienestar, sino el de Dios; que ya no cumplamos nuestros ideales, sino los de Dios. Alguien dirá: «Pastor Fernández, por favor, vuelva a la realidad, está muy idealista». Mas quiero decirte que, aunque suene utópico o irrealista, eso es lo que Dios va a lograr en ti y en mí a través de la obra del Espíritu Santo. Y esto va a afectar toda área de tu vida y ministerio, pues lo que recibiste lo querrás compartir con los demás, de la misma manera. Así que cuando anuncies el santo evangelio, lograrás, por el Espíritu, que la motivación de la gente sea el amor de Dios y no sus beneficios. Solo una persona enamorada de Dios podrá enamorar a los demás del Señor a través de la predicación.

Por lo tanto, en todas las funciones de la iglesia realizadas para Dios, el Señor debe ser el todo en todos. Así que en la predicación (en griego ***kerugma***) —cuyo significado es pregonar como un heraldo (1 Corintios 1:21)— Dios nos mandó a publicar sus virtudes y las de Cristo. Los heraldos (en griego ***kerusso***) (Mateo 3:1) eran aquellos portavoces de los reyes antiguos que iban a los pueblos a llevar el mensaje del soberano. Como en aquellos días no había radio ni televisión, los heraldos eran los que tenían el oficio de dar a conocer a los pueblos el mensaje o edicto del rey. Estos se paraban en los lugares altos y leían el decreto a voces. Así Dios nos mandó a la iglesia a proclamar el evangelio. El Señor quiere que nos subamos en las azoteas, en los lugares altos, y proclamemos las virtudes y las grandezas de nuestro Dios, diciendo en alta voz: «**Temed a Dios y dadle honra, porque la hora de su juicio ha llegado. Adorad a aquel que hizo el cielo, la tierra, el mar y las fuentes de las aguas**» (Apocalipsis 14:7). Esa es la comisión evangélica: *«Id por todo el mundo y predicad el evangelio a toda criatura»* (Marcos 16:15).

El Señor me reveló que el pecado de Israel fue contra el Hijo, pero el pecado de la iglesia es contra el Espíritu Santo. Israel rechazó a Jesús como el Mesías, la iglesia ha rechazado al Espíritu como guía (Juan 16:13). La misión primordial

El pecado de Israel fue contra el Hijo, pero el pecado de la iglesia es contra el Espíritu Santo. Israel rechazó a Jesús como el Mesías, la iglesia ha rechazado al Espíritu como guía.

del Espíritu en la iglesia es guiarla a toda verdad y recordarle las palabras de Cristo (Juan 14:26). El gobierno de cada iglesia local y todo ministerio, a todos los niveles, debe tomar cada decisión según la instrucción y dirección del Espíritu Santo. Sin embargo, tristemente, esto no es lo que se está haciendo. El Espíritu Santo ha sido quitado del gobierno de la iglesia y son muy pocos los que le consultan. Todas las decisiones se toman a través de análisis y deliberaciones. Hace poco que el Señor sonó la alarma profética y me dijo:

> «Hijo, así como la iglesia ha quitado mi Espíritu Santo de su gobierno, de la misma manera lo está suplantando en el evangelismo. Él fue enviado a convencer al mundo de pecado, de justicia y de juicio (Juan 16:8), pero ahora, debido a la fiebre de la multiplicación y a la ambición de crecer, muchas iglesias están fabricando y clonando cristianos. No es una casualidad que el primer animal que los científicos clonaron fuera a una oveja. El evangelismo está pasando a ser en muchas congregaciones campañas de reclutamiento, pues no hay diferencia entre ese método de captar cristianos y el que usan algunas compañías de ventas directas (network marketing) en su estrategia de mercado, basadas en variados sistemas de ventas (multinivel, pirámide, mercado en red) que sugieren la idea de una libertad financiera y ganancias ilimitadas, a través del reclutamiento o patrocinio de personas. [De hecho, muchas de ellas basan sus beneficios —más que por la venta del producto— en la destreza que se tenga para reclutar personas, por las cuales se perciben jugosas comisiones, bonificaciones y variados incentivos. Los familiares, amigos y conocidos del distribuidor son los principales objetivos o candidatos para convertirse en miembros de su equipo de trabajo en las reuniones de negocio, que se hacen de casa en casa. Entonces, la red va creciendo en progresión geométrica, donde, supuestamente, todos los niveles sacan provecho de los socios que desde capas inferiores se van reclutando, pero en realidad, los estratos más altos del sistema son los que sacan el mayor provecho del negocio].
>
> »Mas una cosa es que la iglesia vaya a los hogares a predicar y a testificar a los vecinos y otra que vaya a reclutar gente para hacer crecer el número de su feligresía. Cuando la iglesia pierde la fe en que es el Espíritu Santo el que convierte a los pecadores

y que también es el que añade a los que han de ser salvos (Hechos 2:47), entonces acude hasta a lo absurdo con tal de aumentar los números y las estadísticas».

¡Qué Dios tenga misericordia de nosotros! Te confieso que como ministro de Dios siento una profunda preocupación por toda esa situación. El centro de la comisión apostólica no se basa en la cantidad de feligreses que conforman la iglesia, ni en el pastor, ni en el creyente, ni en una iglesia en particular, sino en Cristo. Jesucristo tiene que ser glorificado en nuestros mensajes, porque Cristo es el evangelio de Dios. El evangelio no es tanto un mensaje, el evangelio es una persona: Jesucristo mismo. Sin Jesús no hay evangelio. Dios nos dio a su Hijo para restablecer su reino en la tierra y ser él el todo en todos. Así que en todos los aspectos de la predicación: en el contenido del mensaje, la motivación y el resultado, el Señor tiene y debe ser el todo en todos.

IV.3 En el servicio

> *«El Hijo del Hombre no vino para ser servido, sino para servir, y para dar su vida en rescate por muchos»* (Mateo 20:28).

Otra función asignada por Dios a la iglesia es la diaconía o servicio. El servicio es parte de la naturaleza del reino de Dios. Cuando tú oras y dices: «Venga tu reino y hágase tu voluntad, en la tierra como en el cielo», una de las cosas que estás diciendo es que quieres vivir para servir. ¿Por qué digo esto? Porque en el cielo todos viven para servirse los unos a los otros.

Jesús habló mucho del servicio en sus enseñanzas. La razón no era tanto por el hecho de que para lograr el propósito del reino en la tierra sus seguidores tenían que servir, sino que la causa por la cual el Maestro enfatizó tanto la vida de servicio en sus predicaciones era porque eso fue lo que aprendió del Padre desde la eternidad. En el cielo nadie vive para sí. La Biblia dice que los ángeles son *«espíritus ministradores, enviados para servicio a favor de los que serán herederos de la salvación»* (Hebreos 1:14). Todas las criaturas fueron creadas por Dios para servir a su propósito eterno.

El Señor Jesús dijo: *«El Hijo del Hombre no vino para ser servido, sino para servir»* (Mateo 20:28). El Hijo es el siervo del Padre. La Biblia revela que el Padre todo lo hace a través del Hijo. Jesucristo es su instrumento para todo en el propósito santo. Por él creó el universo (Hebreos 1:1); Dios sustenta todas las cosas a través de su amado Hijo, por la Palabra de su poder (Hebreos 1:2). También a él le asignó la obra de nuestra redención, pues el Padre se propuso en sí mismo reunir todas las cosas en Cristo *«las que están en los cielos, como las que están en la tierra»* (Efesios 1:9,10). El Padre todo lo importante, relevante y trascendental se lo comisiona al Hijo. Así que el Hijo es el siervo principal del Padre.

Nosotros conocemos a Dios como el Rey de reyes y Señor de señores, pero nunca hemos pensado que él es el **Siervo de los siervos**. Nadie en todo el universo sirve más que el Padre. El Creador es el siervo de toda la creación, porque él vive para sustentar todas las cosas con la palabra de su poder (Hebreos 1:2). En último análisis, podemos decir: «No es tanto que yo sirvo a Dios, sino que Dios me sirve a mí». Nota lo que dice la Escritura:

> *«¡Cuán innumerables son tus obras, oh Jehová! Hiciste todas ellas con sabiduría; la tierra está llena de tus beneficios. He allí el grande y anchuroso mar, en donde se mueven seres innumerables, seres pequeños y grandes. Allí andan las naves; allí este leviatán que hiciste para que jugase en él. Todos ellos esperan en ti, para que les des su comida a su tiempo. Les das, recogen; abres tu mano, se sacian de bien. Escondes tu rostro, se turban; les quitas el hálito, dejan de ser, y vuelven al polvo. Envías tu Espíritu, son creados, y renuevas la faz de la tierra. Sea la gloria de Jehová para siempre; alégrese Jehová en sus obras. Él mira a la tierra, y ella tiembla; toca los montes, y humean»* (Salmo 104:24-32).

Observa las expresiones del salmista: ***«Todos ellos esperan en ti»*** (v. 27); ***«Les das, recogen; abres tu mano, se sacian de bien»*** (v. 28); ***«Escondes tu rostro, se turban; les quitas el hálito, dejan de ser»*** (v. 29); ***«Envías tu Espíritu, son creados, y renuevas la faz de la tierra»*** (v. 30). Este pasaje describe la manera como el Creador sirve a sus criaturas. Todo servicio realizado por las criaturas es importante, pero el servicio que es ejecutado por el Creador a favor de sus criaturas y de su propósito es absolutamente imprescindible.

Cuando los fariseos acusaron a Jesús de violar el mandamiento del día de reposo, porque él sanó en el día sábado, les respondió: *«Mi Padre hasta ahora trabaja, y yo trabajo»* (Juan 5:17). Si Dios cesara de obrar por un instante, las criaturas dejaran de ser. Todos dependemos de su servicio. Servir es parte de la naturaleza del reino de los cielos. Dios gobierna el universo de acuerdo a su manera de ser y pensar. Servir es la esencia de lo que Dios es. Él no sirve porque es necesario servir, sino porque vive para servir. Por eso digo que el servicio es parte de la vida misma de Dios y de su reino. Reitero que Jesús no enfatizó el servicio porque este era necesario para lograr el propósito en la tierra a través de la iglesia, sino porque así se vive en el cielo: sirviéndose los unos a los otros. Esa es la causa por la cual, en nuestro servicio, cualquiera que sea nuestro ministerio, Dios debe ser el todo.

Por tanto, cuando le sirvas a un hermano, sea en el área que sea, hazlo para Dios. Nota que Pablo dijo a los siervos y esclavos de esos días (y hay que saber lo que era la esclavitud en aquel tiempo) que se sometieran a sus amos y que no les sirvieran al ojo, como los que les sirven a los hombres, sino como si estuvieran sirviéndole al Señor Jesucristo (Efesios 6:6; Colosenses 3:22). ¿Sabes lo que es servir al ojo? Servir para que te vean, pero dice la Palabra que no sepa tu izquierda lo que hace tu derecha (Mateo 6:3); que no seas como los hipócritas que le sirven a Dios para que los hombres lo noten, y hasta orando, lo hacen de forma prolija, con abundancia de palabras, para ser oídos y alabados por los hombres. Pues esos —dijo Jesús— ya tienen su recompensa (Mateo 6:2).

Por tanto, en cualquier cosa que hagas para Dios, el Señor te dice que te escondas, que lo hagas en secreto (Mateo 6:4), porque no lo haces para los hombres, lo haces para él, para gloria y alabanza de su nombre. Cuando ayunes, lávate la cara, no le digas a nadie que estás ayunando. ¿Sabes por qué? Porque no lo haces para los hombres, sino para Dios. No seas hipócrita, el servicio es para Dios, escóndete de los hombres, trata de que no te vean, escúrrete. El mismo Jesús lo hizo cuando iban a proclamarlo rey; y cuando hacía milagros, en el momento que querían alabarlo, se escurría, porque no recibía gloria de hombres (Juan 6:15; 5:41). Jesús todo lo hacía para Dios. Los discípulos se molestaban, pues no entendían por qué Jesús se negaba y se escabullía. Todavía hoy, pocos entienden que el Hijo solo busca la gloria del Padre, que él servía a los hombres para cumplir con el propósito de Dios, no para ganarse la buena voluntad de la gente ni para ser admirado.

Jesús dijo: *«Mi doctrina no es mía, sino de aquel que me envió. El que quiera hacer la voluntad de Dios, conocerá si la doctrina es de Dios, o si yo hablo por mi propia cuenta. El que habla por su propia cuenta, su propia gloria busca; pero el que busca la gloria del que le envió, éste es verdadero, y no hay en él injusticia»* (Juan 7:16-18). Por tanto, si lo que hacemos es para Dios, tenemos que glorificar a Dios en nuestro servicio a él, alabándolo con nuestras acciones, esmerándonos en nuestras funciones, esforzándonos para Dios, aunque el que lo reciba sea el prójimo.

¿No dijo Jesús que en aquel día, sentado en su trono de gloria, reunirá delante de él a todas las naciones, poniendo a los perdidos de un lado y a los salvados al otro? (Mateo 25:31-33). Entonces el Señor dirá a los salvados que estarán a su derecha: *«Venid, benditos de mi Padre, heredad el reino preparado para vosotros desde la fundación del mundo. Porque tuve hambre, y me disteis de comer; tuve sed, y me disteis de beber; fui forastero, y me recogisteis; estuve desnudo, y me cubristeis; enfermo, y me visitasteis; en la cárcel, y vinisteis a mí»* (Mateo 25:34-36). Y dice que ellos le responderán diciendo: *«Señor, ¿cuándo te vimos hambriento, y te sustentamos, o sediento, y te dimos de beber? ¿Y cuándo te vimos forastero, y te recogimos, o desnudo, y te cubrimos? ¿O cuándo te vimos enfermo, o en la cárcel, y vinimos a ti? Y respondiendo el Rey, les dirá: De cierto os digo que en cuanto lo hicisteis a uno de estos mis hermanos más pequeños, a mí lo hicisteis»* (vv. 37-40). Nota que estos sirvieron a Dios aunque lo hacían a favor de los hombres.

Tenemos que tener claro que servimos al Señor porque el que nos mandó a servir fue él; y es para alabanza de su gloria que lo hacemos. A veces los hombres son indignos de la bendición, pero hemos de servirles, aunque sean ingratos, aunque sean egoístas, aunque sean blasfemos, aunque sean lo que sean, hagámoslo para Dios y eso nos dará una gran sensación de satisfacción, porque el Señor sí se lo merece, y también lo toma en cuenta y sabe recompensar al que le sirve de corazón (Mateo 6:4,6,18). Para él, por él y en él son todas las cosas. No sirvas al ojo para que te vean, para que te asciendan, para que te tomen en cuenta, al contrario, escúrrete, escóndete, para que solo lo vean a él.

Sabemos que no es fácil, pues a la «carne» no le gusta el asunto de hacer algo y que nadie lo sepa, ella busca reconocimiento. Por lo cual, escudándose en una falsa modestia, algunos dicen: «Esto hay que proclamarlo. Hermanos, lo voy a decir para gloria de Dios. Ayer había un hermano con hambre, y el Espíritu me dijo que fuera a buscarle comida, por lo que dejé mi comida (¿oyeron bien?, así me ha puesto el Señor), me quité el bocado de la boca para dárselo a él. Y esto lo digo para la gloria de Dios». Otros juzgan: «No sé cómo algunos dicen que son cristianos y no los veo en nada. Yo, para la gloria de Dios, todas las semanas ayuno, y vivo sin un centavo porque lo doy todo.

Incluso mantengo un huerfanito, no salgo del hospital, ayudo y hago muchas otras cosas». Cuidado hermano, cuando sirvas, sea en el área que sea, es para que Dios sea el todo, no tú.

¿Qué dijo el Señor? *«Así* ***alumbre*** *vuestra luz delante de los hombres, para que vean vuestras buenas obras, y* ***glorifiquen*** *a vuestro Padre que está en los cielos»* (Mateo 5:16). Ahora observa cómo funciona y rebota eso: Yo alumbro, la gente es iluminada, y los que estaban en tinieblas, al ver la luz, dan gracias y gloria a Dios. En otras palabras, yo sirvo, la gente se beneficia con el servicio, por lo que glorifican y dan gracias a Dios por el bien recibido, de manera que él llega a ser el todo, tanto en el que sirve como en el servido.

El reino de Dios es un reino de servicio.

El reino de Dios es un reino de servicio, de entrega, y los que viven en él son servidores, llamados a ser siervos del Dios Altísimo, *«como el Hijo del Hombre no vino para ser servido, sino para servir, y para dar su vida en rescate por muchos»* (Mateo 20:28). Hay diferentes clases de servicio o ministerios, pues la palabra ministrar significa servir. Diácono significa servidor, y la palabra «anciano» en la iglesia es lo mismo que presbítero u obispo, los cuales, al realizar una función, también son siervos. Así que todos somos siervos de Dios, no importa cual sea el ministerio o la función que desempeñemos en el cuerpo.

Tomemos por ejemplo el ministerio de servicio a los niños. Podemos imaginar la tarea enorme que tienen aquellos hermanos que trabajan a favor de nuestros pequeños, debido a la crisis de autoridad que hay actualmente en el mundo. Esta grave situación es producto de la falsamente llamada libertad, que no es otra cosa que la licencia que se le concede al niño para hacer lo que le venga en gana. No se le puede disciplinar ni decirle nada, pues según muchos psicólogos, los muchachos pequeños se traumatizan. Entonces, vemos que un chiquillo puede desafiar al maestro, al director de la escuela, a las autoridades, a la policía y hasta insultar al juez, y nadie puede decir nada, porque es un menor. Todo esto es amparado por las corrientes psicológicas que dicen que el niño se desorienta y se frustra. En consecuencia, el chico, por no tener un freno ni reconocer a ningún guía, toma la libertad de hacer lo que quiera.

De igual forma vemos que muchos jóvenes inmaduros dejan sus casas inmediatamente después que cumplen dieciocho años, y los padres se quedan sumidos en un estado de tristeza e impotencia, sin saber qué hacer.

Con esa actitud, sean adolescentes o infantes, llegan a las iglesias, sin respeto a la autoridad y desafiando a los maestros, viéndolos como enemigos, porque quieren ponerles un freno. Ahora, imagínate si estos hermanos que tienen a su cargo ese servicio de instruir a nuestros niños en el Señor no amaran a Dios, ¿piensas que brindarían ese servicio en la iglesia?

En nuestra congregación, por ejemplo, tenemos maestras que son adoradoras, que anhelan estar con sus hermanos en el momento de la adoración para alabar al Señor con cánticos en lugar de estar bregando con algunos muchachos que —en ocasiones— no respetan, las desafían y no siguen sus instrucciones. Sin embargo, ellas lo hacen por amor al Señor, para que en esos niños sea estampado el Espíritu Santo y el propósito que Dios tiene para sus vidas. Lo hacen para que esos niños amen a Dios con todo su corazón y le teman, para que sean librados del presente siglo malo y perverso, y un día puedan estar en la gloria de Cristo. Estos hermanos y hermanas anulan sus deseos, los echan a un lado, para que el propósito de Dios sea cumplido.

Asimismo vemos al que tiene el don de la intercesión, que se pasa la noche entera orando, porque tiene la carga de orar por los demás. A esos, Dios los despierta a orar, de madrugada, y ellos sin chistar contribuyen al propósito santo. ¿Quién puede decir que es fácil dejar el sueño cuando el cuerpo pide la cama? Mas cuando el Espíritu dice: «Levántate a orar que el hermano fulano está en peligro», tú te levantas a interceder delante de Dios, y aunque estés bostezando y luchando con tu cuerpo, si no fuera por amor al Señor, ¿qué motivación tendrías? Pero al hacerlo sabes que estás ayudando a un plan general, y aunque aparentemente estás haciendo una mínima parte que parece insignificante, estás favoreciendo a un fin común, donde todos estamos trabajando de una u otra forma. El que instruye al niño, el que predica en la calle, el que ora por los enfermos, el que canta y alaba a Dios, el que limpia la casa de oración, todo aquel que desempeña cualquier función en la iglesia, por mínima que sea, está sirviendo de esa manera al propósito, está contribuyendo a que venga su reino, a que se establezca su voluntad, y a que Dios logre el lugar que le corresponde en la tierra: ser el todo en todos.

Aclaro, no se sirve a Dios solamente en la iglesia. En tu trabajo secular también puedes servir a Dios como siervo de Cristo, con corazón sincero, haciendo la voluntad de Dios para beneficio de la sociedad. Igualmente sucede cuando llega el día de servicio de adoración y estás en tu casa, tomándote un descanso porque estás indispuesto o cansado después de un duro día de trabajo, y al llegar la hora del culto tienes que desprenderte de aquel estado de reposo para venir adorar al Señor. Tu cuerpo se revuelve y trata de reclamarte, oponiéndose tenazmente, pero tu mente se resiste a sucumbir, porque sabe que tu espíritu necesita adorar a Dios y decides asistir al servicio. Aparentemente no estás haciendo nada para nadie, llegas al templo malhumorado, todavía en una lucha interna, pero incluso en ese momento te diré que sí estás sirviendo en el reino de Dios. ¿De qué manera? Cada vez que te niegas a ti mismo y edificas tu misma vida, estás ayudando a que Dios sea el todo en todos. Parece cosa extraña, pero eres una parte importante de ese todo, por minúscula que sea. **Cada uno de los santos ocupa un lugar específico y funcional en el todo de Dios** (Efesios 1:11).

Cada uno de los santos ocupa un lugar específico y funcional en el todo de Dios.

Cuando eres fiel en la mayordomía y contribuyes al sostén de la iglesia con tus diezmos y ofrendas, y depositas ese sobre con la décima parte, las primicias de lo que Dios te ha dado, para que la iglesia siga adelante, para que haya alimento en su casa, para que estén llenos los alfolíes del Señor, no haya escasez y la obra del Señor no tenga freno, estás contribuyendo al reino de Dios, y eso él lo aprecia. Dice la Palabra: *«Dios no es injusto para* ***olvidar*** *vuestra* ***obra y el trabajo de amor*** *que habéis mostrado hacia su nombre,* ***habiendo servido*** *a los santos y* ***sirviéndoles aún»*** (Hebreos 6:10). Por eso un día él va a recompensar —como un estímulo a los santos— y honrará a aquellos que le han honrado (1 Samuel 2:30). Todo servicio a favor de la causa es apreciado por el cielo, porque de una u otra manera contribuye a que Dios sea el todo en todos.

Así que en todas las áreas, ya sea personal o congregacional, debemos servir a Dios con la sola motivación de que él sea el todo. Hemos mencionado algunos ministerios en la iglesia y distintas áreas donde algunos han sido llamados y capacitados para ello, pero no perdamos de vista que todos somos testigos, y que en el servicio todos tenemos que ser siervos de Dios y participar en el área que él nos llame. Cuando eres infiel en el servicio, por la causa que sea, de una manera u otra estás rompiendo el campo de acción y debilitando el propósito. ¿Ves la importancia de nuestra fidelidad al Señor? Nosotros somos colaboradores de Dios, y con nuestro servicio estamos ayudando a que su voluntad sea establecida (1 Corintios 3:9). Aunque nuestra tarea –a nuestros ojos— sea tan ínfima, Dios la aprecia, porque le estamos obedeciendo.

Ocurre a veces igual que en el cuento del ratoncito y el elefante que tenían que pasar un puente. Como el ratoncito tenía miedo de pasar a su propio riesgo, se subió encima del elefante y cruzaron. Después que estaban al otro lado, el ratoncito mira al elefante con gran satisfacción, y con una incontenible sonrisa, le dice: «¡Lo cruzamos!» ¡Fanfarrón el ratoncito!, ¿no? Pero así también nosotros, cuando lleguemos al cielo, le vamos a decir al Señor: «¡Lo logramos!» Claro, reconociendo que él fue quien lo logró, pero lo diremos considerando que él nos hizo participantes y que aunque éramos una partecita de ese todo, contribuimos sometiéndonos y obedeciéndole. A lo que seguramente él nos contestará: *«Bien, buen siervo y **fiel**; sobre **poco** has sido **fiel**, sobre mucho te pondré; entra en el gozo de tu señor ... **Venid**, **benditos** de mi Padre, heredad el reino preparado para vosotros desde la fundación del mundo»* (Mateo 25: 23,34).

Así que tanto en la proclamación *(**euangelizo**)*, como en la comunión con los hermanos (***koinonía***), en el servicio (***diakonia***), en la adoración *(**latria**)* y en todas las funciones de la iglesia, el Señor tiene que ser el todo. Y no sé si a ti te ministra esto, pero hermano de mi alma, el hecho de saber que mi vida tiene un propósito en Dios, algo no temporal y más que humano, dignifica mi existencia de una manera invaluable. Pídele a Dios que te revele eso que solo puede entenderse en el espíritu, pues no se puede expresar con palabras. Es algo que me hace ver que mi vida no es simplemente el suceso de los animales, que nacen, crecen, se reproducen y mueren, sino que mi existencia tiene un propósito eterno. Ahora estoy contribuyendo a algo sublime, a un plan que comenzó en la eternidad, del cual Dios me ha hecho parte. Estoy peleando en una guerra que comenzó allá arriba en el cielo, y la estoy peleando con Cristo aquí abajo, en la tierra. Estoy participando en la solución de un problema que se originó allá, pero que tiene su campo de batalla acá y va a terminar con la venida del Justo.

Tú también eres parte, y quizás ahora no lo puedas evaluar, pero un día lo harás, cuando llegues al reino de Dios visible, estés allá en la presencia del Señor, y veas los millones y millones de adoradores vestidos de blanco, con palmas en las manos, adorando al que vive para siempre. Estarás allí, con tu palmita en la mano, levantándola hacia arriba, dándole loor al Cordero que fue inmolado, al que merece la gloria y la bendición por los siglos de los siglos. Allá te palparás y dirás: «¡Oh, Santo! Yo estoy aquí. ¡Oh, gloria a Dios! Yo participé de esto, corrí con Dios, porque el Señor me hizo parte de esta maratón, y pude correr la carrera de la fe, siendo fortalecido con poder en mi hombre interior por su Espíritu.

Por lo cual llegué y lo alcancé (Efesios 3:16; 2 Timoteo 4:7). He participado, peleado y ganado, soy un veterano de la guerra de Dios; ahora voy a ser coronado por él» (Santiago 1:12).

Y en un tiempo no muy lejano, llegará el día del memorial en el cielo, cuando el Señor llame a todos los veteranos y tú aparezcas allá. Ese día se hará mención de todo aquel que haya peleado la guerra de Dios, del que haya contribuido a echar fuera al que impedía que Dios ocupara su lugar. Y sentirás un gozo inefable sabiendo que no solamente fuiste objeto y recibiste la bendición de la salvación, sino que fuiste hecho participante del propósito de que Dios fuera el todo en todos. No solamente Dios te injertó, para que fueras una partecita de ese todo, sino contribuiste a deshacer lo que impedía, no porque Dios nos necesitase, sino porque a él le plació darnos parte. La Biblia habla mucho de ser participantes, por ejemplo, participantes de la naturaleza divina (2 Pedro 1:4), participantes del plan, del designio eterno, de su guerra, de sus bendiciones, de todo lo que es él, y todo esto, porque a él le agradó (Lucas 10:21).

Así que cuando el diablo te lleve al extremo de la depresión, te sumerja en momentos de desesperación, de locura y desesperanza —porque lo hace en muchos— y te diga: «¿Qué tú haces vivo? Mejor acaba con tu vida, no mereces estar vivo; eres un fracasado. ¡Acaba con todo ya!», pídele al Espíritu Santo de Dios que te recuerde este mensaje. Dile: «Señor, trae a mi mente las memorias de tus misericordias para conmigo. Convénceme de que mi vida es útil para ti, porque mi vida ha sido redimida con la sangre de tu Hijo; mi vida tiene el valor de la vida de Cristo y está contribuyendo a un propósito universal y glorioso; que es la restauración del reino de Dios en la tierra. Tú no has muerto por mí en vano. Tú cumplirás tu propósito en mí». Y te aseguro que el Espíritu Santo te dará el testimonio de que tu vida es parte de un todo glorioso, santo y sublime en Jesucristo. Entonces, echarás a un lado al diablo mentiroso, viviendo para el propósito.

La Biblia dice: «*Si somos muertos con él, también viviremos con él; si sufrimos, también reinaremos con él ... llevando en el cuerpo siempre por todas partes la muerte de Jesús, para que también la vida de Jesús se manifieste en nuestros cuerpos*» (2 Timoteo 2:11-12; 2 Corintios 4:10). Amado, tenemos que correr hasta lograrlo, no podemos desmayar. El Espíritu Santo trabaja estimulando a los santos, llevándote a toda verdad, guiándote, protegiéndote, sacándote muchas veces de esos valles de sombra de muerte. Mi espíritu bendice a Dios por la consolación del Espíritu Santo, porque él te consuela en los momentos de desesperación y de angustia; cuando tu mente se nubla y no encuentras salida por ningún lado y todo lo ves oscuro y tenebroso. Allí, en ese momento, es que viene a ti la palabra de Dios como un rayo de luz que te ilumina, diciéndote: «Hijo mío, no temas, porque yo estoy contigo; eres de gran estima delante de mí, eres honorable ante mis ojos; daré hombres por ti y naciones por tu vida. Te he dado a mi Hijo, tu vida es importante y gloriosa para mí» (Isaías 43:2,4).

Gózate en tu Dios y en el poder de su fuerza. Cuando Cristo dijo regocíjense porque sus nombres están escritos en los cielos, quiso decir más (Lucas 10:20). Eso no es simplemente por la bienaventuranza de que Dios los escribió, es por el hecho de que tú has participado de la restauración del reino de Dios en la tierra. No solamente eres redimido, sino que estás participando de la redención, pues fuiste restaurado, y estás participando de la restauración de la raza humana. Y así como lo estás entregando todo, también eres parte de ese todo. Por eso Dios te dice: «Inviértelo todo y te lo daré todo. ¡Suéltalo, no rehúses ni escondas la otra parte! Dámelo todo, para que disfrutes de cien veces más en esta vida y en el siglo venidero de la vida eterna».

Sí, el Señor habla en su Palabra de cien veces más (Mateo 19:29; Marcos 10:30), pero hay quienes no disfrutan de eso porque quieren asegurar lo poco que tienen (Mateo 25:24-25). Si le devuelven a Dios lo que es suyo, solo le dan una partecita y la otra se la guardan, por si algo pasa... Siempre están rehusando y constantemente están sospechando de que los quieren usar. Yo te digo, el Señor sí te quiere usar, pero no en la forma que tú crees, sino en la perfecta forma de su voluntad, para que tu vida sea bendecida y sirva para su gloria. Entiende de una vez por todas que sin Dios, tu vida no sirve para nada.

En tiempos de la guerra mundial, un químico se puso a analizar físicamente el valor de un hombre. Hizo un estudio de la cantidad de elementos orgánicos que tenía el cuerpo: cuánto tenía de oxigeno, de hidrógeno, de hierro, de potasio, de magnesio, de calcio... y ¿sabes a qué conclusión llegó? Que según el costo de las cosas en esta vida, el hombre no valía casi nada, pues lo que más tenemos era agua, y eso no vale mucho, en cambio, la suma del valor de los otros elementos, en aquel tiempo (1945), dio un total de siete dólares, más o menos. Es decir, que ahora con la inflación, puede ser que el valor de un hombre llegue a quince dólares, en cambio, ¿cuánto más vales tú en Cristo Jesús?

Por ende, cuando vives para el vientre, tu mejor ganancia prácticamente la tendrás en lo consumido, pues la mayor parte se va en desechos y excrementos que ni siquiera sirven para abonar el suelo. Pasará el tiempo e irás envejeciendo, y cuando llegue el fin de tus días, tu carne será el alimento de alimañas y gusanos. Incluso los que te aman huirán de la pudrición de tu cuerpo, y no querrán exhalar el hedor que expele de tus miembros. Tu orgullo se convertirá en polvo, y tu recuerdo se consumirá en un lloro en la funeraria. Nada más lo que viviste para Dios podrás llevar, pues solo lo que desciende del cielo sube al cielo (Juan 3:13). Por todo lo antes dicho, tu vida solo tiene sentido si la misma está escondida en Dios. Por tanto, amado, vive tu vida, pero vívela sirviéndole al Señor. Dios será todo en tu servicio cuando sea el todo para ti.

Dios será todo en tu servicio cuando sea el todo para ti.

IV.4 En el compañerismo

> *«Y perseveraban en la doctrina de los apóstoles, en la comunión [koinonía] unos con otros, en el partimiento del pan y en las oraciones»* (Hechos 2:42).

El compañerismo (gr. ***koinonía***) es la comunión de los hermanos, la relación de unos con otros. La misma no es algo optativo, sino una función establecida por Dios también en la iglesia (Hechos 2:42). El mantenernos unidos es un testimonio de que somos de Cristo, porque él es el vínculo de unión en las coyunturas de cada miembro del cuerpo (Colosenses 2:19). Es el amor de Jesús el que te une a ti con el hermano, y a mí contigo, y a ti conmigo. ¿No habla la Biblia del vínculo del amor? Cristo es el amor y el que une a las coyunturas de su cuerpo, que es la iglesia. Él es el vínculo de unión con tu hermano en la iglesia. Por eso, Dios quiere lograr en el compañerismo, en la unicidad del cuerpo, ser él el todo, porque él es el vínculo de unión entre unos y otros.

En esa unión, la iglesia tiene que glorificar al Señor, para que él sea el todo en la comunión. Es decir, que cuando tienes un problema muy difícil con el hermano, lo que te va a motivar a reconciliarte con él es que el Señor te lo pide. Quizás esa situación parezca a tus ojos como algo irreconciliable emocionalmente, y consideres que no puedes perdonar a tu hermano, por ser grande el agravio o muy dolorosa la afrenta o el daño que te hizo, pero todo lo puedes en Cristo que te fortalece (Filipenses 4:13).

El Señor te lo pide, y su amor te constriñe, entonces dirás: «Por amor al Señor decido unirme con mi hermano, aunque sea doloroso, difícil, y no lo soporte. Aunque me humille y pase como el que ha faltado voy a hacerlo, para que Dios sea el todo. Por amor a Cristo prefiero sufrir el agravio y padecer el ser defraudado (1 Corintios 6:7)».

No des lugar al diablo, dice la Palabra, pues cuando dejas la reconciliación con el hermano para el día después, o rehúsas hacerlo con una excusa, mintiéndote a ti mismo, diciendo: «Mejor no le digo nada a esa persona. Total, yo no tengo nada en su contra . Es ella la que tiene el problema conmigo, entonces que sea ella que me busque a mí, pues no le hice nada», te diré que estás abriendo la puerta de la discordia y el desamor en la iglesia (Efesios 4:27). Piensas que el tiempo hará olvidar esas cosas, pero en tu corazón se va anidando el resentimiento, la amargura y un espíritu no perdonador. Así, dándole derecho de pertenencia al diablo, todo eso se convierte en algo peor. Entonces Satanás entra y termina por separar a los hermanos, y como consecuencia al cuerpo de Cristo también.

Como puedes ver, en los pleitos y enemistades, por el motivo que sea, Dios no es el todo. Sin embargo, cuando tú dices: «No, yo no puedo permitir que por minucias el plan de Dios no se cumpla en mi vida ni en la de mi hermano. No puedo por intereses personales sacrificar el bienestar de la iglesia, estorbando el propósito de Dios de juntar todas las cosas en Cristo. Así que como parte de ese edificio vivo que es la iglesia, voy a tomar mi lugar y me voy a unir con mi hermano. Aunque mi carne sufra, se doblegue y mi naturaleza adánica se estremezca, lo voy a hacer para que Dios sea el todo en todo. Renuncio a toda obra de la carne y me uno al cuerpo (Gálatas 5:19-20). Desisto de toda altivez de corazón, de la que me recubro para no asistir, diciendo que Dios me oye en casa también. Hablaré verdad en mi corazón. Yo no soy un cuerpo, sino una parte, un miembro de ese cuerpo al que debo estar bien unido y conectado para no secarme o atrofiarme, y que en cambio, Dios pueda ser el todo en todos». De esta manera, dejando a un lado las obras muertas, ese hermano se une en comunión con sus otros hermanos, y ya no solo están unánimes, sino juntos, siguiendo todos en armonía el llamamiento de la soberana vocación de presentar a Cristo una iglesia sin mancha ni amputada (Efesios 4:1; 5:27).

Siempre que Dios esté en su trono, esté siendo reverenciado y reconocido como lo que es, su voluntad sea cumplida y su propósito alcanzado, todo lo demás redundará en beneficio nuestro. Como dijo Jesús: *«Buscad **primeramente** el reino de Dios y su justicia, y todas estas cosas os* *serán añadidas»* (Mateo 6:33). Ese versículo se puede traducir en un lenguaje moderno de esta manera: «Ocúpate de mis asuntos y yo me ocuparé de los tuyos; atiende lo mío y yo atenderé lo tuyo». Nota que Dios no está negociando contigo, sino que te quiere enseñar a darle el primer lugar, porque es necesario, porque nos conviene, porque él es Dios. Desde lo primero hasta lo postrero, todo es de Dios y para Dios. Veámoslo en el libro de los Hechos, qué ocurre cuando una iglesia está junta y unánime:

> *«Cuando llegó el día de Pentecostés, estaban todos unánimes juntos. Y de repente vino del cielo un estruendo como de un viento recio que soplaba, el cual llenó toda la casa donde estaban sentados; y se les aparecieron lenguas repartidas, como de fuego, asentándose sobre cada uno de ellos. Y fueron todos llenos del Espíritu Santo, y comenzaron a hablar en otras lenguas, según el Espíritu les daba que hablasen ... Y perseveraban en la doctrina de los apóstoles, en la comunión unos con otros, en el partimiento del pan y en las oraciones. Y sobrevino temor a toda persona; y muchas maravillas y señales eran hechas por los apóstoles. Todos los que habían creído estaban juntos, y tenían en común todas las cosas; y vendían sus propiedades y sus bienes, y lo repartían a todos según la necesidad de cada uno. Y perseverando unánimes cada día en el templo, y partiendo el pan en las casas, comían juntos con alegría y sencillez de corazón, alabando a Dios, y teniendo favor con todo el pueblo. Y el Señor añadía cada día a la iglesia los que habían de ser salvos»* (Hechos 2:1-5; 42-47).

De este pasaje se han predicado tantos sermones que lo que yo pueda decir no es nada nuevo, pero lo que sí sé es que Dios va a tomar de ahí una enseñanza y la va a aplicar a nosotros. Por tanto, este mensaje tiene un propósito profético, y más adelante veremos por qué. El Señor quiere anunciar algo que va a suceder presto, y por eso nos advierte, pues nosotros creemos en el espíritu de la profecía, en el ministerio profético y en el don profético. Sabemos que el don de profecía tiene como propósito edificar, exhortar y consolar, y aunque el propósito de la profecía en el Nuevo Testamento no es tanto anunciar lo por venir, sí anuncia también. Dios nos ha hablado, nos ha ministrado algo, y el Espíritu nos dio testimonio, confirmación de ello, por eso nos mandó a divulgarlo.

Los que conocemos a Dios sabemos cómo él piensa y cómo siente. En realidad, un aspecto importante en el propósito de Dios con nosotros, como su pueblo, es que le conozcamos, le entendamos y le creamos.

Así le dijo a Israel, y esas palabras también son para nosotros hoy (Isaías 43:10), por eso nos escogió, porque quiso que seamos sus testigos. Hay que conocer a Dios. A él se le conoce por su Palabra, pero también por sus caminos.

Los caminos son los que nos llevan a conocer a Dios, no tanto las obras.

Los caminos son los que nos llevan a conocer a Dios, no tanto las obras. Las obras son un resultado, un medio que Dios usa para revelarse, pero los caminos son los que nos muestran su corazón. Por eso el que quiera conocer a Dios solo tiene que observar su conducta en la Palabra, y ver de forma consistente y confirmada, a través de todos los libros escritos —lo que llamamos las Sagradas Escrituras— la conducta de Dios. De esa manera conocerá cómo piensa Dios y cómo es él.

Una vez el Señor me ministró personalmente y me dijo: «Si quieres conocerme medita en mi conducta; observa cómo actué con Moisés, con Josué, con Samuel, con David, con los profetas, cómo intervine en la vida del ministerio de mi Hijo, con los apóstoles; presta atención a mi conducta y verás que no siempre actúo de la misma manera. Soy multiforme». En la Palabra hay muchas reglas y formas —entiende eso en el Espíritu, pues no me refiero a reglas religiosas, sino a patrones espirituales que Dios usa— que revelan la conducta de Dios. Eso es muy importante. Hay algo que Dios ama mucho y es la armonía entre los hermanos, porque Dios es Dios de paz, así lo dice la Palabra: *«Dios no es Dios de confusión, sino de paz»* (1 Corintios 14:33). Él es Jehová *shalom*, el Dios de paz. Él ama la concordia, y no hay una cosa que Dios ame más que una buena relación entre su pueblo. No solamente es que Dios la ame, sino que hay una respuesta de su corazón cuando su pueblo está en armonía (Salmo 133). Él no solamente se goza, sino que Dios siempre responde de una manera misericordiosa y con gracia, manifestando su favor cuando su pueblo vive en unidad.

El fundamento del reino de Dios está basado en una relación. Hay dos palabras que son muy importantes en el reino de los cielos y son: función y relación. Existe una relación personal con Dios y una relación de unos con otros. Los creyentes tenemos una relación con Dios, dada por Cristo, mediante la cual somos hijos de Dios. También tenemos una posición con Dios, aunque entre los santos no hay jerarquía, sino grados de honra. El gobierno de Dios no es jerárquico, sino un régimen basado en honra y autoridad.

En el cielo también todo es relación y autoridad. Dios es el alto y el sublime, el que habita en la eternidad, pero cuando hubo que hacerse hombre se humilló y se volvió uno igual a nosotros, porque él no tiene problemas de estima. Por eso a Cristo no le fue difícil hacerse hombre, no porque tuviera en poco su divinidad, sino porque no buscaba hacer su voluntad. Algunos pensamos que a Cristo le fue muy difícil el hacerse hombre, pero no fue así, ya que la Biblia dice que el hacer la voluntad de Dios a él le agradó (Salmo 40:8); el deseo del Padre era su deseo (Juan 6:38); y recibió un mandamiento del Padre, el cual cumplió (Juan 12:49). Es cierto que su alma rehusaba el conflicto y fue tan grande su agonía que hasta sudó sangre (Marcos 14:33; Lucas 22:44), pero antes, en la eternidad, donde estaba totalmente en su divinidad, a Jesús le fue sumamente fácil obedecer al Padre. Jesucristo amaba al Padre y nos amaba a nosotros, y al ver la necesidad y entender lo que había que hacer, no le fue difícil.

A Cristo no le fue difícil hacerse hombre, no porque tuviera en poco su divinidad, sino porque no buscaba hacer su voluntad.

Mas no olvides el principio, el gobierno de los cielos descansa sobre una relación: la relación entre el Padre y el Hijo. El Padre por el Hijo hizo el universo; por el Hijo sustenta todas las cosas (Hebreos 1:2,3); le dio al Hijo todas las cosas (Juan 3:35), y tampoco hace nada si no es para el Hijo, por el Hijo y en el Hijo. En él son todas las cosas: *«sean tronos, sean dominios, sean principados, sean potestades; todo fue creado por medio de él y para él. Y él es antes de todas las cosas, y todas las cosas en él subsisten»* (Colosenses 1:16,17). Y cuando la Biblia dice que él es el principio de la creación, no está diciendo que fue el primero que fue creado, como dicen los *arrianos*, sino que Jesús es la causa de la creación, y por él todas las cosas fueron hechas. Si no hubiera sido por amor al Hijo o por causa del Hijo, el Padre nunca hubiese creado. Así que, si todas las cosas se originaron por el amor que el Padre le tiene al Hijo, porque quiso hacerlo dueño de todas las cosas, ese es el principio de la creación. Por tanto, Jesús no es tanto el principio en cuanto a tiempo, sino en cuanto a causa, a generador, a origen de las cosas, porque Dios hizo todas las cosas por él.

Por eso, Jesús también vive en esa relación con el Padre y hace todas las cosas por causa de él: *«Mi comida es que haga la voluntad del que me envió, y que acabe su obra»* (Juan 4:34); *«¿No sabíais que en los negocios de mi*

Padre me es necesario estar?» (Lucas 2:49); y todo lo que Jesús hacía era para agradar al Padre. ¿Por qué? Porque esa relación no era de aquí, sino que era de allá, comenzó en la eternidad. *«Yo y el Padre uno somos ... El que me ha visto a mí, ha visto al Padre»* (Juan 10:30; 14:9). Ese es el vocabulario de Jesús. Para nosotros, quizás, ese lenguaje sea un poco extraño, y aunque teológicamente lo podemos explicar y podemos dar cualquier información, una cosa es expresar un concepto o principio con palabras y otra cosa es la verdadera dimensión espiritual que tiene esa expresión. Por más expresivo que sea mi lenguaje, por más profunda y locuaz que sea mi expresión, al momento de explicar estas cosas voy a ser superficial, porque estoy hablando de la relación eterna entre el Padre y el Hijo.

Ahora, Dios siempre actúa como él es, nunca de forma contraria. En cambio, los humanos no, porque somos seres circunstanciales, siempre obramos de acuerdo a cómo nos conviene. Por eso somos como la veleta, si el viento sopla de sur a norte, nos doblamos de sur a norte, si viene de este a oeste, nos dirigimos a esa dirección, pero Dios no es así, él es el mismo hoy, ayer y por los siglos (Hebreos 13:8). Dice la Palabra que en Dios no hay mudanza, ni sombra de variación, él es el mismo por la eternidad (Santiago 1:17; Salmo 48:14). Tal como son los pensamientos del hombre, así es él; tal como son los pensamientos de Dios, así es Dios. Así que todo lo que Dios hace, lo hace de acuerdo a como es, a como piensa. El reino de Dios no es más que la forma de pensar de Dios, esto quiere decir que de la manera que piensa, así gobierna. El reino de Dios es justicia, porque él es justo; el reino de Dios es amor, porque Dios es amor; el reino de Dios es santidad, porque Dios es Santo. Él nunca varía, él siempre es el mismo. Por lo cual, el reino de Dios no es solamente obediencia y sujeción, sino actuar siempre como Dios actúa. Por eso Jesús dijo: *«Hágase tu voluntad, como en el cielo, así también en la tierra»* (Lucas 11:2).

El reino de los cielos es actuar aquí, en la tierra, como siempre se ha actuado en el cielo. Así que si quieres vivir en la tierra como se vive en el cielo, pregúntate en cada situación: ¿cómo lo hacen en el cielo? ¿Cómo obrarían allá en esta situación? Con esto no te estoy inyectando una quimera ni un ideal religioso, pues aunque la tierra es una dimensión diferente a la del cielo, fue hecha de lo que no se veía (Hebreos 11:3), por consiguiente, es posible actuar en esa misma voluntad. En Dios no hay corrupción, en Dios no hay malicia, en Dios no hay iniquidad, en Dios no hay malas intenciones ni sospechas. Dios es Santo, justo y recto, y no hay ninguna corrupción en él (Deuteronomio 32:4). Por eso el corazón de Dios se entristeció cuando Israel murmuró de él en el desierto y lo juzgó mal diciendo: *«¿Por qué nos hiciste subir de Egipto para matarnos de sed a nosotros, a nuestros hijos y a nuestros ganados?»* (Éxodo 17:3), atribuyéndole una mala intención al Santo de los santos que lo sacó con tanto poder de Egipto.

Por consiguiente, la relación nuestra en la tierra está basada en una relación eterna. Así que como familia de Dios, como cuerpo de Cristo, nuestro vínculo no está basado en nada de esta vida, sino en una relación que no tuvo ni comienzo ni fin, porque es eterna, la relación del Padre y el Hijo. Por eso Jesús, cuando se despide de este mundo y hace la última oración por su iglesia, pidió algo muy especial. Imagínate que te den una semana de vida y Dios te diga que te va a contestar una sola oración, antes de que fallezcas. Si eres sabio no pensarás en tonterías, como pedirle un auto, una casa, o poder conocer el país de tus sueños, no, porque no tendrás tiempo de vivirlo y disfrutarlo a plenitud. Estoy seguro de que vas a pensar sabiamente, y dirás: «Déjame orar bien, porque es mi última oportunidad». Probablemente pedirás por la salvación de tu casa, tus hijos, tu esposa o alguna otra cosa que sea importante. Pues, ahora entenderás lo significativo de la última oración del maestro. ¿Sabes cuál fue? *«Padre santo, a los que me has dado, guárdalos en tu nombre, para que sean uno, así como nosotros ... para que todos sean uno; como tú, oh Padre, en mí, y yo en ti, que también ellos sean uno en nosotros; para que el mundo crea que tú me enviaste. La gloria que me diste, yo les he dado, para que sean uno, así como nosotros somos uno. Yo en ellos, y tú en mí, para que sean perfectos en unidad»* (Juan 17:11,21-22,23). En otras palabras: «Yo quiero que ellos tengan la misma relación que tú y yo hemos tenido desde la eternidad». Cristo vino para que entraras en la relación, porque reconciliación es —espiritualmente hablando— volver a la relación.

Hemos vuelto a la relación con Dios. Nuestra relación está basada en otra que es eterna, no de abajo, sino de arriba. Si tú y yo entendemos eso, vamos a cambiar en la relación que tenemos con nuestro prójimo. Sabremos que el hermanito que está a nuestro lado no es un compatriota, no es un camarada, no es un socio, no es un «pana», no es un «cuate», sino ¡nuestro hermano! Cuando dices «mi hermano» estas diciendo: «Tú eres parte mía, porque tenemos el mismo Dios, tenemos el mismo hermano mayor, nacimos del mismo Padre, fuimos engendrados por el mismo Espíritu, y como salimos del mismo vientre: ¡Somos la familia de Dios!» Por consiguiente, tenemos que tratar a nuestros hermanos como Dios trata a Cristo, y como Cristo trata a Dios. ¿Cómo Cristo trató a Dios? Juzguemos por sus palabras:

«Pero no sea como yo quiero, sino como tú ... no busco mi voluntad, sino la voluntad del que me envió, la del Padre ... Las palabras que yo os hablo, no las hablo por mi propia cuenta, sino que el Padre que mora en mí, él hace las obras» (Mateo 26:39; Juan 5:39; 14:10).

Es decir, que Jesús aunque tenía muchas palabras para hablar, porque él era la *Torah* viviente, el Verbo encarnado, no las habló. Eso se llama sujeción. En toda relación debe haber sujeción, como dice la Palabra: *«Someteos unos a otros en el temor de Dios»* (Efesios 5:21). ¿En qué hay que someterse? En el temor de Dios, porque la relación está basada en Dios.

Por tanto, lo que me une a ti es Dios. Cuando a Jesús le dijeron: *«He aquí tu madre y tus hermanos están afuera, y te quieren hablar»* (Mateo 12:47), él sorprendió a muchos al responder con una pregunta: *«¿Quién es mi madre, y quiénes son mis hermanos? Y extendiendo su mano hacia sus discípulos, dijo: He aquí mi madre y mis hermanos. Porque todo aquel que hace la voluntad de mi Padre que está en los cielos, ése es mi hermano, y hermana, y madre»* (vv. 48-50). Jesús quiso enseñar que la naturaleza de la relación en el reino de Dios es espiritual, no natural. Con ello, el maestro no estaba negando ni menospreciando a su madre María, sino que lo que quería significar era que la relación que tenía con ella **no era natural**. A María, Dios la usó para engendrarlo, y como sierva de Dios sirvió para traerlo a esta dimensión natural, pero la relación que tenía con ella era espiritual.

Asimismo vemos que los hermanos de Jesús —Judas y Jacobo— que más tarde llegaron a ser apóstoles y columnas de la iglesia (Judas 1:1; Gálatas 1:19; 2:9), también tenían una relación espiritual con el Hijo de Dios. Por ejemplo, Jacobo no llegó a ser un líder ni un ministro importante en la iglesia de Jerusalén porque era hermano del Señor, pues la iglesia no era una «finca privada» ni un negocio familiar, donde se dijera: «Ya el Mesías se fue, ahora debe quedarse uno de su familia reinando», no. El apóstol Jacobo estuvo ahí porque Dios lo puso, por la relación espiritual que había y no la natural, aunque coincidió que era hermano del Señor en la carne. Igualmente, María, la bendita entre todas las mujeres de la tierra, permaneció unánime con todos sus hermanos y unida a la familia de la fe (Hechos 1:14). Ella siguió una vida piadosa, humilde, sin ostentación, y mucho menos asumió algún postín para autoproclamarse «la santa patrona» de los cristianos por ser la madre de Jesús, no. Ellos tenían claro que solo Dios es el Dador y el que establece en el reino de los cielos (Mateo 20:23).

Dios no deja de ver la relación natural ni dejan de ser significativos para él (como deben serlo para nosotros) los lazos de sangre, pero lo más importante es la relación espiritual, esa que está basada en: *«como tú, oh Padre, en mí, y yo en ti,* que también *ellos sean uno en nosotros»* (Juan 17:21). Esto solo se puede ilustrar con el ejemplo de lo que es un sándwich o emparedado: el Padre es la rebanada de arriba, el Hijo la rebanada de abajo, y nosotros el queso que colocan en el medio. *«Yo en ellos, y tú en mí, para que sean* ***perfectos en unidad****»* (v. 23). Es decir que somos perfectos en la unidad cuando estamos en la relación, no fuera de ella. Así que esos tontos alegatos: «Es que ellos no me hablan; es que ese hermano y yo no nos llevamos; es que...» **¡Déjate de eso y entra en la relación, forma parte del sándwich!** Si participas en la relación de Jesús y el Padre tienes que amar al hermano, porque el que no ama no conoce a Dios, pues Dios es amor (1 Juan 4:8). Si conoces a Dios te va a simpatizar el hermano que te rivaliza, y puedes ver hasta a tu enemigo con otros ojos, con la óptica del amor y la benevolencia.

Es por eso que la Palabra dice: *«Nosotros de aquí en adelante* ***a nadie conocemos según la carne****; y aun si a Cristo conocimos según la carne, ya no lo conocemos así»* (2 Corintios 15:6). En efecto, ni siquiera permanece ese conocimiento que teníamos de Jesús, como nos lo han presentado los historiadores, hijo de María y de José, de oficio carpintero, que vivió treinta y tres años hasta que fue muerto en una cruz; ese es Jesús Nazareno, según la carne, pero ya no le conocemos así. Ahora que estamos en la vida del Espíritu tenemos que ver a Jesús como lo que es; reconociendo que ha resucitado; que está sentado a la diestra del Padre; que realizó una misión redentora, la cual también es espiritual, porque él es espiritual, vino del cielo, es Hijo de Dios, y Dios es Espíritu y su reino es espiritual. Estamos en la etapa de la consumación de todas las cosas, donde Dios ha introducido su naturaleza, porque ahora no vino el Espíritu sobre nosotros, sino que mora en nosotros, y nos ha sujetado a la ley del espíritu de vida en Cristo Jesús, la cual nos ha librado de la ley del pecado y de la muerte, para que no andemos en las obras de la carne (Romanos 8:2,3).

Estamos en el tiempo del Espíritu, viviendo con una naturaleza espiritual y en un reino espiritual, revelado en su plenitud en Jesucristo nuestro Señor. Por tanto, somos la patria de Dios, pues él nos hizo su familia. Así que ya no somos extranjeros ni advenedizos, sino su misma estirpe, nuestros lazos con él no son naturales, sino espirituales. Tú y yo somos familia, porque Jesús y el Padre son familia y nos hicieron parte de ella. Así que de ahora en adelante, cuando mires a tu hermano o a tu hermana (incluso a aquellos con quienes, además, tengas algún vínculo en la carne) espero que en esa mirada el Espíritu Santo te haga aplicar esta enseñanza. Entonces verás a aquel hermano que considerabas como un simple miembro de la grey, que ni siquiera advertías, y reconocerás en él a uno de tu linaje espiritual, carne de tu carne y huesos de tus huesos; a uno que es parte de aquellos que no son *«engendrados de sangre, ni de voluntad de carne, ni de voluntad de varón, sino de Dios»* (Juan 1:13). Somos la familia de Dios.

Entendamos que Dios tiene en la tierra una familia, conformada por todos aquellos que han nacido del agua y del Espíritu, en la creación nueva que es en Cristo Jesús; no en Adán, sino en Jesús. Mas en esa familia que se origina en el cielo no se conocen los pleitos; la palabra disensión es ininteligible e impropia; y los sentimientos de celos, envidia, traición, deslealtad, manipulación y apariencia son completamente inexistentes. La Biblia dice que Dios es amor (1 Juan 4:16) y dice que el amor es *«sufrido, es benigno; el amor no tiene envidia, el amor no es jactancioso, no se envanece; no hace nada indebido, no busca lo suyo, no se irrita, no guarda rencor; no se goza de la injusticia, mas se goza de la verdad. Todo lo sufre, todo lo cree, todo lo espera, todo lo soporta. El amor nunca deja de ser»* (1 Corintios 13:4-8). Nuestro Padre divino no nos ama por cien años ni por veinte, ni por treinta mil años, él nos ama para siempre, porque su amor es eterno y fiel, aunque nosotros seamos infieles.

Muchos no entendemos el amor de Dios, ya que él no se deja provocar por nuestra infidelidad, sino que permanece fiel, pues no puede negarse a sí mismo. Por eso ha soportado a Israel por tres mil quinientos años, a la iglesia por dos mil, y sigue siendo el mismo Padre: nos ama, nos tolera, nos soporta, porque el que ama, ama. En Dios no hay tal cosa como: «Yo ya rompí con esa persona, se acabó el amor para ella en mi corazón», porque en el verdadero amor no hay rompimiento, el amor es eterno. El amor se entristece, pero no guarda rencor; no se irrita ni se goza de la injusticia; y aunque se moleste, sigue siendo el mismo, no merma.

La Palabra dice que las misericordias de Dios son nuevas cada mañana (Lamentaciones 3:22), en otras palabras, él se enoja en la noche y por la mañana amanece contento. Por eso él nos aconseja: *«Airaos, pero no pequéis; no se ponga el sol sobre vuestro enojo»* (Efesios 4:26), y nos lo dice porque a él le pasa lo mismo, pero el que ama cubre todas las faltas (Proverbio 10:12). Él le dijo a su pueblo: *«Con un poco de ira escondí mi rostro de ti por un momento; pero con misericordia eterna tendré compasión de ti»* (Isaías 54:8). El salmista dijo lo mismo acerca de él: *«Porque un momento será su ira, pero su favor dura toda la vida»* (Salmo 30:5).

Jehová le dijo a Israel: *«Porque yo Jehová no cambio; por esto, hijos de Jacob, no habéis sido consumidos»* (Malaquías 3:6). Demos gracias a Dios porque hemos sido beneficiados con su amor y su mansedumbre. Esa es la razón por la que Dios soporta tanto a la iglesia. Algunos dirán: «Pero, Dios mío, ¿hasta cuando?» Él contesta: «Hasta siempre, porque el amor se puede enfriar, pero nunca acabar. Yo los amo con amor eterno, y por tanto prolongaré mi misericordia (Mateo 24:12; Jeremías 31:3). ¿Hasta cuando? Hasta que el amor quiera».

Vemos en el Nuevo Testamento que Jesús enseñó tanto sobre el amarnos los unos a los otros como él nos amó, que lo dejó como mandamiento, como su única encomienda (Juan 15:12). Ahora, yo pregunto, ¿estás amando? ¿Me amas como Cristo te encargó? ¿Estás amando a tu hermano en Cristo como Jesús te amó a ti, soportándole todo con paciencia, con misericordia, con tolerancia y con perdón? Piensa en esto, pues cuando murmuramos del hermano no estamos amando, porque el amor no piensa mal del prójimo, sino que todo lo cree y todo lo soporta.

Observa la actitud del Maestro: cuando alguien se le acercaba a hablarle de otro, siempre le reconvenía diciéndole algo bueno de esa persona. Vemos que Marta, como se afanaba tanto en servir a Jesús, creyó que tendría como abogado al Señor y acusó a su hermana, diciéndole: *«Señor, ¿no te da cuidado que mi hermana me deje servir sola? Dile, pues, que me ayude»* (Lucas 10:40). Marta estaba muy interesada en que todo estuviera bien y en su sitio, para beneplácito del Señor, una razón válida para requerir ayuda y tener una opinión a su favor. No obstante, Jesús le respondió: *«Marta, Marta, afanada y turbada estás con muchas cosas. Pero solo una cosa es necesaria; y María ha escogido la buena parte, la cual no le será quitada»* (vv. 41, 42). ¿Fue el Señor indiferente e impasible a las necesidades de su sierva? No, lo que pasa es que la preocupación de Marta no se limitó a sus propios asuntos, sino que intentó intervenir entre los de su hermana y el Señor, por eso él salió en defensa de María. Las verdaderas intenciones de nuestro corazón no les pasan desapercibidas a quien todo lo sabe y a quien todo lo ve.

Cuando Simón el fariseo invitó a Jesús a comer a su casa, ya sentados a la mesa, al ver que una mujer pecadora se tiró a los pies del maestro y llorando regaba sus pies con lágrimas, los enjugaba con su pelo, besaba sus pies y los ungía con perfume (Lucas 7:38), Simón se escandalizó y pensó para sí: *«Éste, si fuera profeta, conocería quién y qué clase de mujer es la que le toca, que es pecadora»* (v. 39).

Mas no había anidado aún este pensamiento en el corazón de este hombre, cuando ya Jesús lo había discernido en espíritu, y le dijo:

> *«Simón, una cosa tengo que decirte. Y él le dijo: Di, Maestro. Un acreedor tenía dos deudores: el uno le debía quinientos denarios, y el otro cincuenta; y no teniendo ellos con qué pagar, perdonó a ambos. Di, pues, ¿cuál de ellos le amará más? Respondiendo Simón, dijo: Pienso que aquel a quien perdonó más. Y él le dijo: Rectamente has juzgado. Y vuelto a la mujer, dijo a Simón: ¿Ves esta mujer? Entré en tu casa, y no me diste agua para mis pies; mas ésta ha regado mis pies con lágrimas, y los ha enjugado con sus cabellos. No me diste beso; mas ésta, desde que entré, no ha cesado de besar mis pies. No ungiste mi cabeza con aceite; mas ésta ha ungido con perfume mis pies. Por lo cual te digo que sus muchos pecados le son perdonados, porque amó mucho; mas aquel a quien se le perdona poco, poco ama. Y a ella le dijo: Tus pecados te son perdonados»* (Lucas 7:40-48).

El fariseo conocía bien la letra de la ley, pero le faltaba fe y amor para conocer el espíritu de la misma, pues de otra manera hubiese sabido que ni su condición ni su posición estaba muy lejos de las de esta mujer. Jesús es abogado de los pequeñitos, de los hermanos que aparentemente nadie toma en cuenta. Por eso, cuando los fariseos murmuraban que Jesús comía con publicanos y pecadores, él les dijo: *«Los sanos no tienen necesidad de médico, sino los enfermos. Id, pues, y aprended lo que significa: Misericordia quiero, y no sacrificio. Porque no he venido a llamar a justos, sino a pecadores, al arrepentimiento»* (Mateo 9:12-13). No importaba de qué o de quién se hablara, si no venía de una correcta motivación, del correcto Espíritu, ahí estaba Jesús cortando toda mala intención con una palabra de exhortación o con una enseñanza espiritual, para regresarlo al camino. Nuestro Señor siempre se mueve en amor, pues solo así hay relación.

Pidamos perdón a Dios por todas las veces que hemos juzgado mal a nuestros hermanos, porque ni a Jesús ni al Padre le agrada nuestro envanecimiento. El amor verdadero es puro y fiel, manso y humilde, tolerante y encubridor. La Biblia dice que sigamos todo aquello que contribuye a la paz y a la mutua edificación (Romanos 14:19). El amarnos y perdonarnos los unos a los otros es una señal de que guardamos y apreciamos lo que hemos recibido. El perdonar a nuestros hermanos sus ofensas es el único mandamiento condicionado, de manera que así como perdono seré perdonado. Por eso, debemos *correr* a reconciliarnos con nuestros hermanos;

no tan solo con el que hemos ofendido, sino con aquel que hemos visto que tiene algo en contra nuestra, ***si es posible.*** En lo que de nosotros dependa, debemos estar en paz con todos los hombres (Romanos 12:18). No olvidemos que aquel a quien queremos agradar mira primero al adorador y después a su ofrenda (Génesis 4:4-5; Mateo 5:24).

Sabemos que Dios es el dador por excelencia, pues él como quiera nos bendice: primero, porque Dios es bueno; segundo, porque es fiel; y tercero, porque tiene un pacto con nosotros. Sin embargo, hay dos formas, dos ocasiones, dos tipos de bendiciones que hacen más deseables sus benevolencias para nosotros. Una es la bendición que recibimos, porque ya él lo había dispuesto de esa manera; y otra la bendición cuando él está agradado. ¿Cuál de las dos bendiciones deseas tú? ¿Cuál bendición te gustaría recibir más: aquella que él te da porque tiene un pacto con contigo, porque te ama y porque sabe que la necesitas para poder vivir, o aquella donde él se derrama espontáneamente, porque está tan contento contigo que quiere agasajarte, llenarte de favores? No olvides que cuando el Rey está contento no da la mitad de su reino como podría hacer cualquier mortal (Marcos 6:23,24), él no tiene un hasta aquí, ni limita ni corta su brazo, él se da todo, se da por entero.

Israel recibe aún hoy la bendición de Dios porque él tiene un pacto con ese pueblo, pero no sucede así con Jesús. A su Hijo lo bendijo y lo honró, no tanto porque tenía un pacto con él, sino porque estaba agradado con su vida y le dio todo. Él le dijo: *«Siéntate a mi diestra, hasta que ponga tus enemigos por estrado de tus pies»* (Marcos 12:36). Dios no solo le dio a Jesús el lugar de la honra a su diestra, sino que dijo a los seres celestiales: *«Adórenle todos los ángeles de Dios»* (Hebreos 1:6). Le dio el primado, le dio la preeminencia, puso en sus hombros el principado, y mostró a toda la creación que Jesús es el todo, ¿por qué? Porque el Padre se agradó en el Hijo y como estaba agradado lo declaró como lo máximo y *«le exaltó hasta lo sumo, y le dio un nombre que es sobre todo nombre, para que en el nombre de Jesús se doble toda rodilla de los que están en los cielos, y en la tierra, y debajo de la tierra; y toda lengua confiese que Jesucristo es el Señor, para gloria de Dios Padre»* (Filipenses 2:9-11) ¿Por qué? El Padre dice: «Porque me obedeció, porque renunció, porque se humilló, ¡porque se lo merece!». Cuando el Padre está contento lo manifiesta en grande. Por consiguiente, cuando tú reconoces quien eres en Dios, cuando ya no confías en tu justicia, sino en la de él, cuando de todo corazón descansas en el Hijo, el Padre estará agradado contigo y te da todo en Cristo Jesús.

La fe en Cristo es la que agrada a Dios, por eso tenemos que decir, como dijo el apóstol Pablo: *«Ciertamente, aun estimo todas las cosas como pérdida por la excelencia del conocimiento de Cristo Jesús, mi Señor, por amor del cual lo he perdido todo, y lo tengo por basura, para ganar a Cristo, y ser hallado en él, no teniendo mi propia justicia, que es por la ley, sino la que es por la fe de Cristo, la justicia que es de Dios por la fe»* (Filipenses 3:8-9). También el Señor se agrada en nuestra mayordomía, o sea, en que cumplamos el propósito de Dios en nuestro andar por la tierra, donde él nos hizo administradores de su gracia multiforme. Es decir, que en todos los dones, ministerios, operaciones, y en todas las funciones asignadas a la iglesia (la adoración, el compañerismo entre los hermanos, el servicio o diaconía, la enseñanza, la proclamación), en todas esas cosas que Dios nos dio que son privilegios, él espera que las administremos bien, estando unánimes y siendo dignos representantes de su reino de amor.

El día más glorioso de la iglesia, después de la resurrección de Cristo, fue el día de Pentecostés, cuando se cumplió la promesa del Espíritu Santo, y los discípulos recibieron al Consolador que Jesús había prometido (Juan 16:7). Era conveniente que Jesús ascendiera, ya que, primero, era el plan del Padre, y segundo, de esa manera tendríamos un consolador arriba y un consolador abajo, ambos a favor nuestro. La palabra *consolador* corresponde al vocablo griego ***parakletos*** que significa uno que es enviado al lado de alguien para ayudarlo. También se traduce «abogado» en 1 Juan 2:1, por lo que podemos decir que Jesús subió a la diestra del Padre para vivir eternamente, como un *parakletos* (abogado) que intercede por nosotros. Y con todo eso, para que nos mantengamos en la fe, nos envió otro *parakletos* para que esté dentro de nosotros dirigiendo nuestros pasos, por lo que en vez de uno, son tres los que están a favor nuestro: el Padre, el Hijo y el Espíritu Santo.

No obstante, antes de que llegara ese momento, los discípulos lidiaban por lugares de honra al lado del maestro. Juan y Jacobo, hijos de Zebedeo, sabiendo como Jesús amaba a todas las santas mujeres que le seguían, especialmente a las viejecitas (pensando que quizás a ellos los reprendería, pero a una de ellas jamás), le pidieron a su madre que interviniera por ellos ante él. La «viejita» fue, y postrándose a los pies de Jesús, le dijo: *«Ordena que en tu reino se sienten estos dos hijos míos, el uno a tu derecha, y el otro a tu izquierda»* (Mateo 20:20-21). Lo primero que el maestro dijo, dirigiéndose a ellos directamente, fue: *«No sabéis lo que pedís»* (v. 22), ya que conocía que había alguien más detrás de eso. Jesús hizo como David, cuando se presentó aquella mujer ante su presencia con gran astucia y juego de palabras para pedir al rey que hiciera volver a su hijo, Absalón, del destierro, él le dijo: *«¿No anda la mano de Joab contigo en todas estas cosas?»* (2 Samuel 14:19). Así el Señor, obviando a la madrecita, les preguntó directamente a los hijos de ella: *«¿Podéis beber del vaso que yo he de beber, y ser bautizados con el bautismo con que yo soy bautizado?»* (Mateo 20:22). El Señor quería sacudir sus conciencias y enfrentarlos a la realidad de la vida del reino de los cielos, donde todo tiene un propósito y cuyo cumplimiento trae consigo un sacrificio y una investidura. ¿Estaban ellos concientes de estas cosas o solo andaban detrás de una posición? ¿Era la motivación de estos hombres glorificar el nombre de Dios o recibir simplemente un galardón?

Mas los hijos de Zebedeo no se detuvieron a pensar en ese asunto, y dijeron: *«Podemos»* (Mateo 20:23), respondiendo afirmativamente a Jesús que eran capaces de beber de la copa que él había de beber y de ser bautizados con el bautismo con que el Señor había de ser bautizado. No obstante, el aceptar una encomienda espiritual no garantiza un galardón divino. Jehová es el que honra, el que opera, el que levanta y solo en él descansa la disposición de sentarse en los lugares celestiales (Efesios 1:20). Jesús les dijo: *«A la verdad, de mi vaso beberéis, y con el bautismo con que yo soy bautizado, seréis bautizados; pero el sentaros a mi derecha y a mi izquierda, no es mío darlo, sino a aquellos para quienes está preparado por mi Padre»* (Mateo 20:23). Como bien dijera el predicador: *«No te des prisa con tu boca, ni tu corazón se apresure a proferir la palabra delante de Dios»* (Eclesiastés 5:2). Estos hombres pagaron sus votos: el primero fue Jacobo, muerto a espada por el rey Herodes (Hechos 12:2), llegando así a ser el primero de los apóstoles en morir, por lo que se sentó a la «derecha»; luego Juan fue desterrado a la isla de Patmos (que significa «mi muerte»), y aunque se cree que no murió allá, sí sufrió terriblemente los padecimientos de su exilio, siendo el último de los doce que murió, así que se sentó a la «izquierda».

El aceptar una encomienda espiritual no garantiza un galardón divino.

Mas, ¿podrá Dios contestar a alguien semejante petición? No lo creo, pues el lugar de la derecha es de Jesús. El lugar de la derecha es el lugar de la consagración, del cáliz, de la pureza, el lugar de la ley de fuego, de la ofrenda, de la sombra que guarda, el sitio de largura de días, lugar del sostén, de la salvación, el lugar del Hijo de Dios.

Difícil cosa para pedir, cuidémonos de la codicia religiosa, de querer tanto que queramos el lugar de Jesús. Muchos son los que buscan los privilegios del reino, pero pocos los que aceptan sus compromisos. Hasta hoy, nada de eso ha cambiado. Cuando se le habla a la gente de los deberes del reino dicen: «Muy linda predicación, ¡poderosa! Pero Dios sabe que no podemos, él nos entiende y se apiada de nosotros», evadiendo así las responsabilidades. Sin embargo, háblales de unción y de avivamiento y verás que allí corren todos, detrás de los mantos de los ungidos, pues para eso todos somos capaces y escogidos.

Los discípulos fueron obedientes y subieron al aposento alto a esperar la promesa. Me imagino como estarían allí el primer día... y aquellas oraciones... Pienso en Pedro, que bien pudo hacer una oración como esta: «Señor, reprendo los espíritus de Jacobo y su hermano, esos "hijos del trueno" que tienen la intención de quitarme el lugar a tu derecha. ¡Increíble, el egoísmo de ese Juan! No se conformó con acapararte todo el tiempo, pegado al lado tuyo, ahora quiere hacer lo mismo allá, en el reino. Señor mío, ¡no se los permitas!». Sí, pienso que en esos diez días pasaron muchas cosas para ajustarse, pues si había ciento veinte en aquel aposento, es como si fueran ciento veinte iglesias divididas, como ocurre hoy, porque cada uno tenía una mente diferente, un propósito distinto, un concepto individual, una visión personal. ¿Cuántos saben que una visión, y otra visión, y otra visión forman una división? Sí, así es, pues solo hay una visión en el reino de los cielos, que es la visión celestial, y esa la tiene la iglesia para Israel, para las naciones, para los reyes de la tierra y para el mundo. Una visión celestial, una sola, pues hay muchos que hablan de su visión, por eso digo que Pedro oraba de una manera y Jacobo de otra.

¿Cuántos saben que una visión, y otra visión, y otra visión forman una división?

Lo dicho sé que no sorprende a nadie, pues ahora la iglesia tiene un montón de apellidos. Estamos idénticos a los discípulos antes del bautismo con el Espíritu Santo, aunque ya han pasado veinte siglos. Están los bautistas, los metodistas, los pentecostales, los católicos, los luteranos, los presbiterianos, ¡es lo mismo! La iglesia tiene un montón de dueños y cada grupo está en lo suyo, en su visión. Y el Espíritu Santo, que vino a hacernos uno, solo dice: «Amados, he sido enviado a traerles la visión del Padre y el Hijo, la visión del cielo, la celestial, pero ustedes tienen la terrenal, la de su organización, la de su ministerio». No obstante, sabemos que Dios todo lo puede, y así como lo hizo en aquel tiempo lo hará también en nosotros. ¿Cómo lo hizo? No les cambió el corazón, sino que les dio uno nuevo y un espíritu nuevo. El Rey quería estar confiado en que todos caminaríamos por el camino nuevo y vivo que nos abrió a través de su Hijo (Hebreos 10:20).

La Biblia dice que Jesús permaneció en la tierra cuarenta días, desde que resucitó hasta que se fue al cielo (Hechos 1:3). La fiesta del Pentecostés se celebraba cincuenta días después de la pascua. Así que —más o menos— fueron unos diez días los que estuvieron los discípulos allí, orando. Ellos oraron el primer día, pero no pasó nada. Llegó el segundo, luego el tercero, el cuarto, también el quinto, y seguían orando, pero no ocurría nada. Llegó el sexto día, pasó el séptimo, el octavo y el noveno, y según calculamos duraron como unos diez días, todos allí postrados, orando sin cesar. Me imagino que si habían empezado orando de forma individual ya sus peticiones se les habían agotado; me figuro que en ese momento todos pedían a una sola voz y una sola cosa: «¡Señor, que se haga tu voluntad!»

Fue así cuando entonces, estando ya todos juntos y unánimes, dice la Biblia: *«De repente vino del cielo un estruendo como de un viento recio que soplaba, el cual llenó toda la casa donde estaban sentados; y se les aparecieron lenguas repartidas, como de fuego, asentándose sobre cada uno de ellos. Y fueron todos llenos del Espíritu Santo»* (Hechos 2:2-4). La palabra *unánime* significa una misma mente, de la palabra griega compuesta ***homothumadom*** (*homo*, una misma, igual; *thumos*, mente). Es decir que todos tenían una misma mente, un mismo acuerdo, un mismo sentir. ¿Cómo podemos traducir en el lenguaje espiritual cuando un grupo tiene la misma mente? ¿Cuántas mentes hay en la iglesia? Una. ¿Cuál es la mente que debemos tener? La de Cristo (1 Corintios 2:16). Es decir, que en la iglesia ya no existía la visión de cada uno de los ciento veinte que estaban reunidos allí, sino que todos tenían una misma mente y eran todos de un mismo corazón. ¿Cuál corazón era ese? El corazón de Dios.

Por más que tú y yo nos dispongamos, nos relacionemos y nos ayudemos el uno al otro, haciendo ayunos, oraciones y vigilias juntos, no vamos a lograr nada. En cambio, si tú tienes la mente de Cristo y yo también, la cosa cambia, pues tendríamos una sola mente, no dos; una misma visión, no dos; una misma intención, no dos; y vamos en una misma dirección, no en dos. En Dios hay una sola visión, un solo camino, una sola mente y un solo corazón. Por eso, cuando renuncias a tu corazón y yo renuncio al mío, para tener el corazón de Dios, entonces estamos unánimes, estamos de acuerdo y podemos andar juntos (Amós 3:3).

Jesús dijo: *«Otra vez os digo, que si dos de vosotros se pusieren de acuerdo en la tierra acerca de cualquiera cosa que pidieren, les será hecho por mi Padre que está en los cielos»* (Mateo 18:19). La palabra «acuerdo» en griego es ***sumphoneo***, raíz de la cual proviene la palabra *sinfonía* que significa armonía, estar de acuerdo. Aquellos que conocen de música saben lo que es una sinfonía, pues la música no puede comenzar con el piano en Do, la trompeta en Re, el bajo en Sol, y el otro en la «luna» —aunque esta última no es una escala musical, pero bien puede ilustrar el estado de quien está fuera de contexto, musicalmente hablando— pues no están juntos, ahí no hay sinfonía. Mas el Señor quiere sinfonía en su casa, él quiere armonía, que todos los que están en ella estén buscando lo mismo. Yo voy a la iglesia a buscar a Dios, ¿y tú? Bueno, si en eso estamos iguales, estamos en armonía, en sinfonía, pues tenemos una misma mente, daremos una misma «nota».

Ahora, imaginemos que el Señor tenía ciento veinte músicos en el aposento alto, y estaba Pedro allá, con la trompeta, Felipe con los címbalos, Santiago con el teclado, el otro con la batería. Pienso que el primer día sonaba disonante: *«pim, pam, pum, pum, pam»* ¡Qué ruido sería ese! ¡Ciento veinte instrumentos sonando cada uno por su cuenta! El segundo día fue igual, el tercero también, y en los subsiguientes todo lo que se oía era un *«¡pum, pam, katara, pa, pin, pam, pam!»* Pero el Señor, con toda paciencia, comenzó diciendo: «Ven, hijito, dame eso acá. Déjame afinarte el instrumento. Muy bien, ahora toma, dame el tono en Sol. Mmm... Sigue practicando esa nota, teniendo en mente que es para arriba que vamos, al infinito». Y así fue uno por uno, pues el Señor es un Dios personal y trabaja de forma individual. A cada uno lo fue poniendo en armonía, ubicándole en la órbita colectiva, mientras oraba por fortalecimiento, pues hay que tener paciencia después que se tiene un instrumento afinado para oír al que está desafinado y no salir corriendo del lugar. Sin embargo, todos se quedaron allí, tranquilos, esperando su turno y disfrutando del acorde que ya podían hacer algunos.

En un grupo musical, cuando alguien desentona, le dicen: «Baja el tono, si sigues en esa nota no podrás terminar la pieza, trata esta». Todos colaboran, enseñándose unos a otros el tono, para sacar el ritmo y tocar al mismo compás. ¿Tendremos nosotros la misma disposición cuando nos encontramos a uno que da una nota disonante o discordante? Pero, volviendo a nuestro tema en cuestión, cuando llegó el décimo día, todos sonaron como un solo instrumento, ¡qué hermoso sonido! Me parece oír al Señor desde los cielos decir: «¡Qué armonía! Ahora sí puedo entregarles el pentagrama del Espíritu, pues en esa escala musical es cómo podrán seguir el signo de notación del Espíritu Santo y cantar el himno del amor». Cuando ya no se oían ciento veinte instrumentos, sino uno solo, el Señor dijo: «Hoy comienza la era del Espíritu, porque cada uno tiene el instrumento en armonía». Por eso el libro de los Hechos dice que, después de aquel día, todos ellos:

> *«Perseveraban en la doctrina de los apóstoles, en la comunión unos con otros, en el partimiento del pan y en las oraciones ... Todos los que habían creído estaban juntos, y tenían en común todas las cosas; y vendían sus propiedades y sus bienes, y lo repartían a todos según la necesidad de cada uno. Y perseverando unánimes cada día en el templo, y partiendo el pan en las casas, comían juntos con alegría y sencillez de corazón, alabando a Dios, y teniendo favor con todo el pueblo. Y el Señor añadía cada día a la iglesia los que habían de ser salvos»* (Hechos 2:42,44-47).

Por tanto, si todos participaban juntos en la doctrina, quiere decir que todos decían lo mismo, tenían una sola doctrina, una sola enseñanza. Y si eso lo llevamos a una escala musical, todos daban la misma nota. Igualmente en el himno de la comunión, nadie decía tener algo suyo, sino que tenían todas las cosas en común. Allí no había solistas, era un coro. En la canción de la «ayuda mutua», todos vendían sus casas, sus propiedades, lo que poseían de valor, para que cada quien recibiera de acuerdo a su necesidad, es decir, según el instrumento, de acuerdo la nota en la escala, grave o alta.

El día de Pentecostés todos recibieron el bautismo con el Espíritu Santo, en lenguas repartidas, como de fuego, las cuales se asentaban en cada uno de ellos (Hechos 2:3). En ese momento todos comenzaron a cantar en lenguas, y dice la Biblia que era un solo tema. Así que vinieron árabes, griegos, romanos, todos los judíos de la diáspora que habían regresado de naciones lejanas, juntándose en aquel lugar (Hechos 2:5), y al escucharlos cantar, se quedaron atónitos, porque cada uno los oía cantar en su propia lengua, aunque era una misma canción. Todos cantaban lo mismo: **¡Las maravillas de Dios!** (v. 11).

La Palabra dice que los hombres del lugar estaban asombrados, y algunos de ellos, confundidos, se decían unos a otros: «¿Qué quiere decir esto?

Yo vengo de África, aquel de Frigia, estos otros de Panfligia, esos que están allá, de Asia, ¡no puede ser! Esto está confuso, ¿acaso esos no son galileos, hombres sin letras, del vulgo? (v. 7). ¿Cómo pueden ellos estar cantando en el idioma de la patria donde yo nací?». Uno que no salía del asombro se acercó a otro que estaba también perplejo y le preguntó: «Oye, tú que además sabes griego, dime, ¿qué está diciendo este en mi lengua?», y él le respondió: «Ese está diciendo lo mismo que le he oído decir a aquel que está allá en mi propio idioma». Así que no importaba la lengua, ni el lugar donde estuviesen, separados o juntos, todos hablaban lo mismo, todos hablaban las maravillas de Dios. ¡Aleluya!

He aquí vienen días, dice el Señor, en los cuales él llamará a los bautistas, a los pentecostales, a los luteranos, a los presbiterianos, a los metodistas, a todos aquellos que profesan la fe en Cristo, y les va a decir: «Vengan, acérquense, les quiero afinar el instrumento, para que todos armonicen y todos canten en lenguas angelicales las maravillas de Dios». No son las maravillas de los predicadores, no son las maravillas del concilio, no son las maravillas de la denominación, no son las maravillas del seminario, no son las maravillas de los logros ministeriales, son las maravillas de Dios. Cristo murió y ascendió para producir esa armonía. Y si tú fuiste uno de los llamados a conformar la «Sinfónica Celestial», dile al Padre: «Padre mío, afina mi instrumento, quiero tocar lo mismo que tocan mis hermanos, yo también quiero entonar las maravillas de Dios». Meditemos en esto. Este es el aspecto profético de este mensaje, al cual me referí al principio de este segmento.

Los apóstoles predicaban de la cruz y de la resurrección, por lo cual, la onda armónica de la predicación apostólica fue que Jesús había resucitado. Ellos les citaron a todos aquellos que atraídos por el estruendo buscaban una respuesta los textos del Antiguo Testamento que hablaban de esas cosas, los salmos, los profetas, para concluir diciéndoles: *«A este Jesús resucitó Dios, de lo cual todos nosotros somos testigos»* (Hechos 2:32). Al oír esto, la multitud se compungió de corazón (v. 37). ¿Sabes tú cuándo los judíos de hoy se van a compungir de corazón? Cuando vean una iglesia tocando muchos instrumentos, pero unánimemente, en acuerdo, en armonía, hablando una misma cosa: las maravillas de Dios. A esa armonía, a esa sinfonía, Dios responde. El salmista lo vio y se admiró diciendo: *«¡Mirad cuán bueno y cuán delicioso es habitar los hermanos juntos en armonía! ... Porque allí envía Jehová bendición, y vida eterna»* (Salmo 133:1,3). Cuando la iglesia esté en unanimidad, en común acuerdo, Dios enviará todo hacia abajo, y ya no se dirá lo que algunos dicen: ¿Dónde está el Dios de Elías? ¿Dónde está tu Dios?, sino que la iglesia habitará en la hermosura de la gloria de su magnificencia, andará en sus obras maravillosas y todo ojo lo verá.

¿Sabes qué pasó en aquel lugar el día de Pentecostés? Tres mil personas se convirtieron, entre ellos muchos sacerdotes creyeron en la fe de Cristo. Los discípulos tenían el favor de todo el pueblo, la palabra de Dios crecía y se multiplicaba, y había poder. Cuando los metían a la cárceles, el Señor los sacaba, sin abrir las puertas, dejando a sus guardas afuera, de pie, cuidando una celda vacía (Hechos 5:23). Y ya libertados, ¿qué hacían, se escondían? No, no, no. Ellos se iban al templo, para continuar enseñando al pueblo (v. 25). ¿Por qué todo eso? Porque dedicaron al Padre el concierto en unanimidad, y como el Señor solamente oye el idioma de la armonía, respondió a la sinfonía con portentos, señales y maravillas.

Por ejemplo, vemos que lo ocurrido en el capítulo 2 del libro de los Hechos se repite en el capítulo 4. A Pedro y a Juan los intimidaron para que no predicaran en el nombre de Jesús (v. 18), y como ellos se resistieron los apresaron, pero tuvieron que soltarlos por causa del pueblo, ya que todos glorificaban a Dios. Era un solo cántico, la gloria de Dios, la gloria de la resurrección (vv. 19-21). Y cuando los apóstoles llegaron a los suyos y les compartieron estas cosas, dice la Palabra que después de haberlos oído *«alzaron* ***unánimes*** *la voz a Dios»* (v. 24). ¿Qué vemos aquí? Un grupo que alza su voz, juntos, a Dios. Se pusieron en armonía, y en una misma sinfonía, alabando a Dios, pidieron una misma cosa: *«Y ahora, Señor, mira sus amenazas, y concede a tus siervos que con todo denuedo hablen tu palabra, mientras extiendes tu mano para que se hagan sanidades y señales y prodigios mediante el nombre de tu santo Hijo Jesús»* (Hechos 4:29-30). Y dice la Palabra que cuando hubieron acabado de orar, el lugar donde estaban tembló, *«y todos fueron llenos del Espíritu Santo, y hablaban con denuedo la palabra de Dios»* (v. 31). Dios respondió al instante.

Este pasaje para nosotros tiene varias enseñanzas. La primera es la importancia de hablar todos lo mismo. Cuando la iglesia se reúne en oración, ¿cómo Dios responderá, si los profetas se contradicen unos a otros? Necesitamos madurez en esas cosas, por eso, exhorto a los profetas y les recalco que Dios no se contradice, él es un Dios de orden y su Palabra es fiel. Dios no dice una cosa hoy y otra mañana. Igualmente, si nos reunimos a orar, no es posible que uno venga a pedir por una cosa y otro por otra. Tenemos que ser unánimes en todo. ¿Cómo saber si oramos según su voluntad? Lo sabemos porque a través de las oraciones, aunque no son dichas con las mismas palabras, el Espíritu Santo nos va guiando cuando las mismas van en la misma dirección, y cuando unimos cada petición vemos la sinfonía de una misma oración.

Otra cosa que podemos aprender de este incidente es que Dios no da el Espíritu por medida (Juan 3:34). Hubo una llenura inicial, pero Dios sigue llenando, su Espíritu no se ha acortado. No es como dicen algunos, que eso fue para aquellos tiempos apostólicos y nada más, no. Todos los que estaban en aquella casa habían estado en el aposento alto, y recibieron una segunda llenura del Espíritu. Hay muchas llenuras del Espíritu, porque al que Dios envía respalda, y lo hace con su Espíritu. Algunos piensan: «Ya fui bautizado con el Espíritu, ya el Señor no me dará más». No, hermano mío, Dios puede llenarte todos los días, y darte más, rebozarte más y más y más.

Solo cuando dos se unen con el corazón de Dios, el Señor responde y desciende su bendición.

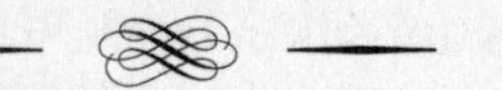

Cuántas iglesias se unen para orar porque haya un despertamiento, para que venga un poderoso avivamiento como Dios lo ha prometido para estos días, y pareciera que desde el cielo no los oyen. ¿Por qué? Porque **no es tanto cuántas horas oramos, sino cuán unánimes estemos.** Hay quienes piensan que es necesaria mucha oración, y no es así, sino lo que hace falta es mucha unidad, abundante armonía y común acuerdo. No niego que la oración une, pues a través de ella nos vamos poniendo en unanimidad, pero cuando se entra en ese acuerdo, no se puede venir con nada preconcebido, nada arreglado, ningún prejuicio, ni juzgando al hermano. Hay que venir con el corazón humillado delante de Dios, buscando y saludando con amor al hermano, no juzgándolo ni fijándome en cómo ora. ¡Únete con Dios! Solo cuando dos se unen con el corazón de Dios, el Señor responde y desciende su bendición.

«¡Mirad cuán bueno y cuán delicioso es habitar los hermanos juntos en ***armonía****! Es como el buen óleo sobre la cabeza, el cual desciende sobre la barba, la barba de Aarón, y baja hasta el borde de sus vestiduras; como el rocío de Hermón, que desciende sobre los montes de Sion; porque allí envía Jehová bendición, y vida eterna»* (Salmo 133). Adonai inmediatamente suelta el óleo. ¿Qué es el óleo? La unción. ¿Qué bajó el día de Pentecostés cuando hubo armonía? El óleo, que descendió y los llenó, los rebosó de tal manera que cayeron al piso y sus bocas fueron abiertas con un cántico nuevo, y sus corazones estallaron a una, henchidos de gozo y alegría. Los de afuera solo oían sus voces que se alzaban unánimes al

cielo, por lo que una gran multitud se aglutinó allí para ver qué había ocurrido, y hubo quienes dijeron que estaban todos borrachos. Mas Pedro, poniéndose en pie junto con los once, les dijo:

> «*Varones judíos, y todos los que habitáis en Jerusalén, esto os sea notorio, y oíd mis palabras. Porque éstos no están ebrios, como vosotros suponéis, puesto que es la hora tercera del día. Mas esto es lo dicho por el profeta Joel: Y en los postreros días, dice Dios, derramaré de mi Espíritu sobre toda carne, y vuestros hijos y vuestras hijas profetizarán; vuestros jóvenes verán visiones, y vuestros ancianos soñarán sueños; y de cierto sobre mis siervos y sobre mis siervas en aquellos días derramaré de mi Espíritu, y profetizarán. Y daré prodigios arriba en el cielo, y señales abajo en la tierra, sangre y fuego y vapor de humo; el sol se convertirá en tinieblas, y la luna en sangre, antes que venga el día del Señor, grande y manifiesto*» (Hechos 2:14-20).

En aquellos días, se les llamaba siervos y siervas a los esclavos, los cuales en las casas eran como bestias de cargas que servían sin esperar ningún tipo de compensación, y eran estimados en poco. Pero el Señor dijo que cuando su pueblo está en armonía, su condescendencia, su deseo de bendecir sería tan abundante, que hasta a los esclavos que los estén sirviendo, incluso a ellos, los iba a llenar de su Espíritu Santo. Así va estar de desbordado, pues él es provocado a bendecir a su pueblo cuando este vive en unidad.

¿Qué pasa cuando surge un avivamiento? Vemos que vienen arrepentidos los borrachos, las prostitutas, los drogadictos, aquellos que pensamos que era imposible que un día pudieran rendirse a los pies de Cristo. Y muchos se preguntan: «Pero, ¿cómo es posible que este individuo, con la vida que llevaba, esté ahora hablando en lenguas y profetizando?» Pues, fíjate, eso es lo que hace Dios. Esto asombró a Pedro y a los judíos que andaban con él en la casa de Cornelio, pues cuando llegó, apenas comenzando a hablar, de momento el Espíritu se derramó sobre los gentiles y empezaron a hablar en lenguas y a glorificar el nombre de Dios (Hechos 10:44-45). Pedro seguramente se dijo: «¿Qué es esto? Nosotros duramos tres años y medio para recibir esa bendición, a pesar de que somos judíos y estamos en el pacto y la promesa; y mira lo que les pasa a estos gentiles inconversos». Pero Dios había dicho que se derramaría de tal manera que tocaría incluso a aquellos a los que se les llamaba inmundos. ¿Por qué? Porque estaba desbordado, porque quería bendecir, porque al amor nuestro Dios se da por entero.

En Filipenses, el apóstol habla de estar en una misma regla. Él dijo: «*Así que, todos los que somos perfectos, esto mismo sintamos; y si otra cosa sentís, esto también os lo revelará Dios. Pero en aquello a que hemos llegado, sigamos una misma* ***regla****, sintamos una misma cosa*» (Filipenses 3:15-16). La regla era un instrumento que usaban los carpinteros para muchos propósitos, uno de ellos básicamente era medir y trazar líneas derechas. La palabra griega usada ahí es ***kanon.*** Esta palabra, en su connotación metafórica, significa aquello que sirve para medir o determinar cualquier cosa. Así que todos hemos sido medidos con una regla, en un mismo principio divino, y esa misma medida hemos recibido todos un mismo Espíritu. Por tanto, todos debemos sentir una misma cosa, y si alguno sintiera otra cosa eso se lo revelará el Señor, pero en aquello en que todos hemos llegado a un común acuerdo, sigamos esa regla de unanimidad, no la rompamos. Es interesante que también el término *kanon* se use en la música para referirse a una composición en la que una melodía determinada es el modelo para la formación de todas las demás partes (Diccionario Expositivo de W. E. Vine).

Reconozco que la iglesia ha pasado por tantas divisiones que encontrar ahora en ella ese *kanon* pentecostal pareciera imposible para muchos. Es como si un espíritu de confusión (ruido) se apoderase de la iglesia. Dios anuncia por el espíritu de la profecía que el enemigo quiere traer confusión entre los hermanos para producir división, para desajustar, desestabilizar, destruir, dividir. El Señor me ha dicho que esto ha venido porque no se ha escuchado a Dios, ya que él nos ha dicho que todo el esfuerzo de la iglesia debe estar en una sola cosa, agradarle y obedecerle. Sabemos que no somos perfectos, y que hay muchas cosas que corregir, pero el Señor ve el deseo que tenemos de agradarle y eso le basta, pues su poder se perfecciona en nuestra debilidad (2 Corintios 12:9). La iglesia es una sola, por lo que aquellos que han cerrado sus oídos al consejo de Dios son iglesia de Dios, no nuestros enemigos. La iglesia tiene adversarios, pero no son nuestros hermanos de la fe. Por tanto, oremos para que haya concierto, que se oiga la sinfónica de la iglesia alegrando los aires de todas las naciones con sus notas de unidad.

La unidad de la iglesia es lo que nos incumbe a nosotros como células del cuerpo de Cristo. Por tanto, para que haya armonía, ya sabemos lo que necesitamos: La mente de Cristo, para tener un solo pensamiento; el corazón de Dios, para tener un mismo sentir; y la unanimidad en el Espíritu, para orar lo mismo. Los que estaban en el aposento alto no estaban menos divididos que la iglesia actual, no entendían muchas cosas, pero pagaron el precio de estar juntos como se lo habían ordenado (Hechos 1:4), obedecieron y Dios hizo el milagro. Nada es imposible para Dios (Marcos 10:27), y de eso estoy persuadido. El Señor lo está haciendo y sabemos que el que comenzó en nosotros la buena obra, la perfeccionará hasta el día de Jesucristo (Filipenses 1:6).

Así que sin importar cualquier cosa que tengas en contra de tu hermano o creas que él tenga contra ti, Dios te manda hoy, por obediencia, a entrar en concierto, aunque tengas que durar mucho tiempo afinando tu corazón en amor con él. Dile: «Mira hermano, yo entiendo que el tono debe ser Do mayor y tú insistes en que debe ser Re menor. Ven, oremos a Dios dejando cada uno nuestros pareceres a un lado para que sea el Señor el que nos revele la nota correcta». El que ama a Dios lo va a hacer, por amor a Jesucristo y a favor de la armonía del cuerpo. Y eso debemos hacerlo, ya sea con personas de afuera, familiares o hermanos de la congregación. El Espíritu del Dios Altísimo pide, ordena por mandamiento, y ruega en el Espíritu, la oración de Jesús: *«Que todos sean uno; como tú, oh Padre, en mí, y yo en ti, que también ellos sean uno en nosotros ... que sean uno, así como nosotros somos uno. Yo en ellos, y tú en mí, para que sean perfectos en unidad, para que el mundo conozca que tú me enviaste»* (Juan 17:21,22,23).

Para que haya armonía, ya sabemos lo que necesitamos: La mente de Cristo, para tener un solo pensamiento; el corazón de Dios, para tener un mismo sentir; y la unanimidad en el Espíritu, para orar lo mismo.

Hasta aquí he sido obediente al Espíritu y te he transmitido lo que Dios puso en mi corazón en este mensaje, pero reconozco que no puedo hacer la obra del Espíritu Santo. Por eso voy a orar para que él la haga. Participemos en la sinfónica del reino, tocando nuestro instrumento, afinado al pentagrama del Espíritu Santo. Dispón tu corazón y no te rehúses a la Palabra de Dios:

> «Señor, yo te doy gracias por ese amor que en este momento estás derramando en nuestros corazones. Gracias por abrir nuestros ojos a la realidad de que cuando golpeamos a un miembro del cuerpo, nos golpeamos a nosotros mismos, y también golpeamos la cabeza que es Cristo. No es sabio que el brazo y la pierna estén

peleando, ni el corazón con los riñones, ni que ningún otro miembro esté contra otro, porque se están haciendo daño ellos mismos. Danos sabiduría, Señor. Que nuestro celo, nuestra envidia, nuestros énfasis no sigan haciendo daño a la iglesia. Eso pasó en Corinto, donde unos decían: *"Yo soy de Pablo; y yo de Apolos; y yo de Cefas; y yo de Cristo"* (1 Corintios 1:12). Dejaron actuar a la carne, entraron en divisiones. Dios mío, guárdanos en este tiempo de tormenta, guárdanos, guarda a tu iglesia. Hay cosas que son necesarias que ocurran para revelar muchas cosas, pero en el juicio acuérdate de la misericordia, guarda a tu pueblo por amor a tu nombre.

»En el nombre del Señor Jesús yo te ruego para que nos des el Espíritu de Jesús, y no solamente digamos amén a lo que leemos, sino que seamos tocados por el Espíritu y digamos: «Yo lo voy a vivir. Voy a entrar en armonía con mi esposa, con mis hijos, con mi suegra, con mi madre, con mis hermanos, con mi vecino, con el jefe de trabajo, con mi compañero, con aquel vecino que tuve el disgusto. Me voy a humillar, voy a perdonar». ¡Ay, Señor!, tú nos has dado la unidad del todo: un solo Espíritu, un solo Señor, una sola fe, un solo bautismo, un solo Dios y Padre de todos. Tenemos todo lo que necesitamos para estar unidos, solamente tiene que morir la carne, el "yo", solamente tienen que morir la pasiones desordenadas para que haya armonía, solamente tienes que reinar tú, como el todo. Te lo pido en el nombre bendito de tu amado Hijo Jesús. Amén».

Solo cuando Dios es el todo en la relación, los que se relacionan llegan a ser uno.

Amado hermano, ven, entremos en la unidad del cielo, en la armonía entre el Padre y el Hijo, pues **solo cuando Dios es el todo en la relación, los que se relacionan llegan a ser uno.**

IV.5 En el gobierno y la administración

«Entonces dijo Dios: Hagamos al hombre a nuestra imagen, conforme a nuestra semejanza; y señoree en los peces del mar, en las aves de los cielos, en las bestias, en toda la tierra, y en todo animal

que se arrastra sobre la tierra. Y creó Dios al hombre a su imagen, a imagen de Dios lo creó; varón y hembra los creó. Y los bendijo Dios, y les dijo: Fructificad y multiplicaos; llenad la tierra, y sojuzgadla, y señoread en los peces del mar, en las aves de los cielos, y en todas las bestias que se mueven sobre la tierra» (Génesis 1:26-28).

La Biblia dice que Dios creó al hombre a su imagen y semejanza, esto lo hemos oído y leído muchas veces, pero el Señor nos quiere decir algo más a través de este pensamiento de su Palabra. El Creador hizo toda la creación con un fin, un plan, el cual expresa en el siguiente versículo: «*Fructificad y multiplicaos; llenad la tierra, y sojuzgadla, y señoread*» (Génesis 1:28). Es decir, que el propósito de Dios al crear al hombre era que este sojuzgara y se enseñoreara sobre «*los peces del mar, en las aves de los cielos, y en todas las bestias que se mueven sobre la tierra*» (v. 28), a sea, en todo lo creado. Por tanto, podemos afirmar —según el Espíritu me revela— que la razón por la cual el Divino Arquitecto creó al hombre a su imagen era para que tuviera la capacidad de administrar o enseñorearse de todo lo que el Señor puso en sus manos.

Me explico. El solo sabio Dios jamás va a poner en la mano de alguien la administración de algo que le pertenezca, si antes no está seguro de que esa persona tenga su imagen. Lo que aprendo con eso es que el Creador no deposita en cualquiera lo que es santo, ni mucho menos su propósito. Por ello me gustaría que nos detuviéramos un momento sobre este pensamiento, a fin de conocer la trascendencia de tener la imagen de Dios.

Cuando Dios crea al hombre le da su imagen y semejanza. Por lo cual, el hombre era semejante a Dios en muchos aspectos, pero sobre todo en lo espiritual. Adán tenía el carácter de Dios, y esta fue el área más importante en su similitud con su Creador. Ahora, sabemos que Dios no hace nada fuera de su voluntad (Efesios 1:11), y en ella está manifiesto el propósito santo. Por eso, cuando crea al hombre a su imagen, lo hace con el fin de que este se enseñoree de toda la creación. En otras palabras, Dios dijo: «Pongo en la mano del hombre el señorío, el dominio, la administración, la mayordomía de toda la creación, porque este hombre va a pensar como yo, va a sentir como yo y va a tener mi corazón. La autoridad que le voy a facultar es divina, pero delegada, no es para que haga lo que quiera, sino para que no haga otra cosa que no sea cumplir mi designio y mi voluntad». Es decir, que Adán podía administrar toda la creación de acuerdo al plan divino, a la instrucción del Creador, al deseo de su voluntad, porque este hombre tenía el mismo corazón de Dios, su misma naturaleza y su misma imagen. Partiendo de esta verdad, inmediatamente, se nos abre un panorama de revelación nunca antes visto.

Sabemos que el hombre perdió la imagen de Dios, por lo menos en el aspecto moral y espiritual. En el preciso instante que Adán pecó, destruyó la imagen de Dios en él. El engaño de la serpiente fue este: *«El día que comáis de él, serán abiertos vuestros ojos, y seréis como Dios, sabiendo el bien y el mal»* (Génesis 3:5). En efecto, esto fue una ironía, porque el hombre ya era semejante a Dios, por tanto, no necesitaba hacer ninguna cosa para serlo. Todo lo contrario, el hombre al pecar perdió la imagen de Dios y adquirió otra, la del diablo, constituyéndose todo aquello en un burdo engaño, una estratagema de error que trastocó en él su naturaleza espiritual, santa y perfecta, convirtiéndola en una naturaleza caída, pecaminosa y perversa.

Por consiguiente, la Biblia dice que Cristo vino *«para deshacer las obras del diablo»* (1 Juan 3:8). El diablo arruinó y destruyó la imagen de Dios en el hombre, pero Cristo vino a restaurarla. Este principio no es una interpretación personal, sino algo persistente en la Palabra, por eso quiero que lo veas en algunos textos bíblicos a continuación. Veamos lo que dice refiriéndose a Jesús: *«Él es la imagen del Dios invisible, el primogénito de toda creación»* (Colosenses 1:15). La palabra primogénito usada en este pasaje no significa que fue el primero que fue creado, como dicen los que niegan la divinidad de Jesús (los *arrianos*), sino que denota que Cristo dio origen a la creación, o sea, que el Padre creó por él, para él y en él todas las cosas. Eso lo dice Juan 1:1-4: *«En el principio era el Verbo, y el Verbo era con Dios, y el Verbo era Dios. Éste era en el principio con Dios. Todas las cosas por él fueron hechas, y sin él nada de lo que ha sido hecho, fue hecho»*. Nada de lo que fue hecho ha sido hecho sin Cristo, por eso él es el primogénito de la creación, *«el principio de la creación de Dios»* como dice en Apocalipsis 3:14, porque el Padre creó en el Hijo. Ahora, Dios no solo creó en el Hijo, sino que le entregó a él todas las cosas. Veámoslo en el siguiente versículo:

> *«Porque en él fueron creadas todas las cosas, las que hay en los cielos y las que hay en la tierra, visibles e invisibles; sean tronos, sean dominios, sean principados, sean potestades; todo fue creado por medio de él y para él.* ***Y él es*** *antes de todas las cosas, y todas las cosas en él subsisten; y él es la cabeza del cuerpo que es la iglesia, él que es el principio, el primogénito de entre los muertos, para que en todo tenga la*

preeminencia; por cuanto agradó al Padre que en él habitase toda plenitud, y por medio de él reconciliar consigo todas las cosas, así las que están en la tierra como las que están en los cielos, haciendo la paz mediante la sangre de su cruz» (Colosenses 1:16-20).

Nota que en él fueron creadas todas las cosas, es decir que no fue primero creado y después hizo, sino que en él fueron hechas todas las cosas. Cristo es la imagen del Dios invisible y todas las cosas fueron creadas por él y para él. Eso es lo primero, y después, cuando se refiere a la iglesia, lo puso como cabeza y le dio la preeminencia. Luego, a través de Jesús, reconcilió todas las cosas, las que están arriba y las que están abajo, ¿sabes por qué? Porque Cristo es la imagen de Dios. En otras palabras, Dios no va a entregar la creación ni hacer todo lo que fue hecho: dar tronos, dominios, principados, colocarlo como cabeza de la iglesia, y mucho menos reconciliar por medio de él consigo al mundo, si Cristo no hubiese tenido su imagen. Dios no va a entregar lo que es de él a nadie que no sienta como él, que no piense como él, que no tenga el carácter suyo, porque Dios no corre riesgos. Ahora, veamos este mismo concepto en el libro de Hebreos:

> *«Dios, habiendo hablado muchas veces y de muchas maneras en otro tiempo a los padres por los profetas, en estos postreros días nos ha hablado por el Hijo, a quien constituyó heredero de todo, y por quien asimismo hizo el universo; el cual,* ***siendo el resplandor de su gloria, y la imagen misma de su sustancia****, y quien sustenta todas las cosas con la palabra de su poder, habiendo efectuado la purificación de nuestros pecados por medio de sí mismo, se sentó a la diestra de la Majestad en las alturas, hecho tanto superior a los ángeles, cuanto heredó más excelente nombre que ellos»* (Hebreos 1:1-4).

Es decir, Dios habló antes por los profetas, pero ahora habló lo grande, lo poderoso, lo máximo, lo admirable, la consumación de todas las cosas, a través del Hijo. También dice que Cristo es la imagen misma de su sustancia y que en él sustenta todas las cosas. Antes vimos esto cuando habla de la creación, pero ahora lo dice hablando de la sustentación de todas las cosas. La palabra sustentar significa nutrir, alimentar, mantener en existencia las cosas a través de la preservación. Por tanto, el vehículo de Dios para crear es Cristo, hecho así, porque tiene su imagen. El instrumento de Dios para sustentar todas las cosas es el Hijo, porque tiene la imagen del Padre. La persona escogida por Dios para ser piedra de ángulo y cabeza de la iglesia es Jesucristo, porque tiene su imagen.

Dios habló por los profetas, pero Jesús es el testigo fiel, lo que significa que es el testimonio de Dios. El Espíritu de Cristo estaba en los profetas, pero Dios en estos días nos ha hablado por el Hijo, y puso la Palabra en el Hijo. Cristo es el mensajero de Dios, el verbo de vida. Lo podemos ver en su ministerio, cuando vino en carne y decía: *«Mi doctrina no es mía, sino de aquel que me envió ... la palabra que habéis oído no es mía, sino del Padre que me envió ... ¿No crees que yo soy en el Padre, y el Padre en mí? Las palabras que yo os hablo, no las hablo por mi propia cuenta, sino que el Padre que mora en mí, él hace las obras ... De cierto, de cierto os digo: No puede el Hijo hacer nada por sí mismo, sino lo que ve hacer al Padre; porque todo lo que el Padre hace, también lo hace el Hijo igualmente»* (Juan 7:16; 14:24; 14:10; 5:19). Por eso ustedes pueden ver lo que contesta el Maestro a Felipe cuando este le dijo: *«Señor, muéstranos el Padre, y nos basta»*. Jesús le dijo: *«¿Tanto tiempo hace que estoy con vosotros, y no me has conocido, Felipe? El que me ha visto a mí, ha visto al Padre; ¿cómo, pues, dices tú: Muéstranos el Padre?»* (Juan 14:8-9). También dijo: *«Yo y el Padre uno somos»* (Juan 10:30). Solo uno que es igual a Dios puede hablar como Dios; solo uno que tiene su esencia, su imagen y el resplandor de su gloria, puede pensar, sentir y actuar como Dios.

De creer esa verdad depende que entendamos los porqués que se desprenden de ella. ¿Entender qué? Entender por ejemplo por qué Dios no le asignó la redención a los ángeles, ni a los querubines, ni a los serafines, debido a que era algo de alto nivel (Hebreos 2:5). Cuando el hombre pecó violó la ley, la forma de Dios pensar, y solamente uno que fuera igual a la ley podía rescatar al hombre. En efecto, Dios tuvo que mandar uno que fuera más sublime que los cielos (Hebreos 7:26), el único igual a la justicia, porque era *«Jehová, justicia nuestra»* (Jeremías 23:6), el que solamente podía darnos justicia para expiar nuestros pecados y redimirnos. Miremos lo que dice en 2 Corintios 4 al respecto:

> *«Pero si nuestro evangelio está aún encubierto, entre los que se pierden está encubierto; en los cuales el dios de este siglo cegó el entendimiento de los incrédulos, para que no les resplandezca la luz del evangelio de la gloria de Cristo, el cual es la imagen de Dios. Porque no nos predicamos a nosotros mismos, sino a Jesucristo como Señor, y a nosotros como vuestros siervos por amor de Jesús. Porque Dios, que mandó que de las tinieblas resplandeciese la luz, es el que*

resplandeció en nuestros corazones, para iluminación del conocimiento de la gloria de Dios en la faz de Jesucristo. Pero tenemos este tesoro en vasos de barro, para que la excelencia del poder sea de Dios, y no de nosotros» (2 Corintios 4:3-7).

Cristo es la imagen de Dios. Ese Dios que dijo en el principio: *«Sea la luz»* (Génesis 1:3), fue el mismo que resplandeció en nuestros corazones y vino un día a tu vida y dijo: «¡Sea la luz!», y la iluminación, ese resplandor de la imagen de Dios —que es Cristo— entró a ti. Por lo cual, ahora tú tienes la imagen de Dios en ti, por medio de Jesucristo.

Existen varias palabras que en el Nuevo Testamento se traducen —del griego— como «imagen». Una de ellas es ***eikon***, que da la idea de representación y manifestación en su primera aserción. De ello, una imagen representa y manifiesta algo. Por ejemplo, cuando los fariseos quisieron tentar a Jesús acerca del tributo al César, él les dijo: *«Por qué me tentáis, hipócritas? Mostradme la moneda del tributo. Y ellos le presentaron un denario. Entonces les dijo: ¿De quién es esta* ***imagen****, y la inscripción?»* (Mateo 22:18-20). Ahí estaba estampada la imagen del César, por tanto, esa imagen representaba la persona del emperador y manifestaba los rasgos de su persona. Por eso, le dijo a Felipe: *«El que me ha visto a mí, ha visto al Padre; ¿cómo, pues, dices tú: Muéstranos el Padre? ¿No crees que yo soy en el Padre, y el Padre en mí?»* (Juan 14:9,10). En otras palabras: «Cuando el Padre se proyectó hacia la tierra, la imagen de Dios se estampó en mí, por eso tú puedes ver en mi persona la representación y la manifestación de todo lo que es el Dios invisible».

Cristo es la reproducción exacta de Dios. Esta aseveración está contenida en el texto de Hebreos 1:3, cuando habla de Jesús con relación a Dios: «[Jesús es] *el resplandor de su gloria* [de Dios], *y la* ***imagen*** *misma de su sustancia»*. Aquí la palabra para *imagen* que se usa en el original griego es ***charakter***, que indica lo que es la expresión exacta, la precisa reproducción del carácter de Dios. Esta palabra (según el «Diccionario Expositivo de palabras del Nuevo Testamento», de W. E. Vine) denota, en primer lugar, una herramienta para grabar algo. Viene de la palabra ***carasso***, que significa cortar adentro, absorber, y que en castellano equivale a carácter, característico. De este modo, cuando decimos que una persona tiene las características de otra persona, estamos diciendo que tiene la imagen, los rasgos que la asemejan a otra. Su connotación como instrumento de grabar significa algo parecido a que yo tomara un sello, lo oprimiera contra una almohadilla con tinta, y luego lo estampara en un papel blanco, dejando con esa acción impresa una imagen. Luego, ¿qué se grabó en el papel? Todas las características de la imagen que estaba grabada en el sello. Eso es carácter. Por consiguiente, cuando decimos que una persona tiene el carácter de Dios es como decir que el Creador tomó un cuño con su imagen y selló a esta persona, por ende, en ella se ve todo lo que es Dios. En resumen, la imagen nos habla de representación, manifestación y —en su uso metafórico— de carácter.

Jesucristo es la representación moral de Dios. Esta afirmación está contenida en otra derivación de ***eikon***, la palabra griega para *imagen*, que encontramos en el siguiente texto: *«Revestido del nuevo, el cual conforme a la **imagen** del que lo creó se va renovando hasta el conocimiento pleno»* (Colosenses 3:10). Esto quiere decir que el nuevo hombre fue hecho conforme, de acuerdo, semejante, preciso y exacto a la imagen moral del que lo creó, cuya imagen se va renovando en nosotros hasta llegar a la plenitud de lo divino y de la justicia de Dios en nosotros. Es decir, todo aquel que es nacido de nuevo es una réplica exacta de lo que es Dios en Cristo Jesús. El hombre nuevo tiene el carácter del que lo creó y es una manifestación y representación exacta de su Creador.

El hombre nuevo tiene el carácter del que lo creó y es una manifestación y representación exacta de su Creador.

Hay quien presume en decir: «Yo soy de tal país, y a mucho orgullo lo tengo», porque tienen la imagen del nacionalismo impregnado en su ser. Tienen un orgullo patrio y se gozan en representar a su país y a sus cosas. Otros se envanecen de su apellido, de su abolengo; otros se enorgullecen de su clase social, de que están «arriba» y no son de los de «abajo»; otros se ufanan porque son «escogidos», «elegidos» y no son ciudadanos comunes. Mas veamos qué dicen del aprecio que hay en el nuevo hombre que fue creado según Dios y tiene la imagen de su Creador: *«El cual conforme a la imagen del que lo creó se va renovando hasta el conocimiento pleno, donde no hay griego ni judío, circuncisión ni incircuncisión, bárbaro ni escita, siervo ni libre, sino que Cristo es el todo, y en todos»* (Colosenses 3:10,11). En efecto, este nuevo hombre no tiene nacionalidad ni gentilicio; él no está sometido a formas ni a liberalidad; tampoco tiene status ni clase social, sino que en él, Cristo es el todo en todo.

Por lo cual, sabiendo la imagen que he recibido en Cristo, si me preguntaran de dónde soy, o qué cosas guardo, o a qué institución religiosa pertenezco, mi respuesta sería: «Mi reino no es de este mundo». Con esto no estoy negando mi patria o mi congregación, porque mi patria es la del reino y mi representación es la del Rey, pues extranjeros y peregrinos somos sobre la tierra (Hebreos 11:13). Eso no significa que no se ame el lugar donde se nace o que no amemos nuestra grey, sino que esa no es la imagen que llevo ya. Mi hombre natural tiene su nacionalidad, pero el que lleva la imagen, la estampa, ese que lleva lo que se ha grabado en él (cuando Dios puso el sello de la nueva creación en mí), es un hombre espiritual que no tiene nacionalidad, ni está sometido a formas, ni tiene un status ni pertenece a una clase social, sino que Cristo es todo en él. Este hombre tiene el sello, la inscripción y la manifestación del que lo creó. En otras palabras, si tomas la nueva creación y la exprimes, el zumo que sale de ella es Cristo. Esa es su sustancia, porque Cristo es la imagen de Dios, la misma que llevo en mi nueva naturaleza. Confirmemos esto en la epístola a los romanos:

> *«Y sabemos que a los que aman a Dios, todas las cosas les ayudan a bien, esto es, a los que conforme a su propósito son llamados. Porque a los que antes conoció, también los predestinó para que fuesen hechos conformes a la imagen de su Hijo, para que él sea el primogénito entre muchos hermanos»* (Romanos 8:28-29).

Es decir, que el propósito de Dios con nosotros, los que predestinó, es que llevemos la imagen del Hijo. Ese es su propósito. ¿Por qué? Porque en la primera creación el diablo nos quitó la estampa, rompió el molde. Por ello el Creador, en Cristo Jesús, tuvo que hacer nuevas todas las cosas, de manera que si alguno está en Cristo, nueva criatura es, las cosas viejas (las adánicas) ya pasaron y he aquí todas son hechas nuevas en Jesús. Así que si en Adán tengo 5'8" de estatura (1,73 metros), en Cristo llego al cielo. ¿Por qué? Porque tengo la estatura del varón perfecto, Cristo Jesús (Efesios 4:13). Yo me parezco a Cristo y tú te pareces a él también, por eso entre nosotros no hay diferencias, porque ambos nos asemejamos a quien nos creó. Por eso dice la Palabra: *«Nosotros de aquí en adelante a nadie conocemos según la carne; y aun si a Cristo conocimos según la carne, ya no lo conocemos así»* (2 Corintios 5:16).

De este modo, ya no hablemos de los defectos de los hermanos, porque eso fue enterrado y clavado en Jesús. Esas fallas que ves en mí son los efectos del hombre viejo, que está muerto, que ya no existe, pero que el enemigo hace asomar; más mírame en Cristo, pues llevo la imagen del que me creó. En realidad, el problema de nosotros los cristianos es que no aplicamos la Palabra, y teniendo la imagen de Cristo, no nos vemos como Dios nos ve (Colosenses 1:28). Lo que Dios estampó fue eso, ¿por qué insistimos en no ver?

En Génesis 1:27,28 dice: *«Y creó Dios al hombre a su imagen, a imagen de Dios lo creó; varón y hembra los creó. Y los bendijo Dios, y les dijo: Fructificad y multiplicaos; llenad la tierra, y sojuzgadla, y señoread».* Dios le dio al hombre el dominio de toda la creación. Ahora, Cristo es el segundo Adán, por eso Pablo dijo: *«Así como hemos traído la* ***imagen*** *del terrenal, traeremos también la* ***imagen*** *del celestial»* (1 Corintios 15:49). Por lo que puedo decir que yo tengo dos imágenes, como una moneda: de un lado la del terrenal (Adán) y la del otro lado la del celestial (Cristo). La imagen de Adán debe siempre estar abajo, de manera que se exhiba y esté en preeminencia solo el lado de arriba, Cristo. Mas llegará un día no muy lejano en que Dios volteará nuestra moneda y comprobaremos que solo está Cristo, se habrá borrado Adán.

La Biblia dice: *«Por tanto, nosotros todos, mirando a cara descubierta como en un espejo la gloria del Señor, somos transformados de gloria en gloria en la misma imagen, como por el Espíritu del Señor»* (2 Corintios 3:18). Siendo así, cuando vayamos al espejo de Dios veremos una imagen difuminándose, el acuñe donde está el hombre adánico. Notaremos que comienza a verse con más claridad y nitidez la imagen del que nos creó, la cual se seguirá perfeccionando hasta el conocimiento pleno, porque seremos transformados de gloria en gloria, en la misma imagen, como por el Espíritu del Señor (2 Corintios 3:18).

Apliquemos. Dios, cuando va a delegar algo a una persona y la va a poner en autoridad para que administre cualquier cosa, primeramente le da su imagen, porque el Señor no va a entregarle su propósito a una persona que no piense como él, que no actúe como él, y que no tenga su carácter. Cuando Jesús se iba al cielo, en el Monte de los Olivos, después de haber permanecido cuarenta días hablando a los suyos sobre el reino de Dios, según Pablo estaban con él quinientos hermanos (1 Corintios 15:6), los que se quedaron mirando hacia arriba su ascensión. Entonces, aparecieron dos ángeles, con vestiduras resplandecientes, que les dijeron: *«Varones galileos, ¿por qué estáis mirando al cielo? Este mismo Jesús, que ha sido tomado de vosotros al cielo, así vendrá como le habéis visto ir al cielo»* (Hechos 1:11). Lucas dijo que mientras Jesús ascendía, bendecía a la iglesia.

Por eso es que la iglesia es bendita, porque Cristo se fue bendiciéndola, desapareció de la vista bendiciéndola, se sentó a la diestra de la majestad en las alturas bendiciéndola, y volverá con bendición. Así iba subiendo el Admirable diciendo: *«Toda potestad me es dada en el cielo y en la tierra. Por tanto, id, y haced discípulos a todas las naciones, bautizándolos en el nombre del Padre, y del Hijo, y del Espíritu Santo; enseñándoles que guarden todas las cosas que os he mandado; y he aquí yo estoy con vosotros todos los días, hasta el fin del mundo. Amén»* (Mateo 28:18,19-20).

Por consiguiente, si hacemos un paralelismo entre los dos testamentos, podemos decir que cuando termina la narración de los cuatro evangelios, comienza el Génesis de la nueva creación. El Génesis del Nuevo Testamento es el libro de los Hechos, ¿por qué? Porque Génesis comienza diciendo: *«Y creó Dios al hombre a su imagen, a imagen de Dios lo creó»*; y el libro de los Hechos en su primer capítulo nos muestra la resurrección de Cristo y la creación de un nuevo hombre lleno del Espíritu Santo (Hechos 2:4).

En aquel momento, cuando Cristo ascendió a los cielos, comisionó a la iglesia y le dio la autoridad y el poder para llenar la tierra de su gloria, tal como en el principio Dios le dio el señorío a Adán sobre toda la creación. Es decir, que Dios le dijo a la primera creación: «Llenen la tierra, multiplíquense y enseñoréense sobre la tierra», pero en Cristo, a la segunda creación le dice: «¡Llenen la tierra de mi conocimiento, salven naciones! ¡Reproduzcan a Cristo, multiplíquenle!». En efecto, la Biblia dice que él va a llevar muchos hijos a la gloria, por eso el mismo Jesús dijo: *«Si el grano de trigo no cae en la tierra y muere, queda solo; pero si muere, lleva mucho fruto»* (Juan 12:24; Hebreos 2:10). Vemos que Jesús murió y resucitó, lo cual muchos todavía no lo han entendido, pero él se lo explicó a los discípulos antes de irse, abriéndole el entendimiento para que comprendieran las Escrituras (Lucas 24:45). Jesucristo les dijo: *«Éstas son las palabras que os hablé, estando aún con vosotros: que era necesario que se cumpliese todo lo que está escrito de mí en la ley de Moisés, en los profetas y en los salmos ... Así está escrito, y así fue necesario que el Cristo padeciese, y resucitase de los muertos al tercer día; y que se predicase en su nombre el arrepentimiento y el perdón de pecados en todas las naciones, comenzando desde Jerusalén. Y vosotros sois testigos de estas cosas. He aquí, yo enviaré la promesa de mi Padre sobre vosotros; pero quedaos vosotros en la ciudad de Jerusalén, hasta que seáis investidos de poder desde lo alto»* (Lucas 24:44-49).

La promesa del Padre se ha cumplido, y nosotros somos testigos de estas cosas. Dios le dijo a uno que lleva su imagen: «Llena la tierra»;

entonces, treinta y tres años atrás, Cristo nació en mí, y en otro tiempo en ti, y en otros de la misma manera, y todos nacieron, pero ahora llevando la imagen del Hijo. ¿Y sabes cuándo Cristo viene? Cuando nazca el último que llevará su imagen, pues se completará la familia y en un abrir y cerrar de ojos, ¡nos vamos!, porque ya no haremos nada aquí.

No obstante, debes entender esto, Dios le dijo a Adán: «Enseñoréate», pero a Cristo le dijo: «El primer Adán perdió la imagen, y por ende, perdió la autoridad, ahora, como tú eres el segundo Adán, y tienes mi imagen y has vivido en justicia de acuerdo a mi imagen, yo te doy ahora exclusivamente a ti la autoridad. La vas a tener solamente tú, y todos los que nazcan de nuevo en ti». Por tanto, ¿cuál es la iglesia que tiene autoridad? La que tiene la imagen de Cristo. Alguno dirá: «Bueno, todos los nacidos de nuevo llevan la imagen». Y yo le digo, sí, pero una cosa es tenerla y otra es vivirla. Hay quienes tienen el sello guardado, y la estampa no se ve porque la imagen está borrosa.

Llevar la imagen del Hijo es un principio del reino, pero muchos creen que la autoridad es una posición. Éstos dicen: «Yo soy apóstol; yo soy superintendente; yo soy profeta; yo soy obispo; a mí me nombraron; fui elegido por unanimidad» Asimismo, hay quienes reclaman la autoridad y dicen: «Tú me tienes que respetar, porque yo soy más que tú aquí; a mí hay que saludarme primero que a todo el mundo, y darme la primicia en todo, porque estoy en autoridad en este lugar. Incluso, me debo sentar en la mejor silla». Estos tienen posición, pero nadie se les somete. En cambio, cuando una persona tiene la imagen de Dios, por el respeto que esa persona le tiene al Señor, y porque vive según Dios, emana de él una autoridad tal que las personas se le someten sin pedirlo ni exigirlo. Así que la autoridad está basada en tener la imagen de Dios. En otras palabras, si represento a Dios y en mí se manifiesta su carácter y el producto de lo que es él, cuando la gente ve eso, dice como dijo la viuda al profeta: *«Ahora conozco que tú eres varón de Dios, y que la palabra de Jehová es verdad en tu boca»* (1 Reyes 17:24).

En esta verdad hay un mensaje para nosotros los ministros y para los discípulos que se forman en el ministerio. El que quiera tener autoridad en el reino de los cielos, no aspire ni busque tanto una posición, sino aspire a ser una representación de la imagen de Dios. En ese momento, no antes, cuando la gente vea que estás sometido a Dios, se te someterán y te respetarán voluntariamente. Puesto que la verdad ha hecho una obra en tu vida, la gente, por causa de lo que eres y representas en Dios, por respeto al Señor, te considerará una autoridad en sus vidas.

Por eso la Palabra fiel dice: «*Si alguno anhela obispado, buena obra desea. Pero es necesario que el obispo sea irreprensible, marido de una sola mujer, sobrio, prudente, decoroso, hospedador, apto para enseñar; no dado al vino, no pendenciero, no codicioso de ganancias deshonestas, sino amable, apacible, no avaro; que gobierne bien su casa, que tenga a sus hijos en sujeción con toda honestidad (pues el que no sabe gobernar su propia casa, ¿cómo cuidará de la iglesia de Dios?); no un neófito, no sea que envaneciéndose caiga en la condenación del diablo. También es necesario que tenga buen testimonio de los de afuera, para que no caiga en descrédito y en lazo del diablo*» (1 Timoteo 3:1-7). En otras palabras, que se vea la imagen, que se mire la representación, que se vea la manifestación de la verdad en ti, y por tanto me la puedes enseñar a mí. Pero si la verdad no ha funcionado en ti, no vengas a enseñármela a mí; si la medicina no te ha curado a ti, no me la recetes a mí. Cúrate tú primero, y yo, por lo que vea en ti, sabré si es efectiva o no.

Ahora podemos entender por qué Dios, cuando va a delegar algo en una persona, primero lo pasa por fuego, lo prueba, para luego aprobarlo. Los únicos que aprueban sin probar, aparentemente, son los cristianos. Las personas que ostentan algún título o licencia, es porque han aprobado los exámenes. Nadie ocupará una posición en una empresa si no pasó el entrenamiento y tiene las calificaciones. En cambio vemos en la iglesia que, en general, cuando se manifiesta algún don en alguien, inmediatamente lo consideran listo para estar frente a algún ministerio, ¡no, por favor! La unción y los dones son irrevocables, y están ahí porque al Señor le plació impartirlos a la iglesia. Por eso, podemos ver a un hombre muy ungido, pero carnal en grado superlativo. Por lo tanto, lo que determina la autoridad espiritual en un ministro no es su grado de unción, sino cuánto haya crecido en él la imagen de Dios.

Lo que determina la autoridad espiritual en un ministro no es su grado de unción, sino cuánto haya crecido en él la imagen de Dios.

Nota lo que dice el apóstol Pablo: «*Hermanos, ya sabéis que la familia de Estéfanas es las primicias de Acaya, y que ellos se han dedicado al servicio de los santos.* ***Os ruego que os sujetéis a personas como ellos, y a todos los que ayudan y trabajan***» (1 Corintios 16:15-16). Dios nos manda a someternos a los que viven la verdad, como la familia de Estéfanas. Miremos además lo que dice de los diáconos: «*Los diáconos asimismo deben ser honestos, sin doblez, no dados a mucho vino,*

no codiciosos de ganancias deshonestas; que guarden el misterio de la fe con limpia conciencia. Y éstos también sean sometidos a prueba primero, y entonces ejerzan el diaconado, si son irreprensibles. Las mujeres asimismo sean honestas, no calumniadoras, sino sobrias, fieles en todo. Los diáconos sean maridos de una sola mujer, y que gobiernen bien sus hijos y sus casas. ***Porque los que ejerzan bien el diaconado, ganan para sí un grado honroso, y mucha confianza en la fe que es en Cristo Jesús»*** (1 Timoteo 3:8-13). La honra, la confianza y la autoridad se ganan por la manera en que vivimos y servimos, no por la unción que Dios nos ha dado.

¿Acaso ignoramos que el diablo tiene poder también? ¿No ha sido con curaciones milagrosas, adivinaciones y agüeros que Satanás ha cautivado por siglos las almas? En efecto, muchas son las manifestaciones y las diversas señales que hace Satanás, pero nunca podrá dar lo que no tiene: el carácter de Dios. La sabiduría de Dios es poder que desciende de lo alto, más la sabiduría de este mundo, que es insensatez para con Dios, es una sabiduría terrenal, animal y diabólica (1 Corintios 3:19; Santiago 3:15). Mi alma alaba a Jehová por los dones del Espíritu Santo, pero las manifestaciones de la unción no son un requisito básico para ser ministros delante de Dios. La Biblia no dice nada de eso, por el contrario, lo que dice es que maduremos y andemos en la verdad, que nos santifiquemos en la verdad, que crezcamos en ella y que se vea la imagen de Dios en nosotros (2 Juan 1:4; 2 Tesalonicenses 2:13; Romanos 8:29).

¿Por qué Dios no le da autoridad para administrar ni poder para enseñorearse a una persona que no lleva su imagen? Sencillamente porque el Padre quiere que se cumpla su voluntad, y una persona que no piense como Dios no va a actuar como él quiere. Cuando Dios gobernaba en Israel lo hacía a través de los jueces, pero cuando el pueblo se cansó de ellos, también se cansó de Dios. Por lo cual, dijeron a Samuel: *«Constitúyenos ahora un rey que nos juzgue, como tienen todas las naciones»* (1 Samuel 8:5). Esto le ocasionó un gran dolor al profeta, y cuando oró, Jehová le dijo: *«Oye la voz del pueblo en todo lo que te digan; porque no te han desechado a ti, sino a mí me han desechado, para que no reine sobre ellos»* (v. 8). El pueblo de Israel no quería la teocracia, la forma de gobierno de Dios, sino la monarquía absolutista humana, que era la que reinaba en aquellos días.

De este modo, Dios, que escucha siempre las oraciones de su pueblo, aunque muchos consideran que no oye, se lo concedió. Recordemos la ocasión en que Israel le dijo a Jehová en el desierto: *«¡Ojalá muriéramos en la tierra de Egipto; o en este desierto ojalá muriéramos!»* (Números 14:2), él escuchó y a los que así murmuraron, les aconteció tal como pidieron.

Así que considera tus palabras antes de proferir alguna cuando estés en depresión o atravesando algún problema, no vayas y digas: «¡Ojalá muriera; quítame la vida ya, Señor!», no vaya a ser que Dios te escuche. Deja la inmundicia en tus labios, el vómito de las palabras fuera de la presencia de Dios, porque Jehová acampa en medio de su pueblo y escucha las oraciones (Deuteronomio 23:13-14; Éxodo 16:5; 2 Corintios 6:2).

Dios escuchó la oración del pueblo, y en efecto, le dio un rey que llevaba la imagen de las naciones (1 Samuel 9:2). Jehová le buscó un rey que era una réplica de aquellos que reinaban en las naciones: erguido, hermoso, robusto, guerrero y valiente. Saúl representaba la imagen de los reyes de aquel tiempo, conforme al deseo del pueblo. Por eso, cuando Dios le dijo a Saúl en una ocasión: *«Ve, pues, y hiere a Amalec, y destruye todo lo que tiene, y no te apiades de él; mata a hombres, mujeres, niños, y aun los de pecho, vacas, ovejas, camellos y asnos»* (1 Samuel 15:3), él no siguió la instrucción, pues el pueblo consideró bien perdonar a Agag, rey de Amalec, y todo lo mejor de aquel pueblo no lo destruyeron (v. 9). Saúl estuvo de acuerdo, porque él gobernaba para que Israel estuviera contento, no Dios.

Si estudiamos sus características como rey, veremos que Saúl todo lo hacía para estar bien con el pueblo. De este modo, Saúl reclutaba lo mejor para su ejército, sin importarle si era una persona justa delante de Dios, pues el solo tener habilidades y destrezas lo hacía parte del reino. Eso era tan fuerte en él que incluso, ya consciente de que había sido desechado por Jehová para ser rey sobre Israel, lo que más le importó fue ser honrado delante del pueblo, y se desesperó de tal manera que se asió al profeta de modo que le rasgó el manto (v. 27). Así, rogando insistentemente a Samuel que le honrara delante del pueblo, Saúl le decía: *«Yo he pecado; pero te ruego que me honres delante de los ancianos de mi pueblo y delante de Israel, y vuelvas conmigo para que adore a Jehová tu Dios»* (1 Samuel 15:30). Los reyes de las naciones amaban ser honrados por los príncipes; y hacían banquetes para que vieran el esplendor de su reinado, de esta manera era Saúl, pues llevaba de ellos su estampa y su imagen.

Al fallar el rey que tenía la imagen del pueblo, Dios se buscó un varón conforme a su corazón para que fuera príncipe sobre su pueblo (1 Samuel 13:14). En otras palabras, Dios les dice: «El rey de ustedes falló, ahora yo voy a buscar el mío; ustedes me pidieron uno que reinara de acuerdo a las naciones y fuera una réplica exacta de ellos. Ahora voy a buscar uno que reine según mi voluntad, uno que me consulte, que me busque, que medite en mis palabras, que su corazón esté inclinado a mí, uno que ande en pos de mi corazón, que toda su pasión y emoción sea que mi voluntad sea establecida y mi gloria vista en todas las naciones. Ahora elegiré uno con ese parecer».

Mas, ¿por qué Dios hace un pacto con David y le da la autoridad y le dice: *«Pídeme, y te daré por herencia las naciones, y como posesión tuya los confines de la tierra»*? (Salmo 2:8). Porque esto se lo dijo a Cristo a través de David, pues las palabras fueron dirigidas a su ungido. También le dio autoridad: *«Los quebrantarás con vara de hierro; como vasija de alfarero los desmenuzarás»* (v. 9). ¿Por qué? Porque este hombre podía llevar su autoridad, David lo podía representar sin riesgo. Abre los oídos, porque hay quienes representan a Dios, pero sin la imagen; hay quienes son representantes del Señor como Saúl, de acuerdo a las naciones, pues andan buscando los métodos para ser honrados delante del pueblo, la estrategia que los haga subir en popularidad, no importa que dejen el modelo bíblico y tengan que asumir estrategias de mercado como compañías y métodos humanos.

Hay quienes escriben libros, enseñan en los seminarios haciendo discípulos, y han perpetuado —como Saúl— una dinastía de hombres conforme a las naciones. Pero Dios tiene hombres como David, conforme a su corazón, que siguen en pos de él. Y a esos hombres Dios les dio su imagen, les acuñó su forma de pensar, por eso andan en pos del corazón de Dios, le quieren alabar, buscan la gloria, buscan el honor, buscan que sea visto Dios. Esos hombres le obedecen y hacen todas las cosas de acuerdo al Señor, como Dios manda; siguen instrucciones, se dejan llevar por la voluntad de él, le consultan. Ese es el reino. Por eso, **el énfasis del reino de los cielos es que para hacer la voluntad del rey, tenemos que ser como el rey**. Él nos dio un corazón nuevo, su naturaleza, su mente, su espíritu, para que sintamos y pensemos como él. ¿Qué es un hombre conforme al corazón de Dios? ¿Por qué se dice que David tenía el corazón de Dios? Veamos lo que dijo el mismo Dios acerca de él: *«Luego pidieron rey, y Dios les dio a Saúl hijo de Cis, varón de la tribu de Benjamín, por cuarenta años. Quitado éste, les levantó por rey a David, de quien dio también testimonio diciendo: He hallado a David hijo de Isaí, varón conforme a mi corazón,* ***quien hará todo lo que yo quiero****»* (Hechos 13:21-22). Nota lo que caracteriza a un hombre conforme al corazón de Dios: hace todo lo que Dios quiere.

El énfasis del reino de los cielos es que para hacer la voluntad del rey, tenemos que ser como el rey.

Te aclaro que cuando decimos que unos tienen el corazón de Dios y otros no, con eso no estamos diciendo que aquellos no son cristianos. Lo que estamos diciendo es que unos viven por el Espíritu y otros no. Aquellos quieren la carne, la gloria de esta vida, lo que está a la vista, lo que les agrada, lo que les gusta, lo que les exalta, lo que les halaga, lo que les es fácil, lo que tiene éxito visible, ¡pero los que tienen el corazón de Dios no! Los hombres conforme al corazón de Dios no entienden el éxito necesariamente como cantidades o logros palpables, sino como hacer las cosas de la forma que Dios las mandó a hacer. Ese es el éxito, lo que añade gloria a la alabanza del nombre de Dios.

Tengo que decirte que Noé no salvó a nadie en ciento veinte años. Los comentaristas bíblicos de ahora hubiesen dicho: «El pastor más fracasado de todos los tiempos fue Noé; en ciento veinte años no ganó ni siquiera al vecino ni a un amigo. Ni una sola alma salvó, fuera de su familia». Y eso, porque en esos días esta obedecía lo que el padre decidía, por cuestión de autoridad. Así que de acuerdo a los hombres, como predicador Noé fue un fracasado. Mas la Biblia dice que fue «un pregonero de justicia» y que condenó al mundo por su fe (2 Pedro 2:5; Hebreos 11:7). Por tanto, por causa de la fe y de la obra hermosa que hizo Noé para Dios, Jehová hizo un pacto perpetuo de que no iba a destruir al hombre y bendijo a la humanidad. La ofrenda hecha por Noé fue como olor grato para Jehová y dijo en su corazón: *«No volveré más a maldecir la tierra por causa del hombre ... Mientras la tierra permanezca, no cesarán la sementera y la siega, el frío y el calor, el verano y el invierno, y el día y la noche ... Ésta es la señal del pacto que yo establezco entre mí y vosotros y todo ser viviente que está con vosotros, por siglos perpetuos: Mi arco he puesto en las nubes, el cual será por señal del pacto entre mí y la tierra. Y sucederá que cuando haga venir nubes sobre la tierra, se dejará ver entonces mi arco en las nubes. Y me acordaré del pacto mío, que hay entre mí y vosotros y todo ser viviente de toda carne; y no habrá más diluvio de aguas para destruir toda carne. Estará el arco en las nubes, y lo veré, y me acordaré del pacto perpetuo entre Dios y todo ser viviente, con toda carne que hay sobre la tierra»* (Génesis 8:21,22; 9:12-16).

Miremos también a Juan el bautista de acuerdo al éxito visible. Este se quedó sin discípulos y se quedó sin cabeza, pero Cristo dijo de él a la gente: *«¿Qué salisteis a ver al desierto? ¿Una caña sacudida por el viento? ¿O qué salisteis a ver? ¿A un hombre cubierto de vestiduras delicadas? He aquí, los que llevan vestiduras delicadas, en las casas de los reyes están. Pero ¿qué salisteis a ver? ¿A un profeta? Sí, os digo, y más que profeta.*

Porque éste es de quien está escrito: He aquí, yo envío mi mensajero delante de tu faz, El cual preparará tu camino delante de ti. De cierto os digo: Entre los que nacen de mujer no se ha levantado otro mayor que Juan el Bautista» (Mateo 11:7-11). Juan fue más que un profeta, aunque no ganó a multitudes y pareciera que terminó su ministerio en ruina, en deshonra: Se quedó sin seguidores, encarcelado y fue decapitado. Mas, ¿por qué fue el más grande? No por ser el último profeta, sino porque fue quien preparó el camino para la venida del Rey de gloria.

La grandeza de un ministerio no se mide por las cantidades ni las estadísticas, sino por la aprobación que Dios le dé, de acuerdo a la obediencia y a la perfección con la cual se haya sometido al plan de Dios, buscando la gloria de que Dios sea el todo. La honra de un ministerio no se mide por los números, sino se evalúa a partir de cuánto aporta al testimonio de Jesús, a la gloria de Dios y al cumplimiento del santo propósito. Por eso, Dios no está interesado en cantidades, pues él tiene el cielo lleno de estrellas, él es Jehová de los ejércitos y su nombre es Admirable. A Dios lo que le importa es que le obedezcamos y usemos la autoridad que nos ha dado para proyectar su imagen, para representarlo dignamente. Hay quienes fueron llamados a salvar a miles y hasta millones de almas, pero en el plan de Dios, de acuerdo a Dios. No sacrifiquemos nunca la imagen que Dios nos ha dado por aumentar el número de seguidores (ese es el modo de pensar de muchas iglesias hoy, por eso están clonando a las personas y usan todos los métodos de mercadeo para multiplicar a los feligreses), pero si no tiene el sello no es de Dios. Se puede parecer a Dios, y no ser de él.

La honra de un ministerio no se mide por los números, sino se evalúa a partir de cuánto aporta al testimonio de Jesús, a la gloria de Dios y al cumplimiento del santo propósito

Dios le dio su imagen a la iglesia para que esta pudiera administrar su autoridad. El Señor estableció su gobierno en cada congregación y en cada ministerio. El presbiterio de la iglesia debe gobernar todo asunto de acuerdo a la voluntad y al propósito de Dios. La autoridad concedida a la iglesia es delegada. El Señor se propuso reinar y gobernar a través de ella. Él confió a la iglesia los asuntos de su reino en la tierra, no obstante, le envió al Espíritu Santo para que le sirviera de guía en el propósito de la administración de su voluntad.

En el libro de los Hechos de los apóstoles veo que la iglesia no hacía nada independientemente del Espíritu Santo. Él guiaba a la iglesia (Juan 16:7-15); daba mandamientos (Hechos 1:2); hacía entender y anunciaba lo que iba a acontecer (Hechos 11:28); daba órdenes (Hechos 13:2); y enviaba a los apóstoles a los diferentes lugares, de acuerdo al propósito (Hechos 13:4). Ellos, a su vez, no proponían nada, sino que secundaban lo que determinaba el Espíritu Santo (Hechos 15:38). El Espíritu Santo les prohibía ir a los lugares que no estaban en su propósito en ese momento (Hechos 16:6,7); y también les advertía de los peligros inminentes (Hechos 20:23).

La primera iglesia no tomaba las decisiones del reino de Dios basada en deliberaciones, comités, juntas, argumentaciones ni opiniones, sino que los apóstoles obedecían las instrucciones del Espíritu Santo. La iglesia no debe ser guiada por las buenas ideas, sino por la voluntad del Espíritu Santo. Si existe un factor al cual podemos atribuirle todos los errores y extravíos de la iglesia a través de los siglos, es el haber dejado la dirección del Espíritu Santo para seguir el método humano de la democracia representativa. Casi sin excepción, todas las decisiones de la iglesia se toman a través de deliberaciones, argumentaciones y debates. Las juntas eclesiásticas, donde se deciden los asuntos de la iglesia, no se diferencian en nada a los senados de las cámaras de representantes de los países democráticos, pues ese es el modelo que la iglesia ha adoptado. Es la razón por la cual en los comités de la iglesia tristemente prevalecen los «buenos argumentos», la política, el manipuleo, la retórica y demás.

Los métodos exitosos nos han cautivado, seducido y hasta embrujado. Pareciera que tener éxito y lograr cantidades fuera el fin de todo lo que hacemos para Dios. Sin embargo, nada que no proceda de forma absoluta de la voluntad de Dios y de su respaldo se puede considerar éxito en la obra del reino de los cielos. Nada que no sea el resultado de la instrucción y consejo del Espíritu Santo es aprobado por Dios en el gobierno, y la administración de la iglesia.

Nadie tiene derecho ni autoridad en la iglesia para tomar ninguna decisión, independientemente del Espíritu Santo. Los creyentes no fuimos llamados a decidir, sino a obedecer; no fuimos llamados a opinar, sino a acatar su voluntad; no fuimos llamados a crear instrucciones, sino a seguirlas. El Espíritu de verdad es el que guía a la iglesia a toda verdad, y ni siquiera lo hace por su propia cuenta, sino que habla todo lo que oye del Padre y del Hijo, pues de ellos procede (Juan 16:13; 15:26; 16:13-16). **El reino de Dios no está basado en opiniones, ideas**

Los creyentes no fuimos llamados a decidir, sino a obedecer; no fuimos llamados a opinar, sino a acatar su voluntad; no fuimos llamados a crear instrucciones, sino a seguirlas.

o métodos humanos, sino en la sabia e inefable voluntad del Padre.

El cielo considera como una deserción, traición y rebelión todo desacato a la voluntad de Dios. Aunque suene extremista, quiero decirte que toda decisión tomada en la iglesia que no sea por instrucción o revelación del Espíritu Santo constituye un atentado contra el señorío de Cristo. Ningún presbiterio tiene autoridad para actuar o decidir por sí mismo, sin la legislación del Señor. La autoridad se nos delegó para ejecutar su voluntad, no para legislarla. Lo que atemos en la tierra, ya debe estar atado en los cielos, y lo que desatemos en la tierra es porque el cielo ya lo desató primero. Jesús oró: *«Venga tu reino. Hágase tu voluntad, como en el cielo, así también en la tierra»* (Mateo 6:10). El reino de los cielos viene al gobierno de una iglesia cuando todo lo que se decide y se hace está conforme a lo que se aprueba y a lo que se hace en el cielo. Nadie debe orar para que venga el reino de Dios a su vida o a su ministerio si no desea con todo su corazón que la voluntad del reino venga también.

La iglesia debe ser el reino de Dios en la tierra. Si la iglesia viviera en la voluntad del reino de Dios, hoy fuera la consejera de las naciones. El Señor le dio a la iglesia su imagen y su naturaleza, para poder delegarle su autoridad y su propósito. Solo cuando la iglesia vive en absoluta sujeción a la voluntad de Dios, él puede ser el todo en el gobierno y la administración. Medita en esto por un momento, pues Jehová nos habla para que se viva su palabra, deséalo con todo tu corazón:

> «Señor, tu palabra es la verdad; esta es clara e ilumina nuestros sentidos para entender. ¿Qué podemos pedir al final de este mensaje, sino que la Palabra se reproduzca en nosotros? Danos ahora la sabiduría, la inteligencia, el dominio propio, la determinación, la valentía, la convicción, el amor, el temor reverente para vivir la Palabra. Dios mío, hay una forma de pensar humanista que nos ha invadido en la iglesia, y estamos pensando de acuerdo a la imagen de las naciones. Pero tú le diste una autoridad a la iglesia como se la diste a Adán, la misma autoridad del segundo Adán, Jesús, para que esta la use para proyectar la imagen, no para tomarla para sí misma,

para su propia gloria. Tu autoridad es una autoridad delegada, sabiendo que no es nuestra, sino que nos fue dada para administrar las cosas que nos diste. En el caso de Adán, este administró la naturaleza, la creación; en cambio, nosotros estamos administrando cosas eternas, además de las naturales. Somos tus mayordomos, no queremos emplear la autoridad sino para edificación; no queremos usarla para pretender, no Señor, la queremos usar para cumplir tu propósito, para gobernar, pero administrando bien, como siervos tuyos.

»Yo te ruego en el nombre de Jesucristo, que esta Palabra sea vivida entre nosotros antes de aplicársela a los demás, que empecemos nosotros como personas, como familias y como congregación. Que tu temor caiga sobre nosotros. Cuídanos de actuar en la carne; cuídanos de los impulsos, pues es mejor no representarte que representarte mal. Es mejor callarnos que hablar de ti con otra imagen que no sea la tuya. Señor, usamos mal la autoridad si no llevamos tu imagen. Haz que pensemos como tú piensas, que sintamos como tú sientes, que tengamos tu corazón, para entender y hacer tu obra.

»Te suplico que en todos aquellos de la iglesia tuya esparcida en las naciones que lean este libro, la Palabra sea usada con poder, con unción, con convicción del Espíritu. Que tu palabra pueda refutar todo argumento que se presente, toda resistencia que la quiera combatir para imponer el capricho o la autoridad del hombre, que por encima de eso prevalezca la autoridad de lo que está escrito en sus corazones, para que la iglesia no tenga más el reino de Saúl, sino el de David. El reino donde Dios es el todo, donde se le consulta, donde se le quiere agradar, donde se usa la autoridad para gloria de Dios, para el propósito y para la obediencia a su Palabra y a su deseo. Señor que esta palabra quede en la vida de tus santos, que no vuele ni se esfume como la niebla, sino que permanezca, y que de palabra se convierta en acción en la vida de tu pueblo. Gracias, Padre, en el nombre de Jesús. Amén».

Demos gracias a Dios porque nos ha dado su imagen para que lo representemos y lo manifestemos. Deseemos proyectar la imagen de Dios y vivir de tal manera que la gente no vea nuestra imagen, sino la de Dios, y enamorados de la de él, sean atraídos al Señor y no a nosotros. Administremos todas las cosas y la autoridad que Dios nos da en su temor y en su semejanza, a fin de que él gobierne a su iglesia y sea el todo en todos.

IV.6 Por amor a su nombre y por medio de su poder

«Por tanto, di a la casa de Israel: Así ha dicho Jehová el Señor: No lo hago por vosotros, oh casa de Israel, sino por causa de mi santo nombre, el cual profanasteis vosotros entre las naciones adonde habéis llegado» (Ezequiel 36:22).

Fuimos sacudidos cuando Dios nos enseñó que su salvación, aunque la realizó por amor a nosotros, antes de hacerla por nosotros la hizo por amor a sí mismo. Dios sabe que es la causa de todo, que es el principio del universo, y que la seguridad de este depende de que él se ame a sí mismo. En otras palabras, Dios sabe que no puedes vivir sin él y que si desaparece, indiscutiblemente tú vas a desaparecer. Como bien dijo el salmista: *«Les das, recogen; abres tu mano, se sacian de bien. Escondes tu rostro, se turban; les quitas el hálito, dejan de ser, y vuelven al polvo. Envías tu Espíritu, son creados, y renuevas la faz de la tierra»* (Salmo 104:28-30). Dios se tiene que amar primero a sí mismo para darte seguridad a ti, porque tu vida depende de él.

Es Dios quien asegura el universo y todo lo que existe. Amándose él, también está amando a toda su creación. Protegiendo su reino, conserva el bienestar y la preservación de sus criaturas. En todo el universo él es el principio de causa y efecto. Así que cuando la Biblia dice que Dios lo hizo por amor de su nombre, entiende bien lo que quiere decir. Por ejemplo, hablando de Israel, cuando Dios los sacó de Egipto, dice la Biblia que *«él los salvó por amor de su nombre, para hacer notorio su poder»* (Salmo 106:8). Esto es un pensamiento profundo. Pues Dios no tan solo salvó a Israel, porque lo amaba, sino que lo amó para afirmarlo perpetuamente (2 Crónicas 9:8); y amó también a nuestros padres, a los patriarcas (Abraham, Isaac y Jacob). Pero antes de amar a Israel, la Biblia dice que él los salvó por amor de su nombre. Es decir que lo que motivó a Dios para sacar a Israel con brazo poderoso no fue solamente cumplir lo prometido en su pacto, por fidelidad, sino porque él había puesto en ellos su nombre (2 Crónicas 33:7) y tenía que hacer notorio su poder. En otras palabras, Dios amaba su persona y tenía que glorificarse, por amor de su nombre. La salvación de Israel es un tipo de nuestra salvación, pues también a nosotros nos salvó para manifestar su poder.

En Efesios dice que Dios nos salvó *«para mostrar en los* ***siglos venideros*** *las abundantes riquezas de su gracia en su bondad para con nosotros en Cristo Jesús»* (Efesios 2:7). Por tanto, el hecho portentoso, la acción gloriosa de Dios de salvar, nos beneficia a nosotros, pero en última instancia, Dios lo hizo para hacer notorio su poder, por amor a su nombre; para manifestarse, para revelarse; para decir: «YO SOY EL QUE SOY, mírenme a mí» (Éxodo 3:14). Yo soy la causa de todo. Yo reino, yo gobierno, yo fui el que hice el universo y soy el que lo sostengo, porque *« yo mismo soy;* ***antes de mí*** *no fue formado dios, ni lo será después de mí»* (Isaías 43:10). Por lo cual podemos decir que al final, como consecuencia, te benefició a ti, pero tú no eres lo más importante, porque la causa primaria es él y el amor a su nombre.

Ruego a Dios que me ayude con estos pensamientos, pues hay algo que está en sustancia, en rema, en espíritu, que yo no lo puedo expresar con palabras. Mas si el Espíritu te lo revela, me evito el problema de hacer el intento que he tratado de hacer a través de todas estas páginas, sin haber podido expresarlo aún a un grado en que me sienta satisfecho por haberte comunicado lo que Dios nos quiere enseñar. De «la salvación» de su nombre depende la seguridad de todo el universo. «Salvándose» a sí mismo, él está salvándolo todo. Te aclaro que cuando hablo de salvarse a él mismo, me refiero a la vindicación de su nombre por causa de la campaña que Satanás ha emprendido contra él y su reino. Y cada vez que Dios hace algo por él, lo está haciendo por ti y por mí, aunque lo esté haciendo en el cielo, porque la Biblia dice que en Cristo, él ha reunido todas las cosas, así las que están en los cielos, como las que están en la tierra (Efesios 1:10). Eres bienaventurado si entiendes. Yo creo que entiendo, pero al final, al ser impactado por esta verdad tan profunda, concluyo que no sé nada y solo puedo decir como dijo mi hermano Pedro, ya convencido: *«Señor, tú lo sabes todo»* (Juan 21:17).

Dios quería hacer notorio su poder para que la gente viera que hay un solo Dios; que aunque en la tierra el hombre adore a un montón de dioses, solo hay un solo Dios verdadero y es él. *«De Jehová es la tierra y su plenitud; el mundo, y los que en él habitan»* (Salmo 24:1). Si él tuviese hambre no te lo diría a ti, ni a mí, porque de él es todo lo que existe (Salmo 50:12). Los demonios y los dioses falsos no tienen derecho a ser adorados, solamente el nombre de Jehová debe ser amado y respetado, porque él es el Dios vivo, el Altísimo. Si lo analizas, en última instancia, Israel simplemente fue un vaso, un instrumento para Dios darse a conocer en Egipto, en las naciones y en la historia. Israel le sirvió a Dios de alfombra, de puente, para pasar. Mas Dios es el único Soberano.

La Biblia dice que él endureció a Faraón, vez tras vez, para que no dejara ir a su pueblo, para poner las cosas difíciles e imposibles y poder manifestar más poder, más potencia y hacerlo todo más notorio. En el momento parecía una contradicción, y hasta el mismo Moisés no lo entendía (Éxodo 5:23), pero Dios lo hizo para que no hubiera dudas de que él «*de quien quiere, tiene misericordia, y al que quiere endurecer,* ***endurece***» (Romanos 9:18). Esto no era magia, sino el poder del Dios verdadero. Por eso los magos pudieron imitar la primera plaga, la segunda y llegaron a duras penas a la tercera (Éxodo 7:22; 8:7,18), pero no pudieron seguir, sino le dijeron a Faraón: «Esto no es magia, porque si aquí en Egipto, que somos los expertos en hechicería, no podemos imitar eso, quiere decir que: *"Dedo de Dios es éste"* (Éxodo 8:19). Esto no es otra cosa que el poder del gran Dios». Y el nombre del gran Yo soy fue glorificado (Éxodo 3:14).

Israel fue el instrumento nada más, por eso permitió que vivieran más de cuatrocientos años de esclavitud; los afligió para que cuando los libertara se lo debieran todo a él y apreciaran esa salvación. Ellos sufrieron el látigo opresor, y Dios les hizo bien cruel la esclavitud, para que apreciaran la redención y se enamoraran y confiaran únicamente en él. ¿Se benefició Israel de todo eso? Sí y mucho, porque cuando Dios se ama a sí mismo y hace algo por su propósito nos beneficiamos todos. ¿O no entiendes que nosotros ya no vivimos, sino que estamos incluidos en él? Si él hace algo para él, nos está favoreciendo a nosotros, porque nosotros ya no existimos, estamos y somos en él. ¿O no dijo Cristo: «*Para que todos sean uno; como tú, oh Padre, en mí, y* ***yo en ti****, que también ellos sean uno en nosotros*»?(Juan 17:21). Estamos metidos en el sándwich divino. Estamos entre el Padre y Jesús. Somos uno en ellos y con ellos. Somos participantes de la naturaleza divina. El Señor dijo: «*Y si me fuere y os preparare lugar, vendré otra vez, y* ***os tomaré a mí mismo****, para que donde yo estoy, vosotros también estéis*» (Juan 14:3). También dijo: «*Todo aquel que* ***hace*** *la voluntad de Dios, ése es mi hermano, y mi hermana, y mi madre ... De cierto os digo que en cuanto lo hicisteis a uno de estos mis hermanos más* ***pequeños****, a mí lo hicisteis*» (Marcos 3:35; Mateo 25:40). ¿No nos ha enseñado así el Señor?

Cuando Cristo se manifieste también nosotros seremos manifestados en él; y cuando venga en el cielo, vendremos con él, porque estamos escondidos y somos en él, y Cristo está en nosotros. Por eso, cuando Jesús se le reveló a Pablo le dijo: «*Saulo, Saulo,* ***¿por qué me persigues?***»

(Hechos 9:4), sin embargo, la Biblia dice que Saulo estaba persiguiendo a la iglesia (Hechos 8:1,3; 9:1) y por su mano posiblemente murieron algunos hermanos. Mas, ¿qué nos quiso enseñar el Señor con eso? Que Saulo, al perseguir a la iglesia, a quien estaba persiguiendo era a Jesús. Todo lo que Dios hace a favor de él mismo lo está haciendo a la vez a favor de nosotros, pero tiene que pensar en él, porque es la causa primaria y la esencia de todo. Sin él no existe nada.

David le oró a Dios: *«Por amor de tu nombre, oh Jehová, Perdonarás también mi pecado, que es grande»* (Salmo 25:11). Y en Isaías Jehová dice: *«Yo, yo soy el que borro tus rebeliones por amor de mí mismo, y no me acordaré de tus pecados»* (Isaías 43:25). Comparando la nota tónica entre estos dos versículos, vemos que David dice que Dios le perdonará su pecado, que es grande, por amor de su nombre. Y el mismo Dios jura no acordarse, no tan solo de ese pecado grande, sino de todos sus pecados, y en adición a eso, también borra sus rebeliones. Mas todo eso lo hace Dios por amor a sí mismo. Entonces, aprendo por la Palabra que cuando Dios me perdona no lo hace tanto por amor a mí, aunque el bálsamo restaurador de su perdón vuelva a dar vida a mis huesos, sino por amor a su nombre y por causa de su propósito. Y todos los redimidos decimos: Amén. ¡Aleluya!

Muchas veces lloras por tus pecados, agonizas en tu aflicción, te golpeas y lavas tus inmundicias en la sangre de Jesús, y después de haber afligido tu alma, con arrepentimiento en tu corazón, sientes la paz de ese perdón, ese alivio que Dios da cuando perdona. Entonces, sintiendo esa gran paz, le dices: «¡Gracias Padre!». Y el Señor responde: «¿Te sientes bien? Bueno, pues yo me gozo junto contigo, pero quiero que sepas que no lo hice tanto por ti, lo hice por mí, por amor a mí mismo». Luego le dirás como debemos decirle todos: «Señor, ¡sigue amándote mucho!, pues amándote así me haces mucho bien a mí». Por tanto, cuando Dios te perdona, lo hace por amor a sí mismo, porque perdonándote a ti, restaura y hace notorio su poder, su misericordia y su gracia para con todos.

No vayas a interpretar que esto es egocentrismo de parte de Dios, en ninguna manera, es todo lo contrario, es amor a la divina potencia. Trata de comprender en el Espíritu: Dios es el todo del cual tú eres una parte, por tanto, cuando el todo se ama a sí mismo, simultáneamente está amando a cada una de las partes que constituyen el todo. El pecado, aunque nos afectó a nosotros como «parte del todo», afectó sobre todo al «todo». Por ejemplo, el pecado destruyó la imagen de Dios en el hombre y dañó la relación entre el Creador y sus criaturas. Además se perdió el «dominio voluntario» del gobierno de Dios en la vida del hombre.

Ya sabes que el pecado hizo daño a ambos, tanto al Creador como al hombre. Ahora, pregúntate a ti mismo: ¿A cuál de los dos afectó más? David, en la oración que hizo al Señor pidiendo perdón por su pecado, dijo: *«Contra ti, contra ti solo he pecado, y he hecho lo malo delante de tus ojos; para que seas reconocido justo en tu palabra, y tenido por puro en tu juicio»* (Salmo 51:4). David tomó a una mujer que no era suya y mató a un hombre inocente, sin embargo, ¿por qué le dice a Dios: «contra ti solo he pecado»? ¿No hizo daño también a dos personas más? ¿No destruyó un hogar? Si analizamos el pecado de David, veremos que no fue directamente contra Dios, pero en último análisis, todo pecado es solo contra Dios, aunque nos haya dañado directamente a nosotros. ¿Por qué? Porque solo Dios es santo, porque solo a él hiere el pecado. El pecado es un atentado contra todo lo que Dios es y contra todo lo que es su propósito. Únicamente la naturaleza santa de Dios sufre lo que es en sí la naturaleza del pecado.

Aplica esto a la redención del hombre y entenderás por qué haciéndolo por amor a sí mismo, lo estaba haciendo, en última instancia, a tu favor. Dios solo podía reinar en la vida del hombre y tener relación con él quitando el pecado. No olvides que quitar el pecado era solo el medio, el fin era reconciliarte con él, para tener relación contigo y gobernar sobre tu vida. **La salvación no es quitar el pecado, sino que Dios reine**. Solo cuando Dios gobierna existe todo lo que se puede llamar salvación. Nunca jamás habrá salvación si Jehová no está reinando. Quitar el pecado era solo preparar el camino al Señor, el objetivo mayor era manifestar su gloria, a través de todo lo que implica su reino.

Míralo de esta otra manera: Un rey de un imperio perdió un territorio (estado o provincia) de su reino por una insurrección. Él interviene para salvar primero su dominio, reestablecer su autoridad, su gobierno, y después que lo logra, venciendo al traidor, al que se rebeló, entonces, como resultado, salva a los habitantes de ese estado o provincia del yugo del usurpador. Después que lo logra puede restaurar su relación con ellos y beneficiarlos a través de su gobierno. ¿Podía este rey salvar a los súbditos de ese territorio usurpado si antes no vencía al fuerte que los había vencido a ellos? ¿Hizo esto el rey por amor a sus súbditos? En el caso de Dios, la respuesta es sí, pero primero lo hizo por amor a sí mismo, a su reino y a su propósito, pues salvando su dominio sobre ese territorio y su gente, estaba a la vez salvando a sus súbditos.

No olvidemos que nosotros somos parte de él mismo, de su reino y de su propósito. Salvando lo que es él, para nosotros y en nosotros,

Dios estaba salvándonos a todos. Amándose a sí mismo, nos estaba amando a nosotros. Él, que era y es el **todo**, se movilizó en el amado Hijo para rescatar la «parte que se perdió del todo» (o sea nosotros) para reintegrarla al **todo**, o sea a él. La salvación para nosotros significa, por tanto, volver a ser parte del **todo**. Únicamente cuando Dios es el todo en todo en las vidas de los creyentes se logra verdaderamente el propósito de la salvación.

Así que amándose él, me ama a mí; parece algo extraño, pero así es. Por eso tú como yo, debes estar convencido de que Dios te perdona y quiere perdonarte. Ya todos aquellos pensamientos de rechazo y dudas acerca de su perdón han quedado a un lado, porque por amor a su nombre él perdonará los pecados aunque sean inmensamente grandes. Escrito está que él *«sepultará nuestras iniquidades, y echará en lo profundo del mar todos nuestros pecados»* (Miqueas 7:19). Por lo cual, tenemos que correr y subirnos a las azoteas y publicar por todos lados que en Dios hay perdón para nuestros pecados.

Únicamente cuando Dios es el todo en todo en las vidas de los creyentes se logra verdaderamente el propósito de la salvación.

Cuando Dios te perdona, eso mismo te impele a salir por doquier. Como hizo la samaritana que, dejándolo todo, comenzó a llamar a los hombres (Juan 4:28), tú también les dirás a todos: «¡Vengan y vean cuán bueno es Dios! En su presencia hay plenitud de gozo y delicias a su diestra para siempre. Ha borrado mis rebeliones y no se acordará ya más de mi pecado. Y si Dios me perdonó a mí, que era peor que tú, también te perdonará a ti. Ven a él, corre a él. ¡Búscale que está cercano!». Y si la persona lo cree, por el Espíritu Santo, el Señor la salvará también. Luego, esta sale también haciéndole propaganda a Dios, porque ha probado su perdón y ve a millares que lo necesitan. Entonces, cuando el diablo viene con mentiras, buscando tu vida y respirando crueldad, le dirás: «No, Satanás, Jehová te reprenda, porque han sido perdonadas todas mis iniquidades y mis pecados han sido cubiertos con la sangre del Cordero, por amor a su nombre. Así que ¡quítate, me eres tropiezo!». Y el reino de Dios se establecerá una vez más, y así sucesivamente seguirá hasta ser el todo en todos.

Cuando se llega a la convicción plena de que hay ciertamente perdón en Dios, no valdrá la pena ni siquiera preocuparse por sí mismo, ni afligirse tanto, ni cuidarse, pues el Señor está en control. En cambio, si prefieres sumirte en tus penas, no con humildad, sino con autoconmiseración y repitiendo: «Yo soy un miserable; que desdichado soy; no merezco el perdón, no merezco nada», nunca experimentarás el bálsamo consolador de su amor, pues estás muy concentrado en ti mismo. ¡Olvídate de ti y piensa en Dios!, verás como desaparece la aflicción y Dios viene con poder, por amor de su nombre, y te libera. La solución tuya es olvidarte de ti y pensar en Dios, hacerte uno con él. Que no aparezcas tú, sino él, pues apareciendo Dios, serás salvo.

Si no puedes dormir por la perturbación de los problemas que tienes, es posible que tu insomnio no sea debido a los asuntos que tienes pendientes, sino por pensar tanto en ti. Si pensaras en Dios de forma que no puedas dormir, te puedo asegurar, sin temor a equivocarme, que al otro día vas a tener fuerzas para hacer todas tus cosas y enfrentar todo lo que venga. ¿Acaso no te has percatado de que cuando te acuestas tarde viendo televisión o haciendo otras cosas, y tienes que levantarte al otro día muy temprano, amaneces muy cansado? Ahora yo te reto a que hagas una vigilia, y verás que al otro día vas a tener fuerzas y energía todo el día. Desvelarse con Dios es un refrigerio para aquellos que son espirituales. Moisés permaneció cuarenta días y cuarenta noches en el monte sin comer ni beber (Éxodo 24:18), cosa que es muy difícil humanamente, pero se logra en la presencia, porque cuando Dios te absorbe y te traga como una aspiradora, no apareces más, sino él, entonces eres fortalecido en él.

Tu problema eres tú mismo. Es estar pensando tanto en ti, en tus achaques, en tus dolores y en tus cosas. ¡Olvídate de ti y piensa en Dios y tu problema estará resuelto! Ahora, no es que te desentiendas de la vida y no enfrentes con responsabilidad tu función en el hogar y en la sociedad. No, por favor, hay una forma mejor de pensar en Dios sin romper el orden establecido en la sociedad. El cristiano tiene que ser responsable en todo, pues una vez que Dios te absorbe de manera tal que no aparezcas más y Dios sea el todo en tu vida, todo estará en perfecto orden. Y no estoy hablando de que no tendrás problemas, sino de que te elevarás por encima de ellos, porque esta es una ley espiritual muy elevada, donde podrás alabar a Dios en el dolor, y eso es lo que muchos no entienden.

Dios es la causa de todo, por él vivimos y nos movemos y somos (Hechos 17:28) La Biblia dice: *«El que habita al abrigo del Altísimo morará bajo la sombra del Omnipotente ... Con sus plumas te cubrirá, y debajo de sus alas estarás seguro»* (Salmo 91:1,4). Cuando Dios te arropa y te refugias en él, te apoyas en él, pones tu todo en él y dejas de ser tú para que él sea en ti; allí estarás seguro. Por eso Pablo dijo: *«He aprendido a* ***contentarme****, cualquiera que sea mi situación. Sé vivir humildemente, y sé tener abundancia; en todo y por todo estoy enseñado, así para estar saciado como para tener hambre, así para tener abundancia como para padecer necesidad»* (Filipenses 4:11-12). Y luego añade: *«****Todo lo puedo*** *en Cristo que me fortalece»* (v. 13). Ese pensamiento es parecido a este: ***«Ya no vivo YO, mas vive CRISTO en MÍ****; y lo que ahora vivo en la carne, lo vivo en la fe del Hijo de Dios, el cual me amó y se entregó a sí mismo por mí»* (Gálatas 2:20). Él me amó y se entregó por mí, por lo que ahora yo me entrego a él, tomo mi cruz y le sigo. En la cruz del Calvario él me clavó, y cuando resucitó, resucité con él. Así que yo morí en la cruz y ahora estoy vivo en su resurrección. Él ocupó mi lugar, ahora yo ocupo el de él; él tomó mi vida para que yo viva la de él.

En el Antiguo Testamento encontramos que cuando los asirios gobernaban al mundo, habían subyugado a todos los pueblos y Senaquerib desafió al pueblo de Judá y les dijo que poseería a Jerusalén. Entonces rodeó la ciudad santa, pero Dios dijo que él no entraría en ese lugar, y fue el único sitio donde no pudo entrar el rey de Asiria en toda Palestina. Dios había dicho: *«Porque yo ampararé a esta ciudad para salvarla, por amor de mí mismo, y por amor de David mi siervo»* (Isaías 37:35). ¡Y mira que Dios amaba a David! Por cierto, la Palabra «David» significa «amado». El rey David fue un hombre muy amado de Dios, con el cual hizo un pacto, lo que la Biblia llama *«las misericordias fieles de David»* (Hechos 13:34). Y en ese momento en que Asiría ya había destruido al reino del norte (o sea, las diez tribus) y ahora tenía rodeada a Jerusalén para conquistarla, Dios dice: *«Yo ampararé esta ciudad para salvarla»* (2 Reyes 19:34). Dios lo hizo por amor a David, por el pacto que hizo con él, pero, antes de hacerlo por amor a David, él lo hizo por amor a sí mismo. Todo lo que Dios hace cuando ama a una persona, aunque la beneficie, lo hace principalmente por amor a él mismo, para hacer notorio su poder, su gracia, su perdón, su sanidad, su liberación y su nombre. Ahora, fíjate en lo que el Señor le dice a Israel (las diez tribus del Norte), cuando le promete restaurarlo, traerlo de las naciones y hacerlo partícipe de un nuevo pacto:

> *«Hijo de hombre, mientras la casa de Israel moraba en su tierra, la contaminó con sus caminos y con sus obras; como inmundicia de menstruosa fue su camino delante de mí. Y derramé mi ira*

sobre ellos por la sangre que derramaron sobre la tierra; porque con sus ídolos la contaminaron. Les esparcí por las naciones, y fueron dispersados por las tierras; conforme a sus caminos y conforme a sus obras les juzgué. Y cuando llegaron a las naciones adonde fueron, profanaron mi santo nombre, diciéndose de ellos: Éstos son pueblo de Jehová, y de la tierra de él han salido. ***Pero he tenido dolor al ver mi santo nombre profanado por la casa de Israel entre las naciones adonde fueron. Por tanto, di a la casa de Israel: Así ha dicho Jehová el Señor: No lo hago por vosotros, oh casa de Israel, sino por causa de mi santo nombre, el cual profanasteis vosotros entre las naciones adonde habéis llegado. Y santificaré mi grande nombre, profanado entre las naciones, el cual profanasteis vosotros en medio de ellas; y sabrán las naciones que yo soy Jehová, dice Jehová el Señor,*** *cuando sea santificado en vosotros delante de sus ojos. Y yo os tomaré de las naciones, y os recogeré de todas las tierras, y os traeré a vuestro país. Esparciré sobre vosotros agua limpia, y seréis limpiados de todas vuestras inmundicias; y de todos vuestros ídolos os limpiaré. Os daré corazón nuevo, y pondré espíritu nuevo dentro de vosotros; y quitaré de vuestra carne el corazón de piedra, y os daré un corazón de carne. Y pondré dentro de vosotros mi Espíritu, y haré que andéis en mis estatutos, y guardéis mis preceptos, y los pongáis por obra. Habitaréis en la tierra que di a vuestros padres, y vosotros me seréis por pueblo, y yo seré a vosotros por Dios. Y os guardaré de todas vuestras inmundicias; y llamaré al trigo, y lo multiplicaré, y no os daré hambre. Multiplicaré asimismo el fruto de los árboles, y el fruto de los campos, para que nunca más recibáis oprobio de hambre entre las naciones. Y os acordaréis de vuestros malos caminos, y de vuestras obras que no fueron buenas; y os avergonzaréis de vosotros mismos por vuestras iniquidades y por vuestras abominaciones.* ***No lo hago por vosotros, dice Jehová el Señor, sabedlo bien****; avergonzaos y cubríos de confusión por vuestras iniquidades, casa de Israel»* (Ezequiel 36:17-28).

En el verso 22 Dios le dice: *«Por tanto, di a la casa de Israel: Así ha dicho Jehová el Señor: No lo hago por vosotros, oh casa de Israel, sino* ***por causa de mi santo nombre****, el cual profanasteis vosotros entre las naciones adonde habéis llegado»*. En el versículo 32, vuelve y recalca: *«No lo hago por vosotros, dice Jehová el Señor, sabedlo bien»*. Por el mal proceder de Israel, el nombre de Dios fue blasfemado entre las naciones. Es necesario que entendamos que nosotros como pueblo de Dios llevamos su nombre. La gente nos relaciona con el nombre de Dios y cuando nuestra conducta no lo representa, su nombre es profanado y blasfemado. Entonces Dios, como en el caso de Israel, sale en defensa de su nombre y actúa para vindicar su prestigio.

Dios ama a Israel, pero ama más su nombre. Él dijo: *«He tenido dolor al ver mi santo nombre profanado por la casa de Israel entre las naciones adonde fueron»* (Ezequiel 36:21). Aunque el Señor sentía tristeza por la condición perdida de su pueblo, su mayor dolor era por causa de su nombre profanado entre las naciones. Restaurando a Israel, vindicaba su nombre, y vindicando su nombre, restauraba a Israel. Cuando Dios ama su nombre nos está amando a nosotros simultáneamente, porque él nos dio su nombre (Efesios 3:14,15). Su nombre y su pueblo son como el fondo y la forma que no se pueden separar.

En los capítulos que siguen continuaremos examinando las Escrituras para encontrar esta gran verdad que es el centro de todas las verdades bíblicas. Veremos cómo los grandes intercesores de la Biblia descubrieron esto y de qué manera se dirigían a él cuando querían conquistar el corazón de Dios. Por ejemplo, cuando Daniel estuvo orando a Dios para que fuera restaurada Jerusalén, después de los setenta años, reconoció el pecado de ellos y de sus padres, diciendo que no merecían perdón, mas dijo: *«Inclina, oh Dios mío, tu oído, y oye; abre tus ojos, y mira nuestras desolaciones, y la ciudad sobre la cual es invocado* ***tu nombre****; porque no elevamos nuestros ruegos ante ti confiados en nuestras justicias, sino en tus muchas misericordias. Oye, Señor; oh Señor, perdona; presta oído, Señor, y hazlo; no tardes,* ***por amor de ti mismo****, Dios mío; porque tu nombre es invocado sobre tu ciudad y sobre tu pueblo»* (Daniel 9:18-19) Y cuenta Daniel que aún estaba él hablando, orando y confesando su pecado, así como el del pueblo de Israel, en súplica, cuando el Señor envió a Gabriel (vv. 20-21).

Ahora, es bueno que sepas que estas no son palabras mágicas, como «ábrete sésamo», pues Dios sabe si lo estás diciendo o pidiendo para que su nombre sea glorificado. No digas como aquellos exorcistas ambulantes sobre los que reseña el libro de los Hechos, los cuales dijeron: «Ah, pero mira eso. Solo hay que decir en el nombre de Jesús y los demonios salen inmediatamente. ¡Vamos a hacerlo!». Sin embargo, cuando encontraron a un hombre endemoniado y le dijeron: *«Os conjuro por Jesús, el que predica Pablo»* (Hechos 19:13), el demonio les respondió: *«A Jesús conozco, y sé quién es Pablo; pero vosotros, ¿quiénes sois?»* (v. 15), y dice que les saltó encima y dominándolos les pegó de manera tal que se fueron heridos y desnudos (v. 16). ¿Por qué les pasó esto? Porque decir «en el nombre de Jesús» no es una clave. Cualquiera puede decir «en el nombre de Jesús» y no pasar nada, pero hay un día donde el Espíritu Santo da fe para pronunciar ese nombre, da unción para proclamar ese nombre, y nos alinea con la voluntad de Dios de tal manera que el muerto vuelve a la vida, la enfermedad se cura, los demonios salen y lo torcido se endereza.

Puedo testificar del poder que hay en el nombre de Jesús, pues cuántas veces he estado convencido, diciéndole a un enfermo: «Sé sano, en el nombre de Jesús» y quiero hacer una fuerza en mi espíritu, pero no pasa nada. Sin embargo, otros días casi prefiero decirle al hermano: «¿Por qué no vienes mañana y oramos? Hoy ya estoy exhausto», pero como el enfermo insiste tengo que someter mi carne, y cuando le pongo la mano, al instante se sana. Entonces veo que no es la fuerza mía ni mi empeño porque se cure, sino que hay momentos que la virtud sale cuando se pronuncia el nombre de Jesús. Toma en cuenta que eso no es una clave, sino que esa unción brota del espíritu, por la fe que el Espíritu Santo te da para pronunciarlo, y el enfermo sana, siendo Dios el todo en todo.

Comprendido eso verás como todas nuestras oraciones van a cambiar, y se examinarán los anhelitos personales. Dios se va a glorificar, pero por amor a su nombre, y no porque tú lo quieras o por cuánto lo necesites. Puede que alguno diga: «Pero Jesús dijo: *"Todo lo que **pidiereis** al Padre en mi nombre, lo haré"*» (Juan 14:13). Y le respondo que él lo hará, no hay ninguna contradicción con esto, pues nota en la segunda parte del versículo que inclusive Cristo dice que lo hará. Pero ahora yo pregunto: ¿para qué? *«Para que el **Padre sea glorificado** en el Hijo»*. Es decir, que hasta Jesús, cumpliendo lo que nos prometió, busca que Dios sea glorificado, que Dios sea el todo en todo, pues *«si Dios es glorificado en él, Dios también le glorificará en sí mismo, y en seguida le glorificará»* (Juan 13:32). Ese es el principio que rige el universo y es el bienestar de todas las criaturas, que Dios sea glorificado, ***y sea el todo en todos.***

En Romanos 11:36 dice: *«Porque de él, y por él, y para él, son todas las cosas. A él sea la gloria por los siglos. Amén»*. ¿De quién son todas las cosas? De él. Es decir que cuando no habías nacido, todas las cosas eran de Jesús, y cuando mueras todas las cosas continuarán siendo de él. La lucha del Padre no es para que todas las cosas sean del Hijo, porque todas las cosas han sido de él y son de él desde antes de la fundación del mundo. Osará alguien decir: «¿Para qué, entonces, tantos sermones y capítulos en este libro para convencernos de lo que nos ha dicho desde el principio, que Dios tiene que ser el todo, si todas las cosas siempre han sido de él?» Por la sencillísima razón de que Dios te quiere hacer parte de su todo, porque si tuvieras la prerrogativa para decir como elegido de Dios: «Yo no le voy a dar el todo a Dios, me rehúso a hacerlo. Decido vivir mi vida y hacer lo que me plazca», tal como decías y vivías antes, ¿crees que por eso dejará Dios de ser el todo? No. Mas si eso sucediera, perderías la oportunidad, la gracia de ser parte del todo, pero Dios continuaría siendo el todo aun sin ti. Él antes fue el todo, ahora es el todo y después será el todo.

La razón por la cual el Espíritu insiste en que aquí en la tierra Dios debe ser el todo es porque el diablo te dañó a ti y a mí. El Señor envió a Cristo para someter todas las cosas y libertarte del yugo del diablo, para traerte otra vez al todo por amor. No obstante, si decidieras que Dios no fuera el todo en tu vida, todavía Dios será el todo en todo, inclusive sin ti. Así que date en el pecho y bendice a Dios porque haya querido que tú seas parte, porque te haya redimido a través de Cristo y haya restaurado tu vida. Da gracias porque él te llamó y te ha hecho nacer en el reino, para ser él el todo en tu vida.

Nota las tres expresiones en Romanos 11:36: *«Porque de él, y por él, y para él, son todas las cosas»*, y la pregunta que Dios te hace es: ¿Estás permitiendo que el Señor sea en tu vida el todo en todas la cosas? ¿Es Dios el todo en tus facultades, en tu cuerpo, en tu alma y en tu espíritu? ¿Es él el todo en tu intelecto, en tu voluntad, en tu afecto, en todos tus planes, en tu tiempo, en tu herencia, en tus dones, en todo lo que eres como ser? ¿Le quieres decir al Señor: «Quiero que tu propósito se cumpla enteramente en mi vida, que todas las cosas que hay en mí, en mi casa, en mi relación matrimonial, que todo lo que me pertenece sea tuyo, por ti y para ti»? Así son las cosas de fe, pues si así lo hiciste, esa sencilla confesión que brotó de tu corazón puede ser la solución para ti hoy. Dios es sencillo, simple; él no se complica ni te complica las cosas. Él es el solo sabio Dios y su sabiduría no hay quien la alcance, pero hace las cosas comprensibles para que tú las entiendas. Puede que lo que Dios no haya logrado en ti a través de todos los capítulos anteriores, lo logre en este momento, con esa expresión de fe, dándole un giro total a tu vida ahora mismo por esa oración.

Dios quiso que Cristo fuera el todo para que en todo él tenga la preeminencia. Por ejemplo, Efesios 1:10 dice que Dios reunió todas las cosas en Cristo; Efesios 1:22 dice que Dios sometió todas las cosas a él; y en el verso 23 dice que para que Cristo fuera la plenitud y lo llenara todo en todo. Por tanto, Cristo es el instrumento de Dios para reunir todas las cosas; Cristo es el medio de Dios para poner todas las cosas en orden, Cristo es el instrumento de Dios para conquistar todas las cosas que el diablo desajustó. Dios sujetó todas las cosas al Hijo, y al final, cuando el Hijo someta todas las cosas, entonces él mismo se va a someter al Padre, para que Dios sea el todo y en todos. Veamos este pensamiento de Dios, en el siguiente texto bíblico:

> *«Porque no sujetó a los ángeles el mundo venidero, acerca del cual estamos hablando; pero alguien testificó en cierto lugar, diciendo: ¿Qué es el hombre, para que te acuerdes de él, o el hijo del hombre, para que le visites? Le hiciste un poco menor que los ángeles, le coronaste de gloria y de honra, y le pusiste sobre las obras de tus manos; todo lo sujetaste bajo sus pies. Porque en cuanto le sujetó todas las cosas, nada dejó que no sea sujeto a él»* (Hebreos 2:5-8).

Es decir, Dios no entregó a los ángeles la sujeción del mundo venidero. En el versículo 7 está hablando del hombre, pero se puede aplicar a Cristo, como Hijo del hombre y sustituto nuestro (Mateo 16:27). Dios sometió todas las cosas debajo de los pies de Jesús y no entregó a los ángeles el mundo venidero, sino que se lo entregó al Hijo. Y esta es otra forma de decir lo mismo, que Dios sometió todas las cosas y no hay nada, que el Padre no haya sometido al Hijo. Ahora, la segunda parte del verso 8 dice: *«Pero todavía no vemos que todas las cosas le sean sujetas»* (se refiere al hombre, pero se puede aplicar a Jesús como representante y restaurador del hombre). No obstante, el hecho de que no lo veamos reinar no significa que no está ocurriendo, ¿o no dice la Biblia que Dios llama las cosas que no son como si fueran? (Romanos 4:17). Aunque no lo vemos, Dios lo hizo; y si Dios lo hizo es verdad, fue hecho ya. Lo sabemos porque el Espíritu Santo lo está obrando en el proceso de la santificación, y la iglesia lo está haciendo a través del ministerio de la predicación, cuando lleva el reino de Dios a las almas.

Lo más importante no es lo que se ve, sino lo que ya el Padre decretó antes de los tiempos de los siglos.

Cuando el Espíritu Santo vence al diablo en cualquier problema de liberación, en cualquier manifestación demoníaca, lo está logrando a nuestros ojos. Sin embargo, lo más importante no es lo que se ve, sino lo que ya el Padre decretó antes de los tiempos de los siglos. Cuando Dios decreta algo, ya es, aunque no haya acontecido, porque todo lo que él ha llamado a la existencia en su Santo Consejo se cumplirá, pues no hay nada ni nadie que se oponga, impida u obstruya su voluntad agradable y perfecta.

¿Sabes de qué manera podemos nosotros disfrutar de esa verdad? Creyéndola, pues aunque las cosas no se vean a nuestros ojos, ya son, porque ya Dios decidió que así fueran. ¿No dice la Biblia que nosotros fuimos salvos desde **antes** de la fundación del mundo? ¿No hace veinte siglos que Cristo murió? ¿Por qué dice la Biblia que somos salvos antes de la fundación del mundo? ¿No habla la Biblia de que Dios se propuso hacer esas cosas en Cristo? Antes que ocurrieran ya él se las propuso, y las hizo. Eso lo podemos testificar con nuestras propias vidas, por nuestro nuevo nacimiento. Mas a pesar de que todavía no vemos que todas las cosas le sean sujetas, ya lo están, porque con seguridad lo serán, y si eso tarde o temprano ocurrirá, tenemos que darlo como un hecho.

Ya todo ha sido consumado, pues escrito está: *«Consumado es»* (Juan 19:30). Puede que digas: «Pero eso es una contradicción, una locura». Y yo te diré que en la lógica humana puede que parezca un absurdo, pero en la verdad de Dios es algo sensato y ciertamente atinado. Sin embargo, no podemos negar que vemos que todas las cosas no le están sujetas, pero creamos que ya lo están, porque así es. Y eso lo podemos explicar hasta con nuestras propias vidas. Antes, cuando oíamos hablar de Dios, pensábamos que creíamos en él, la crucifixión de Cristo nos impactaba en «semana santa», y eso de la salvación lo veíamos como un término inventado por fanáticos religiosos que nos señalaban como pecadores, pues creíamos que todos éramos hijos de Dios (1 Juan 3:10). Pero cuando Dios nos engendró por el Espíritu y nos convenció de pecado, de justicia y de juicio, se cayó el velo de nuestra ignorancia y cayeron las escamas religiosas de nuestros ojos.

El Espíritu Santo realizó la obra del nuevo nacimiento en nuestra vida y entonces vimos que la Palabra de Dios ciertamente se cumplió en nosotros. Estamos viviendo aquello que ya Dios había predestinado y revelado en su Palabra, antes de nosotros haber nacido. ¡Oh, gloria a Dios! Porque él es fiel y cumple lo que promete. Todo lo que Dios ha prometido lo ha hecho y lo ha cumplido fielmente. Por eso tenemos que tener la seguridad de que si él lo dijo y se lo propuso, ya pasó, ya lo hizo, aunque no haya ocurrido todavía, porque será, y si va ser, ya está, ya lo es.

Puede que alguien diga: «¿Pero si él es Dios y lo que quiere hacer lo hará conmigo o sin mí, por qué necesito yo intervenir en este asunto?» Porque a Dios también le pareció bueno hacerte participante de ello

(Hebreos 3:14). ¿De qué manera? Por la fe. Ten siempre presente esto: Cuando Dios nos da la fe para creer, nos está dando la certeza de que lo que no se ve ya es. Y en esa convicción no desmayamos, por la esperanza de alcanzar aquello que Dios prometió. Por la fe, nosotros participamos de esa verdad, de que aunque no veamos las cosas, si Dios las dijo, si Dios se las propuso, ya son. Si bien todavía no lo vemos, pero ya es.

Mi vida y la tuya fueron sujetadas a Dios, porque ya Cristo las sujetó. Por tanto, por fe, ya podemos ver el día cuando todos nosotros estaremos en la presencia de Dios, disfrutando de ese momento en que Dios sea el todo y en todos. Ya veo, por la fe, el momento de la glorificación, aquel momento prometido por Dios en que en un abrir y cerrar de ojos, a la trompeta final, esto corruptible —nuestra herencia adánica— será vestido de incorrupción, y esto mortal será vestido de inmortalidad. ¡Ya lo veo! Y me veo cuando este cascarón de mi cuerpo se derrita en su presencia, y sea vestido con mi tabernáculo celestial, y todo lo que impide sea quitado. ¡Estoy seguro de que eso ocurrirá! ¿Por qué? Porque Dios ya lo proclamó, lo prometió y se comprometió, inclusive en un pacto (Hebreos 12:24). Y si para Dios es verdad, y Dios no miente, entonces eso tiene que ser verdad en mi vida hoy. Y si las circunstancias que rodean mi vida me impiden disfrutar de esa verdad, entonces le pediré al que puede salvarme que aumente mi fe para que pueda comenzar a vivir en esa seguridad hoy, como si fuera ya.

En estos momentos vienen a mi mente aquellos versos que tocamos en un capítulo anterior, en los cuales Pablo se refería a un grupo de personas que eran enemigos de la cruz de Cristo. Ahora me doy cuenta de que el pasaje que reproducimos a continuación tiene aquellos versos como contexto, veamos: *«Porque por ahí andan muchos, de los cuales os dije muchas veces, y aun ahora lo digo llorando, que son enemigos de la cruz de Cristo ... cuyo dios es el vientre, y cuya gloria es su vergüenza; que solo piensan en lo terrenal»* (Filipenses 3:18-19). ¿Qué significa esa expresión: *«cuyo dios es el vientre»*? Se refiere a aquellos que solamente buscan lo suyo, agradarse a sí mismos y satisfacer sus necesidades, aunque no le agrade a Dios. Por lo cual, cuando buscas lo tuyo en lugar de buscar lo que es del Señor, eres enemigo de la cruz de Cristo. ¿Te parece dura esta expresión? Pues no lo es, porque el propósito de la cruz de Cristo es sujetar todas las cosas a Dios, y cuando no actúas en pro de ese propósito, estás traicionando, y te estás oponiendo al plan de Dios, convirtiéndote en un adversario (Romanos 13:2). ¿Por qué? Porque todas las cosas que hay en este mundo, los deseos de la carne, los deseos de los ojos y la vanagloria de la vida, no provienen de Dios (1 Juan 2:16). Todas las cosas de esta vida son temporales, pero las cosas de Dios son eternas (2 Corintios 4:18).

Pablo, en el versículo que sigue, dijo: *«Mas nuestra ciudadanía está en los cielos de donde también esperamos al Salvador, al Señor Jesucristo»* (Filipenses 3:20). Observa el cambio del apóstol, pues Pablo estaba contrastando aquel grupo que es enemigo de la cruz de Cristo con nosotros, los que somos amigos, los que vivimos pensando en que si uno murió por todos, para sujetar todas las cosas a Dios, nosotros también hemos muerto, para ser sujetos a Dios. Ese es el propósito de la cruz, y los amigos son los que se someten a ese propósito. Los enemigos son los que contrariamente de vivir para Dios y buscar lo de arriba, buscan lo terreno. Ellos buscan lo de aquí y nosotros buscamos lo de allá; ellos buscan lo del vientre y nosotros el alimento espiritual para glorificar a Dios; ellos buscan la gloria de los hombres y nosotros la gloria del Padre; ellos buscan una posición, bienes, riquezas y establecer sus nombres, en cambio nosotros no, nuestro reino no es de este mundo, nuestra ciudadanía está en el cielo y vivimos aquí con nuestros ojos en algo que celebraremos allá, para la gloria del nombre de Jesús. Mientras que para ellos su dios es el vientre, para nosotros Dios es el Padre del Señor Jesucristo; para ellos lo importante es lo que ven y lo que los satisface, para nosotros lo que tiene valor es aquello que no se ve pero que está en el cielo, de donde también viene Cristo a someter todas las cosas a Dios, para que el propósito de ser el todo y en todos se cumpla.

En las cosas que no se ven es donde está la esperanza de la iglesia. La iglesia espera la segunda venida de Cristo *«el cual transformará el cuerpo de la humillación nuestra, para que sea semejante al cuerpo de la gloria suya, por el poder con el cual puede también sujetar a sí mismo todas las cosas»* (Filipenses 3:21). Cristo transformará el cuerpo de la humillación nuestra, para que sea semejante a su cuerpo de gloria, por el poder con el cual puede también sujetar a sí mismo todas las cosas. Este cuerpo en el que andamos es un cuerpo de humillación, pues donde quiera que vayamos, llevamos el oprobio de Adán, el sello de la corrupción satánica, la vergüenza de habernos rebelado contra Dios y contra el propósito.

Nuestro cuerpo mortal está corrompido por la iniquidad, pues el diablo logró que en él, Dios no sea el todo. Con nuestra mente anhelamos agradar a Dios, pero en la carne encontramos que hay algo que lleva nuestro cuerpo a ser cautivo del pecado y nos conduce a la muerte. La Biblia dice que el género humano está enfermo desde la cabeza hasta los pies, como una llaga podrida, y que lo único que hay en él es rebelión; su cuerpo supura iniquidad y no hay temor de Dios en su corazón. Ese órgano se le ha endurecido como una piedra y no puede sentir amor, perdiendo así la comunión con Dios (Isaías 1:6; Jeremías 19:15). Por tanto, el hombre se rebela y su cuerpo no quiere someterse a Dios, para que sea el todo.

No obstante, en ese cuerpo, Dios hizo un transplante de corazón. El Señor echó a un lado el viejo y puso un corazón nuevo, en el hombre nuevo que nos engendró en el interior. Dios tuvo que hacer un tabernáculo espiritual, un hombre interior dentro de nosotros que opera como un satélite, a través del cual Dios puede comunicarse con nosotros. Aislando todo lo de la carne, el Espíritu Santo puede transmitirnos mensajes, hacer las operaciones y lograr el propósito de Dios de ser el todo, sometiendo todas las cosas en nosotros. Aun así, Dios ha prometido en su Palabra que un día quitará de nosotros todo lo que impide, pues por él y para él son todas las cosas. Dios reunió todas las cosas en Cristo e hizo que todo habitase en él, para que Cristo viniera y conquistase todo. Por tanto, si Dios lo dijo, ya lo hizo y ya es, solamente aguardamos el momento de la glorificación, cuando este cuerpo de humillación sea transformado a la semejanza del cuerpo de la gloria suya. ¿Cómo lo hará? Con el mismo poder que levantó a Jesús de los muertos, con el cual también puede someter todas las cosas a él mismo.

Dios confirma su palabra para darnos la seguridad de que será lo que aguardamos por la fe. Por tanto, ¿qué confianza, qué certeza, qué convicción tengo yo, en tantos años sirviéndole al Señor, de que este mi cuerpo de humillación, que lleva el estigma y el sello del diablo, un día será desarraigado, recibiendo a cambio un cuerpo semejante al cuerpo glorificado de Jesús? ¿Qué seguridad tengo de que esto acontezca y de que un día el Señor va a someter todo lo que se opone dentro de mí a su soberana voluntad? (1) que Dios lo dijo; (2) que Dios juró por su nombre que lo haría; y (3) que ya Dios lo hizo en Cristo, y con el mismo poder que lo hizo en el Señor Jesús, lo hará en nosotros.

Cristo venció al diablo en todas las guerras y con sus mismas armas, haciéndose pecado, venció al pecado en su cuerpo. Y para destruir definitivamente el imperio demoníaco, venció a la muerte con su muerte en la cruz. Es decir, Cristo con su muerte deshizo al que tenía el imperio de la muerte, de tal manera que en la cruz mató el pecado; y en la tumba, con su resurrección destruyó la muerte. Por ende, ese poder que venció al que tenía el imperio del pecado y de la muerte (el diablo) es el mismo poder que ahora operará en nosotros para vida. La Palabra dice que el mismo poder que lo resucitó de los muertos nos resucitará a nosotros también

(2 Corintios 4:14). Ese poder que nos está librando del dominio del pecado, a través de la obra del Espíritu Santo en nuestro interior, es el mismo poder que nos librará de la presencia del pecado el día de su venida.

Me gusta esa expresión «el mismo poder». Esa frase me llena de seguridad, pues aumenta mi fe el saber que el mismo poder que levantó a Cristo de entre los muertos, es el mismo que me libertó de la servidumbre del pecado, y es el mismo que me levantó del polvo de la iniquidad, y será el mismo que me hará saborear esa victoria al final de los tiempos. Me alegra saber que el mismo poder que obró en los santos apóstoles, es el mismo poder que opera en mí hoy. Y ese que tiene el poder, que lo habló y lo hizo, que mandó y lo consumó en Cristo, y que lo está logrando hoy, a través del ministerio del Espíritu Santo en nosotros, con ese mismo poder es que lo va a lograr el día de su venida. Y todas las cosas ya le están sujetas al Hijo y él también se sujetará al Padre, para que sea Dios el todo en todos.

Podrá ser cierto que todavía no vemos que todas las cosas le sean sujetas, pero Dios dice que muy pronto vendrá el Señor a quitar lo que impide, y es el cuerpo de la humillación. Y cuando el Señor nos de un cuerpo semejante al cuerpo de su gloria, con el mismo poder que levantó a Cristo de entre los muertos, va a lograr sujetar todas las cosas a él. Es lo mismo que dice Juan: *«Ahora somos hijos de Dios, y aún no se ha manifestado lo que hemos de ser; pero sabemos que cuando él se manifieste, seremos semejantes a él, porque le veremos tal como él es»* (1 Juan 3:2). Nota que el apóstol dice que somos hijos de Dios. ¿Cómo así? Dios no es un Dios de muertos y nosotros morimos; Dios es salud y nosotros enfermamos; Dios siempre es y nosotros un día ya no estaremos. Es cierto, somos simples mortales limitados a un espacio y a un tiempo, y Dios es Espíritu y es eterno, pero aun con otras muchas cosas en las cuales no nos parecemos al Padre, con todo eso, Juan dice que somos hijos de Dios. Aunque no se ha manifestado lo que hemos de ser, pero eso no significa que no vendrá y seremos tal como él es. Esa es la seguridad que tuvieron nuestros hermanos de la antigüedad, y está en la Biblia, para que nosotros también aguardemos en esperanza, como ellos lo hicieron.

¿Sabes de qué manera esto no se cumpliría? Si Dios pierde su poder. ¿Crees tú que Dios puede perder su poder? No, porque de Dios es el poder, entonces, si estamos seguros de que eso nunca podrá ocurrir, con esa misma certeza debiéramos vivir, seguros de que estas cosas se van a cumplir. Dios no ha perdido su poder, ni lo perderá. Y con el mismo poder que él hasta ahora ha sometido todas las cosas, va a transformar y va a quitar el impedimento que es el cuerpo de tu humillación, para darte el cuerpo que es semejante al cuerpo de su resurrección. En ese momento, tendremos entonces toda la capacidad para someter a Dios todas nuestras cosas. Y aquel día, en la presencia de Dios, vamos a cantar, porque de él, por él y para él son todas las cosas.

Él lo está logrando en ti hermano, en este instante. Ahora mismo, mientras estás leyendo estas páginas, el Espíritu de Dios está haciendo que penetre la Palabra en tu espíritu y en tu corazón. Aunque tu carne está indispuesta, tu espíritu está presto, y está recibiendo lo que Dios le está diciendo. Dios le dice: «Yo, Jehová el Señor, voy a quitar todo impedimento. Hasta ahora tu espíritu desea que sea todo en todo, y anhela que se cumpla mi propósito en tu vida, para que de mí, por mí y para mí sean todas las cosas. Sin embargo, tu carne se rehúsa. Mas te digo que con el mismo poder que estoy sometiendo todas las cosas, así quitaré muy pronto lo que estorba. Y me dirás ese día: "Señor, lo lograste"». Amado, nada impedirá que Dios haga lo que tiene que hacer en nosotros, porque él es excelso sobre todo. Debemos vivir como vivió Abraham, en esperanza contra esperanza, pues aunque las cosas que se ven digan lo contrario, si Dios lo dijo, nosotros lo creemos. Esto que impide, esta ley en mis miembros que me quiere llevar cautivo a la iniquidad, Dios la va a desarraigar definitivamente aquel día, porque él lo dijo y él lo hará. Las tinieblas no prevalecerán contra la iglesia. Alabémosle y digámosle:

> «Señor, tu dijiste en tu Palabra, que el plan tuyo para someter todas las cosas en este mundo fue someter a Cristo todas las cosas. En otras palabras, le cediste al Hijo toda la administración y le encargaste todo, le diste todo poder y toda autoridad, y quisiste que estuviera en él toda la plenitud y toda preeminencia. Con él llenaste todo y te propusiste reunir en él todas las cosas, con tu poder descendió y lo logró, venciendo el pecado y a la muerte, sometiendo todo principado y potestad que se oponía a ti. Luego enviaste al Espíritu Santo a terminar la obra y la está terminando. Ahora, Padre, tu anuncias que el fin de todas las cosas se acerca, y que muy pronto el mismo poder que actuó en Cristo, levantándolo de entre los muertos, y que opera en nosotros por el Espíritu Santo, santificándonos, es el mismo poder que va a deshacer el cuerpo de muerte que recibimos de Adán, para darnos un cuerpo semejante al cuerpo de su gloria. De esa manera,

Padre, lo que tú anunciaste se cumplirá, entonces en el cuerpo de gloria tendremos la capacidad para someternos a tu voluntad, para que tu propósito se cumpla perfectamente, sin impedimento. Y aunque todavía no lo vemos, ya es por fe, así como dice la Palabra que todas las cosas te son sujetas, pero el hecho de que no lo veamos no significa que no es, porque así lo anunciaste, y no perderás el poder para lograrlo. Lo hiciste, lo estás haciendo, y lo harás. Igualmente nosotros ahora somos tus hijos, y aunque todavía no se manifiesta lo que hemos de ser, sabemos que cuando el Señor apareciere, terminará lo que comenzó. Y nuestros ojos lo verán. Por eso ahora vivimos en esperanza contra esperanza, vivimos por la fe, creyendo lo que has anunciado, pero también creyendo lo que has hecho, y viendo en nosotros lo que estás haciendo, por tanto, estamos seguros de que lo que falta nadie lo podrá impedir. Reina en tu iglesia, Señor.

»Estamos firmes en ti, Dios, por lo que te rogamos que nunca desmayemos, que nunca nos desanimemos, que nunca nos paralicemos ni nos acobardemos frente a las adversidades. Que por débiles que seamos y por muchos impedimentos que tengamos, por las muchas herencias y concupiscencias que haya en nuestra carne, por las cuales lloramos muchas veces como Pablo, viendo esa ley que nos quiere llevar cautivos y se quiere rebelar contra la ley del Espíritu, digamos: "Yo sé que el mismo poder que levantó a Cristo va a someter a ese rebelde que mora en mi carne el día de la aparición en gloria del Señor". Padre, dice tu Palabra que el que tiene esta esperanza en ti se purifica, así como tú eres puro, por lo que concluimos esta lectura fortalecidos, creyéndote a ti. Gracias Padre, porque nos das fe en tu Palabra. Y aunque todavía no lo vemos, es como si lo viéramos, porque como Moisés, nos sostenemos como viendo al Invisible, y así permaneceremos hasta que nuestros ojos transformados puedan ver al Rey en su hermosura el día de su venida (Hebreos 11:27). Guárdanos en esa fe, oh Dios, en esa esperanza, para que nuestros ojos vean lo que todavía no vemos, pero que tú nos aseguras que veremos, en el nombre de Jesús, a quien sea la gloria por los siglos de los siglos, amén».

Capítulo 5
Dios sobre todos, por todos y en todos

«Yo pues, preso en el Señor, os ruego que andéis como es digno de la vocación con que fuisteis llamados, con toda humildad y mansedumbre, soportándoos con paciencia los unos a los otros en amor, solícitos en guardar la unidad del Espíritu en el vínculo de la paz; un cuerpo, y un Espíritu, como fuisteis también llamados en una misma esperanza de vuestra vocación; un Señor, una fe, un bautismo, un Dios y Padre de todos, el cual es sobre todos, y por todos, y en todos» (Efesios 4:1-6).

Si hay algo que el Señor desea que su pueblo entienda hoy es lo mismo que se propuso enseñarle a Israel: *«Oye, Israel: Jehová nuestro Dios, Jehová uno es. Y amarás a Jehová tu Dios de todo tu corazón, y de toda tu alma, y con todas tus fuerzas»* (Deuteronomio 6:4-5). Los rabinos llaman a este pasaje el ***shema*** (oye). Mas, ¿qué es lo que Dios quiere que todos escuchemos, creamos y entendamos? (Isaías 43:10). Lo que el Padre anhela que penetre bien en nuestro corazón y entendimiento es que él es uno, así como uno es su nombre y uno su reino.

Al Señor hay que creerle, conocerlo y entenderlo como él se ha revelado, no como lo perciben nuestros sentidos o lo razona nuestra mente.

¿Qué implicación tiene para nosotros la unicidad de Dios? Al Señor hay que creerle, conocerlo y entenderlo como él se ha revelado, no como lo perciben nuestros sentidos o lo razona nuestra mente. Solo cuando conocemos quién es Dios, podemos saber cómo le adoramos, cómo le tememos y cómo le servimos. Dios le quiso decir a Israel: «Hay muchos que se llaman dioses, en el cielo y en la tierra, pero solo uno creó todas las cosas. Por consiguiente, solo el Creador debe ser reconocido y adorado como Dios». Ese que es Dios único y que está sobre todos, por todos y en todos, solo él es digno de ser amado con **todo** el corazón, con **toda** el alma y con **todas** las fuerzas.

Aunque la deidad se ha revelado en tres personas: Padre, Hijo y Espíritu Santo, Dios es uno. La Biblia revela con énfasis la unicidad de Dios. Jesús dijo: *«Yo y el Padre uno somos»* (Juan 10:30). Nota como Pablo nos enseña, que aunque los dones son muchos y variados, los dadores, aunque son tres, son uno mismo. Veamos:

> *«Ahora bien, hay diversidad de dones, pero el **Espíritu** es el mismo. Y hay diversidad de ministerios, pero el **Señor** es el mismo. Y hay diversidad de operaciones, pero **Dios**, que hace todas las cosas en todos, es el mismo. Pero a cada uno le es dada la manifestación del Espíritu para provecho»* (1 Corintios 12:4-7)

Es interesante que haya diversidad de dones, *«pero el Espíritu **es el mismo**»* (v. 4); que haya diversidad de ministerios, *«pero el Señor **es el mismo**»* (v. 5); y que haya diversidad de operaciones, *«pero Dios* [el Padre], *que hace todas las cosas en todos, **es el mismo**»* (v. 6). Pablo dice: *«Porque hay **un solo Dios**, y un **solo mediador** entre Dios y los hombres, Jesucristo hombre»* (1 Timoteo 2:5). En el pasaje de Efesios 4:1-6 es notable que el Dios que es sobre todos, por todos y en todos, tiene **un** cuerpo, **un** Espíritu, **una** misma esperanza, **una** vocación, **un** Señor, **una** fe, **un** bautismo, y es Dios, el Padre de todos.

La unicidad de la iglesia se logra cuando se entiende en el Espíritu que Dios es uno y que por consiguiente los miembros del cuerpo, aunque somos muchos, somos uno en él. El Dios Único debe ser el todo en todos, y todos deben ser uno en el Dios Único. *«**Sobre todos**»* significa que su autoridad y dominio se ejerce en las vidas de los que se someten voluntariamente a él, en el día de su poder (Salmo 110:3). ***«Por todos»*** implica que él está a favor y en defensa de todos los que se han sometido a su señorío. ***«En todos»*** destaca que él vive y gobierna en los corazones de todos los que creen en su nombre.

V.1 Llamados a ser una parte del todo

> *«Os ruego que andéis como es digno de la vocación con que* FUISTEIS LLAMADOS ... *solícitos en guardar la unidad del Espíritu en el vínculo de la paz; un cuerpo, y un Espíritu, como fuisteis también* LLAMADOS EN UNA MISMA *esperanza de vuestra vocación»* (Efesios 4:1,3-4).

En la nueva creación que tenemos en nuestro interior, Dios es el todo. La Palabra dice que en esa creación no hay *«griego ni judío, circuncisión ni incircuncisión, bárbaro ni escita, siervo ni libre, sino que Cristo es el todo, y en todos»* (Colosenses 3:11). Es decir que si exprimieras la nueva criatura, todo lo que expele y emite es Cristo, porque él es su todo. La nueva creación no tiene nada de nada, sino todo de Cristo. En el proceso de la santificación, donde Dios está venciendo el poder del pecado en tu vida y en la mía, Dios lo que quiere lograr es ser el todo en nosotros. El objetivo de la obra del Espíritu Santo es que Dios sea el todo en todos. Por tanto, en la obra de la elección, en la justificación, en la santificación, en la predicación, en la oración, en la alabanza, en la adoración, en el servicio, en el compañerismo entre los hermanos, Dios quiere ser el Todo, por lo que el Señor no cesará hasta no lograr ese propósito en nosotros.

Nota el énfasis en este verso: *«Todas las cosas las sujetó debajo de sus pies»* (1 Corintios 15:27). ¿Qué piensas cuando oyes la palabra «todo»? En una prenda de vestir, por ejemplo, toda la tela utilizada en ella hace «el todo» de una camisa. Desde la tela, el hilo, los botones, las bisuterías que haya en ella, esto hace de la pieza un todo terminado. Ahora, si decimos que Dios es el todo de esa pieza, menos en las mangas, entonces, Dios no es el TODO en esa camisa, porque cuando hablamos de todo, no se exceptúa nada. Así Dios quiere ser el todo en todos. Dios no se conforma con un rinconcito, o cualquier otro lugar, ni con ninguna otra cantidad o posición que no sea el todo. Por eso no se puede decir que Dios haya logrado su propósito en mi vida hasta que no haya sujetado todas mis cosas debajo de sus pies, para que él sea el todo en mí. Así, con esa misma regla, Dios nos ministra a nosotros como individuos, pero también como miembros de su cuerpo, que es la iglesia, porque también en toda nación, tribu, lengua y pueblo, Dios tiene que ser el todo y en todos.

En el libro de Efesios dice: *«Yo pues, preso en el Señor, os ruego que andéis como es digno de la vocación con que fuisteis llamados, con toda humildad y mansedumbre, soportándoos con paciencia los unos a los otros en amor, solícitos en guardar la unidad del Espíritu en el vínculo de la paz; un cuerpo, y un Espíritu, como fuisteis también llamados en una misma esperanza de vuestra vocación; un Señor, una fe, un bautismo, un Dios y Padre de todos, el cual es sobre todos, y por todos, y en todos. Pero a cada uno de nosotros fue dada la gracia conforme a la medida del don de Cristo»* (Efesios 4:1-7). Estos versos ilustran muy bien este pensamiento de la unidad a que nos referimos cuando dicen: *«un cuerpo»*. Y yo pregunto: ¿Cuál es el cuerpo? La iglesia es el cuerpo, y como cuerpo es uno solo. También dicen: *«y un Espíritu»*, es decir que hay un cuerpo y hay un Espíritu, una cosa no subsiste sin la otra. Un cuerpo sin espíritu está muerto, por eso Dios le dio a la iglesia su Espíritu, para que pueda vivir (Santiago 2:26). Luego dicen: *«una misma esperanza»*, y fíjate que no se habla en plural, sino de una sola esperanza, no hay dos. Y esa esperanza está asentada en una sola *«vocación»*, a la que hemos sido llamados todos, para estar sujetos a: *«un Señor»*, no a muchos, a uno solo; *«una fe»*, no muchas, una sola; *«un bautismo»*, no muchos, uno solo; *«un Dios»*, no muchos, uno solo; *«y Padre de todos»*, no muchos, es solamente un Padre para todos; *«el cual es sobre* ***todos****, y por* ***todos****, y en* ***todos****»*. ¡Está clarísimo! Y todos esos «unos» forman un todo, el cual es Dios.

Si nos detenemos en el primer «uno», el cuerpo, tenemos que reconocer que Dios no pudo usar una mejor ilustración para describir lo que es la iglesia. No hay nada sobre la tierra que pueda instruirnos mejor sobre lo que es la iglesia que ese conjunto de sistemas orgánicos que constituye a un ser vivo, como es el cuerpo. Ese organismo es un conjunto de miembros, tal como dice Pablo de la iglesia: *«Así nosotros, siendo muchos, somos un cuerpo en Cristo, y todos miembros los unos de los otros»* (Romanos 12:5). Si la iglesia fuera una organización, como creen algunos, no permanecería, pues para ponerse de acuerdo, de forma contraria al cuerpo, tienen que

No hay nada sobre la tierra que pueda instruirnos mejor sobre lo que es la iglesia que ese conjunto de sistemas orgánicos que constituye a un ser vivo, como es el cuerpo.

reunirse y discutir por largas horas, y después de muchos pleitos y discusiones, al final, casi nunca están de acuerdo, por lo que algunos deciden renunciar y no volver jamás a reunirse. Y cuando termina el propósito por el cual se juntaron, la organización está dividida y termina su todo. Mas no pasa así con un cuerpo. Nunca vas a ver al brazo en Australia, ni a los pies andando por Brasil mientras el corazón está en las Bermudas y las manos caminando en Las Vegas. Ni tampoco verás (como digo a veces bromeando) al riñón haciendo cita con el médico, mientras el resto del cuerpo se va al trabajo. No hay tal cosa como esa, pues el cuerpo fue hecho en una unidad. Cuando un miembro del cuerpo se enferma, todo el cuerpo experimenta lo mismo, aunque sea el dedo meñique del pie izquierdo, pues todos sufren. El cuerpo es un todo.

Por eso es tan adecuado el cuerpo como una ilustración de lo que Dios quiere representar en esta enseñanza a la iglesia. Vemos, en este tiempo, que la medicina ha tratado de hacer los trasplantes de órganos, y aunque ha habido ciertos logros relativos, son más los fracasos que el éxito que han obtenido. A veces resulta bien transplantar un miembro de alguien en el cuerpo de otro, pero es igual que si no funcionara, porque al que le ponen un riñón de otra persona, por ejemplo, hay que estarle dando constantemente tantos medicamentos, esmerarse con tantos cuidados y limitarse en tantas cosas (para velar para que no ocurra una complicación), que la calidad de vida es tan pobre en la mayoría de los casos, que es casi igual que estar muerto. Cualquier médico puede corroborar lo que digo y decir aún más sobre lo complicado que es todo eso, desde el proceso inicial, en la selección del órgano, hasta el proceso final, donde se toma el riesgo de que el cuerpo del enfermo rechace el órgano transplantado. Rebasados esos problemas, todavía no se puede garantizar que funcione. Reconocemos que es una bendición de Dios permitir un medio para alargarle la vida a una persona pero lamentablemente nada de este mundo es algo perfecto. El cuerpo se hizo para que las partes individuales formen un todo y funcionen como una totalidad. Por eso, los mejores riñones que debo tener son los dos que Dios puso en mi cuerpo, porque él los hizo perfectos y son los únicos que necesita mi organismo, pues ningún otro puede ocupar sus lugares ni hacer su función como ellos lo hacen.

Nota que en el contexto de los versículos de Efesios 4, Dios estaba hablando de permanecer y ser solícitos, diligentes, activos, rápidos en guardar la unidad, para luego empezar a detallar uno y cada una de las cosas que conforman el llamado de la vocación cristiana (v. 3).

En 1 Corintios 12:12, refiriéndose al cuerpo, dice: *«Porque así como el cuerpo es uno, y tiene muchos miembros, pero todos los miembros del cuerpo, siendo muchos, son un solo cuerpo...»* Es decir, que a pesar de que el cuerpo tiene muchos miembros, es uno solo. Y aunque cada miembro tiene diferentes funciones e inclusive algunos son más de uno en el cuerpo, como los brazos, los ojos, los oídos, etc., aún así son uno. Por ejemplo, yo tengo cinco dedos en cada mano, pero aunque son muchos no dejan de ser una sola cosa: una mano. Y esa mano, a su vez, es parte del cuerpo, pero no es el cuerpo, y separada de él no puede vivir, se seca.

El cuerpo funciona como una unidad, como lo que es, un organismo. Dios, en su misericordia, nos ha venido diciendo que ya en Cristo logró ser el todo, y por ende en la iglesia, que es el cuerpo de Cristo, Dios también lo será. Él no solamente quiere ser el todo en mí, individualmente, como un miembro del cuerpo, sino también en todos los creyentes como una unidad completa. Dios habla de muchos «unos» que se convierten en un todo: un cuerpo, un Señor, una vocación, una fe, un bautismo. Todo eso es un conjunto de cosas individuales que forman un todo. Por eso, cuando termina, vemos que dice: *«un Dios y Padre de Todos, el cual es sobre todos»*. Sobre todos significa que tiene el dominio sobre todo y que está encima de cualquier posición, autoridad y poder, que sobre él no hay nada ni nadie.

Sabemos que en el mundo Dios no es el todo, pero en esas vidas que tomó del mundo él es y será su todo. Dios es el todo en la nueva creación, por eso, cuando ocurre en nosotros el nuevo nacimiento, nos entregamos a él sin ningún tipo de cohesión, pues su poder y autoridad se nos sugiere de manera tierna y amorosa. Dios está sobre la iglesia, la cual ha sido redimida, y se le ha sometido y le sirve voluntariamente. Por tanto, Dios está sobre todos los que son del cuerpo, sobre todos los que tienen una misma fe, sobre todos los que tienen una misma esperanza, sobre todos los que han sido participantes de ese solo bautismo, sobre todos los que tienen a Jesucristo. Sobre todos ellos, él es el todo. Tiene el dominio y la autoridad sobre nosotros, porque nos redimió y nos compró con su sangre.

En el mundo Dios no es el todo, pero en esas vidas que tomó del mundo él es y será su todo.

Si eres un creyente, Dios está sobre ti. Ahora, ¿reina Dios en tu vida? ¿Tiene el dominio, el señorío, la autoridad, la potestad sobre ti? ¿Vas a la iglesia y te sientas en una silla para que Dios sea el todo? ¿Cantas, sirves a Dios para que él sea el todo? ¿Obedeces a Dios, sigues sus instrucciones y te unes al hermano para que él sea el todo? Es importante saber esto, porque eso nos resume todo en nuestra vida espiritual. Dios te dijo en su Palabra que él quiere que le conozcas, le creas y le entiendas (Isaías 43:10). Y con esa palabra te está resumiendo un libro que tiene como tres mil quinientos años de historia, y tantas áreas de enseñanzas que nunca se terminaría su predicación. Si Cristo no viniera y cruzáramos los siglos, todavía estaríamos predicando cosas nuevas, escribiéndose libros de todo lo que Dios ha dicho. Sin embargo, Dios dice que todas esas cosas, los sesenta y seis libros de la Biblia, con todos los remas y todo lo que se ha sacado de las Santas Escrituras, al final, se resume en una sola cosa: **Dios es el todo y debe ser el todo.**

Cristo vino para que el Padre sea el todo, y al final va a quitar todo lo que impide para lograr ese propósito. Yo me siento súper honrado de que Dios me haya hecho parte de ese todo, aunque sea una parte muy ínfima en él. Dios nos habla de «uno»: un cuerpo, un espíritu, una esperanza, un Señor, una fe, un bautismo y muchas otras cosas, individuales y no menos importantes, pero que solo tienen eficacia cuando forman el todo de Dios. Pensemos en las partes que tiene el cuerpo; en los millones de células, moléculas, átomos, protones y neutrones que lo forman. Ahora aplica eso a lo que estamos estudiando. Vemos, entonces, que nosotros venimos a ser una cosita de ese cuerpo, una ínfima parte entre todos esos unos y todas esas unidades. Dios es el todo y yo soy una pequeñísima unidad en una de esas partes que se llama el cuerpo. Pero ahora puedo decir que soy feliz, porque antes era menos que nada, ni existía, y ahora he sido añadido, y por su gracia soy una partecita de ese todo que es Dios. Una parte quizás ínfima, pero muy importante cuando contribuye al todo de Dios. Pido al Padre que interiorice en nosotros este rema, la parte espiritual de su Palabra, para que entendamos lo que significa ser parte del cuerpo, así como la importancia de ocupar el lugar que nos corresponde y de realizar la función por la que fuimos creados y llamados para ser parte del todo.

¿Qué ocurre en el cuerpo cuando uno de sus miembros se niega a funcionar? Supongamos que el cerebro manda un mensaje a los pies para que caminen y estos se nieguen a ejecutar la orden, respondiendo: «No, hemos decidido no caminar más». ¿A dónde irá el cuerpo? Vayamos aún más lejos, a algo peor, imaginemos lo que ocurriría en el cuerpo si sus miembros se oponen los unos a los otros. Figuremos lo que sucedería si se suscita una rebelión en el cuerpo humano, algo así como relataremos a continuación:

«Sucedió que la lengua —un miembro del cuerpo sumamente peligroso (Santiago 3:5-12)— se rebeló contra el estómago. ¿La razón? Ella alegó que el estómago es muy zángano y majadero, pues solamente está ahí para recibir los alimentos, que con mucho esfuerzo ella deglute, incluso —se quejaba ella— pasando «tragos amargos», para que luego él, que se considera «muy delicado y sensitivo», lo devuelva todo hacia fuera, de manera repugnante y violenta.

»También añadió el órgano carnoso que ya no podía soportar más que el estómago se aquejara tanto cuando no recibía la comida a tiempo, por lo que haría lo imposible por acabar con sus protestas y quejas. Así que no conforme con tener todos esos argumentos en contra de la bolsa digestiva, la lengua también habló con los dientes y con la saliva sobre el asunto, a quienes convenció a su favor, por algo vivían juntos, ¿no? Los tres se pusieron de acuerdo y le hicieron llegar la voz de protesta a la nariz y a los ojos, quienes llegaron a la conclusión de que ellos también tenían causas, quizás mucho más valederas, para estar en contra de él. Los ojos decían que ellos se cansaban de ver y la nariz de oler y no obtenían nada, por lo tanto, parecía verdad lo que decía la lengua, que el estómago todo lo quería para él. Así que acordaron unirse a la huelga y no trabajar más.

»La mañana pasó y el tubo digestivo no recibió nada de comer durante el día, por lo que empezó a quejarse, entonces la lengua, como portavoz, consideró que era el momento de comunicarle al estómago la decisión que ella, los dientes, la saliva, los ojos y la nariz habían tomado. Así que le dijo: "¡Oh! ¡Ya te despertaste y de inmediato empiezas a quejarte! Pues mira, como habrás notado, hemos decidido no trabajar más para ti. Estamos cansados de complacer tus apetitos y todos tus deseos, ¡glotón! Ya no contribuiremos más a ampliar tu zona de comodidad, pues eres un tragón, holgazán y egoísta, así que si es por nosotros, te puedes retorcer del hambre. ¡Ja!". Al estómago, aunque conocía la fama de la lengua —lo conflictiva que era—, le tomó de sorpresa el complot, y un frío le recorrió sus paredes, pero no se amedrentó, sino que les dijo: "¡Ahhh! Ya entiendo. Todos se han confabulado en contra mía, pero lo que no comprendo es cómo han podido ser seducidos de esa manera, sabiendo cómo funcionan las cosas. Solo les diré algo, hagan lo que quieran, pero yo seguiré cumpliendo con mi función, aunque ustedes no lo entiendan y me culpen de tantas cosas. Por tanto, haré lo que siempre hago; ustedes no me van a presionar. Para esto fui creado y existo", y comenzó entonces a clamar por comida.

»Así que se armó la cuestión: La nariz dijo: "Esta que está aquí no olfatea más"; los ojos dijeron: "Nosotros ni para la cocina vamos a mirar"; los dientes dijeron: "¡Se acabó aquí el masticar!"; la saliva dijo: "Yo no le voy a suavizar la comida a ese vago"; y la boca dijo: "Yo ni siquiera me voy a abrir, ¡zzziip!". Por lo tanto, como los órganos sensoriales no mostraron ninguna señal, eso impidió que el cerebro se percatara del asunto y diera la orden a las manos y a los pies de buscar qué comer. Así que involuntariamente, sin saberlo, todo el cuerpo se unió y estaba en contra del estómago.

»No obstante, pasadas siete semanas, la cosa se puso seria. Los ojos se quejaron de que no tan solo no podían ver la comida, sino nada, ya que percibían que todo daba vueltas a su alrededor y ellos también. La nariz entonces confesó que desde hacía varios días no aguantaba ningún olor, pues los consideraba demasiado fuertes para su olfato. Los brazos se quejaron de que no podían levantarse. Las rodillas dijeron que se sentían flojas, y los pies aullaban de dolor, porque las piernas no se movían y ellos ya no podían sostener más el volumen de carne y huesos, por lo que temían que el cuerpo se derrumbara en cualquier momento.

»Pero la cosa por dentro no parecía tan sencilla, sino estaba peor. Sucede que el hígado no se había percatado del asunto, y al estar produciendo bilis constantemente, fue llenando la vesícula biliar hasta el tope, por lo que esta empezó a enviar el amargo líquido al duodeno. El duodeno, como hacía tiempo no recibía nada de sus otros compañeros, miembros del aparato digestivo, fue reteniendo ese líquido amargo y viscoso, de manera tal que se rebozó y fue subiendo hasta llegar hasta al tubo digestivo. El estómago, al sentir que algo le estaba cayendo, no importando de donde viniera, se empezó a dilatar e inmediatamente se puso a trabajar. No obstante, ese líquido era tan amargo y tan fuerte que su zumo subió hasta el paladar, y los dientes se comenzaron a corroer, y la saliva a secar, y la lengua no lograba hacer ningún movimiento, ni siquiera de expulsión, pues parecía como si estuviera pegada al suelo bucal.

»El asunto llegó a su punto álgido cuando el estómago se contrajo, porque el líquido digestivo y los gases chocaron. El dolor fue tan agudo que —¡por fin!— despertó al cerebro de los sueños imaginarios con los que se consolaba durante la huelga, acerca de cuando todos juntos degustaban esos ricos platos, tan suculentos que hasta los dedos eran relamidos por la boca. Entonces, con una idea fija, el cerebro comenzó a alertar a todo el cuerpo: «¡Busquemos algo qué comer o me muero! ¡Busquemos algo qué comer o me muero! ¡Busquemos algo qué comer o me muero!». Era como un grito desesperado que conmovió hasta la piel, que se erizó y hasta cambió de color. Así que el cuerpo se levantó, y los ojos se movían desesperados, y la boca se volvía agua, de solo imaginar el banquete que se iban a dar. De esa manera, todos empezaron a trabajar por ese único propósito, entendiendo que eran miembros los unos de los otros y dependientes los unos de los otros. Cada quien velaba, y casi rogaba que cada uno hiciese la función que le correspondía, para que todo volviera a la normalidad y pudieran sentirse todos mejor. Y así ocurrió».

«Zapatero a tus zapatos», dice un refrán que aconseja que cada cual se debe limitar a ocuparse de su propia actividad o de lo que entiende, a fin de no entorpecer el trabajo del otro. Por tanto, bien podríamos concluir esta breve alegoría con la lección aprendida: «La unión en el rebaño obliga al león a acostarse con hambre». Sin duda, la unión hace la fuerza.

Esto fue solo una fábula, pero la misma nos instruye que cuando una unidad se niega a trabajar en el todo, este se afecta y la unidad por sí misma, también se ve impedida de cumplir o hacer alguna cosa. **El todo no es todo si una parte no está implicada en él**. Por tanto, podemos ver lo complicado y lo difícil que es para Dios —hablando en términos humanos— completar ese todo. Dios es poderoso, y lo puede y lo va a hacer, pero si analizamos la cuestión profundamente, vemos lo complejo que puede ser. Si Dios tiene cien personas en tal lugar, en las cuales él quiere ser el todo, tiene que unir todas esas unidades. Pero sucede que hay cinco que no entienden ni quieren participar, entonces ya no puede haber un «todo». Es por eso que Dios necesita tu corazón y tu voluntad entregados total y voluntariamente a él para cumplir su propósito.

El todo no es todo si una parte no está implicada en él.

Hay un gozo, una paz que sobrepasa todo entendimiento, al ser participantes del todo de Dios, pero hay que saber funcionar en él. Para que funcione, cada unidad debe tener un mismo pensamiento, por eso se habla de una sola fe, un solo Señor, una sola esperanza, un solo Dios y Padre de todos que es sobre todos, por todos y en todos. Si la iglesia tuviera tres esperanzas y tres fe, y tuviera siete vocaciones, entonces fuera un caos, una anarquía, pues los miembros estuvieran divididos de acuerdo a sus énfasis e intereses. Pero Dios no está dividido, por eso es que él, en ese proceso que está obrando en nosotros, quiere conquistarnos por completo.

A Jesús le costó tres años y medio intensivos, y luego continuar a través del Espíritu Santo, para reunir a ciento veinte individuos en el todo de Dios. Los ciento veinte del aposento alto eran unidades, cada una de las cuales tenía una idea diferente, una aspiración diferente, un concepto diferente acerca del reino de los cielos. Por tanto, era necesario reunirlos en una unanimidad, a fin de que todos fueran a predicar una misma cosa: un Señor, una fe, una esperanza, una vocación, un solo Dios y Padre de Todos. Eso no ha sido ni es una tarea fácil. Por eso, hermano mío, tengo que aprender a trabajar dentro de ese todo y entender lo que es un todo, para saber cómo me muevo y funciono en él. Por ejemplo, pensemos en el altar, en la plataforma donde se ubican los cantores en la iglesia. Si hay siete músicos allí, pero no hay armonía, pues unos creen que deben empezar en Do, otros en Re y otros en Fa, sería un caos, no saldría música, sino ruido. Aquel que esté a cargo de la dirección sería el que se vería peor, pues es el responsable de dirigir todo ese asunto. Así de serio es el ministerio del Espíritu Santo en la tierra. Cuando entendemos esta verdad, nos hace amar más a Dios y entender cuánto le costó a Cristo lograr el propósito de la redención, para que Dios sea el todo, y entonces valoramos el trabajo del Espíritu Santo, por la paciencia que ha tenido con nosotros por veinte siglos.

Pensemos en la sangre que se ha derramado por esto, los sacrificios que se han hecho, los millones que han dado sus vidas, para que Dios pueda lograr en la historia la consumación de su propósito y al final logre ser el todo. Por tanto no puedo, como unidad, trabajar en forma independiente, si es que formo parte de ese todo. Es por eso que lo primero que Dios hace cuando nos llama es matar nuestro ego y nuestros propios deseos. Pablo decía: *«Cada día muero»* (1 Corintios 15:31), pues Dios nunca va a ser el todo mientras estemos vivos, sino que tenemos que morir para que Dios sea el todo. Cuando digo morir es «morir» a la carne y a sus deseos engañosos, al yo adánico, a lo de este mundo, a lo terrenal. Si al final lo que va ha predominar es el deseo de Dios, mis deseos tienen que desaparecer. Si lo que va a prevalecer es la voluntad de Dios, la mía debe someterse. Si hago resistencia como unidad, estoy impidiendo que Dios logre en el todo lo que él quiere. Cuando me opongo y digo que aquí mando yo, haciendo las cosas como digo, y me pongo caprichoso, o de una u otra manera desanimo a otra parte, cualquiera que sea, me estoy convirtiendo en un adversario, en un enemigo del todo de Dios. Por eso Jesús dijo a sus discípulos: *«Imposible es que no vengan tropiezos; mas ¡ay de aquel por quien vienen! Mejor le fuera que se le atase al cuello una piedra de molino y se le arrojase al mar, que hacer tropezar a uno de estos pequeñitos»* (Lucas 17:1-2).

Esa es la razón por la que se ha hecho tan difícil para Dios lograr su propósito en la iglesia, porque no importa el número que totalicen los llamados en una iglesia local, el Señor tiene que poner un mismo sentir, una misma motivación y actitud en todos, pues uno solo puede dañar el resto. Eso quiere decir entonces que cada uno tiene una responsabilidad individual, pero esa responsabilidad es espiritual, no un deber natural o humano. Por eso cuando «uno» está descuidado, el todo está descuidado. Eso matemáticamente puede que no funcione, pero es una verdad invariable, porque Dios es absoluto y Dios no se conforma con menos que el todo, pues él es el Dios del todo. Él dice en la Palabra: *«Sobre todos, y por todos, y en todos»* (Efesios 4:6). Él es el Dios de la totalidad, por eso la Biblia habla de la plenitud de Cristo (en griego ***pleroma)***, que es lo completo, la suma de todo. Dios no es el Dios de casi todos, ni de las tres cuartas partes, ni de los noventa y nueve, Dios es el Dios de la totalidad, porque él trabaja para la totalidad y en la totalidad. Dios no sabe ser nada que no sea el todo, y tenemos que entender a Dios como él se revela, para poder conocer y trabajar en ese todo.

Dios ha manifestado que ha llegado el tiempo de que su iglesia cumpla ciertas misiones, como cuerpo local, en las naciones. Si tú, como parte del cuerpo, tomas eso con liviandad y dices: «Otra vez están los hermanos hablando del mismo asunto, y yo no estoy de acuerdo, así que mejor me voy y los veo en el próximo servicio», no estás obrando bien delante de Dios. Si ves a los hermanos escuchando lo que Dios habla en las profecías; te percatas de toda la insistencia en la intercesión y en las instrucciones a los diferentes ministerios y unidades del cuerpo; observas a todo el mundo tratando de hacer su parte en serio, creyéndole a Dios, gimiendo y clamando para que su propósito se cumpla; y aún siendo tú parte o miembro de ese aparato, como unidad, lo tomas a la ligera porque no entiendes o no te importa, quiero decirte que estás rompiendo el todo de Dios. Eres un estorbo para aquellos que están siendo esforzados por el Espíritu a mantener la unidad del todo. Yo no sé tú, pero yo quiero hacer mi parte. No quiero romper la armonía del todo, ni mucho menos que Dios deje de cumplir su propósito por causa mía. Tengo que entender lo que soy en él. Bendigo a Dios que me hizo parte, que me incluyó, siendo menos que nada, pero ahora soy una unidad en una parte del todo que es el cuerpo.

¿Te das cuenta de lo difícil y complicado que es? Lo veo como pastor cuando en ocasiones, casi la mayoría estamos entendiendo y Dios se está manifestando, y vamos siguiendo sus instrucciones, pero hay tres o cuatro que están con una actitud ajena al mover de Dios. Es como si dijeran: «Esto no es conmigo». Todos ardiendo en el Espíritu y algunos más fríos que un témpano de hielo. Muchas veces no es la indiferencia, sino la actitud que estamos guardando en el corazón, de propósitos que no son los de Dios. Son actitudes que les hacen daño a aquellos que están trabajando alrededor en cualquiera de los ministerios, en la función que sea y por la razón que sea. Por eso Jesús habló de aquellos que hacen tropezar a los pequeños, pues haciéndolos tropezar a ellos, están haciendo tropezar a la iglesia, a un cuerpo completo. Entonces esa unidad ya no estará funcionando si estás rompiendo la marcha hacia el todo. Por lo cual, esto no es un asunto para decir, como muchos hacen: «Dios tiene que decírmelo a mí, así que ellos allá y yo aquí», no, no, no. Tenemos que entender que esto es un asunto de todos, de una totalidad, de un solo cuerpo, donde Cristo es la cabeza.

Tenemos que amar a Dios y desear con todo nuestro corazón que Dios sea el todo. Debemos entregarnos y someternos a él. La Palabra dice que el Señor va a someter todas las cosas, todo dominio, toda autoridad, toda potencia y todo pensamiento que no se someta a la obediencia de Cristo. El Señor lo va a desarraigar, ya lo está haciendo en ti y en mí, y lo seguirá haciendo. Por tanto, Dios te pide una sola cosa: *«Dame, hijo mío, tu corazón, y miren tus ojos por mis caminos»* (Proverbios 23:26). El Señor quiere tu voluntad para lograrlo. Así que no puedo estar pensando en mí, ni puedo concentrar las cosas en mí, pues no soy el todo, sino que el todo es Dios. Yo no puedo retirar mi brazo y no extenderlo, sino que por el bien del «todo» tengo que extender el brazo y ceder. Tengo que entender que con empecinarme en retener el brazo estoy dañando el todo, y debo, por amor a Dios, entregarme para que él lo logre. No pienses ahora en conceptos, piensa ahora en ti, porque Dios te está hablando a ti, en el área donde estás, donde Dios te ha puesto. Es ahí que tienes que decir: «Tengo que tener una actitud más colectiva, porque por naturaleza soy egoísta; me enseñaron a ser individualista, a alcanzar las cosas motivado por los logros personales, pero ahora pertenezco a Cristo, y la victoria mía es la victoria del Señor».

Si observamos un hormiguero, podremos ver que no hay ninguna hormiga arrinconada o sentada mientras las otras trabajan, ni muchos menos cargando para su nido individual. Al contrario, lo que veo es un hormiguear aquí y allá; una que va por aquí y esta que va por allá, todas en movimiento, comunicándose constantemente, saliendo del orificio de entrada del hormiguero, para cargar o ayudar a traer. No hay ninguna descansando o tomando aire fresco en una hoja, fuera del agujero y alejada del nido. Tampoco podemos decir que hemos visto una abeja solita en un panal, por lo que me imagino que ellas no se detienen a pensar: «¿Por qué tuve que nacer como obrera? ¿Es que Dios no me ama? Mira la reina, todo el tiempo comiendo y pariendo, a merced de ese zángano que lo único que hace es fecundarla. Y yo aquí que no doy abasto con tanta carga, trabajando sin parar para cuidar y mantener sus crías, porque ni eso hacen ellos. ¡Pero esto se acabó! Aquí mismo me voy a comer mi miel y estas obreras que sigan de tontas, trabajando para que otros engorden». No, las abejas no están buscando provecho individual, porque son animales que trabajan por intuición, con la sabiduría que les ha dado Dios para entender que su subsistencia depende del logro de un objetivo **común**. ¿Quién se lo dijo? Dios. Ellas no están tratando de aprovecharse, sino que trabajan todas en una armonía, en un todo, para lograr un fin general, que aproveche a todos. Inclusive todo lo que hacen y como se comunican (lenguaje de danza) es para lograr ese objetivo, pues viven por él y para él. Nada en ellas se sale del propósito. Dios les dio leyes cuando las creó y así funcionan, y cumpliendo esa vocación nunca han dejado de producir la cera ni la miel, y viven y mueren para que su colmena se mantenga por siempre.

¡Eso es algo maravilloso, asombroso! Siendo lo que son, apenas con unos milímetros de longitud, las hormigas nos instruyen en su sabiduría gigante, dándonos ejemplo de lo que es vivir para un propósito. Tanto el orden de las abejas como el de las hormigas nos ilustra lo que Dios quiere lograr en nosotros. Cada uno como Dios dijo, ya sea profeta, ya sea diácono, líder, anciano, sea cual sea la función que desempeñe en el cuerpo, todos trabajando por un fin común, que Dios sea el todo. Y me pregunto: ¿A qué podemos compararnos nosotros en el cuerpo, a termitas o a obreras? ¿Por qué, si hemos sido dotados de la inteligencia y el raciocinio, se nos hace tan difícil entender algo que redunda en nuestro propio bien? ¿Por qué nos es tan espinoso sacrificarnos por un bien común, menguar para que el otro crezca, callar para que otros sean edificados, vivir para glorificar a Dios, morir para llevar mucho fruto? (Juan 3:30; 1 Corintios 14:30; Romanos 1:21; Juan 12:24).

El problema de la iglesia mundial es que todo el mundo quiere buscar su propio reino. La unidad es simulada, pues perdura hasta que el interés localista o personal se vea sacrificado. Y el actuar de muchos ministros delata pensamientos como este: «Yo no puedo permitir que la iglesia del pastor fulano, que está en la esquina, prospere, porque me roba mis ovejas y me afecta mis intereses». Esa es la mentalidad, como si la iglesia de Cristo fuera solamente la que yo pastoreo. No, hermano, el Señor tiene una iglesia en el mundo entero, en toda nación, tribu lengua y pueblo. Si entiendo lo que es el todo, voy a desear que Dios bendiga al evangelista de allá, al pastor de más acá y al que empieza una obra nueva justo en la esquina de la mía, porque tengo que orar por todo proyecto que sea para la gloria del reino de Dios (2 Tesalonicenses 3:1). No importa quien sea el instrumento, eso no tiene nada que ver, pues en última instancia, aunque alguien se quiera llevar la gloria, no se la va a llevar, porque hay alguien que vive recogiendo toda la gloria para dársela a Dios, y ese es el Señor Jesucristo.

Dispón tu corazón, amado, porque Dios te va a comenzar a educar espiritualmente para que aprendas a trabajar en el todo. Somos muy independientes, y el egoísmo en nosotros lleva la voz cantante. Por eso no nos importa que el hermanito se quede retrasado o que deje de congregarse, que le vaya mal o sea sorprendido en alguna falta, sino que decimos: «Uno menos. Que se quite todo aquello que me estorba para hacer mi obra». Trabajamos mucho para hacer obras personales, no precisamente las que ya Dios hizo de antemano para que anduviésemos en ellas (Efesios 2:10). En consecuencia, nos hacemos tardos para entender que si ese hermano se queda, nosotros nos estancamos, porque no habrá un todo mientras no haya una plenitud.

Cristo vendrá cuando él haya sometido todas las cosas bajo sus pies (1 Corintios 15:24-28). Mientras haya algo que no se quiera meter debajo de las sandalias de Cristo, él va a estar pisando todo el tiempo. La Biblia dice que él no le va a entregar al Padre unas tres cuartas partes del reino, él se lo va a entregar todo, inclusive a sí mismo. Por tanto, termina de estar diciendo con la boca una cosa y con la vida hablando otra. No digas: «Venga tu reino; ven Cristo, hágase tu voluntad», si cuando te levantas de orar, vives para ti, porque todo eso solo era una repetición, un ritual religioso. No, no, no. Dios te va a mostrar si estás haciéndole daño a tus hermanos, si los estás paralizando o descuidando, si no lo estás atendiendo a él, porque todas esas cosas perturban el propósito del todo.

Piensa ahora en los ministerios. Si estás perturbando, por la razón que sea, y no estás funcionando en la tarea que el Señor te mandó a hacer, porque la apatía no te deja fluir, si cuando te exhortan y te preguntan qué pasa asumes la actitud de Adán, que dijo: «*La mujer que me diste*» (Génesis 3:12), echándole la culpa a otro, o tomas la actitud de

Caín: *«No sé. ¿Soy yo acaso guarda de mi hermano?»* (Génesis 3:12; 4:9), como diciendo: «¡Qué me importa a mí lo que hagan los demás! No sé de ministerio ni me interesa», tienes que deponer esa actitud por amor a Dios, pues te estás convirtiendo en un adversario del todo de Dios. Parecen duras estas palabras, pero hay gente que puede ver que se está desbaratando el propósito de Dios que dio origen a algún mover en el cuerpo, y ellos no ceden, como diciendo: «¡Qué se rompa todo! Esto es lo que yo creo, así pienso y así soy. Ese no es mi problema. Allá ellos». Hay incluso quienes son más bárbaros aún y se escudan en la misma Palabra, con una falsa sujeción, diciendo: «Yo no me incluyo en eso, porque esa no es mi área. A mí no me corresponde. Dios a mí no me ha hablado, así que al respecto ni voy a mover un dedo. Mira lo que dice la Biblia que le pasó a Uza por meter la mano donde no le correspondía» (2 Samuel 6:6). Pero déjame decirte si piensas así, que esa obediencia no proviene de Dios, sino de un corazón endurecido, pues **lo que es necesario hacer, debe hacerse**, tal como lo hizo en reiteradas ocasiones el Hijo de Dios (Mateo 12:2; 15:2; Marcos 2:18; 3:1-5).

Jesús dijo: *«El que no es conmigo, **contra mí es**; y el que conmigo no recoge, desparrama»* (Lucas 11:23). Esas personas que únicamente piensan en sí mismos, al final se quedan solas. «Solo» significa que no eres parte de un todo, pero cuando vienes a Cristo, ya no eres independiente. La independencia se acaba el día que te bautizas en el nombre del Padre, del Hijo y del Espíritu Santo. **No hay independencia en Cristo, sino dependencia en Dios**. Cristo dijo: *«Padre santo, a los que me has dado, guárdalos en tu nombre, para que sean **uno**, así como nosotros ... para que todos sean **uno**; como tú, oh Padre, en mí, y yo en ti, que también ellos sean **uno** en nosotros; para que el mundo crea que tú me enviaste. La gloria que me diste, yo les he dado, para que sean **uno**, así como nosotros somos **uno**. Yo en ellos, y tú en mí, para que sean perfectos en **unidad**»* (Juan 17:11,21-23). Esa es la esencia del evangelio, el que siendo muchos, seamos uno en él.

No hay independencia en Cristo, sino dependencia en Dios.

Hermano de mi alma, esto es sencillo. Dios te quiere llevar al conocimiento de cómo actuar en un todo; cómo trabajar en forma colectiva, en un cuerpo, para cumplir un fin sagrado y elevado como es el que Dios sea el todo, lo cual no puedes hacer solo. Si no creyera que Dios es todopoderoso y soberano, no me dedicara por el todo, ni sufriera afrenta por este, porque si lo vemós desde el punto de vista de la posibilidad humana, es imposible que se logre un todo. ¿Por qué digo esto? Porque todo lo que el ser humano toca, aun las cosas más nobles, aquellas que estima, incluso esas, las arruina. Somos malos, egoístas por naturaleza, duros de corazón, estamos muy ocupados en nosotros mismos y nos es indiferente lo que ocurra a los demás. En las grandes empresas siempre aparece un traidor y lo perjudica todo. He visto muchas cosas lindas que se han destruido en el mundo por una sola persona.

Jesús tenía doce discípulos, pero en uno de ellos había iniquidad. Vendió al Señor y dañó la unidad y el compañerismo que había entre ellos, lo dañó todo. Israel estaba lleno de victoria y entusiasmo, todavía saboreando el triunfo de Jericó, cuando iban a conquistar Hai, pero un solo hombre perjudicó el todo (Josué 7:21). Ese hombre vio un manto babilónico, doscientos ciclos de plata y un lingote de oro, y pensó en él, haciendo caso omiso a la advertencia de lo que significaba tomar algo para sí del anatema (Josué 7:10-12). A él no le importó, sino que dijo: «Mira qué manto más lindo; no es nuevo, pero está muy bueno, me lo voy a llevar. Todo este dinero se va perder, es una lástima, mejor lo tomo. Total, no es gran cosa, nadie se dará cuenta ni lo echará de menos». Y por ese único hombre que no supo trabajar en el todo, que se movió por sus sentidos, por sus necesidades, pagaron todos. Meditemos en las acciones de Ananías y Safira, quienes en un ambiente en donde todo el mundo entregaba sus propiedades y nadie decía tener nada propio, fingiendo desinterés, entregaron como un todo algo de lo que habían sustraído una parte (Hechos 5:2). Ellos quisieron mostrar una actitud de desprendimiento y falsa generosidad. Dañaron el ambiente de integridad y santidad, pagando con su muerte el engaño, y dejando en desconcierto y con un sinsabor a sus hermanos.

El Espíritu Santo de Dios, en su santísimo propósito en nosotros, va a lograr que como individuos nos olvidemos de nosotros como «unos» y nos proyectemos como parte de un todo. Uno, más uno, más uno, más uno, más uno, más uno, se convierte en una unidad, en una totalidad. Deja de decir: «¿Quién soy yo en el cuerpo? Yo no soy nada. ¿Cómo Dios, siendo tan grande, me echará de menos a mí que soy menos que nada? Ninguno notará mi ausencia ni le haré falta a nadie», porque déjame comunicarte que el cielo no estará completo si tú no estás, porque si Dios te incluyó y tu nombre está escrito en el libro de la vida, tienes un lugar en el todo de Dios. Cristo no vendrá hasta que el último de los elegidos pase el umbral de la eternidad. Por eso Cristo no ha venido, porque Dios todavía no ha logrado ser el todo en muchos. ¿Quieres que Cristo vuelva pronto? Pues únete al todo, y en lo que de ti dependa busca —a tiempo y fuera de tiempo— conformar y contribuir a esa totalidad. Que ni la muerte sea un obstáculo para que Dios lo logre. No es que el Señor está esperando que lo hagas para decidir venir, no, sino que cuando todos estén sujetos es que Jesús le entregará el reino al Padre. Nosotros no decidimos ni determinamos, pero sí contribuimos, pues nuestra obediencia y sujeción le facilita al Señor hacer con el **todo** lo que se ha propuesto.

Cuando estudio la historia del evangelio desde el nacimiento de Jesús, su sufrimiento, su abnegación y nobleza, su entrega, lo que le costó redimirme y estar tres años y medio soportando y enseñando a un grupo de hombres que no entendían, valoro y estimo mucho más su sacrificio (Mateo 16:11). Él muchas veces tenía que decirles: *«¡Oh generación incrédula y perversa! ¿Hasta cuándo he de estar con vosotros? ¿Hasta cuándo os he de soportar? ... hombres de poca fe»* (Mateo 17:17; 6:30). Ellos veían a Jesús obrando en santidad, siendo humilde, creyéndole a Dios, pero seguían siendo orgullosos, pendientes de lo que decían los demás y peleando por el primer lugar (Juan 21:15; Mateo 15:12; 20:21). Mas luego estos mismos hombres, ya apóstoles de Dios, entregaron su vida totalmente al evangelio, unos murieron asesinados, otros se convirtieron en cenizas en las hogueras, fueron comidas de leones, para que yo, veinte siglos después, tuviera esta herencia hoy, y fuera seriamente motivado a pensar en completar el todo. No, amado, no puedo estar pensando en mí. Por eso Dios nos enseña esto, porque él nos ama y en su gran misericordia nos quiere preservar, para que no nos ocurra lo que está sucediendo en la iglesia mundial, donde nos asombra el individualismo, el personalismo, los intereses personales, los «llaneros solitarios», las tiendas apartes y los énfasis que se establecen en el nombre de Jesús, sin entender ni dar cabida al todo de Dios, que es lo esencial.

El Señor cumplirá su propósito, pues Dios está *«sobre todos, y por todos, y en todos»* (Efesios 4:6). No hay un jinete como Dios. Él agarra los caballos broncos, salvajes y los doma, ninguno lo tira por el aire, porque a esos groseros, rústicos y toscos, el Señor los toma por las riendas, y si forcejean mucho, también los sujeta por la crin y los somete aunque relinchen y pataleen. Pero aún así, entre nosotros hay muchos que no se quieren someter a Dios. Mas ¿sabes cómo se logra que todos trabajen para un todo? Cuando Dios está sobre todos. Si Dios no está sobre mí ni sobre ti tampoco, ya son dos que no son parte de un todo. En cambio, si todos dejan que Dios esté **sobre ellos**, entonces él lo va a lograr de manera más rápida, a pesar que de todos modos, tarde o temprano, él lo logrará.

Cuando el Señor necesitó el aposento alto, únicamente dijo: *«Id a la ciudad, y os saldrá al encuentro un hombre que lleva un cántaro de agua; seguidle, y donde entrare, decid al señor de la casa: El Maestro dice: ¿Dónde está el aposento donde he de comer la pascua con mis discípulos? Y él os mostrará un gran aposento alto ya dispuesto; preparad para nosotros allí»* (Marcos 14:13-15). Sin mediar palabras, sin rebuscar, sin averiguar, este hombre les cedió inmediatamente a unos desconocidos un aposento de su casa, porque el Señor lo necesitaba. Y del pollino, que incluso ningún hombre había montado jamás, Jesús solo dijo: ***«Desatadlo, y traedlo.*** *Y si alguien os preguntare: ¿Por qué lo desatáis? le responderéis así:* ***Porque el Señor lo necesita»*** (Lucas 19:30-31). Así de simple fueron sus palabras y nadie se resistió. Mas, qué diferente son las cosas cuando estoy pensando en mí y no en el reino de Dios. Cuántas cosas hay que aclarar y explicar al hermanito para que se incluya en el todo, y todavía no entiende, y persista en dañar las cosas.

Nuestro Creador quiere evitar que echemos a perder su todo una vez más. Por eso cuando llegamos al Señor el vocabulario cambia, ya no es «lo mío», porque ese es el lenguaje de los niños: «¡Eso es mío, mío, mío!», sino que como maduros, debemos hablar de «lo nuestro» y un poquito más allá, ni siquiera nos incluiremos, como hablaba ya el apóstol Pablo: *«Sea Pablo, sea Apolos, sea Cefas, sea el mundo, sea la vida, sea la muerte, sea lo presente, sea lo por venir ...* ***todo es vuestro****, y vosotros de Cristo, y Cristo de Dios»* (1 Corintios 3:22-23). Ya no existimos ni contamos, ni nos vemos como particulares o individuales, porque todo es de Dios. No puedo estar halando para acá y tú halando para allá, no, no, no. Nosotros tenemos el yugo de Cristo y los bueyes que tienen ese yugo están arando hacia la misma dirección, tratando de lograr una misma cosa, que Dios esté sobre todos, por todos y en todos.

Es una afrenta al nombre del Señor que todos los pleitos que se suscitan en la iglesia sean por intereses personales. Es como si fuésemos parte de algún «cartel de drogas» y estuviéramos riñéndonos por el «material», «el punto» de venta, y los «clientes». Aclárame si no es esa la impresión que damos a los de afuera cuando se escucha de un pastor que se queja, amenazando a los hermanos con ir al infierno, porque dice que «le robaron» las ovejitas de la esquina; o cuando oímos al evangelista vociferando y acusando de farsante a otro evangelista que empezó una campaña en cierto lugar de «su localidad»; o cuando vemos que un anciano le dio un golpe de estado al pastor de la iglesia, en cierta ocasión que este dejó la iglesia a su cargo, y se quedó pastoreando en ella. ¡Da pena todo esto! Y lo que es todavía peor es que las fuentes de los diarios «amarillistas», dedicadas a desacreditar la grey del Señor, han dejado de ser los «informantes anónimos», ocupando su lugar muchos de los medios cristianos que se hacen ecos de estas cosas, para vergüenza nuestra delante del enemigo. Es como si el reino de Cristo estuviera dividido, no tuviéramos la misma esperanza y no fuéramos todos para un mismo cielo. Es como si los dominicanos esperaran un Cristo que va para Santo Domingo, los argentinos un Cristo que va para Argentina, los colombianos uno que irá a Colombia y así sucesivamente. ¡Por favor! Cristo viene pronto, pero hay un solo Cristo, un solo Señor, que viene a buscar a una sola iglesia, la que lleva su nombre, y TODO ojo lo verá (Apocalipsis 1:7). Esto no es algo aislado o de una nación en particular.

En tiempo de la segunda guerra mundial (cuando Estados Unidos entró en la guerra, y los campos de batalla estaban ardiendo por el enfrentamiento contra Japón y Alemania), se transmitió por la televisión una entrevista que le hicieron a un hombre en una iglesia, el cual decía frente a las cámaras, con una convicción tremenda, que si la nación americana necesitaba su casa, que la tomara, que si necesitaba su automóvil, que dispusiera de él, y que si necesitaba todo lo demás, hasta sus hijos para que fueran a la guerra, que los tomaran, porque decía que había algo que nadie podría quitarle y era a los Estados Unidos. Así, como este hombre, cada miembro de la iglesia debe levantarse y decir: «Si Dios necesita mi casa que la tome, si Dios necesita mi automóvil, que lo tome, si Dios necesita mi televisor que lo tome, si Dios necesita mis hijos para lograr el todo, que disponga de ellos, porque hay algo que nadie nos podrá quitar y es el reino de Dios». Aplica eso a todo en tu vida.

Digamos que tienes un mal entendido con un hermano y la situación se pone tan difícil que cada día se hace más imposible lograr una reconciliación, porque la persona no permite un acercamiento. En cambio, esa persona ha llegado al colmo de insultarte, ofenderte y desacreditarte frente a los otros hermanos. Mas, antes de pagarle con la misma moneda, enemistarte definitivamente con ella o marcharte de la iglesia, debes pensar en que Cristo murió por lograr un todo. No olvides que como tú, esa persona también es parte del todo, que le costó a nuestro Cristo todo: su vida, la separación de su Padre y el sacrificio total. Debes decir: «Aunque me duela y me es difícil, debo reconocer que esta persona es mi hermana, y las dos estamos bajo la obra poderosa del

Espíritu Santo, quien está obrando para que Dios esté sobre todos, en todos y por todos. Por lo cual, me humillaré y daré mi brazo a torcer. Mientras mi hermano y yo estemos en desarmonía, el todo no se logrará, y no voy a escatimar ni aun mi vida con tal de que Dios logre ser el todo». Entonces nos humillamos para que él reine.

Recuerdo que en tiempos de la guerra fría algunos jóvenes de ciertos países, para protestar, se echaban gasolina y se quemaban vivos, y yo digo: «Señor, si una persona es tan fanática de una ideología que es capaz de prenderse fuego en una calle para protestar, y algunos hasta hacen huelgas de hambre por cuarenta días, a ver si pueden hacer presión y lograr conseguir el cumplimiento de sus demandas, ¿no es eso más difícil que pedirle a mi hermano perdón? ¿No es más fácil decir: «Mi hermano, yo sé que te ofendí, pero tenemos que estar en armonía para que Cristo haga lo que quiera con nosotros dos»? ¿No es más viable decir: «Me dolió mucho lo que me hiciste, pero te perdono, olvidemos ya lo que pasó y sigamos adelante, juntos en el Señor»? Me pregunto: ¿no es eso más sencillo, Señor? Hay naciones que son enemigas por siglos, pero son capaces de sentarse a la mesa a negociar y firmar incluso tratados, para poder convivir en paz, entonces, ¿cómo yo, que debo vivir en amor, no puedo vivir en paz con mi hermano? ¿Cómo no puedo ponerme de acuerdo con mi hermano para lograr un fin, que no es tener una nación libre ni que triunfe una ideología en particular, sino que mi Dios, que es sobre todos, llegue a ser el todo? Aquel que me lo dio todo, que lo sufrió todo, que renunció a todo para que yo fuera parte del todo, me está pidiendo que renuncie a algo para que lo pueda lograr, ¿se lo voy a negar?

No hay nada que haga ningún ser humano que se pueda llamar sacrificio si lo comparamos con el logro del santísimo propósito de Dios. Esto es demasiado grande, por lo tanto, Dios te seguirá instruyendo en lo que es tu parte en el logro de ese todo. Pero eso lo tenemos que aprender en el Espíritu, porque solo por amor se puede conseguir que se cumpla cabalmente. Es en un ambiente de unidad, de entrega, de abnegación y de sujeción al reino de Dios donde se logra paulatinamente esta misión santa. Tenemos que anhelar, aspirar ser alguien que participa, que se entrega, que se da, para contribuir con el todo y que Dios logre su objetivo común, ser el todo en todos. No solamente ser el todo en mí y en ti, sino en todos. Esto es un gran desafío, no simplemente un deseo, si lo quiero tengo que estar dispuesto a que Dios logre ser el todo en mí. Eso quiere decir que todas las áreas de mi vida, por ínfimas que sean, tienen que estar entregadas al Señor, así como todas las áreas de la vida de los demás.

Por nosotros mismos es muy difícil lograr este ideal del corazón, pero es fácil en Cristo. Él dijo que lo iba a hacer y lo hará, porque va a llegar el día que todo reino, autoridad y dominio, será sometido para que Dios sea el todo. Y mira qué lindo, que cuando el Señor Jesús haya sometido a todos sus enemigos bajo sus pies (o sea, cuando quite a todos los opositores y los tire al infierno) y transforme a sus elegidos a la semejanza de su gloria, entonces dirá: «Están todos aquí, sometidos, sujetos, y ahora yo también, Padre, te cedo mi lugar, y me someto voluntariamente para que tú logres ser el todo en todos» (1 Corintios 15:28).

Entiende mi hermano, que Jesús no es una persona segunda en el cielo, sino que él es uno con el Padre. Él ha sido eternamente uno con Dios, desde antes del principio de los tiempos. Jesús no es alguien más, como lo creen algunos por ahí, sino que ***«es Dios sobre todas las cosas, bendito por los siglos. Amén»*** (Romanos 9:5). Las Sagradas Escrituras le llaman: *«**Gran Dios** y Salvador Jesucristo»* (Tito 2:14). Sin embargo, ese que fue llamado *«Dios con nosotros ... Admirable, Consejero, Dios Fuerte, Padre Eterno, Príncipe de Paz»* (Mateo 1:23; Isaías 9:6) se va a someter al Padre, para que solamente haya uno que sea el todo, el Padre. Y si el Hijo fue capaz de dejar el cielo y venir a la tierra a humillarse para que Dios sea el todo en todos, y no conforme con ello, al final, estando glorificado, también se sujetará, ¿qué puedo yo encontrar que sea difícil para que no se cumpla el todo de Dios? ¿Cómo puedo negarme y no estar dispuesto a que eso tan santo se logre? ¡Oh, no, amado! Yo no sé tú, pero si Dios me ha llamado para su reino, aquí estoy, dispuesto enteramente para él. Y esto no es un caso aislado ni una cualidad de mi persona, sino actitudes que ocurren a diario, en hombres y mujeres de Dios, los cuales sé que están dispuestos para él.

Ahora trae el Señor a mi memoria una ocasión en la que en una radiodifusora se le pidió a un siervo de Dios su espacio de adoración para cedérmelo a mí. Era su segmento, en cuyo tiempo levantaba un altar para llevar almas a Dios, pero él dijo: «Si Dios lo necesita, tómenlo, pues si él quiere hablar a través de estos siervos que lo haga». ¡De esa manera es que se vive el reino de Dios entre los hombres! Si Dios necesita algo, que lo tome; si se va a lograr un propósito de Dios, ¿qué importa lo mío? Lo primordial es que el reino se establezca. Y no es que lo mío no tenga valor, pues si algo tengo para dar, de su mano lo he recibido, sino que lo significativo aquí es la actitud. El ser siervo de Dios requiere el preferirse en honra los unos a los otros; el saber cuándo menguar para que el otro crezca (Romanos 12:10; Juan 3:30). ¡Qué hermoso es cuando nos cedemos unos a otros para el reino; cuando salimos a las naciones, no para hacer un nombre, sino para llevar un nombre, el nombre de Jesús!

¡Qué hermoso es cuando nos cedemos unos a otros para el reino; cuando salimos a las naciones, no para hacer un nombre, sino para llevar un nombre, el nombre de Jesús!

Es necesario estar motivados en Cristo para estar dispuestos a renunciar a lo nuestro y ponerlo a favor del todo, privarnos de cualquier cosa para beneficio del todo. Por tanto, haya en nosotros el mismo sentir que hubo en Cristo Jesús, el cual, siendo igual a Dios, no tomó eso como un pretexto, sino que pensó en el todo del reino de Dios (Filipenses 2:5-7). Y dicen las Escrituras que Jesús vino, y no solamente se expuso, sino que como oveja fue llevado al matadero, y frente a sus trasquiladores enmudeció, no abrió su boca (Isaías 53:7). No murió quejándose, lo dio todo por el todo. Y si algo pudo dolerle al Hijo fue el ser separado de su Padre, pues en la eternidad nunca había ocurrido que ellos se separaran, sin embargo, en la cruz, por seis horas el Padre quitó de él su rostro. Quedó solo para llevar los pecados de nosotros, poder tomar esa oveja que se extravió y completar las cien. ¿No pasó eso con nosotros? ¿Acaso no dijo Jesús que él dejó en el cielo las noventa y nueve, o sea a todos los ángeles y los otros mundos, para venir a esta unidad, a la tierra, y pagar un precio tan elevado, tomar este planeta tan rebelde y anexarlo al gran todo de Dios?

Por eso necesito entender que si Dios me dio vida y me llamó a un propósito no fue para perpetuar «mi reino», para que me haga un nombre, para que digan: «El grandioso ministerio Amanecer de la Esperanza, o el iluminado Pastor Juan Radhamés Fernández», no, porque entonces estoy haciendo mi propio reino y delegando a un segundo lugar el reino de Dios.

La iglesia tiene un propósito general, dado por su Señor no a una iglesia en particular, o de un país específico, sino que es una misión total, universal y eterna que agrupa a todas las congregaciones y a todos. No obstante, ese gran propósito tiene que comenzar por las células, para que llegue a todo el cuerpo y cubra desde el menor hasta el mayor (Hebreos 8:11). Por eso, Dios te habla directamente a ti y a mí, para que vivamos en el todo, pues aunque somos una célula en el cuerpo mundial de Jesucristo, pertenecemos a un todo, el cual subsiste porque Dios está sobre todos, por todos y en todos. Amén.

V. 2 Derramados en la libación sobre el sacrificio

«Y aunque sea derramado en libación sobre el sacrificio y servicio de vuestra fe, me gozo y regocijo con todos vosotros» (Filipenses 2:17).

¿Qué significa la palabra libación? ¿Qué quiso decir el apóstol Pablo cuando dijo que no le importaría el ser derramado en libación sobre el sacrificio y servicio de nuestra fe? La primera vez en la Biblia en que se muestra la realización de una *libación* es en Génesis 28:18, veámoslo: *«Y se levantó Jacob de mañana, y tomó la piedra que había puesto de cabecera, y la alzó por señal, y derramó aceite encima de ella»*. Es decir que Jacob, después que hizo el sacrificio al Señor, levantó la piedra que tomó como cabecera, la cual era un tipo de Cristo (1 Corintios 10:4), y derramó sobre ella aceite, lo que bien podríamos interpretar como libación. La libación es un ofrecimiento derramado, algo líquido que se sacrifica, con derramamiento, en la ofrenda a Dios. Nota que en Génesis 35:14 Jacob hace lo mismo, pero ahora el escritor usa la palabra *libación*: *«Y Jacob erigió una señal en el lugar donde había hablado con él, una señal de piedra, y derramó sobre ella libación, y echó sobre ella aceite»*. Estas son las dos primeras menciones de la práctica de un adorador derramando libación sobre la ofrenda que le dedica a Dios.

Más tarde, cuando Dios da la ley a Moisés, se estableció la libación como parte de la adoración, como algo que se añadía al sacrificio. Veámoslo en el Pentateuco y analicemos la manera como Dios ordenó hacer todo esto: *«Además, con cada cordero una décima parte de un efa de flor de harina amasada con la cuarta parte de un hin de aceite de olivas machacadas; y para la libación, la cuarta parte de un hin de vino»* (Éxodo 29:40). Es decir que la libación era parte de las ofrendas del holocausto continuo. En esta ofrenda, Dios añade una medida de vino, un elemento diferente a la libación de aceite, lo cual también dice Levítico 23:13: *«Su ofrenda será dos décimas de efa de flor de harina amasada con aceite, ofrenda encendida a Jehová en olor gratísimo; y su libación será de vino, la cuarta parte de un hin»*. También Jehová estableció ofrendas y sacrificios con libaciones en las fiestas solemnes, tal como se describe en el siguiente versículo: *«Éstas son las fiestas solemnes de Jehová, a las que convocaréis santas reuniones, para ofrecer ofrenda encendida a Jehová, holocausto y ofrenda, sacrificio y libaciones, cada cosa en su tiempo»* (Levítico 23:37). Estas libaciones se hacían con vino, aceite y agua, esta última la veremos más adelante.

En el libro de Números se nos habla igualmente de esto: *«De vino para la* ***libación*** *ofrecerás la cuarta parte de un hin, además del holocausto o del sacrificio, por cada cordero. Por cada carnero harás ofrenda de dos décimas de flor de harina, amasada con la tercera parte de un hin de aceite;* ***y de vino para la libación*** *ofrecerás la tercera parte de un hin, en olor grato a Jehová ... Es holocausto continuo, que fue ordenado en el monte Sinaí para olor grato, ofrenda encendida a Jehová. Y su* ***libación****, la cuarta parte de un hin con cada cordero;* ***derramarás libación*** *de vino superior ante Jehová en el santuario»* (Números 15:5-7; 28:6-7). Hay otras fiestas que hicieron los reyes de Israel donde usaron la libación, pero lo que aprendemos aquí principalmente es que la libación no era una ofrenda, sino un elemento que Dios ordenó que se añadiera a la ofrenda, especialmente a la ofrenda del holocausto continuo.

La libación es algo que se derrama sobre la ofrenda, pero no es la ofrenda en sí, sino algo que se vierte sobre ella. Recordemos el sacrificio de Elías, en el monte Carmelo, donde después que los baales terminaron, entonces él preparó el altar de JAH, puso el holocausto y dijo: *«Llenad cuatro cántaros de agua, y* ***derramadla*** *sobre el holocausto y sobre la leña»* (1 Reyes 18:34). No conforme con eso, el profeta les ordenó que lo hicieran tres veces más, y hubo tan gran libación de agua que esta corría a chorros y caía alrededor del altar del holocausto, de tal modo que la zanja (que el profeta había mandado a hacer alrededor del altar) también se rebozó de agua (vv. 35,32). Es decir, que hubo tres libaciones de agua en el monte Carmelo sobre el gran sacrificio. Lo segundo que aprendemos de esto es que la libación, en Israel, se convirtió en un motivo de gozo, y se estableció como la añadidura de deleite y complacencia a la ofrenda para Dios.

Algunos profetas menores —como le llamamos nosotros—, específicamente Oseas y Joel, cuando hablan de la libación la relacionaban con gozo y también con tristeza. Parece que cuando faltaba la libación era una forma de expresar que no habría gozo en el sacrificio, como cuando se habla de los lagares sin cántico, para mostrar tristeza. Los lagares eran aquellas prensas donde se hacia el vino y las personas iban pisando el fruto de la vid, para sacarle el zumo, al ritmo de cánticos y alabanzas, porque JAH había bendecido la tierra y les había dado de sus frutos. Veamos esto en Oseas 9:1-4: *«No te alegres, oh Israel, hasta saltar de gozo como los pueblos, pues has fornicado apartándote de tu Dios;*

amaste salario de ramera en todas las eras de trigo. La era y el lagar no los mantendrán, y les fallará el mosto. No quedarán en la tierra de Jehová, sino que volverá Efraín a Egipto y a Asiria, donde comerán vianda inmunda. No harán libaciones a Jehová, ni sus sacrificios le serán gratos; como pan de enlutados les serán a ellos; todos los que coman de él serán inmundos. Será, pues, el pan de ellos para sí mismos; ese pan no entrará en la casa de Jehová». En otras palabras, no te goces ni te alegres delante de Jehová, porque él no recibirá ni tus ofrendas ni tus libaciones.

Ahora veamos en el libro de Joel 1:9,13 como dice: *«Desapareció de la casa de Jehová la ofrenda y la* ***libación****; los sacerdotes ministros de Jehová están de duelo ... Ceñíos y lamentad, sacerdotes; gemid, ministros del altar; venid, dormid en cilicio, ministros de mi Dios; porque quitada es de la casa de vuestro Dios la ofrenda y la libación»*. Y más adelante nota lo que dice: *«¿Quién sabe si volverá y se arrepentirá y dejará bendición tras de él, esto es, ofrenda y* ***libación*** *para Jehová vuestro Dios?»* (Joel 2:14). Por las expresiones de estos profetas se nos da a entender que Israel expresaba su gozo a Dios a través de la libación, y que el pueblo de Dios veía como una bendición y algo muy grato la práctica de libar sobre el sacrificio. En tiempo de sequía, lo lamentable no era tanto que faltase el alimento para el pueblo como que la carencia del fruto de la vid y del olivo traía como consecuencia que la libación y la ofrenda desaparecieran de la casa de Jehová.

En el Nuevo Testamento vemos como Jesús habló de una mujer pecadora que vino a él y derramó sobre su cuerpo un perfume bien caro. Él dijo: *«De cierto os digo que dondequiera que se predique este evangelio, en todo el mundo, también se contará lo que ésta ha hecho, para memoria de ella»* (Mateo 26:13). Esta mujer, posiblemente pobre, gastó para adquirir este ungüento seguramente más de trescientos denarios, lo que equivalía al salario de todo un año de un obrero en aquel tiempo, y lo derramó (libación) sobre la cabeza del Mesías. Muchos consideraron eso como un escándalo, un gran desperdicio de recursos, pues había muchos pobres que necesitan de ayuda económica, sin saber lo que luego Jesús, conociendo sus pensamientos, les declaró: *«¿Por qué molestáis a esta mujer? pues ha hecho conmigo una buena obra. Porque siempre tendréis pobres con vosotros, pero a mí no siempre me tendréis. Porque al derramar este perfume sobre mi cuerpo,* ***lo ha hecho a fin de prepararme para la sepultura****»* (vv. 10-12). Jesús se estaba refiriendo, precisamente, a la costumbre de aquellos días de que a los muertos se les ungía con perfume. Aunque estaba aludiendo a esta práctica, podemos aplicarlo a la ley de la libación, pues Jesús, como cordero, ofrecería su vida por la humanidad. Así que esa mujer lo estaba preparando para el sacrificio, digamos, como una ofrenda especial a la que se le echaba libación, el perfume de su amor. Sin saberlo, ella lo preparó para la sepultura y para el sacrificio santo, en el cual, por primera vez y para siempre, una vida humana se derramaría como libación.

En uno de los salmos mesiánicos se describe de manera sorprendente la crucifixión de Jesús, y aunque lo escribió David, es como si el mismo Cristo clamara al Padre a través de él: *«He sido **derramado** como aguas, y todos mis huesos se descoyuntaron; mi corazón fue como cera, derritiéndose en medio de mis entrañas»* (Salmo 22:14). Jesús continúa en el salmo describiendo su pasión y su muerte, y termina glorificando al Padre por su eterna salvación. Lo que quiero enfatizar es que Jesús le habló al Padre acerca de su pasión y su muerte como un derramamiento. Te invito a que leas todo el contexto de este hermoso salmo para que veas que se está refiriendo proféticamente a la crucifixión, cuando el Cordero de Dios se ofreció como ofrenda sobre nosotros. Miremos ahora cómo hablaron los profetas acerca del sacrifico de Jesús y lo que el Padre dice acerca de el mismo:

> *«Despreciado y desechado entre los hombres, varón de dolores, experimentado en quebranto; y como que escondimos de él el rostro, fue menospreciado, y no lo estimamos. Ciertamente llevó él nuestras enfermedades, y sufrió nuestros dolores; y nosotros le tuvimos por azotado, por herido de Dios y abatido. Mas él herido fue por nuestras rebeliones, molido por nuestros pecados; el castigo de nuestra paz fue sobre él, y por su llaga fuimos nosotros curados. Todos nosotros nos descarriamos como ovejas, cada cual se apartó por su camino; mas Jehová cargó en él el pecado de todos nosotros. Angustiado él, y afligido, no abrió su boca; como cordero fue llevado al matadero; y como oveja delante de sus trasquiladores, enmudeció, y no abrió su boca. Por cárcel y por juicio fue quitado; y su generación, ¿quién la contará? Porque fue cortado de la tierra de los vivientes, y por la rebelión de mi pueblo fue herido. Y se dispuso con los impíos su sepultura, mas con los ricos fue en su muerte; aunque nunca hizo maldad, ni hubo engaño en su boca. Con todo eso, Jehová quiso quebrantarlo, sujetándole a padecimiento. Cuando haya puesto su vida en expiación por el pecado, verá linaje, vivirá por largos días, y la voluntad de Jehová será en su mano prosperada. Verá el fruto de la aflicción de su alma, y quedará satisfecho; por su*

conocimiento justificará mi siervo justo a muchos, y llevará las iniquidades de ellos. Por tanto, yo le daré parte con los grandes, y con los fuertes repartirá despojos; ***por cuanto derramó su vida hasta la muerte****, y fue contado con los pecadores, habiendo él llevado el pecado de muchos, y orado por los transgresores».* (Isaías 53:3-12).

Notemos la expresión «*derramó su vida hasta la muerte*» (v. 12). Podemos afirmar que Jesucristo derramó en la cruz su sangre, no únicamente en expiación, sino también en libación, y no tan solo porque fue derramada, sino porque lo hizo con gozo. Así dijo, por boca del salmista: «*Sacrificio y ofrenda no te agrada; has abierto mis oídos; holocausto y expiación no has demandado. Entonces dije: He aquí, vengo; en el rollo del libro está escrito de mí; el hacer tu voluntad, Dios mío, me ha* **AGRADADO***, y tu ley está en medio de mi corazón*» (Salmo 40:6-8). Por la gracia de Dios, Jesucristo gustó de la muerte, a fin de llevarnos a todos a la gloria (Hebreos 2:9-10), pues «*por el gozo puesto delante de él sufrió la cruz, menospreciando el oprobio, y se sentó a la diestra del trono de Dios*» (Hebreos 12:2).

Concisamente, podríamos decir que en la práctica de la ley había dos libaciones: el vino y el aceite. El agua podemos contarla como una tercera, si consideramos la experiencia de Elías como una libación. Aclaro que Moisés no habló del agua como una libación, pero por lo que pasó en el Carmelo, y en el sentido espiritual que la estoy aplicando, la cuento como una tercera. Así vemos en el Nuevo Testamento a Jesús celebrando la Pascua y sentado a la mesa con sus doce discípulos, quien levantando la copa, después de haber dado gracias, dijo: «*Bebed de ella todos; porque esto es mi sangre del nuevo pacto, que por muchos es* ***derramada*** *para remisión de los pecados*» (Mateo 26:27-28). Sabemos que la vida está en la sangre, por eso podemos afirmar que Jesús derramó su vida cuando derramó su sangre. También hay un versículo que a mí me impactó de manera extraordinaria cuando lo leí, y quiero compartirlo contigo, porque confirma este pensamiento. Está en otro salmo mesiánico, y nota lo que dice:

«*¿Por qué se amotinan las gentes, y los pueblos piensan cosas vanas? Se levantarán los reyes de la tierra, y príncipes consultarán unidos contra Jehová y contra su ungido, diciendo: Rompamos sus ligaduras, y echemos de nosotros sus cuerdas. El que mora en los cielos se reirá; el Señor se burlará de ellos. Luego hablará a ellos en su furor, y los turbará con su ira. Pero yo* ***he puesto*** *mi rey Sobre Sion,* *mi santo monte. Yo publicaré el decreto; Jehová me ha dicho: Mi hijo eres tú; yo te engendré hoy. Pídeme, y te daré por herencia las naciones, y como posesión tuya los confines de la tierra»* (Salmo 2:1-8).

Dios dijo que él ha puesto a su Rey sobre Sion, su santo monte, y el verbo hebreo usado en la expresión «he puesto» significa verter, derramar, hacer una libación (Oseas 9:4; Éxodo 30:9). El sentido del Salmo 2:6 es ser «instaurado» mediante un rito de libación. Esto quiere decir que Jesús, como rey, fue consagrado a través de un rito por libación; y esto debido a la manera como Jesús se humilló y se entregó para el propósito del Padre, quien lo coronó (Filipenses 2:5-10). Podemos decir entonces que él no solo fue instaurado rey mediante un rito de libación, sino que fue derramado en libación sobre el sacrificio. En efecto, basado en ese contexto, pensando en la manera en que su Salvador se ofreció, es que Pablo dice: *«Aunque sea derramado en libación sobre el sacrificio y servicio de vuestra fe, me gozo y regocijo con todos vosotros»* (Filipenses 2:17). Nota que estas palabras están en el mismo capítulo 2 de Filipenses, por lo que entiendo que Pablo quiso decir con ello: «Yo tengo el mismo sentir que hubo en Cristo Jesús (vv. 5-10). Así como él se derramó en libación sobre el sacrificio, yo, Pablo, también me derramo de la misma forma».

Por consiguiente, el Salmo 2:6, en otras palabras, diría: «Yo he derramado mi Rey sobre Sion, mi santo monte; he hecho un sacrificio con libación, su vida perfecta la he vertido». Entonces, podemos decir que Sion está lleno de Cristo. Sion, espiritualmente, es la iglesia (Hebreos 12:22-24; Apocalipsis 21:9,10) y Dios mora en ella. El Calvario, geográficamente, está en los contornos de Jerusalén, y esta entera es Sion (Isaías 30:19; 31:9). Dios derramó a Cristo sobre el sacrificio, por eso Sion está lleno de la vida de Jesús, de alabanza, de poder, de autoridad, allí es donde habita la hermosura de su santidad, donde será enjugada toda lágrima, y solo gozo perpetuo habrá sobre los que en él habitan. Dios no nos llamó a un monte que humeaba, sino que nos llamó al monte de Sion. Este monte, que es la iglesia, está lleno de Jesús, porque Dios derramó a su Rey sobre nosotros. Estamos llenos de nuestro Rey. Jesucristo nos lavó con su sangre. Él derramó su sangre sobre ti, la derramó sobre mí, Cristo se entregó y se derramó completamente para Dios. La iglesia está llena de Jesús, tú estás lleno de Jesús, porque él se derramó en ti.

La idea de derramar es verterse, entregarse completamente. Es lo que hace un líquido cuando se derrama sobre algo y volcándose se expande, llenando todo el lugar, de manera que para encontrarlo de nuevo tendríamos que extraerlo del lugar donde se ha vertido, porque de otra manera no se encuentra, ya que ha sido absorbido. Esto ilustra la idea de entregarse, de derramarse, de humillarse delante de la presencia de Dios. Cuando somos quebrantados por el Espíritu Santo, nos tiramos al piso, porque perdemos las fuerzas para mantenernos en pie, estamos desvanecidos. Por eso cuando en la iglesia desciende la gloria de Dios hay un derramamiento, porque la Biblia habla que Dios derramó a su Rey en Sion, pero el día de Pentecostés, el Señor derramó su Espíritu.

De las tres formas de libación que hemos visto, podemos decir que el vino fue derramado en el Calvario, tipificado por la sangre de Jesús. Por eso, no es una casualidad que cuando le atravesaron el costado a Cristo con la lanza, al instante saliera sangre y agua (Juan 19:34), por lo que en el Calvario también se derramó agua. Es decir, que desde Juan el Bautista hasta la muerte de Jesús, sobre la ofrenda se había libado sangre y agua. Jesús fue ungido por el Padre, y siendo el Mesías (ungido) se derramó en la cruz y también en el día de Pentecostés, a través del Espíritu Santo. Juan dijo: *«Yo a la verdad os bautizo en agua para arrepentimiento; pero el que viene tras mí, cuyo calzado yo no soy digno de llevar, es más poderoso que yo; él os bautizará en Espíritu Santo y fuego»* (Mateo 3:11). Allí, en ese cuartito, donde había una iglesia orando y entregando a Dios todas sus expectativas, se derramó Cristo en el Espíritu de Dios, y como lenguas de fuego descendió sobre una iglesia a la cual consagró.

Ese es el ungimiento divino: «Yo he derramado mi Rey en Sion», eso es lo que significa Jesús. Él era el sacrificio, por eso aquella mujer, sin saberlo, le derramó el perfume sobre la cabeza, dedicándoselo a Dios. Él se consagró y entregó su vida hasta la muerte en la cruz. Dios, en Cristo, se entregó a nosotros, y en el Día de Pentecostés también cayó la libación sobre la iglesia, cayó el aceite, cayó la consagración, por eso somos cristianos. La palabra Cristo significa ungido, Mesías. Dios nos derramó en Cristo las tres libaciones y unciones; la del **aceite,** que es el Espíritu Santo; la del **vino,** que es la sangre de Cristo (pacto y gozo) y la del **agua,** que es el lavamiento, la santificación, y la regeneración por el Espíritu Santo. Quiere decir entonces que el Señor se ha derramado, se ha vertido plenamente, se ha entregado por entero a nosotros.

Dios nos derramó en Cristo las tres libaciones y unciones.

Volvamos entonces al versículo tema de esta sección para entender un poquito más lo que Dios nos quiere enseñar: *«Aunque sea derramado en libación sobre el sacrificio y servicio de vuestra fe, me gozo y regocijo con todos vosotros»*. Nota que Pablo dice en Romanos 12:1 que nuestra vida debe ser derramada y dedicada como un *sacrifico vivo*, para darle un culto racional a Dios. Sabemos que para ofrendar nuestra vida a Dios tenemos que estar muertos en la carne, pues qué tipo de sacrificio sería ese si estamos vivos. Esa es la paradoja del evangelio, que para darle a Dios un sacrificio vivo, tenemos que estar muertos. La carne tiene que morir para que Dios viva en nosotros. Eso es lo que pide Dios de nosotros, vivir en él y morir a nuestros deseos, a la carne, al yo (ego), a la aspiración, a las ambiciones, a las cosas terrenales, morir completamente a lo nuestro cuando esto sea antagónicos con los intereses eternos. Tú y yo tenemos que decir como dijo Sansón: *«Muera yo con los filisteos»* (Jueces 16:30), que es como decir: «Muera yo con mis deseos» (muchas veces los deseos son nuestros enemigos), para que viva Cristo en nosotros. Así que el que vive ya no vive para sí, sino para aquel que murió por él.

Estamos crucificados en Cristo. Tenemos que decir como decía Pablo: *«Con Cristo estoy juntamente crucificado, y ya no vivo yo, mas vive Cristo en mí; y lo que ahora vivo en la carne, lo vivo en la fe del Hijo de Dios, el cual me amó y se entregó a sí mismo por mí»* (Gálatas 2:20). Eso es un sacrificio vivo, eso es un derramarse. Pablo quiso decir: «Ya no vivo yo, pues soy un sacrificio vivo, y si también he de derramar mi vida lo haré con gozo. Dios me llamó como apóstol a servirlos a ustedes y todo lo he dejado, y todo lo sufro y todo lo soporto por amor a ustedes, los escogidos. Lo que para mí era antes ganancia, ahora lo tengo por basura, y de ninguna cosa hago caso, ni estimo mi vida preciosa para mí mismo, con tal de que acabe **con gozo** la carrera y el ministerio que recibí del Señor Jesús. Así que mi vida está siendo constantemente sacrificada y pronto ha de ser derramada, pero en Cristo me fortalezco, me gozo y me regocijo por todos ustedes» (2 Timoteo 2:10; Filipenses 3:7; Hechos 20:24).

Nosotros también hemos de derramar y de entregar nuestra vida a Dios. Cuántos hay que le dan sacrificio a Dios, pero sin libación, sin que haya vino en su sacrificio. El vino es un tipo de gozo, de pacto, de agrado a la voluntad de Dios. Hay muchos sacrificios en la iglesia sin libación de vino, pero debe haber libación de vino, tiene que haber gozo. La Palabra dice: *«Servid a Jehová con alegría; venid ante su presencia con regocijo»* (Salmo 100:2). Cuando no hay libación, la Biblia dice que es como si se perdiera el gozo, hay luto y lamentación, no hay derramamiento, no hay entrega. El creyente no puede ir al altar del sacrificio (a su presencia) como el buey que se resiste, que se rebela, que muge porque no quiere morir, no, no, no. Porque lo que se pone en el altar del sacrificio no es la carne de un animal irracional, sino una vida que ofrece sus grosuras con gozo, pues *«el reino de Dios no es comida ni bebida, sino justicia, paz y gozo en el Espíritu Santo»* (Romanos 14:17). Nuestras vidas han sido libadas con aceite, por tanto, nuestra copa debe estar rebosando y nuestro corazón anhelando entregarnos a Dios (Salmo 23:5). No es suficiente con obedecer la voluntad de Dios, también hay que amarla. Hay quienes obedecen la voluntad de Dios, pero no la aman, sino que la cumplen como un deber. La Biblia dice que sus mandamientos no son gravosos, no son tediosos (1 Juan 5:3). El amor es sufrido, pero todo lo hace con gozo y no infringe dolor.

Vemos que la voluntad de Dios fue prosperada en la vida de Jesús, y a pesar de haber sido un varón de dolores, experimentado en quebranto, su comida, su necesidad, era hacer la voluntad de Dios (Isaías 53:3; Juan 4:34). Sabemos el placer que nos da el comer, la satisfacción que es saborear un bocado favorito, pues así mismo era para Jesús el hacer la voluntad de Dios. Él saboreaba la voluntad del Padre, tanto le satisfacía que buscaba el obedecerla hasta perder el apetito, y sus discípulos tenían que rogarle para que comiese (Juan 4:31; 5:30). Para Jesús, hacer la voluntad de Dios era su necesidad y su razón de ser (Juan 9:4; 6:38). Toda relación que establecía era dependiente a esa voluntad, para el cumplimiento de esa voluntad, para honrar esa voluntad (Mateo 4:4; Juan 6:39; Lucas 8:21; Mateo 4:14; 8:17; Juan 21:19).

No es suficiente con obedecer la voluntad de Dios, también hay que amarla.

Pocos son los que dicen: «El yugo que llevo de mi Señor es fácil, y ligera su carga. En la carne me estoy desgastando, pero qué hermoso es ver que mi hombre interior se renueva de día en día» (Mateo 11:30; 2 Corintios 4:16). En cambio, son más los que se lamentan y dicen: «¡Hacer la voluntad de Dios es tan difícil!». ¿Por qué? Porque están vivos para la carne y muertos para el Espíritu. Por eso no pueden ser vivificados en espíritu y sienten la más mínima cosa que les pasa, se mantienen quejándose por todo. Mas te aseguro que si estuvieran bien muertos en la carne, no sentirían nada. Observa un difunto en un ataúd. Sus miembros yacen inmóviles y reposan en la misma posición siempre. Ni siente ni padece, tampoco reacciona. En cambio, si estuvieras muerto a la carne, pero vivo en Dios, sentirías como Dios siente y vivirías solo para hacer la voluntad del que te llamó. Esa es la vida en el Espíritu, ese es el andar propio de un hombre y una mujer de Dios, cuyas vidas están derramadas para él. Por eso me conmueve tanto y toca mi espíritu cuando en medio de una ministración el Espíritu se derrama y la gloria de Dios se manifiesta de manera tan palpable que veo a mis hermanos humillarse en el servicio delante de esa presencia. Muchos se tiran al piso, sollozando, no importándoles si están con traje y corbata, o las damas con algún vestido de gala, sino que todos se hacen uno, derramando su corazón sobre Cristo, para Dios.

Cuando la mujer ungió a Jesús con el perfume, más que un ungüento exquisito y costoso, derramó su vida, su amor, su gratitud, su corazón y todo lo que ella pensaba era lo mejor. Ninguno de nosotros somos mejores que ella, sin embargo, es una pena que muchos busquemos solamente lo que es nuestro y no lo que es de Cristo (Filipenses 2:21). Ahora, una cosa sí te digo, mientras te reserves algo como tuyo propio, no habrá libación en tu sacrificio, porque libación es entrega total a Dios: cuerpo, alma y espíritu. Es cuando Dios es el todo en tu vida y en tu ser.

¡Despertemos ya iglesia de Dios! No podemos seguir ofrendando sacrificios a Dios sin libación, porque la iglesia no está de duelo: Cristo vive y reina. Así que si tú vienes a la iglesia y estás mirando cada cinco minutos el reloj, pues lo que quieres es irte, estás agradando a la carne, no a la voluntad de Dios. ¿Estás cantando con tus labios, pero tus pensamientos están concentrados en lo que tienes que hacer? Entonces más que un adorador eres un payaso que te diviertes a ti mismo, pues te aseguro que no le haces ninguna gracia a Dios. No estás entregado mientras el tiempo y tus asuntos sean el centro de tus pensamientos. Cuando alguien se derrama, el centro es Dios. Así que no es algo mental cuando te impela un fuerte deseo de derramarte y escuches una voz que te diga: «Derrámate en mí. Vuélcate para mí, entrégate por entero». Hay quienes dejan caer solo gotitas, y Dios quiere que derramen el vaso entero, ¿o no dices *«mi copa está rebosando»*? ¡Entrégate! Hazte uno con Dios. Dale al Señor tu todo. Si es gozo, entrégale a él tu gozo; si es tristeza, pues tristeza, pero dale tu corazón a él.

El Señor te dice: *«Dame, hijo mío, tu corazón»* (Proverbios 23:26). Dices que no tenemos nada que darle, esto es cierto si pensamos justificarnos delante de él, pues solo Cristo le complació, pero si hablamos de entregarnos, entonces sí Dios está dispuesto a recibir tu libación, aunque sea de tristeza, de frustración, de conflictos, de aquello que no entiendes, pero que te infringe dolor. ¡Derrámale eso a Dios!, pues él quiere tu libación. Lo que Dios no quiere son tus cosas a medias, o que te reserves alguna cosa para ti. Así como en ocasiones nos es desagradable el agua de una llovíznita impertinente que se mantiene cayendo, pero no se convierte en lluvia totalmente, de la misma forma le causa molestia al Señor tu menuda adoración. Mas el Señor quiere tu lluvia a chorros, que te derrames en él a cántaros, por eso no te dio el Espíritu por medida. Él ama tu aguacero, porque antes él se derramó y también prometió: *«Después de esto derramaré mi Espíritu sobre toda carne, y profetizarán vuestros hijos y vuestras hijas; vuestros ancianos soñarán sueños, y vuestros jóvenes verán visiones. Y también sobre los siervos y sobre las siervas derramaré mi Espíritu en aquellos días»* (Joel 2:28-29). Es decir, hasta en aquellos que no se toman en cuenta —los niños, los viejos y los siervos, los que no tienen aparentemente nada que dar— dice Dios que se va a derramar, porque él se da por entero, abundante y rebosadamente. Él se quiere derramar.

Nuestro Señor le había dado todo a Abraham, inclusive le dio el hijo de la promesa, pero cuando Abraham terminó de colocar al muchacho sobre el altar, y estando ya listo para efectuar el sacrificio, cuando tomó el cuchillo y lo levantó para degollar al niño, el ángel de Jehová dio voces desde el cielo, diciendo: *«Abraham, Abraham ... No extiendas tu mano sobre el muchacho, ni le hagas nada; porque ya conozco que temes a Dios, por cuanto no me rehusaste tu hijo, tu único»* (Génesis 22:11-12). El Señor le proveyó un cordero a Abraham en lugar de su hijo, y dicen las Escrituras que por segunda vez Jehová habló a Abraham desde el cielo, diciéndole: *«Por mí mismo he jurado, dice Jehová, que por cuanto has hecho esto, y no me has rehusado tu hijo, tu único hijo; de cierto te bendeciré, y multiplicaré tu descendencia como las estrellas del cielo y como la arena que está a la orilla del mar; y tu descendencia poseerá las puertas de sus enemigos. En tu simiente serán benditas todas las naciones de la tierra, por cuanto obedeciste a mi voz»* (vv. 16-18). En otras palabras, Dios había bendecido a Abraham sobremanera, abundantemente, pero en vista de que no le rehusó su hijo, su único, el cual había anhelado y por el cual había esperado tanto tiempo, el Señor le dijo que lo iba a bendecir aún más.

Dios se conmovió al ver que Abraham se derramó completamente. JAH había hecho un milagro para darle un hijo a Abraham, y esperó precisamente el tiempo cuando a su siervo y a su mujer se les habían acabado las posibilidades y la esperanza de concebir. ¿Acaso es poca cosa sacrificar a un hijo, y más aún a uno que se ama y se aprecia, porque representa una promesa de Dios? Me imagino a Abraham gimiendo, pero obedeciendo. No era capaz ni siquiera de decirle al hijo claramente lo que haría, solo derramaba su corazón, rogando a Dios que proporcionara alguna salida a todo eso antes que fuera demasiado tarde. Hasta ese momento, este hombre había vivido para Jehová, lo había dejado todo por Dios, pero con ese sacrificio se estaba derramando en libación al entregar a su amado, a su único, su todo. Isaac significa «risa», por lo que podemos decir que Abraham estaba sacrificando su risa a Dios, su gozo, su alegría; se estaba negando a él mismo.

Vemos que cuando David danzaba se confundía con los demás, no se cohibía, sino que saltaba y danzaba como cualquier siervo, pues su corazón se derramaba en alegría y alabanzas para Dios. Se despojó de su vestidura de rey y se vistió con el efod sacerdotal para gozarse delante de su Rey y Señor (2 Samuel 6:14). Sin embargo, no le pareció bien a su mujer Mical, hija de Saúl, y lo vio ridículo, danzando con sus siervas y siervos, semidesnudo, por lo que lo menospreció y lo miró como a un cualquiera. Mas, no conforme con ello, cuando pudo se lo reclamó, pero David le contestó: *«Fue delante de Jehová, quien me eligió en preferencia a tu padre y a toda tu casa, para constituirme por príncipe sobre el pueblo de Jehová, sobre Israel. Por tanto, danzaré delante de Jehová. Y aun me haré más vil que esta vez, y seré bajo a tus ojos; pero seré honrado delante de las criadas de quienes has hablado»* (2 Samuel 6:16,20; 21-22). Así le ocurre al creyente cuando su cónyuge es inconverso, observa a la pareja derramada en oración y alabanza para Dios y no concibe su gozo, la ve ridícula y hasta demasiado religiosa, porque no entiende lo que significa derramarse delante del Señor, sin importar hacerse vil a los ojos de otros.

En el bautizo, el Señor nos sumerge en el agua, sin dejar seca ni una célula, ahogando por completo nuestro viejo hombre, a fin de que cuando nos levantemos sea en novedad de vida, derramada en el altar de Dios. Hay que derramarse. A muchos, por más que los exprimes, no les sale nada, están secos como los limones nuevos que no expelen nada, aunque por fuera se ven llenitos y al punto. Es mejor derramarse que deslizarse, humillarse que caer. El frasco de perfume de aquella mujer fue evaluado por algunos en trescientos denarios y con enojo consideraron que era un

Es mejor derramarse que deslizarse, humillarse que caer.

desperdicio derramarlo y usarlo de aquella manera (Marcos 14:4-5). Pero, ¿cómo hemos de ponerle precio a una libación? No le pongamos precio, porque para Dios un derramamiento no tiene precio, como no tiene precio el Calvario donde Dios se entregó en Cristo en libación por ti. No hay forma de evaluar lo que es una vida entregada a Dios. Él fue satisfecho en Cristo, porque su sacrificio tenía libación. Jesucristo derramó su vida, no una parte, ni por una época, ni por un tiempo, sino que la dio por entero, hasta la muerte la derramó. Jesús volteó el vaso, viró el recipiente íntegramente.

¿Te estás derramando para Dios? ¿Estás alabándole porque te gusta el ritmo de la música o la letra de la canción, pero no estás derramando tu corazón para Dios? Pues déjame decirte que Dios quiere libación en tu sacrificio. Dios quiere que desde que tú entres por la puerta de sus atrios estés derramado en cuerpo, alma y espíritu. Escrito está: *«Amarás al Señor tu Dios con todo tu corazón, y con toda tu alma, y con toda tu mente y con todas tus fuerzas»* (Marcos 12:30). Dios es el todo, y tenemos que derramarnos por entero para él. Algunos derraman el cuerpo, pero no derraman el alma. ¿Cómo es eso? Sencillo, tú puedes ver su cuerpo danzando, sus labios cantando, pero su mente está en otro lado, algo así:

> «***Él es el poderoso de Israel, el poderoso de Israel...*** —cuando salga de aquí me voy a visitar a mi tía que hace tiempo no la veo. ¿A que hora terminará el servicio? ¡Mira aquella hermana como danza! No se cansa de brincar. Mañana seguramente no se levanta. ¡Épale! Ahí viene la parte que me gusta de esta canción—... ***su voz se oirá, nadie lo detendrá...*** —ojalá que el culto termine temprano para llegar a casa, antes de ir donde mi tía, y quitarme estos zapatos que me están sacrificando los pies— ***... al poderoso de Israel. ¡Amén! ¡Aleluya!***»

Me imagino que no tengo que decirte que esa persona no estaba derramada en la adoración al Señor. Es obvio que su cuerpo lo estaba vertiendo, lo estaba sacrificando, entre saltos y palmadas, pero la mente estaba viajando muy lejos para reconocer ló grandioso del «poderoso de Israel». Recuerdo en una ocasión, en medio de una alabanza, que una hermana estaba tan derramada delante de Dios, tan y tan volcada, que le dio un golpe en la cara a un hermano que alababa muy cerca de ella. Y lo que vi, más que el golpe, era que la hermana estaba tan derramada que salió fuera del tiempo y el espacio, y olvidó las personas que le circundaban para únicamente centrarse en Dios. Claro, luego pidió perdón al hermano por el golpe, y él, reconociendo que no hubo mala intención en ella, también la perdonó. Mas el punto principal de este asunto (aparte de reconocer que en todo es necesario el fruto del Espíritu, y que la prudencia, el orden y el dominio propio son cosas muy necesarias en la reunión de los santos) es que este caso nos ilustra bien sobre lo que es derramarse —en el sentido que queremos expresar— lo cual es extraerse de lo externo para levantarle una ofrenda encendida a Dios.

Por tanto, derrámate tú también, sal de ese tabernáculo que te limita y no oigas la voz de la carne que te dice: «Que feo te ves cuando lloras. Rayas en lo ridículo cuando te tiras al piso, ¡no te atrevas! No intentes ponerte de rodillas, ¿no ves que van a pensar que estás en pecado? Siéntate, danzas horrible, además lo que quieres es que te vean». Entonces, ¿sabes qué pasa? Que al escuchar esa voz y tomarla en cuenta, puede que te pierdas la bendición de adorar a Dios, ya que entras en una lucha con tu ser interno que te roba la paz en ese momento. ¡Sal de ti y derrámate sobre Dios! Porque en su presencia, te aseguro, te será provisto (Génesis 22:14).

La ofrenda sobre la que Dios mandó a derramar libación, en casi todas las citas que hemos visto, era el holocausto. El holocausto es ofrenda del todo quemada. El holocausto es una ofrenda que ardía en el altar hasta que quedaba únicamente las cenizas. Todo lo del animal se consumía en el fuego, pero Dios no lo quería seco. Es como si el Señor dijera: «No quiero tan solo un animal que arda, no quiero un sacrificio seco, sino una ofrenda sazonada en libación, cuya ofrenda encendida, arda en olor grato. La ceniza se la llevará el viento, pero su olor permanecerá como un memorial delante de mí» (Levítico 2:2; 6:15). Cuando usted tiene sed de Dios se puede comparar a la raíz seca que revienta bajo la tierra por el deseo de ser mojada. Estamos secos, y cuando nos consumimos en holocausto, es como si fuéramos papel quemado, que ni siquiera los residuos son concisos, sino que cuando lo tocas se desvanecen. Hay muchas ofrendas secas por ahí que Dios no se las puede ni tragar. Mójale la ofrenda a Dios, derrámate en libación, y no olvides que la ofrenda que le agrada es la obediencia completa y un íntegro corazón.

Cuando la Biblia dice con **toda** la mente, quiere decir con todos tus pensamientos, con todos tus afectos, con toda tu voluntad, con toda tu razón; y cuando dice con **todo** el corazón significa que te derrames cabal e íntegramente. Entiendo que puede ser muy difícil derramarse cuando nos afecta el ambiente o tomamos en cuenta lo que opina el otro. Mas, échale gozo a tu ofrenda, échale vino, échale pacto con Dios, échale todas tus capacidades que son como ungüento, échale agua que es pureza. El salmista preguntó: *«¿Quién subirá al monte de Jehová? ¿Y quién estará en su lugar santo? El limpio de manos y puro de corazón»* (Salmo 24:3). Aquel que pasó por el lavacro santo, da a Dios su limpieza.

En tu ofrenda, derrama aceite, pues Cristo te ungió para que des una ofrenda ungida. Cristo significa «ungido», por tanto, cristianos significa «ungidos». Así que tu ofrenda tiene que ser ungida. Piensa en la unción, en el poder y el fuego que había sobre los apóstoles, lo cual determinó la manera en que ellos realizaron la Gran Comisión. Imagina aquellas lenguas de fuego que cayeron sobre ellos, las cuales hablaban del celo, de la pasión, de la entrega. Eran vidas encendidas, como decía el predicador Juan Wesley: «Dios me encendió en fuego y la gente viene a verme quemar». El Señor también quiere que tú ardas en holocausto hasta que te quemes. Hay muchos que están parcialmente consumidos, por tanto, no hay holocausto en su sacrificio, porque holocausto es ofrenda del todo quemada. Algunos tienen brazos quemados, ojos quemados —porque miran mucho—, pero el holocausto es una ofrenda encendida de manera continua, hasta que se quema toda.

Alguien considerará contradictorio que digamos que Dios quiere nuestra ofrenda quemada totalmente y que a su vez nos pida que la mojemos. A esos hemos de decirle como dijo Jesús: *«Erráis, ignorando las Escrituras y el poder de Dios»* (Mateo 22:29). ¿Acaso Elías no ordenó a pesar de la sequía que trajeran cántaros de agua, los cuales derramó tres veces hasta que todo se anegó y cayó fuego de Jehová, que consumió el holocausto, la leña, las piedras, el polvo y aun el agua que estaba en la zanja? (1 Reyes 18:34-35,38). Quizás en tu sequía no aparecerá agua para beber, pero debe haber agua para el sacrificio de Dios. Nota que mientras Acab consumía el poco de agua que quedaba para salvar a las bestias (1 Reyes 18:5), Elías la empleaba para el sacrificio de Jehová. ¿Consideras a Acab más justo que a Elías? Pues tendrás que admitir la sabiduría del profeta, pues su actitud de reconocimiento a Dios trajo posteriormente la lluvia para todos, hombres, planta y animales. Por tanto, es sabio poner a Dios como el primero y el todo de todo.

Todo sacrificio a Dios tiene que estar empapado, abundantemente lleno, que rebose, aunque sea nuestra última porción y nos quedemos sin nada. La viuda que dio la torta cocida al profeta creyó que al dar primero a Dios no le iba a faltar, y así fue (1 Reyes 17:13-15). Cuando nos derramamos totalmente, nuestro Señor consume la ofrenda completamente. Él se entrega a los que a él se entregan, se da a los que a él se dan, y se reserva para los que para él se reservan. El salmista dijo: *«Jehová es excelso, y atiende al humilde, mas al altivo mira de lejos»* (Salmo 138:6). Por tanto, si queremos el todo de Dios, derramémonos a él plenamente. Cuando nos reservamos, nos hacemos semejantes a quien se quiere bautizar, pero no desea mojarse el cabello, lo cual no puede ser. El bautismo significa muerte total a la carne, que no quede nada vivo, que todo quede ahogado en el agua. No importa que no haya agua para otros, pero para el sacrificio de Dios debe aparecer el agua.

El apóstol Pablo veía todo servicio a Dios como una ofrenda. Él dijo: *«Aunque sea derramado en libación sobre el sacrificio y servicio de vuestra fe»* (Filipenses 2:17). Es decir, cuando tú alabas es una ofrenda, cuando adoras es una ofrenda, pero cuando das tus diezmos también eso es una ofrenda. Igualmente servir al hermano y todo lo que hagas en el nombre del Señor, para gloria de su nombre, es una ofrenda a Dios. A veces ocurre que apenas terminado el servicio a Dios, hay hermanos que toman el paño y comienzan a sacudir el polvo de las sillas, otros toman la escoba para limpiar y preparar el salón para el segundo servicio, mientras que algunos salen como escolares al recreo, corriendo hacia la calle, y dicen el último amén montados ya en el taxi o en la estación del tren. ¿Por qué ocurren estas cosas? Porque estos últimos están entregados totalmente, pero no a Dios, sino a sus asuntos, y les vale un comino cómo salgan delante de la presencia del Señor.

Puedo decir, sin temor a equivocarme, que la gran mayoría de los matrimonios que no perseveran en la unión es porque no se entregan. Muchos cónyuges le dicen a su pareja: «Yo trabajo y tú trabajas, yo gano mi dinero y tú te ganas el tuyo, así que pon eso en tu presupuesto, que yo pongo esto otro en el mío. Tú pagas el alquiler y yo pago la educación del niño. Lo que te sobra es para la ropa de la niña, y lo que me sobre a mí es para los gastos del automóvil. Si cortan el servicio telefónico es tu problema y no el mío». No hay derramamiento en esa unión. Sinceramente, yo no entiendo esta situación. Cuando una pareja se casa, ya no son dos, sino uno. El lema debe ser: «Todo lo mío es tuyo y todo lo tuyo es mío». Si tengo tres tarjetas de crédito, mi esposa también tiene que tener tres, de las mismas cuentas. Somos dos, unidos en una sola carne por el vínculo indisoluble del amor, delante de Dios.

No obstante, veo que algunos esposos, teniendo su pareja, se proyectan en las cosas individualmente. Estos dicen: «Yo merezco irme de vacaciones un par de semanas. He trabajado mucho». ¿Y la esposa? Bueno, para él, ella no trabaja, porque se pasa el día entero en la casa. Ahora, ¿no cuida ella a los niños, no prepara la comida y mantiene en orden la casa y al día la ropa? Así que si estás hastiado, y el matrimonio no te motiva, lo que necesitas no es un tratamiento intensivo con la «viagra» para estimularte, pues lo que te falta a ti es entregarte, derramarte totalmente en esa relación. ¿Piensas que exagero? Pues te aseguro que la mayoría de los problemas en el matrimonio se suscitan porque casi todo el mundo va a esa relación con la expectativa de recibir, más que con la de dar. En los hogares se ha infiltrado la propaganda de «Hollywood», y se va a la cama con la inmundicia de la filosofía del mundo, prostituyendo lo que debe ser el «lecho sin mancilla» de Dios con un montón de depravaciones y fantasías sexuales, sin tomar en cuenta la entrega al ser que Dios le dio para que le diera su amor a cabalidad. Luego vemos que vienen todo tipo de maldiciones, impotencia, frigidez y divorcio, sencillamente porque no se entregaron íntegra y santamente.

La entrega de una pareja va más allá de algo físico, de una unión corporal. A veces se entrega el cuerpo y no la mente, y mucho menos el corazón. Hay muchos que son infieles ahí, en un momento tan íntimo como lo es esa unión donde dos personas se hacen *«una sola carne»* (1 Corintios 6:16), porque lo que se busca es un ratito de placer y fantasear, con el cuerpo aquí, pero con la mente allá. Prostituyen su lecho con todas esas aberraciones, dejando entre las sábanas un efecto lascivo y licencioso. No sé si te escandalizarás por lo que te diré ahora, pero déjame decirte que **tu espiritualidad debe y tiene que llegar hasta tu cama**. El cónyuge cristiano que ama, no intima violentamente, sino que, en el momento de preparación, su mente está en oración: «Señor, tú eres mi fortaleza y mi potencia, ayúdame a satisfacer a este ser, el cual me has dado para darle todo el amor que has derramado en mí. Aumenta mi amor por ella». Ni él debe estar pensando en sus necesidades ni ella en las suyas, sino que ambos estarán pensando en derramarse mutuamente. El cuerpo no es de la mujer, sino del hombre, y el cuerpo no es del hombre, sino de la mujer, por tanto no se deben negar el uno al otro, a menos que no sea por mutuo acuerdo, y eso para orar, porque a nadie le pertenece nada en dos que se han hecho uno (1 Corintios 7:4-5).

Alguno se preguntará: «Pero, ¿qué tiene que ver mi ofrenda de libación con mi relación matrimonial? ¿Por qué estamos hablando de algo tan íntimo y personal? ¿Por qué esto debe ser algo tan serio para Dios que lo lleve a inmiscuirse en nuestro lecho? Porque de la manera en que tú tratas a tu cónyuge, así lo tratas a él. Existe una relación matrimonial entre Cristo y la iglesia, y aunque muchos tildan a la iglesia de «ramera» y de «amante ocasional», el Señor no la ve de esa manera. Una ramera es una prostituta, una mujer que vende sus favores sexuales al mejor postor; una amante es una mujer que se tiene fuera del matrimonio, con la que se comparten momentos esporádicos de placer y se le consuela con regalitos, para que no se quede tan triste cuando el amante se marcha a su casa, con la esposa. Las amantes dicen: «Mira lo que me trajo. Mira todo lo que me da», pero nunca podrán decir: «¡Me ama, me dio el corazón!». Dios, en cambio, desposó a la iglesia con un solo esposo, Cristo, el cual es fiel y ve a su desposada como una virgen pura (2 Corintios 11:2).

Muchos tratan al Señor como si fuera su amante. Asisten a la iglesia por ratitos, para pasar un buen rato y nada más. La iglesia se ve llena, pero muchos corazones están lejos de él. Por eso **un avivamiento nunca debe juzgarse por los cultos avivados, sino por las vidas avivadas las veinticuatro horas del día.** Hay algunos que llegan a las iglesias y pasan un par de horas buscando que pase algo, para ver algo, para tener una sensación, para tener un placer con el Señor. Dios no quiere un momento de placer contigo, él te quiere entero, derramado sobre él. Igualmente, para muchos su vida con Dios no son amores, sino encantamientos. Su relación con Dios es como la serpiente en el canasto que cuando le tocan la flautita sale muy erguida, al ritmo de la música. Para ellos el culto no fue glorioso porque no predicó el preferido, sino otro; ni la adoración estuvo buena porque no se interpretaron las canciones que les gustan, que les motivan, aquellas que le cantan al Señor: «Sal Señor te quiero sentir; entra Señor que quiero danzar». Mas a esos el Señor les dice: «Hijo, esto no es asunto de encantamiento. Ven entremos en amores. Derrámate en el lecho amada mía, te quiero conocer, quiero hacerte mía». No lo dejes ir, el Señor está tocando la puerta de tu corazón, entrégate (Cantares 5:1-8).

Un avivamiento nunca debe juzgarse por los cultos avivados, sino por las vidas avivadas las veinticuatro horas del día.

La filosofía de hoy, tan egoísta, ha hecho daños terribles a la humanidad. Si vas al psicólogo y le dices que estás sufriendo porque el esposo tiene impotencia, fácilmente te dicen: «Tu eres joven, atractiva, ¿por qué esclavizarte con alguien que no satisface tus necesidades? Déjalo, no sirve para nada». Puede que quizás no lo digan con esas palabras, pero te lo insinúan. Otros van más lejos, y recomiendan la relación extramarital para incentivar la relación de la pareja. La corriente que se sigue es: «Vive para ti; pásala bien; la vida hay que disfrutarla; no te preocupes, goza hoy y paga mañana; el amor verdadero no existe, solo hay momentos felices». Mas en la entrega es que está el placer, el sumo contentamiento, la verdadera felicidad, pues para derramarse tiene que haber amor, y el amor es el sentimiento más excelso que el alma humana puede experimentar.

Cuentan que una vez una muchacha fue a un periódico para que le dieran una columna en aquel medio. El director de prensa le preguntó para qué, y ella dijo que escribiría «al amor», incluso le recitó algunas poesías románticas: «Amor es el pan de la vida. Sin ti no habría vida, ni estrellas, ni poesía, ni sol de mediodía. Sin ti la vida ¡ay, que vacía!». La joven seguía inspirada, pero el director le dijo: «¿Quién te dijo que eso es amor? Escucha la poesía verdadera: "Amor es levantarse a las cuatro de la mañana a darle la leche al bebé. Amor es acompañar a las tres de la mañana al esposo enfermo a la sala de emergencia de un hospital. Amor es llevarle el té a la cama a la esposa cuando está enferma". No suena romántico, pero eso es amor». También se cuenta de alguien que le escribió una carta a la novia: «Por ti estoy dispuesto a cruzar los océanos. Me privaría aún del aliento mismo con tal de hacerte feliz, porque no escatimo ningún esfuerzo. El sacrificio me es como nada, porque tu deseo es una ley para mí. Te amo más que a mi propia vida». En contraste, cuando termina la carta y la firma, añade una nota después de lo escrito: «Te veo esta noche, si no llueve». Esa es la filosofía del mundo de hoy, muchas palabras, mucha retórica, muchas cosas bonitas para impresionar, pero no hay entrega genuina.

Mas el amor todo lo sufre, todo lo cree, todo lo soporta, el amor no busca lo suyo, se goza cuando alguien triunfa, no lo envidia, el amor se derrama, se vuelca (1 Corintios 13:4-8). Existe amor porque Dios nos amó (Juan 3:16) y su amor se define en una entrega total. La Biblia dice que el amor de Dios se derramó en nuestros corazones, por el Espíritu que nos ha sido dado (Romanos 5:5). El fruto del Espíritu es el amor y ha sido derramado sobre nosotros. Estamos mojados, empapados de amor, y no queremos secarnos, sino que pedimos más. La libación más que nada es gozo, por eso Pablo dijo: *«Aunque sea derramado en libación sobre el sacrificio y servicio de vuestra fe, **me gozo y regocijo con todos vosotros.** Y asimismo gozaos y regocijaos también vosotros conmigo»* (Filipenses 2:17-18). Por tanto, derramarse no es decir: «Déjame sacarme esto del pecho. Si él quiere la carga, ahí le va». No, no, no, así no fue que Dios se derramó sobre el sacrificio, él lo hizo con gozo. Sabemos que hemos de ser participantes de las aflicciones *«como entristecidos, mas siempre gozosos»* (2 Corintios 6:10). Hay que amar la voluntad de Dios y gozarse cuando nos entregamos a ella. Para el apóstol eso estaba bien claro. Cuando Pablo tuvo una cita con la muerte, le escribió su última epístola al joven Timoteo, su hijo en la fe, de quien dice en Filipenses 2:21 que nadie había servido como él, porque todos los demás lo abandonaron y solo buscaban lo suyo. Por tanto, le enfatiza lo siguiente:

> *«Te encarezco delante de Dios y del Señor Jesucristo, que juzgará a los vivos y a los muertos en su manifestación y en su reino, que prediques la palabra; que instes a tiempo y fuera de tiempo; redarguye, reprende, exhorta con toda paciencia y doctrina. Porque vendrá tiempo cuando no sufrirán la sana doctrina, sino que teniendo comezón de oír, se amontonarán maestros conforme a sus propias concupiscencias, y apartarán de la verdad el oído y se volverán a las fábulas. Pero tú sé sobrio en todo, soporta las aflicciones, haz obra de evangelista, cumple tu ministerio. Porque yo ya estoy para ser* ***sacrificado****, y el tiempo de mi partida está cercano. He peleado la buena batalla, he acabado la carrera, he guardado la fe»* (2 Timoteo 4:1-7).

La palabra que se traduce aquí como *sacrificado* es la misma para *libación* (en griego ***spendo***), la cual también se usa en Filipenses 2:17, siendo estas las únicas dos veces que aparece este vocablo en el Nuevo Testamento. Pablo dice que estaba preparado para la libación, para ser derramado y dar su vida para Dios, así como el Maestro la derramó en el Calvario. Es más fácil morir por Cristo que vivir por Cristo, pero las dos cosas hay que estar dispuesto hacerlas por el Señor. Pablo terminaba su ministerio y le estaba entregando a Dios su vida. Ese que estaba hablando no estaba diciendo palabras bonitas a los filipenses, porque cuando escribió lo hizo desde la prisión, donde estaba recluido. Dios derramó su Rey sobre Sion, su santo monte, y el que dijo que ponía su vida en libación en el servicio de vuestra fe, ahora dice que va a derramar también su vida, ¿cuántos están dispuestos a esa libación, hoy? ¿Cuántos están dispuestos a morir a la carne, a los deseos terrenales, a morir a las cosas que dividen la mente y no nos dejan entregarnos al Señor totalmente? ¿Cuántos están dispuestos a decir más que amén, y con todo el corazón derramarse en libación a Dios?

Muchos no nos sabemos derramar, por eso es que Dios lo primero que destruye en nosotros es el ego, el egocentrismo, el culto al yo, porque tiene que haber muerte para que haya vida. Pidámosle perdón al Señor porque no nos hemos derramado a él completamente. Generalmente venimos a Dios a medias, a entregar algo y no todo. En muchos casos lo hemos tratado como a una ramera, como a un amante, pasando «ratos» con Dios. Lo hemos usado únicamente para que nos bendiga, nos dé cosas y nos haga pasar buenos momentos. Mas Dios no quiere que nos sintamos culpables, porque la tristeza que es según Dios nos lleva al arrepentimiento (2 Corintios 7:10). Pidámosle pues un corazón tocado por él, que logre una entrega total desde ahora en adelante, porque llegó la hora de entregarse. Hemos perdido muchos años en el servicio porque no nos hemos entregado. Tampoco se ha visto en nosotros lo que hemos de ser, porque no nos hemos derramado. Sin embargo, hemos aprendido que Dios derramó a Cristo en Sion, y derramó su vida hasta la muerte. En ese sacrificio hubo un derramamiento de sangre, de agua y de aceite, por eso ahora Dios espera que también nosotros nos derramemos.

Rindamos nuestro corazón a Dios para que él nos enseñe a entregarnos. No sabemos cómo hacerlo, pues aunque queremos, nuestra mente está dividida y nuestro corazón también. Entreguemos nuestro cuerpo a Dios para que él nos mate en la carne y así vivamos en el Espíritu. Derramémonos en el servicio, en la alabanza, que haya libación sobre todo el sacrificio que le demos, para que así él pueda ser el todo en todo.

V.3 LA OFRENDA QUE ASCIENDE

> *«Y el fuego encendido sobre el altar no se apagará, sino que el sacerdote pondrá en él leña cada mañana, y acomodará el holocausto sobre él, y quemará sobre él las grosuras de los sacrificios de paz. El fuego arderá continuamente en el altar; no se apagará»* (Levítico 6:12-13).

El libro de Levítico, en el contexto del capítulo 6, cuyos versículos dan inicio a esta sección, nos habla de una de las siete ofrendas que se dedicaban a JAH en el antiguo tabernáculo. Como habrás visto, en el transcurso de la lectura de este libro hemos hablado acerca de las ofrendas, pero el Señor ahora quiere decirnos algo más específico acerca de ellas, pues lo aplica directamente a nuestras vidas. Por eso ha hecho un aparte, porque él quiere darnos una palabra y sembrarla en nuestros corazones, ya que sabe que deseamos agradarle en todo.

Sabemos que Jesucristo es la ofrenda eterna de Dios. La Biblia dice que él se ofreció a Dios por nosotros, pues se hizo ofrenda, la cual ascendió y traspasó los cielos, por eso está sentado ahora a la diestra del Padre (Colosenses 3:1). La Biblia dice también que nosotros los gentiles —como creyentes— somos ofrendas santificadas por el Espíritu Santo para Dios (Romanos 15:16). Ahora, de las siete ofrendas que nos referimos al principio (Levítico 6:8-13), el holocausto era una ofrenda muy especial. En realidad, la palabra ***holocausto*** significa hacer arder, quemar en su totalidad, y está asociada con el verbo hebreo ***alah***, que significa ascender, subir. También esta palabra se puede traducir como ofrenda de altar, porque la ofrenda era levantada a Dios cuando se le ofrecía, aunque su significado principal es ofrenda del todo quemada, por lo que dicen las Escrituras, que tenía que hacerse arder hasta quemarla completamente.

Con esta palabra, aunque se conoce el origen, ha habido ciertos problemas en la traducción, y aunque no quiero complicarte la vida con la gramática hebrea, considero necesario que conozcas su significado. Para los traductores ha sido un poco difícil el usarla, pues significa las dos cosas: hacer arder y ascender. No obstante, los expertos han podido resolver el problema, estableciendo su uso, pues el significado de ascender se debe a que cuando se ponía el animal sobre la leña y se encendía el fuego, se producía una nube de humo y el viento se encargaba de hacerla ascender. Así que el holocausto es una ofrenda que representa muy bien lo que Dios quiere con la vida de cada creyente. Por consiguiente, quiero aplicar esta preciosa enseñanza primero a la vida de Jesús.

En la epístola a los Hebreos 10:14 dice: *«Porque con una sola ofrenda hizo perfectos para siempre a los santificados»*. Cristo se ofreció a Dios por nosotros como ofrenda agradable delante de él, y la Biblia dice que ascendió a los cielos (Juan 3:13). Lo que viene del cielo asciende al cielo, por tanto, solo lo que agrada a Dios sube delante de él. Jesucristo resucitó como ofrenda, ascendió. Por eso el apóstol Pablo dice en el libro de Efesios que los creyentes deben conocer la supereminente grandeza del poder de Dios, refiriéndose a la resurrección como una «operación» de Dios que obró en Jesús para resucitarle de entre los muertos (Efesios 1:18-20). Nota que la palabra «operación» corresponde al término griego ***energeia***, que se traduce en español como energía, potencia, de donde se deriva también el adjetivo griego ***energes***, que se traduce al español como eficaz. Por tanto, cuando leemos en el libro de

Hebreos 4:12 que la palabra de Dios es **eficaz** (que penetra hasta cortar el alma y el espíritu, las coyunturas y los tuétanos) se refiere a la misma palabra energía. Por lo cual en la Biblia la palabra operación (energía) no solamente significa poder, sino también representa eficacia, garantía y efectividad.

Al final, cuando Jesús entregó su espíritu al Padre, le dijo: *«Consumado es»* (Juan 19:30), y le ofreció la ofrenda de su cuerpo por nosotros. Luego, esa ofrenda fue depositada en un sepulcro, pero al tercer día, el Padre, con el poder de su fuerza, operó la energía de la resurrección en el cuerpo de Cristo, y el fuego (la energía), ese calor que generó esa potencia, tomó la ofrenda de Jesús, levantándole de entre los muertos. Por eso Pablo dice que conozcamos la energía, o sea, el poder que Dios movilizó para hacer ascender la ofrenda de su Hijo. Dios tomó a Jesús de la parte más baja de la tierra, que era el Seol, y fue tan grande la fuerza del impulso, y tanta la energía, que levantó a Jesús del lugar más bajo al lugar más alto.

Quiere decir entonces que Cristo, como sacerdote, ofició el holocausto para Dios, y él, a su vez, respondió con el fuego, con la energía de la operación, la cual, tomando el cuerpo de Jesús, lo alzó de tal manera que traspasó los cielos, llevándolo hasta su misma presencia. Es decir que Jesús no solamente ascendió como el humo (pues este después se disipa y desaparece), sino que su ofrenda fue eficaz porque fue permanente, ya que se sentó a la diestra del Padre, y hace veinte siglos está ardiendo delante de él. Esta ofrenda es tan efectiva que nunca se ha apagado y se mantiene encendida para el perdón de todos nuestros pecados. Todas nuestras faltas son expiadas en esa ofrenda, no como dice el Antiguo Testamento, que eran cubiertas las faltas, no, sino que son expiadas, borradas, consumidas totalmente.

Esa ofrenda era lo que se llamaba en Israel el continuo sacrificio (Levítico 6:6). Vimos que el sacerdote tenía la orden de —por la mañana— sustituir esa ofrenda que pasaba toda la noche ardiendo. Primero el sacerdote se ponía su vestidura de lino para limpiar la ceniza que quedaba del holocausto que el fuego ya había consumido, y las ponía junto al altar (v. 10); luego, añadía más leña y colocaba un nuevo holocausto, lo que mantenía la llama ardiendo de noche y de día delante de Dios (v. 12). Hecho esto, el sacerdote salía, llevando las cenizas que había dejado en la orilla del altar, se quitaba sus vestiduras, se ponía otras ropas, y las llevaba a un lugar limpio fuera del campamento (v. 11), pero dejando la ofrenda continua ardiendo delante de Dios. Ahora, esa ofrenda es Jesucristo, pues él se presentó a Dios una vez y para siempre, habiendo obtenido eterna redención (Hebreos 9:12).

Aunque hace veinte siglos que Jesús fue sacrificado, a Dios no se le ha podido olvidar aquel sacrificio. Su sangre derramada ha estado ahí delante de Dios y clama. Por eso el Padre no puede borrar de su memoria el sacrificio de su Hijo, pues su mente, sus ojos y su corazón están fijos en la cruz. No hay quien mueva los ojos de Dios del Calvario, no hay quien quite los ojos de Dios de la expiación de esa sangre, no existe lo que pueda mover la vista de Dios de su diestra, donde está el continuo sacrificio, donde está el holocausto de Jesús. Demos gloria a Dios porque ese sacrificio todavía arde a nuestro favor, porque no se ha vuelto ceniza, porque no se ha apagado. No olvidemos que las cosas pasadas eran sombras de una realidad eterna. La sangre de los toros y de los machos cabríos no podían expiar los pecados, tampoco el sumo sacerdote, pues antes de expiar los pecados del pueblo tenía que expiar los suyos y los de su familia, bajo pena de caer muerto, pero Cristo vino una sola vez e hizo para siempre perfectos a los santificados (Hebreos 10:1,14).

En aquel tiempo el sacrificio era constante en el santuario. El trabajo del sacerdote era limpiar las cenizas, poner leña nueva y colocar un nuevo sacrificio para que el fuego ardiera. Sin embargo, nota que ellos no ponían el fuego. El libro de Levítico muestra que cuando Moisés puso la primera ofrenda, para dejar inaugurado el tabernáculo, salió fuego de Dios que encendió el holocausto, el que también lo consumió (Levítico 9:24). Dios puso el fuego, por tanto, se cree que ese mismo fuego era el que el sacerdote tenía que mantener ardiendo para que nunca se apagara. La Biblia no dice de ningún sacerdote descuidado al que se le haya olvidado llegar a tiempo, porque se quedó dormido o porque no estaba en la disposición de hacerlo ese día, y como consecuencia el fuego se apagara —aunque así ocurrió más tarde— lo que sé es que si todos los sacerdotes hubieran sido fieles, limpiando las cenizas, poniendo nueva leña, para que ese fuego que Dios mandó se mantuviera ardiendo, ¡cuánto hubiese agradado eso a Dios!

Esta es otra tremenda enseñanza para nosotros, mi hermano, porque somos ofrenda viva para Dios, holocaustos para hacer arder. Por lo cual, si el trabajo del sacerdote era hacer arder, mi trabajo como sacerdote es también el mismo, pues él nos hizo su sacerdocio santo, para ofrecer sacrificios espirituales aceptables a Dios por medio de Jesucristo (1 Pedro 2:5). Por tanto, así como el sacerdote tenía que vestirse con vestiduras especiales para poder entrar al Lugar Santo, de la misma forma nosotros tenemos que vestirnos de nuestras vestiduras sacerdotales para estar delante de su presencia. Y no estoy hablando de ropas formales, sino de vestiduras espirituales.

Vestirse de sacerdote no es ir al guardarropa o armario y tomar el vestido del «domingo», aquel «apropiado» para la iglesia. No, eso no es lo que representa ponerse el lino fino, el efod y la mitra para entrar a ministrarle a Dios. Lo que yo aprendo aquí es que si durante la semana te desempeñas como un hombre o mujer común (ya sea como peluquera, obrero, ingeniero, maestra, abogado, ama de casa, o cualquier otra ocupación), tal como los sacerdotes en aquel tiempo, que hacían otras cosas durante el día, pero cuando llegaba la hora de ministrar a Dios, cambiaban sus vestiduras según él se los había ordenado (inclusive debían usar otras ropas para sacar las cenizas del altar), entonces yo no puedo entrar con el vestido ordinario a ministrar cosas sublimes en la presencia de Dios.

Entiende — y no lleves tu mente a minucias ni a formas— que no estoy hablando de énfasis religiosos (tales como la tintura en el pelo, el largo de la falda, la corbata, si el vestido es elegante o sencillo), pues no me estoy refiriendo a nimiedades. Lo que estoy expresando es lo mismo que el Espíritu nos exhorta constantemente en su Palabra, que cuando llegues a la iglesia, sepas que viniste a adorar a Dios. La Biblia dice: *«Servid a Jehová con alegría; venid ante su presencia con regocijo ... Lleguemos ante su presencia con alabanza»* (Salmos 100:2; 95:2). La vestidura del sacerdote no es una vestidura común, por lo cual, si eres un sacerdote de Dios, no puedes jamás entrar ante su presencia con desdén, masticando goma, bebiendo una botella de soda, irritado y con ligereza, debido a que no tienes dominio propio y no te mides para mostrar que te fue mal en el día. Eso quizás te lo soporten en tu casa, o tal vez lo puedes hacer curiosamente en tu trabajo, pero en la casa de Dios no. Tampoco entres a su presencia a mirar las paredes, ni a contar cuantos metros hay de aquí allá, ni cuantas sillas caben en el lugar, o si una cosa debiera estar allí y no acá, ni luego de bostezar y estirarte no sé cuantas veces estés pendiente a que llegue la hermanita para hablar y no dormirte. Escúchalo bien, a la presencia del Altísimo, del gran YO SOY, se debe entrar adorándolo. Si tienes fe y crees que en la iglesia está la presencia de Dios, y junto a tus hermanos vienes a rendirle un culto de adoración, no entres irreverentemente.

Nadie, nunca en la eternidad, ha entrado a la presencia de Dios sin adoración, ni un querubín, ni un serafín, ni un arcángel, ni siquiera Jesús se atrevería a estar en la presencia de Dios haciendo otra cosa que no sea adorarle, ¡jamás! ¿Por qué? Porque la misma presencia de Dios te hace adorar. Dios es tan grande, tan glorioso, tan impactante, tan majestuoso, tan excelso, tan sublime, tan virtuoso, que obligatoriamente tienes que adorar, te tienes que postrar, ¡no hay espacio para otra cosa! No se puede estar en otra posición que no sea postrado en su presencia. La Biblia dice en Apocalipsis, varias veces, que los veinticuatro ancianos, los cuatro seres vivientes, los ciento cuarenta y cuatro mil, todos, se postraron delante de Dios y del Cordero (Apocalipsis 7:11; 11:16; 19:4). Y cuando digo postrarse, mi hermano, no estoy hablando de la actitud «religiosa» de simplemente doblar rodillas, no, estoy hablando de doblar el corazón, de tener una actitud de reverencia, no tanto en lo físico, sino en lo espiritual. Con esto, no digo que no haya que hacerlo físicamente, pero ¿de qué vale arrodillarse si en mi interior estoy de pie y no estoy reconociendo al gran YO SOY? Por eso, esas son dos cosas que deben complementarse.

El Altísimo Dios es digno de adoración y de alabanza. A todos los que las Escrituras dicen que vieron su gloria se les tuvo que decir: «No temas», para que se calmaran, para que pudieran tranquilizarse. Los cielos de los cielos no pueden contener su presencia (1 Reyes 8:27); los seres que habitan desde la eternidad con él no cesan de decir: *«Santo, santo, santo es el Señor Dios Todopoderoso, el que era, el que es, y el que ha de venir»* (Apocalipsis 4:8); y que no piense nadie que a alguno de ellos le pusieron una cuerdita en la espalda o alguna batería, como se les coloca a los muñecos, para que puedan decir: «Santo, santo, santo... Sasasasantttt... ¡Oh las pilas están perdiendo energía!». Tampoco a estos seres hay que tocarle sus alabanzas preferidas para que adoren o tenerles un ambiente preparado para ello, no. Los ángeles adoran por lo que Dios es, pues solo de verle caen postrados en adoración, reverentes, rendidos, tocados. Y si eso son los seres celestiales que viven en el cielo, que tipifican lo puro, lo santo, ¿qué será nosotros frente a su santidad sabiendo de qué estamos hechos? Entonces, lo que el Señor nos está diciendo es que no podemos entrar a su presencia de la misma manera que entramos a una oficina o a cualquier otro lugar.

Por tanto, lo que significa cambiarse no es cambiar de vestuario, sino cambiar de actitud hacia Dios. Nota que el sacerdote no entraba con la vestidura común, pues JAH dispuso que se vistiera con otras ropas para entrar a ministrarle. Con esto no estoy diciendo que se pongan uniformes como hacen muchos coros en las iglesias. No estoy hablando de hábitos ni de modas, estoy hablando de actitud, en el lenguaje espiritual. Tú no puedes adorar a Dios con las herramientas y actitudes con que te relacionas con los demás, Dios es Dios. Él no es algo común ni corriente. Dios es santo. Para ministrarle a él hay que distinguir lo santo de lo común, si quieres agradarlo.

Hay dos formas de servir: una para agradar y otra para cumplir. ¿Sabes que —y perdona que te hable tan claramente— hay personas que al expresar el amor a su pareja, más que demostrar un sentimiento lo que hacen es cumplir? Ellos dicen: «Déjame darle un beso para que no se enoje; tengo que comprar algunas florecitas para su cumpleaños para salir de eso». Sin embargo, cuando una persona ama a otra, el deseo de agradarle surge espontáneo, y cumple tanto en las fechas como fuera de ellas, porque está sintonizado en la frecuencia del amor. Esta persona, cuando le habla al ser amado, no puede dejar de decirle un nombre de cariño, y la frase amorosa y tierna le brota de manera espontánea, porque cuando la fuente está llena se derrama. Sin embargo, hay quienes sirven, no para complacer, sino para cumplir. Se les puede ver muy amables y corteses: abren las puertas para que no digan que son maleducados, llevan al hermano para que este no se queje y no deje de venir a la iglesia. No obstante, la Palabra dice *«Todas vuestras cosas sean hechas con amor»* (1 Corintios 16:14). Jesucristo no obedeció al Padre por cumplimiento, sino por amor, el que ama quiere agradar. Imite a Cristo, y para ir a la iglesia no se ponga el hábito religioso, sino la vestidura sacerdotal de una actitud de amor y confraternidad hacia sus hermanos, pues así se alaba a Dios. Vaya preparando todo el camino su mente y su corazón.

Cuando una persona ama a otra, el deseo de agradarle surge espontáneo, y cumple tanto en las fechas como fuera de ellas, porque está sintonizado en la frecuencia del amor.

He visto que hay quienes adoran cuando llega el momento y hay quienes no pueden dejar de adorar. Los que no pueden dejar de adorar son adoradores, no necesitan inspiración, ni música que los eleve, ni ambientes preparados, pues la adoración les fluye sin dificultad, siempre tienen la vestiduras puestas, son holocaustos encendidos en continuo sacrificio, son «continuos adoradores».

¿Te sorprenderías si te dijera que puedo saber quien adora a Dios en su casa y quien no? Y eso que soy un hombre nada más, así que ¿puedes imaginarte cómo será con Dios? Cuando soy un adorador en mi casa, la adoración me sale en la iglesia espontáneamente. Perdona que te diga esto, pero cuando estoy en la iglesia no es la voz preciosa de mi hermana «fulana», ni el sonido armonioso de las teclas que toca mi hermano «mengano», ni ninguna otra cosa que hagan mis otros hermanos cantores y músicos lo que puede inspirarme a adorar a mi Señor, no. Ni siquiera, en el supuesto de que ellos estuvieran bien perdidos en la adoración, esto me quitaría a mí de ser un adorador. Un adorador es un adorador siempre. Los músicos y cantores cristianos —como levitas— siempre deben llegar al «templo» o casa de oración listos para llevar al pueblo a adorar a Dios, ellos son responsables en la ministración a Dios de llevar la ofrenda de adoración, para que ascienda delante del Señor. Mas si se diera el caso de que ellos tuvieran una pesa en los pies que no les dejara «subir», sea por la razón que sea (aunque naturalmente, si uno de los que está dirigiendo no puede ascender, el que la ofrenda ascienda será muy difícil, por eso la responsabilidad es del que está ministrando) eso tampoco me impediría a mí adorar a mi Dios. ¿Por qué? Porque mi adoración no debe depender de los que estén dirigiendo, pues a mí me sobran razones para adorar su majestad y para alabar su nombre grande y sublime.

Hay quienes adoran cuando llega el momento y hay quienes no pueden dejar de adorar.

Por tanto, lo primero que aprendo aquí es que tengo que cambiar de lo común a lo sagrado para poder estar en la presencia de Dios. Debo cambiar la vestidura y saber que no es el hábito, como dicen por ahí que «el hábito hace al monje», porque sobre lo que estamos hablando es sobre actitud. Entender que yo no puedo entrar a la presencia de Dios como entro a la oficina, a la universidad o a un centro comercial, sino que como dice la Biblia debo entrar *«por sus puertas con acción de gracias, por sus atrios con alabanza; alabadle, bendecid su nombre»* (Salmo 100:4). Algunos dicen: «Me gusta entrar con alabanza», pero no le dan reconocimiento a Dios. ¿Sabes lo que es reconocimiento? Es que no puedo comportarme delante de Dios, aunque él sea mi amigo y mi Padre, como me comporto delante del maestro, del presidente o un juez. No, él es Dios, y no puedo venir a su presencia chabacanamente, vulgarmente, impulsivamente o carnalmente. Cuando reconozco quién es Dios, que es Santo y que por consiguiente la santidad le agrada, que es justo y yo debo vivir en justicia, que es bueno y debo vivir en bondad, que es misericordioso y tengo que celebrarlo, que él es poderoso y me hace vivir en paz, que él es fiel y puedo creerle, ese debe ser mi reconocimiento a él.

Los sicólogos hablan de la teoría de la personalidad, y en el mundo cristiano se ha popularizado bastante el asunto de «los cuatro temperamentos», de manera que se dice que cada quien tiene un temperamento en lo natural o una combinación de ellos, y hasta a los santos hombres de la Biblia los han ubicado en esa clasificación. Personalmente, creo que esta teoría es la que mejor describe las tendencias y debilidades de la naturaleza caída del hombre, pero cuando se entra a la presencia de Dios, se me debe olvidar lo que soy (si soy melancólico o sanguíneo, colérico o flemático), porque el que entró es un hombre espiritual en el que Cristo es el todo en todo (Colosenses 3:11). Si usted cree que Cristo lo salvó entonces no ponga su temperamento o su cultura por encima de la adoración, de aquel que es digno de toda alabanza, al que hay que darle sacrificios de júbilo (Salmo 27:6), y hágalo bien (Salmo 33:3), con gran voz. Eso de quedarse corto en la alabanza al Señor no es cuestión temperamental ni cultural, pues muchas veces he visto a personas disfrutando un partido de fútbol en las que desaparece el hombre flemático, el temperamento de alguien que no se agita por nada, para aparecer uno que grita como un loco: «¡Ahhh! ¡goool, goool, goool!» ¿Qué le pasó? Echará abajo el estadio por la manera en que salta, llora de emoción y grita. ¡Qué pasión! Mas que tristeza siento en mi corazón al oír a ese mismo fanático del deporte, en la iglesia, decir: «Es que yo soy así; mi mamá siempre dice que desde pequeñito nunca he mostrado los afectos; así me hizo Dios, y no me puedo violentar» ¡Ay, mi hermano, por favor! Perdóname, pero yo no creo que eso sea así. ¡A la presencia de Dios tiembla la tierra! Cuando se está alabando, todos somos espirituales (en griego ***pneumatikos***), ahí nadie es nadie, sino que todos somos uno, engendrados por el mismo Espíritu, unidos en una misma mente y en un mismo corazón, para alabar al Rey que vive y reina.

Todos los hombres de la Biblia, cuando vieron a Dios, reaccionaron de la misma manera, caían como muertos ante sus pies; sus piernas desfallecían, les abandonaban las fuerzas (Apocalipsis 1:17; Daniel 10:8), por tanto, ahí no se notaba quién era flemático, sanguíneo, colérico o melancólico, porque eso se refiere a lo adánico, a lo natural. Medita en esto, porque no te lo estoy exponiendo como una hermosa pieza de homilética o para que digas: «¡Ay, qué lindo mensaje! Le voy a regalar este libro a fulano», no, no, sino que el Espíritu usa esta vía para redargüirte, para convencerte, para persuadirte, para que desde ahora digas:

«Yo debo entrar a la presencia de Dios con reverencia, dispuesto a adorarle, reconociendo lo que él es, sabiendo que voy ante la presencia del Eterno, del gran YO SOY, del Excelso, de aquel cuya majestad los cielos de los cielos no la pueden contener». Cuando adoro debo entender que no estoy haciendo algo común, sino algo celestial.

Te voy a confesar algo, y lo digo con mucho temor, pues no quiero que me malinterpretes: Soy un hombre que creo en la vida del Espíritu, y la experiencia de muchos años la vertí, en casi seiscientas páginas, cuando escribí el libro «Manual de la Vida en el Espíritu». Por lo tanto, creo que Dios en estos días ha bendecido a la iglesia con la adoración, con el cántico profético, el salmeo... La iglesia ha entrado en una riqueza de gloria en esta etapa, por lo cual bendigo a mi Señor. A mí me encanta adorar a Dios en espíritu, pero tengo una preocupación, pues somos responsables de cuidar lo que Dios le da a la iglesia. Mi inquietud estriba en que observo que la adoración a Dios se está convirtiendo en una forma. La gente piensa que lo que me eleva a mí, eleva a Dios, pero no mi hermano, perdóname, no confundamos una cosa con la otra. Podemos reunirnos a alabar a Dios junto al salmista más ungido del momento, aquel que de solo abrir su boca pone a todos con los pelos de punta, y puede que Dios esté desagradado. ¿Por qué? Porque Dios no se agrada con un tipo de alabanza, él lo que mira es el corazón. Por tanto, si en tu corazón hay orgullo, resentimiento, prepotencia, suficiencia, te consideras el mejor adorador de la iglesia, y subes la voz, cantándole a él, Dios te dice: «Por favor, estás haciendo mucho ruido en mi presencia, estás estorbando la adoración de mis verdaderos adoradores (Juan 4:23), baja la voz que no me dejas oír».

Sin embargo, puede ser que vengas a adorar al Señor con un sentimiento de insuficiencia, pero dispuesto a darle lo único que tienes a Dios, como aquella viuda que dio de ofrenda lo único que tenía, pero fue la que más agradó a Dios, aunque otros dieron una cuantiosa ofrenda y ella diera menos que un centavo. Traslademos eso al lenguaje espiritual, en la adoración: Esa persona que ni entona ni sabe salmear, y reconociendo eso, dice en su corazón: «Yo no sé tocar ningún instrumento ni cantar de la manera tan hermosa como lo hacen mis hermanos, pero solamente quiero reconocerte Señor. Tú sabes, Padre, en mi escasez te adoro». El Dios del cielo, el Altísimo, deja salir fuego de delante de él y con el aire —que es el Espíritu— hace ascender la nube de humo y la lleva a su presencia, porque es ofrenda encendida de olor grato para Jehová.

No nos engañemos, una cosa es tener un buen culto y otra cosa es agradar al Dios eterno. Hay quienes adoran para agradar al Señor y hay quienes adoran para elevarse. Sin embargo, Dios no nos hizo místicos, sino adoradores, hombres y mujeres que no buscan adoración, sino darle adoración al Dios del cielo. Eso es diferente, y la Biblia dice que tales adoradores Dios busca que le adoren (Juan 4:23). La Palabra de Dios es un espejo para mirarme, para no caer en vicios, para no dañarle la bendición a Dios, el cual ha restaurado esa área de su sacerdocio. Dios ha bendecido a la iglesia en el aspecto de la adoración como nunca, pues él mismo se ha levantado y ha resucitado un área que estaba dormida. Por eso te invito a orar por los salmistas y cantores, para que no dañemos lo que es de Dios. No lo olvidemos, la adoración a Dios es una actitud del corazón.

La adoración a Dios es una actitud del corazón.

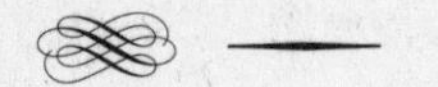

El libro de los salmos nos hace algunas preguntas: *«¿Quién subirá al monte de Jehová? ¿Y quién estará en su lugar santo?»* (Salmo 24:3). El salmista da las respuestas, pero en ellas no dice que el que salmea bonito ni el que toca bien, no, sino dice: *«El limpio de manos y puro de corazón; el que no ha elevado su alma a cosas vanas, ni jurado con engaño»* (v. 4). Fíjate que la Biblia dice de JAH: *«Pero no miró con agrado a Caín y a la ofrenda suya»* (Génesis 4:5), no dice a la ofrenda y luego a Caín, lo que da a entender que antes de que Dios mire como estás adorando, primero mira tu corazón. Jesús dijo: *«Si traes tu ofrenda al altar, y allí te acuerdas de que tu hermano tiene algo contra ti, deja allí tu ofrenda delante del altar, y anda, reconcíliate primero con tu hermano, y entonces ven y presenta tu ofrenda»* (Mateo 5:23-24). Inclusive, la Biblia dice que las oraciones de los esposos son estorbadas cuando maltratan a sus mujeres (1 Pedro 3:7). Meditemos en esto.

La adoración no estriba en lo hermoso que canto, y con eso no estoy quitándole valor a las cualidades musicales, pues disfruto de ellas muchísimo. Es más, me gozo al escuchar a los que salmean, y deseo que todos pudiéramos hacerlo, pues pienso que nosotros hemos perdido mucho por no tener ese don. Pero entiende que lo que anhelo con toda mi alma es que tu alabanza agrade a Dios, que no pongas los ojos en el efecto, sino en la causa, pues la causa de la adoración es Dios, mientras el efecto es lo que pasa en ti. Cambia de hábito cuando vayas a adorar, ponte la vestidura sacerdotal. Sé un sacerdote, no seas carnal como lo eres en lo natural. No vengas con tu mente natural de mecánico, de carnicero, de secretaria, de sastre, de chofer o de cualquier trabajo que desempeñes, sino sé un adorador delante de él, porque eso es lo que él espera y busca de ti (Juan 4:23)

En Levítico 6:10 vimos que el sacerdote se vestía para poner a arder el holocausto y luego sacaba las cenizas, tipo del residuo de nuestra adoración. Así que hay algo que asciende y hay algo que se queda. Hay algo que con seguridad no se pierde, y es lo que se elevó, pero el residuo, aquello que resultó de la ofrenda del todo quemada, es la ceniza, la cual debe sacarse del altar. Es bueno que sepas que hay sacerdotes que no pueden adorar, pues no hallan lugar para poner la leña, ni mucho menos encuentran lugar para poner sacrificios, porque su altar está descuidado, está lleno de cenizas. Obviamente, las cenizas nos indican que hubo fuego, que existió una ofrenda que fue del todo quemada, que hubo un tiempo en que allí se adoró, pero no volvieron para limpiar y seguir el continuo sacrificio. Por lo cual, ya no hay lugar para poner ni el holocausto ni la leña, pues lo que encontramos es un altar polvoriento, con residuos de alabanza. Mas el sacerdote que sigue la instrucción de Dios, se la pasa constantemente limpiando y poniendo más leña, porque sabe que mientras haya cenizas no hay espacio para más adoración. Así que si el altar de tu adoración está en esas condiciones, te invito a tomar el cubo y a sacar las viejas cenizas, pues están entorpeciendo tu adoración. Quizás ayer fuiste un tremendo adorador, y el Padre con su fuego de aprobación consumió toda tu ofrenda, pero las cenizas que quedan, son solo eso, residuos de lo que ardió.

Muchas veces decimos: «¡Qué glorioso fue el último culto en que adoramos a nuestro Señor!». Pero entendamos que ayer ya pasó, hoy también tengo nuevas razones para adorarle a él. El holocausto se sustituía todos los días y el pan todos los sábados, y la luz se encendía a diario. A Dios no se le dan cosas viejas, Dios es el Dios de las cosas nuevas, el Dios del evangelio, de las buenas noticias, el que ha hecho cielos nuevos y tierra nueva, da nuevo mandamiento y establece un nuevo pacto. Él es el que da vino nuevo, el que hace todo nuevo, cuya misericordia es nueva cada día. Entonces, no vengas con cosas viejas a su presencia. No le traigas a Dios cenizas, todo lo contrario, sácalas fuera del campamento y colócalas en el lugar limpio, para bendecir a otros, ellas testifican de tu experiencia con tu Señor (Levítico 4:12; Números 19:9).

No sé por qué en este contexto, cuando pienso en las cenizas, lo relaciono con rutina, formalismo, costumbre, ese darle siempre lo mismo a Dios. La Biblia dice: *«Cantad a Jehová cántico nuevo»* (Salmo 149:1).

Por tanto, no vengamos a Dios con lo mismo todo el tiempo, dejemos que el cántico brote del Espíritu. Ahora que estamos en el tiempo del Espíritu, que hay salmos, que ya no hay que romperse la cabeza para componer y esperar que llegue una inspiración para hacer una composición. Dios no nos ha dado el Espíritu por medida, y los himnos y las canciones espirituales salen al instante, lo que hay que hacer es grabarlas. No le demos lo mismo siempre. Algunos están adorando a Dios como antes adoraban al diablo, en la máquina de discos —que muchos conocemos como «velloneras»— entrando monedas para que toque el mismo disco, lo mismo, lo mismo y aunque el disco se ralla, siguen diciendo: «Repítemelo otra vez, porque me gusta; porque me recuerda a mi mamá; porque me recuerda a mi papá; porque me recuerda mi primer amor». ¡Por favor! Dios no es amor del pasado, nuestro Dios es eterno y como tal nunca se gasta, nunca envejece. Los cielos pasan y la tierra envejece, pero todo lo de Dios se renueva cada día. Todo lo de Dios es nuevo aunque sea eterno, porque él es infinito e inescrutable, y sus maravillas son grandes.

Saca las cenizas, ministro de Dios, quita la rutina, ese «lo mismo» échalo fuera. Sacerdote del Dios Altísimo, al Señor hay que darle algo nuevo, y si queremos dárselo, entreguémonos y dejémonos guiar por el Espíritu, porque él es el que nos puede llevar a lo nuevo de Dios. Por ejemplo, digamos que vas a adorar a Dios en el último servicio del año, ¿por qué no empezar con el altar limpio? ¿Por qué empezar a ministrarle a JAH con las cenizas de las cincuenta y una semanas que antecedieron a esta? ¡Saquemos esas cenizas porque Dios quiere un altar limpio! Que no nos ocurra como le sucedió a Israel, que Dios le tuvo que decir: *«¿Para qué me sirve, dice Jehová, la multitud de vuestros sacrificios? Hastiado estoy de holocaustos de carneros y de sebo de animales gordos; no quiero sangre de bueyes, ni de ovejas, ni de machos cabríos ... No me traigáis más vana ofrenda; el incienso me es abominación; luna nueva y día de reposo, el convocar asambleas, no lo puedo sufrir; son iniquidad vuestras fiestas solemnes. Vuestras lunas nuevas y vuestras fiestas solemnes las tiene aborrecidas mi alma; me son gravosas; cansado estoy de soportarlas».* (Isaías 1:11,13-14). Así les dijo Jehová, igual que cuando se hastía la mujer al ver en su compañero lo mismo, y dice: «¡Estoy hastiada ya! Cuando éramos novios era muy meloso, detallista, me sorprendía con flores, me decía poesías, me dedicaba canciones, ¡era encantador! Pero ahora cambió, no tiene ánimo ni tiempo para nada, y siempre hace lo mismo». Así Dios dice: «No sé para qué vienes delante de mí, pues siempre vienes con lo mismo».

No obstante, el interés de Dios con este mensaje no es arrojarte tus malas actitudes a la cara, ni criticar tu adoración, no. Lo que el Señor quiere es exhortarte para que le des a él lo mejor. ¿Por qué escudriñamos las Escrituras y nos reunimos para escuchar más de Dios? Para exponernos a su palabra, pues como dice la Biblia, ella es *«útil para enseñar, para redargüir, para corregir, para instruir en justicia, a fin de que el hombre de Dios sea perfecto, enteramente preparado para toda buena obra»* (2 Timoteo 3:16-17). Yo, que la estoy exponiendo, necesito también el mensaje, ¿o crees que no tengo mis cenizas también? Claro que sí, en todo altar se encuentran cenizas. ¡Ay del altar que no tenga cenizas! Porque si hay cenizas significa, como dice el refrán, que «donde hubo fuego, cenizas quedan». Entonces, es bueno que haya cenizas, pues son vestigios de nuestra experiencia con Dios, pruebas de que Dios es real en nuestra existencia y de que, como leña, quemó mi vida, consumió mi sacrificio totalmente y mi ofrenda subió a su presencia.

Por tanto, vuelvo y recalco, lo que Dios nos está pidiendo no es que no haya cenizas, pues el altar de Dios no es un horno de microondas, que con sus rayos cocina y hornea, saliendo todo humeando y sin dejar rastros en menos de cinco minutos. El Señor no nos quiere privar de una experiencia viva y real con él. Por tanto, su altar es un lugar donde su fuego está siempre encendido, tiene que haber leña y sacrificio, y por consiguiente, también deben quedar residuos. Lo que Dios está diciendo es que cada día el sacerdote, juntamente al salir, lleve afuera las cenizas, y que de la misma manera, se cambie la ropa (que representa lo común) para salir a botar las cenizas; que use las vestiduras sacerdotales para estar en su presencia, pero que entre, no con las manos vacías, sino con el Cordero santo, dispuesto al sacrificio, con un corazón reverente al poner el holocausto, y a tiempo, no sea que cuando llegue ya el fuego esté apagado.

Toma en cuenta, en tu mayordomía con el Señor y como parte que eres de una comunidad de fe, que cuando llegas a la iglesia al final del servicio, ya se han quemado las tres cuartas partes del sacrificio, la ofrenda está casi terminada, y eso, amado, no lo hemos aprendido así de Cristo, seamos imitadores de él (1 Tesalonicenses 1:6). Jesús pensaba tanto en la primicia para su Padre que en el momento de la gloria de la resurrección, cuando se levantó de entre los muertos y vio a María llorando frente al sepulcro, le dijo: *«Mujer, ¿por qué lloras? ¿A quién buscas?»* (Juan 20:15), y ella, después de reconocerlo, le dijo: *«¡Raboni! (que quiere decir, Maestro)»* mas Jesús le dijo: *«No me toques, porque aún no he subido a mi Padre; mas ve a mis hermanos, y diles: Subo a mi Padre y a vuestro*

Padre, a mi Dios y a vuestro Dios» (vv. 16-17). En otras palabras: «María, te quiero mucho, y quisiera consolarte, pero no puedo detenerme, todavía no he ido a mi Padre, la primicia es para él». Así que si alguien te llama bien tempranito en la mañana para preguntarte: «¿Vamos hoy a la peluquería? ¿Iremos hoy a la reunión?». Tú le deberías contestar: «Por favor, llámame más tarde, todavía no he ido delante de mi Padre», y cuelga ese teléfono. La primera hora de tu día, esa primicia de tu tiempo, debe ser para Dios, solo una llamada de emergencia (algo verdaderamente grave que no puede esperar) puede interrumpirla, pero no cortarla. Y si es un día de semana, que tienes que ir a trabajar, levántate más temprano, pero no salgas por la puerta sin antes presentarte a Dios en su altar. No podemos estar tan ocupados ni tan cortos de tiempo que no podamos mantener en nuestros hogares el sacrificio continuo a Jehová Dios.

Hay personas que alegan que no pueden orar solas, por eso sobre los altares de sus hogares ya hay, inclusive, telas de araña por el desuso, y cruzan alimañas porque está más frío que un muerto; desapareció el fuego y solo quedan cenizas. ¡Quita las cenizas, el formalismo, las costumbres, los hábitos religiosos, la rutina; echa todo eso de ahí! Dale un *«sacrificio vivo, santo, agradable a Dios, que es vuestro culto racional»* (Romanos 12:1). Esto no se trata de palabras bonitas, cánticos bien entonados u oraciones aprendidas. La adoración a Dios son sacrificios de alabanzas, frutos de labios que confiesan su nombre (Hebreos 13:15), es decir, palabras que salen del reconocimiento de aquellos que han experimentado la bienaventuranza de tener a Dios en sus vidas.

Muchos hemos sido mal enseñados en cuanto a la adoración. Hay muchos libros que versan sobre adoración, pero cuando los lees, solamente te hablan de tener un buen rato con Dios, como si Dios fuera un amante, y perdona la expresión, pero es como si viniéramos delante de su presencia a pasar buenos ratos con él. Tenemos que saber que Dios no es un amante, Dios es el esposo. El amante es el que proporciona «buenos ratos» con una exquisita botella de vino, en un momento en el hotel, y luego te da un regalito, un detallito para que no te olvides de él. Ese es el amante, pero el esposo lo da todo y se da él también, sin reservas. Jesús no agradó al Padre porque cantaba bonito, ni porque oraba muy lindo, no. Él agradó al Padre porque le dio un sacrificio perfecto, le dio justicia, le dio santidad, le dio verdad, le dio misericordia, le dio sujeción, le dio obediencia, vivió para agradarlo en todo y el Padre fue complacido. Con esto no estoy diciendo que el ministerio de los cantores a Dios no cuiden la armonía ni el afinamiento en sus voces, ni que no se le deba salmear al Señor. Lo que estoy diciendo es que Dios es una persona, y así como a ti te desagrada ver que alguien no te recibe con alegría, que te habla cortante, que te atiende con desagrado y no oculta su aburrimiento, al Señor también le desagrada. ¿Por qué? Porque todas esas actitudes provienen de un corazón que no está en armonía con el suyo, y lo que agrada a Dios es el corazón. Si estás amando a Dios con todo el corazón, con toda la mente, con todas las fuerzas, y le estás reconociendo en todo, viviendo para él, aunque no cantes muy bonito o tus palabras sean pocas, ten por seguro que le agradarás.

Recuerdo que en mis comienzos adoraba a Dios con los himnos tradicionales. Después comencé a levantar las manos y a cantar coritos. Luego pasé a otra etapa, donde el cántico es más elevado —y es verdad— pero no por eso debo decir que lo anterior es inferior. La gente dice: «Bueno, estamos en lo nuevo; lo demás es vino viejo», pero yo me pregunto, ¿sabrán ellos que hay gente que con su vino viejo está agradando más al Padre que muchos con su vino nuevo? ¿Por qué digo esto? Porque aquellos con su vinito viejo le están dando el corazón a Dios, mientras otros con el vino nuevo le están desagradando. ¿Acaso crees que la mejor adoración está en el vino nuevo? Pues, fíjate que el asunto no está en el vino nuevo, sino en el Dios eterno, ahí es que está la bendición, ahí es que está la mejor adoración. Y de eso estoy convencido. Si observamos detenidamente por toda la Biblia las ofrendas que agradaron a Dios, desde Abel el justo hasta Jesucristo, nos daremos cuenta de que no fueron tanto las ofrendas en sí mismas lo que agradó al Señor, sino el corazón, pues «miró Dios».

Toda ofrenda que presentemos a Dios debe ser en Jesucristo, si es que queremos agradarle, pues solo así diremos: «Le di a Dios lo que él merece, lo digno, lo puro, lo justo, lo santo, lo verdadero». Observa que un hombre que ama y reconoce a Dios le ofrece lo mejor: *«Y edificó Noé un altar a Jehová, y tomó de todo animal limpio y de toda ave limpia, y ofreció holocausto en el altar. Y percibió Jehová olor grato»* (Génesis 8:20,21). Es decir que Noé, después de pasado el diluvio, lo primero que hizo al pisar tierra fue ofrecer un holocausto a Dios, una ofrenda del todo quemada que asciende, y Jehová percibió ese olor. ¿Cuántos saben que nuestras acciones, así como nuestros sacrificios y ofrendas, expelen un olor que el olfato de Dios percibe? Por eso la ofrenda que se le ofreció en el Calvario fue la de más rico olor, ¡qué ofrenda!

¿Sabes por qué Dios fue agradado en la cruz con el sacrificio de su Hijo? Porque la ofrenda que Jesús le ofreció no fue su cuerpo, eso fue solo una representación nada más, lo que Cristo le entregó fueron los treinta y tres años de vida sin pecado de un hombre que decía: *«El que no me ama, no guarda mis palabras; y la palabra que habéis oído no es mía, sino del Padre que me envió ... Mi comida es que haga la voluntad del que me envió, y que acabe su obra ... Porque he descendido del cielo, no para hacer mi voluntad, sino la voluntad del que me envió»* (Juan 14:24; 4:34; 6:38). Para Jesús, su todo era agradar al Padre, por eso pudo presentar su vida a Dios y él quedó agradado. Por tanto, si yo vengo a Dios con pleitos, con rencilla, con competencia y autosuficiencia, por más lindo que cante a Dios, él no me va a escuchar, porque el Señor está mirando mi corazón. Dios no puede ser burlado, él no se guía por la apariencia ni por las muchas palabras, sino por la esencia y las secretas motivaciones. **La muerte de Jesús fue grata como ofrenda porque su vida fue agradable a Dios.**

La muerte de Jesús fue grata como ofrenda porque su vida le fue agradable a Dios.

Dios te salvó en Jesucristo, pero tu ofrenda no la va a aceptar si no viene lavada en su sangre, y aquel que se deje dominar por el engaño, la mentira o cualquier obra de maldad, no está precisamente limpio de obras muertas (Hebreos 9:14). En esa condición, Dios no percibirá olor grato. Fíjate que dice que Noé le ofreció un animal limpio y un ave limpia (Génesis 8:20). ¿Por qué el escritor bíblico destaca las cualidades de las ofrendas? Por la misma razón que el salmista dijo: *«Lavaré en inocencia mis manos, y así andaré alrededor de tu altar, oh Jehová»* (Salmo 26:6), y también por lo que el escritor inspirado dijo: *«Quiero, pues, que los hombres oren en todo lugar, levantando manos santas, sin ira ni contienda»* (1 Timoteo 2:8). Nota cómo Jehová recibió la ofrenda de Noé: *«Y percibió Jehová olor grato; y dijo Jehová en su corazón: No volveré más a maldecir la tierra por causa del hombre; porque el intento del corazón del hombre es malo desde su juventud; ni volveré más a destruir todo ser viviente, como he hecho. Mientras la tierra permanezca, no cesarán la sementera y la siega, el frío y el calor, el verano y el invierno, y el día y la noche»* (Génesis 8:21-22). Por lo tanto, solo uno que se haya lavado en la sangre del Cordero puede levantar a Dios sus manos limpias, como limpia su conciencia y limpio su corazón. ¿Sabes porqué sigue saliendo el sol y las estaciones del año siguen transcurriendo una después de las otras? Porque esa ofrenda le fue grata a Dios. ¿Sabes por qué no ha vuelto un diluvio a destruir la tierra? Porque esa ofrenda le fue grata a Dios. ¿Sabes por qué siguen habiendo cosechas (sementera) y no cesan el día y la noche? Porque esa ofrenda fue grata a Dios (Génesis 8:22).

Hace unos años atrás, el Señor me ordenó que al comenzar la ofrenda de adoración y alabanza, subiera yo o uno de los ancianos de la iglesia, junto a los músicos y cantores, a entregarle la adoración a él, pues no es cantar por cantar, es que Dios la acepte. ¿Qué logro con pasar horas cantando si Dios no es agradado? Vine a adorar a Dios, no a pasar el tiempo; no vine a su presencia a agradarme a mí mismo ni tampoco a buscar solo bendición, pues Dios me bendijo toda la semana, ya recibí de él, por lo cual, voy junto a mis hermanos, justamente, a reconocerle, a darle y a darme por entero a él. Le alabo y le adoro porque me dio la vida, la salud, me salvó, me perdonó, estuvo conmigo, no me dejó solo, por tanto, vengo a darle culto, porque él se lo merece. Asimismo, la ofrenda tiene que ser limpia, buena, con ánimo, con disposición, cantándole con el corazón, con la mente, con mi fuerza, con todo mi ser. Entonces, en esa disposición sincera, nace en mí la pureza para que en Cristo, Dios vea mi corazón y acepte mi adoración.

La adoración no es asunto de un rato. Las Escrituras dicen: *«Y el fuego encendido sobre el altar no se apagará, sino que el sacerdote pondrá en él leña cada mañana, y acomodará el holocausto sobre él, y quemará sobre él las grosuras de los sacrificios de paz. El fuego arderá* ***continuamente*** *en el altar; no se apagará»* (Levítico 6:12-13). Es decir que el sacerdote se iba pero la ofrenda seguía ardiendo. *«¿No* ***ardía*** *nuestro corazón en nosotros, mientras nos hablaba en el camino, y cuando nos abría las Escrituras?»* (Lucas 24:32), dijeron los discípulos que iban camino a Emaús, al sentir muy dentro el fuego de la palabra que encendió el altar de sus corazones y les abrió el entendimiento para ver y reconocer al Hijo de Dios. Así que si te vas a trabajar, cámbiate de ropa, pero deja tu altar encendido. En la mañana limpia las cenizas, ponle más leña y has un nuevo sacrificio. Ahora, si en la mañana no dejaste tu altar listo para que siga encendido, no esperes en la tarde, cuando vuelvas abrumado, cansado y fatigado, que el altar esté encendido como lo dejaste ayer, pues tendrás que decir: «¡Ay, se apagó!». Entonces te pondrás de rodillas, y como hacían las personas que tenían en sus casas hornos de piedra, prepárate a soplar el leño: ¡fuuu, fuuu, fuuu!... da trabajo, pero sigue soplando... ¡fuuu, fuuu, fuuu!... pues si lo haces con diligencia... ¡fuuu, fuuu, fuuu!... puede que vuelva y encienda... ¡fuuu, fuuu, fuuu! ¿Dura la experiencia, no? Trata de llegar a tiempo para que no sufras el que se te apague el fogón de su gracia (Mateo 25:8). Recuerda que el sacrificio continuo (holocausto) nos enseña que con una ofrenda se enciende la otra. Por eso siempre debe haber ofrenda en mi altar, y eso solo se logra manteniendo el fuego encendido. Si lo aplicamos a nuestra participación como parte de una iglesia local, hemos de saber que los cultos no se deben suspender, porque se apaga la lámpara del altar y esa debe estar siempre encendida (Lucas 12:35).

Hay adoradores que son entendidos, como el hijo de Abraham. Isaac era un niño, pero su papá desde que nació le enseñó a edificar altares a Jehová, mostrándole los que él había levantado en Bet-el, en Beerseba, en Gerar. El muchachito aprendió, por eso el día que Dios le dijo a Abraham: *«Toma ahora tu hijo, tu único, Isaac, a quien amas, y vete a tierra de Moriah, y ofrécelo allí en holocausto sobre uno de los montes que yo te diré»* (Génesis 22:2), Isaac no ofreció resistencia, pues ya había entendido que su papá tenía una relación seria con Dios, que el Señor era el supremo en su vida y por eso había que darle lo mejor. Por lo cual, si lo mejor de su padre era su hijo, él tenía que ser sacrificado. No obstante, antes de dedicarse (porque Isaac voluntariamente subió al altar), el entendido Isaac, siendo un niño y viendo que todo estaba listo para la adoración, le dijo a su papá: *«Padre mío ... He aquí el fuego y la leña; mas ¿dónde está el cordero para el holocausto?»* (v. 7). ¡Qué inteligencia, que revelación tenía este niñito! ¿Cuántos cristianos sabrán que toda ofrenda tiene que tener sacrificio?

La palabra de Dios dice: *«Así que, hermanos,* ***os ruego*** *por las misericordias de Dios, que presentéis vuestros cuerpos en sacrificio vivo, santo, agradable a Dios, que es vuestro culto racional»* (Romanos 12:1). A veces quitamos las cenizas y hasta ponemos más leña, y se enciende bien el fuego, pero no hay sacrificio. Imagínate cuando Dios huela, solamente llegará a él el olor a leña, pero sin grosura ni sebo. En ese sacrificio no hay olor a carne quemada, no hay muerte, y por consiguiente no hay vida, porque para que el sacrificio sea vivo tiene que haber muerte, de otra manera no es vivo. Por eso, cuando adoras con sacrificio, y al levantar las manos sueltas un ¡ay!, le estás dando la vida de tu carne adánica. Me explico. Cuando tú dices: «Mi Dios, hoy no tengo deseos de adorar, me siento muy abrumado, tengo los días tan ocupados que he descuidado mi altar, en estos momentos no tengo ánimos de hacer nada, estoy súper agotado, no aguanto más». Sin embargo, tu hombre interior dice: «Pero no puedo olvidar que la adoración no es un estado de ánimo, y que Jehová mi Dios merece mi adoración. Así que adoraré a Jehová mientras viva, cantaré salmos a él mientras exista. Por tanto, aunque mi cuerpo no está dispuesto, me voy a morir, pero diciendo: ¡Te amo mi Señor! Yo no voy a callar aunque esté cansado, aunque esté indispuesto, no dejaré que las piedras tomen mi lugar, te bendeciré y aun mi lengua cansada alabará tu gran nombre». Te aseguro que ahí, en ese momento, murió algo en ti y surgió algo vivo, Cristo en ti. Sé que no será algo fácil, que te va a costar levantarte de la cama, pero di como David: *«No tomaré para Jehová lo que es tuyo, ni sacrificaré holocausto que nada me cueste»* (1 Crónicas 21:24).

¿Sabes que a Dios le agrada más que le adores cuando no tienes ánimo que cuando tienes? Y con esto no estoy diciendo que sea un sádico ni que espera que seas un masoquista, lo que quiero decir es que cuando eres débil, él se hace fuerte en ti, y te puede guiar más fácilmente porque te estás abandonando a él, y en ese confiar hay un reconocimiento hacia él. Adorarle cuando tienes ánimo solo es llevarte de la música. Sin embargo, cuando no tienes ánimo y a pesar de eso le alabas, tu alabanza sale muchas veces en forma de llanto, pero en esa limitación vas venciendo la pereza, el desánimo, la doblez de corazón, verás que Dios se irá adueñando de ti, y cuando te vienes a dar cuenta, ni te acuerdas de que estabas cansado, y ese será uno de los servicios de adoración a Dios donde has sido más edificado.

A Dios le agradan las ofrendas que cuestan, porque hay sabor y olor grato en esa adoración. Personalmente, he sido muy ministrado al ver el testimonio de hermanos en nuestra congregación que han dado ofrendas a Dios que nunca podré olvidar. Entre ellos hubo uno que me ministró mucho, y es el de una sierva de Dios que años atrás se trasladaba desde Queens (uno de los condados de la ciudad de Nueva York) hasta el Bronx para asistir a la reunión de adoración de los líderes, a las cinco de la mañana. Ella asistía junto a su bebé, en ocasiones salía antes de las cuatro de la mañana de su casa, pues tenía que tomar el tren y hacer más de tres cambios en el subterráneo (Queens-Manhattan-Bronx), en invierno, con temperaturas muy frías. Mas ella arropaba a su niñita con fuertes abrigos y mantas, de forma tal que parecía un bollito y solo se le veía la carita, para llegar a tiempo a la iglesia. Si alguien muy sensible hubiese estado ahí, diría: «Pobre bebé», pero Dios, que recibía su sacrificio, decía: «¡Mmmm, qué rica ofrenda!» Quiero decirte que la niña no se murió ni nunca se enfermó de asma ni de ningún otro mal, sino que está creciendo en gracia y hermosura, y la vemos andando por ahí, correteando en la iglesia. ¿Y sabes qué? Esa hermana no sabe cuánto nos ha ministrado a los líderes de la iglesia, y la uso de ejemplo cuando alguien viene con excusas para no cumplir fielmente con lo que Dios le ha mandado.

Recuerdo aquel gran avivamiento que hubo en Pensacola. La gente viajaba hasta en avión y de todas partes del mundo, para irse allá, a hacer fila, para ser tocado por el «ungido», porque cuando hay hambre usted busca comida, pero si está lleno de ociosidad y carnalidad, solo se inclina a lo común y no quiere lo espiritual. Es una bienaventuranza cuando se tiene hambre y sed de Dios, pues se busca al Señor. Por eso a veces el Señor manda una crisis a tu vida, para que lo necesites. Hay personas que están atadas y Dios les tiene un aguijón en su carne, un mensajero de Satanás que lo abofetea (2 Corintios 12:7). ¿Sabes para qué? Para que dependan de él, porque son perezosos, y el Dios del cielo que los ama tanto les envía un mensajero para a ver si despiertan. Por eso vemos que algunos «no salen de una para entrar en otra»: consiguen un trabajo hoy, lo pierden mañana; nunca acaban de resolver algunos asuntitos, y dicen: «¡Señor! ¿Dónde está la prosperidad que se predica en el púlpito?», y el Señor les responde: «¡Ah, no, ese es otro tema hijito, lo tuyo no es precisamente la prosperidad. Lo que pasa es que te conozco, tú solamente reaccionas cuando tienes problemas». Como dice una canción: *«Me llamas cuando me necesitas»*, y como Dios sabe que hay quienes lo buscan cuando lo necesitan, les manda constantemente necesidad, por eso no salen de ellas. Luego, Dios dice: «¡Si vieras como adoran en necesidad, como vienen temprano a la iglesia, como llaman a mis intercesores para pedirles oración, si vieras como, solo entonces, todos sus pensamientos recurren a mí!». Meditemos en eso.

Dios es bueno, lo cantamos y lo celebramos, pero qué difícil se nos hace concebirlo de esa manera cuando confrontamos las pruebas. Mas en las pruebas y en las aflicciones también Dios es bueno, porque es de la única manera que mantenemos el holocausto continuo. En ocasiones, cuando predico en la iglesia, escucho a una hermana que cuando recibe el rema de la palabra no contiene el gozo en el espíritu, y lo expresa exclamando: «¡Gracias Señor!» Pero a esa hermana en particular, aunque tiene cáncer, se le puede ver alabando al Señor, llena de sonrisas, a pesar de que la terrible enfermedad está consumiendo su cuerpo. También es una de las primeras que llega al templo a adorar a Dios. En cambio, estoy seguro de que si hubiésemos sido uno de nosotros diríamos: «¡Ay, me voy a morir! Ya estoy en el fin de mi vida, mejor me quedo en casa esperando el desenlace». Sin embargo, esta sierva de Dios nos deja perplejos, porque los que hemos visto su diagnostico sabemos que de dos pulmones le queda medio, y sigue en tratamiento, pero su gozo no merma y está siempre alabando al Señor con las fuerzas que le quedan. *«Bienaventurados los que habitan en tu casa; perpetuamente te alabarán»* (Salmo 84:4).

No me diga nadie que la ofrenda de esa mujer, que viene en esa condición a alabar a Dios a la iglesia, no va a ser más agradable para Dios que los veinte mil salmos tuyos, pues Dios sabe que una persona así, en lo natural, estaría deprimida, postrada en una cama, con la luz apagada, gritando, llorando, resentida de la vida. En cambio, esa sierva del Dios Altísimo, con toda su dolencia, no se pierde un servicio y lleva la palabra de consuelo a los hospitales para la gloria de Dios. Entonces, si tienes fuerzas y energías, estás sano, posees una buena posición económica, tienes un automóvil para transportarte, pero aun así pones veinte mil excusas y te engañas a ti mismo para justificar tu descuido en el servicio a Dios, ¿esto no es algo para desagradar la majestad de aquel que te lo da todo? Perdona que me exprese de esta manera, pero quiero llegar a tu conciencia y sacudirla para que entiendas que a Dios no se le da lo que te sobra. Tus residuos y cenizas sácalos fuera de su altar, pero el sacrificio dáselo a Dios todos los días. Acércate a él y no le adores cuando puedas, sino adórale aunque no puedas.

La Biblia dice que la ofrenda a Dios siempre debe arder. Tú y yo somos una ofrenda que debemos arder continuamente. Jesús dijo de Juan el bautista: *«Él era antorcha que ardía y alumbraba»* (Juan 5:35). Dios es llama eterna y ha hecho a sus ministros llama de fuego (Hebreos 1:7). El fuego de Dios nunca se apaga, por eso la zarza ardía y no se consumía (Éxodo 3:2), porque él estaba en la zarza. Por tanto, si eres un holocausto, arderás y no te consumirás, tu altar personal siempre estará encendido y habrá fuego por la mañana, fuego al mediodía, fuego en la noche, fuego en la madrugada, fuego en la prueba, fuego en la crisis, fuego en la abundancia, fuego en la pobreza, fuego siempre. Ahora, si es fuego extraño, de sensacionalismo, de emoción por un tipo de alabanza, si ardes como resultado de un ambiente arreglado, este fuego se apagará apenas llegue una depresión, un problema o algún desánimo. Mas lo de Dios permanece «a pesar de», porque arde en su amor e infinita bondad.

No me gusta ponerme de ejemplo, porque en realidad no soy un dechado de virtudes, pero es necesario testificar con nuestras vidas, pues eso nos lo ha mandado Dios. Tengo treinta y tres años sirviéndole al Señor, mas nunca en mi vida he estado abatido hasta decidir no servir más a mi Dios. Ni siquiera en la puerta del mismo Seol he llegado al punto de descuidar mi altar personal de manera que se haya apagado su fuego en mi vida, por la bendita gracia de Dios. Ahora, ¿sabes por qué? Eso se lo agradezco a un misionero cristiano, al cual nunca olvidaré. Este hombre viajó de Estados Unidos a mi país natal cuando yo era un mozuelo de dieciséis años de edad. Recién había entregado mi vida al Señor, y al asistir a una reunión, en la cual aquel hombre de Dios ministró, se quedaron en mi mente grabadas sus palabras, incluso hasta con el acento inglés de su español. Él dijo ese principio espiritual de forma muy sencilla, sin teología, ni siquiera fue una gran revelación, solo enumeró cuatro cosas que mantienen encendida la pasión del amor al Señor, a las cuales les llamó los cuatro carriles de la comunión con Dios: (1) Orar a Dios todos los días; (2) Leer la palabra de Dios; (3) Asistir siempre a los servicios de la iglesia; y (4) Testificar de tu fe en Jesucristo, nuestro Señor. Cuando oí eso, dije: «¡Lo tengo!», y desde ese tiempo no lo he soltado.

Hace un par de semanas atrás conversaba con un hijo espiritual, recordaba aquel tiempo en el Señor y me preguntaba: ¿Cuántas veces falté a uno de los servicios de la iglesia? De cuatro cultos que se celebraban por semana, en tres años solo falté un día, porque tenía una fiebre altísima que me estaba carbonizando, no obstante hice el intento de ir, pero mi mamá me lo prohibió: «Muchacho, ¿a dónde vas? No te levantes de esa cama», me dijo, porque con todo ese malestar iba para la iglesia, pues había entendido lo que me dijo el misionero. Asimismo, en aquel tiempo me tracé una meta diaria: leía cuarenta capítulos diarios de la Biblia, y quinientas páginas de un libro con contenido bíblico por semana. Con dieciséis años, también salía a predicar en campañas evangelísticas, y muchas almas se bautizaban. Sentía como un fuego en mi interior, y al tiempo que ponía en práctica aquel consejo, veía más la respuesta de Dios confirmando aquel principio. Entonces me dije: «Nunca voy a tener obstáculo en los cuatro carriles, por ende, los voy a mantener abiertos». Te ruego me perdones, Dios sabe que mi intención no es ponerme de ejemplo, pero lo que quiero expresarte es que eso me sucedió a los dieciséis años y lo mantengo hasta hoy. El Señor me abrió los oídos y oí, tomé consejo, no hubo que predicármelo otra vez, ni hubo que animarme una vez al mes. Eché mano de esto, amado, porque dije: Yo amo a mi Señor y quiero y necesito cultivar mi relación con él.

No obstante, eso no quedó en la pasión del «primer amor», en mis inicios con Dios, no. Ese consejo me ha acompañado desde entonces en mi caminar con mi Señor. El tiempo ha pasado y esa disposición de mi corazón no ha mermado. En una ocasión, hace más de siete años atrás, tuve una gran crisis en mi vida. Permanecí ciento veinte días en cama, pero lo que empeoraba mi situación no eran los dolorosos síntomas que sufría en mi cuerpo, sino que no podía tener comunión con Dios: quería orar y no podía, no conseguía concentrarme en la oración, tampoco podía cantar, esa era mi crisis. Le pido a Dios que te anime con este testimonio, pues nunca en mi vida he dicho «Vuelvo atrás, dejo al Señor», nunca. Tengo que confesar que en el pasado sí he querido dejar el ministerio, pero a Dios ¡ni pensarlo! Esto es un camino para siempre, esto es una relación eterna, esto no es si puedo o no puedo, esto es ¡aunque no pueda, prosigo al frente de mi soberana vocación! Porque él es digno, él merece toda pleitesía, todo sacrificio, toda exaltación.

Aunque estas palabras parezcan desafiantes, es necesario que Dios haga una obra en nosotros en cuanto a la devoción y la reverencia a él. Nuestro fuego nunca debe apagarse, sino arder en continuo sacrificio. Hay gente a la que le hace falta la pasión por Dios, han perdido el fuego, sus vidas están llenas de cenizas porque hace tiempo no limpian el altar, ya no traen sacrificios, solamente presentan la leña y únicamente emana un olor desagradable de madera quemada. Pero Dios quiere oler el olor de tu grosura quemada, ya que ese olor significa que hubo muerte, y eso es lo que agrada a su corazón, porque si hay muerte él te dará vida. Dispón tu corazón, hermano mío, para interpretar la intención del corazón de nuestro Señor, porque aunque hemos hablado así, de forma franca y aludiendo a cosas que posiblemente nos tocan muy personalmente, que nadie se enoje, que nadie se indigne, sino que todos digamos: «Señor, tú me quisiste hablar, me quisiste sacudir, me estas invitando a mantener ardiendo mi ofrenda, a mantener siempre el altar limpio con leña y sacrificio, para que nunca se apague mi fuego, porque en ese fuego hay vida».

Entendamos que para el bien de nuestra salud espiritual es necesario que nuestra vida arda, que sea un holocausto continuo, una ofrenda que no se quede en el techo, sino que ascienda. Así el aire se llevará la nube de humo y el olor se remontará a su presencia, y Dios podrá olfatear nuestra ofrenda. No cierres este libro sin haber permitido que Dios logre lo que él quiere con este mensaje. Hay quienes tratan de disciplinarse en el servicio a Dios, pero se esfuerzan y no pueden, se les hace difícil, pero Dios lo hará por ellos y en ellos. Como dice la Palabra: *«En lo que requiere diligencia, no perezosos; fervientes en espíritu, sirviendo al Señor; gozosos en la esperanza; sufridos en la tribulación; constantes en la oración»* (Romanos 12:11-12). Oye iglesia, Jesús dijo: *«Amarás al Señor tu Dios con todo tu corazón, y con toda tu alma, y con toda tu mente y con todas tus fuerzas. Éste es el principal mandamiento»* (Marcos 12:30). Entonces, ¿qué pide el Señor de ti sino que ames a Jehová tu Dios y que le temas, que andes en sus caminos? ¿Qué pide Dios sino más de ti, para darte más de él? Yo quiero eso, y puedo orar por ti, pero es bueno que ores por ti mismo, para que el Señor se lleve de ti toda pereza, toda doblez de ánimo, toda actitud negativa hacia la devoción. Es necesario que por amor a su nombre termine en nosotros esa vida rutinaria, formalista, esa vida que no le da su lugar a Dios, y seamos renovados por amor a su nombre. Únete en esta hora, en oración conmigo:

«Padre mío y Dios mío, en el nombre de Jesús, danos esa disposición de corazón, oh Dios, para mantener tu altar encendido. Sopla Dios, llévate la pereza de nosotros, arranca el desinterés y todos esos argumentos que nos han engañado por años, danos un corazón dócil, un corazón que se entregue, un corazón que te reconozca.

»Ven Dios mío, en este día, trae el fuego del altar que consuma esa vida rutinaria y esa falta de reverencia. Que nadie venga a tu presencia correteando, a última hora, para darte cualquier cosa, no, Dios mío, que preparen sus corazones cada día, que vengan listos ya, para que puedan darte un culto racional a ti. Señor que comencemos a respetar el altar, a tomar con seriedad lo que es santo, lo que es puro, lo que es tuyo. Que aprendamos a no darte las cosas que nos sobran, corriendo, como el que está cumpliendo con un deber. No podemos seguir viviendo así para ti, oh Dios, debemos darte lo excelente, esa vida espiritual que nos has dado en Cristo Jesús, un corazón limpio y puro que te anhela y te desea fervorosamente.

»Señor, enciende el altar, enciende la ofrenda, oh mi Dios, de aquellos que se han descuidado en su altar personal, para que a partir de este momento ellos mantengan el fuego de su altar encendido. Ayúdanos a cortar las ramas de nuestra vida para tener siempre un buen abastecimiento de leña, para que haya fuego en el altar de nuestros corazones, pero que también haya ofrenda, olor de vida sacrificada en Jesucristo, y así nuestra ofrenda sea justa y eterna. Que no se nos olvide que una ofrenda se enciende con otra ofrenda, para que antes que se apague el fuego estemos delante de ti consumiéndonos, y tu seas entonces nuestro todo en todo».

V.4 TOMANDO FUEGO DEL ALTAR

«Nadab y Abiú, hijos de Aarón, tomaron cada uno su incensario, y pusieron en ellos fuego, sobre el cual pusieron incienso, y ofrecieron delante de Jehová fuego extraño, que él nunca les mandó. Y salió fuego de delante de Jehová y los quemó, y murieron delante de Jehová» (Levítico 10:1).

Hay una sola manera de hacer las cosas bien, y es hacerlas de acuerdo a la instrucción de Dios.

Lo sucedido a Nadab y Abiú es uno de los incidentes de la Palabra que más nos enseña y nos hace entender lo que Jehová, de muchas maneras a través de toda la Escritura, nos ha querido enfatizar: Hay una sola manera de hacer las cosas bien, y es hacerlas de acuerdo a la instrucción de Dios. Aunque muchas veces hemos escuchado mensajes con esta misma tónica, el Dios del cielo quiere una vez más sembrar esto en nosotros como su pueblo, especialmente ahora que el Señor está restaurando todas las cosas. La restauración contiene varios aspectos realizados por Dios: sanar, liberar, restituir, traer a los que se han ido lejos (como en el caso del reino de Judá, que se fue lejos, a Babilonia, y el Señor lo trajo de allá)(1 Crónicas 9:1; Esdras 2:1), reconstruir (como hizo en el tiempo de Nehemías, que levantó los escombros, restauró el altar, el templo, el muro) (Nehemías 1,3). Mas hay un aspecto que Dios nos ha enseñado de la restauración que él quiere robustecer en esta enseñanza, y es el de volver al orden. Por cierto, la palabra restauración que se usa en Hechos 3:21, significa etimológicamente en griego «volver a poner en orden».

En este tiempo, donde no podemos negar la gran influencia que la iglesia ha recibido del mundo, de los cambios que ha experimentado la sociedad en el milenio de la tecnología, el resultado ha sido que hemos tratado de adaptarnos a este siglo. Inclusive, la iglesia recibe presiones por doquier, de manera que se afirma que si el mundo cambia también la iglesia debe hacer lo mismo. Esa es la razón por la cual muchas instituciones religiosas han adoptado ordenar ministros homosexuales, lo que se ha hecho ya muy común. En realidad, ya en algunos países han promulgado la ley de que los ministros deben casar a estas «parejas», y no negarse a hacerlo, pues recibirían algún tipo de penalidad al haberse legalizado esto con anterioridad. La iglesia evangélica está orando, aunque no se ha presentado ningún caso todavía, pero hay corrientes fuertes con las cuales estamos siendo invadidos y presionados.

Sufrimos la realidad, como ciudadanos comunes, de aquellos que nos representan en los gobiernos, muchos de los cuales no tienen escrúpulos, lo único que les interesa es ser elegidos, y no les importa si nos representan bien. Por eso vemos a los políticos que marchan con los homosexuales y respaldan cualquier iniciativa, pues no se guían por los principios cristianos, ya que lo único que quieren es ser electos. Se ha perdido el respeto a Dios, hay indiferencia a todo lo que es moral, el mundo va en decadencia total, los hombres van de mal en peor, engañando y siendo engañados (2 Timoteo 3:13), por eso, ya ni siquiera nos alarmamos de los cambios que vemos.

Hace muchos años conservé un recorte de periódico en el cual se reseñaba que una iglesia (conocida como unitaria) invitó a una bailarina (*vedette*) a su servicio dominical, para que a ritmo de la música mostrara «sus encantos» frente a los feligreses. La mujer hizo el show, y terminó cubierta, únicamente, por un pequeñísimo bikini. El pastor, cuando lo entrevistaron al final de aquella función, dijo: «Nadie protestó, todo el mundo lo aceptó, por consiguiente, pienso seguir invitándola a ella y a otras también». Eso ocurrió en una iglesia llamada «cristiana», nadie protestó por algo así, ¿te imaginas qué tipo de iglesia es esa? Hemos llegado a aberraciones, a cosas increíbles que solo se comparan con los tiempos de Sodoma y Gomorra, y lo peor es que está ocurriendo dentro de la iglesia, no fuera de ella.

La opinión pública se ha quedado boquiabierta por los escándalos de abuso sexual de los curas católicos. Incluso hay arquidiócesis que han anunciado el cierre de parroquias que se han quedado en la ruina por el pago de indemnizaciones a las familias afectadas por ese delito. No obstante, esto no es un problema exclusivo de los católicos, lo que pasa es que Dios todavía no ha querido quitar el velo de la iglesia evangélica. Hay cosas que no se deben decir públicamente, pero que son tristes, muy lamentables, y están pasando en el ministerio evangélico. Por lo que, lo dicho, no tiene nada que ver con la iglesia católica, este es un problema serio que está viviendo el ser humano en todos los órdenes.

Por eso, cuando alguien se levanta a hablar de restauración, a decir que la iglesia tiene que volver al orden, no se usa ya la palabra pecado, pues para algunos suena arcaica y muy obsoleta, no se oye bien, por lo que prefieren que se diga «falta», «error» o «debilidad». Por consiguiente predicar la palabra, derecha, como es la Palabra de Dios, se está haciendo muy difícil en estos días, no hay quien quiera oír. Mas la iglesia de Cristo, que hemos recibido el consejo de Dios, somos los llamados de este tiempo a restaurar y a levantar los escombros de muchas generaciones, por lo cual, no debiéramos cruzar nuestros brazos, sino insistir en llamar las cosas por su nombre. Somos profetas de Dios en estos días, y el profeta de Dios tiene un mensaje del Señor para la iglesia. Somos reparadores de portillos y restauradores de calzadas para habitar (Isaías 58:12), por tanto, tenemos que levantar nuestra voz con el espíritu del nuevo pacto.

El remedio para toda enfermedad moral y espiritual está en la vida del Espíritu.

El nuevo pacto no es un pacto de condenación sino un pacto de salvación, donde ninguna condenación hay para los que están en Cristo Jesús (Romanos 8:1). No podemos ministrar en el espíritu del antiguo pacto, sino tenemos que decirle a la iglesia que hay esperanza, perdón y salvación en Jesucristo. El remedio para toda enfermedad moral y espiritual está en la vida del Espíritu, donde hay liberación para toda opresión demoníaca con el poder del Espíritu Santo que opera en nosotros, por el logro poderoso de Jesucristo en la cruz del Calvario. Eso tenemos que proclamarlo, sin esperar llegar a los extremos ni a casos como los que hemos mencionado a nivel ministerial. Debemos comenzar en todas las áreas, en todas las funciones de la iglesia: en la adoración, en la proclamación, en la diaconía, en la koinonia, en la enseñanza, en toda función que Dios nos dio como iglesia tenemos que llevar la instrucción de hacer las cosas como Dios las ha mandado, porque es la única manera de rescatar, de restaurar, de volver de nuevo al orden.

Dios es un Dios de restauración, y porque ama la restauración, siempre nos da nuevas oportunidades para reparar, para corregir, para restituir. Vimos que Adán pecó y Dios lo echó de su presencia, pero después envió a Jesucristo, para que él le devolviera la imagen perdida y lo volviera de nuevo al Edén, a la relación, a la comunión, a la reconciliación. Por eso la segunda creación tiene para Dios más motivo de festejo que la primera, pues ahora al Padre le costó redimirnos. Él pagó un precio de vida. Esa es la razón por la cual nos manda a celebrar en alabanza, en adoración, en cánticos de júbilo para expresar nuestra fe y agradecimiento por la liberación realizada por y en nosotros, a través de Cristo Jesús, nuestro Señor.

La iglesia tiene que insistir en la predicación de la Palabra, como dijo Pablo a Timoteo: *«Que prediques la palabra; que instes a tiempo y fuera de tiempo; redarguye, reprende, exhorta con toda paciencia y doctrina»* (2 Timoteo 4:2). Dios nos manda a estar insistiendo constantemente. Quizás nos haremos molestos, como pasó en el caso del apóstol Pablo y los gálatas, a los cuales tuvo que decirles: *«¿Me he hecho, pues, vuestro enemigo, por deciros la verdad?»* (Gálatas 4:16). También vemos que Jesús consideró como una bienaventuranza el padecer persecución por causa de la justicia, él dijo: *«Gozaos y alegraos, porque vuestro galardón es grande en los cielos; porque así persiguieron a los profetas que fueron antes de vosotros»* (Mateo 5:12). Y Esteban les dijo a los judíos: *«¡Duros de cerviz, e incircuncisos de corazón y de oídos! Vosotros resistís siempre al Espíritu Santo; como vuestros padres, así también vosotros. ¿A cuál de los profetas no persiguieron vuestros padres?»* (Hechos 7:51-52). Y en esa pregunta vemos una vez más que no hubo excepción, sino que ninguno de los profetas fue amado, sino solo por Dios y por aquellos que amaban su voluntad y querían agradarle.

Pero quiero decirte que aunque nuestro mensaje sea impopular a los oídos de los que se niegan obedecer al Señor, hay millones que *«no han doblado sus rodillas a Baal»* (1 Reyes 19:18), hay millones que aman la verdad, que aman a Dios, que aman la rectitud, que aman la sana doctrina, que quieren andar en el camino bendito del evangelio, de acuerdo a la vocación a la cual han sido llamados. Hay quienes quieren prestar oído a la palabra de Jehová, pero si llegare el momento en que nadie nos escuchara —como nadie escucho a Noé, que solo pudo salvar a su familia (Génesis 7:7)— tenemos el gozo de haber cumplido con el cometido sagrado, de haber corrido bien y de haber terminado con gozo la carrera. Al final recibiremos la recompensa del Señor por haber sido fieles a Dios, y eso es lo que importa.

Nadie que quiera agradarse a sí mismo puede ser siervo de Jesucristo; nadie que quiera complacer a los hombres puede servir, a la vez, al Señor. Si yo quisiera agradar a los hombres, no fuera siervo del Señor Jesucristo (Gálatas 1:10). Es difícil la tarea que Dios nos ha encomendado como restauradores, muy dura, porque tristemente, en lo general, hay poco deseo de oír, aunque hay quienes escuchan y quieren escuchar, pero la mayoría no quiere atender la voz del Señor. El hombre ha usurpado un derecho que no le fue dado, como es el de elegir, pues el que elige es Dios. El Señor nos dio una autoridad delegada a la iglesia, no una autoridad absoluta. La única autoridad absoluta que existe es la de Dios. Nadie tiene el derecho en la iglesia —ni los apóstoles, ni los profetas, ni los pastores, ni los maestros ni ningún ministerio— de apoderarse de la autoridad que tiene el Señor Jesucristo sobre el pueblo de Dios. Nosotros ministramos en la autoridad de Dios, pero no detentaremos su autoridad.

El hecho de que el Señor se llevó cautiva la cautividad, dio dones a la iglesia (Efesios 4:8), y yéndose la bendijo y le impartió su autoridad diciendo: *«Toda potestad me es dada en el cielo y en la tierra. Por tanto, id, y haced discípulos a todas las naciones, bautizándolos en el nombre del Padre, y del Hijo, y del Espíritu Santo enseñándoles que guarden todas las cosas que os he mandado; y he aquí yo estoy con vosotros todos los días, hasta el fin del mundo. Amén»* (Mateo 28:18-20), no quiere decir que esta sea un organismo autónomo. La iglesia que tiene una buena intención y es sincera interpretará bien lo que el Señor quiso decir con eso.

Hay una predicación que puede sonar verdadera en las letras, pero totalmente errada en el espíritu.

Hay una predicación que puede sonar verdadera en las letras, pero totalmente errada en el espíritu, y es la predicación que enfatiza que los creyentes hemos recibido una autoridad absoluta para hacer las obras. Sí, es verdad, hemos recibido autoridad, pero una autoridad para hacer las obras de Dios en la tierra, y estas, inclusive, ya fueron hechas por Dios, solo tenemos que andar en ellas (Efesios 2:10). No es una potestad para hacer lo que nos place o para agradarnos a nosotros mismos, de ninguna manera. El apóstol Pablo habló de una autoridad para edificación, la cual nunca usaría abusivamente, aun siendo necesaria la severidad en algunas ocasiones (2 Corintios 10:8; 13:10). ¿Por qué? Porque algo solamente edifica cuando se hace en la voluntad del Padre y de acuerdo a la palabra de la instrucción de Dios.

Aun la autoridad de Adán no fue absoluta, sino delegada, para representar a Dios y hacer en la tierra la voluntad del cielo. A ningún hombre, salvo a Jesucristo, Dios le ha dado una autoridad absoluta, e incluso él dijo: *«Por eso me ama el Padre, porque yo pongo mi vida, para volverla a tomar»* (Juan 10:17). Él nunca expresó: «Yo hago lo que quiera, porque tengo autoridad para hacerlo», sino que dijo: *«Nada hago por mí mismo ... No puedo yo hacer nada por mí mismo; según oigo, así juzgo; y mi juicio es justo, porque no busco mi voluntad, sino la voluntad del que me envió,* [y especificó] *la del Padre ... Las palabras que yo os hablo, no las hablo por mi propia cuenta, sino que el Padre que mora en mí, él hace las obras»* (Juan 8:28; 5:30; 14:10). Y dijo aún más: *«Vosotros juzgáis según la carne; yo no juzgo a nadie»* (Juan 8:15). Es decir, que aunque Jesús tenía autoridad, todo lo hacía de acuerdo a la voluntad del Padre, por lo cual en muchas cosas, teniendo potestad para hacerlas —pues era Dios con nosotros (Mateo 1:23; Juan 14:11)— se restringía, porque no era algo que él buscaba hacer. Y si Jesús, pudiendo hacer cualquier cosa independientemente del Padre, no lo hizo, jamás ningún ser humano, por ungido y privilegiado que sea en la gracia del llamamiento, puede hacer uso de la autoridad sin el permiso de Dios.

Vemos en el versículo tema que los dos hijos de Aarón, Nadab y Abiú, introdujeron fuego extraño en el altar, lo cual Dios nunca les mandó, y por eso murieron (Levítico 10:1-2). Hay muerte cuando nos apartamos de la instrucción de Dios. Y no tiene que ser necesariamente muerte física, como les sucedió a ellos o a Ananías y Safira (Hechos 5:9-10), pero sí muerte espiritual, pues actuar independientemente de Dios es morirse, es secarse (Juan 15:6). Cuando Adán y Eva actuaron independientemente de Dios, el Padre los sacó de su presencia, y mira en lo que nos hemos convertido.

Hay dos maneras de probar si algo es de Dios: (1) si da fruto y (2) si esa obra permanece.

El Señor no delega su autoridad a nadie que no tenga su imagen, por eso a Adán, primeramente, Dios lo hizo a su imagen, y después le dijo que se enseñorease de todo (Génesis 1:26). Jesucristo es la imagen del Dios invisible, por eso el Padre puso sobre los hombros del Hijo toda autoridad, porque sabía que este era su imagen, por lo que buscaría agradarle y cuidaría no apartarse ni un ápice de su voluntad. De la misma manera, la iglesia fue creada a la imagen de Dios, en el hombre nuevo en Jesucristo. Ahora, el Señor le delega la autoridad a la iglesia, para que a través del señorío de su Cristo (el cual fue declarado Señor y está sentado a la diestra del Padre para reinar hasta que él ponga a sus enemigos debajo de sus pies) esta haga todas las cosas de acuerdo a la instrucción del Padre.

Algo puede aparentar que está bien hecho, que está bendecido o que está prosperado, pero solo por un tiempo, pues tarde o temprano nos daremos cuenta de si una obra es de Dios o no. Hay dos maneras de probar si algo es de Dios: (1) si da fruto y (2) si esa obra permanece. Es imprescindible que estén estos dos elementos, pues hay cosas que han permanecido mucho tiempo pero tienen las obras de las tinieblas, no el fruto del Espíritu. Mas, para probar que una obra es de Dios, tiene que tener permanencia (porque Dios es eterno y todo lo que hace permanece) y dar el fruto del carácter de Dios, que es justicia y santidad de la verdad. Dios no está obligado a respaldar ninguna iniciativa humana, Dios es Dios. El Señor reina, y cuando él gobierna, rige lo justo, lo bueno, lo verdadero, lo noble, lo digno de alabanza. Por eso la Biblia dice que cuando todo era perfecto y Dios era el todo, las estrellas del alba alababan y se regocijaban todos los hijos de Dios (Job 38:7). Y el salmista dijo: *«Jehová reina; regocíjese la tierra, alégrense las muchas costas ... Alégrense los cielos, y gócese la tierra; brame el mar y su plenitud. Regocíjese el campo, y todo lo que en él está; entonces todos los árboles del bosque rebosarán de contento»* (Salmo 97:1; 96:11-12).

Cuando Jehová reina, gobierna la justicia, la verdad, la perfección. Mas cuando reina el hombre, aparentemente puede haber prosperidad, se puede ver el talento, el genio humano, pero tarde o temprano toda obra que no es de Dios desaparecerá o mostrará que es mala, dañina y perniciosa. Solamente siguiendo las instrucciones de Dios podemos caminar por sus caminos, solo siguiendo estrictamente la senda de la instrucción de Dios podemos llegar al fin del propósito. Él se detiene en el momento en que nosotros erramos, no sigue respaldándonos en el ministerio cuando nosotros nos desviamos.

Vemos que Dios estuvo desde el principio con David, iniciando su reinado en Hebrón. Aunque el general del ejército Abner respaldó la casa de Saúl, la Biblia narra que su casa se debilitaba y la de David se fortalecía (2 Samuel 3:1). A pesar de que Saúl tuvo un descendiente, llegó el momento en que Dios le entregó todo Israel a David, el pueblo lo aplaudía y le agradaba todo lo que él hacía, ya que Dios le dio gracia, inclusive, ante los ojos de los propios siervos de Saúl (1 Samuel 18:5). Sin embargo, dice la Palabra que viendo David que Dios estaba con él, y que todo lo que hacía prosperaba, sintió un deseo inmenso de agradarle aún más, por lo que se dispuso a trasladar el arca de Jehová de la casa de Abinadab (1 Samuel 7:1) a una tienda digna en el monte de Sion, la morada del gran Rey. No obstante, a pesar de sus buenos deseos, David lo hizo de una manera equivocada, y Dios no tuvo reparo en mostrar su justicia e imparcialidad. La Palabra dice que un mismo suceso ocurre al justo y al impío (Eclesiastés 9:2). *«¿Acaso torcerá Dios el derecho, o pervertirá el Todopoderoso la justicia?»* (Job 8:3). Así, JAH convirtió la fiesta de David en un funeral con la muerte de Uza (2 Samuel 6:6-7), porque él no puede respaldar lo que no se hace de acuerdo a sus ordenanzas. Dios respalda a sus siervos hasta que ellos cambian la instrucción.

Igualmente, la Palabra de Dios nos enseña lo que aconteció al profeta que fue enviado a los altares de Jeroboam, hijo de Nabat, el que hizo pecar a Israel cambiando los tiempos, la ley y el ministerio levítico, así como todo lo que Dios había establecido, por su miedo a perder el reino (1 Reyes 12:26-32). Pero no hay reino sin rey, y el Rey es Jehová. Nadie va a reinar permanentemente en la tierra, aunque a través de políticas, falseo y mañas ostente una falsa prosperidad y aparente que está reinando; la realidad es que solamente cuando Dios reina hay reino. Aquel profeta llegó allí con un respaldo sobrenatural, de manera que abrió su boca para profetizar sobre los altares, Jeroboam trató de impedirlo, y al extender su mano, se le secó y no la pudo enderezar (1 Reyes 13:4-5). Más tarde, por la palabra del profeta, Dios le restauró la mano y Jehová se glorificó otra vez (v. 6). Una vez terminada su comisión, luego de haber seguido fielmente los mandatos de Dios (vv. 8-10), regresando el profeta a su ciudad, alguien vino a su encuentro. Ese alguien le cambió la instrucción al profeta, y por haberla modificado y no haber guardado hasta el final el mandamiento que Jehová le había prescrito, el profeta pereció en el camino (vv. 21-24). Este varón de Dios murió sin gloria, porque Jehová lo respaldó hasta que cambió la instrucción.

A veces decimos ¿que está pasando que mi ministerio no avanza? ¿Qué me está ocurriendo que ya, en mí, la unción no está fluyendo? ¿Qué sucede que mi adoración no es como antes? Yo te digo: examínate a ver si cambiaste de instrucción. Sé que en muchas ocasiones comenzamos a mirar las circunstancias y les atribuimos la parálisis en que nos encontramos, pero no reconocemos que lo que ocurre es que hemos cambiado la instrucción. Jehová tiene una sola manera de hacer las cosas, y es de acuerdo a como se lo propuso en el designio infalible de su voluntad (Efesios 1:11).

Una cosa sé, no solo por la revelación sino por la observación, por examinar y estudiar la conducta de nuestro Señor, la manera en que él se nos ha revelado en la Palabra y en el trato con Israel y con la iglesia en estos veinte siglos, y es que a Dios, en su propósito, no le importa que pasen milenios, porque él es el que hace el tiempo y la ocasión.

El tiempo es problema para los mortales, cuyas vidas se prolongan hasta los sesenta años, máximo hasta los ochenta, y eso con artritis. Pero al Dios eterno no le afecta que pasen trescientos años sin dejar oír su voz, y así pueden pasar milenios y él sigue guardando silencio, aunque la iglesia gima, grite y clame. Esta puede llorar y revolcarse de humillación, pero Jehová dice: «Hasta que no vuelvan al camino donde se desviaron, y retomen la instrucción y hagan las cosas como las mandé, yo no daré mi respaldo ni diré una palabra más».

Puedo decirte que ese ha sido el final de todo avivamiento en la historia de la iglesia. Dios se ha manifestado, ha dado su favor, hace milagros, hace señales, manifiesta su Espíritu, salva las almas, pero luego se va la gloria, se apaga la lámpara y el favor de Dios. Es triste ver como inevitablemente se esfuma la nube de su presencia y dejan de acontecer todas aquellas cosas extraordinarias y sobrenaturales, marchándose su respaldo y quedando solo la pregunta: ¿Qué pasó, que sucedió? Mas Dios dice lo mismo: «Fuego extraño en el altar hace que yo envíe el otro fuego que no es el del Espíritu, sino el fuego que los quema en su maldad y los consume en su rebelión, porque *«como pecado de adivinación es la rebelión, y como ídolos e idolatría la obstinación»* (1 Samuel 15:23). Oremos para que el temor de Dios caiga sobre la iglesia, porque si hay una cosa que se ha perdido es el temor a Jehová. Lo cantamos en los himnos, coreamos que Jesucristo es el Señor, pero todo eso es una burla, porque nunca nos sometemos a su señorío. Al contrario, nos reímos de quienes dicen: «Voy a orar a ver lo que Dios me revela».

Estoy seguro de que si hubiéramos vivido en el tiempo de David, nos hubiéramos burlado de él, lo hubiésemos juzgado como un hombre apocado y cobarde al ver su reacción cuando se llevaron cautivos a sus esposas e hijos, así como a los de los seiscientos hombres que estaban con él (1 Samuel 30:3). David no tomó sus armas ni decidió de inmediato irlos a rescatar, sino que llamó al sacerdote Abiatar y le dijo: *«Yo te ruego que me acerques el efod»* (v. 7), para consultar a Jehová diciéndole: *«¿Perseguiré a estos merodeadores? ¿Los podré alcanzar?»* (v. 8). Sé que tú y yo nos hubiésemos reído de su actitud, porque hubiéramos considerado ridículo consultar a Dios para eso, pero alguien que está sometido a Dios —y que sabe que la única

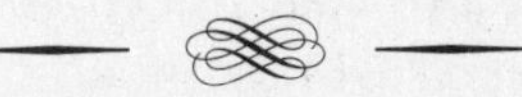

La sujeción a Dios no debe manifestarse solo en el día de la necesidad, sino también en el día de la seguridad.

manera en que las cosas resultan perfectas es cuando nos guiamos por su voluntad— consulta hasta lo que aparentemente no necesita consultar.

La sujeción a Dios no debe manifestarse solo en el día de la necesidad, sino también en el día de la seguridad; no debe darse solo el día que necesito la instrucción, sino siempre, incondicionalmente. ¿Qué tal si no hubiese sido la voluntad de Dios el que David fuese a buscar a su mujer? Solo Dios sabe el porqué, pues nadie sabe hasta el final qué es lo que Dios quiere. Abraham siguió las instrucciones: *«Toma ahora tu hijo, tu único, Isaac, a quien amas, y vete a tierra de Moriah, y ofrécelo allí en holocausto sobre uno de los montes que yo te diré»* (Génesis 22:2). Dios es bien específico, él no habla ambiguamente, por eso la Biblia dice: *«¿Quién es el hombre que teme a Jehová? Él le enseñará el camino que ha de escoger»* (Salmo 25:12). De esta forma, Abraham no tuvo que degollar al muchacho con el cuchillo, a pesar de que levantó su brazo para hacerlo, creyendo que esa era la voluntad de Dios. El Señor le dijo: *«No extiendas tu mano sobre el muchacho, ni le hagas nada; porque ya conozco que temes a Dios»* (Génesis 22:12). ¿Un cambio de instrucción? No, sino que el propósito de Dios solo era probar al patriarca, y el objetivo se logró.

Seguir las ordenanzas de Dios, indudablemente, requiere de nosotros un gran sacrificio, pues en la mayoría de las ocasiones no entendemos o es algo que va en contra de nuestros deseos. En una ocasión fuimos invitados a ministrar en un país de América del Sur al cual teníamos mucho deseos de ir, pero el Señor nos lo prohibió y enviamos en nuestro lugar a dos siervos de Dios. Sin embargo, hubieron algunos que no nos quisieron recibir y se enojaron, porque les dijimos —en nuestro lenguaje— que hubo «un cambio de instrucción», pero en el lenguaje de Dios esto no fue un cambio de instrucción, sino una ocasión para probar nuestra sujeción. Tampoco JAH cambió la instrucción a su siervo Abraham, sino que probó su corazón, y de allí salió la fidelidad, la lealtad, la sujeción y el amor incondicional al Señor de su llamamiento y al Dios del pacto. Por tanto, ¿hasta cuando debo someterme? Hasta siempre, hasta que Dios dé la próxima instrucción.

¿Por qué andas tambaleante, oh iglesia, cuando Dios te hizo ejército en orden? ¿Por qué andas confusa, vacilante y trémula, iglesia, cuando Dios puso al autor de la fe a caminar al frente tuyo? Puede ser que luzcan prósperas, con edificios que son deseados aun por el gobierno y están apartados para ser reliquias arquitectónicas de los pueblos y las ciudades. La historia de las naciones está unida a su historia, y el que va a los museos o a las ciudades antiguas puede ver que la mayoría de las historias de los pueblos comenzaron con la iglesia. Si visitaras iglesias en diferentes naciones, verías que la iglesia está ligada a la historia y fundamento de cada nación. Encontrarás posiblemente dentro de su majestuosa edificación grandes coros, y si te fuera permisible, sabrías de los millones de dólares que reposan en la bóveda de algún banco, desde donde se hacen grandes inversiones para doblar el «haber» de la misma. Mas aunque lo tenga todo, prospere en su administración y asombre al mundo con su prosperidad, si todo lo que posee no es consecuencia de haber seguido las instrucciones de Dios, su historia será igual a la de los grandes imperios, los cuales por miles de años gobernaron con esplendor y hoy solo son historia.

Egipto estuvo en prosperidad por siglos y hoy solo se exhibe la historia de los faraones en el museo del Cairo y otros museos del mundo. De Asiria puedo decir lo mismo, de Babilonia igual. La que más duró en su reinado fue Roma, y este ya no existe. La iglesia puede levantar un imperio, pero sépase ciertamente que un imperio cuyo rey no sea Adonai, el Rey del universo, tarde o temprano tendrá su fin y sin duda verá su caída, porque solamente Jehová reina para siempre, y únicamente su Palabra y lo que esté fundamentado en ella permanecerá.

Muchos se van a reír de los profetas, los tildarán de locos, les darán la espalda, no querrán escucharlos, pero luego el siervo de Dios verá que se cumplirá en ellos el proverbio que se refiere a aquellos que menosprecian el consejo de Jehová: *«Comerán del fruto de su camino, y serán hastiados de sus propios consejos»* (Proverbio 1:31). JAH hará que se hastíen de sus propios pensamientos, porque el que aborrece la palabra de Dios aborrece al mismo Dios, y no hay prosperidad sin palabra de Jehová.

La Biblia dice que no habrá confusión para aquellos que en Dios confían, ni serán turbados ni confundidos en ningún tiempo los que en él esperan (Salmo 69:6). Quizás Jehová no mata hoy con fuego, como les ocurrió a aquellos en aquel incidente bíblico con que dimos inicio a esta sección, pero tarde o temprano aquellos que han echado cimientos sin Dios y han prosperado sin su bendición mueren de frustración. Su fin será como el fin de toda gloria humana, la cual es como la flor del campo, que perece en el calor del día y cuando viene el fuego abrasador se seca. La gloria de los hombres un día será como hojarasca, como hojas secas, la cual volará como el tamo que arrebata el viento. En cambio, los que siguen la palabra de Jehová serán como el sol, la luna y los cielos, que permanecen delante de él. Así dice Daniel 12:3: *«Los entendidos resplandecerán como el resplandor del firmamento; y los que enseñan la justicia a la multitud, como las estrellas a perpetua eternidad»*. No importa que el diablo los quiera matar, no importa que Satanás los quiera destruir, no importa que el demonio los quiera ridiculizar o entorpecer para que no prevalezca la palabra de Jehová que está latente en su consejo. De nada vale lo que el adversario haga, tarde o temprano los justos triunfarán, porque se han guiado por la palabra de Jehová, la que hizo los cielos y la tierra, la que sostiene los mundos, aquella que dijo e hizo, la palabra que permanece por siempre.

Nadie llegará a terminar la obra de Dios si no sigue hasta el final la instrucción, pues, aunque todo el edificio esté construido, desde el fundamento hasta su último piso, con todas sus ventanas, detalles y ornamentos, incluso la decoración, por insignificante que esta sea, deberá ser hecha de acuerdo a la instrucción de aquel que es el dueño de toda obra. Ninguno tiene el derecho de introducir fuego extraño en el altar, porque fuego extraño es todo lo que Jehová no instituyó. Se ha especulado mucho acerca de en qué consistió el pecado de Nadab y Abiú. Es muy difícil decirlo específicamente, aunque la Palabra lo dice, pero me refiero al tipo de fuego que ellos introdujeron. Sabemos que JAH había dado a Moisés varias instrucciones acerca de la quema de incienso y de cómo se debía ministrar en el altar del incienso. Por tanto, si estudiamos estas cosas podremos deducir lo que verdaderamente pasó. Veamos:

> *«Harás asimismo un altar para quemar el incienso; de madera de acacia lo harás. Su longitud será de un codo, y su anchura de un codo; será cuadrado, y su altura de dos codos; y sus cuernos serán parte del mismo. Y lo cubrirás de oro puro, su cubierta, sus paredes en derredor y sus cuernos; y le harás en derredor una cornisa de oro. Le harás también dos anillos de oro debajo de su cornisa, a sus dos esquinas a ambos lados suyos, para meter las varas con que será llevado. Harás las varas de madera de acacia, y las cubrirás de oro. Y lo pondrás delante del velo que está junto al arca del testimonio, delante del propiciatorio que está sobre el testimonio, donde me encontraré contigo. Y Aarón quemará incienso aromático sobre él; cada mañana cuando aliste las lámparas lo quemará. Y cuando Aarón encienda las lámparas al anochecer, quemará el incienso; rito perpetuo delante de Jehová por vuestras generaciones»* (Éxodo 30:1-8).

Primera instrucción: El tiempo. El tiempo en que se debía quemar incienso estaba dividido en dos momentos, uno cada mañana y el otro al anochecer (vv. 7,8). ¿Qué dice el salmo? *«Bueno es alabarte, oh Jehová, y cantar salmos a tu nombre, oh Altísimo; anunciar por la mañana tu misericordia, y tu fidelidad cada noche»* (Salmo 92:1-2). Adoración por la mañana, para anunciar su misericordia, porque nos dio un día, y en la noche, para celebrar que estuvo con nosotros fielmente, cumpliendo todas sus promesas. Qué tal si Nadab y Abiú entraron al mediodía y dijeron: «Bueno, tenemos una diligencia que hacer esta noche, ¿cuál es la importancia de una hora más o una hora menos? Mejor nos adelantamos, lo hacemos a las dos de la tarde y todos quedamos conformes», y así lo hicieron. Meditando en eso me pregunto, aunque Dios fue muy específico, ¿qué será para el Señor más significativo la obediencia o el sacrificio?

Hoy, en el mundo reina la filosofía maquiavélica: «el fin justifica los medios». Es decir que el asunto es prosperar, lograr lo que sea, no importa cómo ni a qué costo, pero a Dios sí le importa el cómo y el qué, porque él es perfecto. La forma en que se logra el fin es trascendental para nuestro Señor, por lo cual esta instrucción tiene una gran enseñanza para nosotros. Era necesario que fuera por la mañana y era esencial que fuera en la noche; un culto en la mañana, un culto en la noche, todo eso tenía un propósito, por tanto, cambiarlo era cambiar la enseñanza, cambiar el fin. Meditemos en la importancia del Antiguo Testamento, en cuyos hechos estaba contenida la sombra de los bienes venideros, los cuales se cumplieron en Cristo (Hebreos 10:1). Ahora podemos ilustrar todas las verdades eternas que nos trajo Jesús, a través de la predicación apostólica basada en la revelación de los símbolos y las figuras del ayer. Si Moisés no hubiera seguido la instrucción, y todos los demás que trabajaron con el mismo Espíritu, hoy no tuviéramos las enseñanzas perfectas que poseemos.

Vemos que Jehová, cuando estuvo contento, en la dedicación del sacerdocio, respondió con fuego. El fuego de Jehová descendió y su gloria llenó todo el lugar *«y salió fuego de delante de Jehová, y consumió el holocausto con las grosuras»* (Levítico 9:24). Dios ordenó: *«El fuego arderá continuamente en el altar; no se apagará»* (Levítico 6:13). Por lo cual, el trabajo de los sacerdotes era continuo, no podían permitir que el fuego del holocausto se apagara, porque ese primer fuego lo encendió Dios, por tanto, el trabajo de ellos era hacerlo permanecer. Si el sacerdote llegaba tarde, y se llegaba a consumir el holocausto totalmente, entonces tenía que encender otro fuego, pero ya ese fuego no era el fuego de

Jehová. Esa era la importancia de la hora, lo importante de continuar y quitar las cenizas (Levítico 6:8-13). Prosigamos con la siguiente instrucción:

> *«No ofreceréis sobre él incienso extraño, ni holocausto, ni ofrenda; ni tampoco derramaréis sobre él libación»* (Éxodo 30:9).

Segunda instrucción: El lugar. Había un lugar donde sacrificar el holocausto, y era en otro altar que estaba en el atrio, el cual era de bronce, donde se hacían los sacrificios (Éxodo 35:16). Cualquiera hubiera dicho: «¿Por qué tenemos siempre que sacrificar ahí? Vamos a cambiar, estamos cansados de la misma rutina. El pueblo crece y ya no cabemos en el atrio, el sacerdote necesita espacio para ministrar; mejor vamos ahora y crucemos las cortinas para unir el atrio con el tabernáculo, y sacrifiquemos en el lugar del incienso, que casi no se usa». Esa es la mentalidad que reina hoy: lo práctico, lo fácil, lo que conviene. Mas Dios nos ha revelado una manera de hacer lo nuevo sin cambiar la instrucción y es haciendo las cosas en el Espíritu, porque cuando algo se hace en el Espíritu es nuevo cada día, ya que entra en la dimensión de la multiforme gracia de Dios, donde todas las cosas las ha hecho nuevas en Jesucristo (2 Corintios 5:17).

Un cántico nuevo no es, necesariamente, aquel que se compuso ahora, pues puede ser el mismo cántico de ayer cantado con la gratitud y el reconocimiento de hoy, por lo que se convierte en algo reciente, fresco.

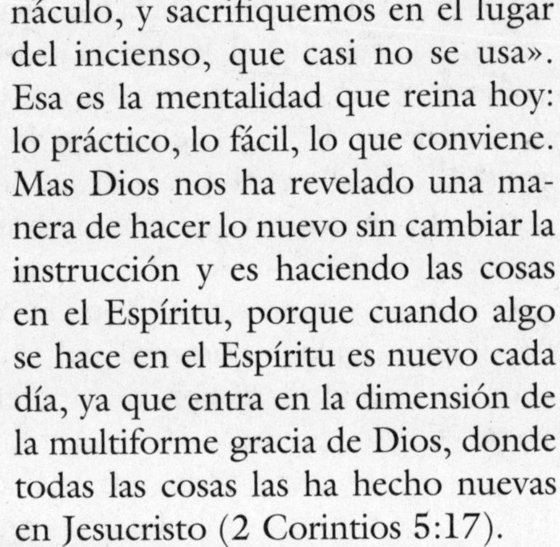

Un cántico nuevo no es, necesariamente, aquel que se compuso ahora, pues puede ser el mismo cántico de ayer cantado con la gratitud y el reconocimiento de hoy, por lo que se convierte en algo reciente, fresco. La palabra que se usa como «nuevo» en el Nuevo Testamento para referirse al nuevo pacto y las nuevas promesas, no significa nuevo en cuanto al tiempo, sino nuevo en cuanto a la naturaleza y a la calidad, como algo que nunca se ha usado, aunque sea viejo. Es nuevo porque ahora Dios lo usa en Cristo de otra manera. Jesús dijo: *«Un mandamiento nuevo os doy: Que os améis unos a otros; como yo os he amado, que también os améis unos a otros»* (Juan 13:34). ¿Eso es nuevo? Pero, ¿eso no fue lo mismo de ayer, lo que podríamos llamar el resumen de las tablas de la ley? Sí, pero ahora lo da él en el nuevo pacto, con mejores promesas, con mejor mediador; nos lo da en el Espíritu para que lo conozcamos bien, tal como fue escrito: *«Daré mi ley en su mente, y la escribiré en su corazón; y yo seré a ellos por Dios, y ellos me serán por pueblo»* (Jeremías 31:33). El hombre no tenía relación con Dios ni tenía por él un temor reverente, porque no había en ellos una naturaleza que lo pudiera lograr. Pero ahora Dios nos dio de su naturaleza, de manera que el mandamiento viejo se hace nuevo, y aquello que es lo mismo no es igual, porque se manifiesta en la dimensión de Dios en el Espíritu.

Balaam cambió de lugar tres veces para maldecir a Israel, y su maleficio no funcionó (Números 24:10). En cada lugar edificó siete altares, y sacrificó un becerro y un carnero en cada uno de ellos (Números 23:1,14,29,30), siguiendo instrucciones espirituales aprendidas, pero las cosas no le funcionaron, pues no solamente es seguir instrucción, sino el espíritu con el cual se hacen las cosas para Dios. Hay quienes dan ofrenda, pero ellos nunca se hacen ofrendas. El altar del incienso no es para sacrificar holocaustos ni tampoco para derramar libación, Dios cada cosa la hizo para su propósito. Si no alteramos lo establecido por Dios, nos irá bien. Veamos la siguiente instrucción:

> *«Y sobre sus cuernos hará Aarón expiación una vez en el año con la sangre del sacrificio por el pecado para expiación; una vez en el año hará expiación sobre él por vuestras generaciones; será muy santo a Jehová»* (Éxodo 30:10).

Tercera instrucción: La frecuencia. La expiación con la sangre del sacrificio por el pecado se debía hacer una vez al año, específicamente el día de la expiación. Sobre las instrucciones adicionales tocante a las ofrendas, encontramos en el libro de Levítico:

> *«Habló aún Jehová a Moisés, diciendo: Manda a Aarón y a sus hijos, y diles: Ésta es la ley del holocausto: el holocausto estará sobre el fuego encendido sobre el altar toda la noche, hasta la mañana; el fuego del altar arderá en él. Y el sacerdote se pondrá su vestidura de lino, y vestirá calzoncillos de lino sobre su cuerpo; y cuando el fuego hubiere consumido el holocausto, apartará él las cenizas de sobre el altar, y las pondrá junto al altar. Después se quitará sus vestiduras y se pondrá otras ropas, y sacará las cenizas fuera del campamento a un lugar limpio. Y el fuego encendido sobre el altar no se apagará, sino que el sacerdote pondrá en él leña cada mañana,*

y acomodará el holocausto sobre él, y quemará sobre él las grosuras de los sacrificios de paz. El fuego arderá continuamente en el altar; no se apagará» (Levítico 6:9-13).

En el capítulo 9 del mismo libro, donde está el contexto de los versículos que estamos estudiando, cuando Moisés hizo la dedicación del ministerio sacerdotal, dice:

> *«Ofreció también la ofrenda del pueblo, y tomó el macho cabrío que era para la expiación del pueblo, y lo degolló, y lo ofreció por el pecado como el primero. Y ofreció el holocausto, e hizo según el rito. Ofreció asimismo la ofrenda, y llenó de ella su mano, y la hizo quemar sobre el altar, además del holocausto de la mañana. Degolló también el buey y el carnero en sacrificio de paz, que era del pueblo; y los hijos de Aarón le presentaron la sangre, la cual roció él sobre el altar alrededor; y las grosuras del buey y del carnero, la cola, la grosura que cubre los intestinos, los riñones, y la grosura del hígado; y pusieron las grosuras sobre los pechos, y él las quemó sobre el altar. Pero los pechos, con la espaldilla derecha, los meció Aarón como ofrenda mecida delante de Jehová,* ***como Jehová lo había mandado a Moisés.*** *Después alzó Aarón sus manos hacia el pueblo y lo bendijo; y después de hacer la expiación, el holocausto y el sacrificio de paz, descendió. Y entraron Moisés y Aarón en el tabernáculo de reunión, y salieron y bendijeron al pueblo;* ***y la gloria de Jehová se apareció a todo el pueblo»*** (Levítico 9:15-23).

Por lo cual quiero decirte que sin excepción, cuando Dios está agradado, hace descender su gloria. Sin embargo, el Señor solamente se agrada cuando se siguen las instrucciones que él ha dado. Yo te invito a que estudies este pensamiento en la Biblia y compruebes por ti mismo que, cada vez que Dios está contento, derrama su gloria. Cuando Moisés dedicó todo el tabernáculo del testimonio, y todos los muebles fueron hechos de acuerdo a las instrucciones, Jehová descendió y llenó la casa de gloria (Éxodo 40:16-38). Cuando Salomón dedicó el templo a Jehová, también se llenó la casa de gloria, porque se siguió el plano que dejó David. Cuando Cristo fue bautizado en el Jordán, Dios le abrió los cielos y Jesús vio al Espíritu de Dios que descendía como paloma, que venía sobre él, y se oyó una voz de los cielos que decía: *«Éste es mi Hijo amado, en quien tengo complacencia»* (Mateo 3:16,17). ¿Por qué? Porque cada vez que se siguen las instrucciones, Dios se agrada y abre el cielo. Nota como concluye la dedicación del tabernáculo echa por Moisés: *«Y salió fuego de delante de Jehová, y consumió el holocausto con las grosuras sobre el altar; y viéndolo todo el pueblo, alabaron, y se postraron sobre sus rostros»* (Levítico 9:24).

El fuego que consume el holocausto es aprobación de Jehová.

¿Qué dice que descendió de delante de Jehová? Fuego. ¿Para consumir qué cosa? El holocausto. Entonces, podemos decir que hay dos tipos de fuego: el fuego de la aprobación y el fuego de la desaprobación. ¿Por qué viene el fuego de la aprobación? Porque todo se hizo como Jehová lo dijo. Mas fíjate lo que ocurre cuando sale fuego de desaprobación: *«Nadab y Abiú, hijos de Aarón, tomaron cada uno su incensario, y pusieron en ellos fuego, sobre el cual pusieron incienso, y ofrecieron delante de Jehová fuego extraño, QUE ÉL NUNCA LES MANDÓ»* (Levítico 10:1-2). Concluimos, entonces, que existen dos fuegos que salen de delante de Jehová, uno cuando se siguen todas sus instrucciones y otro cuando se hace lo que él nunca mandó. Por eso las Escrituras declaran: *«Porque Jehová tu Dios es fuego consumidor, Dios celoso»* (Deuteronomio 4:24). El fuego que consume el holocausto es aprobación de Jehová. Mas hay un fuego que consume no la ofrenda, sino a aquel que la introduce, porque Dios nunca la mandó; ese es el fuego de la desaprobación.

La desobediencia trae sobre nosotros la ira de Dios (Efesios 5:6). Aunque ahora estamos en el pacto de la gracia, la desobediencia sigue molestando la santidad de Dios. Por lo cual, su descontento se manifiesta en la iglesia en estos tiempos a través de la parálisis en que está sumida. Dios ahora no manda fuego para matar, pero revela su descontento guardando silencio y dejándonos en nuestro propio extravío. Aunque muchas veces creemos que estamos prosperando, porque vemos la iglesia llena, estamos envueltos en muchas actividades y nuestro ministerio es conocido, lamentablemente en muchos de esos movimientos el candelero de Dios ya se ha ido. En Silo, cuando permitió que se llevaran el arca del testimonio, todas las cosas aparentemente estaban bien, pero Dios se había ido (Jeremías 7:12). Así como le ocurrió al pueblo de Israel, hay muchas iglesias, al parecer en un gran avivamiento, con mucha apariencia de prosperidad, pero en ellas solo hay ruidos, porque el Señor no está.

El gran pecado de Nabad y Abiu, para mí, consistió en lo que dice Levítico 16, que nos habla del día de la expiación o *Yom Kippur*, como se llama para los hebreos. Lo podemos entender ahora, después de haber leído el contexto y conocer cuáles eran las instrucciones que Jehová había dado. Vimos que solamente un día —el de la expiación— era la ocasión en que se podía traer sangre y ponerla sobre los cuernos del altar. El día de la expiación era el día donde el sumo sacerdote entraba una vez al santuario. Primeramente sacrificaba por él, para expiar sus pecados, y luego, purificado en la sangre de ese sacrificio, entraba por el pueblo. Si Jehová estaba agradado, la gloria de Jehová descendía, de lo contrario, según la ley, había que sacarlo muerto de allí. Nota ahora el detalle, y fíjate que este capítulo viene mucho después del capítulo 10, pero es la continuación de este incidente, el cual contiene la nueva instrucción que Jehová le dio Moisés:

> *«**Habló Jehová a Moisés después de la muerte de los dos hijos de Aarón, cuando se acercaron delante de Jehová, y murieron**. Y Jehová dijo a Moisés: Di a Aarón tu hermano, que **no en todo tiempo** entre en el santuario detrás del velo, delante del propiciatorio que está sobre el arca, para que no muera; porque yo apareceré en la nube sobre el propiciatorio. Con esto entrará Aarón en el santuario: con un becerro para expiación, y un carnero para holocausto. Se vestirá la túnica santa de lino, y sobre su cuerpo tendrá calzoncillos de lino, y se ceñirá el cinto de lino, y con la mitra de lino se cubrirá. Son las santas vestiduras; con ellas se ha de vestir después de lavar su cuerpo con agua. Y de la congregación de los hijos de Israel tomará dos machos cabríos para expiación, y un carnero para holocausto. Y hará traer Aarón el becerro de la expiación que es suyo, y **hará la reconciliación por sí y por su casa**. Después tomará los dos machos cabríos y los presentará delante de Jehová, a la puerta del tabernáculo de reunión. Y echará suertes Aarón sobre los dos machos cabríos; una suerte por Jehová, y otra suerte por Azazel. Y hará traer Aarón el macho cabrío sobre el cual cayere la suerte por Jehová, y lo ofrecerá en expiación. Mas el macho cabrío sobre el cual cayere la suerte por Azazel, lo presentará vivo delante de Jehová para hacer la reconciliación sobre él, para enviarlo a Azazel al desierto. Y hará traer Aarón el becerro que era para expiación suya, y hará la reconciliación por sí y por su casa, y degollará en expiación el becerro que es suyo. **Después tomará un incensario lleno de brasas de fuego del altar de delante de Jehová, y sus puños llenos del perfume aromático molido, y lo llevará detrás del velo»*** (Levítico 16:1-12).

Observa en los énfasis que hemos añadidos en el texto anterior que el sacerdote no podía entrar al santuario todo el tiempo, pues de otra forma moriría. También tenía que sacrificar por él y por su casa primero. Luego, no antes, tenía que tomar un incensario lleno de brasas de fuego del altar de Jehová y llevarlo tras el velo. Pon mucha atención en esta parte, pues el día de la expiación era el día donde se transportaba la ministración al Lugar Santísimo. Y nota la palabra *llevar* que se repite varias veces en este capítulo. Ese era el único día de llevar, de ofrecer incienso en el Lugar Santísimo, Jehová se lo había especificado cuando dio las instrucciones y ahora se lo advierte de nuevo: *«**No en todo tiempo** entre en el santuario detrás del velo, delante del propiciatorio que está sobre el arca»* (Levítico 16:2). Se lo repite después que murieron sus dos hijos, se lo señaló porque —y es bueno que entendamos esto— Jehová da la instrucción una sola vez y espera que la sigamos.

El día de la expiación, el sacerdote Aarón tenía que ir al altar de bronce, donde Jehová encendió el fuego del holocausto, tomar brazas de allí (del altar donde se hacían los sacrificios que era un tipo de la cruz), colocarlas en su incensario y luego ponerle incienso, entonces podía entrar al Lugar Santísimo. Por lo que entiendo que toda ministración que entra al cielo tiene que ser **llevada** a partir de la cruz. Tenemos que ir a la cruz, al atrio, donde se derramó la sangre santa del Cordero, donde Dios mandó la aprobación el día de la resurrección, para decir: «¡Estoy contento con el sacrificio de mi Hijo! Tomen de ahí toda ministración, porque es en ese sacrificio vivo, santo, donde yo me complazco». Por tanto, aquí y allá, dondequiera que se invoque el nombre del Señor y se quiera obtener el favor de Dios, debe hacerse a través de la ofrenda del altar y del fuego de la aprobación que se manifestó cuando el Padre, satisfecho con la expiación de su Hijo, lo resucitó de entre los muertos.

En Levítico 9 la Biblia nos habla de la dedicación del ministerio sacerdotal. Moisés recibe la instrucción, se la comunica a Aarón y le dice: *«Esto es lo que mandó Jehová; hacedlo, y la gloria de Jehová se os aparecerá»* (v. 6). El verso 16 dice: *«Y ofreció el holocausto, e hizo según el rito»*. Aarón hizo todo conforme al rito y veamos lo que aconteció:

> *«Ofreció asimismo la ofrenda, y llenó de ella su mano, y la hizo quemar sobre el altar, además del holocausto de la mañana. Degolló también el buey y el carnero en sacrificio de paz, que era del pueblo; y los hijos de Aarón le presentaron la sangre, la cual roció él sobre el altar alrededor; y las grosuras del buey y del carnero, la*

cola, la grosura que cubre los intestinos, los riñones, y la grosura del hígado; y pusieron las grosuras sobre los pechos, y él las quemó sobre el altar. Pero los pechos, con la espaldilla derecha, los meció Aarón como ofrenda mecida delante de Jehová, como Jehová lo había mandado a Moisés. Después alzó Aarón sus manos hacia el pueblo y lo bendijo; y después de hacer la expiación, el holocausto y el sacrificio de paz, descendió. Y entraron Moisés y Aarón en el tabernáculo de reunión, y salieron y bendijeron al pueblo; y la gloria de Jehová se apareció a todo el pueblo» (vv. 17-23).

¿Qué sucedió después? Veamos lo que dice el verso 24: «*Y salió fuego de delante de Jehová, y consumió el holocausto con las grosuras sobre el altar; y viéndolo todo el pueblo, alabaron, y se postraron sobre sus rostros*». Sin duda que este fuego fue el comienzo de aquel fuego que Dios ordenó que debía arder continuamente (Levítico 6:12-13). Los libros de la Biblia, cuando fueron escritos originalmente, no estaban divididos en capítulos y versículos. Así que el último versículo del capítulo 9 de Levítico es el verso 24, que dice que «*salió fuego de delante de Jehová, y consumió el holocausto*». El verso que sigue después de ese pasaje es Levítico 10:1 que dice: «*Nadab y Abiú, hijos de Aarón, tomaron cada uno su incensario, y pusieron en ellos fuego, sobre el cual pusieron incienso, y ofrecieron delante de Jehová fuego extraño, que él nunca les mandó*». Eso nos hace deducir que el fuego extraño que Nadab y Abiú ofrecieron, el cual Jehová nunca les mandó, está relacionado y contrastado con el verso anterior, que es Levítico 9:24. Esa es la razón que nos lleva a pensar que Nadab y Abiú usaron carbones encendidos que no fueron tomados del altar del holocausto, conforme a lo ordenado por Dios (Levítico 6:12-13; 16:12,13).

Nadie debe encender ningún fuego de adoración y de alabanza que no sea a través de Jesucristo, otro fuego es extraño delante de Dios. Cuántas congregaciones hay que están encendiendo fuego de emociones en la adoración a Dios, que no dejan subir al predicador al púlpito hasta producir en los concurrentes un éxtasis con los cánticos y las alabanzas. Ellos les hacen señas a los músicos, como diciéndoles: «Sigan, sigan, denle más ritmo, más, más...», hasta ver que la gente se emborracha y se enloquece con la música, y cuando ya las emociones están al máximo, entonces consideran que está preparado el momento para que venga el predicador con la Palabra de Dios. ¡Fuego extraño en el altar! Ese fuego lo encendieron las emociones y el ritmo de la música, el cual tiene un efecto sobre nosotros, pero no podemos decir que lo encendió Dios.

Cuántas veces hacemos un montón de cosas en las iglesias que Dios no mandó. Inclusive aún lo legítimo lo usamos mal, con tal de provocar un ambiente. Comenzamos a adorar y usamos el salmeo para crear un ambiente «espiritual», cuando en realidad no es una alabanza espontánea, salida del fuego que hace arder el Señor Jesús en nuestros corazones. Nadie debe encender fuego con el don, pues la adoración que agrada a Dios tiene que ser a través del sacrificio de Cristo.

Por eso es que los intercesores en la oración, si no quieren orar en vano, deben presentar el nuevo pacto delante de Dios, rociando la sangre de Cristo que clama mejor que la de Abel (Hebreos 12:24). El escritor de Hebreos dijo: *«Porque habiendo anunciado Moisés todos los mandamientos de la ley a todo el pueblo, tomó la sangre de los becerros y de los machos cabríos, con agua, lana escarlata e hisopo, y roció el mismo libro y también a todo el pueblo, diciendo: Ésta es la sangre del pacto que Dios os ha mandado»* (Hebreos 9:19-20). Así, la sangre del Testamento Eterno es la que debe rociar todo sacerdote que le ministra al Dios vivo. El día que Moisés dedicó el santuario, roció con sangre a los sacerdotes, roció con sangre la puerta, el lavacro, el candelero, roció sangre sobre el altar de los panes, sobre el altar del incienso, sangre en el propiciatorio, todo fue cubierto con sangre.

La Biblia dice que los elegidos han sido rociados con la sangre de Jesucristo (1 Pedro 1:2). Juan narra cómo vio la multitud de ángeles adorando al que vive para siempre, y dice que uno de los ancianos se le acercó y le preguntó: *«Estos que están vestidos de ropas blancas, ¿quiénes son, y de dónde han venido?»* (Apocalipsis 7:13). El discípulo respondió: *«Señor, tú lo sabes»* y continuó narrando: *«Él me dijo: Éstos son los que han salido de la gran tribulación, y han lavado sus ropas, y las han emblanquecido en la sangre del Cordero. Por esto están delante del trono de Dios, y le sirven día y noche en su templo; y el que está sentado sobre el trono extenderá su tabernáculo sobre ellos»* (vv. 14-15). Por tanto, nadie puede estar en la iglesia ni seguir a Cristo si no toma la sangre de la cruz. Cristo te pudo llevar a ti al cielo porque tomó su sangre, la llevó al Lugar Santísimo y la derramó en el propiciatorio, y su sacrifico fue acepto, pues no murió para siempre, sino que vivió para luego de presentarse él, poder presentarte a ti delante de Dios.

Solamente el fuego que el Padre derramó el día de la resurrección, cuando puso aquel sepulcro al rojo vivo con el fuego de su presencia para decirle a Jesús: «Hijo, acepto tu sacrificio», es el que Dios mandó. Por lo cual, nadie debe mecer el incienso de la adoración, de la intercesión, ni de cualquier cosa que se le da a Dios, si no tiene fuego del altar de bronce, de la Cruz de Cristo, de ese altar del Calvario, donde se presentó el sacrificio y se derramó la sangre bendita del Hijo de Dios.

Hemos visto que después que el sacerdote tomaba sangre y la ponía en los cuatro cuernos del altar, también la llevaba detrás el velo, y derramaba la sangre sobre aquella lámina de oro que era el propiciatorio. Por eso, cuando Cristo entregó su Espíritu al Padre, el velo del templo se rasgó en dos (Mateo 27:51), porque él entró como propiciación por nuestros pecados. ¿Cómo hizo la propiciación? Pues derramando su sangre en el propiciatorio, la cual fue acepta. Por eso aquel hombre se fue justificado delante de Dios, cuando dijo sin atreverse a entrar: *«Dios, sé propicio a mí, pecador»* (Lucas 18:13). Ser propicio es como decir: «Llévame adonde está la sangre derramada sobre el propiciatorio, porque ahí hay perdón para mis pecados».

La sangre de Cristo nos da seguridad. Por tanto, cuando el diablo venga a ti con los ardides del engaño, tratando de confundirte porque has pecado o has sido débil, y te sumerge en culpabilidad, recuerda que eres un sacerdote, vete al altar del sacrificio eterno, toma de ahí la sangre y rosea con el hisopo del Espíritu tu vida, porque ninguna condenación hay para los que están en Cristo Jesús (Romanos 8:1). Cuando tu vida espiritual esté en decadencia porque no andas en el Espíritu, sientes que entras en la presencia de Dios y no encuentras palabras para hablarle en oración al Señor, y aunque quieres alabarle, no fluye de ti el canto, eso quiere decir que no hay fuego en tu incensario, que no has limpiado las cenizas y ya no tienes braza. No obstante, cuídate de no poner fuego extraño de emoción ni mucho menos tratar de elevarte a su presencia con canciones, como la serpiente que le tocan y se eleva en el encantamiento. Eso Jehová no lo mandó. Lo que tienes que hacer es ir al otro altar, al altar de bronce, a la cruz, donde se hizo efectivo el sacrificio, para tomar de ese fuego de la aprobación, echar de esas brazas en tu incensario, y echar luego el incienso de tu oración, en el nombre de Jesús, así podrás cruzar después del velo y entrar a la misma presencia de nuestro Dios.

El sacrificio de ofrenda a Dios hay que hacerlo cuando Dios lo ordena, no cuando yo quiera, ni dejarlo de hacer cuando no pueda.

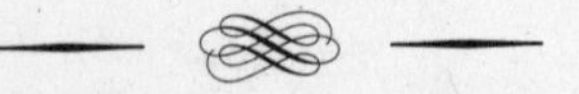

Según la ley, casi todo es purificado con sangre, y *«sin derramamiento de sangre no se hace remisión»* (Hebreos 9:22), por lo cual, según el

Espíritu, no hay adoración sin sangre, no hay vida detrás del velo (que es donde está la presencia de Jehová) si se cruza la cortina de esta dimensión natural para ir a la *Shekina*, al Lugar Santísimo, y mecer el incensario sin el fuego que Dios mandó: Cristo Jesús. Todo lo demás, llámese como se llame, es fuego extraño que Jehová no mandó a encender.

El sacrificio de ofrenda a Dios hay que hacerlo cuando Dios lo ordena, no cuando yo quiera, ni dejarlo de hacer cuando no pueda. En Levítico 16:12-16 dice: *«Después tomará un incensario lleno de brasas de fuego del altar de delante de Jehová, y sus puños llenos del perfume aromático molido, y lo llevará detrás del velo. Y pondrá el perfume sobre el fuego delante de Jehová, y la nube del perfume cubrirá el propiciatorio que está sobre el testimonio, para que no muera. Tomará luego de la sangre del becerro, y la rociará con su dedo hacia el propiciatorio al lado oriental; hacia el propiciatorio esparcirá con su dedo siete veces de aquella sangre. Después degollará el macho cabrío en expiación por el pecado del pueblo, y llevará la sangre detrás del velo adentro, y hará de la sangre como hizo con la sangre del becerro, y la esparcirá sobre el propiciatorio y delante del propiciatorio. Así purificará el santuario, a causa de las impurezas de los hijos de Israel, de sus rebeliones y de todos sus pecados; de la misma manera hará también al tabernáculo de reunión, el cual reside entre ellos en medio de sus impurezas»*. El perfume huele, pero cuando es echado al fuego su aroma inunda todo el lugar. Dice el escritor que al quemar el perfume, el vapor se convertirá en una nube aromática que cubrirá el propiciatorio, para que no muera el sumo sacerdote. Esto lo hizo Jesús el día de la cruz, cuando tomó su sangre y la derramó sobre el fuego de la aprobación del Padre, y la nube de ese perfume de vida traspasó los cielos, y por eso cada vez que tú pecas hay perdón para ti, pureza, limpieza y remisión.

Jesús lo hizo una vez y para siempre, por eso intercede por nosotros constantemente a la diestra de Dios (Romanos 8:34). Entonces, ¿cómo has de interceder tú? ¿Presentando tus ayunos e imprecaciones? ¿Presentarás tus buenas obras, tus penitencias y los sacrificios que has hecho por la obra? Cuidado, hermano, con venir a la presencia de Dios con ese fuego extraño. No hay dudas de que en todas esas cosas que hacemos, en nuestra fidelidad y sacrificio, hay excelencia, pero aunque las hagamos en él, debemos tener cuidado de no presentarlas, porque es solamente la sangre que se derramó en el altar de la cruz, en el altar de bronce, la que es acepta. Por tanto, la única sangre que debe ser derramada y el único fuego que debe ser llevado es aquel que Dios encendió el día que aprobó a Jesús y su sacrificio.

Por eso, debemos pedirle a Dios que siembre esta enseñanza en nuestros corazones, para que no sea simplemente una bella retórica o una exposición elocuente. Pues con ella no estamos exhibiendo la gran revelación que hemos recibido, sino estamos compartiendo contigo lo que hemos substraído de la Palabra de Dios, una revelación del Espíritu. Es necesario que caigamos todos postrados en el Espíritu, delante de la presencia de Dios, entendiendo y pidiendo perdón por todo el fuego extraño que hayamos —como iglesia— presentado delante de él.

Si hemos entendido lo que es extraño, pidamos perdón a Dios de corazón, para que a partir de hoy aprendamos a ministrar como sacerdotes en su Lugar Santo. En todo lo que le damos en la relación, en el cántico, la alabanza, la intercesión, ya sabemos cómo buscar la expiación, el perdón, la aceptación, y es llevando la sangre como Cristo la llevó. Sepamos de dónde tenemos que sacar las brazas y el fuego para que cuando nuestro perfume, nuestro incienso se queme y ascienda, no le sea a Dios un olor desagradable, sino olor grato. Recordemos que para que el olor sea grato, Dios lo pueda conocer y no le sea extraño, tiene que contener el mismo perfume y el mismo fuego que él encendió y mandó.

En este tiempo que Dios está restaurando la adoración y la ministración sacerdotal, este es un principio de la Palabra muy trascendental. Le pido al Señor que toque nuestros corazones y nos enseñe a seguir las instrucciones en todas las cosas. Si tu vida o tu ministerio están paralizados porque en algún momento dejaste el camino y no seguiste las instrucciones, permite que hoy el Espíritu Santo te revele dónde, cuándo y cómo te desviaste, y retoma el camino en las sendas derechas de su propósito y voluntad. Para que siendo así, termines con gozo tu carrera y puedas un día presentarte delante de nuestro Señor a dar cuentas sin lamentos, cubriéndote la nube de su aprobación en Cristo Jesús.

V.5 ¡DE CIERTO TE BENDECIRÉ!

> *«Por mí mismo he jurado, dice Jehová, que por cuanto has hecho esto, y no me has rehusado tu hijo, tu único hijo;* DE CIERTO TE BENDECIRÉ, *y multiplicaré tu descendencia como las estrellas del cielo y como la arena que está a la orilla del mar; y tu descendencia poseerá las puertas de sus enemigos»* (Génesis 22:16-17).

Abraham era nativo de la tierra de Ur de los caldeos, pero un día Dios se le apareció y le dijo que dejara su tierra y a sus parientes para ir a una tierra que le daría como heredad. Este hombre así lo hizo, y estando en Harán, Dios se le apareció de nuevo e hizo con él un pacto de prosperarle (Génesis 12:1-7). A partir de ese momento Abraham comenzó a recibir las bendiciones de ese pacto. Jehová le dio reputación y lo llenó de gracia delante de todos los orientales. Todo lo que Abraham tocaba con su mano se multiplicaba y prosperaba. Aun los vecinos no le rehusaban nada y le decían: *«Óyenos, señor nuestro; eres un príncipe de Dios entre nosotros ... Hemos visto que Jehová está contigo; y dijimos: Haya ahora juramento entre nosotros, entre tú y nosotros, y haremos pacto contigo»* (Génesis 23:6; 26:28). Abraham llegó a ser tan rico, y a tener tantas ovejas, camellos, vacas y siervos, que hasta enriqueció a otros, pues Dios lo bendijo en gran manera.

No obstante, a pesar de toda aquella prosperidad y abundancia, Dios no le había dado lo más importante para cualquier hombre, un heredero. Un hijo para Abraham no solo representaba una bendición en lo humano, sino el cumplimiento a cabalidad del pacto que Dios había hecho con él. Pasado un gran tiempo, después de veinticinco años, cuando ya Abraham languidecía por el cumplimiento de esa promesa, Dios le da el hijo. Con el nacimiento de Isaac, Abraham rejuvenece, y se apega al muchacho de tal forma que lo amaba en demasía. Dios, que en su santo consejo tenía planificado hacerle vivir una experiencia especial, dejó que su corazón se apegara a Isaac, de tal manera que el anciano veía todo a través de los ojos del muchacho, era su todo. Sin embargo, cuando Abraham estaba más encariñado y bien contento con Dios, porque veía en su hijo la bendición del pacto, de manera que no le importaba ya nada más, ocurrió algo muy impresionante. Dios probó a Abraham dándole unas muy singulares instrucciones.

Jehová le dijo: *«Toma ahora tu hijo, tu único, Isaac, a quien amas, y vete a tierra de Moriah, y ofrécelo allí en holocausto sobre uno de los montes que yo te diré»* (Génesis 22:2). Nota que, en Génesis 12:3, Dios le dijo a Abraham: *«Bendeciré a los que te bendijeren, y a los que te maldijeren maldeciré; y serán benditas en ti todas las familias de la tierra».* Es decir, que Dios señala a Abraham para ser de bendición a todas las familias de la tierra. Mas en esta ocasión Dios se le aparece y le dice: *«Por mí mismo he jurado, dice Jehová, que por cuanto has hecho esto, y no me has rehusado tu hijo, tu único hijo; de cierto te bendeciré, y multiplicaré tu descendencia como las estrellas del cielo y como la arena que está a la orilla del mar; y tu descendencia poseerá las puertas de sus enemigos. En tu simiente serán benditas todas las naciones de la tierra, por cuanto obedeciste a mi voz»* (Génesis 22:15-18). Fíjate en el cambio en estas dos apariciones. En la primera aparición Dios le dice a Abraham, en ti como padre, como progenitor, serán benditas todas las familias de la tierra. Mas en el momento en que Abraham pasa por la experiencia de entregar a su hijo, es cuando el Señor le da la vivencia que él mismo sufriría como Padre al entregar a su «Isaac» (a su Hijo Jesús) en la cruz del Calvario. Jehová quiso revelar a su amigo Abraham el pacto eterno, no solo por estatutos, ni promesas, ni haciendo alianzas con él, sino a través de una vivencia, para que supiera lo que Dios el Padre iba a experimentar siglos después. Por eso hoy podemos ver una similitud tremenda en estos relatos.

Dios ofreció a su Hijo como Abraham ofreció a Isaac. Primeramente, Dios le dice a Abraham: *«Toma ahora tu hijo, tu único ... a quien amas»* (Génesis 22:2). Jesús es el unigénito del Padre, lleno de gracia y de verdad (Juan 1:14). Cristo era el único del Padre, así como Isaac era el único hijo de Abraham. En otras palabras, Dios tenía un solo Hijo, y lo entregó, así que para revelarle a Abraham lo que habría de hacer, le dice que entregue a su único hijo. Jesús dijo: *«El Padre ama al Hijo»* (Juan 3:35). Abraham amaba a Isaac. Isaac era el hijo de la promesa. Cristo también es el Hijo de la promesa, la simiente de Abraham, según el Espíritu. Es la misma experiencia, los dos salen hacia un monte, Abraham con Isaac al monte Moriah y Dios con Jesucristo al Gólgota. Con Isaac y Abraham iban dos siervos, Jesús fue al Calvario con dos ladrones. Abraham puso la leña sobre el altar, y a Isaac encima. Dios permitió que se levantara la cruz y Cristo fuese clavado sobre ella. Así como Abraham tomó en su mano el fuego (que es un tipo de la aflicción) y el cuchillo (separación), Dios tomó los pecados de todos nosotros, que representan la aflicción, y los cargó sobre Jesús, lo cual lo separó. Por tanto, en última instancia, no fueron los judíos los que mataron a Jesús, no fueron los romanos los que lo sentenciaron a muerte y lo ejecutaron, sino el Padre quiso cargar en él todos nuestros pecados y lo sacrificó por nosotros.

Entonces, Isaac habló a su padre y le dijo: *«Padre mío»* (Génesis 22:7). Esta expresión desesperada es la misma usada por Jesús en la cruz del Calvario, cuando dijo: *«Elí, Elí, ¿lama sabactani? Esto es: Dios mío, Dios mío, ¿por qué me has desamparado?»* (Mateo 27:46). Es el grito de angustia del Hijo, registrado por el salmista en el Salmo 22. Mas, si buscas por todo el Antiguo Testamento, ninguno de los antiguos usaba este término para dirigirse a Jehová. Jesús es el que enseñó a Israel y al mundo la paternidad de Dios. Por tanto, esa exclamación de Isaac es la misma de Jesús al verse abandonado por el pueblo, sus apóstoles y seguidores; siendo traicionado, juzgado, y tratado como un delincuente; estando allí colgado, recibiendo todo tipo de insultos y de burlas, llevando el pecado de todos nosotros; sufriendo la separación del Padre, que es la muerte segunda. Jesús experimentó la muerte de aquellos que se pierden, esa misma muerte de la que habla Apocalipsis 20:14 y 21:8. Por eso era tan grande la agonía que tenía, al padecer la muerte del impío. Él no estaba preocupado por la muerte física, sino por la muerte espiritual que es la separación eterna del Padre, por sobrevivir la terrible separación, y resistir —sin caer— el abismo de las tinieblas.

El grito de Jesús es el mismo grito de Isaac, que como un cordero inocente no sabía que iba a ser sacrificado, pero iba en obediencia con Abraham su padre. Igualmente, Jesús era un Cordero que fue al matadero, y delante de sus trasquiladores enmudeció y no abrió su boca (Hechos 8:32). Jesús clamó como el salmista: *«Dios mío, Dios mío, ¿por qué me has desamparado? ¿Por qué estás tan lejos de mi salvación, y de las palabras de mi clamor? Dios mío, clamo de día, y no respondes; y de noche, y no hay para mí reposo. Pero tú eres santo, tú que habitas entre las alabanzas de Israel. En ti esperaron nuestros padres; esperaron, y tú los libraste. Clamaron a ti, y fueron librados; confiaron en ti, y no fueron avergonzados»* (Salmo 22:1-5). Mas únicamente le respondió el silencio.

Sin embargo, cuando Isaac clamó, Abraham le respondió: *«Heme aquí, mi hijo ... Dios se proveerá de cordero para el holocausto, hijo mío»*, y dice que iban juntos (Génesis 22:7,8), pero Dios no pudo responder lo mismo. Él no pudo decirle a Jesús, cuando le clamó en la cruz: «Heme aquí, Hijo mío», porque en ese momento Dios no vio a su Hijo, sino que nos vio a ti y a mí, vio el pecado del mundo sobre aquel inocente. En ese momento Dios tuvo que dar su espalda, porque su espíritu no contiende con el pecado (Génesis 6:3,5). Por tanto, aquel que había dicho: *«Porque el que me envió, conmigo está; no me ha dejado solo el Padre, porque yo hago siempre lo que le agrada»* (Juan 8:29), fue desamparado, abandonado, dejado solo. Esto era algo serio, pues Cristo y el Padre nunca se habían separado, ni por un segundo, pero ahora, por seis horas, la cruz los separó. En la historia de la relación entre el Padre y el Hijo quedan esas seis horas de silencio. Esto es uno de los misterios de la redención, pues si nosotros pudiéramos concebir la profundidad y la medida de esa separación entre Dios y su Hijo, entenderíamos de una buena vez lo que es el amor de Dios por ti, por mí, y por el mundo.

Extendió, pues, Abraham su mano y tomó el cuchillo para degollar a su hijo, mas no tuvo que hacerlo, pues fue impedido desde el cielo y le fue provisto un cordero (Génesis 22:10-13). Entonces, por segunda vez, llamó el ángel a Abraham y le dijo: *«Por mí mismo he jurado, dice Jehová, que por cuanto has hecho esto, y no me has rehusado tu hijo, tu único hijo; de cierto te* ***bendeciré****, y multiplicaré tu descendencia como las estrellas del cielo y como la arena que está a la orilla del mar;* ***y tu descendencia poseerá las puertas de sus enemigos****. En tu simiente serán benditas todas las naciones de la tierra, por cuanto obedeciste a mi voz»* (vv. 16-18). Estas palabras revelan una intención de Dios. Ahora Dios le dice a Abraham: «No en ti, sino que en tu simiente, en tu descendencia serán benditas todas las naciones de la tierra». La simiente de Abraham es Cristo (Gálatas 3:16). Isaac es el hijo de la promesa según la carne, pero según el Espíritu, la simiente bendecida es Cristo. No obstante, lo notable aquí es que Dios no le dijo esto a Abraham hasta que este experimentó lo que el Padre iba a padecer con el sacrificio de su Hijo por el mundo. Cuando Abraham pasa por esa experiencia, entonces es que Jehová le confirma la promesa.

El siervo de Dios le había dicho a su hijo que Dios se proveería de cordero para el holocausto, pero luego de pasar aquella terrible experiencia y de recibir de Dios un cordero para el sacrificio en lugar del muchacho, le llamó a aquel lugar «Jehová proveerá» —*Jehová yireh*— (Génesis 22:8,14), porque en ese monte le fue provisto. Por tanto, fue allí también, en aquel monte elegido por Jehová, donde siglos después Salomón le edificó templo a JAH, y llegado el cumplimiento de los tiempos, también vino a ser un tipo del templo eterno que Dios levantó en el cuerpo de su Hijo (Juan 2:19). Esto es algo muy grande, y Dios no solo le quería revelar esto a Abraham, sino que lo quiso hacer partícipe.

Esta siempre ha sido la conducta de Dios desde la eternidad. ¿Qué quiero decir con eso? Que todas las cosas se originan en el Padre, y luego el Padre se las pasa al Hijo, para que el Hijo las administre, porque ellos una sola cosa son. Nosotros fuimos primeramente bendecidos en Dios, ahora somos bendecidos en Cristo Jesús. Primeramente en el Padre, y luego, a través del Hijo. Nota lo que dice la Biblia: *«El Padre a nadie juzga, sino que todo el juicio dio al Hijo»* (Juan 5:22). ¿Dónde estaba el juicio originalmente? Estaba en el Padre, pero él se lo pasó al Hijo, porque todas las cosas se originan en el Padre y luego él se las pasa al Hijo.

Vemos que la Biblia, cuando habla de la creación, dice que fue por Cristo que Dios hizo el universo (Hebreos 1:2). Podemos, decir entonces que cuando el Padre iba a crear el universo físico le dijo al Hijo:

«Ven, Hijo, ponte aquí, porque lo que yo voy a crear es para ti, por ti y en ti». Y cuando Dios hizo todo lo creado, lo hizo para el Hijo. Por eso dice en Colosenses 1:16-17: *«Porque en él fueron creadas todas las cosas, las que hay en los cielos y las que hay en la tierra, visibles e invisibles; sean tronos, sean dominios, sean principados, sean potestades; todo fue creado por medio de él y para él. Y él es antes de todas las cosas, y todas las cosas en él subsisten»*. Dios creó el universo para que el Hijo lo administre y para que él sea el principio de la creación de Dios. Esto es muy importante para nosotros, porque nunca conoceremos o entenderemos a Dios, ¡jamás!, hasta que no entendamos la relación que tiene el Padre con el Hijo.

En la relación entre el Padre y el Hijo está la causa, la motivación y el cimiento que rige la eternidad de los cielos. Todo juicio comenzó en el Padre y él se lo dio al Hijo. El universo Dios lo creó para el Hijo. El Padre toda gloria dio al Hijo; era de él, pero él se la dio al Hijo. Por tanto, Dios se lo dijo a Abraham y también se lo hizo vivir: en ti y en tu simiente (Génesis 28:14). A ti también Dios te lo quiere hacer vivir. **Nadie puede conocer a Dios si no lo conoce en Jesucristo. Nadie conoce a Dios si no lo conoce en la redención. Nadie puede conocer a Dios si no lo conoce en el Calvario. A Dios no se le conoce a través de filosofías o con razonamientos humanos. A Dios se le conoce en el Hijo. Nadie jamás ha conocido a Dios, y el único que lo conoció, vino a darlo a conocer, y ese es el Hijo, el gran Emanuel.** La Palabra de Dios dice: *«Por cuanto agradó al Padre que en él habitase toda plenitud»* de la divinidad (Colosenses 1:19). Por ejemplo, en Juan 3:35 dice: *«El Padre ama al Hijo, y todas las cosas ha entregado en su mano»*. Y en otro texto dice: *«Porque el Padre ama al Hijo, y le muestra todas las cosas que él hace; y mayores obras que estas le mostrará, de modo que vosotros os maravilléis»* (Juan 5:20). Así que todas las cosas son a través del Hijo. Ese es el misterio de la piedad que estuvo escondido desde los siglos y edades, y que tampoco fue sujeto a ángeles (Hebreos 2:5).

Jehová no le dejó ver a Abraham lo que es el clímax de la revelación hasta que este no lo vivió en carne propia. Nadie puede saber quien es Dios si no conoce a Jesucristo. Ninguno puede conocer a Dios si no lo conoce a través de la dádiva del Hijo, si no pasa por la experiencia gloriosa de saber al dedillo esta expresión: *«Porque de tal manera amó Dios al mundo, que ha dado a su Hijo unigénito, para que todo aquel que en él cree, no se pierda, mas tenga vida eterna»* (Juan 3:16).

No obstante, hay algo en el pasaje de Abraham con Isaac que el Señor nos quiere aún enseñar. Veamos qué le dice el ángel de Jehová la primera vez: *«Abraham, Abraham ... No extiendas tu mano sobre el muchacho, ni le hagas nada; porque ya conozco que temes a Dios, por cuanto no me rehusaste tu hijo, tu único»* (Génesis 22:11,12). Nota que desde el cielo fue observada la escena, pero solo fue detenida justo en el momento en que Abraham había levantado su brazo, empuñando el cuchillo, para degollar al hijo. Luego, contento por la acción de Abraham, le llama desde el cielo por segunda vez y le dice: *«Por mí mismo he jurado, dice Jehová, que por cuanto has hecho esto, y no me has rehusado tu hijo, tu único hijo; de cierto te bendeciré»* (vv. 16-17). Aquí está la segunda gran enseñanza de estas dos comparaciones, y yo me pregunto lo siguiente: Dios prometió bendecir a Abraham en la primera visita, ¿sí o no? La respuesta es sí, y Dios lo hizo. ¿Por qué, entonces, Dios le dice: *«de cierto te bendeciré»*? ¿Sabes porqué? Porque Dios le agradó ver que Abraham no le rehusó lo único que tenía y que más amaba, sino que se entregó a la voluntad de Dios completamente. La gran lección de esto es que Dios para Abraham fue más importante que lo suyo propio, y por eso él juró que le bendeciría.

Solamente aquel que establezca con Dios una relación de totalidad y de entrega íntegra, puede llegar al clímax de su bendición.

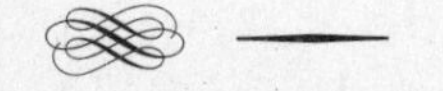

La palabra «de cierto» es la misma palabra para «verdad», que también significa «amén» y representa un juramento. Es la misma expresión que decía Jesús: *«De cierto, de cierto os digo: El que oye mi palabra, y cree al que me envió, tiene vida eterna; y no vendrá a condenación, mas ha pasado de muerte a vida»* (Juan 5:24). De la misma manera Dios le dijo a Abraham: «Mi siervo, yo te he bendecido, pero de cierto que ahora es que te voy a bendecir verdaderamente». **Abraham ahora podía entrar a una relación franca y perfecta con Dios, porque en la conducta divina la entrega es total. Solamente aquel que establezca con Dios una relación de totalidad y de entrega íntegra, puede llegar al clímax de su bendición.**

Vemos que Dios se le apareció varias veces a Jesús en su ministerio diciendo: *«Este es mi Hijo amado, en quien tengo complacencia»* (Mateo 3:17). ¿Por qué? Porque ese Hijo, desde la eternidad, le dijo al Padre: *«He aquí, vengo; en el rollo del libro está escrito de mí; el hacer tu voluntad, Dios mío, me ha agradado, y tu ley está en medio de mi corazón»* (Salmo 40:8). Y cuando estuvo en la tierra, decía: *«En los negocios de mi Padre me es necesario estar ... Mi comida es que haga la voluntad del que me envió, y que acabe su obra ... Porque he descendido del cielo, no para hacer mi voluntad, sino la voluntad del que me envió»* (Lucas 2:49; Juan 4:34; 6:38). Aún estando en el gran conflicto del Getsemaní, le decía: *«Padre, si quieres, pasa de mí esta copa; pero no se haga mi voluntad, sino la tuya»* (Lucas 22:42), en otras palabras: «Tú eres Dios, y sé que puedes pasar de mí esta prueba, pero si no es tu voluntad no me libres, porque hacer tu voluntad es más importante para mí que hasta mi propia vida». Cuando Dios vio ese cuerpo lánguido, envuelto en lienzos, con un sudario sobre su cabeza, que era bajado a la tumba, recordó cómo el Hijo había vivido, y recordó su juramento: *«Porque no dejarás mi alma en el Seol, ni permitirás que tu santo vea corrupción»* (Salmo 16:10), entonces dijo: «Sí, contigo sí voy a hacer pacto, levántate y siéntate a mi diestra y no serás conmovido» (Salmo 16:8).

La causa por la cual la mayoría de los cristianos no disfrutan de la bendición es porque se entregan a Dios a medias.

La causa por la cual la mayoría de los cristianos no disfrutan de la bendición es porque se entregan a Dios a medias. El que se entrega a medias va a disfrutar un poquito de Dios, pero el que se lo entrega todo va a disfrutar del todo de Dios. **Cuando Dios es el todo para nosotros, nosotros somos el todo para Dios. Dios se entrega totalmente a aquel que se lo entrega todo.** Ese es el porqué de la mediocridad de muchos cristianos, los cuales llegan a la iglesia, se bautizan, pero no perseveran y se van. Y luego dicen: «Yo fui cristiano, pero no es verdad lo que dicen de tanto gozo». Claro, ¿cómo esta persona iba a sentir gozo si nunca dio su corazón en la relación?, pero Abraham sí dio su corazón y Cristo su vida, por eso vieron la gloria de Dios. El sacrificio en el Moriah fue lo que llevó a Abraham a estar listo para entregarse a la plenitud de la relación, a una intimidad superior y suprema con Dios. Nuestro Padre no sabe entregarse a medias en ninguna relación, por eso cuando se da, lo da todo, aun lo que más ama, su Hijo, su trono y su Espíritu.

Cuando nos entregamos por entero a Dios se quitan los impedimentos. Si voy a hacer negocio con alguien, si hemos decidido trabajar juntos, pero observo que la persona está vacilando, dudando en invertir y dando vueltas como arrepentido, entonces yo también voy a detener mi parte. Si soy sabio, no invertiré mis recursos en una empresa en sociedad con alguien que esté dudando. Hasta que la persona no firme el contrato y actúe hacia la meta, yo tampoco he de dar mi paso al frente. Así que cuando Dios te pruebe como a Abraham, y pases la prueba, Dios te va a bendecir de verdad. Dios te mostró el monte, y está esperando que te dispongas a efectuar el sacrificio para entonces decirte: «Contigo quiero establecer una relación total, sin reservas. Ahora sí es verdad que me entrego todo: ¡De cierto te bendeciré!».

Eso es lo que Dios ha querido enseñarte en todos estos años en tu caminar con él. Un día tú llegarás a ese clímax glorioso de la relación con Dios, donde flotarás en el viento divino, y Dios cumplirá en ti lo que ojo no ha visto, ni oído escuchó, ni ha llegado a la imaginación de ningún hombre. Los hombres van a admirar a nuestro Dios y verán que él cumple sus promesas y su pacto con nosotros. Y vas a subir a los montes celestiales y su ángel te conducirá a las playas más gloriosas de su eternidad, donde divisarás la hermosura de su santidad, así como la altura y la anchura de su gloria y de todo lo de él. Yo anhelo que llegue a mi vida ese momento, cuando Dios me diga: «Mi siervo, Juan Radhamés, yo sé que no me rehúsas nada, y como yo soy el todo en tu vida, ahora sí es verdad que te voy a bendecir. Desde ahora en adelante vamos a sostener una relación franca. Pídeme y te daré por herencia todo lo que es del Hijo, y no te negaré ni lo más mínimo». Eso hace Dios con el que le da su todo.

Desde hace tiempo Dios lo ha estado predicando a tiempo y fuera de tiempo, y por todos los medios, pero la mayoría no lo entiende. No habrá unidad en el cuerpo de Cristo hasta que a Dios no se le dé el corazón. No se disfrutará de bendición en las naciones hasta que a Dios no se le dé su lugar. Estamos esperando el tiempo glorioso de la iglesia y la culminación del plan eterno de Dios en la tierra, en donde Dios nos prometió que el vino nuevo será mejor que el viejo y que la gloria postrera será mayor que la primera. Por lo cual, la iglesia tiene que hacer como Abraham, darle a Dios lo que más ama, su «Isaac». Entonces, Dios le va a decir: «Yo he tenido un pacto contigo, y te he cumplido, pero la culminación del pacto y la plenitud de la relación, donde lo entrego todo, la daré en este momento, porque ahora sé que tú sabrás cómo ministrarlo. No lo vas a administrar para ti egoístamente ni vas a traicionar el pacto. Te entregarás primero».

¿Sabes cuándo dijo Dios *«de cierto te bendeciré»*? Cuando Abraham dio el todo. El Espíritu me dice que ese ha sido el problema eterno de los cristianos, que la relación con Dios es una relación de sospecha, donde algunos están dudosos y no se quieren entregar. Ahora entiendes por qué hay tantos cristianos que se la pasan llorando y diciéndole al Señor: «¡Ay Dios mío!, ¿cuándo sucederá aquello? Veo que nada de lo que espero se cumple y mi vida es una calamidad», y lo dicen con un tono de amargura y frustración, como si Dios deseara su mal. Mas Dios les dice a cada uno: «Sacrifícame a tu Isaac», pero no escuchan, pasa el tiempo y siguen soñando con lo que pudo haber sido y no fue, y Dios continua diciendo: «¿Quieres mi bendición? ¡Dame a tu Isaac! Para eso te llamé al monte, dámelo ya, sacrifícamelo. Entremos a cuenta; yo ya entregué a mi Hijo por ti, ahora sacrifícame el tuyo». Y aquí Dios no está hablando de tu hijo carnal, sino de aquello que amas, de eso que tienes apegado a tu corazón y no lo sueltas por nada. ¡Suéltalo! Entremos en pacto con Dios. **No hay otro pacto que el de Cristo, pero Dios no te va soltar la plenitud de esa bendición hasta que no vea tu corazón entregado a él, de forma total y absoluta.**

Por tanto, si un día te frustras porque no recibes respuesta de parte del Señor, dale tu «Isaac», y luego oirás la voz desde el cielo que te dice: «*De cierto te bendeciré*». Cree que Dios no solo quiere bendecirte, sino darte en posesión las puertas de tus enemigos. Por eso te ruego por la misericordia de Dios que no te olvides de estas palabras, porque si andas buscando una clave, ya la has encontrado, y si has buscado un porqué, encuéntralo aquí también. Un día volaremos en los aires de Dios, en toda la plenitud del poder de la divinidad, y en toda la usanza del deseo de Dios, pero eso será cuando entreguemos nuestro «Isaac».

Hay etapas en nuestra relación con Dios, y en ellas Abraham llegó a la escala mayor. Por eso Dios, en su trato, te va quitando y entregando, quitando y entregando, hasta dejarte inmerso únicamente en lo que es de él. El pueblo de Israel una vez quiso librarse de los filisteos, y le rogó a Samuel que orara a Dios por ellos, a lo que el siervo de Dios respondió: «*Si de todo vuestro corazón os volvéis a Jehová, quitad los dioses ajenos y a Astarot de entre vosotros, y preparad vuestro corazón a Jehová, y solo a él servid, y os librará de la mano de los filisteos*» (1 Samuel 7:3). Es triste andar por ahí, dando tropezones, simplemente por no darle el todo a Dios, perdiendo lo más por lo menos. Renunciemos al espíritu de Ananías y Safira, no reservemos nada para Dios, pues aun lo que tenemos él también puede quitárnoslo (Marcos 4:25). Dios te bendice porque él es bueno, es Padre, tiene el pacto con Jesús de bendecir, y lo hace, **pero en las aguas de la playa «excelencia» solo se zambullen los que se desnudan ante él, los que no andan con tapujos ni reservas.**

No obstante, si Dios te llamó, él se va a percatar de ser tu todo y de cambiar tu vida totalmente. Esto que hemos expuesto aquí no es justificación ni bendición por obras, pues Jehová había hecho un pacto de gracia con Abraham. Mas lo que Dios nos quiere enseñar es que la parte grande del pacto no la vamos a recibir hasta que no le demos el todo. Cristo conquistó todo para ti, las promesas grandes y pequeñas ya son tuyas, lo que pasa es que la plenitud, donde ya no hay impedimentos para poseer la herencia, vendrá cuando estés listo de corazón y se lo des todo, íntegramente, a Dios. Todo por Cristo, todo por gracia. Un padre cuida de sus hijos, le paga los estudios, le compra un automóvil, pero la parte grande se la tiene en el banco hasta que vea que madura y le da a sus finanzas un buen uso. Reitero que no estoy hablando de salvación, sino de la mayordomía de las cosas que el Señor nos ha dado para administrar, y de nuestra relación con él aquí en este mundo.

Conozcamos a Dios en el Hijo, allí donde él dio lo máximo de su amor y entregó lo que más amaba por nosotros. ¿Cuándo le mostraremos lo máximo del amor a Dios? Cuando también nosotros entreguemos lo que más amamos. Es difícil para nosotros entregar el corazón y Dios sabe por qué: somos egoístas; tenemos miedo de entregarnos totalmente, hay una fuerza en la ley de la carne que es contraria a lo que Dios pide, por eso es que debemos requerir su ayuda. Pidamos al Señor que nos muestre la realidad, no para que nos frustremos, sino para que lo recibamos como un reto y una gran verdad, y así no estemos preguntándonos: ¿qué pasa que no viene la plenitud? Entendamos que Dios no entra en una relación total hasta que no entremos en una relación total con él, hasta que no lo demos todo, como él lo ha dado todo.

Necesitamos la fortaleza del cielo para vivir el reino en las cosas pequeñas y ser fieles en las cosas grandes.

La iglesia es guiada por el Espíritu, y si Dios ha querido exhortarnos de esta manera, aconsejándonos, mostrándonos cuál es su propósito con nosotros, así como la esencia misma de estas cosas, es para que lo vivamos. De esta manera, nos librará de caer en los lazos del enemigo, en las tantas trampas en las que el adversario ha metido a la iglesia en todos estos siglos, de manera que cuando hemos visitado a algunas de ellas, no sabemos si estamos en un club, en una iglesia o en qué. Hemos dado tantos malos testimonios y hemos traído tanta afrenta al nombre del Señor que la gente no sabe en quién creer. Por tanto, no queremos caer en eso, sino que Dios nos libre. Necesitamos la fortaleza del cielo para vivir el reino en las cosas pequeñas y ser fieles en las cosas grandes. Así, cuando Dios ponga en nuestras manos decisiones trascendentales, y al mismo tiempo nos rodeen oportunidades tentadoras, no se nos llenarán los ojos y podremos decidir por el Señor. Siendo Dios el todo en nosotros, podremos decir: «Voy a decidir lo que honra a Dios, aunque me quede sin nada, porque a fin de cuentas TEMER A JEHOVÁ es el todo del hombre» (Eclesiastés 12:13).

Si hemos de orar como conviene, hemos de pedirle a Dios que nos libre y nos guarde, pero no tan solo a nosotros, sino a toda la iglesia. Nuestro espíritu no es criticar a la iglesia, porque ella es la novia de Cristo, y hablar de ella es como hablar de Dios. También nosotros somos parte de ese cuerpo, y somos afectados cuando «la novia» no vive de acuerdo a su voluntad. Nos afecta porque somos una parte, pues el cuerpo de Cristo no está dividido, somos un solo pueblo. Por tanto, hemos de orar por toda la iglesia, para que el sentir de Dios llegue a ella y podamos vivir justa y piamente, como lumbreras en el mundo. Entonces, el mundo podrá ver la diferencia de lo que es tener a Cristo y lo que es vivir la verdad de Dios. El reino de los cielos no es buscar lo nuestro, sino todo lo que es de Cristo, todo lo que a él le agrada; es buscar todo lo que el Señor nos ha mandado; es una obediencia total, aunque tengamos que renunciar a placeres y a muchas otras cosas que para nosotros resultan tan agradables, pero para él no. Así que hemos de hacerlo por amor a quien nos amó.

Sabemos que toda bendición viene a través de los padres, como toda bendición se origina en Dios. Nuestras vidas fueron primeramente bendecidas en el Padre, y luego fuimos bendecidos en el Hijo. Dios vive para nosotros en Cristo Jesús. Él vive como Padre para darse a sus hijos, como el buen padre que ama y se entrega a vivir para sus hijos. Mas Dios, que es sabio, no le da toda la herencia al hijo de una vez, sino que espera el tiempo cuando el hijo pueda entender, cuando el muchacho esté maduro, para que pueda hacer buen uso de la herencia y administrarla perfectamente. El hecho de rehusar entregarnos cabalmente a Dios es un signo de inmadurez y una señal de que no estamos perfeccionados en el amor. Por tanto, hasta que nosotros no le entreguemos a Dios nuestro «Isaac» —que es lo que mas amamos— no vamos a disfrutar de la plenitud de la relación con Dios, el cual quiere dar todo y lo ha dado todo en su Cristo. ¡Ojalá que apliquemos eso a nuestra vida! Pues no tan solo recibiremos todas las promesas hechas a Abraham, sino obtendremos la añadidura dada a la simiente, el poseer las puertas de nuestros enemigos.

La simiente directa de Abraham era Isaac, pero este era el hijo de la promesa según la carne, de acuerdo al linaje humano. Sin embargo, en el libro de Gálatas el apóstol Pablo dice que la simiente de Abraham es Cristo (Gálatas 3:16). En otras palabras, no fue en Isaac que Dios le cumplió la promesa a Abraham de bendecir en él a todas las familias de la tierra, sino fue en Jesucristo donde todos los pueblos de la tierra han sido bendecidos. Cristo ha llenado la tierra del conocimiento del Dios de Israel, a través de la predicación del evangelio, así como las aguas cubren el mar. El conocimiento, la adoración, la salvación del verdadero Dios ha llegado a los pueblos gracias a Jesucristo, la simiente de Abraham, por tanto es Cristo el que poseerá las puertas de sus enemigos, y los llamados de su nombre en él.

Los cristianos somos hijos de Abraham por la fe, por lo cual, somos parte de la simiente, porque somos de Cristo, y por ende, también herederos de esta promesa. Para mí, personalmente, significa mucho que Dios no añadiera esa promesa antes, en la primera aparición, ni en las otras veces que le habló a Abraham. En Génesis, desde el capítulo 12 hasta el 22, Dios habló muchas veces a Abraham, y le repitió la promesa de bendición, no tan solo a él, sino en él a todas las familias de la tierra. Mas, ¿por qué es en ese momento que Dios aparece añadiendo algo más a lo prometido y no antes? **¿Por qué ahora, no con anterioridad, Dios ofrece darle a la simiente el poseer las puertas de sus enemigos? Porque es ahora cuando Abraham le entregó todo a Dios, cuando este hombre le entregó al Señor su único, lo que más amaba; por tanto es ahora y no antes cuando Abraham está capacitado para entender a Dios.** ¿Por qué digo capacitado? Porque Dios le dio no una simple idea, sino una profunda vivencia. Dios le dijo: *«Toma a tu hijo y sacrifícamelo»* (Génesis 22:2). Mas, cuando le iba a enterrar el cuchillo a Isaac, fue que entendió que siglos después Dios iba a sacrificar a su Hijo por la humanidad. Por tanto, Abraham, con una vivencia tan tremenda, vio que Dios es el Dios del todo; conoció que **Dios lo exige todo, pero es el Dios que antes lo da todo.**

Dios lo exige todo, pero es el Dios que antes lo da todo.

Esto es una gran enseñanza para nosotros, pues vemos que el Dios que nos quiere enseñar que él es todo, primero lo dio todo; y dando ese todo es que logra ser el todo en nosotros. Abraham estuvo capacitado para entender a Dios y comprender su conducta en la redención cuando lo dio todo. Por eso Jesús dijo a los judíos: *«Abraham vuestro padre se gozó de que había de ver mi día; y lo vio, y se gozó»* (Juan 8:56). ¿Cuándo vio Abraham los días de Cristo? Cuando Abraham fue impedido de sacrificar a Isaac vio los días de Jesús y cuando creyó a Dios que en su simiente recibiría las promesas, también lo vio.

Ahora, ¿qué significa que en tu descendencia, en tu simiente, poseerás las puertas de tus enemigos? Primeramente, si tomo el control de una puerta, puedo impedir que el que esté fuera entre, como también —si soy suficientemente fuerte o sabio— impido que los que estén adentro salgan. **El que posee la puerta tiene el control y la autoridad**. Por eso Dios le dice que su simiente va a poseer la puerta de los enemigos, o sea, va a tener el control, porque el que posee la puerta es el que tiene el poder para permitir o negar el acceso o la salida del lugar.

Dios ha querido enseñarnos esta verdad desde el principio. Dios le dijo a Caín: *«El pecado está a la puerta»* (Génesis 4:7) ¿Por qué? Porque el pecado es el poder que el diablo usó para mantenernos cautivos. Por el pecado vino la muerte, y la muerte pasó a todos los hombres, pues todos pecaron (Romanos 3:23). El pecado dominó desde Adán hasta Cristo, y los que no han lavado sus ropas, ni las han emblanquecido con la sangre del cordero, tienen el pecado a la puerta y este los controla y los domina (Apocalipsis 7:14). Con la última plaga en Egipto, Dios quiso enseñarnos acerca de la importancia de la puerta. Él le dijo a Israel que matasen un cordero e hicieran lo siguiente: *«Tomarán de la **sangre**, y la pondrán en los dos postes y en el dintel de las casas en que lo han de comer ... Pues yo pasaré aquella noche por la tierra de Egipto, y heriré a todo primogénito en la tierra de Egipto, así de los hombres como de las bestias; y ejecutaré mis juicios en todos los dioses de Egipto. Yo Jehová. Y la sangre os será por señal en las casas donde vosotros estéis; y veré la sangre y pasaré de vosotros, y no habrá en vosotros plaga de mortandad cuando hiera la tierra de Egipto»* (Éxodo 12:7,12-13). Es decir que, en este contexto, la sangre estaba poseyendo la puerta, y por ende tenía el control. Entonces, cuando vino el ángel de la muerte, al ver la señal no entró, porque había redención en cada hogar que cubrió su puerta con sangre.

Desde ahí ya vemos que Dios comienza a revelar que el que posee la puerta tiene el dominio. En Egipto la sangre fue la señal, lo que provocó que hubiera o no muerte en las casas, según esta apareciera en la parte superior del dintel de la puerta. Cuando Dios quiso que su Palabra (la ley) tuviera el control sobre su pueblo Israel, les dijo: *«Y estas palabras que yo te mando hoy, estarán sobre tu corazón ... y las escribirás en los postes de tu casa, y en tus puertas»* (Deuteronomio 6:6,9). Esa es la caja que los judíos fijan en las puertas, y que llaman *mezuzah*, pero lo importante de todo esto es lo que significa tener en la puerta de nuestra casa la palabra de Dios, o sea, que su Palabra tenga el dominio y la autoridad de nuestro hogar. Eso fue lo que Dios le quiso enseñar a Israel, y lo que ellos hacen de manera literal, pero nosotros, que hemos recibido la vida en el Espíritu, sabemos lo que eso significa. La ley era una sombra, pero la realidad es que la palabra de Dios debe tener el control de tu casa. Eso era lo que Dios quería enseñar a los hijos de Israel, que la palabra tuviera la autoridad en sus casas y que la recordaran al salir y al entrar a sus hogares.

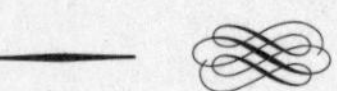

Nuestros hogares deben ser embajadas de Dios, ya que nuestro reino no es de este mundo.

La sombra nos lleva a la realidad. Hay quienes tienen ramas e imágenes de ángeles y «santos» en el dintel de sus puertas, supuestamente para «protección», pero como quiera van de mal en peor. En cambio, cuando la Palabra de Dios es la que tiene el control en tu casa, el mal no entra en ella. Claro, el diablo ruge y anda alrededor de ella, buscando cómo entrar, pero la Palabra en la puerta dice: «Escrito está que aquí tú no entrarás, porque esta casa pertenece a Dios, y donde está Dios no hay espacio ni parte para el enemigo» (1 Pedro 5:8). Por eso Dios, tiempos atrás, cuando nos habló de su reino, nos dio instrucciones a todas las familias de nuestras congregaciones para que colocáramos un letrero en la puerta de entrada de nuestras casas que indicara: «ESTA CASA ES UNA EMBAJADA DEL REINO DE DIOS». ¿Por qué? Porque nuestros hogares deben ser embajadas de Dios, ya que nuestro reino no es de este mundo (Juan 18:36; Mateo 25:34). Por lo cual el Señor nos dijo que si ponemos ese letrero en la puerta de nuestra casa, tenemos que ser verdaderos embajadores y vivir la vida eterna aquí en la tierra, donde nuestros vecinos no vean otra cosa que no sea el reino de Dios entre nosotros. Que no se oiga detrás de la puerta una jauría de perros peleando y devorándose unos a otros, tampoco gritos ni cosas semejantes, ni música que no agrada a Dios, ni nada que no ponga en alto su gran nombre. No vaya a ser que los visitantes salgan corriendo, diciendo: «Pero, ¿qué embajada es esta? ¿Se vivirá así en el reino de los cielos?» Tenemos que vivir bien, porque el mejor letrero que habla de nuestra vida en Dios es nuestro testimonio, pues **la inscripción solo es la sombra de la realidad que vivimos.**

El mejor letrero que habla de nuestra vida en Dios es nuestro testimonio, pues la inscripción solo es la sombra de la realidad que vivimos.

Notemos ahora, en el libro de Isaías, cómo el Señor habla de las puertas: *«Así dice Jehová a su ungido, a Ciro, al cual tomé yo por su mano derecha, para sujetar naciones delante de él y desatar lomos de reyes; para abrir delante de él* ***puertas****, y las* ***puertas*** *no se cerrarán: Yo iré delante de ti, y enderezaré los lugares torcidos; quebrantaré puertas de bronce, y cerrojos de hierro haré pedazos; y te daré los tesoros escondidos, y los secretos muy guardados, para que sepas que yo soy Jehová, el Dios de Israel, que te pongo nombre. Por amor de mi siervo Jacob, y de Israel mi escogido, te llamé por tu nombre; te puse sobrenombre, aunque no me conociste»* (Isaías 45:1-4). Ungido significa Mesías, es decir que Ciro fue un elegido para que Dios abriera puertas a través de él. Ciro fue rey de los persas, pero lo más curioso es que él existió, aproximadamente, doscientos años después de Isaías, o sea que el profeta habló de él dos siglos antes de que este hombre naciera. Esta es una de las grandes profecías de la Biblia. Y dice la Palabra que Dios lo llamó por su nombre, aunque él no le conocía (v. 4).

Cuando Ciro nace, la tribu de Judá ya estaba cautiva en Babilonia, como resultado de la destrucción de Jerusalén y la derrota del reino del sur a manos del rey Nabucodonosor. Un pequeño grupo huyó a Egipto, pero la mayoría del pueblo judío fue llevado cautivo a Babilonia (2 Reyes 25; 2 Crónicas 36:5-8). Llegado el tiempo los persas, que estaban conquistando y unificando su territorio, se levantaron para tomar especialmente la capital del mundo de ese tiempo, que era Babilonia. Ciro, como rey de los medos y los persas, rodeó Babilonia en el año 538-539 a.C., pero Babilonia era una ciudad imposible de tomar, ya que el muro de la ciudad era tan grande que los historiadores dicen que en su anchura podían correr varias carretas con caballos, por la parte de arriba del muro, sin temor a caerse debido a su amplitud. Por lo cual, el muro era algo difícil, por no decir imposible, de destrozar y penetrar.

No obstante, era una táctica bélica de aquellos días rodear el lugar del enemigo a conquistar, permaneciendo allí hasta que se acabara la comida y el agua en la ciudad sitiada. Debido a esas necesidades la gente tenía que salir, y entonces era fácil para los conquistadores tomar la ciudad cuando los moradores por necesidad abrían las puertas. Pero en el caso de Babilonia habían dos cosas que hacían improbable que esa ciudad fuera tomada: (1) El muro era demasiado alto e inmenso; y (2) El río Éufrates pasaba por el mismo centro de la ciudad, y al haber agua adentro, los pobladores podían sembrar y por tanto tener agua y alimentos. Así que ellos se burlaban del ejército persa, pues creían que este jamás podría entrar allí. Pasaba el tiempo, y parecía que se cumpliría el dicho, pues Ciro sitió la ciudad por un tiempo prolongado. Mas ya Dios había dicho por boca del profeta Isaías:

> *«Así dice Jehová a su ungido, a* ***Ciro****, al cual tomé yo por su mano derecha, para sujetar naciones delante de él y desatar lomos de reyes; para abrir delante de él puertas, y las puertas no se cerrarán: Yo iré delante de ti, y enderezaré los lugares torcidos; quebrantaré puertas de bronce, y cerrojos de hierro haré pedazos; y te daré los tesoros escondidos, y los secretos muy guardados, para que sepas que yo soy Jehová, el Dios de Israel, que te pongo nombre. Por amor de mi siervo Jacob, y de Israel mi escogido, te llamé por tu nombre; te puse sobrenombre, aunque no me conociste. Yo soy Jehová, y ninguno más hay; no hay Dios fuera de mí. Yo te ceñiré, aunque tú no me conociste, para que se sepa desde el nacimiento del sol, y hasta donde se pone, que no hay más que yo; yo Jehová, y ninguno más que yo, que formo la luz y creo las tinieblas, que hago la paz y creo la adversidad. Yo Jehová soy el que hago todo esto»* (Isaías 45:1-7).

Es decir que Dios había elegido a Ciro doscientos años antes, cuando aún ni existía, para que tomara a Babilonia (Jeremías 25:11-12) y para que dictara el decreto, por medio del cual los judíos saldrían de allá y reedificarían el templo de Jerusalén (2 Crónicas 36:23; Esdras 1:1). Había que tomar Babilonia para que Ciro tuviera el dominio, para llevar a cabo ese propósito y darle cumplimiento a esas palabras proféticas. Entonces, ¿qué hizo Dios? Algo muy interesante. Dios iluminó a Ciro para que tomara el río Éufrates y desviara su curso. Así que, mientras en Babilonia los moradores comían y festejaban su seguridad, a pesar del sitio, los soldados conquistadores hacían zanjas para desviar el curso del río hacia otra parte, de modo que no pasara más por el centro de la ciudad. El río dejó su camino subterráneo y se encaminó por otro lado, fuera de la ciudad amurallada.

Por tanto, cuando el Éufrates se desvió, dejó ver su lecho, mostrando a la vista lo que había debajo, en su profundidad, allí por donde se escurrían las aguas. Ciro pudo descubrir el secreto más guardado: un pasadizo escondido que terminaba en una puerta de entrada al centro de la ciudad. Esta era una puerta grande de hierro, que desde la fundación de Babilonia, pocos sabían que se encontraba allí. Sin embargo, lo más curioso de este incidente, lo que los historiadores han considerado como el misterio más grande de este hecho, es que la puerta estaba abierta, o sea, los cerrojos estaban abiertos por dentro. Posiblemente la mano invisible de Dios hizo esto para que Ciro entrara, aunque la Biblia no da detalle alguno sobre ello, pero lo que sí se cumplió es que la puerta estaba abierta, confirmando lo que Dios había dicho por boca de sus profetas: *«Yo iré delante de ti, y enderezaré los lugares torcidos; quebrantaré puertas de bronce, y cerrojos de hierro haré pedazos»* (Isaías 45:2).

Luego, cuando Ciro entró en la ciudad, se encontró que había una gran fiesta en honor a los dioses babilónicos. Era el mismo día en que Belsasar, rey de Babilonia, ya borracho, hizo traer los vasos de oro y de plata que Nabucodonosor había traído del templo de la casa de Dios en Jerusalén, para que los invitados a aquella orgía que tenía en su palacio (sus príncipes, mujeres y concubinas) bebieran en los vasos sagrados (Daniel 5:2). Sin embargo, no tan solo bebieron en las copas sagradas, sino que brindaron en ese momento, alabando a todos sus dioses de oro, plata, bronce, hierro, madera y piedra (v. 4). En ese instante, aparecieron ante sus ojos los dedos de la mano de un hombre que escribía en la pared (v. 5). Delante de aquella visión, el rey no se pudo mantener en pie, su cuerpo temblaba, sus rodillas daban una contra la otra, mientras su cara palidecía y su mente turbada comenzó a gritar: «¡Corran!, ¡huyan todos!, y hagan venir a magos, adivinos, hechiceros, y a todos los sabios de Babilonia. Necesito que me digan qué dice la escritura en la pared». Mas nadie podía leer la escritura ni tampoco darle al rey su interpretación (Daniel 5:6-8).

La escritura, grande y definida, permanecía incriminadamente en la pared, todos estaban conmocionados y temblaban de miedo, pero ninguno podía entender su significado. Entonces llegó a oídos de la reina todo aquel alboroto, por lo que ella acudió a la sala del banquete y pudo darse cuenta de toda la situación. Por lo cual, le dijo al rey Belsasar que hiciera comparecer a su presencia a Daniel, quien tenía como sobrenombre Beltsasar, el cual podía darle la tan anhelada interpretación (Daniel 5:9-12).

Al que interpretara el significado de esta inscripción en la pared: *«Mene, Mene, Tekel. Uparsin»*, el cual aparecía en letras bien extrañas, se le había prometido vestirlo de púrpura y ponerle un collar de oro en su cuello, también elevarlo al puesto de tercer señor en el reino (Daniel 5:7). Sin embargo, lo que más tenía turbado al rey era que aun con esas promesas, ni magos, ni astrólogos, ni caldeos ni sabios ni adivinos habían podido mostrarle la interpretación del asunto. Mas cuando Daniel fue traído delante del rey y escuchó tanto la petición como la recompensa, le dijo: *«Tus dones sean para ti, y da tus recompensas a otros. Leeré la escritura al rey, y le daré la interpretación»* (v. 17). Daniel fue tajante en cuanto a recibir prebendas por revelar al perverso rey y a su séquito el juicio que se levantaba en contra de ellos por mano del Dios Altísimo, a quien ellos nunca honraron ni delante de quien se humillaron (Daniel 5:18-22). Por eso, no bien había terminado Daniel de darle la interpretación de aquel juicio divino y de ser constituido por el rey, de todos modos, como el tercero en el reino, cuando murió Belsasar en manos del ejército invasor. Al reino de aquel rey que fue pesado y hallado falto, Dios le puso fin esa misma noche, y lo pasó a manos de los medos y persas, tal como había dictaminado (Daniel 5:25-28).

Jesús es la puerta de entrada al cielo.

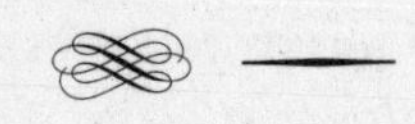

En síntesis, ¿cómo y por qué pudo Ciro apoderarse de esa ciudad amurallada? Porque poseyó la puerta. Este hombre es el único gentil al que Dios le llama ungido, por eso es un tipo de Cristo. Esta similitud con Cristo la veremos más adelante, pero por ahora continuemos viendo la implicación que tiene la promesa divina y lo que significa que tu simiente posea las puertas de tus enemigos. Jesús dijo: *«Yo soy la puerta»* (Juan 10:9), y eso debieras repetirlo para que no olvides que Jesús es la puerta de entrada al cielo, así como es la puerta de la iglesia, que es el redil donde los salvados encuentran pastos para sobrevivir en este mundo vacío y perdido. Cristo es la puerta de Dios.

Una cosa muy importante para tener en cuenta en cuanto a las puertas es que el pastor de las ovejas siempre entra por la puerta (Juan 10:2). En cambio, el ladrón y el salteador no entran por la puerta, sino brincan la cerca (v. 1). Por tanto, el que tiene la autoridad es el que posee la puerta y entra por ella. Jesús siempre entra por la puerta, pero hay alguien que cuando va a entrar a la iglesia, al redil de las ovejas, entra por detrás, y ese es el diablo. Y yo pregunto: ¿Por qué Satanás va por detrás? La razón es sencilla, porque él no posee la puerta. El diablo no posee las puertas de la iglesia, por eso tiene que irse por atrás, a ver si por ahí encuentra un descuidito y se tira por la empalizada. Se va por detrás para ver si encuentra una grieta en el muro o alguien que —sin que lo vean— le pase una escalera. Mas por la puerta, por ahí no puede pasar. El que posee las llaves de la puerta es Cristo Jesús, y a todo aquel que quiere entrar por ella, el Señor tendrá que darle acceso. Y como el diablo sabe que no lo tiene ni nunca lo tendrá, se va por detrás.

Vamos ahora al libro de Jueces para ver una puerta muy singular. En este libro conocemos sobre la vida de Sansón, y en el capítulo 16, nos dice que él fue a Gaza, que era una de las cinco ciudades más importantes de los filisteos, conoció a una prostituta y se acostó con ella. Era un problema de Sansón el hacer uso de su físico, y en especial de su fuerza, para tener mujeres y conseguir aventuras, cuando Dios lo había dotado de ese vigor peculiar para vencer a los enemigos de su pueblo Israel. Esa visita de Sansón llegó a lo oídos de los enemigos, quienes rodearon el lugar donde este estaba, y haciendo una vigilia, se apostaron toda la noche a la puerta de la ciudad para matarlo cuando saliera (Jueces 16: 2). En otras palabras, los filisteos dijeron: «Déjenlo dormir tranquilo en el cuartucho con esa ramera, y no hagamos ningún ruido, que cuando salga lo estaremos esperando en la puerta y le daremos su merecido». Ellos sabían que el que posee la puerta tiene el dominio y el control sobre el que sale y entra.

Mas Dios, por causa del propósito, alertó a Sansón, y este durmió hasta la media noche y no hasta la mañana como los enemigos creían. Como bien dice el refrán: «Camarón que se duerme se lo lleva la corriente» pero «al que madruga Dios lo ayuda». Así que los enemigos estaban en el apostadero, a la puerta de la ciudad, dispuestos a amanecer con tal de prender al «nazareo» (Jueces 13:7). Nota ahora lo que ocurrió, Sansón se levantó a medianoche y fue directo a las puertas de la ciudad, y tomándolas por los dos postes, las arrancó de raíz, echando a volar sus trancas y cerrojos (Jueces 16:3). La fuerza que Dios le dio a este hombre fue inmensa, descomunal, porque si pensamos lo que eran las puertas de una ciudad en ese tiempo, lo que hizo no fue una cosa fácil. Las puertas eran un portón grandísimo, reforzado con hierro, pues eran la seguridad de un pueblo delante de sus enemigos.

Este hombre, arrebatado con la unción de Dios, agarró las puertas de la ciudad, y sin importarle su grosor o peso, se las echó al hombro y se fue hasta la cumbre del monte, frente a Hebrón (Jueces 16:3); allá, bien alto, donde todos lo vieran. Mas, ¿para qué tanto esfuerzo? ¿No bastaba con arrancarlas de su sitio? No, eso no bastaba, pues lo que les estaba diciendo Sansón a los enemigos con eso era: «Ustedes me estaban esperando, acechándome, como cazador a su presa, la cual no tiene escapatoria. Y como estaban apostados a la puerta, creían que tenían el control sobre la ciudad y sobre mí, pero los dejé sin la presa y a la intemperie. Ahora ustedes están a merced de sus enemigos, porque el control de las puertas lo tengo yo». En ese momento se estaba cumpliendo en forma literal la bendición que Dios había prometido. JAH dijo que a través de Isaac (de sus descendientes), como Sansón, iban a poseer las puertas de los enemigos (Génesis 22:17). Los enemigos quisieron dominar tomando las puertas, pero él se levantó y no solamente se les escapó, sino que les quitó las puertas, tomando el control y la autoridad.

Las Escrituras dicen que Sansón subió al monte. Un monte es un tipo de la comunión. Así como hizo Sansón debemos hacer nosotros cuando seamos perseguidos y estemos propensos a caer en las acechanzas del diablo, tomemos a Cristo, que es la puerta, subamos al «monte» y levantémoslo en oración, en nuestra comunión con Dios. Eso es lo que debemos hacer cada vez que les arrebatemos las puertas a los enemigos, ir y llevarlas al monte de Dios, diciéndole: «Señor te doy el triunfo a ti». Ningún cristiano debe temblar o temer a algún enemigo, porque Dios ha prometido entregarlo en nuestras manos y ninguno de ellos prevalecerá delante de nosotros. Dios está por encima de todas las cosas, y en eso debe estar nuestra confianza.

Jesús dijo a sus discípulos: *«Sobre esta roca edificaré mi iglesia; y las puertas del Hades no prevalecerán contra ella»* (Mateo 16:18). Es decir, que las puertas del infierno no prevalecerán, ni vencerán ni dominarán a la iglesia. La palabra «prevalecer» usada por el maestro viene de la palabra griega ***katiscuo***, que se traduce como «ser fuerte en contra de». Ya vimos que la puerta de la iglesia, del redil, pertenece a Dios, pero ahora el Señor dice que las puertas del infierno —que son las puertas de la muerte— no serán fuertes ni permanecerán en contra de la iglesia. Por lo que entiendo que si las puertas del infierno y de la muerte no prevalecen contra la iglesia, entonces la iglesia prevalece, y tiene el dominio sobre el Hades. Si esto es así, se está cumpliendo lo que dijo el Señor, que la simiente escogida en su descendencia poseerá las puertas de sus enemigos.

¿De qué manera la iglesia se apodera de las puertas del Hades? Cada vez que arrebata un perdido para salvación. Cuando Jesús murió en la cruz, no siendo un pecador, sino haciéndose pecado por nosotros, deshizo las obras del diablo. ¿Cuáles eran las obras del diablo? Bueno, el diablo gobernó al hombre a través del pecado y de la muerte. En la cruz, Jesús, haciéndose pecado, venció al pecado, satisfaciendo en aquel sacrificio todas las demandas de la ley. Las Escrituras también dicen que Jesús descendió a las partes más profundas de la tierra para luego ascender y resucitar en gloria (Efesios 4:9-10).

No obstante, cuando Jesús fue sepultado, se trató de crear un plan de difamación contra el Mesías. Lo primero que hace el diablo es dirigir la mente de todos aquellos homicidas a orquestar un plan ante Pilato: *«Aquel engañador dijo, viviendo aún: Después de tres días resucitaré. Manda, pues, que se asegure el sepulcro hasta el tercer día, no sea que vengan sus discípulos de noche, y lo hurten, y digan al pueblo: Resucitó de entre los muertos. Y será el postrer error peor que el primero»* (Mateo 27:63-64). Ese era, aparentemente, el pretexto humano, pero como ocasión espiritual, el diablo tenía otra intención. Pilato puso guardias a la disposición de estos hombres, para que los enviaran inmediatamente a cuidar la tumba de Jesús. Nota que estos soldados se colocaron frente a frente a la puerta del sepulcro. ¿Por qué el diablo quería soldados frente a la tumba? Porque Satanás también conoce el principio espiritual de que el que posee la puerta tiene el dominio, asume el control.

Hay personas que le tienen miedo al diablo, y lo consideran muy inteligente, pero todas ellas están equivocadas, pues no hay nadie más tonto que el diablo, porque aún con todas las batallas perdidas que lleva en su negro historial, todavía sigue creyendo que puede vencer a Jehová de los Ejércitos, al Rey de gloria, a Jehová el fuerte y valiente, a Jehová el poderoso en batalla. Mas la razón principal por la cual él pone soldados en la puerta del sepulcro es para tipificar el principio espiritual que dice que quien posee las puertas tiene el dominio. Él quería establecer que de la manera en que reinaba en la tierra y era poseedor de los reinos del mundo y la gloria de ellos (Mateo 4:8), así también estos soldados frente a la puerta del sepulcro eran representación de sus demonios, huestes espirituales de maldad, principados y gobernadores de las tinieblas, que se opondrían y batallarían contra las huestes celestiales para que el Santo de Dios no resucitara.

Cuando Jesús fue sepultado, en lugar nuestro, su espíritu descendió a las profundidades, allá de donde nadie regresa y adonde iríamos nosotros si no hubiésemos recibido la salvación. Imaginemos esta escena, pues el Hades es el infierno, y allí reina el príncipe de este mundo, quien le da la bienvenida a todos cuantos llegan allá. Esa es la residencia infernal, cuyo domicilio tiene un lema: «Aquí se entra, pero nunca se sale». La entrada al Hades es fácil y automática. Con el solo hecho de nacer en este mundo ya todo hombre posee el boleto de ida, en la avioneta de la muerte, que solo hace viajes directo al infierno. El mundo simplemente es la sala de espera de ese vuelo de ida, sin regreso. Así era, hasta que allá arribó Cristo.

Todos los muertos bajaban al Hades y se quedaban allá adentro, para ninguno había escapatoria. No existía una manera de que ningún hombre pudiera escapar de ese destino, ya que la senda de justicia se había perdido para los que esperaban «vivos» y la sentencia de condenación anulaba toda esperanza de aquellos que atormentados habían perdido definitivamente, toda oportunidad. Por lo cual, la entrada de Jesús al Hades no tomó al diablo por sorpresa. En realidad lo esperaba, después de haber perdido tantas batallas ante él en la tierra. Para Satán esa era su última carta en el juego de la vida, y con tantas víctimas en su haber, se creía ya el vencedor. Los soldados en la puerta solo eran una exhibición de poderío, pues en realidad, el control de las puertas del Hades lo tenía él. Así que abrió bien grande la boca del sepulcro y puso el pasadizo más largo y profundo que se pudiera encontrar, a fin de que el ungido bajara y no subiera más. Y por si acaso Jesús osara subir, tal y como prometió, hizo traer una roca, la más grande que pudo encontrar, la cual también selló, a fin de cubrir la entrada de la cueva e impedir su salida (Marcos 16:4; Mateo 27:66).

No obstante, la llegada del ungido creó una gran revuelta en el Seol, ya que su luz resplandeció en las tinieblas y todos huían espantados al ver la condición de ellos. Mas Jesús no se dejó amedrentar ni por las llamas de fuego ni por el lloro y el crujir de dientes que oía a su alrededor. Pienso que fue directo al asunto y con voz de mando declaró: «No vine aquí a recrearme este fin de semana. Yo vine a este lugar inmundo a buscar las llaves de la muerte, para sacar para siempre a los cautivos de este imperio infernal. ¿Dónde está el que tiene la llave? Mira, a ti te hablo, yo, el Fuerte de Israel, y te dice ¡basta ya! ¡No me detengas! ¡Tu tiempo terminó! —y extendiendo la mano, le ordenó al diablo— ¡Dame las llaves ya!». Satanás sin querer las entregó, porque tenía que estar sujeto a la autoridad de aquel que venció la muerte, y que también se llevaba cautiva la cautividad (Efesios 4:8). El diablo, con lo que pensó que vencería, fue vencido.

Me imagino lo mucho que le dolió al enemigo su derrota, pues había luchado bastante por ella. Esta criatura no escatimó nada, perdió hasta su posición en el cielo como ángel de luz, fue capaz de infiltrarse por detrás en el Edén, tomando la forma de una serpiente, para obtener el control. Así logró que Adán le entregara las llaves «legítimamente», aunque fuera como resultado de una seducción. El diablo no tomó a la mujer por el cuello ni obligó a la pareja con amenazas para que comieran del árbol, pero sí los sedujo, y con el espíritu de astucia en sus palabras, los hizo desobedecer. Eva comió de la fruta prohibida y se la llevó a Adán para que participara también, y luego que terminaron su rico manjar, me puedo imaginar cómo el engañador demandó a Adán, diciéndole: «¡Dame la llave!», dejando atrás su tonito suave, paciente y seductor. El hombre le cedió al diablo su señorío en la tierra, por eso Dios, después de establecer justicia dando a cada uno según su obra, sacó al hombre del huerto y puso querubines a la **puerta**, con una espada encendida que se revolvía por todos lados para guardar la vía de acceso a la vida (Génesis 3:24). Primero, Dios cuidó el acceso al cielo, porque sabía que en la dispensación del cumplimiento de los tiempos obtendría las llaves que con engaño se habían perdido, y llegaría el tiempo cuando su voluntad se haría en la tierra, como se hace en el cielo (Efesios 1:10).

El diablo le entregó las llaves a Jesús y enseguida el Santo empezó su ascensión, pues era imposible que la muerte lo retuviera ni que su cuerpo viera corrupción (Hechos 2:24; Salmo 16:10). Jesucristo dijo: *«Yo soy la resurrección y la vida; el que cree en mí, aunque esté muerto, vivirá»* (Juan 11:25). Era un trayecto oscuro y largo, pero la energía con que venía su cuerpo de allá abajo hizo que la roca volara, como una simple piedrecilla en medio de un gran terremoto. No obstante, con su aspecto como el de un relámpago, y su vestido blanco como la nieve, se sentó sobre la piedra, mientras los guardas temblaban y estaban delante de él, petrificados, diciendo: «¡Él vive! ¡Él vive! ¡Él vive!» (Mateo 28:2-4). Luego, cuando algunos de ellos pudieron recuperarse, se fueron inmediatamente a la ciudad, a dar aviso al Sanedrín de lo que había ocurrido (v. 11). Entonces los ancianos formaron un complot en contra del resucitado, y dando dinero a los soldados, les dijeron: *«Decid esto: "Sus discípulos vinieron de noche y robaron el cuerpo mientras nosotros dormíamos". Y si esto llega a oídos del gobernador, nosotros lo convenceremos y os evitaremos dificultades»* (vv. 12-14). Ellos, corruptos también, tomaron el dinero y así hicieron, por eso ese dicho se divulgó extensamente entre los judíos, hasta hoy (v. 15).

Mas Jesús resucitó, y cuando los discípulos se encontraron con él en Galilea, se postraron y adoraron, aunque algunos dudaron. A esos, Jesús les dijo: *«Toda autoridad me ha sido dada en el cielo y en la tierra»* (Mateo 28:18). Narran los escritores del evangelio que cuando Jesús resucitó se abrieron los sepulcros, y muchos de los santos salieron y se les aparecieron a muchos en Jerusalén, seguramente diciéndoles a todos: «¿Saben por qué estamos aquí, vivos? Porque Jesús bajó a lo más profundo y nos trajo con él. Él resucitó y nosotros con él, tal como había prometido (Mateo 28:53). ¡Él tiene las llaves!». Así que ellos fueron la evidencia, el despojo de la portentosa batalla que se había batido en las profundidades del Seol. Jesucristo, por tanto, tiene las llaves y el control.

Llegado el momento en que el Hijo debía subir a nuestro Padre, se despidió de la iglesia en el monte de los Olivos, donde instruyó a la iglesia y la bendijo (Lucas 24:44-53). Y dice en el libro de los Hechos de los apóstoles que Jesús fue alzado y llevado arriba, entonces una nube le ocultó de los ojos (Hechos 1:9) y todos los presentes se quedaron mirando hacia el cielo. En ese instante, dos varones con vestiduras blancas se pusieron junto a ellos y les dijeron: *«Varones galileos, ¿por qué estáis mirando al cielo? Este mismo Jesús, que ha sido tomado de vosotros al cielo, así vendrá como le habéis visto ir al cielo»* (v. 11). Jesús traspasó los cielos y fue recibido allá en gloria (1 Timoteo 3:16). Todo el cielo fue movilizado para dar la bienvenida a uno que podía subir al trono de Dios, al único que podía estar en ese santo lugar. Entonces Jesús dijo, entrando al cielo: *«Abridme las **puertas** de la justicia; entraré por ellas, alabaré a JAH»* (Salmo 118:19). Era un momento glorioso y los ángeles que escoltaban al Señor les ordenaron a los portales eternos a través de un canto:

> *«Alzad, oh puertas, vuestras cabezas, y alzaos vosotras, puertas eternas, y entrará el Rey de gloria. ¿Quién es este Rey de gloria? Jehová el fuerte y valiente, Jehová el poderoso en batalla. Alzad, oh puertas, vuestras cabezas, y alzaos vosotras, puertas eternas, y entrará el Rey de gloria. ¿Quién es este Rey de gloria? Jehová de los ejércitos, él es el Rey de la gloria»* (Salmo 24:7-10).

Los ángeles que estaban en el cielo preguntaron: ¿Quién es este Rey de gloria?, no porque ignoraran quien era el Señor, sino porque se querían unir al cántico de forma antífona. Todo el cielo sabía que había un fuerte y valiente, uno que bajó voluntariamente a combatir en una batalla, para con su vida, vencer a la muerte. Ese Rey de gloria venció al diablo, sin astucias ni simulacros, sino con la verdad. Jesucristo, muriendo, mató a la muerte, y con su vida empalmó la vía de regreso al cielo. Las puertas eternas se abrieron, y Jesús entró al cielo como un conquistador, con el cetro de victoria en la mano, y yendo directamente al trono, se presentó delante de su Padre a mostrarle las gavillas. La historia nos cuenta cómo Cristóbal Colón, cuando llegó de su primer viaje a América, se presentó delante de los reyes católicos, con unos cuantos nativos de América, joyas y cuantas cosas les pudo traer, para decirles: «Miren llegué a las Indias (él pensaba que había alcanzado su soñada empresa) y esto es una muestra de que no estoy mintiendo. La travesía fue una realidad y mi teoría quedó confirmada. Regresé y esta es mi evidencia de que vencí». Así mismo hizo Cristo. El Admirable se presentó delante del Padre con las gavillas. Los que resucitaron con él en el día de su triunfo constituían la evidencia de que la muerte estaba vencida.

Jesucristo, muriendo, mató a la muerte, y con su vida empalmó la vía de regreso al cielo.

El momento en el cielo fue solemne. Me imagino la seriedad del asunto. El silencio reverente, el asombro de los ángeles, el gozo de los veinticuatro ancianos que no hacían más que glorificar a Dios en sus corazones. Simplemente eran los primeros minutos de una eternidad con Dios, donde el Hijo le hizo la reverencia al Padre y le dijo: «*Yo te glorifiqué en la tierra, habiendo terminado la obra que me diste que hiciera. Y ahora, glorifícame tú, Padre, junto a ti, con la gloria que tenía contigo antes que el mundo existiera»* (Juan 17:4-5)». El Padre guarda silencio y medita en todas sus obras: el Hijo todo lo hizo perfecto, inclusive hasta para decir «tengo sed», en su último deseo, esperó que llegara el tiempo para que la Escritura se cumpliese (Juan 19:28; Salmos 69:21). La redención está consumada, la muerte fue destruida y el Hades vencido, y como simiente prometida poseyó **las puertas de los enemigos**. Sí, ahora había llegado el momento de poner el sello a todo eso. El Padre se levanta y le dice al Hijo: *«Siéntate a mi diestra, hasta que ponga a tus enemigos por estrado de tus pies»* (Salmos 110:1). Luego mira a los ángeles y les dice: *«Adórenle todos los ángeles de Dios»* (Hebreos 1:6).

Desde ese momento, las puertas del cielo se han quedado abiertas, tal como fue escrito: *«Abrid las puertas, y entrará la gente justa, guardadora de verdades»* (Isaías: 26:2). Y el Señor dijo: *«Ésta es puerta de Jehová; por ella entrarán los justos»* (Salmo 118:20). Por eso dice la Palabra que no solamente trazó un camino, sino que nos dio entrada al Padre. A Juan le dijo: *«No temas; yo soy el primero y el último, y el que vivo, y estuve muerto; y he aquí, estoy vivo por los siglos de los siglos, y tengo las llaves de la muerte y del Hades»* (Apocalipsis 1:17-18). Esto no es un cuento de hadas, sino el principio del fin, del gran día del Dios Todopoderoso que pronto se ha de manifestar. Puede que alguien diga: «¿Por qué ya no acaba con este mundo pecaminoso? ¿Para que aguardar más?». Por causa de los escogidos, del remanente, porque ninguno se perderá.

No obstante, Jesús dijo que era conveniente que él se fuera, para así mandarnos al Consolador, quien nos fortalecería en la espera y nos investiría de poder y fuego desde lo alto, para despojar al hombre fuerte de su palacio, que ya fue vencido, pero que no quiere soltar la presa (Juan 16:7; Lucas 24:49). Jesús dijo: *«Id por todo el mundo y predicad el evangelio a toda criatura. El que creyere y fuere bautizado, será salvo; mas el que no creyere, será condenado. Y estas señales seguirán a los que creen: En mi nombre echarán fuera demonios; hablarán nuevas lenguas; tomarán en las manos serpientes, y si bebieren cosa mortífera, no les hará daño; sobre los enfermos pondrán sus manos, y sanarán»* (Marcos 16:15-18). Esta gran comisión no podía cumplirse sin antes haberse establecido en el planeta el reino de Dios. Por eso, cuando Jesús echaba fuera los demonios, los fariseos decían: *«Éste no echa fuera los demonios sino por Beelzebú, príncipe de los demonios»* (Mateo 12:24). Mas Jesús les contestó: *«Si yo echo fuera demonios por Beelzebú, ¿por quién los echan fuera vuestros hijos? Por consiguiente, ellos serán vuestros jueces. Pero si yo* ***por el dedo de Dios*** *echo fuera los demonios, entonces el reino de Dios ha llegado a vosotros»* (Lucas 11:19-20). En otras palabras, de la única manera que los demonios salen es si el poder de Dios los echa fuera, y si están saliendo por el poder de Dios, entonces en la tierra ya está el reino de Dios.

Jesús también les dijo: *«Cuando el hombre fuerte armado guarda su palacio, en paz está lo que posee. Pero cuando viene otro más fuerte que él y le vence, le quita todas sus armas en que confiaba, y reparte el botín»* (Lucas 11:21-22). Es decir que el diablo estaba en su palacio tranquilo y muy reposado. Me imagino que echándose fresco, como todo un soberano o jeque árabe, con un montón de músicos tocándole la lira y los tambores, mientras él seguía soñando despierto con la gloria del mundo y sus placeres. Así estaba él, sin sentirse amenazado, hasta que vino uno más fuerte que él. Por eso los demonios interrumpían a Jesús cuando pasaba, diciéndole: *«¿Qué tienes con nosotros, Jesús, Hijo de Dios? ¿Has venido acá para atormentarnos antes de tiempo?»* (Mateo 8:29). Pero ellos sabían que no era antes de tiempo, sino que el tiempo ya había llegado y tenían que desocupar la casa, pues había arribado el dueño, alguien que era más fuerte que ellos y debía ocupar su propiedad. Esa debe ser nuestra seguridad, nuestro reposo, nuestro gozo, porque hemos vencido al diablo y a sus secuaces, porque el que está con nosotros es más poderoso que el que está en el mundo (1 Juan 4:4).

Hay una palabra que Jesús, antes de irse, les dijo a sus discípulos, pero que el espíritu del anticristo ha querido tergiversar para quitarle gloria al Rey de los siglos. Las mismas las dirigió a Pedro, pues este fue quien recibió la revelación del Padre sobre quién era Jesús. Por eso, el maestro le dijo: *«Y yo también te digo, que tú eres Pedro, y sobre esta roca edificaré mi iglesia; y las puertas del Hades no prevalecerán contra ella»* (Mateo 16:18). Pedro, en ese contexto, estaba representando a la iglesia como uno de los doce pilares, a partir de cuya nueva naturaleza se edificaría la iglesia, porque por medio de ellos muchos serían rescatados (Juan 17:20). Por tanto, Cristo le estaba diciendo a través de Pedro a la iglesia: «Mira Pedro, el Padre mismo les ha dado testimonio de mí, de que yo soy Jesús el Cristo. Por tanto, a ti te digo que sobre esa verdad que es la piedra del ángulo, edificaré mi iglesia como roca inconmovible, pues yo soy la puerta de entrada al cielo y también tengo las llaves de las puertas de la muerte y del Hades. Así que ahora, yo tengo el control de las dos puertas: de la de arriba y de la de abajo». Jesús tiene la autoridad y el dominio en el cielo y en la tierra.

Es decir que así como no hay otro nombre bajo el cielo, dado a los hombres, en el que podamos **ser salvos**, también en ese nombre está el poder para echar fuera demonios (Hechos 4:12; Marcos 16:17). Los demonios obligatoriamente tienen que obedecer a la autoridad del Cristo. Por eso Jesús dijo: *«Toda potestad me es dada en el cielo y en la tierra»* (Mateo 2818). Y esa misma autoridad fue la que le dio a la iglesia. Por eso cuando tú le dices a los demonios: ¡Salgan fuera!, esos espíritus inmundos y perversos tienen que salir. ¿Por qué salen en el nombre de Jesús? Porque Jesús fue el que los venció, y cuando se pronuncia ese nombre es como si Jesús mismo les dijera: ¡Fuera de aquí!, pues se hace en su nombre y en representación de él.

También Jesús le dijo a Pedro: *«Y a ti te daré las llaves del reino de los cielos; y todo lo que atares en la tierra será atado en los cielos; y todo lo que desatares en la tierra será desatado en los cielos»* (Mateo 16:19). Es decir, Jesús le dio a Pedro las llaves como representante de la iglesia, como figura de aquellos que creían que Jesús es el Cristo, el Hijo del Dios viviente (Mateo 16:16). Pedro, en ese momento, representó a la iglesia. Y esto es interesante, porque después de un tiempo, luego de Cristo haber ascendido al cielo y la iglesia haber recibido la investidura de poder por el Espíritu Santo (Hechos 2:1-4), dice la Biblia que Pedro un día estaba orando en una azotea cuando el Espíritu Santo le mostró una visión y también le dio una instrucción: *«Tres hombres te buscan. Levántate, pues, y desciende y no dudes de ir con ellos, porque yo los he enviado»* (Hechos 10:19-20). Pedro bajó, los recibió y ellos le explicaron que Cornelio los había mandado. Se quedaron esa noche en casa de Pedro, y al otro día este se fue con ellos en compañía de otros hermanos.

Cuando llegaron a Cesarea, ya Cornelio los esperaba junto a sus familiares y amigos más íntimos, para explicarles que un ángel se le apareció y le dijo que mandara a buscar a Pedro, porque este tenía una palabra para él (Hechos 10:30-33). Cuando Pedro comenzó a predicar, a la mitad del sermón, dice la Biblia que los gentiles comenzaron a hablar en lenguas espirituales y a dar alabanzas a Dios (vv. 44-46). Viendo Pedro que los judíos que habían ido a acompañarle, fieles de la circuncisión, estaban atónitos al ver que también sobre los gentiles se derramaba el don del Espíritu Santo, dijo: *«¿Puede acaso alguno impedir el agua, para que no sean bautizados estos que han recibido el Espíritu Santo también como nosotros?»* (v. 47). Entonces todos los que creyeron fueron bautizados, y Dios se glorificó grandemente, de manera que por toda Judea se supo que los gentiles habían recibido la palabra de Dios.

Mas cuando Pedro volvió con sus hermanos judíos a Jerusalén, lo que para el Señor fue una victoria se convirtió en una gran disputa para los judaizantes. Estos le reprocharon a Pedro, diciendo: *«¿Por qué has entrado en casa de hombres incircuncisos, y has comido con ellos?»* (Hechos 11:3), pues los judíos no se trataban con extranjeros, ya que los consideraban inmundos debido a las enseñanzas de la ley, de acuerdo a como Pedro lo vio en la visión (Génesis 34:14; Levítico 12:3). Entonces Pedro les explicó lo sucedido desde la visión hasta la visita a casa de Cornelio y cómo el Espíritu Santo se había derramado sobre ellos. También les dijo: *«Si Dios, pues, les concedió también el mismo don que a nosotros que hemos creído en el Señor Jesucristo, ¿quién era yo que pudiese estorbar a Dios?»* (Hechos 11:17). Al oír todas esas cosas se calmaron y luego glorificaron a Dios diciendo: *«¡De manera que también a los gentiles ha dado Dios arrepentimiento para vida!»* (v. 18). Ellos entendieron que Dios estaba cumpliendo la promesa restauradora de levantar el tabernáculo caído para que todos los hombres buscaran al Señor, incluyendo a los gentiles, sobre los cuales también se invocaría su nombre (Amós 9:12; Hechos 15:17).

No obstante, un grupo de la secta de los fariseos que habían creído, insistía en que se obligara a estos gentiles a circuncidarse (Hechos 15:5), y Pedro tuvo que reunir al concilio y decirles: *«Varones hermanos, vosotros sabéis cómo ya hace algún tiempo que Dios escogió que los gentiles oyesen por mi boca la palabra del evangelio y creyesen»* (Hechos 15:7). Y con esto Pedro estaba confirmando que aquel día, al traspasar la puerta de la casa de Cornelio, Dios le había dado la llave para que abriera la puerta a los gentiles. Dios abrió la puerta del pueblo gentil para salvación a través de Pedro, el cual tenía la llave del reino. Muchos por ahí han querido tergiversar este hecho diciendo que Pedro fue el primer «papa» y que solamente a él se le dio la llave, pero la Palabra de Dios no dice eso. Veámoslo en el siguiente texto:

> *«Y constituyeron ancianos en cada iglesia, y habiendo orado con ayunos, los encomendaron al Señor en quien habían creído. Pasando luego por Pisidia, vinieron a Panfilia. Y habiendo predicado la palabra en Perge, descendieron a Atalia. De allí navegaron a Antioquía, desde donde habían sido encomendados a la gracia de Dios para la obra que habían cumplido. Y habiendo llegado, y reunido a la iglesia, refirieron cuán grandes cosas había hecho Dios con ellos, y cómo había abierto **la puerta de la fe a los gentiles**. Y se quedaron allí mucho tiempo con los discípulos»* (Hechos 14:23-28).

En estos versos no se está hablando de Pedro, sino de Pablo y Bernabé (Hechos 14:19-22) y su equipo. A través de estos hombres, Dios abrió la puerta de fe a esos gentiles, e inclusive vimos que lo dice textualmente. Y si aquí no se está hablando de Pedro, sino de Pablo y los demás hermanos, entonces la llave no solamente la tiene Pedro. El apóstol Pedro ahí fue solo una representación de la iglesia, de cuya promesa él vivió su experiencia (Hechos 10:1-43). Cuando Jesús le dijo a Simón: *«Tú eres Pedro»*, le estaba diciendo: «Tú eres una piedra» (en griego ***Petros***), porque el nombre Pedro significa piedra. Y usando una metáfora de su persona en comparación con la piedra, le dijo, refiriéndose a él mismo, no a Pedro: *«Sobre esta roca edificaré mi iglesia»*. En otras palabras Cristo dijo: «Yo edificaré mi iglesia, no tú». Por eso la Biblia dice: *«Y el Señor añadía cada día a la iglesia los que habían de ser salvos»* (Hechos 2:47), no dice Pedro. Es el Señor el que llama, es Jesús el que salva, y sobre todo es el que tiene el dominio y la autoridad el que prometió: *«Las puertas del Hades no prevalecerán contra ella»*.

Entonces hermanos, la iglesia tiene las dos llaves: las llaves del reino y las llaves del infierno. Tiene las dos llaves porque las dos llaves las tiene Jesús. Entonces, la iglesia, por la autoridad de Cristo, puede ir a las naciones, por ejemplo a la China, y abrir las puertas para el evangelio allá. La iglesia puede ir a la India, con la autoridad de Cristo, y decirles a los principados de las tinieblas de allá, como lo han hecho los misioneros que hemos enviado: «¡Se van de esta nación, en el nombre de Jesús! Porque los reinos del mundo han pasado a ser de Dios y de su Cristo, y los dioses que no hicieron los cielos ni la tierra deben desaparecer. ¡Fuera! Desde este momento, encendemos la luz de Cristo en la India, y abrimos la puerta del evangelio».

Los cristianos poseen las puertas de sus enemigos en Jesucristo.

Cristo es la simiente de Abraham, y la promesa que Dios le dio cuando este se dispuso a sacrificar a su hijo fue: *«En tu simiente* [o sea en Cristo] *serán benditas todas las naciones de la tierra ... y tu descendencia poseerá las puertas de sus enemigos»* (Génesis 22:18,17). Por eso las puertas del infierno no pueden prevalecer contra la iglesia, porque la iglesia tiene la llave de la vida y de la muerte, del cielo y del infierno, porque Cristo es el Señor. Por lo tanto, este es un principio espiritual donde debe descansar la fe de todo creyente: Los cristianos poseen las puertas de sus enemigos en Jesucristo, y por ende, tienen el control. Así que cuando las fuerzas del mal se levanten en contra tuya, pelea la buena batalla de la fe, echando mano de la puerta. La puerta del hogar puede simbolizar el control, la autoridad. Unge la puerta de tu casa, declara tu hogar para Cristo, unge a tu esposo como símbolo de la cabeza del hogar, o cúbrete con el aceite de la unción si eres el Zaqueo de tu familia, pero toma la llave y abre la puerta de salvación para ti y tu casa (Lucas 19:9; Josué 24:15).

Sé que Dios va a usar este mensaje como una ocasión para derramar, sobre todo el que lo lea, espíritu de sabiduría, para que en cada guerra espiritual sus hijos sepan tomar las puertas. El Señor nos ha dado las llaves, para que donde quiera que haya una oposición, una atadura o posesión demoníaca, podamos discernir los espíritus y sepamos pelear, sabiendo que ya hemos vencido. Esto no significa salir a pelear ni a reprender, y por dentro estar temblando, con miedo de ser poseídos por algún espíritu malo. No es de esa manera, pues así el diablo se burlaría y acabarías huyendo, herido y desnudo (Hechos 19:16). No hay que gastar tanta energía reprendiendo, lo que hay es que saber pelear; aprende de tu Dios. Cuando Dios vio que le tomaron el Edén, sacó a los enemigos y puso en la puerta querubines para impedir que le tomaran la puerta de la vida (Génesis 3:24). El diablo quiso imitar esta acción en la tumba de José de Arimatea, y puso unos soldaditos allá y una piedra grande y sellada, pero no le valió de nada, pues como bien dijeron los ángeles a las mujeres: *«¿Por qué buscáis entre los muertos al que vive?»* (Lucas 24:5), Jesús resucitó.

Aplica este mensaje a toda área de tu vida donde no reine Cristo. Nosotros hemos cometido el error, en la batalla, de que nos vamos como el diablo, por el portoncito de atrás, y por ejemplo, cuando nos dicen que el niño de la casa tiene fiebre o algún otro problema, vamos y ungimos al muchacho, oramos por el niño, intercedemos por el niño, pero el chiquillo no es la puerta hermano, el niño es la cola de la casa. Vaya donde el esposo o la persona de autoridad de ese hogar (o en el caso de algunos hogares dispersos, identifique cuál es la puerta) y establezca el control. En cualquier batalla lo primero que hace un batallón es identificar los blancos del campo enemigo, los lugares sensibles, por donde se puede tomar el control. Entonces, si sales a una guerra espiritual, lo primero que debes identificar y preguntarte es ¿cuál es la puerta? Y luego, si tienes que arrancarla, ¡hazlo! Si es preciso échatela al hombro, carga sus dos pilares (el marido y su mujer), y preséntalos a Dios en el monte de la comunión, como hizo Sansón (Jueces 16:3).

No puedo aplicar este mensaje a cada área de tu vida ni de tu ministerio, pero toma el principio espiritual y arrebata la bendición que es tuya. Cristo te ha hecho parte. Cada vez que estés en una guerra espiritual, que vayas a conquistar para Dios, ya sea en un hogar (evangelismo), en algún problema en el trabajo, disipando malicias en el ambiente que se oponen a las cosas de Dios, enfrentando brujerías, lo que sea, ante cualquier cosa que paraliza y cautiva, sigue las estrategias de Dios. Estas cosas las tienes que hacer en fe, porque es lo único que te mantiene firme y es lo que vence al diablo (1 Pedro 5:9). Primero, identifica cuál es la puerta en el lugar o en el asunto. Ya te puse el ejemplo del esposo en el hogar, pero eso es aplicable a muchas cosas. La puerta representa el control, por tanto, Dios te mostrará cuál es la puerta del problema que crees que no tiene salida. Y cuando te apoderes de la puerta, entiende que esto no es un juego, sino algo muy serio. Párate bien firme, convencido, en fe, como diciendo: ¡Esta puerta está poseída! ¡Aquí tengo yo el control en Cristo! Entonces el diablo no va a encontrar por donde salir, y tú lo vas a atar y lo vas a echar.

Tú tienes las llaves para abrir y cerrar, atar y desatar, con la autoridad de Cristo y con la sabiduría de Dios (Mateo 18:18). La palabra de sabiduría también es necesaria. Cristo no discutió con el diablo, sino que lo venció con la Palabra. Cuando el diablo trate de devorarte (1 Pedro 5:8), acuérdale al adversario lo que Dios le dijo a Abraham, que en su simiente (que es Cristo), poseerá la puerta de sus enemigos, y que tú tienes parte en ella. Y si esas palabras las dices en fe, con la unción del Santo, Satanás tendrá que salir. Dios pone en tu vocabulario ahora esa promesa, porque es tuya, es de la iglesia.

La puerta de los enemigos ya la poseyó Cristo, y tú, con la fe en Jesucristo y la autoridad del Señor, ya la tienes. Mas recuerda que Dios le dio a Abraham esa promesa cuando él había entregado todo. Espero que esto no te desanime, pero Dios no le va a entregar puertas a personas que están jugando con él, a personas que van a entretenerse a la iglesia, que con sus labios le alaban, pero sus corazones están muy lejos de él. Aunque la puerta sea tuya, Dios no la va a entregar en tus manos hasta que le entregues a tu «Isaac». Ahí fue cuando Dios añadió la bendición, cuando se le entregó todo. Esa es la razón por la cual muchas veces nos cansamos de reprender demonios y no salen, porque no hemos entregado todo. Y con esto no estoy diciendo que los demonios salen por las obras que nosotros hagamos, no, no, ellos salen por Cristo. Pero nota que los discípulos, en una ocasión que reprendieron y no pudieron echar al espíritu inmundo de un hombre, le preguntaron a Jesús: *«¿Por qué nosotros no pudimos echarle fuera?»* (Mateo 9:28), y él les dijo: *«Este género con nada puede salir, sino con oración y ayuno»* (v. 29). Entiendo que lo que Jesús les estaba diciendo era que hay géneros, jerarquías y tipos de demonios que no salen con simples reprensiones, sino con una lucha «cuerpo a cuerpo» de alguien que en fe, pide el auxilio divino en oración y ayuno. Estas son guerras espirituales frente a manifestaciones y posesiones demoníacas. No obstante, en sentido general, Cristo nos ha dado la victoria, pero para recibirla, para entrar en posesión de la promesa, tenemos que haberle entregado todo a nuestro Dios (Mateo 10:37; 13:44).

Iglesia, acuérdate, al enemigo ya lo has vencido. Cristo conquistó para ti, y esa es nuestra seguridad y nuestra victoria, que no son nuestras obras las que nos harán poseer la promesa. Es importante que entiendas este principio divino, porque para llegar a ese nivel de poseer las puertas de los enemigos se necesita algo más. Alguien puede decirle a una legión de demonios: ¡Salgan fuera! Y estos salir corriendo. No se necesita mucho para eso, pero para poseer las puertas sí. ¿Te digo porqué? Porque el diablo sabe quién es el que tiene la puerta, por eso le teme a Jesús. Y cuando vas a echar fuera demonios, pero no tienes la puerta, el diablo te va a decir como le dijo a aquellos hijos de Esceva: *«A Jesús conozco, y sé quién es Pablo, pero vosotros, ¿quiénes sois?»* (Hechos 19:15). La Biblia dice que el resultado de esta osadía fue que *«el hombre en quien estaba el espíritu malo, saltando sobre ellos y dominándolos, pudo más que ellos, de tal manera que huyeron de aquella casa desnudos y heridos»* (v. 16).

Sin embargo, esto no se trata solamente de luchar contra demonios, sino de saber dónde está lo principal, lo que determina, lo que impide, y poseerlo. Poseer las puertas es una estrategia de guerra para el pueblo de Dios. Entonces, cuando se está frente a una situación difícil (perdió el trabajo, alguien le está haciendo la vida imposible, o cualquier otro problema), debemos pararnos y no ahogarnos en la situación, sino decir: «Señor, muéstrame, ¿qué tipo de guerra es esta, quiénes son los enemigos, qué armas he de usar y dónde está la puerta?» Cuando Sansón estaba ciego, los filisteos se burlaban de él y lo tenían como un payaso, pues ya JAH no estaba con él (Jueces 16:17,20). Cuando lo sacaron de la cárcel para divertirse a costa suya, Sansón le dijo al muchacho que le servía de «lazarillo»: *«Acércame, y hazme palpar las **columnas** sobre las que descansa la casa, para que me apoye sobre ellas»* (Jueces 16:26). Eso es estrategia, porque toda edificación descansa en sus columnas, en su fundamento. Por eso el diablo, cuando quiere destruir a la iglesia, sobre los primeros que dirige su ataque es sobre los líderes. Si derriba a un líder, está debilitando a la iglesia.

Vemos que Sansón fue traicionado por la mujer que amaba, perdió su libertad y era burla y escarnio de sus enemigos. Aquel que con una quijada de asno mató a un millar de hombres (Jueces 15:15), ahora estaba ciego y tenía que ser guiado por un niño a lugares donde sé que preferiría estar muerto antes de ir. Este hombre tenía razones de sobra para querer destruir a sus enemigos, como nosotros también la tenemos. Abre tus ojos y oídos, pueblo de Dios. Sansón no dijo:

«Llévame por ahí, y arrímame a la pared». No, Sansón dijo: «Llévame a las columnas». Rogando a Dios, con su último deseo, dijo: *«Muera yo con los filisteos»* (v. 30) y empujó con todas sus fuerzas aquellas columnas, derrumbando la casa encima de los principales y sobre todo el pueblo. Y dicen las Escrituras que aquel día Sansón, muriendo, mató mas filisteos que los que había matado durante su vida. Por eso Dios te dice a ti lo mismo, que vayas al fundamento. El Señor entregó las columnas del infierno en tus manos, para que tú las puedas tumbar con la autoridad de Cristo.

No tienes que morir con los enemigos, como Sansón, pues ya Jesucristo murió por ti, y también vive en ti. Él es el fuerte, valiente y poderoso en batalla. Por eso hoy te pone en alerta y te muestra esa lucha que estás teniendo, o esa debilidad que has tenido desde tu niñez, esa atadura, esa herencia, llámese como se llame, para decirte que la estás padeciendo porque posiblemente el diablo se mantiene **apostado** en las puertas. Probablemente estás padeciendo por años una aflicción, sin poder salir de ella, porque el adversario se te ha adelantado y ha tomado la puerta de tu problema. Hay muchos que se cansan de reprender y dicen: «¿Qué es lo que pasa aquí, que esto no se resuelve, y siento que el Señor no me oye?» Seguramente el diablo se te adelantó y está en la puerta, y ¡hay que quitarlo de la puerta! Él ha sido vencido y no tiene porqué estar en la puerta del problema, ya sea físico, emocional o espiritual. Sabemos que el que tiene la puerta puede encarcelar a los enemigos y mantenerlos adentro, así que aferrémonos a la victoria de Cristo, y sometidos a él, se cumplirá el propósito de que **DIOS SEA EL TODO EN TODOS. Amén.**

EPÍLOGO

En el primer capítulo del libro de Apocalipsis, el apóstol Juan describe la visión que Dios le mostró, en la cual vio al Señor Jesucristo glorificado. He aquí el contenido de esta maravillosa revelación:

> *«Y me volví para ver la voz que hablaba conmigo; y vuelto, vi siete candeleros de oro, y en medio de los siete candeleros, a uno semejante al Hijo del Hombre, vestido de una ropa que llegaba hasta los pies, y ceñido por el pecho con un cinto de oro. Su cabeza y sus cabellos eran blancos como blanca lana, como nieve; sus ojos como llama de fuego; y sus pies semejantes al bronce bruñido, refulgente como en un horno; y su voz como estruendo de muchas aguas. Tenía en su diestra siete estrellas; de su boca salía una espada aguda de dos filos; y su rostro era como el sol cuando resplandece en su fuerza. Cuando le vi, caí como muerto a sus pies. Y él puso su diestra sobre mí, diciéndome: No temas; yo soy el primero y el último; y el que vivo, y estuve muerto; mas he aquí que vivo por los siglos de los siglos, amén. Y tengo las llaves de la muerte y del Hades. Escribe las cosas que has visto, y las que son, y las que han de ser después*

de estas. El misterio de las siete estrellas que has visto en mi diestra, y de los siete candeleros de oro: las siete estrellas son los ángeles de las siete iglesias, y los siete candeleros que has visto, son las siete iglesias» (Apocalipsis 1:12-20).

El Señor me hizo notar algo muy significativo en el mensaje de Jesús a las siete iglesias del Asia Menor. El Señor se le identifica a cada una con un aspecto diferente de esa gloria, revelada a Juan en el capítulo 1 del mismo libro. Por ejemplo:

A **Éfeso** le dice: «*El que tiene las siete estrellas en su diestra, el que anda en medio de los siete candeleros de oro»* (Apocalipsis 2:1).

A **Esmirna** le dice: «*El primero y el postrero, el que estuvo muerto y vivió»* (v. 8).

A **Pérgamo** le dice: «*El que tiene la espada aguda de dos filos»* (v. 12).

A **Tiatira** le dice: «*El Hijo de Dios, el que tiene ojos como llama de fuego, y pies semejantes al bronce bruñido»* (v. 18).

A **Sardis** le dice: «*El que tiene los siete espíritus de Dios, y las siete estrellas* (Apocalipsis 3:1).

A **Filadelfia** le dice: «*Esto dice el Santo, el Verdadero, el que tiene la llave de David, el que abre y ninguno cierra, y cierra y ninguno abre»* (v. 7).

A **Laodicea** le dice: «*He aquí el Amén, el testigo fiel y verdadero, el principio de la creación de Dios»* (v. 14).

Con esta revelación de Apocalipsis, el Señor nos quiere enseñar algunas cosas: (1) Cada iglesia local posee un aspecto importante de la gloria de Jesús; (2) Una sola iglesia no posee toda la gloria de la revelación de Jesucristo; y (3) Es necesario juntar toda la iglesia de Jesucristo en las naciones para poder tener una revelación completa del Cristo glorificado. Por tanto, esto nos hace apreciar y estimar lo que Jesús ha impartido a cada congregación en el mundo, por pequeña que esta sea.

Este mensaje es una exhortación y corrección al espíritu sectario que se cree poseedor exclusivo del patrimonio de la revelación. Este espíritu se cree superior, menosprecia a los hermanos y se rehúsa a aprender y recibir del resto del cuerpo. Si recibimos de corazón lo que el Señor nos quiere enseñar, desde ahora veremos y buscaremos en cada iglesia local la pieza del rompecabezas que arma el cuadro completo de la gloria de Cristo. Otra enseñanza que también se desprende de esta revelación es que el aspecto de la gloria con el que el Señor se le revela a cada iglesia está relacionado con el propósito particular que Dios tiene con esa congregación y su función dentro del cuerpo. Miremos, por ejemplo, el caso de la iglesia de Filadelfia:

> *«Escribe al ángel de la iglesia en Filadelfia: Esto dice el Santo, el Verdadero, el que tiene la llave de David, el que abre y ninguno cierra, y cierra y ninguno abre: Yo conozco tus obras; he aquí, he puesto delante de ti una puerta abierta, la cual nadie puede cerrar; porque aunque tienes poca fuerza, has guardado mi palabra, y no has negado mi nombre. He aquí, yo entrego de la sinagoga de Satanás a los que se dicen ser judíos y no lo son, sino que mienten; he aquí, yo haré que vengan y se postren a tus pies, y reconozcan que yo te he amado. Por cuanto has guardado la palabra de mi paciencia, yo también te guardaré de la hora de la prueba que ha de venir sobre el mundo entero, para probar a los que moran sobre la tierra. He aquí, yo vengo pronto; retén lo que tienes, para que ninguno tome tu corona. Al que venciere, yo lo haré columna en el templo de mi Dios, y nunca más saldrá de allí; y escribiré sobre él el nombre de mi Dios, y el nombre de la ciudad de mi Dios, la nueva Jerusalén, la cual desciende del cielo, de mi Dios, y mi nombre nuevo. El que tiene oído, oiga lo que el Espíritu dice a las iglesias»* (Apocalipsis 3:7-13)

Ahora, analiza la manera en que el Señor se revela a esta iglesia. ¿Por qué él se deja ver como el que tiene la llave de David, el que abre y ninguno cierra, y cierra y ninguno abre? Filadelfia era la ciudad mas pequeña de las siete, y posiblemente la congregación menos numerosa, sin embargo, el Señor decidió poner delante de ellos una puerta abierta, la cual nadie podrá cerrar (v. 8). Según el propósito de Dios con esta congregación, ellos administrarán una puerta abierta, y esa es la razón por la cual se le revela como el que tiene la llave de David (v. 7).

Tener la llave es un símbolo de autoridad, de posición, de responsabilidad, de poder para tomar decisiones y delegación de confianza. Esto era justamente lo que Jesús le estaba delegando a esta iglesia.

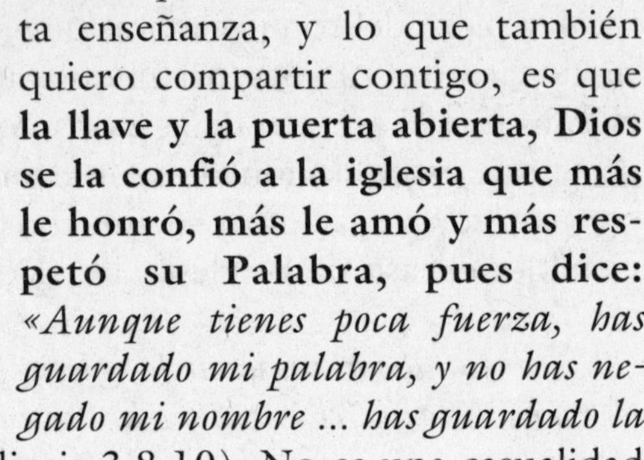

La llave y la puerta abierta, Dios se la confió a la iglesia que más le honró, más le amó y más respetó su Palabra.

Lo que más me ministra de esta enseñanza, y lo que también quiero compartir contigo, es que **la llave y la puerta abierta, Dios se la confió a la iglesia que más le honró, más le amó y más respetó su Palabra, pues dice:** *«Aunque tienes poca fuerza, has guardado mi palabra, y no has negado mi nombre ... has guardado la palabra de mi paciencia»* (Apocalipsis 3:8,10). No es una casualidad que el Señor delegara la llave y la puerta abierta a la iglesia que —aunque tenía poca fuerza— había guardado la palabra y no había negado su nombre. Esta es la única de las siete iglesias a la que el Señor no le reprocha nada. Era evidente que para la iglesia de Filadelfia «Dios era el todo y en todos», pues había guardado la Palabra y no había negado el nombre de su Dios. Esa es la causa por la cual el Señor le confía autoridad y poder de decisión.

Al principio de este libro te compartí la enseñanza de que Dios delega autoridad a quienes poseen su imagen, poniendo como ejemplo a Adán, antes de la caída, y al Señor Jesucristo, a quien el Padre entregó todo y le confirió toda autoridad en el cielo y en la tierra. Ahora termino esta obra enseñando que Dios le dio la promesa de «poseer la puerta de los enemigos» a Abraham, después que le sacrificó a Isaac (lo que más amaba). Solo cuando Dios es el todo en nuestra vida estamos aptos para administrar la plenitud de su gloria. Únicamente cuando amamos a Dios con todo el corazón, con toda el alma y con todas nuestras fuerzas, somos idóneos para administrar «la puerta de los enemigos» y vivir en autoridad.

Era costumbre en Israel que los jueces, los ancianos y los que estaban en autoridad se sentaran a la puerta de la ciudad. Era allí que se juzgaban y se deliberaban los asuntos públicos e importantes (Ruth 4:1,11; 1 Samuel 4:13,18; 2 Samuel 15:2). El dominio de la puerta se le debe delegar siempre a gente de carácter, de testimonio y que sean dignos de confianza. Si hubo un tiempo difícil y peligroso fue en los días de Nehemías y Esdras. Los enemigos de la obra de la restauración usaron todas las armas y ardides para impedir el propósito de la reconstrucción de Jerusalén. Los líderes sabios como Nehemías aprenden de Dios a qué clase de personas se les debe asignar las puertas. Veamos lo que hizo este siervo entendido del Señor:

Solo cuando Dios es el todo en nuestra vida estamos aptos para administrar la plenitud de su gloria.

> *«Luego que el muro fue edificado, y colocadas las puertas, y fueron señalados porteros y cantores y levitas, mandé a mi hermano Hanani, y a Hananías, jefe de la fortaleza de Jerusalén* ***(porque éste era varón de verdad y temeroso de Dios, más que muchos)****; y les dije: No se abran las puertas de Jerusalén hasta que caliente el sol; y aunque haya gente allí, cerrad las puertas y atrancadlas. Y señalé guardas de los moradores de Jerusalén, cada cual en su turno, y cada uno delante de su casa. Porque la ciudad era espaciosa y grande, pero poco pueblo dentro de ella, y no había casas reedificadas»* (Nehemías 7:1-4).

Nota por qué Nehemías confió las puertas de la ciudad a Hananías. La Biblia dice: *«porque éste era varón de verdad y temeroso de Dios, más que muchos»* (v. 2). Entiendo que Nehemías, entre los «muchos» que eran temerosos de Dios, eligió al más temeroso, el varón «más íntegro entre los íntegros». Lo importante no era tanto sus cualidades personales, sino quién era Dios para él. Dice que era temeroso de Dios *«más que muchos»*.

Dar las llaves del reino de los cielos a un ministro altivo, carnal e inmaduro, para quien Dios no es el todo, es lo mismo que si el Señor le hubiese dado a Adán el acceso al árbol de la vida después que pecó, o como darle armas de destrucción masiva a un terrorista con sed de venganza. Las llaves del reino en las manos de un hombre cuyo dios es el vientre y que busca solo lo terreno, pone en peligro la fe y la edificación de los creyentes, además expone el testimonio de Dios delante de los impíos. Darle autoridad a un hombre para quien Dios no sea el todo es contribuir a su propia destrucción y a la de los demás. Solo una persona que haya muerto al yo, al mundo y a la carne, está capacitada para administrar el nombre de Dios y su propósito en las naciones.

Según la ley del Antiguo Testamento, para ser un guerrero o soldado en Israel era necesario tener veinte años de edad (Números 1:3), pero para ser un sacerdote se requería haber llegado a la edad de treinta años o más (Números 4:3). Esto quiere decir, entonces, que se requiere más madurez para ministrar a Dios que para defender la nación. Hoy, sin embargo, se nos enfatiza más la valentía y la autoridad para guerrear contra el diablo que para vivir en el Espíritu. Se nos estimula a conquistar para Dios, pero no se nos enseña a dejarlo reinar en nuestras vidas. Pareciera que recoger los «despojos» es más importante que la gloria y la autoridad del Rey.

Muchos predicadores parecen reclutadores de mercenarios, como Napoleón Bonaparte y otros conquistadores de la historia, que ofrecían a sus soldados fama, riquezas y gloria. Estos mensajeros recorren el mundo estimulando a la iglesia al crecimiento, al éxito visible, a las cantidades; ofrecen villas y castillos; despiertan ilusiones, motivan a soñar con grandezas; hablan de conquistar naciones, de gobernar sobre reyes; son expertos aplicando las promesas de la palabra de Dios, pero no hablan de las condiciones de Dios. Omiten la responsabilidad de los creyentes; enseñan a apropiarse de las promesas, pero no instruyen sobre el propósito del Señor al confiar las riquezas y la autoridad. Dios nunca mostró su gloria para satisfacer el deseo y la curiosidad de los hombres, sino para cumplir su propósito santo. Abrámosle a él las puertas de nuestro corazón.

Amado, a la Palabra de Dios no hay que añadirle fuego, porque ya tiene suficiente; no hay que sumarle fuerza, porque la tiene toda; ni es necesario aumentarle la unción, porque de ella se derrama abundantemente. Creemos este principio espiritual establecido en la Biblia de que en Cristo poseemos las puertas de nuestros enemigos, y pedimos la bendición de Dios para hacerlo real en nuestras vidas. Por lo cual, en nuestras luchas personales contra nuestro adversario el diablo, este no debe estar en la puerta, porque él no tiene ninguna autoridad, pues aun la del infierno ya no la posee. La puerta del infierno era el poder de la muerte y ya este lo tiene Jesús y nosotros en él. Tampoco Satanás tiene el poder de nuestro cuerpo, porque el cuerpo es templo del Espíritu Santo; y mucho menos tiene el control de nuestra mente, porque tenemos la mente de Cristo. Tampoco, podrá poseer nuestro espíritu, porque el espíritu que tenemos es el del nuevo hombre que proviene de Dios y ahí Satanás no puede llegar (1 Juan 3:9). Por tanto, no hay razón por la cual el diablo esté dominando en nuestras vidas. Apliquemos la sabiduría, el poder y la eficacia de la Palabra de Dios, de manera que empleemos la autoridad y confirmemos que lo que Cristo logró ya es nuestro.

Iglesia de Cristo que estás en las naciones, tu Señor te ha entregado las llaves del cielo y del infierno, así que puedes abrir arriba y cerrar abajo, mandar a los demonios al sepulcro y ellos se tendrán que ir, pues las puertas del Hades no prevalecerán contra ti. Dios nos ha fundado en la roca eterna que es Cristo Jesús, por tanto, no seremos avergonzados cuando cumplamos el propósito eterno de nuestra salvación, para que Dios sea el todo y en todos. Ríndete ante tu Señor y dile: Reina tú.

Sabemos que Dios hará nuevos cielos y nueva tierra el día en que Cristo venga y destruya el pecado y a los pecadores, todo el mal sea raído de la tierra, incluyendo a Satanás, sus ángeles y al falso profeta, los que serán lanzados al lago de fuego y azufre que está destinado para ellos (Apocalipsis 20:10). Entonces, todo ojo verá al Hijo entrar con su iglesia amada a la presencia de Dios, con la corona puesta y con el cetro en su mano, directamente al Santísimo. Enseguida, Jesús se inclinará al Padre, quitándose la corona y extendiendo el cetro hacia el que está sentado en el trono, y dirá: «Padre mío, el principado sobre tus hombros, reina tú». En aquel momento sí se podrá decir que todo ha vuelto al orden, que todo está como al principio. Entonces se regocijarán y alabarán las estrellas del alba, y los hombres se unirán a ese coro celestial, adorando al único digno, diciendo: *«Al Rey de los siglos, inmortal, invisible, al* ***único*** *y sabio Dios, sea honor y gloria por los siglos de los siglos. Amén»* (1 Timoteo 1:17). Nadie habrá en el reino de Dios en contra el trono del gran Rey, ya que desaparecerá toda rebelión y todo será perfecto, pues ahora **Dios es el todo en todos.** Esa es la felicidad del hombre y de todo ser creado, por eso, vivirán por siempre diciendo:

> *«Te alaben, oh Jehová, todas tus obras, y tus santos te bendigan ... Alaben el nombre de Jehová, porque solo su nombre es enaltecido. Su gloria es sobre tierra y cielos»* (Salmos 145:10; 148:13). Amén.

Nos agradaría recibir su impresión sobre esta obra.
Por favor, envíe sus comentarios o testimonios a la dirección
que detallamos a continuación:

Pastor Juan Radhamés Fernández
El Amanecer de la Esperanza Ministry, Inc.
P.O. Box 70, Bronx, NY 10473
Si prefiere, llame al: (718) 863-4440 Fax (718) 863-5835
Email: amanecer@elamanecer.org

DISFRUTE DE OTRAS PUBLICACIONES DE EDITORIAL VIDA

Desde 1946, Editorial Vida es fiel amiga del pueblo hispano a través de la mejor literatura evangélica. Editorial Vida publica libros prácticos y de sólidas doctrinas que enriquecen el caudal de conocimiento de sus lectores.

Nuestras Biblias de Estudio poseen características que ayudan al lector a crecer en el conocimiento de las Sagradas Escrituras y a comprenderlas mejor. Vida Nueva es el más completo y actualizado plan de estudio de Escuela Dominical y el mejor recurso educativo en español. Además, nuestra serie de grabaciones de alabanzas y adoración, Vida Music renueva su espíritu y llena su alma de gratitud a Dios.

En las siguientes páginas se describen otras excelentes publicaciones producidas especialmente para usted. Adquiera productos de Editorial Vida en su librería cristiana más cercana.

Dedicados A La Excelencia

Una vida con propósito

Rick Warren, reconocido autor de *Una Iglesia con Propósito*, plantea ahora un nuevo reto al creyente que quiere alcanzar una vida victoriosa. La obra enfoca la edificación del individuo como parte integral del proceso formador del cuerpo de Cristo. Cada ser humano tiene algo que le inspira, motiva o impulsa a actuar a través de su existencia. Y eso es lo que usted podrá descubrir cuando lea las páginas de *Una vida con propósito*.

0-8297-3786-3

JUAN RADHAMÉS FERNÁNDEZ

NACIDOS DE DIOS PARA VIVIR EN EL ESPÍRITU

Manual de la vida en el Espíritu

Juan Radhamés Fernández

ISBN: 0-8297-3628-X

Como predicador del evangelio y maestro de la Palabra de Dios, este libro es una continua fuente de verdades iluminadas que despiertan mi espíritu a las profundidades de la Biblia. Por años he oido las enseñanzas del pastor Fernández y ahora puedo estudiarlas con mas profundidad a través de las páginas de este libro. Dios ha usado al Pastor Radhamés Fernández para bendecirme y esta usando este libro para enriquecer mi vida espiritual y profundizar mi diaria comunión con Él.

¡Recomiendo este libro con todo mi corazón!

-David Greco

MANUALDELAVIDAENELESPIRITU

Disponible en su libreria cristiana favorita.

Nos agradaría recibir noticias suyas.
Por favor, envíe sus comentarios sobre este
libro a la dirección que aparece a continuación.
Muchas gracias

Editorial Vida
7500 NW 25 Street Suite # 239
Miami, Fl. 33122

Vidapub.sales@zondervan.com
http://www.editorialvida.com